C'EST ÇA !

**Scott, Foresman
French Program**
Book 3

C'EST ÇA!

Albert Valdman, Ph.D.
Indiana University
Bloomington, IN

Marcel LaVergne, Ed.D.
Needham Public Schools
Needham, MA

Estella Gahala, Ph.D.
National Foreign Language Consultant
Scott, Foresman and Company
Glenview, IL

Constance K. Knop, Ph.D.
University of Wisconsin
Madison, WI

Marie-Christine Carreté, Agrégée
Collège Lamartine
Houilles, France

Scott, Foresman and Company
Editorial Offices: Glenview, Illinois

Regional Offices: Sunnyvale, California
Atlanta, Georgia   Glenview, Illinois
Oakland, New Jersey
Dallas, Texas

ISBN: 0-673-35038-X

Copyright © 1990
Scott, Foresman and Company, Glenview, Illinois
All Rights Reserved.   Printed in the United States of America.

789101112-RRC-0403020100

Cover: Owen Franken.
Detail, gateway to the Cour d'honneur, Versailles. Phedon Salou/Shostal.
Acknowledgments for illustrations appear on p. 574. The acknowledgments section should be considered an extension of the copyright page.

Albert Valdman is Rudy Professor of French and Italian and Linguistics at Indiana University. Dr. Valdman is an internationally recognized linguist and author who is currently president of the International Association for Applied Linguistics and is editor of *Studies in Second Language Acquisition.* He is a leading scholar in the fields of applied linguistics, foreign-language methodology, and creole languages. He regularly serves as visiting professor at the Université de Nice and has received the *Ordre des palmes académiques* from the French government.

Marcel LaVergne is Director of Foreign Languages and English as a Second Language in the Needham (MA) Public Schools. He received his doctorate in foreign language education from Boston University. Dr. LaVergne is a Franco-American whose grandparents emigrated from Québec. A practicing classroom teacher, he is continually trying out new approaches to teaching language and to developing listening skills.

Estella Gahala is National Foreign Language Consultant for Scott, Foresman and Company. Dr. Gahala, formerly Foreign Language Department Chairperson and the Director of Curriculum and Instruction for Lyons Township (IL) High School, has received the *Ordre des palmes académiques* from the French government for her contribution to French education in the U.S. She spends most of her time talking with classroom teachers around the country.

Constance Knop is Professor of Curriculum and Instruction and Professor of French at the University of Wisconsin, Madison. Dr. Knop has gained national prominence as a foreign language educator through leadership roles in the American Association of Teachers of French (AATF) and the American Council on the Teaching of Foreign Languages (ACTFL), editorial roles on *The French Review* and *The Modern Language Journal*, and authorship of a college-level French text.

Marie-Christine Carreté is a teacher of English and a teacher trainer at the Collège Lamartine in Houilles, France. She received her B.A. in English from the University of California, Berkeley, and her *maîtrise* and *agrégation* from the Université de Paris. Her daily work with French young people allows her to bring an unusual level of authenticity and insight to her writing.

The authors and editors would like to express their heartfelt thanks to the following team of reader consultants. Chapter by chapter, each offered suggestions and provided encouragement. Their contribution has been invaluable.

Reader Consultants

Barbara Berry, Ph.D.
Foreign Language Dept. Chairperson
Ypsilanti High School
Ypsilanti, MI

Pearl Bennett Chiari
Foreign Language Dept. Chairperson
North Miami Beach Senior High
North Miami Beach, FL

Deborah Corkey
Foreign Language Specialist
Fairfax County Public Schools
Fairfax, VA

Diane D. Davison
George Washington High School
Denver Public Schools
Denver, CO

David Hardy
Newman Smith High School
Carrollton, TX

Jaquelyn Kaplan
Shenendehowa Central Schools
Clifton Park, NY

Maera Kobeck
Foreign Language Supervisor
Memphis City Schools
Memphis, TN

Amanda LaFleur
Comeaux High School
Lafayette, LA

Mary de Lopez
Modern and Classical Languages
    Dept. Chairperson
La Cueva High School
Albuquerque, NM

Carl McCollum
Spoon River Valley Schools
London Mills, IL

Judith Redenbaugh
Foreign Language Dept. Chairperson
Costa Mesa High School
Costa Mesa, CA

Alvaro M. Rodriguez
Robert E. Lee High School
Houston, TX

Maria Gioia Sordi
Foreign Language Dept. Chairperson
Archbishop Carroll High School
Radnor, PA

Jean Teel
Foreign Language Instructional
    Specialist
Shawnee Mission Public Schools
Shawnee Mission, KS

Patricia Warner
North Medford High School
Medford, OR

TABLE DES MATIÈRES

CHAPITRE 2

CHAPITRE 3

CHAPITRE 4

CHAPITRE 5

CHAPITRE 6

CHAPITRE 9

CHAPITRE 10

CHAPITRE 11

CHAPITRE 12

CHAPITRE 13

Paul Cézanne 1839 –1906 *Village of Gardanne*.
Oil on canvas 92.0 x 94.6.
The Brooklyn Museum, 23.105.
Ella C. Woodward and Augustus T. White Memorial Funds.

CHAPITRE 14

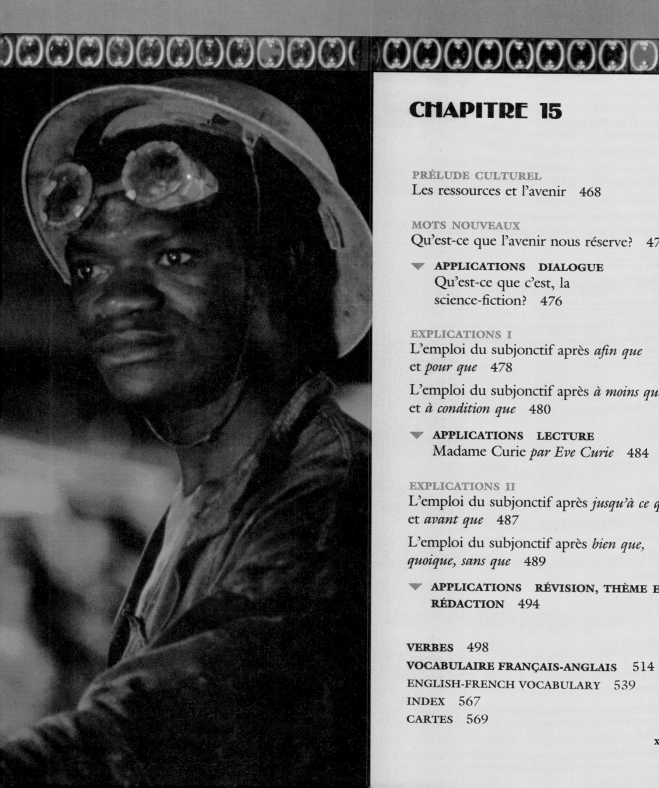

CHAPITRE 15

REPRISE

A Invitations. Vous invitez un(e) ami(e) à vous accompagner pour faire des courses. Votre ami(e) accepte parce qu'il/elle a besoin de faire quelque chose aussi. Imaginez le dialogue. Suivez le modèle.

la poste /   / / apporter /

    ÉLÈVE 1   *Tu viens à la poste avec moi?*
    ÉLÈVE 2   *Bien sûr. J'ai besoin de timbres.*
    ÉLÈVE 1   *Moi, je veux y apporter des paquets.*
    ÉLÈVE 2   *Eh, bien. Allons-y!*

1. le supermarché /   / / acheter /

2. la papeterie /   / / choisir /

3. la crémerie /   / / acheter /

4. la charcuterie /   / / acheter /

5. le grand magasin /   / / essayer /

6. la pharmacie /   / / apporter /

7. la boulangerie /   / acheter /

B Et maintenant ... Refaites cinq des dialogues de l'Exercice A en remplaçant les objets désirés comme vous voulez.

C Pour téléphoner. Regardez les dessins et expliquez ce qui se passe.

Il cherche un numéro dans l'annuaire.

D Et maintenant … Avec un(e) camarade imaginez cette conversation au téléphone: Vous téléphonez à votre ami(e) mais c'est son père qui répond. Votre ami(e) est occupé(e) et ne peut pas venir au téléphone. Donc, vous laissez un message.

E Au ciné-club. Quelques amis discutent des différentes sortes de films. Ils indiquent ce qu'ils préfèrent et pourquoi. Par exemple:

Moi, je préfère les films d'amour parce qu'ils sont souvent tristes et j'aime bien pleurer. J'aime surtout les films de Dennis Quaid et de Meryl Streep.

F Et maintenant … Parlez avec un(e) camarade des sortes de films que vous aimez et que vous n'aimez pas. Servez-vous des adjectifs comme *amusant, moche, sérieux, marrant, débile, ennuyeux*, etc.

G **Qu'est-ce qu'on va faire?**   C'est vendredi après-midi et vous voulez faire quelque chose avec vos amis. Vous suggérez *(suggest)* les activités suivantes. Suivez le modèle.

>   aller au cinéma   *Si on allait au cinéma?*

1. faire du ski de fond
2. patiner sur le lac
3. choisir un film
4. jouer aux cartes
5. prendre le métro en ville
6. voir une pièce de théâtre
7. aller à la montagne
8. partir pour la plage

H **Et maintenant ...**   Suggérez cinq activités pour ce week-end à un(e) camarade de classe. Malheureusement, il/elle sera occupé(e) et ne pourra pas sortir avec vous. Par exemple:

>   ÉLÈVE 1   *Si on jouait au tennis samedi?*
>   ÉLÈVE 2   *J'aimerais bien mais je dois étudier pour un examen de maths.*

On a son choix de films au cinéma Le Saint Michel, dans le Quartier Latin à Paris.

I   Ça ne va pas!   Regardez les dessins et dites ce qui ne va pas.

Jean-Luc
Jean-Luc a mal au ventre.

1. Josette

2. Nous

3. Moi

4. Ma sœur

5. Toi

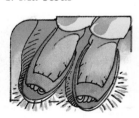

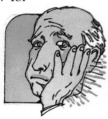

6. Vous

7. Moi

8. Mon grand-père

J   Et maintenant …   Imaginez que vous êtes médecin et que vous examinez un patient. Avec un(e) camarade, créez *(create)* un dialogue en vous servant des expressions suivantes: *Qu'est-ce qui ne va pas?, sortir la langue, prendre des médicaments, avoir mal au cœur, faire une piqûre à.*

K Laure fait sa toilette. Qu'est-ce que Laure fait le matin?

Elle se réveille à 6 heures.

L Et maintenant … Racontez à un(e) camarade de classe tout ce que vous avez fait ce matin. Puis, il/elle vous racontera tout ce qu'il/elle fera ce soir.

M On fait le difficile! Vous êtes de mauvaise humeur aujourd'hui et vous dites *non* à tout le monde. Suivez le modèle.

> voir / cette cassette-vidéo / / vouloir
> ÉLÈVE 1 *Tu as vu cette cassette-vidéo?*
> ÉLÈVE 2 *Non, je ne l'ai pas vue.*
> ÉLÈVE 1 *Tu veux la voir?*
> ÉLÈVE 2 *Non.*

1. ranger / tes vêtements / / pouvoir
2. monter / mon sèche-cheveux / / aller
3. nettoyer / ces fenêtres / / accepter de
4. installer / la machine à laver / / penser
5. louer / les skis / / espérer
6. conduire / la nouvelle voiture / / vouloir
7. remplir / les verres / / devoir

N Et maintenant … Demandez à un(e) camarade de classe ce qu'il/elle a fait à la maison hier soir. Posez cinq questions selon le modèle.

> ÉLÈVE 1 *Tu as fait la vaisselle hier soir?*
> ÉLÈVE 2 *Oui, je l'ai faite.*
> OU: *Non, je ne l'ai pas faite.*

O Le monde des rêves. Complétez les rêves des gens suivants en indiquant ce qu'ils feraient s'ils le pouvaient.

> Si je le … j'*(aller)* en Europe cet été.
> *Si je le pouvais, j'irais en Europe cet été.*

1. Si mon père le … il *(écrire)* un roman.
2. Si vous le … vous *(voir)* l'Afrique.
3. Si tu le … tu *(conduire)* une Ferrari.
4. Si mes amis le … ils *(être)* vedettes de cinéma.
5. Si nous le … nous *(faire)* de la voile ce week-end.
6. Si je le … je *(partir)* en vacances tout de suite.
7. Si ma sœur le … elle *(acheter)* un avion.
8. Si les étudiants le … ils *(dormir)* jusqu'à midi.

P Et maintenant … Ecrivez cinq choses que vous feriez vraiment si vous pouviez. Ensuite, comparez votre liste avec celles de vos camarades de classe. Quels rêves sont les mêmes? Lesquels sont les plus différents?

Tu irais voir le Grand Prix
à Nice ou faire de la
planche à voile à
St-Tropez?

Q On déménage …   Madame Martin ne peut rien jeter. Mais son mari n'est pas content. Imaginez la conversation entre eux en suivant le modèle.

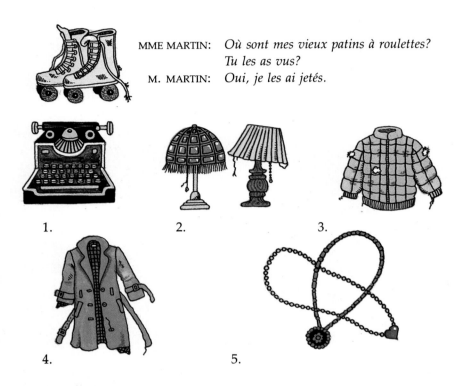

MME MARTIN: *Où sont mes vieux patins à roulettes? Tu les as vus?*

M. MARTIN: *Oui, je les ai jetés.*

1.

2.

3.

4.   5.

Mais M. Martin, lui aussi, a des objets qu'il ne veut pas jeter. Maintenant, c'est au tour de Mme Martin. Imaginez la conversation d'après le modèle.

M. MARTIN: *Il ne faut pas oublier ce vieux chapeau.*
MME MARTIN: *Tu plaisantes! Jette-le!*

6.   7.

8.

9.

10.

Au marché aux puces à Paris

R   Et maintenant …   Qu'est-ce qu'il y a au grenier ou au sous-sol chez vous que vos parents devraient jeter ou vendre au marché aux puces?

S   La détective.   Noëlle aime beaucoup les films policiers et quelquefois elle se prend pour une détective. Répondez aux questions qu'elle vous pose en vous montrant des photos.

> l'homme / tu / parler de
> ÉLÈVE 1   *C'est l'homme dont tu parlais?*
> ÉLÈVE 2   *Oui, c'est celui dont je parlais.*

1. la maison / tu / visiter
2. la voiture / le monsieur / conduire
3. les garçons / il / parler avec
4. les chaussures / il / porter
5. le couteau / il / avoir à la main
6. les fenêtres / être ouvert
7. les personnes / sortir de la maison quand tu es arrivé
8. les chiens / il / avoir peur de
9. le mouchoir / il / cacher dans le jardin

T   Et maintenant …   Avec un(e) camarade, essayez de raconter ce qui s'est passé dans l'Exercice S. Qui était le monsieur mystérieux? Qu'est-ce qu'il a fait?

U On a tant de choses à faire! La famille Martineau va partir en vacances au Canada. Mais d'abord il faut faire beaucoup de choses. Dites ce qu'on doit faire.

> M. Martineau / conduire la voiture à la station-service
> *Il faut que M. Martineau conduise la voiture à la station-service.*

1. M. Martineau
   a) vérifier l'huile
   b) faire le plein
   c) mettre de l'air dans les pneus
2. Mme Martineau
   a) nettoyer la maison
   b) finir la lessive
   c) aller chez la coiffeuse
3. François
   a) prendre ses skis
   b) descendre les valises du grenier
   c) emmener le chat chez son oncle
4. Julie
   a) dire au revoir à ses amis
   b) rendre des livres à la bibliothèque
   c) acheter des gants de ski

Au Mont-Sainte-Anne, Québec

V Et maintenant ... Dites à un(e) camarade ce qu'il faut que vous fassiez ce week-end.

CHAPITRE 1

PRÉLUDE CULTUREL | CE N'EST PAS FACILE, LE LYCÉE!

La vie et les études des lycéens français, comme ceux-ci à Paris, sont très difficiles, surtout pendant la dernière année au lycée, la terminale. C'est à la fin de cette année que les lycéens qui se sont préparés à suivre des études universitaires doivent passer un examen qui n'a pas d'équivalent aux Etats-Unis: le baccalauréat, ou «le bac». L'affaire est bien simple: s'ils ne réussissent pas le bac, ils ne sont pas admis à l'université.

(*en haut*) En général, les Français commencent à aller au café à l'âge de quinze ou seize ans, quand ils sont au lycée. Ces lycéens parisiens se rencontrent au café pour passer le temps et pour parler (ou ne pas parler) du bac.

(*en bas*) Les lycéens français étudient souvent en groupe, comme ceux-ci à Paris. Mais quand la date du bac (en juin) approche, certains lycéens en terminale préfèrent étudier seuls.

Quelle option tu as choisie?

CONTEXTE COMMUNICATIF

1 SOPHIE   **Tu t'es inscrit au** cours d'**électronique?**
XAVIER   Oui, comme je veux être **ingénieur,** ça m'intéresse.

Variations:
- d'électronique → de **sciences économiques**
  ingénieur → comptable

s'**inscrire à**   *to enroll in*
l'électronique (*f.*)   *electronics*
l'ingénieur (*m.*)   *engineer*

les sciences économiques (*f.pl.*) *economics*

2 Les études changent et **s'adaptent** à la vie moderne.
M. DURANT   Quelle **option** tu as choisie cette année?
FABRICE   L'informatique.
M. DURANT   Ça doit être passionnant. **De mon temps,** on n'étudiait pas ça au lycée.

s'**adapter**   *to adapt*
l'option (*f.*)   *option; optional subject*
de mon temps   *in my day*

3 Jeudi matin. Il y a **un contrôle** de maths au lycée.
PIERRE   J'ai passé mon mercredi à réviser. Et toi?
NADINE   Bof, non. Il faisait beau, alors **je me suis baladée** avec des copines.
PIERRE   Comment! Tu t'es baladée au lieu de travailler! C'est **pas croyable!**

- c'est pas croyable → tu **plaisantes**
- c'est pas croyable → ça alors, **c'est la meilleure**

le contrôle =   l'interro

se balader =   se promener

pas croyable   *incredible*

plaisanter   *to joke*
c'est la meilleure   *that's a good one, that's a real joke*

4 Au lycée, il faut être présent à tous les cours et arriver à l'heure.
LE PROF   Vous **avez** vingt minutes **de retard! Comment ça se fait?**
MARC   Je suis désolé, mais je ne me suis pas réveillé **à temps.**

- je suis désolé → je regrette

avoir + time + **de retard**   *to be* + time + *late*
comment ça se fait?   *how come?*
à temps   *in time*

5 Pour réussir **le bac,** il faut **se préparer** toute l'année et ne pas **se contenter de bachoter** un mois avant l'examen. C'est un examen très difficile, tu sais. Et très important.

6 RENAUD   Comment tu te prépares pour **l'oral** d'anglais du bac?

DAVID   Pour **me perfectionner,** je suis allé un mois en Angleterre. Et **je m'entraîne** avec des copains.

- l'oral → **l'écrit**
- me perfectionner → **approfondir** mes **connaissances**

7 Pendant les examens, les parents aussi s'inquiètent.

M. REMOND   Alors, ton examen?

VÉRONIQUE   **Ça a bien marché.** Je crois que je l'ai réussi.

M. REMOND   Il était facile?

VÉRONIQUE   Oui, **le sujet m'a passionné** et j'avais **des tas de** choses à dire.

- ça a bien marché → ça n'a pas marché du tout
  réussi → raté
  facile → difficile
  le sujet m'a passionné → j'ai **paniqué**
  j'avais des tas de choses—je n'avais rien

8 SABINE   Tu as vu? Jacques a **été reçu haut la main.** Il **a de la veine.**

DELPHINE   **Tu parles,** c'est **une grosse tête.** Il a **bûché** comme **un dingue.**

AUTREMENT DIT

TO SHOW DISBELIEF …
> Tu plaisantes!
> Tu exagères, toi alors!
> Sans blague!
> C'est pas croyable!
> Tu parles!
> Ça alors, c'est la meilleure!

TO SAY YOU'RE SORRY …
> Je suis désolé
> Je regrette
> Excusez-moi

OR, IN FORMAL WRITING …
> Veuillez m'excuser

EXERCICES

A **Une mauvaise journée.** Pierre décrit une journée très désagréable. Choisissez les mots pour compléter sa description. Tous les mots ne seront pas utilisés.

à temps	grosse tête	me suis baladé
bûché	haut la main	paniqué
de retard	m'entraîner	plaisanter
de la veine	me suis adapté	raté

Oh, quelle journée! D'abord je ne me suis pas réveillé _____ ce matin. J'avais donc dix minutes _____ pour mon cours d'anglais et quand je suis entré, le prof annonçait un contrôle. J'ai _____ et je ne me suis souvenu de rien. Comme je _____ avec des copains hier soir
5   au lieu de _____, je suis certain que je l'ai _____.

   Et Fabrice? Lui qui n'étudie jamais non plus? Pourquoi est-ce qu'il a _____ hier soir? Comment est-ce qu'il savait que le prof allait nous donner un contrôle ce matin? Fabrice l'a réussi _____. C'est une vraie _____!

B   Que dites-vous …

1. au professeur quand vous arrivez avec plusieurs minutes de retard? *(Je regrette. / C'est la meilleure!)*
2. à un copain qui n'a pas étudié mais qui a réussi quand même un examen? *(Tu t'es bien préparé. / Tu as de la veine.)*
3. à vos parents quand vous réussissez un examen? *(Je m'y suis inscrit. / Ça a bien marché.)*
4. à vos parents quand vous avez étudié mais vous n'avez pas réussi? *(J'ai bûché comme un dingue, mais … / Je suis une grosse tête, n'est-ce pas?)*
5. à une copine qui a été reçue haut la main? *(Ces examens-là ne te font jamais peur. / La prochaine fois tu ne vas pas te contenter de faire si peu, hein?)*
6. à un copain, qui est un bon élève, mais qui vous dit qu'il vient de rater un examen important? *(Tant pis. / Comment ça se fait?)*
7. à une amie qui vous dit qu'elle vient d'être reçue à l'université de son choix? *(Tu as de la chance, toi. / Bon courage!)*

C   Autrement dit.   Changez cette petite histoire en utilisant des synonymes des mots en italique.

LUC   Comme il faisait beau hier, *je me suis promené* avec mes copains. Nous avons vu *beaucoup de* choses intéressantes.

ANNE   Par exemple?

5 LUC   Par exemple, il y avait ton petit ami qui était avec Sylvie.

ANNE   Jean-Paul avec Sylvie? *Tu plaisantes!*

LUC   *Je regrette*, mais c'est vrai.

ANNE   *Tu parles!*

10 LUC   Pas du tout. Il était avec sa cousine Sylvie de Reims. Tu ne la connais pas peut-être. Elle *n'a que* huit ans.

ANNE   Ouf!

D   Parlons de toi.

1. A quels cours tu t'es inscrit(e) cette année? Ce sont tous des cours obligatoires ou est-ce que tu as pu choisir parmi des options?
2. Quelles matières te passionnent? Il y en a qui ne t'intéressent pas du tout? Lesquelles? Pourquoi?
3. Comment tu te prépares pour un contrôle? Pour un examen? Pour un oral de français?

4. Quand le prof donne un contrôle et tu ne t'es pas bien préparé(e), qu'est-ce qui se passe? Cela t'arrive de paniquer quelquefois? Quelles excuses est-ce que tu donnes à tes parents quand tu ne réussis pas un examen?
5. Dans tes cours, comment est-ce que tu travailles? Tu te prépares toute l'année ou seulement avant les examens ou les contrôles? Ce n'est pas une bonne idée de bachoter dans un cours de langue étrangère. Pourquoi est-ce qu'il vaut mieux essayer d'utiliser la langue chaque jour?

ACTIVITÉ

La grosse tête. Avec un(e) partenaire, écrivez une description d'un(e) étudiant(e) parfait(e). Par exemple, «Il (Elle) ne bachote pas. Il (Elle) fait toujours attention en classe,» etc. Mais ajoutez des détails faux—par exemple, «Il (Elle) arrive toujours avec quinze minutes de retard pour son premier cours.» Après, lisez votre description à vos camarades de classe qui vont vous dire «NON» quand ils entendent un détail faux.

Des élèves à l'Ecole normale supérieure à Paris

La matière grise[1] ne suffit plus

	NATHALIE	Pourquoi tu ne veux pas m'acheter un ordinateur? Pour les maths, c'est utile.
	M. FRESNAIS	Quand j'étais jeune, on n'avait pas d'ordinateurs ni[2] de calculatrices[3] et on arrivait quand même à faire
5		des maths!
	NATHALIE	Et tu étais fort en maths, papa?
	M. FRESNAIS	Je n'étais pas une grosse tête, mais je me débrouillais[4] très bien.
	NATHALIE	Eh bien, j'ai un problème d'algèbre assez difficile.
10		Tu ne veux pas m'aider?
	M. FRESNAIS	Mais si, montre-moi ça.

Ils regardent le problème ensemble.

	NATHALIE	Alors, papa?
	M. FRESNAIS	Euh, bien, euh … A vrai dire,[5] ça c'est des maths
15		modernes et de mon temps, on n'en faisait pas …
	NATHALIE	C'est peut-être pour cela que tu n'avais pas besoin d'un ordinateur.

---

[1]**la matière grise** *brains*   [2]**ni** *or (after a negative)*   [3]**la calculatrice** *calculator*   [4]**se débrouiller** *to manage*   [5]**à vrai dire** *to tell you the truth*

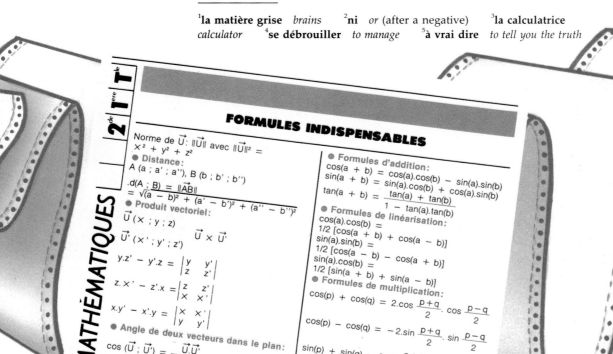

MATHÉMATIQUES   2^{de} | 1ère | T

FORMULES INDISPENSABLES

Norme de $\vec{U}$: $\|\vec{U}\|$ avec $\|\vec{U}\|^2 = x^2 + y^2 + z^2$

● Distance:
A (a ; a' ; a''), B (b ; b' ; b'')

$.d(A ; B) = \|\vec{AB}\|$
$= \sqrt{(a-b)^2 + (a'-b')^2 + (a''-b'')^2}$

● Produit vectoriel:
$\vec{U}$ (x ; y ; z)

$\vec{U'}$ (x' ; y' ; z') $\vec{U} \times \vec{U'}$

$y.z' - y'.z = \begin{vmatrix} y & y' \\ z & z' \end{vmatrix}$

$z.x' - z'.x = \begin{vmatrix} z & z' \\ x & x' \end{vmatrix}$

$x.y' - x'.y = \begin{vmatrix} x & x' \\ y & y' \end{vmatrix}$

● Angle de deux vecteurs dans le plan:
$\cos (\vec{U} ; \vec{U'}) = \dfrac{\vec{U}.\vec{U'}}{\|\vec{U}\| . \|\vec{U'}\|}$

● Formules d'addition:
$\cos(a + b) = \cos(a).\cos(b) - \sin(a).\sin(b)$
$\sin(a + b) = \sin(a).\cos(b) + \cos(a).\sin(b)$
$\tan(a + b) = \dfrac{\tan(a) + \tan(b)}{1 - \tan(a).\tan(b)}$

● Formules de linéarisation:
$\cos(a).\cos(b) = 1/2 [\cos(a + b) + \cos(a - b)]$
$\sin(a).\sin(b) = 1/2 [\cos(a - b) - \cos(a + b)]$
$\sin(a).\cos(b) = 1/2 [\sin(a + b) + \sin(a - b)]$

● Formules de multiplication:
$\cos(p) + \cos(q) = 2.\cos \dfrac{p+q}{2} . \cos \dfrac{p-q}{2}$

$\cos(p) - \cos(q) = -2.\sin \dfrac{p+q}{2} . \sin \dfrac{p-q}{2}$

$\sin(p) + \sin(q) = 2.\sin \dfrac{p+q}{2} . \cos \dfrac{p-q}{2}$

Questionnaire

1. Que veut Nathalie et pourquoi?   2. Est-ce que son père est d'accord?
3. Quelle sorte d'étudiant de maths était M. Fresnais?   4. Pourquoi
est-ce que M. Fresnais ne peut pas aider Nathalie?   5. Qu'est-ce que les
étudiants d'aujourd'hui ont que ceux du temps de M. Fresnais n'avaient
pas?   6. Et toi, qu'est-ce que tu as pour t'aider en maths?

Situation

Avec deux autres étudiants imaginez la vie à l'école du temps de vos
grands-parents. Comment étaient leurs écoles? Quels cours est-ce qu'on
offre aujourd'hui que vos grands-parents ne pouvaient pas suivre?
Qu'est-ce qu'il y a dans votre lycée qu'il n'y avait pas de leur temps?

EXPLICATIONS I

Les pronoms compléments d'objet

♦ OBJECTIVES:

TO REFER TO
PEOPLE AND
THINGS ALREADY
MENTIONED

TO FIND OUT
WHOM SOMETHING
IS FOR

TO EXPRESS
SURPRISE

TO EXPRESS
FEELING LEFT OUT

TO OFFER
SOMEONE
SOMETHING

TO SAY THAT
SOMETHING HAS
ALREADY BEEN
DONE

Remember that direct and indirect object pronouns are used in place of nouns.

DIRECT *or* INDIRECT	DIRECT	INDIRECT
me (m')	le (l')	lui
te (t')	la (l')	leur
nous	les	
vous		

Remember that the pronouns *me, te, nous,* and *vous* refer to people and can be used as either direct or indirect objects. There is elision and liaison when the verb that follows begins with a vowel sound.

1   The direct object pronouns *le, la,* and *les* agree in gender and number with the nouns they replace. They are used for people and things.

> Donnez-moi **la valise.** Je **la** mets dans votre chambre.
> Je connais bien **Eric.** Je **le** vois souvent.
> Tu as **les livres?** Je **les** cherche.

2   The indirect object pronouns *lui* and *leur* replace nouns referring to people that are preceded by the preposition *à*. Indirect objects are often used with verbs of communication (*demander, dire, écrire, expliquer, parler, répondre, téléphoner*) and verbs describing transactions (*donner, prêter, vendre*).

> **Jean** ne comprend pas. Je **lui** explique la leçon.
> Tu écris **à Francine?** Je vais **lui** écrire demain.
> Je vais parler **à Anne et Martine.** Tu veux **leur** parler aussi?

Indirect object pronouns are also used when we speak of doing something *for* someone.

> Tu achètes quelque chose **pour Marie?** Oui, je **lui** achète un disque.

3 Object pronouns come right before the verb in statements and questions or before the infinitive in the combination of verb + infinitive.

> Elle a invité Marc et Henri? Non, mais elle **va les inviter.**
> Tu ne conduis plus ta voiture? Non, je **veux la vendre.**

4 In the passé composé, the object pronoun comes before the form of *avoir.* When it is a *direct* object pronoun, the past participle agrees with it in gender and number.

> Tu as rencontré **la prof?** Oui, je **l'**ai rencontré**e** hier.
> Tu vas voir ces pièces? Non, je **les** ai déjà vu**es.**

5 The pronoun *y* replaces *à* + places or things.

> Vous allez **à l'école?** Oui, j'**y** vais.
> Tu penses souvent **à ce sujet?*** Non, je n'**y** pense jamais.

6 *En* replaces nouns used with the partitive or expressions of quantity and with verbs that take *de* with objects.

> **Du lait?** Oui, j'**en** veux.
> **Des œufs?** Oui, j'**en** achète une douzaine.
> Tu as besoin **de dormir? Oui,** j'**en** ai besoin.
> On parlait **de mon nouvel ordinateur.** Vous **en** parlez toujours.

*Note that *penser* never takes the indirect object pronouns *lui/leur.* To express thinking of someone, we use *à* + a disjunctive pronoun *(moi, toi, lui, elle,* etc.): *Je pense à eux tous les jours.*

Des lycéens à Paris

EXERCICES

A   Bravo!   Toute la classe a été reçue au bac. Tout le monde se félicite.
Suivez le modèle.

Jacques / Tu as de la veine.
Jacques me dit, «Tu as de la veine.»

1. la prof / Bravo!

2. Maman / De mon temps, c'était
plus difficile.

3. je / C'est formidable!

4. je / C'était pas facile, hein?

5. nous / Ça a bien marché,
non?

6. Gilles / On va au concert de
rock?

7. vous / Félicitations!

8. Marie / Tu as bûché comme un
dingue.

B C'est pour qui? Serge est rentré des vacances avec des petits cadeaux pour toute la famille. Conversez selon le modèle.

> la boîte / Anne-Marie / une boîte
> ÉLÈVE 1 *Pour qui est la boîte?*
> ÉLÈVE 2 *Je la donne à Anne-Marie.*
> ÉLÈVE 1 *Mais tu lui as envoyé une boîte l'année dernière.*

1. les gants / François / des gants
2. la cassette / Catherine / un disque
3. le chocolat / Papa et Maman / des bonbons
4. les affiches / Jérôme / une affiche
5. la plante / Véronique / une plante
6. les bracelets / Nadège et Marie-Claire / des bijoux
7. le roman policier / Laurence / quelque chose à lire
8. les bagues / Sylvie et Paulette / une bague

C Et pour moi ...? Les petits cousins de Serge ont vu tous les cadeaux. Maintenant ils lui demandent ce qu'il leur a apporté à eux. Conversez selon le modèle.

> la boîte / Anne-Marie / une boîte
> ÉLÈVE 1 *A qui tu as donné la boîte?*
> ÉLÈVE 2 *Je l'ai donnée à Anne-Marie.*
> ÉLÈVE 1 *Mais tu ne m'as pas apporté de boîte?*
> ÉLÈVE 2 *Si. La voici.*

Voici du chocolat et des bonbons!

D Déjà fait. Il y a des gens qui ne savent jamais ce qui s'est passé. Répondez aux questions d'après les modèles. Faites l'accord du participe passé où nécessaire.

> Il va te téléphoner, Alice?
> *Il m'a déjà téléphoné.*
>
> Tu crois qu'elle pourra nous voir, Paul?
> *Elle nous a déjà vus.*

1. Le médecin va t'examiner, maman?
2. Pourquoi tu ne nous réponds pas?
3. Ils vont vous raconter ce qui s'est passé, messieurs?
4. Tu vas commander du vin?
5. Michel va t'inviter à l'accompagner, Anne?
6. Tu penses téléphoner à l'aéroport?
7. Tu ne vas pas laisser de pourboire?
8. Pourquoi tu ne demandes pas à ta sœur de nous aider, Louise?

Le passé composé avec *être*

◆ OBJECTIVES:

TO DESCRIBE PEOPLE'S COMINGS AND GOINGS IN THE PAST

TO DESCRIBE DAILY ACTIVITIES IN THE PAST

TO MAKE EXCUSES FOR SOMEONE

TO DESCRIBE A TRIP YOU TOOK

Remember that the passé composé of the following verbs is formed with *être* instead of *avoir*.

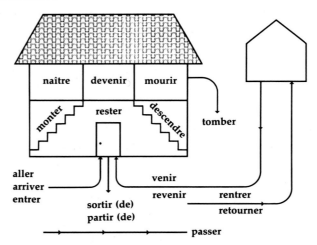

1 When a verb forms its passé composé with *être*, the past participle agrees in gender and number with the subject of the verb.

> **Nathalie** est allé**e** à Boston.
> **Nous** sommes arrivé**s** au sous-sol.
> **Elles** sont entré**es** par la porte.

2 *Monter, descendre, sortir, passer, rentrer,* and *retourner* can also be followed by a direct object. In that case they have a different meaning and form their passé composé with *avoir.*

Elle **est montée** au grenier.	*She **went up** to the attic.*
Elle **a monté** la table.	*She **brought** the table **up**.*
Il **est descendu** au sous-sol.	*He **went down** to the basement.*
Il **a descendu** une boîte.	*He **took down** a box.*
Elle **est sortie** vers 2h.	*She **went out** around 2:00.*
Elle **a sorti** des photos.	*She **brought out** some photos.*
Je **suis passée** hier.	*I **came by** yesterday.*
Je leur **ai passé** le poivre.	*I **passed** them the pepper.*
Nous **sommes rentrés** à 6h30.	*We **came home** at 6:30.*
Nous **avons rentré** la voiture au garage.	*We **put** the car **back** in the garage.*
Elle **est retournée** chercher son parapluie.	*She **went back** to look for her umbrella.*
Elle **a retourné** la crêpe.	*She **turned** the crêpe **over**.*

EXERCICES

A Qui a fait quoi? Posez des questions au passé composé avec un verbe de la liste ci-dessous et une expression de la colonne *(column)* à gauche. Votre camarade répondra avec un sujet de la colonne à droite. Conversez selon le modèle.

aller	descendre (de)	monter (à)	rentrer	tomber
arriver	entrer	partir	sortir	venir

à pied   ÉLÈVE 1 *Qui est venu à pied?*
　　　　 ÉLÈVE 2 *Mon voisin est venu à pied.*

1. à temps pour déjeuner
2. avec dix minutes de retard
3. à sa boutique
4. dans l'avion
5. la montagne
6. de l'arbre
7. de la voiture
8. de l'oral à 16h30
9. avant la fin du cours

a. le marchand
b. les voyageurs
c. mon père
d. ma tante Marie
e. toute la classe
f. Laure et moi
g. mon petit chat
h. Marc, qui n'a pas de montre,
i. l'équipe de ski
j. moi

B **Comment ça se fait?** Tout le monde arrive en retard. Expliquez pourquoi. Suivez le modèle.

> Isabelle tombe de son vélo.
> *Isabelle arrive en retard parce qu'elle est tombée de son vélo.*

1. Pierre reste avec son petit frère.
2. Yvonne et Jeanne passent par le parc.
3. Jacques et Gilles rentrent dans la librairie.
4. Catherine retourne chercher son parapluie.
5. Marc et Madeleine viennent à pied.
6. Thérèse arrive de son cours de piano.
7. Rémi et Charles vont d'abord chez Louis.
8. Anne et Lise ne descendent pas au bon arrêt d'autobus.
9. Et toi, pourquoi est-ce que tu arrives en retard?

C **Une visite au Musée Océanographique.** Mme Maurel est professeur d'histoire et de géographie au CES (collège d'enseignement secondaire) Roland Garros à Nice. Hier, un mercredi, comme il n'y avait pas de cours l'après-midi, elle a emmené sa classe au Musée océanographique de Monaco. Complétez le texte en mettant le verbe entre parenthèses au passé composé.

Mme Maurel *(décider)* d'emmener ses élèves voir l'excellente collection du Musée océanographique de Monaco. Ils *(partir)* juste après le déjeuner. Ils *(prendre)* un car. Le car *(monter)* à la Grande Corniche, une route d'où on a une vue extraordinaire sur la côte.
5 Ensuite il *(descendre)* par un petit chemin pour arriver à Monaco. Comme il y avait beaucoup de circulation, le car *(rester)* en bas de la colline où se trouvent le château du prince de Monaco et le musée. Mme Maurel et ses élèves *(monter)* au musée à pied.
　　Ils *(passer)* deux heures à admirer les poissons exotiques de la
10 belle collection du musée. Bien sûr, les élèves voulaient voir le château. Ils *(rester)* quelque temps dans la cour devant le château. Mme Maurel leur *(expliquer)* l'histoire de la famille Grimaldi, les princes de Monaco. La dernière princesse de Monaco, l'actrice américaine Grace Kelly, qui *(naître)* à Philadelphie, *(mourir)* dans un
15 accident de voiture: Elle descendait de la Grande Corniche à Monaco quand elle *(perdre)* contrôle de sa voiture.
　　Comme il commençait à se faire tard, Mme Maurel et sa classe *(descendre)* de la colline à pied pour aller retrouver le car. Les élèves *(rentrer)* très contents à Nice.

Le passé composé des verbes pronominaux

Remember that in the passé composé pronominal verbs are always conjugated with *être*. The reflexive pronoun comes right before *être*, and the past participle agrees with the pronoun in gender and number.

INFINITIF **se laver**

		SINGULIER				PLURIEL	
M.	je	**me suis**	lavé		nous	**nous sommes**	lavés
	tu	**t'es**	lavé		vous	**vous êtes**	lavé(s)
	il / on }	**s'est**	lavé		ils	**se sont**	lavés
F.	je	**me suis**	lavée		nous	**nous sommes**	lavées
	tu	**t'es**	lavée		vous	**vous êtes**	lavée(s)
	elle / on }	**s'est**	lavée		elles	**se sont**	lavées

1 If a pronominal verb is followed by a direct object, the past participle does not agree with the reflexive pronoun.

> Elle s'est peign**ée**.
> Nous nous sommes lav**és**.

> Elle s'est peign**é les cheveux.**
> Nous nous sommes lav**é les mains.**

2 To make the pronominal verb negative in the passé composé, put the *ne* in front of the pronoun and the *pas* after the form of *être*.

> Je **ne** me suis **pas** levé(e).

> Tu **ne** t'es **pas** coiffé(e).

MOUSSE D'EAU DOUCE.

Isabelle Lancray PARIS

A   L'heure, c'est l'heure.   Regardez les images et décrivez la journée d'Annick et Gérard. Suivez le modèle.

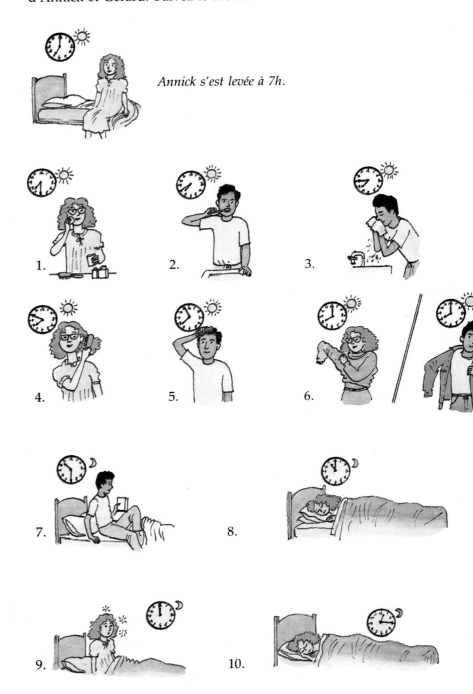

Annick s'est levée à 7h.

1.

2.

3.

4.

5.

6.

7.

8.

9.

10.

B **Conséquences.** Les Touvier et leurs enfants ont eu des problèmes ce matin en faisant leur toilette. Voici ce qui s'est passé. Qu'est-ce qui en a été la conséquence?

> Jean a perdu son peigne.
> *Voilà pourquoi il ne s'est pas peigné.*

1. Yvonne n'a pas trouvé le savon.
2. Monique n'a pas vu le dentifrice.
3. Yvonne n'a pas trouvé le shampooing.
4. Monique et Jean ont dit qu'il n'y avait plus d'eau chaude.
5. La petite Marie-Christine n'a pas trouvé de serviette sèche.
6. Elle a dit que son peigne était cassé.
7. M. Touvier n'a pas pu trouver son rasoir.
8. Mme Touvier s'est lavé les cheveux mais elle n'a pas trouvé le sèche-cheveux.

C **Parlons de toi.**
1. Est-ce que tu arrives toujours en classe bien préparé(e)? Tu t'es préparé(e) hier soir pour tous tes cours d'aujourd'hui? Qu'est-ce que tu as fait pour te préparer?
2. Est-ce que tu t'es jamais inscrit(e) à un cours supplémentaire pour te perfectionner en quelque matière? Tu t'es inscrit(e) aux cours d'été? Lesquels?
3. Est-ce que tu as jamais déménagé pendant l'année scolaire *(school)?* Qu'est-ce que tu as dû faire pour t'adapter à ta nouvelle école? C'était difficile ou non? Pourquoi? Est-ce que les autres élèves t'ont aidé(e) à t'adapter?
4. Comment tu te prépares pour un examen important de français? Pour un examen de maths? Et d'histoire? Il y a des différentes méthodes pour se préparer à différents cours?

APPLICATIONS

GROSSES TÊTES: Leurs conseils de révision

ELISABETH BARILLÉ

AVANT DE LIRE
1. Quels conseils donneriez-vous à un élève qui va passer l'examen le plus important de sa vie?
2. Y a-t-il des examens aux Etats-Unis plus ou moins comme le bac? Comment se prépare-t-on pour ces examens-là?

Caroline, Normale sup

Caroline: «Il ne faut pas trop y penser.»

De Caroline, on peut dire que c'est une grosse tête puisqu'à 19 ans elle a intégré du premier coup[1] l'Ecole normale supérieure, option philo!* Son credo: travailler toute l'année. Elle ne commence à réviser
5 qu'un mois avant le concours.[2] ...
«Mes révisions ne consistent qu'à approfondir mes connaissances. Pour le français, j'ai appris des citations par cœur et j'ai analysé certaines pages d'une manière très précise: c'est le secret des bonnes dissertations. ... Mon programme d'histoire couvrait[3] la France de 1840 et le monde de 1917 à
10 nos jours: j'ai lu des biographies, j'ai vu des films sur la période. Les dates, les traités,[4] je les avais appris par cœur. Si l'on a de grosses lacunes,[5] inutile[6] de les combler[7] à la dernière minute, mieux vaut peaufiner[8] ce que l'on sait bien. J'essaie de beaucoup dormir, au moins huit heures par nuit. ... J'ai évité ceux de ma classe qui ne parlaient que des examens. Pour réussir
15 un concours, il ne faut pas trop y penser.»

---

[1]**intégrer du premier coup**   *to get into a school on the first try*   [2]**le concours** *competitive examination*   [3]**couvrir** *to cover*   [4]**le traité** *treaty*   [5]**la lacune** *gap*
[6]**inutile** *useless*   [7]**combler** *to fill in*   [8]**peaufiner** *to fine-tune*

Extrait de ''CRACKS: Leurs conseils de révision,'' *20 Ans,* N° 11, juin 1988. Reproduit avec permission.

*****l'Ecole normale supérieure, option philo**   L'E.N.S. prépare à l'agrégation (un diplôme que reçoivent certains professeurs du secondaire). Après deux ou trois ans de préparation, les étudiants passent un concours très difficile qui leur permet d'entrer à l'E.N.S. Il y a à peu près *(about)* cent places pour la section sciences et cent places pour la section lettres. L'option philo(sophie) est une des options que peuvent choisir ceux qui se préparent au concours de l'E.N.S. dans la section lettres.

Julien, hypokhâgne[1]

J ulien, 17 ans, ne se contente pas d'être dans l'une des plus prestigieuses hypokhâgnes: celle d'Henri IV. Il est lauréat[2] du Concours général en français et en histoire.

20 «Je pars du principe qu'on ne peut pas tout réviser, surtout lorsque[3] le programme est très lourd. Je me permets des impasses dans les matières qui ne nécessitent pas des connaissances très précises, comme le français. Pour mon bac, je me suis simplement entraîné à faire des plans rapides de dissertation. Pour les langues, j'ai appris par cœur des phrases types.[4]

25 Gros morceaux: l'histoire et la géographie. Je m'y suis pris[5] quinze jours à l'avance. Les premiers jours, j'ai appris par cœur la chronologie, puis j'ai élargi aux[6] aspects socio-économiques. J'essaie d'harmoniser mes loisirs à mes révisions: je vais voir une exposition ou un film lié[7] à la période, au pays que j'étudie. ... Je travaille par tranches de deux heures avec un break

30 d'une demi-heure, ce qui me permet de réviser toute la journée. L'important c'est d'arriver en forme le jour de l'examen. Je dors beaucoup: douze heures par nuit. Les trois derniers jours, je ne révise plus. Je me promène, je sors un peu, pas tard, juste pour me changer les idées.»[8]

Julien: «L'important c'est d'arriver en forme.»

---

[1]**hypokhâgne** *(f.)* classe des lycées qui prépare à l'Ecole normale supérieure
[2]**le lauréat** *prize-winner* [3]**lorsque** quand [4]**type** exemple [5]**se prendre à** *to take seriously* [6]**élargir à** *to broaden in order to include* [7]**lié, -e** *related* [8]**changer les idées à quelqu'un** *to take someone's mind off something*

Des futurs ingénieurs à Paris

Christophe, Sciences po*

Christophe: «J'apprends par cœur.»

35   Christophe, 24 ans, pourrait écrire un éloge[1] de la sieste. Durant ses deux mois de révisions, il s'en est accordé[2] une chaque jour. Bonne technique car il a décroché[3] le diplôme de Sciences po.

«Le sommeil est vraiment primordial.[4] Je ne travaille jamais après 23 heures. Je tiens[5] un rythme assez soutenu[6] dans la journée, sans me dis-
40   perser.[7] J'apprends par cœur: c'est nécessaire pour des matières comme la géographie, l'histoire. Je ne fais pas de fiches car je n'ai jamais le temps de les consulter. Je préfère lire et annoter des livres qui complètent mes connaissances. C'est plus intéressant que de résumer[8] des cours. Pour le Grand Oral, on s'est réuni[9] entre amis. Certains tenaient le rôle des ex-
45   aminateurs. C'est une bonne façon[10] de se mettre en condition, de s'en-traîner à parler en public. Cela dit, je n'aime pas trop travailler en groupe. Il y en a toujours pour vous abattre le moral[11] en prétendant qu'ils ont tout révisé. Je m'accorde des sorties jusqu'à trois semaines avant les exa-mens. A partir de ce moment-là,[12] je ne sors que pour aller déjeuner, dans
50   un café ou un petit restaurant avec un copain. C'est mon moment de détente,[13] avant ma sieste!»

---

[1]**l'éloge** *(m.)* *hymn of praise* [2]**s'accorder** *se permettre* [3]**décrocher** *here: recevoir* [4]**primordial, -e** *essential* [5]**tenir** *to keep, to have* [6]**soutenu, -e** *sustained* [7]**se disperser** *to do too many things at once* [8]**résumer** *to summarize* [9]**se réunir** *to get together* [10]**la façon** *way* [11]**abattre le moral à quelqu'un** *to lower someone's morale* [12]**à partir de ce moment-là** *from that time on* [13]**la détente** *relaxation*

*Sciences po Cette Grande Ecole (l'Institut d'études politiques de Paris, couramment appelé «Sciences po») prépare les cadres *(managerial level employees)* de l'état. Pour y entrer il faut passer un concours difficile. Si on a le bac «avec mention 'très bien'», on peut y entrer directement sans passer le concours. L'E.N.S. et Sciences po sont deux des Grandes Ecoles. Les Grandes Ecoles sont les institutions d'enseignement les plus prestigieuses de la France.

Questionnaire

1. Caroline a étudié toute l'année et n'a révisé que pendant un mois. En quoi consistaient ses révisions?
2. Qu'est-ce que vous savez de l'histoire mondiale *(world)* depuis 1917? Vous pouvez citer *(mention)* trois dates importantes dans l'histoire mondiale—et non seulement des Etats-Unis—depuis 1917? Pourquoi ces dates sont-elles importantes?
3. Pourquoi l'étude de l'histoire est-elle importante?
4. Pourquoi est-ce que Caroline dit que «pour réussir un concours, il ne faut pas trop y penser»? Vous êtes d'accord, ou non? Pourquoi?
5. Caroline et Julien disent qu'on ne peut pas tout savoir et qu'il vaut mieux approfondir ses connaissances que d'essayer de combler «les grosses lacunes» pendant qu'on révise. Que pensez-vous? Comment peut-on éviter les grosses lacunes dans ses connaissances?
6. Pour ceux qui passent le concours il y a des dissertations orales et écrites. Est-ce que vous avez eu un oral? Si oui, comment était-il? Si non, pensez-vous que ça serait plus facile ou plus difficile qu'un examen écrit? Pourquoi?
7. Pour réviser, Julien «essaie d'harmoniser ses loisirs à (ses) révisions.» Qu'est-ce qu'il fait? Et Caroline, que fait-elle?
8. Tous ces jeunes gens disent que le sommeil est important. Combien d'heures est-ce que Caroline et Julien dorment chaque nuit? Que dit Christophe au sujet du sommeil? A quelle heure est-ce qu'il s'arrête d'étudier?
9. Pourquoi Christophe n'aime-t-il pas étudier en groupe? Est-ce que vous préférez travailler seul ou avec des copains? Pourquoi?
10. Pourquoi est-ce que Christophe aime se réunir avec des amis pour s'entraîner pour le Grand Oral? Comment est-ce qu'ils étudient ensemble?

Un examen écrit à Paris

EXPLICATIONS II

L'imparfait

◆ OBJECTIVES:

**TO EXPRESS
REPEATED OR
HABITUAL ACTIONS
IN THE PAST**

**TO TELL WHAT YOU
USED TO DO**

**TO SAY WHAT
PEOPLE AND
THINGS WERE LIKE**

**TO COMPARE THE
PRESENT WITH THE
PAST**

**TO TELL HOW
SOMEONE FELT**

**TO TELL WHAT
SOMEONE WANTED**

**TO MAKE
SUGGESTIONS**

**TO GIVE
INVITATIONS**

**TO EXPRESS
DISAPPROVAL OR
ANNOYANCE**

You have learned that the imperfect (*l'imparfait*) is the tense used to describe the setting or background of a past event.

1 Recall that to form the imperfect you drop the *-ons* of the *nous* form of the present tense and then add the appropriate endings.

INFINITIF **vendre**

	SINGULIER		PLURIEL
je	vend**ais**	nous	vend**ions**
tu	vend**ais**	vous	vend**iez**
il, elle, on	vend**ait**	ils, elles	vend**aient**

Remember that in verbs ending in *-ger* you add the letter *-e* before the endings *-ais*, *-ais*, *-ait*, and *-aient: je mangeais, ils rangeaient.* In verbs ending in *-cer* the *c* becomes *ç* before the same endings: *tu commençais, elle commençait.*

2 *Etre* is the only verb that is irregular in the imperfect. Its imperfect stem is *ét-: j'étais, nous étions.*

3 Use the imperfect to express repeated or habitual actions in the past.

Pour aller à l'usine, d'habitude nous **prenions** le métro.	*To go to the factory, we usually **took** the subway.*
Tous les matins, il **mangeait** un croissant en lisant le journal.	*Every morning, he **used to eat** a croissant while reading the newspaper.*

4 Use the imperfect to express a continuing action or situation in the past. This is equivalent to the construction "was/were" + verb + "-ing" in English.

Dimanche, elles **étaient** chez elles. Elles **préparaient** l'oral d'espagnol.	*Sunday, they **were** at home. They **were studying** for the Spanish oral exam.*
On ne **pouvait** pas sortir. Il **neigeait** trop.	*We **couldn't** go out. It **was snowing** too hard.*
Ils **bavardaient** pendant que le prof **expliquait** le problème.	*They **were chatting** while the teacher **was explaining** the problem.*

5 In giving the background of past events, use the imperfect:

- to describe persons, things, weather; to give information about time.

C'**était** une jeune fille charmante. Elle **avait** les yeux verts et elle **portait** toujours des robes claires.	*She **was** a charming girl. She **had** green eyes and she always **wore** light-colored dresses.*
Il **faisait** vraiment mauvais. Il **pleuvait** et **il y avait** un vent fort.	*The weather **was** really bad. It **was raining** and **there was** a strong wind.*

- to express feelings and intentions.

Nous **étions** très malheureux.	*We **were** very unhappy.*
Je **ne me sentais pas** très bien.	*I **didn't feel** very well.*
Les autres **ne voulaient pas** nous rejoindre.	*The others **didn't want** to join us.*

6 You are also familiar with a use of the imperfect that is not related to expressing past events. When it is used with *si,* the imperfect can be used to make suggestions, to give invitations, or to express disapproval or annoyance.

Le soleil vient de sortir. **Si on faisait une randonnée** dans la forêt?	*The sun has just come out. **How about going for a hike** in the forest?*
Si vous travailliez au lieu de vous disputer!	***Why don't you work** instead of arguing?*

EXERCICES

A Le bon vieux temps. Le grand-père d'Edmond compare la vie d'aujourd'hui à celle d'autrefois, quand il était enfant. Formez ses phrases en utilisant l'un des éléments donnés dans la colonne de droite qui convient. Suivez le modèle.

> Vous allez à l'école en car …
> *Nous y allions à pied.*

1. Tu regardes la télé …
2. Le dimanche tu sors avec tes copains …
3. Tu t'achètes tes vêtements toi-même …
4. Ton père va au bureau en voiture …
5. Tout le monde a la télé …
6. Maintenant tout le monde part pendant les grandes vacances …
7. On traverse l'océan Atlantique en avion …
8. On met des ordinateurs dans tous les bureaux …

a. les secrétaires / utiliser seulement des machines à écrire
b. on / prendre le bateau
c. ma mère / choisir ce que je / porter
d. nous / se promener en famille
e. on / écouter la radio
f. je / lire des romans
g. nous / aller à pied
h. nous / rester chez soi
i. mon père / aller au travail en vélo

B Suggestions et contre-suggestions. Maryse essaie de se préparer pour un contrôle de physique mais son petit frère et sa petite sœur font beaucoup de bruit et ne sont pas très sages. Refaites ses ordres pour les rendre moins directs. Suivez le modèle.

> Laissez-moi travailler!   *Si vous me laissiez travailler!*

1. Jouez dehors!
2. Faites moins de bruit!
3. Arrêtez de vous disputer!
4. N'allumez pas la télé!
5. Toi, Eric, va jouer avec tes copains!
6. Anne-Marie, fais tes devoirs d'allemand!

Et maintenant, refaites les réponses de sa sœur.

7. Laisse-nous tranquilles!
8. Arrête de nous embêter!
9. Descends travailler dans le bureau de Papa!
10. N'attends pas jusqu'au dernier jour pour te préparer pour tes examens!

C Ajoutons l'arrière-plan *(the background).* Maryse raconte son récent séjour à la montagne. Finissez ses phrases en utilisant *quand* ou *parce que* selon les indications données. Suivez les modèles.

> Nous sommes partis de chez nous. (quand / faire encore nuit)
> *Quand nous sommes partis de chez nous, il faisait encore nuit.*
>
> La route était déserte. (parce que / la ville dormir encore)
> *La route était déserte parce que la ville dormait encore.*

1. Nous sommes arrivés à la montagne. (quand / neiger)
2. Papa a arrêté de conduire. (parce que / la voiture glisser sur la neige)
3. Nous avons mis des vêtements chauds et des anoraks. (parce que / faire froid)
4. Nous sommes sortis de l'hôtel. (parce que / nous / vouloir quand même faire du ski)
5. Nous avons attendu longtemps pour monter aux pistes de ski. (parce que / y avoir beaucoup de monde)
6. Nous sommes arrivés sur la piste de ski. (quand / le soleil commencer à sortir)
7. Nous sommes descendus et nous sommes montés plusieurs fois. (parce que / nous / être contents d'être à la montagne)
8. Le soir, nous sommes allés danser. (parce que / nous / vouloir s'amuser)
9. Nous nous sommes couchés. (quand / être après minuit)

Des skieurs de fond en Lozère, au sud le la France

Contraste entre le passé composé et l'imparfait

You know that the imperfect and the passé composé represent different ways of looking at past events.

1 We use the *passé composé*:

● to look at a past event that relates to the present. These events are expressed in English by *have* + past participle.

J'**ai mangé.** Je n'ai plus faim.	*I've eaten. I'm no longer hungry.*
Nous sommes fatigués parce que nous **avons** beaucoup **travaillé.**	*We're tired because **we've worked** a lot.*

● to string together events to form a story line.

Mme Guillot **est descendue** dans sa cuisine. Elle **a allumé** la cuisinière et **a préparé** le café.	*Mme Guillot **went down** to her kitchen. She **switched on** the stove and **made** the coffee.*

2 We use the *imperfect*:

● to provide the background for an event.

Il **faisait beau** quand nous sommes arrivés.	*The weather **was nice** when we arrived.*
Je **travaillais** sur mon ordinateur quand on a coupé l'électricité.	*I **was working** on my computer when the electricity was cut off.*

● to describe something in the past.

C'était une auberge charmante. Elle n'**avait** qu'une dizaine de chambres. De ma chambre je **voyais** un petit jardin où **se promenaient** quelques poules.	*It **was** a charming inn. It **had** only about ten rooms. From my room I saw a small garden where a few chickens **were walking around.***

Le petit déjeuner chez soi, à Paris

3 Verbs that describe or refer to feelings and intentions are generally used in the imperfect. These include *avoir, être, croire, penser, connaître, savoir, espérer, devoir, pouvoir, vouloir.*

4 Time expressions often give you a clue about which of the two tenses to use:

- We use the imperfect with time expressions that express habitual or repeated action.
- We use the passé composé with time expressions that refer to a specific point in time or to a specific number of times an event took place.

Compare the following pairs of sentences.

habitual or repeated action	*specific or delimited action*
Le lundi il **allait** au lycée à pied.	Lundi dernier, il **est allé** au lycée à pied.
D'habitude, je **préparais** mes examens tout seul.	Cette fois, j'**ai préparé** mes examens tout seul.
Nous **tapions** souvent nos devoirs à la machine à écrire.	Hier soir, nous **avons tapé** nos devoirs à la machine à écrire.

Dans la cour d'un lycée à Paris

La ville de Lyon, sur le Rhône

EXERCICES

A **Une journée pas comme les autres.** Simone travaille dans un bureau à Lyon. La semaine dernière n'était pas typique pour elle. Construisez des phrases en mettant le verbe au temps qui convient et en utilisant l'expression logique de la liste en-dessous. Suivez le modèle.

> D'habitude elle rentrait tôt le soir. Mardi dernier …
> *Mardi dernier elle est rentrée tard.*

1. Tous les jours, elle se levait de bonne heure. Le jour de son anniversaire …
2. D'habitude elle prenait le train pour aller en ville. Ce jour-là …
3. Ce matin elle a écouté les informations à la radio. D'habitude …
4. En général elle attendait ses amis à la gare. Hier …
5. Lundi dernier elle est arrivée au bureau en retard. Généralement …
6. Tous les jours elle déjeunait au restaurant. Mercredi …
7. Vendredi soir elle a quitté la ville vers 8h. Tous les vendredis …
8. Généralement le téléphone sonnait rarement. Lundi matin …

a. ne pas s'arrêter de sonner
b. partir seule
c. rentrer tard
d. se réveiller tard
e. prendre sa voiture
f. acheter le journal
g. rester en ville jusqu'à 10h
h. apporter un sandwich
i. arriver avant les autres employés

B Justifications.   Quelle justification est-ce que vous pouvez trouver pour les actions suivantes?

> Pourquoi est-ce que tu as pris ton parapluie?
> *Parce que je croyais qu'il allait pleuvoir.*
> OU: *Parce que le ciel était gris.*

1. Pourquoi est-ce que tu as mangé toute la baguette et tout le jambon?
2. Pourquoi est-ce que tu as mis deux pulls?
3. Pourquoi est-ce que tu as pris la voiture?
4. Pourquoi est-ce que tu es rentré(e) du lycée avant la fin des cours?
5. Pourquoi est-ce que tu as dépensé tout ton argent de poche de la semaine?
6. Pourquoi est-ce que tu n'as pas pris le car pour aller au lycée ce matin?
7. Pourquoi est-ce que tu t'es servi de mon ordinateur?
8. Pourquoi est-ce que tu n'as pas fait la vaisselle du déjeuner?
9. Pourquoi est-ce que tu t'es couché(e) à une heure du matin?

C Plus de peur que de mal!   Mme Juquin raconte pourquoi elle a mis le téléphone dans sa voiture. Mettez l'histoire au passé en utilisant le temps qui convient: l'imparfait ou le passé composé.

C'est un soir d'hiver. Je rentre chez moi après une journée à la campagne. Il fait froid et il fait nuit. Il y a de la neige sur la route étroite. Tout à coup je vois une vache au milieu de la route. Elle ne veut pas quitter la route. Je freine et, comme il y a de la neige sur la
5 route, je glisse. Je me retrouve sur le côté de la route. Je ne peux pas sortir ma voiture de là. Je sors de la voiture et je cherche une ferme. Malheureusement, il n'y a pas de maisons où je me trouve. Je n'ai pas envie de marcher loin dans la nuit. Alors je reste comme ça jusqu'au matin. J'ai froid, j'ai faim et j'ai peur. Heureusement
10 quelqu'un passe par là et m'aide à mettre ma voiture sur la route. Voilà pourquoi je mets le téléphone dans ma voiture.

Le passé composé et l'imparfait: résumé

◆ OBJECTIVES:

TO TELL A STORY

TO DESCRIBE
SOMETHING THAT
HAPPENED

1 A story or description of a past event has two parts: a story line and background information. The story line tells what happened and the background information describes the context and circumstances surrounding the events. You have learned that the story line is carried by the passé composé and that the imperfect describes the background. The following diagram outlines the narrative below. Each *x* on the time line represents an event; the background information for each event is given below the time line.

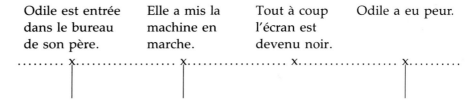

STORY LINE

Odile est entrée dans le bureau de son père.	Elle a mis la machine en marche.	Tout à coup l'écran est devenu noir.	Odile a eu peur.

.... x.................... x.................... x.................... x..........

BACKGROUND INFORMATION

- Il était 6h du matin.
- Tout le monde dormait.
- Elle voulait voir le nouvel ordinateur.

- Il y avait un drôle de bruit.

- Elle croyait que l'ordinateur était cassé.
- Mais c'était seulement une panne d'électricité.

Il était 6h du matin. Tout le monde dormait. Odile est entrée dans le bureau de son père. Elle voulait voir le nouvel ordinateur. Elle a mis la machine en marche. Il y avait un drôle de bruit. Tout à coup l'écran est devenu noir. Odile a eu peur. Elle croyait que l'ordinateur était cassé, mais c'était seulement une panne d'électricité.

2 Remember that the choice of tense depends on the focus: Is the event part of the story line or of the background? Compare the choice of tense for *avoir peur* in the two paragraphs below. The events appear in bold face.

- Odile était seule dans la maison. **Elle avait peur.** Tout à coup elle a entendu un drôle de bruit dans la cuisine. Elle est descendue. C'était seulement le chat.

- Odile est descendue dans la cuisine. Tout à coup elle a entendu un drôle de bruit. **Elle a eu peur.** C'était seulement le chat.

In the first paragraph, *avoir peur* is used to express Odile's fear because she was alone in the house. It is background information. In the second paragraph *avoir peur* refers to a momentary emotion caused by the sudden noise she heard. It is a main event in the story line.

EXERCICES

A Analyse.   Chaque phrase ci-dessous est suivie d'une question. Choisissez la réponse qui convient.

1. Il a ouvert la fenêtre à minuit. Il pleuvait. *Il a plu toute la nuit?*
   (a) oui   (b) non   (c) on ne sait pas

2. En ouvrant la fenêtre, Eliane a dit: «Tiens, il a neigé!» *Il neige toujours?*
   (a) oui   (b) non   (c) on ne sait pas

3. «J'écrivais une lettre quand il m'a téléphoné.» *La lettre est finie?*
   (a) oui   (b) non   (c) on ne sait pas

4. Notre équipe gagnait le match quand il a commencé à pleuvoir. *Notre équipe a gagné?*
   (a) oui   (b) non   (c) on ne sait pas

5. Gisèle a habité à Bruxelles l'année dernière. *Elle y habite toujours?*
   (a) oui   (b) non   (c) on ne sait pas

6. «Robert, ton copain t'attendait à la cantine.» *Le copain de Robert l'attend toujours à la cantine?*
   (a) oui   (b) non   (c) c'est possible

7. Hervé était une grosse tête. Il réussissait toujours les examens. *Hervé a été reçu au bac haut la main?*
   (a) oui   (b) non   (c) c'est possible

8. Le père de Madeleine l'a attendue à la sortie du lycée. *Il l'attend encore à la sortie du lycée?*
   (a) oui   (b) non   (c) on ne sait pas

B **Comment préparer le bac.** Denis explique comment il a préparé son bac. Complétez son histoire en choisissant la forme du verbe qui convient.

L'année dernière, *(je préparais / j'ai préparé)* mon bac. J'*(apprenais / ai appris)* des textes par cœur pour certaines matières comme les langues étrangères, la géographie et l'histoire. Au début, on *(décidait / a décidé)* de travailler en groupe, mais comme on *(perdait / a perdu)*
5 trop de temps à discuter, on *(arrêtait / a arrêté)*. Il y *(avait / a eu)* des copains et des copines qui *(ne faisaient pas / n'ont pas fait)* sérieusement leur part du travail. *(Je bûchais / J'ai bûché)* comme un dingue pour cet examen. Je *(ne sortais pas / ne suis pas sorti)* pendant un mois, mais *(je dormais toujours / j'ai toujours dormi)* au moins huit
10 heures par nuit. Heureusement *(je réussissais / j'ai réussi)* haut la main. J'*(étais / ai été)* très content.

AMELIORER SON STYLE

COMMENT LIRE UN ENONCE EN ANGLAIS

« C'est trop bête, si seulement j'avais fait attention », C'est ce que se disent bien des candidats au bac qui, malgré un bon niveau d'anglais, ont obtenu une mauvaise note pour avoir mal lu l'énoncé d'une épreuve. Voici quelques conseils qui, accompagnés d'un minimum d'attention, devraient vous permettre de déjouer les pièges des énoncés dans les trois parties de l'épreuve de langue: compétence linguistique, compréhension du texte et expression personnelle.

Compétence linguistique

Commençons par un exemple classique de mauvaise lecture d'un énoncé tiré de la dernière session du bac. L'énoncé était le suivant: « Parmi les quatre solutions proposées, rayez celle qui est fausse:
« Children... get used to working.a) ought, b) must, c) should, d) had better ».
Ce qu'il fallait faire c'était rayer « ought » (la ...uction correcte est « ought to »). Malheu-

Le second énoncé est certes correct s'il est lu à haute voix, mais l'examinateur estimera que vous n'avez pas su quoi mettre, d'où la pénalisation.

● Ne proposez jamais deux solutions ou deux réponses à une question. Cela est particulièrement vrai dans la version ou le thème ...ouvent l'épreuve de compé-

...s bon en fran-
...e l'on entend
...l ne faut pas
...t en faisant
... des mots,
...us entraî-
...n.

...par un
...e fiche
... Mais
...nt au
...n des
...ntre
...que

vous vous référez ». Incorrect : « Le livre que je t'ai parlé » ; correct : « Le livre dont je t'ai parlé ».

● EN et Y
Pour bien utiliser **ces pronoms adverbiaux**, il faut connaître la construction des verbes. Par exemple, on dit « se méfier de... ». De même, « se rendre à tel endroit » deviendra « s'y ren-
...dre ». Le pronom Y ne renvoie jamais à une ...personne, mais à un lieu, un fait, une situation. ...On dit « penser à lui » (quelqu'un), mais « y pen-
...r » (à quelque chose).
...emple : Incorrect : « Il est inquiet, il m'en ...parlé de ses soucis » ; correct : « ... Il m'a ...lé de ses soucis » ou « Il a des soucis, il ...n a parlé ».

... OU, MAIS
...onjonctions d...

C Parlons de toi.

Parle de ton enfance, quand tu avais entre six et douze ans.

- ta personnalité
- tes loisirs et les sports que tu aimais
- où toi et ta famille vous passiez vos vacances et ce que vous faisiez pendant vos vacances
- comment tu travaillais à l'école
- ce que tu faisais après l'école et le soir
- comment tu passais les week-ends

ACTIVITÉ

Toujours des excuses!   Avec un(e) partenaire, inventez des excuses pour les situations suivantes. Employez une variété d'expressions de regret. Lisez vos excuses à la classe. Est-ce que vos camarades de classe peuvent deviner la situation?

- Vous arrivez chez vous après minuit. Vous deviez arriver à onze heures. Quelle excuse est-ce que vous donnez à vos parents?

- Vous n'avez pas fait vos devoirs de français ou vous avez raté un examen. Quelle excuse est-ce que vous donnez au prof?

- Vous avez promis de téléphoner à votre petit(e) ami(e) mais vous avez oublié de le faire. Quelle excuse est-ce que vous lui donnez?

RÉVISION

Lisez la bande dessinée.

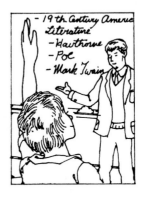  

1. Marie-Laure a toujours espéré devenir écrivain.

2. Heureusement, elle est forte en langues.

3. Hier soir, elle s'est mise au travail au lieu de regarder la télé.

4. Bien sûr, elle a fait attention à la leçon pendant le cours.

5. Elle l'a très bien comprise.

6. Maintenant, elle a envie de s'inscrire à un autre cours d'anglais.

LES CENTRES D'ETUDE DES LANGUES
DES CHAMBRES DE COMMERCE ET D'INDUSTRIE

Les langues étrangères, votre atout pour 1992

Maintenant imaginez que la première phrase de la Révision dit *Marie-Laure n'a jamais voulu devenir écrivain.* Inventez une suite *(conclusion)* à cette nouvelle histoire en vous servant de la Révision comme modèle.

Trouvez les expressions françaises qui correspondent à l'anglais et rédigez un paragraphe.

1. André has always wanted to be an accountant.

2 toujours espéré devenir comptable

2. But he's not good in math.

malheureusement il n'est pas bon en mathématiques

3. Yesterday he went walking with his friends instead of studying his math.

Hier, il s'est promené avec ses amis au lieu d'étud... ses mathématiques

4. So he panicked during the quiz.

Bien sûr, il a paniqué pendant le contrôle

5. He did not pass it at all.

il n'a pas réussi toujours

6. That's why he's thinking of choosing another profession.

Maintenant il pense de choisir une autre profession

Maintenant, choisissez un de ces sujets.

1. Quels conseils pouvez-vous donner à André?

2. Complétez les phrases suivantes comme vous voulez en vous servant des phrases de la Révision et du Thème comme modèles.

   a. J'ai toujours ....
   b. Mais je ne suis pas ....
   c. Hier ... au lieu de ....
   d. Donc, ...
   e. Je l'ai ....
   f. Maintenant, je ....

3. Qu'est-ce qui vous passionne à l'école? Qu'est-ce qui ne vous intéresse pas du tout? Quelles options est-ce que vous avez choisies? Pourquoi?

CONTRÔLE DE RÉVISION CHAPITRE 1

A   La vie d'étudiant est difficile!
Complétez les phrases suivantes en employant les mots de la liste.

une dingue	ne s'est pas préparée
une grosse tête	a paniqué
s'est inscrit	se perfectionner

1. Denis _____ au cours de biologie.
2. Il n'est pas fort en biologie et il _____ pendant son premier contrôle.
3. Le prof s'est fâché parce que Nicole _____ pour le contrôle.
4. Anne a eu dix-huit au contrôle. C'est _____ .
5. Pour _____ elle a bûché comme _____ .

B   Ne répétez pas!
Refaites les phrases suivantes en remplaçant les noms répétés par le bon pronom. Attention à la place du pronom!

1. Pierre a choisi les sciences économiques parce qu'être comptable intéresse Pierre.
2. Francine est triste parce que sa correspondante n'écrit pas à Francine.
3. Tu as les numéros de téléphone de Marc et d'Henri? Je veux téléphoner à Marc et à Henri.
4. La classe prépare un voyage à Paris. Je ne suis jamais allé à Paris.
5. Tu laisses un pourboire? Mais dans cet hôtel on ne laisse jamais de pourboire.
6. Ma famille et moi nous déménageons. J'espère que tu écriras à ma famille et à moi.
7. J'aimerais te présenter Véronique. Ah! Tu connais déjà Véronique.
8. Mais où sont mes gants? Qui a vu mes gants?
9. Mes voisins habitent Londres maintenant. Je pense souvent à mes voisins.
10. Je n'aime pas ces exercices. J'ai fait trop d'exercices.

C   Quelle famille occupée!
Paul explique ce que les membres de sa famille ont fait hier. Formez des phrases complètes au passé composé.

1. Marie-Louise (rentrer) du travail à 5h. Elle (monter) à sa chambre et (se laver). Puis elle (descendre) à la cuisine où elle (téléphoner) à son ami Christophe. Plus tard, ils (sortir) ensemble.
2. A 13h, mes parents (aller) à l'hôpital pour voir mon grand-père qui (tomber) du toit. Il (se casser) le genou et les deux pieds. Ils (passer) deux heures avec lui. Ils (partir) à 15h.
3. Mon frère Gilles et moi, nous (conduire) à l'aéroport pour rencontrer mon oncle Pierre. Bien sûr, l'avion (ne pas arriver) à l'heure et nous (devoir) attendre une heure et demie. Enfin, nous (voir) oncle Pierre et nous (descendre) chercher ses valises que nous (mettre) dans le coffre de la voiture. Quand nous (arriver) à la maison, je (monter) les valises à sa chambre et Gilles (rentrer) la voiture au garage.

D   Une sortie dangereuse!
Complétez le paragraphe suivant en choisissant le bon temps du verbe entre parenthèses.

A 19h30 ce soir, je (suis sorti / sortais) de la maison et il (n'a pas neigé / ne neigeait pas). Mais, il (a commencé / commençait) à neiger quand j'(ai été / étais) dans ma voiture et pendant que (j'ai conduit / je conduisais) au magasin. J'(ai eu / avais) peur parce que je n'aime pas conduire dans la neige. (Je suis arrivé / j'arrivais) au magasin à 20h. A ce moment-là, il (a neigé / neigeait) fort. (J'ai fait / je faisais) des courses pendant une heure. Quand je (suis sorti / sortais) à 21h, il (a neigé / neigeait) toujours. J'(ai été / étais) inquiet. Heureusement, pendant que je (suis rentré / rentrais) chez moi, il (s'est arrêté / s'arrêtait) de neiger et quand (je suis arrivé / j'arrivais) chez moi à 21h30, il (n'a plus neigé / ne neigeait plus).

VOCABULAIRE DU CHAPITRE 1

Noms
le bac(calauréat)
la connaissance
le contrôle
le / la dingue
l'écrit *(m.)*
l'électronique *(f.)*
la grosse tête
l'ingénieur *(m.)*
l'option *(f.)*
l'oral *(m.)*
les sciences économiques *(f.pl.)*
le sujet

Verbes
s'adapter
approfondir
bachoter
se balader
bûcher
se contenter de
s'entraîner
s'inscrire à
paniquer
passionner
se perfectionner
plaisanter
se préparer

Adjectif
pas croyable

Adverbe
à temps

Expressions
avoir de la veine
avoir + *time* + de retard
ça a bien marché
c'est la meilleure
comment ça se fait?
de mon temps
des tas de
être reçu, -e
haut la main
tu parles!

CHAPITRE 2

Comme beaucoup de gens dans d'autres pays, les Français voyagent pendant leurs vacances. Pendant les «grandes vacances» d'été (en juillet et en août) surtout, presque tous les habitants des grandes villes du nord et du centre de la France partent en voyage. Pendant l'été, ces grandes villes ressemblent à des déserts, ce qui n'est certainement pas le cas de la gare du Nord à Paris.

(en bas) Partir «en week-end» ne veut pas dire la même chose pour les élèves français et les élèves américains. En France, leur «week-end» ne commence que le samedi à midi, après une demi-journée de cours.

(en haut) Beaucoup de Français aiment voyager en groupe. Ces jeunes-ci voyagent en vélo à Sarzeau, en Bretagne. Il y a beaucoup d'auberges de jeunesse en France dans lesquelles les jeunes voyageurs peuvent se reposer avant de continuer leur voyage.

MOTS NOUVEAUX

On part en voyage?

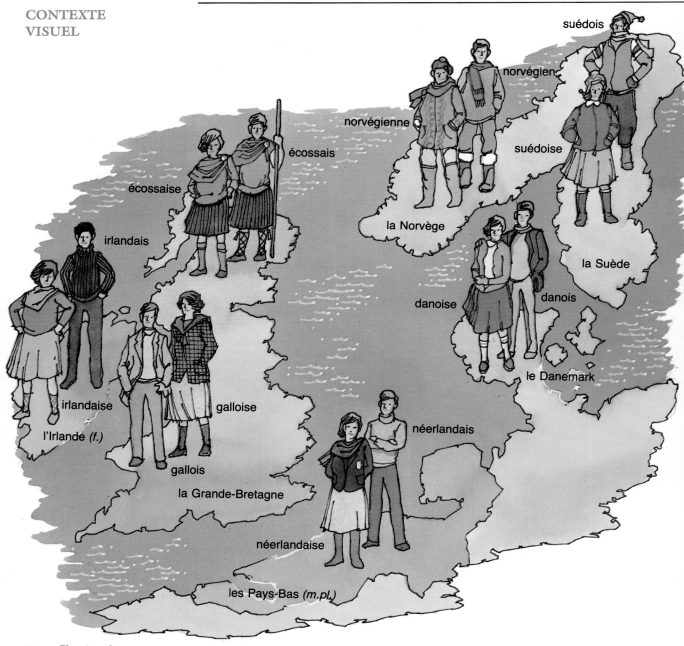

suédois

norvégien

norvégienne

écossais

écossaise

irlandais

suédoise

la Norvège

la Suède

danoise

danois

la Suède

irlandaise

l'Irlande (f.)

gallois

galloise

le Danemark

néerlandais

la Grande-Bretagne

néerlandaise

les Pays-Bas (m.pl.)

| faire de l'auto-stop *(m.)* | dormir à la belle étoile | s'inquiéter (de)* | rire | sourire |

*S'inquiéter is a reflexive stem-changing verb that follows the pattern of *préférer: je m'inquiète, tu t'inquiètes, il/elle/on s'inquiète; nous nous inquiétons, vous vous inquiétez, ils/elles s'inquiètent.*

CONTEXTE COMMUNICATIF

1 Murielle et Jean-Jacques **discutent de** leurs projets de vacances.

> MURIELLE   Tu sais où tu **pars** l'été prochain?
>
> JEAN-JACQUES   Je n'**arrive** pas **à me décider. Soit** je fais **un voyage organisé** avec mes parents, **soit** je pars en auto-stop en Grande-Bretagne.

Variations:

- je n'arrive pas à → j'essaie de
- en Grande-Bretagne → en Suède
- en Grande-Bretagne → au Danemark
- en Grande-Bretagne → aux Pays-Bas

discuter de = parler de

partir   here = aller
arriver à + inf.   *to manage to*
se décider à   *to make up one's mind*
soit ... soit   *either ... or*
le voyage organisé   *package tour*

2 Lionel **s'apprête à** partir en voyage.

> VALÉRIE   Qu'est-ce que tu **emportes** comme affaires?
>
> LIONEL   **Pas grand-chose,** sinon ma valise sera trop lourde.

- sera → **risque d**'être
- sera trop lourde → risque de se casser
- ma valise sera trop lourde → j'**aurai du mal à** porter ma valise

s'apprêter à + inf.   *to get ready to*
emporter   *to take along, to take with one*
pas grand-chose   *not much*
risquer de + inf.   *might*
avoir du mal à + inf.   *to have a hard time*

3 Xavier est en vacances dans le sud de la France. Il écrit
à ses parents.

Chers maman et papa,
Je **me plais** beaucoup ici. Je **me suis** déjà **fait** des tas
d'amis. Le temps est superbe et je **me baigne** tous les jours.
Surtout, ne vous inquiétez pas. Tout va bien.
A bientôt,

Xavier

■ je me plais beaucoup → ça ne **me déplaît** pas du tout
des tas d'amis → plusieurs amis
superbe → **splendide**

se plaire = s'amuser
se faire des amis *to make
 friends*
se baigner = aller nager

déplaire à *to displease*

splendide *splendid, magnificent*

Dans une gare en France

4

VINCENT	Tu veux voir les photos de mon voyage?
THÉRÈSE	Oh oui, fais voir.
VINCENT	Tiens, voilà, regarde. Tu vois le garçon qui sourit là, à côté de moi? C'est un copain norvégien.
THÉRÈSE	Mais comment vous faisiez pour **vous** comprendre?
VINCENT	On **se** parlait en anglais.

vous / se / nous   here: *each other*

- norvégien → néerlandais
- norvégien → danois
- le garçon → la jeune fille
  un copain norvégien → une copine suédoise
- on se parlait → nous **nous** parlions

5   Véronique et Daniel sont en voyage en Belgique.

VÉRONIQUE	J'ai envie de **m'acheter** des souvenirs. Tu sais où il y a un magasin?
DANIEL	Non, mais on peut **se renseigner** au **syndicat d'initiative.**

s'acheter   *to buy for oneself*

se renseigner à   *to inquire (somewhere)*

le syndicat d'initiative   *tourist office*

ramener   *to bring back*

s'adresser à   *to go and see / ask / tell*

- m'acheter → **ramener**
- se renseigner au → **s'adresser au**

6   Anne aussi s'achète des souvenirs. Elle s'adresse au guide.

ANNE	Pourriez-vous me dire où se trouve le magasin de souvenirs le plus **proche,** s'il vous plaît?
LE GUIDE	Oui, il y en a un assez près d'ici.

proche   *near, close*

- pourriez-vous me dire → savez-vous
- me dire → m'indiquer

7   Dans un magasin de souvenirs, Fabien est en train d'essayer un chapeau.

SYLVIE	Achète-le. Il te va très bien.
FABIEN	Si je porte ça en France, tout le monde va **se moquer de** moi.
SYLVIE	Mais non, allez, vas-y, prends-le.

se moquer de   *to laugh at, to make fun of*

- un chapeau → des lunettes de soleil
  achète-le → achète-les
  il te va → elles te vont
  prends-le → prends-les
- se moquer de moi → rire

8 Chantal et Sabine ont voyagé toute la journée. Elles veulent s'arrêter pour dormir, mais tous les hôtels sont complets.

CHANTAL   Qu'est-ce qu'on va faire?

SABINE   Ne t'inquiète pas. On va **se débrouiller.**
On peut toujours dormir à la belle étoile.

- ne t'inquiète pas → ne **t'énerve** pas
- ne t'inquiète pas → ne panique pas
- à la belle étoile → dans une auberge de **jeunesse***

se débrouiller   *to manage, to cope*

s'énerver   *to get excited, to get upset*

la jeunesse   *youth*

9 Pierre attend Louis à la gare.

PIERRE   Ah, enfin tu es là! **Presse-toi!** On va rater le train.

LOUIS   Oh, **ça va, ça va.** Ne te fâche pas.

PIERRE   Mais tu **te rends compte** que le départ est dans cinq minutes?

- on va rater → on risque de rater
- ne te fâche pas → ne t'énerve pas

se presser = se dépêcher

ça va, ça va   *okay, okay!*

se rendre compte (de)   *to realize*

10 A la frontière.

LE DOUANIER   Votre passeport, s'il vous plaît.

CORINNE   Euh … Je viens de **m'apercevoir†** que je l'ai oublié.

LE DOUANIER   Si vous avez votre **carte d'identité,‡** ça suffit.

CORINNE   Ouf, heureusement! **Tenez,** la voilà.

- je l'ai oublié → je l'ai laissé chez moi

s'apercevoir (de)   *to realize, to notice*

la carte d'identité   *ID card*

tenez (from **tenir**)   *here you are, take this*

11 **Au cours d'une excursion,** la guide donne des conseils aux touristes.

LA GUIDE   Promenez-vous dans les rues du village. Elles sont très **pittoresques.** Mais surtout, ne **vous perdez** pas, et souvenez-vous: on se retrouve ici dans une heure.

- ne vous perdez pas → ne **vous éloignez** pas
  et souvenez-vous → et n'oubliez pas

au cours de = pendant

l'excursion (f.) = visite, petit voyage

pittoresque   *picturesque*

se perdre   *to get lost*

s'éloigner = aller loin

---

*Une auberge de jeunesse est un hôtel pas cher pour les jeunes.

†*S'apercevoir* follows the pattern of *recevoir: je m'aperçois / nous nous apercevons.* Its past participle is *aperçu(e).*

‡Une carte d'identité est un document officiel que tous les Français doivent toujours porter. C'est tout ce dont on a besoin pour voyager dans les pays de la CEE, la Communauté économique européenne.

AUTREMENT DIT

TO CALM SOMEONE …
> Ne t'inquiète pas.
> Ne te fâche pas.
> Ne t'énerve pas.
> Reste calme.

OR, MORE STRONGLY …
> Ne panique pas!

EXERCICES

A   Définitions.   Définissez les mots suivants et utilisez chacun dans une question que vous poserez à un(e) camarade de classe.

1. s'apprêter à
2. se baigner
3. dormir à la belle étoile
4. s'éloigner
5. un Néerlandais
6. se perdre
7. se plaire
8. proche
9. le suédois
10. le syndicat d'initiative

Au parc National de la Vanoise

Carte de réduction

LE BOURGET, 27 septembre - 5 octobre
semaine de 12 h à 19 h - samedi, dimanche de 9 h à 19 h

B Chère amie. Solange écrit une lettre de Londres à son amie Cécile. Choisissez les mots pour compléter sa lettre. Il y a des mots qui ne seront pas utilisés.

affaires	m'acheter	ramener
carte d'identité	me débrouiller	risque
Danemark	me suis aperçue	s'est énervée
du mal	me suis pressée	soit ... soit
emporter	m'inquiéter	suis arrivée
Grande-Bretagne	paniquer	voyages organisés

Chère Cécile:

Me voici enfin! Je suis arrivée hier en _____, mais non sans peine. Le matin de mon départ pour Dublin, je _____ que ma valise était très, très lourde. Il y avait des tas de choses dedans

5 et je me suis rendu compte que j'aurais _____ à la porter. Donc, je me suis décidée au dernier moment de ne pas _____ toutes mes _____ avec moi. Je _____ à choisir ce dont j'aurais absolument besoin. Je me suis dit que je pourrais _____ les vêtements nécessaires _____ à Dublin _____ à Londres. Puis, juste

10 avant de quitter l'appartement, je n'ai pas pu trouver mon passeport. Je l'ai cherché partout, mais enfin j'ai dû me contenter d'emporter seulement ma _____.

A dix heures j'ai commencé à _____ un peu, parce que le train devait partir à 10h55. Alors, je _____ pour ne pas le rater. Je suis

15 sortie, mais pas de taxi dans la rue! Heureusement, après une dizaine de minutes un autobus est arrivé.

Mon amie Jocelyne, qui m'attendait à la gare, _____ quand elle m'a vue à l'entrée. «Presse-toi!» m'a-t-elle dit. «On _____ de rater le train.» Je lui ai dit de ne pas _____. Après tout, même

20 dans les situations les plus difficiles j'arrive toujours à _____, n'est-ce pas?

D'habitude, les _____ me déplaisent. Mais cette fois-ci, on s'amuse beaucoup. Nous nous sommes déjà fait des amis. Et je me suis acheté des tas de souvenirs d'Irlande.

A bientôt,

Solange

C   Parlons de toi.

1. Pour voyager, est-ce que tu préférerais faire un voyage organisé ou faire de l'auto-stop? Pourquoi? Quels conseils donnerais-tu à quelqu'un qui pense faire de l'auto-stop?

2. Tu peux décrire un voyage intéressant que tu as fait ou que tu voudrais faire un jour? Parle un peu de ton voyage idéal. Où aller et avec qui? Comment voyager?

3. Quel est l'endroit le plus pittoresque de ta ville? Pourquoi le choisis-tu? Tu peux le décrire?

4. Qu'est-ce qui te plaît le plus quand tu voyages? Qu'est-ce qui t'énerve?

5. Quand tu voyages, qui fait tes valises? Qui les porte? Tu trouves d'habitude que ta valise pèse plus quand tu pars ou quand tu rentres chez toi? Pourquoi?

6. Qu'est-ce que tu achètes comme souvenirs—pour toi-même et pour les autres?

ACTIVITÉ

Une carte postale de ...?   Imaginez-vous en vacances. Avec un(e) partenaire, écrivez une carte postale à un(e) ami(e). Décrivez, par exemple, une personne dont vous avez fait la connaissance, un endroit que vous avez visité, votre logement (hôtel, auberge, auberge de jeunesse, etc.), le temps, vos activités, les souvenirs que vous avez achetés, quelque chose d'intéressant qui vous est arrivé, etc. Après, lisez votre carte postale à vos camarades de classe qui vont essayer de deviner où vous étiez.

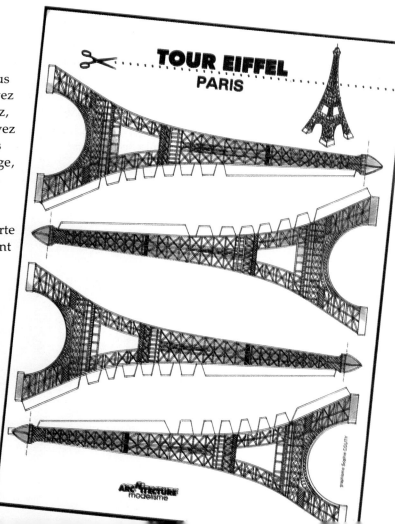

APPLICATIONS

Bonnes vacances!

Antoine s'apprête à partir en vacances avec des copains, sans ses parents pour la première fois:

	MME DELAGE	Surtout, ne te baigne pas quand il fait trop frais.
	ANTOINE	Mais oui, maman, ne t'inquiète pas.
5	M. DELAGE	Ne dépense pas tout ton argent tout de suite.
	MME DELAGE	S'il t'arrive quelque chose, téléphone-nous.
	ANTOINE	Oui, mais il ne va rien m'arriver.
	M. DELAGE	On ne sait jamais.
	MME DELAGE	Reste toujours avec tes copains. Ne te perds pas.
10	ANTOINE	Me perdre? Mais enfin,[1] j'ai dix-sept ans! Je ne pars pas en vacances pour avoir un accident, me perdre ou dépenser tout mon argent. Je pars pour m'amuser! Alors vous n'allez même pas me souhaiter des bonnes vacances?
15	MME DELAGE	Mais si, mon petit chéri, passe des bonnes vacances!

[1]**mais enfin**   *oh, come on!*

Des voyageurs montent dans un train en France.

Questionnaire

1. Pourquoi ces vacances-ci sont-elles différentes de celles qu'Antoine a passées avant?   2. Pourquoi est-ce que sa mère ne veut pas qu'il se baigne quand it fait trop frais?   3. Qu'est-ce que son père ne veut pas qu'il fasse?   4. Pourquoi est-ce que sa mère lui dit de ne pas s'éloigner de ses amis?   5. Pourquoi est-ce qu'Antoine va en vacances?   6. Vous pensez qu'il fera tout ce que ses parents lui demandent? Pourquoi?
7. Vous croyez qu'Antoine est fils unique ou est-ce qu'il a des frères et des sœurs? Expliquez votre réponse.   8. Et vous, est-ce que vous êtes allé(e) en vacances sans vos parents? Si oui, quels conseils est-ce qu'ils vous ont donnés? Vous avez fait tout ce qu'ils vous ont demandé? Si vous n'êtes pas allé(e) en vacances sans vos parents, voudriez-vous le faire? Pourquoi?

Situation

Avec deux camarades de classe, imaginez la situation suivante entre une personne de votre âge et ses parents. Le fils ou la fille s'apprête à faire un voyage de ski avec des copains. C'est son premier voyage sans ses parents et ils s'inquiètent beaucoup.

EXPLICATIONS I

Les verbes *rire* et *sourire*

Here is the present indicative of the verb *rire*.

INFINITIF **rire**

PRÉSENT		SINGULIER		PLURIEL	
	1	je **ris**		nous **rions**	
	2	tu **ris**		vous **riez**	
	3	il elle } **rit** on		ils elles } **rient**	

IMPÉRATIF **ris! rions! riez!**
PASSÉ COMPOSÉ j'ai **ri**
IMPARFAIT je **riais,** nous **riions**
FUTUR SIMPLE je **rirai**

1 *Sourire* follows the same pattern as *rire*.

> Ils **rient** de la blague que j'ai racontée. Et toi, tu ne **souris** même pas.

> *They're **laughing** at the joke I told. And you're not even **smiling**.*

2 Because the stem of *rire* and *sourire* ends in *i*, there is a double *i* in the *nous* and *vous* forms of the imperfect.

> Vous **riiez** beaucoup quand vous étiez jeunes.
> Nous te **souriions**.

> *You **laughed** a lot when you were young.*
> *We **were smiling** at you.*

Ils sourient.

JEU-PHOTO MAXI

Souriez, vous allez peut-être gagner 10 000 F !

EXERCICE

Rire ou sourire? Que font ces personnes dans les situations suivantes? Choisissez des expressions de la liste à droite pour faire des phrases. Par exemple:

> ses amis
> *Ses amis n'ont pas ri quand ils se sont perdus.*
> OU: *Ses amis sourient quand ils sont contents.*

1. mes parents
2. je
3. le directeur de l'équipe
4. tu
5. mon (ma) petit(e) ami(e)
6. vous
7. le professeur
8. tout le monde
9. les enfants

se baigner dans la mer
essayer de jouer du piano
être content / triste
s'inquiéter
comprendre
gagner un match
prendre ma (ta, sa, etc.) photo
raconter / entendre une blague
réussir / rater un examen
voir un film comique
se tromper
se perdre
se rendre compte de ce qui se passe

Elles rient.

Les pronoms compléments d'objet et l'impératif

◆ OBJECTIVES:

TO TELL SOMEONE (NOT) TO DO SOMETHING

TO TELL SOMEONE TO DO SOMETHING FOR YOU OR FOR SOMEONE ELSE

TO OFFER TO DO SOMETHING

TO ENCOURAGE SOMEONE TO DO SOMETHING

TO DISCOURAGE SOMEONE FROM DOING SOMETHING

You know that in an affirmative command, the object pronoun follows the verb and is joined to it by a hyphen.

Prends **ce livre**.	Prends-**le**.
Essaie **cette robe** avant de partir.	Essaie-**la** avant de partir.
Emmène **Gaël et moi** avec toi.	Emmene-**nous** avec toi.
Envoie une carte postale **à ta sœur**.	Envoie-**lui** une carte postale.
Allons **à l'aéroport!**	Allons-**y**.

Remember that in affirmative commands, *aller* and *-er* verbs do not have an *s* in the *tu* form except before *y* and *en*.

Pourquoi est-ce que tu n'achètes pas de souvenirs?	*Why aren't you buying any souvenirs?*
Vas-y, achètes-en!	***Go on and buy some.***

1 In negative commands, the object pronoun goes in the normal place, right before the verb.

Ton chien, **ne le laisse pas** seul.	*Your dog! **Don't leave him** all alone.*
Ne m'embêtez pas!	***Don't bother me!***
N'y va pas sans ta carte d'identité.	***Don't go there** without your ID card.*

2 The object pronoun *me* changes to *moi* in an affirmative command.

Ne **me** suivez pas!	Suivez-**moi**!
Ne **me** dis rien!	Dis-**moi** quelque chose!

Une boutique de souvenirs à l'aéroport d'Orly à Paris

A Montmartre, Paris

cartes postales

Envoyez des Cartes

SYNDICAT NATIONAL DES
ÉDITEURS DE CARTES POSTALES VUES
S.N.E.D.I.V.U

EXERCICES

A Le retour. Les Martin sont rentrés de vacances aujourd'hui. Il y a beaucoup à faire chez eux. Conversez selon le modèle.

> laver le linge sale
> ÉLÈVE 1 *Je lave le linge sale?*
> ÉLÈVE 2 *Oui, lave-le, s'il te plaît.*

1. nettoyer la voiture
2. changer les draps
3. ranger les valises
4. passer l'aspirateur
5. appeler les grands-parents
6. faire les lits
7. coucher le bébé
8. ouvrir les fenêtres

1988

OFFICE DE TOURISME SYNDICAT D'INITIATIVE

68340 RIQUEWIHR (France)

3 Etoiles Michelin

Altitude : 300 mètres

Nombre d'habitants : 1.050

"La Perle du Vignoble d'Alsace"

Riquewihr est situé sur les collines sous-vosgiennes au creux d'un vallon. Cette situation privilégiée l'abrite contre les vents du Nord et les pluies venant de l'Ouest. Exposé vers le Sud et profitant d'une des plus basses pluviométrie de toute la France (moins de 450 mm). Riquewihr est un lieu idéal de vacances et de promenades :

- l'amateur d'art se replongera dans le passé, visitera les rues tortueuses, admirera les riches maisons moyenâgeuses.
- la vigne et le vin étant restés, comme il y a 5 siècles la base de l'activité de la cité, le visiteur pourra entrer dans les vieilles caves et déguster les bons vins.
- Riquewihr est le point de départ de multiples excursions. A 200 mètres de la ville, le touriste trouvera dans les belles forêts de sapins le calme et le bon air.

B Des cadeaux et des messages. Marie-Noëlle et Paul vont passer des vacances chez leur oncle en Suède. Leur mère leur donne des cadeaux et des messages pour lui et pour sa famille. Qu'est-ce qu'elle leur dit? Suivez le modèle.

dire bonjour de nous tous
Dites-lui bonjour de nous tous.

1. donner ces petits cadeaux

2. montrer ces photos

3. demander d'emmener la famille nous faire une visite

4. dire qu'ils doivent nous appeler de temps en temps

Quand les enfants rentrent de Suède, tout le monde leur pose des questions.

5. dire si ta tante aimait le pull irlandais que je lui ai envoyé

6. montrer les photos que vous avez prises en Suède

7. décrire la maison de votre oncle

8. dire s'ils pensent venir nous voir

C **Je pars en Allemagne!** Imaginez qu'un(e) ami(e) va voir ses cousins en Allemagne. Vous l'aidez à faire sa valise. Suivez le modèle.

> Je prends mes lunettes de soleil?
> *Oui, vas-y. Prends-les. Tu risques d'en avoir besoin.*

> Je prends des bonbons?
> *Non, n'en prends pas. Tu peux en acheter à l'aéroport.*

1. J'emporte mon dictionnaire français-allemand?
2. Je prends des cartes postales?
3. Je prends ma carte d'identité?
4. J'achète du papier à lettres?
5. J'apporte tous ces magazines?
6. J'emmène ma radio?
7. Je prends mes tennis?
8. J'emporte des bandes dessinées?

D **Parlons de toi.**
1. Si tu partais en vacances, quels conseils est-ce que tes parents te donneraient? Tes amis te donneraient des conseils? Si oui, donnes-en des exemples.
2. Quelles sortes d'ordres *(commands)* est-ce que tes profs donnent aux élèves? Ils les grondent quand ils rient ou font trop de bruit en classe?
3. Quelles sortes d'ordres est-ce que tu donnes le plus souvent? A qui est-ce que tu les donnes? Dans quelles situations?

Des copains vont faire du camping.

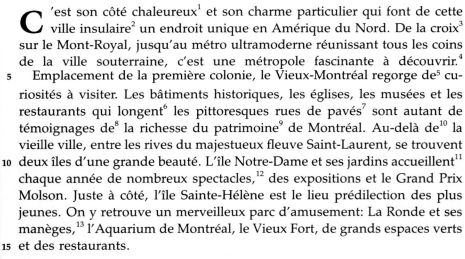

APPLICATIONS

Montréal

AVANT DE LIRE

1. La lecture suivante vient d'un petit guide à Montréal. En arrivant dans une ville que vous ne connaissez pas, sur quoi est-ce que vous voudriez vous renseigner tout de suite?
2. Que veulent dire ces mots en anglais: *bourgeois, couturier, gastronomy, gourmet, haute couture, nocturnal, par excellence, predilection*?
3. Pouvez-vous deviner ce que veulent dire les mots suivants, soit du contexte soit de ce que vous savez des langues françaises et anglaises, sans utiliser un dictionnaire? *Souterrain, -e* (l. 4), *l'emplacement* (l. 5), *la rive* (l. 9), *majestueux, -euse* (l. 9), *l'espace* (l. 14), *de plus* (l. 18), *le magasinage* (l. 23), *l'établissement* (l. 32), *au coucher du soleil* (l. 33), *la boîte de nuit* (l. 34), *l'antiquaire* (l. 41), *la boutique d'antiquités* (l. 46), *l'oiseau de nuit* (l. 44), *l'artisanat* (1. 46), *la nouveauté* (l. 63), *infini, -e* (l. 64), *le produit* (l. 68).

L'église Notre-Dame de Bonsecours au Vieux-Montréal

C'est son côté chaleureux[1] et son charme particulier qui font de cette ville insulaire[2] un endroit unique en Amérique du Nord. De la croix[3] sur le Mont-Royal, jusqu'au métro ultramoderne réunissant tous les coins de la ville souterraine, c'est une métropole fascinante à découvrir.[4]

5   Emplacement de la première colonie, le Vieux-Montréal regorge de[5] curiosités à visiter. Les bâtiments historiques, les églises, les musées et les restaurants qui longent[6] les pittoresques rues de pavés[7] sont autant de témoignages de[8] la richesse du patrimoine[9] de Montréal. Au-delà de[10] la vieille ville, entre les rives du majestueux fleuve Saint-Laurent, se trouvent
10   deux îles d'une grande beauté. L'île Notre-Dame et ses jardins accueillent[11] chaque année de nombreux spectacles,[12] des expositions et le Grand Prix Molson. Juste à côté, l'île Sainte-Hélène est le lieu prédilection des plus jeunes. On y retrouve un merveilleux parc d'amusement: La Ronde et ses manèges,[13] l'Aquarium de Montréal, le Vieux Fort, de grands espaces verts
15   et des restaurants.

[1]**chaleureux, -euse** *warm*   [2]**insulaire** *on an island*   [3]**la croix** *cross*   [4]**découvrir** *to discover*   [5]**regorger de** *to be packed with*   [6]**longer** *to line*   [7]**de pavés** *cobblestone*   [8]**sont autant de témoignages de** *are equally witness to*   [9]**le patrimoine** *heritage*   [10]**au-delà de** *beyond*   [11]**accueillir** *to welcome*   [12]**le spectacle** *show* [13]**le manège** *merry-go-round*

Extrait de *Guide 1988–1989: Le Shopping, les Restaurants, la Nuit*. Publié par l'Office des Congrès et du Tourisme du Grand Montréal. Reproduit avec permission.

On a souvent dit, et avec raison, que Montréal est une ville culturelle par excellence. En visitant l'un ou l'autre des quelques vingt musées d'art et d'histoire, on peut avoir un aperçu[14] de la culture québécoise. De plus, tout au cours de l'année, touristes et montréalais ont droit à[15] un éventail[16]
20 de spectacles, de festivals internationaux et d'événements[17] culturels de très hautes qualités.

Vous cherchez un grand couturier? Bienvenue[18] à Montréal: le paradis du magasinage! La ville s'enorgueillit du[19] titre de capitale de la mode au Canada. Les grands magasins et de nombreuses boutiques exclusives of-
25 frent les tous derniers cris[20] de la haute couture internationale.

Si le sport vous intéresse, ne manquez[21] pas de visiter le Parc Olympique de Montréal. En activité toute l'année, il est un des plus beaux exemples d'architecture de l'avenir.

Dans tous les quartiers de Montréal, haut lieu[22] de la gastronomie, les
30 plus grands gourmets sauront trouver satisfaction. La cuisine française a évidemment pignon sur rue[23] à Montréal. Mais le visiteur devra choisir parmi plus de 2000 établissements représentant environ[24] 30 pays différents. Au coucher du soleil, laissez-vous emporter par le rythme trépidant[25] de la vie nocturne. Plusieurs centaines de boîtes de nuit, de cabarets,
35 ... et de discothèques, pour tous les goûts et toutes les bourses,[26] vous attendent à bras ouverts aux quatre coins de la ville. Vraiment, Montréal est une ville où il fait bon vivre.

---

[14]**l'aperçu** (m.) *overview*   [15]**avoir droit à**   *to have access to*   [16]**l'éventail** (m.)   *range*
[17]**l'événement** (m.)   *event*   [18]**la bienvenue**   *welcome*   [19]**s'enorgueillir de**   *to be proud of*   [20]**le tout dernier cri**   *the ultimate*   [21]**manquer**   *to miss*   [22]**le haut lieu** *Mecca*   [23]**avoir pignon sur rue**   *to be big business*   [24]**environ**   *around*
[25]**trépidant, -e**   *vibrating*   [26]**la bourse**   *purse*

A la place Jacques Cartier
au Vieux-Montréal

Rue Sherbrooke

C'est une des rues les plus élégantes de la ville. Autrefois occupées par les grandes familles bourgeoises de Montréal, les majestueuses
40 résidences du XIXe siècle abritent[1] aujourd'hui les boutiques de mode les plus recherchées, des galeries d'art et des antiquaires.

---

[1]**abriter** *to house*

Rue Saint-Denis

Ici bat[1] le cœur du Quartier Latin de Montréal. La rue Saint-Denis est surtout fréquentée par les étudiants, les artistes, les intellectuels et les gourmets, mais tous sont des oiseaux de nuit. De toute la ville, c'est ici
45 que se trouve la plus grande concentration de … restaurants, de cafés, de terrasses, de boutiques d'antiquités, de galeries d'art et d'artisanat. L'atmosphère y est à la détente:[2] idéal pour se balader.

Le Nouveau Saint-Denis, de [la rue] Laurier à [la rue] Sherbrooke, c'est un choix de plus de 300 magasins, pour tous les goûts et pour toutes les
50 bourses. On y trouve vraiment de tout: bien mieux qu'un coin de lèche-vitrines occasionnel, le Nouveau Saint-Denis, c'est un centre de commerce vivant et complet, desservi[3] par trois stations de métro. Et si vous croyez que l'originalité et le bon goût doivent nécessairement coûter très cher, le Nouveau Saint-Denis vous offre un mariage unique de folie[4] et de sagesse,
55 avec des importations et des créations de gens d'ici … tout en respectant les porte-monnaie[5] sages. Le Nouveau Saint-Denis, de Laurier à Sherbrooke, c'est un esprit,[6] c'est un style, c'est chez nous. Venez et revenez: nous vous attendons.

Un concert impromptu au
Vieux-Montréal

---

[1]**battre** *to beat*   [2]**à la détente** *relaxing*   [3]**desservir** *to serve (in speaking of public transportation)*   [4]**la folie** *frivolity*   [5]**le porte-monnaie** = le portefeuille
[6]**l'esprit** *state of mind, attitude*

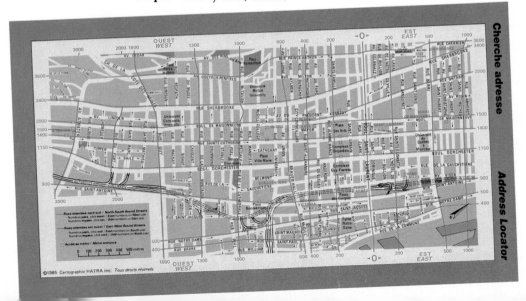

Rue Laurier

60   L a rue Laurier fait partie des rues les plus intéressantes du grand Montréal; une grande variété de boutiques vous y attend. ...

Le lèche-vitrines est un plaisir pour tous, tant les étalages[1] y sont attirants;[2] toute la famille se promène sur la rue Laurier pour y découvrir les dernières nouveautés; tous les touristes se réservent du temps pour y rencontrer l'infinie variété de boutiques toutes les plus affriolantes[3] les
65 unes que les autres et ramener chez eux des trouvailles inédites.[4]

Pour le gastronome amateur de fine cuisine: une boucherie-charcuterie-traiteur,[5] une épicerie fine et deux pâtissiers-chocolatiers.

Pour compléter: un fleuriste, une boutique de jouets, des produits de beauté, des librairies, banques, petits cafés, et beaucoup plus encore que
70 vous découvrirez en venant y flâner.[6]

Laurier, une rue où l'on aime s'y promener par pur plaisir!

---

[1]**l'étalage** *(m.)* *display*   [2]**attirant, -e** *attractive*   [3]**affriolant, -e** *enticing*
[4]**la trouvaille inédite** *unusual find*   [5]**le traiteur** *caterer*   [6]**flâner** *to stroll*

Questionnaire

1. Sur quel fleuve se trouve la ville de Montréal? Comment s'appellent ses deux petites îles?
2. D'après l'introduction, quelles sont quelques-unes des attractions de la ville? Il y en a qui vous intéressent surtout? Lesquelles?
3. Décrivez la vie nocturne de Montréal.
4. Qui habitait la rue Sherbrooke? Qu'est-ce qui se trouve là-bas maintenant? Cela vous intéresse? Pourquoi?
5. Pourquoi est-ce qu'on appelle la rue Saint-Denis «le cœur du Quartier Latin de Montréal»? Qui fréquente cette rue?
6. Pourquoi est-ce que vous pensez que la partie de la rue Saint-Denis de la rue Laurier jusqu'à la rue Sherbrooke s'appelle «le Nouveau Saint-Denis»? Qu'est-ce qui se trouve là-bas? Il y a une rue dans votre ville comme le Nouveau Saint-Denis? Si oui, décrivez-la.
7. Pourquoi est-ce que le guide dit que les magasins du Nouveau Saint-Denis respectent «les porte-monnaie sages»?
8. Qu'est-ce qu'il y a dans la rue Laurier pour les gastronomes?
9. Des trois rues qu'on a décrites ici, dans laquelle voudriez-vous vous balader? Pourquoi? Qu'est-ce que vous feriez là-bas?
10. Est-ce que vous avez visité Montréal? Si oui, de quoi vous souvenez-vous? Vous voudriez y retourner?
11. Est-ce que vous préférez les grandes villes ou les petites villes (ou même les villages)? Décrivez quelques-unes des attractions des grandes villes qu'une petite ville ne peut pas offrir, et vice versa.

EXPLICATIONS II

Les verbes comme *plaire*

◆ OBJECTIVE:

TO DESCRIBE LIKES AND DISLIKES

Look at the forms of the verb *se plaire*.

INFINITIF **se plaire**

	SINGULIER		PLURIEL	
1	je	me **plais**	nous	nous **plaisons**
2	tu	te **plais**	vous	vous **plaisez**
3	il elle on	} se **plaît**	ils elles	} se **plaisent**

PASSÉ COMPOSÉ   je   me suis **plu(e)**
IMPARFAIT   je   me **plaisais**
FUTUR SIMPLE   je   me **plairai**

1   The verb *plaire* means "to please." It is almost always used in the third person, as in the expression *s'il vous plaît*. Its English equivalent is usually "to like" or "to enjoy."

> Ce pays **me plaît**.   *I like this country.*
> Le repas **t'a plu?**   *Did you enjoy the meal?*

2   We most often use *plaire* as a pronominal verb meaning "to enjoy oneself" or "to have a good time."

> **Vous vous plaisez** ici?   *Are you enjoying yourselves here?*
>
> **Nous nous plaisions** beaucoup au bord de la mer.   *We used to have a very good time at the seashore.*

Un jour à la mer   été 1988
SNCF
Trouville-Deauville
Dives-Cabourg
Fécamp
Dieppe

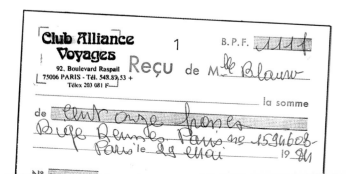

3 The verb *déplaire* follows the same pattern.

Ce climat ne **me déplaît** pas du tout.	*I don't **dislike** this climate at all.*
Ces gens-là **me déplaisent** vraiment.	*I really **dislike** those people.*

EXERCICE

Synonymes.   Les Plantier voyagent en Grande-Bretagne. Ils parlent de ce qui leur plaît et de ce qui ne leur plaît pas. Remplacez le verbe dans chaque phrase par la forme correcte de *plaire* ou de *déplaire*.

> *J'aime beaucoup ce pays.*
> *Ce pays me plaît beaucoup.*

1. Je déteste cette grande ville.
2. Tu aimes ce vieux port?
3. Oui, il est pittoresque. Mais je n'aime pas le bruit des bateaux à moteur.
4. Est-ce que tu as aimé ce petit restaurant?
5. Oui, j'ai trouvé le repas splendide.
6. Je n'ai pas détesté le plat de poisson, moi.
7. J'aime la langue de ce pays.
8. Moi aussi. Au lycée j'aimais beaucoup le cours d'anglais.
9. Je m'amusais beaucoup dans ce cours-là.

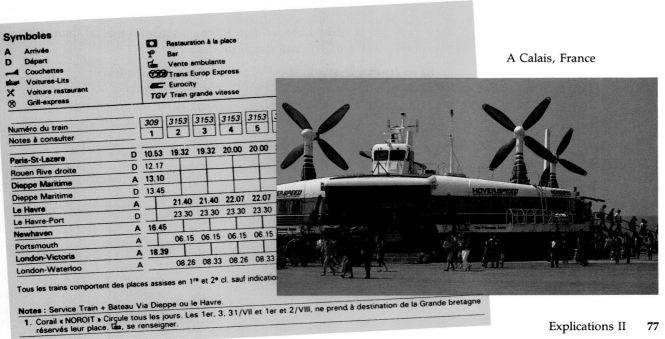

A Calais, France

Symboles

A	Arrivée
D	Départ
◁	Couchettes
🛏	Voitures-Lits
✕	Voiture restaurant
⊗	Grill-express

🍽	Restauration à la place
☕	Bar
🛒	Vente ambulante
TEE	Trans Europ Express
⊂	Eurocity
TGV	Train grande vitesse

Numéro du train		309	3153	3153	3153	3153	
Notes à consulter		1	2	3	4	5	
Paris-St-Lazare	D	10.53	19.32	19.32	20.00	20.00	
Rouen Rive droite	D	12.17					
Dieppe Maritime	A	13.10					
Dieppe Maritime	D	13.45					
Le Havre	A		21.40	21.40	22.07	22.07	
Le Havre-Port	D		23.30	23.30	23.30	23.30	
Newhaven	A	16.45					
Portsmouth	A		06.15	06.15	06.15	06.15	
London-Victoria	A	18.39					
London-Waterloo	A		08.26	08.33	08.26	08 33	

Tous les trains comportent des places assises en 1ʳᵉ et 2ᵉ cl. sauf indicatio

Notes : Service Train + Bateau Via Dieppe ou le Havre.
1. Corail « NOROIT » Circule tous les jours. Les 1er, 3, 31/VII et 1er et 2/VIII, ne prend à destination de la Grande bretagne réservés leur place. 🛒, se renseigner.

Les verbes pronominaux réciproques et idiomatiques

◆ OBJECTIVES:

TO DESCRIBE HOW PEOPLE FEEL ABOUT EACH OTHER

TO SAY WHAT PEOPLE DO FOR EACH OTHER

You know that you can use the reflexive pronouns *nous, vous,* or *se* in front of a verb to express the idea of people doing things to or for each other or sharing the same feeling about each other. This is called a reciprocal action.

Ils **s'écrivent** tous les jours.	*They **write to each other** every day.*
Nous **nous détestons.**	*We **can't stand each other.***
Elles **s'embrassent** sur la joue.	*They **kiss one another** on the cheek.*
Vous **vous connaissez,** n'est-ce pas?	*You **know each other,** don't you?*

1 When using reciprocal verbs in the passé composé, make the usual agreement of the past participle if the reflexive pronoun is a direct object. With verbs that require *à* before an object, the reflexive pronoun acts as an indirect object, so there is no agreement.

Nous **nous** sommes aidé**s.**	*We helped each other.*
Elles **se** sont regardé**es.**	*They looked at each other.*
BUT: Nous nous sommes téléphon**é.**	*We phoned each other.*
Elles se sont pos**é** des questions.	*They asked each other questions.*

2 Some pronominal verbs have a different meaning from that of their nonpronominal forms. We call them idiomatic.

Tu **as trouvé** le syndicat d'initiative?	***Did you find** the tourist information office?*
Où **se trouve** le syndicat d'initiative?	*Where **is** the tourist information office?*
Elles **ont perdu** toutes leurs affaires.	*They **lost** all their belongings.*
Elles **se sont perdues** pendant l'excursion.	*They **got lost** on the excursion.*

A **Les nouveaux-mariés.** Gisèle et Patrice se sont mariés. A votre avis, pendant les premiers mois après leur mariage est-ce qu'ils faisaient les choses suivantes? Suivez les modèles.

> s'ennuyer l'un avec l'autre
> *Non, ils ne se sont certainement pas ennuyés l'un avec l'autre.*
>
> s'embrasser avant de se dire au revoir
> *Oui, ils se sont certainement embrassés avant de se dire au revoir.*

1. se regarder dans les yeux
2. se disputer
3. se téléphoner plusieurs fois par jour
4. s'écrire quand l'un d'entre eux a dû faire un voyage
5. se sourire souvent
6. se dire ce à quoi ils pensaient
7. s'acheter beaucoup de petits cadeaux
8. se promettre de toujours s'aimer

Les amis se téléphonent souvent.

nouveau

carte télécommunications

Grâce à la carte Télécommunications, vous pouvez faire imputer automatiquement sur votre compte des communications téléphoniques ou télex passées par vous ou vos représentants à partir de n'importe quel poste ou cabine téléphonique en France (à l'exception des TOM). Trois options de carte vous sont proposées : voir les conditions page 23.

B Par exemple ...   Voici quelques phrases qui décrivent plusieurs personnes. En employant les verbes pronominaux idiomatiques de la liste, donnez un exemple à l'appui de *(in support of)* chaque description. Par exemple:

> Xavier est calme.
> *Il ne s'énerve jamais.*
> OU: *Il se débrouille toujours.*

se débrouiller	se moquer des autres
s'éloigner de ses parents	s'occuper des gens malades
s'énerver	se renseigner bien
s'entendre bien avec les autres	se tromper

1. Ce petit enfant est très sage.
2. Mireille est très gentille.
3. Ces élèves n'ont jamais de problèmes.
4. Vincent est une grosse tête.
5. Mon frère a beaucoup d'amis.
6. Marc est assez paresseux.
7. Louis est souvent furieux.
8. Marie-Claire ne s'est jamais perdue.

C Dimanche soir.   Complétez le texte suivant en mettant au passé composé les verbes entre parenthèses.

Ce soir mon frère Henri et ses copains *(se téléphoner)* avant le dîner pour prendre rendez-vous. Après le repas, ils *(se retrouver)* devant le cinéma. Ils *(se plaire)* au cinéma et, au lieu de rentrer tout de suite chez eux après le film, ils *(s'arrêter)* dans un café. Evidemment,
5 Henri est rentré tard. Maman s'apprêtait à se coucher quand il est entré. Voilà ce qui *(se passer)*:

MAMAN   Te voilà enfin! Mais où est-ce que tu es allé ce soir?

HENRI   Mes copains et moi, nous *(se retrouver)* pour aller voir un film.

10 MAMAN   Un film qui a duré cinq heures!?

HENRI   Non, maman. Après, nous *(se balader)* un peu et puis nous *(s'arrêter)* dans un café pour prendre quelque chose. Nous *(s'amuser bien)*.

MAMAN   Tu *(ne pas se souvenir)* de ton travail pour les cours de
15   demain?

HENRI   Mais, maman, tu ne sais pas que demain il n'y a pas de cours? C'est un jour férié *(holiday)*.

MAMAN   Ah, oui, c'est vrai. Je *(se tromper)* de jour.

L'impératif des verbes pronominaux

Like other object pronouns, reflexive pronouns come after the verb in affirmative commands but before the verb in negative commands. *Me* and *te* have the special forms *moi* and *toi* in affirmative commands.

◆ OBJECTIVES:

TO TELL PEOPLE WHAT (NOT) TO DO

TO GIVE ADVICE

TO MAKE SUGGESTIONS

MURIELLE   Allez, **pressez-vous!** Le car part.

JACQUES   **Ne t'énerve pas!** On arrive.

SOPHIE   Me voici. Toi, Jean-Jacques, **débrouille-toi** sans nous si tu rates le car.

EXERCICES

A **Le bon ange** *(angel)* **et le mauvais ange.** Imaginez que vous n'avez pas de cours aujourd'hui mais que vous avez beaucoup de travail à faire. Avec un(e) camarade de classe, jouez les rôles du bon ange et du mauvais ange. Conversez selon le modèle.

> se lever
> ÉLÈVE 1   *Levons-nous!*
> ÉLÈVE 2   *Ne nous levons pas!*

1. se rendormir
2. se laver
3. se brosser les dents
4. s'habiller tout de suite
5. se presser
6. s'apprêter à déjeuner
7. se préparer pour les examens
8. se décider

B Au bord de la mer. Les Cuvier passent une semaine au bord de la mer. Mme Cuvier donne toujours des conseils à ses fils, Laurent et Matthieu. Qu'est-ce qu'elle leur dit? Suivez les modèles.

> ne pas se baigner quand le drapeau est rouge
> *Ne vous baignez pas quand le drapeau est rouge.*

> se dépêcher de s'habiller
> *Dépêchez-vous de vous habiller!*

1. ne pas se disputer pendant les vacances
2. ne pas se perdre dans la foule
3. se décider si vous venez avec nous ou non
4. ne pas se moquer de votre sœur quand elle apprend à nager
5. ne pas s'éloigner d'ici
6. ne pas s'adresser à des gens que vous ne connaissez pas
7. s'acheter des hot-dogs si vous avez faim
8. se rendre compte de ce qui se passe

C Des conseils avant de partir en voyage. Imaginez que vous donnez des conseils à un(e) ami(e) qui espère voyager au Danemark. Suivez les modèles.

> Le soir avant le départ, il faut se coucher tôt.
> *Le soir avant le départ, couche-toi tôt.*

> Le matin du départ, il ne faut pas se lever trop tôt.
> *Le matin du départ, ne te lève pas trop tôt.*

1. Il faut bien se renseigner avant de partir.
2. Il ne faut pas se décider à partir à la dernière minute.
3. Il faut bien se préparer en achetant un bon guide.
4. Le jour avant le départ, il faut se reposer.
5. Le soir, il faut s'endormir de bonne heure.
6. Pour le voyage, il faut s'habiller avec des vêtements pratiques.
7. Le jour de ton arrivée, il ne faut pas s'éloigner trop de l'hôtel.
8. Pendant les vacances, il ne faut pas se lever trop tôt.
9. Il faut bien s'adapter à la cuisine.
10. Il ne faut jamais s'énerver.
11. Il faut se faire des amis.
12. Et si on a des problèmes, il faut s'adresser au syndicat d'initiative.

D Parlons de toi.

1. Tu t'énerves souvent? Quand? Qu'est-ce que tu fais quand tu t'énerves?
2. Tu t'entends bien avec tes sœurs et tes frères? Avec tes amis? Tu te disputes souvent avec eux? Au sujet de quoi?
3. Si tu étais en France, qu'est-ce que tu ferais pour te faire des amis? Tu crois que vous vous comprendriez bien?
4. Si tu étais dans un pays étranger où tu ne connaissais pas la langue, qu'est-ce que tu ferais pour te débrouiller?
5. Est-ce que le français te plaît? Quelle est la langue qui te plaît le plus? Pourquoi tu as choisi celle-là?
6. Tu as déjà voyagé à l'étranger ou dans une autre partie des Etats-Unis? Qu'est-ce qui t'a plu le plus? Qu'est-ce qui t'a déplu?
7. En général, qu'est-ce qui te plaît beaucoup? Qu'est-ce qui te déplaît?

Au sommet des Alpes

ACTIVITÉ

Le courrier du cœur.   Imaginez que vous êtes responsables du courrier du cœur dans votre journal. Les gens vous écrivent:

● au sujet des problèmes qu'ils ont avec leurs petits amis

● au sujet des problèmes de communication qu'ils ont avec leurs parents

Choisissez l'un de ces deux problèmes et, en groupes de trois ou quatre personnes, écrivez une lettre décrivant le problème. Donnez la lettre à un autre groupe, qui la discutera et ensuite écrira une réponse.

APPLICATIONS

Lisez la bande dessinée.

1. Thérèse ne sourit pas beaucoup ce matin.

2. Ses amis s'apprêtent à visiter les Pays-Bas en faisant de la moto.

3. Ils se sont entraînés en hollandais parce qu'ils voulaient se perfectionner.

4. Thérèse leur dit: «Et vos bagages? Ne les perdez pas.»

5. «Et ne vous perdez pas non plus.»

6. Ses amis rient et disent: «Ne t'énerve pas, Thérèse. Nous allons nous renseigner.»

Maintenant, imaginez que vous vous apprêtez à visiter le Mexique avec un(e) ami(e) en faisant du vélo. Qu'est-ce que vous faites pour vous préparer pour le voyage? Quels conseils vous donnent vos parents? Ecrivez votre histoire en vous servant de la Révision comme modèle.

Trouvez les expressions françaises qui correspondent à l'anglais et rédigez un paragraphe.

1. Jean-Marc's mother isn't laughing a lot today.

2. Jean-Marc is getting ready to visit Norway by hitchhiking.

3. He bought himself a guidebook because he doesn't want to get lost.

4. His mother says to him: "And your I D card? Don't forget it."

5. "And don't go too far away from your friends either."

6. Jean-Marc smiles and says: "Don't worry, Mom. I'll manage."

RÉDACTION

Maintenant, choisissez un de ces sujets.

1. Imaginez que Jean-Marc a perdu sa carte d'identité. Qu'est-ce qu'il doit faire? Qu'est-ce que la police lui demande?

2. Complétez les phrases suivantes comme vous voulez en vous servant des phrases de la Révision et du Thème comme modèles.

   a. Mon père … aujourd'hui.
   b. Mes amis et moi … en….
   c. Nous nous … parce que nous….
   d. Papa dit: ….
   e. Et … non plus.
   f. Je ris et dis: ….

3. Décrivez votre voyage favori. Où est-ce que vous êtes allé(e)? Quand? Comment? Avec qui?

CONTRÔLE DE RÉVISION CHAPITRE 2

A Souvenir de voyage

Dites ce que les personnes suivantes ont fait dans ces pays. Bien sûr, ils se sont fait des amis.

Murielle /
s'acheter un guide /
(l'Espagne)
Murielle s'est acheté un guide en Espagne et elle s'est fait des amis espagnols.

1. Xavier et Lionel /
   faire de l'auto-stop /
   (la Suède)

2. Jeanne et vous /
   se baigner /
   (le Danemark)

3. Je / se perdre /
   (les Pays-Bas)

4. Ma tante /
   se balader /
   (la Grande-Bretagne)

5. Tu / dormir
   à la belle étoile /
   (l'Irlande)

6. Nous /
   se débrouiller /
   (la Norvège)

B C'est amusant!

Dites ce qui fait rire les gens suivants. Mettez les verbes aux temps indiqués entre parenthèses.

Les enfants / les clowns / amusant (présent)
Les enfants rient parce que les clowns sont amusants.

1. Gaël et toi / la cravate du prof / bizarre (passé) *ont ri parce que était*
2. Ma petite sœur / la bande dessinée / drôle (présent) *rit parce que est*
3. Je / le film / amusant (passé) *j'ai ri parce que le film était amusant*
4. Nous / la réponse / bête (présent)
5. Tu / l'interro / facile (passé)
6. Le conducteur / l'agent / sérieux (présent)

Tu as ri parce que l'interro était facile.
Le conducteur rit parce que l'agent est sérieux

C A qui sont les cadeaux?

Vous ne voulez pas qu'on donne ces cadeaux à certaines personnes. Suggérez un autre cadeau.

Je donne ce livre à Louis? (cette cassette)
Non. Ne le donne pas à Louis. Donne-lui cette cassette.

non, ne la offre pas à Monique. Donne-lui ce
1. J'offre cette valise à Monique? (ce dictionnaire)
2. J'achète un aspirateur à maman? (une radio)
3. Je donne des chaussettes à papa? (des gants)
4. J'offre ces lunettes de soleil à mes petits frères? (ces bandes dessinées)
5. Je donne cette jupe à Francine? (ce bracelet)
6. Je te donne cet anorak? (ces patins)

Non, ne le donne pas à Francine. Donne-le
Non, ne me donne pas. Donne-moi ces patins.

D A l'école militaire!

Donnez les ordres suivants aux étudiants à l'école militaire. Dites ce qu'ils doivent faire et ne pas faire.

1. A Pierre et à Jean-Luc
   se lever à 5h30; s'habiller en cinq minutes; faire son lit; ne pas se parler; *levez-vous à 5h30.* s'apprêter à travailler *habillez-vous en*

2. A Marie-Louise
   se dépêcher de manger; se brosser les dents; ne pas se disputer avec les autres étudiants; ne pas me déplaire; se préparer pour l'inspection (*inspection*).

Noms
la carte d'identité
le Danemark
l'excursion *(f.)*
la Grande-Bretagne
l'Irlande *(f.)*
la jeunesse
la Norvège
les Pays-Bas *(m.pl.)*
la Suède
le syndicat d'initiative
le voyage organisé

Verbes
s'acheter
s'adresser à
s'apercevoir (de)
s'apprêter à + *inf.*
   arriver à + *inf. (to manage)*
se baigner
se débrouiller
se décider à
   déplaire à
   discuter de
s'éloigner
   emporter
s'énerver
s'inquiéter (de)
se moquer de
   partir *(to go)*
se perdre
se plaire
se presser
   ramener
se renseigner
   rire
   risquer de + *inf.*
   sourire

Adjectifs
danois, -e
écossais, -e
gallois, -e
irlandais, -e
néerlandais, -e
norvégien, -ienne
pittoresque
proche
splendide
suédois, -e

Pronoms
nous *(each other)*
se *(each other)*
vous *(each other)*

Expressions
au cours de
avoir du mal à + *inf.*
ça va, ça va
dormir à la belle étoile
faire de l'auto-stop *(m.)*
pas grand-chose
se faire des amis
se rendre compte (de)
soit … soit
tenez!

CHAPITRE 3

La Porte St. Denis est un des monuments magnifiques et anciens qu'on peut trouver à Paris. Construite *(built)* en 1672, elle commémore les victoires militaires de Louis XIV sur le Rhin. Mais on trouve aussi à Paris ce qu'on trouverait dans beaucoup d'autres grandes villes du monde: trop de gens, trop de voitures, du bruit, de la pollution. Et on trouve aussi des habitants qui voudraient déménager et aller vivre ailleurs—en banlieue, ou en province.

(en haut) Une scène assez ordinaire de la vie en ville, c'est l'automobiliste qui explique sa façon *(way)* de conduire aux agents de police. Cette scène-ci se passe à Paris.

(en bas) En province il y a l'air frais, les champs, et la paix qu'on ne trouve pas en ville. Il n'y a pas une seule voiture sur cette route au pays basque, près de Bayonne en France!

MOTS NOUVEAUX

Tu habites en banlieue?

construire*

le parc-mètre

le stop

démolir

le parking

le chauffeur (de taxi)

les toilettes publiques (f. pl.)

TOILETTES

l'embouteillage (m.)

l'automobiliste (m.&f.)

le carrefour

la contravention

le feu rouge / vert

le clignotant

le piéton

le sens unique

la cabine téléphonique

*Construire follows the pattern of conduire.

la pollution

le gratte-ciel, *pl.* les gratte-ciel

le chauffeur (de camion)

la limite de vitesse

doubler

1 CHRISTOPHE Mes parents veulent **échapper au** bruit et à la pollution de la grande ville. Ils ont décidé de déménager et d'aller vivre en banlieue.

HÉLÈNE Moi aussi, je voudrais bien que ma famille habite dans **un quartier** plus **tranquille**.

échapper à *to escape from*

le quartier *neighborhood, district*

tranquille *peaceful, quiet*

Variations:
- au bruit → à la circulation
- à la pollution → aux embouteillages

2 RÉMI **Le centre-ville** devient **insupportable**.

THOMAS Oui, **les commerçants** veulent que **le maire** trouve **une solution**. Mais qu'est-ce qu'il peut faire?

RÉMI Il devrait **interdire aux** gens **de** circuler en voiture. S'il faisait cela, les piétons pourraient faire leurs courses plus facilement.

- veulent → **exigent**
  interdire aux gens de → **empêcher** les gens **de** circuler en voiture → prendre leurs voitures
  s'il faisait cela → **grâce à** cela

le centre-ville (le centre) *downtown*

insupportable *unbearable*

le commerçant, la commerçante *shopkeeper*

le maire *mayor*

la solution *solution*

interdire à qqn. de + inf. *to forbid someone (to do something)*

exiger *to demand*

empêcher de + inf. *to prevent from*

grâce à *thanks to*

La vie à Paris

3 M. Besnard vient d'arrêter sa voiture dans la rue. Un autre automobiliste lui crie:

L'AUTOMOBILISTE   Vous ne voulez pas **vous garer ailleurs?** Vous **gênez** la circulation ici.

M. BESNARD   Vous avez raison. Je ne veux pas qu'un agent me donne une contravention.

■ vous garer → garer votre voiture
gênez la circulation → êtes **en stationnement interdit**

(se) garer = stationner
ailleurs *somewhere else*
gêner *to obstruct, to hamper; to bother*

en stationnement interdit *in a no-parking zone*

4 M. Giraud est en taxi.

LE CHAUFFEUR   En ville, les voitures sont de plus en plus **nombreuses. A cause de** ça, il y a des embouteillages partout.

M. GIRAUD   On devrait **obliger** les gens **à** prendre **les transports en commun.**

■ il y a des embouteillages partout → on **ne** peut plus se garer **nulle part**
■ obliger aux gens à → interdire aux gens de
■ obliger aux gens à → empêcher les gens de

nombreux, -euse *numerous*
à cause de *because of*
obliger qqn. à + inf. *to make someone (do something)*
les transports en commun *public transportation*
ne ... nulle part *not anywhere*

5 Les villes changent et **se modernisent.** Des vieux quartiers **entiers disparaissent.*** Il y a maintenant des gratte-ciel dans les beaux quartiers tranquilles où vivaient nos grands-parents. Il y a de plus en plus de **béton** et de moins en moins d'**espaces verts.**

se moderniser *to modernize*
entier, -ière *entire*
disparaître *to disappear*
le béton *concrete*
l'espace (m.) *space*
les espaces verts = les parcs

6 Jean-Luc **se renseigne auprès d'un passant.**

JEAN-LUC   Pourriez-vous me dire quelle **direction** il faut prendre pour aller au centre, s'il vous plaît?

LE PASSANT   Je ne suis pas sûr. Un parking **est à une centaine de mètres d'**ici. Vous devriez vous renseigner là.

■ pourriez-vous → voudriez-vous
■ vous devriez → vous pourriez

se renseigner auprès de qqn. *to inquire of someone*
le passant, la passante *passerby*
la direction *direction*
être à + distance + **de** *to be* + distance + *from*
une centaine de *about a hundred*

Disparaître follows the pattern of connaître.

7 Henri apprend à conduire.

LE MONITEUR	On va prendre **l'autoroute.** Tournez à gauche au carrefour.
HENRI	Je mets mon clignotant?
LE MONITEUR	Oui, bon, maintenant **accélérez.***

- tournez à gauche au carrefour → doublez cette voiture
- accélérez → ralentissez

l'autoroute (f.) *highway, freeway*

accélérer *to speed up*

8 M. et Mme Jaquin sont en voiture.

M. JAQUIN	Non, mais tu l'as vu, celui-là? Il conduit comme un dingue!
MME JAQUIN	Oui, il a **brûlé** un stop.

- un stop → un feu rouge
- il a brûlé un stop → il n'a pas **respecté la priorité**
- il a brûlé un stop → il n'a pas **respecté** la limite de vitesse

brûler *here: to go through*

respecter la priorité *to yield the right of way*
respecter *here: to obey*

9

MARION	Tu as de la chance d'habiter en banlieue. Au moins tu vis **au calme.**
ÉTIENNE	Oui, mais j'en ai marre des **trajets quotidiens.** Je **mets** presque une heure **pour** aller au lycée.
MARION	Tu devrais t'acheter une mobylette.
ÉTIENNE	Mon père trouve que c'est trop dangereux.

- devrais → pourrais peut-être

au calme *in peace and quiet*
le trajet *here: commute*
quotidien, -ne *daily*
mettre + time + à / pour + inf. *it takes (me / you, etc.) + time (to do something)*

*Accélérer follows the pattern of préférer.

AUTREMENT DIT

TO ASK FOR DIRECTIONS ...

> Pourriez-vous me dire où se trouve ... ?
> Savez-vous comment on fait pour aller à ... ?
> Savez-vous où il y a ... ?
> Par où dois-je passer pour aller à ... ?

GIVING DIRECTIONS ...

> Prenez la première à gauche / à droite.
> Continuez tout droit.
> C'est près d'ici.
> Ce n'est pas loin.
> Vous ne pouvez pas vous tromper, c'est tout droit.
> Au feu rouge, vous tournerez à droite.
> En arrivant au feu rouge, tournez à droite.
> C'est par là. *(en montrant du doigt)*
> C'est à dix kilomètres d'ici.

EXERCICES

A **Vous voulez un permis de conduire?** D'abord il faut passer un examen. Quelles sont les bonnes réponses pour réussir cet examen?

1. Au feu jaune, on *(accélère / ralentit)*.
2. Quand deux voitures arrivent au stop au même moment, la voiture à gauche doit *(brûler le stop / respecter la priorité)*.
3. Quand on veut tourner, il faut *(doubler / mettre le clignotant)*.
4. Au carrefour il faut toujours respecter la priorité *(des automobilistes / des piétons)*.
5. Au feu rouge, il faut *(s'arrêter / se garer)*.
6. Il faut ralentir si on voit que quelque chose *(gêne / échappe à)* la circulation.
7. Si vous êtes en stationnement interdit, un agent vous donnera *(une contravention / un permis)*.
8. Sur l'autoroute, il faut respecter *(les embouteillages / la limite de vitesse)*.

B **Définitions.** Définissez les mots suivants et utilisez chacun d'eux dans une question que vous poserez à un(e) camarade de classe.

1. le piéton
2. les gratte-ciel
3. le commerçant
4. être en stationnement interdit
5. les espaces verts
6. le passant
7. accélérer
8. le chauffeur

C **Qu'en pensez-vous?** Répondez aux questions suivantes.

1. Pourquoi est-ce qu'on démolit tant de vieux bâtiments? Qu'en pensez-vous?
2. Pourquoi est-ce qu'on essaie d'échapper à la pollution? Qu'en pensez-vous?
3. Beaucoup de gens croient qu'on devrait avoir au moins dix-huit ans avant d'avoir un permis de conduire. Qu'en pensez-vous?
4. Souvent les téléphones dans les cabines téléphoniques ne marchent pas. Qu'en pensez-vous?
5. Les parc-mètres non plus ne marchent pas toujours. Qu'en pensez-vous?
6. Les trajets quotidiens deviennent insupportables. Pourquoi? Qu'en pensez-vous?
7. Beaucoup de villes américaines n'ont pas de transports en commun. Pourquoi? Qu'en pensez-vous?

D **Que dites-vous?** Si vous vous trouviez devant votre lycée et un passant vous demandait comment aller aux endroits suivants, quels renseignements est-ce que vous lui donneriez?

1. au restaurant le plus proche
2. au salon de coiffure le plus proche
3. aux toilettes publiques
4. à une cabine téléphonique
5. au centre-ville
6. à l'arrêt d'autobus
7. à la station-service la plus proche
8. à l'hôpital

Un arrêt d'autobus à Paris

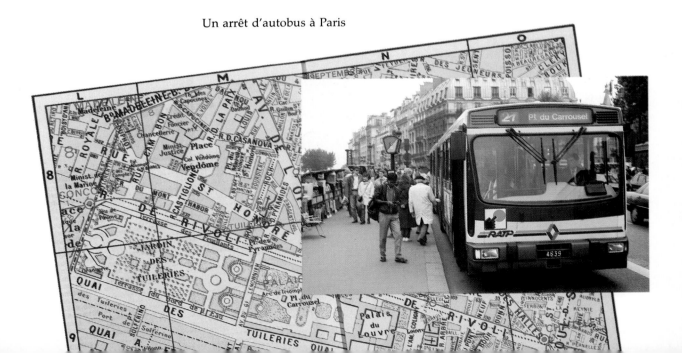

E Parlons de toi.

1. Tu préfères habiter en banlieue ou en ville? Tu voudrais habiter ailleurs? Pourquoi? Où est-ce que tu voudrais habiter?
2. Tu as un permis de conduire? Est-ce que ça te plaît de circuler en ville? Il y a assez de parkings? Combien est-ce que ça coûte pour garer une voiture pendant deux ou quatre heures?
3. Quels problèmes est-ce que tu rencontres quand tu circules en ville? Et quand tu prends l'autoroute?
4. Est-ce que tu as déjà eu une contravention? Pourquoi? Tu as dû la payer?
5. Tu peux décrire les difficultés que tu as eues pendant que tu apprenais à conduire? Quelle était la chose la plus difficile pour toi? Tu as réussi l'examen la première fois que tu l'as passé?
6. Décris le quartier le plus tranquille de ta ville. Et le moins tranquille? Lequel est-ce que tu préfères? Pourquoi?
7. Qu'est-ce que tes parents t'interdisent de faire?
8. Qu'est-ce que tu fais quand quelqu'un essaie de t'empêcher de faire ce que tu dois faire?

ACTIVITÉ

Les panneaux d'interdiction *(Regulatory signs).* Avec un(e) partenaire, inventez et dessinez trois ou quatre panneaux d'interdiction. Par exemple:

Il est interdit de rire.

Il est interdit de danser.

Après, regardez les panneaux d'un autre groupe. Est-ce que vous pouvez deviner ce qu'ils veulent dire? Est-ce que l'autre groupe peut deviner ce que vos panneaux veulent dire?

APPLICATIONS

La vie de château[1]

M. Olivier vient d'arriver au bureau.

MLLE LAFONT	Vous avez l'air fatigué ce matin.
M. OLIVIER	Plutôt, oui![2] Nous venons de déménager en banlieue.
5 MLLE LAFONT	Et alors? Vous vivez au calme maintenant.
M. OLIVIER	Peut-être, mais je mets deux heures pour aller au bureau et rentrer chez moi le soir.
MLLE LAFONT	Oui, mais le week-end vous profitez de la maison et du jardin. C'est bien, non?
10 M. OLIVIER	Ah, vous vous moquez de moi! Tous les samedis, je dois tondre le gazon.[3] Et il y a toujours quelque chose à réparer.
MLLE LAFONT	Qu'est-ce que vous voulez? C'est ça la vie de château!

---

[1]**la vie de château** *the high life*   [2]**plutôt, oui** *you said it!*   [3]**tondre le gazon** *to mow the lawn*

En banlieue, au nord de Paris

Questionnaire

1. Où habite M. Olivier? Il y habite depuis longtemps? 2. Pourquoi est-ce qu'il arrive fatigué à son bureau le matin? 3. Qu'est-ce que vous pensez qu'il rencontre en allant à son bureau? 4. Selon Mlle Lafont, qu'est-ce qu'on peut faire le week-end en banlieue? Que dit M. Olivier à ce sujet? 5. Est-ce que vous croyez qu'il s'adaptera bientôt à «la vie de château»? Qu'est-ce qu'il peut faire pour simplifier sa vie? 6. Combien de temps est-ce que vous mettez pour aller au lycée? Et vos parents, combien de temps leur faut-il pour aller à leur travail? Est-ce qu'ils trouvent que la circulation est plus difficile le matin ou le soir?

Un embouteillage sur une autoroute

Situation

Avec un(e) partenaire, discutez des avantages et des désavantages de la vie en banlieue et de la vie en ville. Après, avec toute la classe, faites une liste des avantages et des désavantages des deux. Qu'est-ce que la classe préfère, la vie en banlieue ou en ville, et pourquoi?

EXPLICATIONS I

Le conditionnel des verbes
vouloir, pouvoir, devoir

◆ OBJECTIVES:

TO EXPRESS A WISH

TO MAKE A REQUEST

TO MAKE SUGGESTIONS

TO GIVE POLITE COMMANDS

TO SAY WHAT SOMEONE SHOULD AND SHOULD NOT DO

You know that the conditional is formed by adding the imperfect endings to the future stem. For *vouloir* the stem is *voudr-*, for *pouvoir* it is *pourr-*, and for *devoir* it is *devr-*.

INFINITIFS		vouloir	pouvoir	devoir
	je	voudrais	pourrais	devrais
	tu	voudrais	pourrais	devrais
	il, elle, on	voudrait	pourrait	devrait
	nous	voudrions	pourrions	devrions
	vous	voudriez	pourriez	devriez
	ils, elles	voudraient	pourraient	devraient

1 To express a wish, use the verb *vouloir* in the conditional.

Je **voudrais** vivre à la campagne.	*I'd like to live in the country.*
Nous **voudrions** habiter un quartier tranquille.	*We'd like to live in a quiet neighborhood.*
Voudriez-vous nous aider?	*Would you like to help us?*

These conditional forms are used to soften requests. Compare:

Ils veulent une mobylette.	Ils voudraient une mobylette.
On veut partir maintenant.	On voudrait partir maintenant.
Restez assise!	Voudriez-vous rester assise?

2 The conditional of *pouvoir* is equivalent to English "could." It is also used to make suggestions.

Je ne **pourrais** pas vivre dans une grande ville.	*I couldn't live in a big city.*
Tu **pourrais** déménager.	*You could move.*

These conditional forms are also used to phrase commands in the form of suggestions. Compare:

Aidez-nous!   Vous pourriez nous aider.

Travaille un peu plus!   Tu pourrais travailler un peu plus.

3 The conditional of *devoir* is equivalent to English "ought to" or "should."

Tu **devrais** ralentir.   *You **should** slow down.*

Vous ne **devriez** pas vous garer ici.   *You **shouldn't** park here.*

On **devrait** leur obéir.   *We **ought to** obey them.*

Il ne faut pas se garer ici.

EXERCICES

A   **Pour rester en bonne santé.**   Utilisez l'expression donnée pour dire ce qu'il faut faire pour rester en bonne santé. Suivez le modèle.

> Rire souvent. (on)   *On devrait rire souvent.*

1. Ne pas fumer. (nous)
2. Ne jamais s'énerver. (vous)
3. Dormir au moins sept heures par jour. (tu)
4. Boire beaucoup de jus de fruits. (je)
5. Ne pas s'inquiéter. (nous)
6. Ne jamais se presser. (tu)
7. Ne jamais paniquer. (on)
8. Ne pas conduire trop vite. (vous)

B   **Avec un peu de tact.**   Refaites ces ordres d'une manière plus polie. Suivez les modèles.

> Attendez quelques minutes!
> *Voudriez-vous attendre quelques minutes.*
>
> Ne te presse pas!
> *Tu voudrais ne pas te presser.*

1. Ne fais pas de bruit!
2. Ne fume pas!
3. Restez tranquilles!
4. Ne te gare pas en face de la gare!
5. Ne circule pas par ici!
6. Ne jetez pas ces papiers dans la rue!
7. Baigne-toi dans la mer!
8. Ne vous moquez pas de nous!

C **Contre la pollution.** Dites ce qu'il faudrait faire pour éviter la pollution. Utilisez le conditionnel de *devoir* ou de *pouvoir*. Suivez le modèle.

> Les gens prennent leur voiture pour aller au travail.
> *Ils devraient (ils pourraient) prendre les transports en commun.*

1. On habite en banlieue mais travaille dans le centre.
2. On construit trop de routes.
3. On circule dans les villes en voiture.
4. Nous nous garons dans les rues.
5. Les jeunes peuvent conduire des mobylettes en ville.
6. Nous construisons des immeubles avec beaucoup d'étages.
7. Nous habitons surtout les grandes villes.
8. Les gens voyagent beaucoup en voiture.

A La Défense, Paris

Les pronoms démonstratifs

Here are the demonstrative pronouns.

	SINGULIER	PLURIEL
MASCULIN	celui	ceux
FÉMININ	celle	celles

We use demonstrative pronouns to point out specific people or things without repeating the noun. Their form must agree in gender and number with the noun they replace. The singular forms mean "this one" or "that one"; the plural forms mean "these" or "those."

◆ **OBJECTIVES:**

TO POINT OUT PEOPLE AND THINGS

TO CLARIFY OR EMPHASIZE

TO GIVE MORE SPECIFIC INFORMATION ABOUT SOMETHING

TO EXPRESS POSSESSION

1 To emphasize a nearer one, we add *-ci* to the demonstrative pronoun. To emphasize one farther away, we add *-là*.

Quel camion est à vous, **celui-ci** ou **celui-là?**	**Celui-là.**
Quelle voiture préfères-tu?	**Celle-là,** à côté du vélo.
Quels pneus sont les meilleurs?	**Ceux-là.** Ce sont des pneus très forts.
Ces motos sont assez vieilles, non?	Oui, **celles-ci** sont d'occasion. Mais **celles-là** sont toutes neuves.

2 We also use demonstrative pronouns to express possession.

Ce sont tes affaires?	Non, ce sont **celles de** mon copain.
On apporte tes disques?	Non, je préfère **ceux de** mon frère.

3 To give more specific information about a noun, a demonstrative pronoun can be followed by a clause introduced by *qui, que,* or *où*.

Quelle chaise est-ce que tu veux?	Apporte-moi **celle qui** est dans ta chambre.
Quelles plages est-ce que vous préférez?	**Celles où** il y a du sable blanc.

Notice that if there is a past participle in the *que* clause, it must agree with the demonstrative pronoun.

C'est quelle chaise?	C'est **celle que** j'ai descend**ue** de ma chambre.

Dans un parking à Paris

4 In written French, *-ci* and *-là* are used to refer to "the latter" and "the former," respectively.

Vous connaissez les villes de Lille et de Bruxelles? **Celle-ci** (Bruxelles) est la capitale de la Belgique. **Celle-là** (Lille) est la ville la plus importante du nord de la France après Paris.	*Do you know the cities of Lille and Brussels? The latter is the capital of Belgium. The former is the largest city in northern France after Paris.*

5 *Ceci* ("this") and *cela* or *ça* ("that") are used to refer to indefinite things. *Cela* has the most general meaning; *ceci* is used to refer to something that is closer to the speaker, both in space and time.

Vous voulez interdire la circulation dans le centre-ville? **Cela** n'est pas possible.	*You want to prohibit traffic downtown? **That**'s impossible.*
Vous avez pris vos affaires? —Oui, mais **ceci** n'est pas à moi.	*Did you take your things? —Yes, but **this** isn't mine.*

A Bruxelles

EXERCICES

A **Au carrefour.** Un carrefour est un lieu très animé. Conversez selon le modèle.

cabine téléphonique
(libre / occupée)
ÉLÈVE 1 *Quelle cabine téléphonique est libre?*
ÉLÈVE 2 *Celle-là. Celle-ci est occupée.*

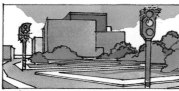

1. feu
   (rouge / vert)

2. parking
   (vide / plein)

3. bâtiments
   (en béton / en bois)

4. piétons
   (traversent la rue /
   se sont arrêtés)

5. autoroute
   (fermée / ouverte)

6. clignotant
   (indique la droite /
   indique la gauche)

7. chauffeurs
   (accélèrent / ralentissent)

8. automobiliste
   (crie / écoute)

B **Objets perdus, objets trouvés.** Adèle, Denis et Henri cherchent leurs affaires. Aidez-les à les retrouver. Conversez selon le modèle.

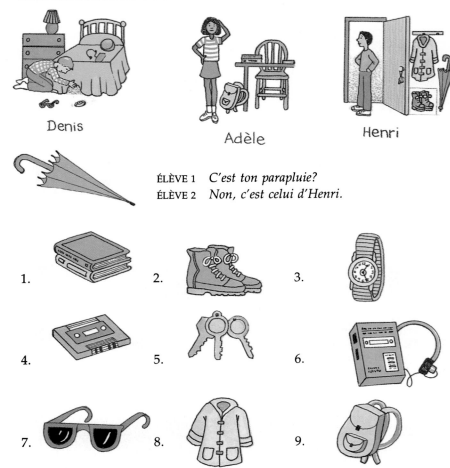

Denis

Adèle

Henri

ÉLÈVE 1 *C'est ton parapluie?*
ÉLÈVE 2 *Non, c'est celui d'Henri.*

1.

2.

3.

4.

5.

6.

7.

8.

9.

C **Vous pouvez le deviner?** Devinez la chose ou l'endroit qu'un(e) camarade va choisir. Votre camarade vous donnera deux ou trois indications *(clues)*. De combien d'indications aurez-vous besoin pour deviner les réponses? Suivez le modèle.

un avion
ÉLÈVE 1 *C'est celui qui va le plus vite. C'est celui qui est construit en France et en Angleterre.*
ÉLÈVE 2 *C'est le Concorde!*

1. une voiture
2. une émission de télé
3. un film récent
4. un pays

5. un état des Etats-Unis
6. une chanson à la mode
7. un livre célèbre
8. une rue

D Le progrès. Un ami vous indique ce qu'il y a de nouveau dans sa ville. Il n'en est pas très content. Complétez le paragraphe suivant avec les pronoms démonstratifs qui conviennent.

Le progrès? Il y a beaucoup de construction dans notre ville. On construit des centaines de nouveaux immeubles et maisons et _____ qui sont trop vieux disparaissent. Mais _____ n'est pas accepté par tout le monde. Les gens qui habitent en banlieue sont d'accord,

5 mais _____ qui habitent dans le vieux quartier n'aiment pas du tout la construction. Elle les empêche de circuler facilement, et le bruit est vraiment insupportable! Près du fleuve on a démoli de nombreux immeubles et une vieille église. Vous savez, _____ où nous allions quand nous habitions le centre-ville. Moi, je n'ai pas aimé _____ du

10 tout. Beaucoup de gens ne sont pas contents: les touristes et les vieux habitants du quartier. _____ trouvent que les vieux immeubles sont intéressants; _____ préfèrent aller à une église qui est près de chez eux. Vous direz que la construction, c'est le progrès, et qu'il faut que nos villes se modernisent. _____ est peut-être vrai, mais je

15 suis triste quand je vois qu'on démolit ces bons vieux immeubles, _____ que j'ai connus quand j'étais encore enfant.

Vue de Paris à Montmartre

Le pronom interrogatif *lequel*

The interrogative pronoun *lequel* means "which one?" It is a combination of *le, la,* or *les* + the appropriate form of *quel*. We use it to avoid repeating the noun.

	SINGULIER	PLURIEL
MASCULIN	**lequel**	**lesquels**
FÉMININ	**laquelle**	**lesquelles**

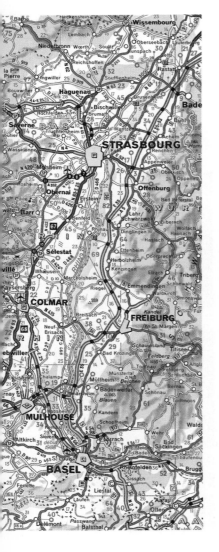

Laquelle de ces deux autoroutes est la plus neuve?

Celle qui va de Dijon à Strasbourg.

Il y a des musées dans votre quartier?

Oui. **Lequel** désirez-vous voir?

1 Use *de* after *lequel* to express the group you are choosing from.

Lequel de ces médecins préférez-vous?

Celui qui est venu me voir à la maison.

Laquelle de ces maisons vous plaît le plus?

Celle qui a le grand balcon.

2 Remember that when *lequel* is a direct object, the past participle agrees with it in gender and number.

Laquelle de ces valises est-ce que tu as pris**e**?
Lesquelles de ces excursions est-ce que vous avez décrit**es** dans le livre?

3 You can also use *lequel* with prepositions.

Il parle avec un de ces commerçants.
Avec lequel?

J'ai mis une pièce de monnaie dans le parc-mètre.
Dans lequel?

It contracts with *à* and *de* to form *auquel, duquel,* etc.

Il a donné une contravention au chauffeur.
Auquel?

Je parlais de ces passantes.
Desquelles?

EXERCICES

A Lequel? Si on vous disait les choses suivantes, comment lui demanderiez-vous d'être plus précis? Suivez le modèle.

> Ce feu ne marche pas.
> *Lequel?*

1. Ce parking est plein.
2. Ces chauffeurs de camion gênent la circulation.
3. Je déteste ces gratte-ciel.
4. Je crois qu'un des pneus est à plat.
5. Je crois que c'est une rue à sens unique.
6. Attention! La porte ne ferme pas bien.
7. Un des phares ne marche pas.
8. Regarde! Ces vitrines-là sont cassées.

B Sujets de conversation. Demandez à un(e) camarade ses préférences. Donnez-lui deux choix. Par exemple:

> les films / vus
> ÉLÈVE 1 *Lesquels est-ce que tu préfères, les films policiers ou les films d'amour?*
> ÉLÈVE 2 *Les films d'amour.*
> ÉLÈVE 1 *De ceux que tu as vus, lequel est-ce que tu aimes le mieux?*
> ÉLÈVE 2 ...

1. les romans (policiers, d'espionnage, etc.) / lus
2. les pièces (de Shakespeare, sérieuses, les comédies, etc.) / lues ou vues
3. les boissons (chaudes, froides) / essayées
4. les films (d'horreur, historiques, de science-fiction, etc.) / vus
5. les villes (grandes, petites) / visitées
6. les chanteurs (de rock, d'opéra, de country western) / connais
7. les bâtiments (vieux, modernes, les gratte-ciel, etc.) / vus
8. les quartiers (vieux, modernes, qui ont des espaces verts, pleins de grands immeubles, etc.) / connais
9. les voitures (américaines, françaises, italiennes, etc.) / vues

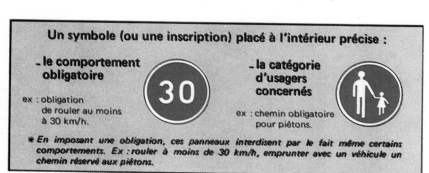

Un symbole (ou une inscription) placé à l'intérieur précise :

– **le comportement obligatoire**

ex : obligation de rouler au moins à 30 km/h.

30

– **la catégorie d'usagers concernés**

ex : chemin obligatoire pour piétons.

＊*En imposant une obligation, ces panneaux interdisent par le fait même certains comportements. Ex : rouler à moins de 30 km/h, emprunter avec un véhicule un chemin réservé aux piétons.*

C L'inspecteur incompétent.   Il y a eu un vol ce soir chez Mme Lucide. En ce moment, un inspecteur assez incompétent est en train de se renseigner auprès d'elle. Complétez l'interview en employant les formes de *lequel* qui conviennent ainsi que *(as well as)* des prépositions si elles sont nécessaires.

MME LUCIDE	J'assistais à une pièce de théâtre.
L'INSPECTEUR	_____?
MME LUCIDE	*L'Avare* au théâtre Renaud-Barrault.
L'INSPECTEUR	La pièce était bonne?
5 MME LUCIDE	Oui, je me suis bien amusée, mais ça n'est pas …
L'INSPECTEUR	Très bien. Et ensuite?
MME LUCIDE	Et ensuite je suis rentrée chez moi.
L'INSPECTEUR	Et puis?
MME LUCIDE	Et j'ai vu que la fenêtre était cassée.
10 L'INSPECTEUR	_____?
MME LUCIDE	Celle-là, bien sûr. Il a dû se servir de ces morceaux de béton.
L'INSPECTEUR	_____?
MME LUCIDE	De ceux-là, sur le plancher.
15 L'INSPECTEUR	Ah, oui. Je les vois. Alors, il est entré et sorti par la fenêtre.

MME LUCIDE	Non, monseiur. Il est sorti par la porte.
L'INSPECTEUR	_____?
MME LUCIDE	Par celle de derrière.
20 L'INSPECTEUR	Et comment le savez-vous, madame?
MME LUCIDE	Je me suis aperçue qu'elle était ouverte quand je suis entrée dans la cuisine.
L'INSPECTEUR	Ah, bon.
MME LUCIDE	Monsieur, j'aimerais vraiment que vous cherchiez mes 25 bijoux.
L'INSPECTEUR	Vos bijoux! _____?
MME LUCIDE	_____! Ceux qu'il m'a volés, bien sûr!
L'INSPECTEUR	Vous voulez dire que celui qui est entré par cette fenêtre cassée et qui est sorti par la porte de derrière a 30 aussi volé vos bijoux?
MME LUCIDE	Oui, monsieur. Il y a eu un vol, vous savez. Mes bijoux ne se trouvent nulle part dans la maison. Et c'est à cause de cela que je vous ai téléphoné. Quelqu'un a sorti mes bijoux de ce tiroir.
35 L'INSPECTEUR	_____?
MME LUCIDE	De ce tiroir-là. Si vous regardez, vous trouverez une grande boîte vide dans _____ se trouvaient tous mes bijoux il y a trois heures. Ils n'y sont plus. On me les a volés.
40 L'INSPECTEUR	Très bien, madame. Je comprends. Et celui qui les a pris ne pourra pas m'échapper. Je ne mettrai pas longtemps à le trouver. Croyez-moi, madame, un monsieur qui porte tant de bijoux ne se cache pas facilement!

D Parlons de toi.

1. Qu'est-ce que tu voudrais faire si tu le pouvais (si tu avais le talent, l'argent, le temps, etc.)?
2. Est-ce qu'il y a des choses que tu es obligé(e) de faire mais qui t'ennuient? Donne des exemples.
3. De tous les problèmes de la vie quotidienne, lequel te gêne le plus? Pourquoi? Il y en a que tu trouves vraiment insupportables?
4. Si quelqu'un t'interdit de faire quelque chose, qu'est-ce que tu fais? Tu lui obéis d'habitude sans rien dire? Tu demandes pourquoi? Tu refuses d'obéir? Pourquoi? Et si quelqu'un exige que tu fasses quelque chose que tu ne veux pas faire?
5. Si tu vivais ailleurs, dans un monde idéal, qu'est-ce qu'on pourrait faire qui est impossible ou interdit dans celui-ci?

APPLICATIONS

Code de la route

AVANT DE LIRE

1. Il y a en français deux mots qui veulent dire *language:* la langue et le langage. Une langue est un langage parlé ou écrit. Mais il y a aussi un langage par signes. Qui se sert de ce langage?

2. La signalisation *(road signs)* est un langage visuel. Quand est-ce que nous nous servons d'illustrations ou d'un langage visuel pour aider quelqu'un à comprendre? Quand est-ce que nous nous servons de gestes *(gestures)?*

3. Dans les pages suivantes, faites bien attention aux illustrations pour mieux comprendre le texte. A la première page, par exemple, que voudraient dire *la manche à air, un cavalier, un animal sauvage?* Vous pouvez expliquer ces mots en français?

4. A la page 116, d'après le contexte, que veulent dire *le conducteur, un événement imprévu, le décalage, le cerveau, transmettre, appuyer sur* (*enfoncer* en est un synonyme)? Vous savez le verbe *durer* et l'adjectif *long*. Alors, que veulent dire *la durée* et *allonger?* Que veut dire *une dizaine?* (Pensez à *douzaine* et *centaine.*)

La circulation à Paris

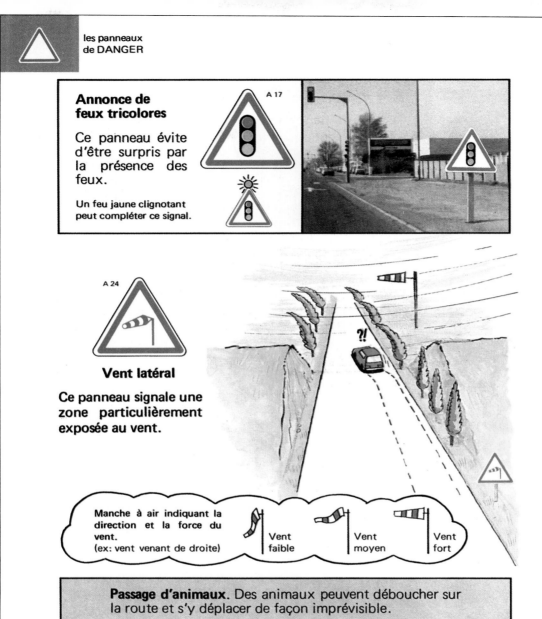

Annonce de feux tricolores

A 17

Ce panneau évite d'être surpris par la présence des feux.

Un feu jaune clignotant peut compléter ce signal.

A 24

Vent latéral

Ce panneau signale une zone particulièrement exposée au vent.

Manche à air indiquant la direction et la force du vent.
(ex: vent venant de droite)

Vent faible

Vent moyen

Vent fort

Passage d'animaux. Des animaux peuvent déboucher sur la route et s'y déplacer de façon imprévisible.

A 15 c
Passage de cavaliers

A 15 a 1

A 15 a 2
Passage d'animaux domestiques

A 15 b
Passage d'animaux sauvages

le panneau *sign*   **déboucher sur** = entrer dans   **se déplacer** *to move*
imprévisible = qui ne peut pas être vu d'avance

B 21 b

Obligation de continuer tout droit à cette intersection.

Il est donc interdit de tourner dans les rues à droite ou à gauche.

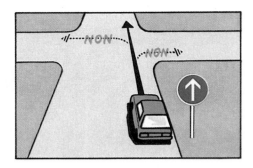

B 21 c 1

Obligation de tourner à droite à cette intersection.

Il est donc interdit de continuer tout droit ou de tourner à gauche.

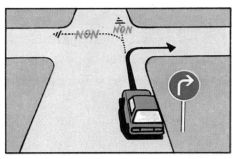

B 21 d 2

Obligation d'aller tout droit ou de tourner à gauche à cette intersection.

Il est donc interdit de tourner à droite.

B 21 c 2

Obligation de tourner à gauche à la prochaine intersection

B 21 e

Obligation de tourner à droite ou à gauche à la prochaine intersection

B 21 d 1

Obligation d'aller tout droit ou de tourner à droite

les signes
des agents
de la circulation
(police, gendarmerie, etc...)

Ils contribuent
à rendre la
circulation plus
facile et plus sûre.
Il faut toujours
leur obéir.

AGENT VU DE PROFIL
AUTORISATION
DE PASSER

AGENT VU DE FACE
(ou de dos)
ARRÊT
OBLIGATOIRE

Ces gestes sont utilisés pour régler la circulation aux intersections, aux passages piétons et en cas de circulation difficile.

Ils peuvent
comporter
des variantes
ou d'autres gestes:

bras levé pour
demander l'arrêt.

doigt
pointé
pour désigner
le véhicule
concerné.

gestes de l'avant bras
pour faire
accélérer
pour ralentir
la circulation

---

rendre   here: *to make*   **comporter**   *to consist of*

le temps de réaction

Un conducteur, surpris par un événement imprévu, ne modifie pas immédiatement la conduite de son véhicule. Il le fait toujours avec un temps de retard.

Ce décalage s'appelle LE TEMPS DE RÉACTION.

par exemple,

 LE CONDUCTEUR VOIT
le ballon et l'enfant.

Il prend la décision de freiner.
Le cerveau, par l'intermédiaire du système nerveux, transmet aux muscles du pied, l'ordre d'appuyer sur le frein.

Les muscles se contractent et le pied

ENFONCE LA PÉDALE

C'est seulement ici que le véhicule commence à freiner.

Pendant ce temps, le véhicule continue d'avancer à la même vitesse. A 90 km/h, il parcourt 25 m.

La durée du temps de réaction varie suivant la vigilance ou l'état physique du conducteur.

L'alcool et certains médicaments allongent la durée du temps de réaction.

LA DURÉE MOYENNE DU TEMPS DE RÉACTION EST ÉVALUÉE A 1 SECONDE ENVIRON.

La distance parcourue en une seconde dépend de la vitesse.

On peut calculer cette distance de façon assez précise en multipliant par 3 les dizaines de la vitesse.

Par exemple, un véhicule parcourt chaque seconde :

		distance exacte
- à 60 km/h _____ 3 x 6 = 18 m		16,66 m
- à 90 km/h _____ 3 x 9 = 27 m		25 m
- à 130 km/h _____ 3 x 13 = 39 m		36,11 m

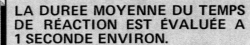

parcourir *to cover (a distance)* **moyen, -ne** *average* **environ** = plus ou moins

Questionnaire

1. Qu'est-ce que vous pensez qu'on doit faire quand on voit un panneau en forme de triangle à bord *(border)* rouge? Qu'est-ce qu'il annonce?

2. Qu'est-ce qu'un panneau en forme de cercle à fond *(background)* bleu annonce? Qu'est-ce qu'on doit faire en voyant un de ces panneaux-là?

3. Quand un agent fait les gestes suivants, qu'est-ce qu'il faut faire?

4. Qu'est-ce qui nous empêche de freiner au moment où nous voyons que quelque chose arrive? Vous vous souvenez de la durée moyenne de ce temps? Si vous rouliez à une vitesse de 70 kilomètres à l'heure, combien de mètres environ parcourriez-vous avant d'appuyer sur le frein?

5. Pourquoi est-ce qu'on emploie des panneaux illustrés au lieu de panneaux écrits pour la plupart de la signalisation? Lequel est-ce que vous préférez? Pourquoi?

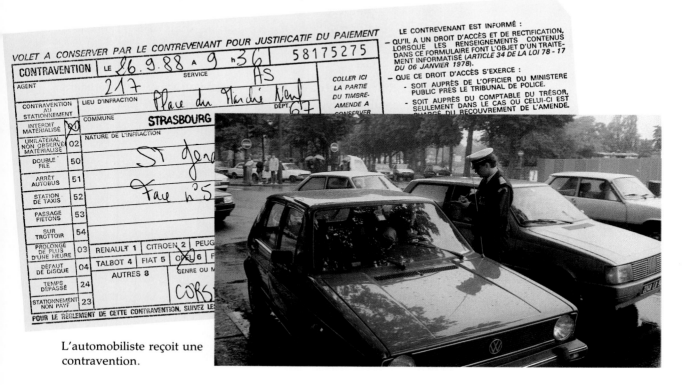

L'automobiliste reçoit une contravention.

EXPLICATIONS II

Le subjonctif avec les verbes de volonté

♦ OBJECTIVES:

TO EXPRESS WHAT YOU WISH WOULD HAPPEN

TO SAY WHAT YOU WANT SOMEONE TO DO

TO EXPRESS WHAT YOU PREFER TO HAVE HAPPEN

TO EXPRESS DEMANDS

You have learned that in certain cases the present subjunctive must be used. It is always preceded by *que*.

To get the subjunctive stem for all regular verbs and many irregular ones, you drop the *-ent* ending from the third person plural form of the present indicative.

1 For all *-er* verbs, the *nous* and *vous* forms of the present subjunctive are gotten by adding the endings *-ions* and *-iez* to the stem. The other forms are the same as those of the present indicative.

INFINITIF **se garer**

que je me	gar**e**	que nous nous	gar**ions**
que tu te	gar**es**	que vous vous	gar**iez**
qu'il, qu'elle, qu'on se	gar**e**	qu'ils, qu'elles se	gar**ent**

2 Remember that for the other regular verbs you start with the stem and add the subjunctive endings *-e, -es, -e; -ions, -iez, -ent*.

	-IR / -ISS		-IR		-RE	
STEM	**finiss-**		**part-**		**vend-**	
que je	finiss**e**	que je	part**e**	que je	vend**e**
que tu	finiss**es**	que tu	part**es**	que tu	vend**es**
qu'il	finiss**e**	qu'elle	part**e**	qu'on	vend**e**
que nous	finiss**ions**	que nous	part**ions**	que nous	vend**ions**
que vous	finiss**iez**	que vous	part**iez**	que vous	vend**iez**
qu'ils	finiss**ent**	qu'elles	part**ent**	qu'ils	vend**ent**

3 Here are some irregular verbs that have regular subjunctive forms.

	STEM	
verbs like *dire:*	dis-	que je dise que nous disions
verbs like *écrire:*	écriv-	que j'écrive que nous écrivions
verbs like *lire:*	lis-	que je lise que nous lisions
verbs like *mettre:*	mett-	que je mette que nous mettions
verbs like *suivre:*	suiv-	que je suive que nous suivions
verbs like *conduire:*	conduis-	que je conduise que nous conduisions

4 One very common use of the subjunctive is in clauses that follow verbs of wanting, wishing, preferring, asking, and demanding: *aimer mieux, désirer, demander, exiger, préférer, souhaiter, vouloir.* We call these *verbes de volonté* (wishing or wanting).

Pas ici! C'est un sens interdit.

Je souhaite qu'on démolisse ces vieux bâtiments. — *I wish they'd tear down those old buildings.*

Ils exigeaient que nous nous arrêtions avant le carrefour. — *They demanded that we stop before the intersection.*

Je voudrais que tu ralentisses. — *I'd like you to slow down.*

Remember when you use these verbs that if the subject of both clauses is the same, you use the infinitive. You use the subjunctive only when the clauses have different subjects.

Je veux chercher un parking. — *I want to look for a parking lot.*

Je veux que vous cherchiez un parking. — *I want you to look for a parking lot.*

Je préfère me renseigner auprès d'un agent de police. — *I prefer to ask a policeman for information*

Je préfère que nous nous renseignions auprès d'un agent de police. — *I prefer that we ask a policeman for information*

Explications II **119**

A **Il faut obéir.** Les enfants de Mme Dupuis n'obéissent pas toujours. Alors elle insiste. Conversez selon les modèles.

> nous / sortir le chien / / exiger
> ÉLÈVE 1 *Nous ne voulons pas sortir le chien.*
> ÉLÈVE 2 *Moi, j'exige que vous sortiez le chien.*

1. je / répondre à cette lettre / / vouloir
2. nous / nous endormir / / exiger
3. nous / laver ces verres / / demander
4. je / préparer le déjeuner / / exiger
5. nous / brosser nos vêtements / / vouloir
6. je / me coucher / / exiger
7. je / finir mes devoirs / / vouloir
8. je / servir le thé / / désirer

B **Contre la pollution.** Employez un verbe de volonté pour renforcer *(reinforce)* les ordres indirects suivants. Par exemple:

> Je leur dis de changer la limite de vitesse.
> *Je voudrais qu'ils changent la limite de vitesse.*

1. Je vous dis de ne pas fumer.
2. Je te dis de te servir des transports en commun.
3. Je lui demande de parler avec le maire.
4. Nous lui demandons de vendre sa vieille voiture.
5. Je vous demande de ne pas brûler de feuilles dehors.
6. On nous demande de ne pas nous promener en voiture ici.
7. Je lui dis d'interdire la circulation dans le centre-ville.
8. On nous demande de ne plus construire d'autoroutes.

C **Des conseils.** Odette commence ses études à l'université. Ses parents lui disent ce qu'elle devrait faire et ce qu'elle ne devrait pas faire. Suivez le modèle.

> se servir de son vélo
> *Nous voudrions que tu te serves de ton vélo.*

1. sortir tard le soir
2. leur téléphoner souvent
3. perdre son temps à bavarder
4. s'inscrire à trop de cours
5. se servir de son nouvel ordinateur
6. vendre sa machine à écrire
7. répondre à leurs lettres

D   Des bons conseils.   Un agent de police parle avec quelques jeunes gens qui sont en train d'apprendre à conduire. Quels conseils est-ce qu'il leur donne? Employez un verbe de volonté avec chacun des verbes donnés pour raconter ses conseils. Par exemple:

> accélérer
> *Nous ne voulons pas que vous accélériez en voyant un feu jaune.*

brûler	s'endormir	perdre
conduire	essayer de	ralentir
donner l'exemple à	éviter	rester
doubler	se garer	rouler

E   Parlons de toi.
1. Tu es devenu(e) proviseur ou directrice de ton lycée. Qu'est-ce que tu veux changer? Par exemple, tu veux que tous les élèves suivent un cours de langues? Qu'on achète plus d'ordinateurs?
2. Tu es devenu(e) maire de ta ville. Qu'est-ce que tu fais? Par exemple, tu veux que la ville se modernise? Tu souhaites qu'on installe plus de cabines téléphoniques?
3. Comme maire, qu'est-ce que tu fais pour éviter la pollution? Est-ce que tu demandes que les gens se servent des transports en commun? Tu essaies de les empêcher de circuler au centre-ville?

ACTIVITÉ

Mes parents sont si stricts!   Ecrivez une liste de cinq ou six choses que vous aimeriez que vos parents exigent. Par exemple: *Mes parents exigent (veulent / préfèrent, etc.) que je regarde la télé avant de faire mes devoirs.* Après, avec un(e) partenaire, parlez de vos listes. Choisissez trois ou quatre de ces règles *(rules)* idéales et, en équipe, lisez-les à la classe: *Nos parents exigent que nous regardions la télé avant de faire nos devoirs.* Parmi toutes les règles qui seront lues, la classe choisira «Dix règles pour être heureux à la maison».

APPLICATIONS

Lisez la bande dessinée.

1. Maryse et Solange viennent d'apprendre à conduire.

2. La voiture de Maryse est rapide mais celle de Solange est lente.

3. Solange ne veut pas qu'un agent de police lui donne une contravention.

4. C'est pourquoi elle respecte toujours la limite de vitesse.

5. Maryse, elle, préfère brûler les stops.

6. On devrait lui interdire de conduire.

Maintenant imaginez que vous venez d'obtenir votre permis de conduire. Comment est-ce que vous conduisez? Ecrivez votre histoire en vous servant de la Révision comme modèle.

Trouvez les expressions françaises qui correspondent à l'anglais et rédigez un paragraphe.

1. Philippe just parked in a parking lot.

2. His car is big but his parents' is small.

3. He doesn't want his car to obstruct traffic.

4. That's why he always looks for a parking lot.

5. His parents prefer to park on the street.

6. Someone should teach him to park.

Maintenant, choisissez un de ces sujets.

1. Un agent de police arrête Maryse parce qu'elle a brûlé un stop. Imaginez la conversation entre Maryse et l'agent de police.

2. Qui conduit dans votre famille? Qui conduit le mieux? Le plus mal? Expliquez vos réponses.

3. Qu'est-ce qu'on devrait toujours faire quand on conduit une voiture? Qu'est-ce qu'on ne devrait jamais faire? Pourquoi?

CONTRÔLE DE RÉVISION   CHAPITRE 3

A   En ville.
Complétez les phrases suivantes en employant les verbes qui conviennent de la liste.

brûler   empêcher
démolir   exiger
disparaître   se garer
échapper à   se renseigner

1. Ce taxi est en stationnement interdit. Le chauffeur devrait _____ ailleurs.
2. Henri a décidé d'aller vivre à la campagne pour _____ la pollution de la grande ville.
3. On va construire un nouveau gratte-ciel ici. Alors on va _____ ces vieux bâtiments.
4. La circulation au centre-ville est insupportable! Le maire devrait _____ les gens de circuler ici.
5. Madeleine ne sait pas quelle direction il faut prendre pour aller au centre. Elle va _____ auprès d'une passante.
6. Arrêtez-vous! Vous allez _____ le stop!

B   Si j'étais président(e) ...
Ecrivez des phrases en employant le verbe *pouvoir* au conditionnel.

Tu / avoir ta propre télé
Tu pourrais avoir ta propre télé.

1. Je / habiter la Maison Blanche avec mes amis
2. Les gens / faire la grasse matinée tous les jours
3. Vous / vous amuser au lieu d'aller au lycée
4. Nous / regarder la télé jusqu'à minuit
5. On / conduire des voitures de sport

C   Lequel choisir?
Complétez la première phrase avec la forme qui convient du conditionnel du verbe *vouloir*. Complétez la deuxième phrase avec la forme du pronom interrogatif *lequel* qui convient.

1. Paul _____ acheter un nouveau manteau. Il y en a deux qu'il aime; _____ devrait-il choisir?

2. Nous _____ louer une cassette-vidéo. _____ préférez-vous?
3. Vous dites que vous _____ acheter des skis bon marché? Nous en avons plusieurs; _____ est-ce que vous préférez?
4. Les enfants _____ beaucoup de pâtisseries, mais leur mère leur a dit d'en prendre seulement deux. _____ vont-ils prendre?
5. Je _____ assister à la pièce au théâtre Renaud-Barrault et je _____ assister aussi à celle au théâtre des Arts. _____ est-ce que je devrais assister?

D   Au grand magasin.
Complétez le dialogue suivant avec les pronoms démonstratifs qui conviennent.

—Tu aimes ce manteau-ci?
—Non, pas vraiment. Je préfère _____.
—Ah, oui, il est beau. Mais il ressemble à _____ de Bernadette et à _____ de Michèle.
—Elles ont des manteaux comme _____?
—Oui, _____ te gêne?
—Un peu. Je ne veux pas acheter un manteau comme _____ de mes amies.

E   On souhaite que ...
Complétez les phrases.

1. Les profs désirent que tous leurs élèves (*réussir*) les examens.
2. Mon correspondant demande que je lui (*écrire*) plus souvent.
3. Mes parents exigent que nous (*dire*) toujours la vérité.
4. Le proviseur préfère que nous (*ne plus conduire*) au lycée et que nous (*prendre*) le bus.
5. Je souhaite que tu (*lire*) le poème que j'ai écrit.

Noms

l'automobiliste *(m.&f.)*
l'autoroute *(f.)*
le béton
la cabine téléphonique
le carrefour
une centaine (de)
le centre-ville (le centre)
le chauffeur (de camion / de taxi)
le clignotant
le commerçant, la commerçante
la contravention
la direction
l'embouteillage *(m.)*
l'espace *(m.)*
les espaces verts
le feu (rouge / vert)
le gratte-ciel, *pl.* les gratte-ciel
la limite de vitesse
le maire
le parc-mètre
le parking
le passant, la passante
le piéton
la pollution
la priorité
le quartier
le sens unique
la solution
le stop
les toilettes publiques
le trajet
les transports en commun

Verbes

accélérer
brûler *(to go through)*
construire
démolir
disparaître
doubler
échapper à
empêcher de + *inf.*
exiger
(se) garer
gêner
interdire à qqn. de + *inf.*
se moderniser
obliger qqn. à + *inf.*
respecter

Adjectifs

entier, -ière
insupportable
nombreux, -euse
quotidien, -ne
tranquille

Adverbes

ailleurs
ne … nulle part

Expressions

à cause de
au calme
en stationnement interdit
être à + *distance* + de
grâce à
mettre + *time* + à / pour + *inf.*
se renseigner auprès de qqn.
respecter la priorité

CHAPITRE 4

PRÉLUDE CULTUREL | BRICOLER EST TRÈS FRANÇAIS

Les Français savent très bien se débrouiller et connaissent tous «le système D»
(le système débrouille). Ce système leur permet de se servir de tout ce qu'ils ont
sous la main pour fabriquer ou réparer les choses.

Mais quelquefois il vaut mieux téléphoner à un professionnel pour vous dépanner *(help out)*. Voici une publicité pour une société qui offrent les services d'un électricien, d'un plombier, d'un réparateur ou d'un charpentier. Au lieu de réparer les choses vous-même, vous pouvez les faire réparer.

DEMILE dépannage

Installations
Entretien

électricité plomberie chauffage chauffe eau serrurerie ménager télévision peinture

45.75.44.33

PARIS BANLIEUE

38, Rue Servan 75011 Paris
14, Rue Humblot 75015 Paris

DÉPLACEMENT: 100 F.T.T.C. ✿ HEURE DE MAIN D'ŒUVRE: 100 F.T.T.C.

R.C.B 323 857 936

127

MOTS NOUVEAUX

Tu aimes bricoler?

CONTEXTE
VISUEL

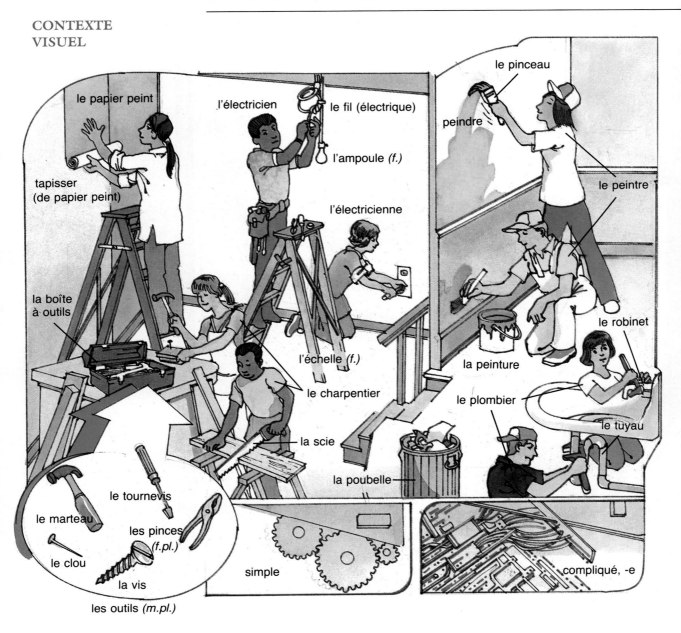

le papier peint

l'électricien

le fil (électrique)

le pinceau

peindre

l'ampoule (f.)

le peintre

tapisser
(de papier peint)

l'électricienne

la boîte
à outils

le robinet

l'échelle (f.)

la peinture

le charpentier

le plombier

le tuyau

la scie

le tournevis

le marteau

les pinces
(f.pl.)

la poubelle

le clou

la vis

simple

compliqué, -e

les outils (m.pl.)

tondre le gazon

la tondeuse   le gazon

le tuyau (d'arrosage)

planter

l'arrosoir (m.)

arroser

la mauvaise herbe

CONTEXTE COMMUNICATIF

1 Savoir **bricoler** est **utile.** M. Besnard est en train de monter à une échelle pour réparer le toit de sa maison.

M. BESNARD	Tu peux **tenir*** l'échelle, s'il te plaît?
MYRIAM	Oui, mais fais bien attention en montant.
M. BESNARD	Ne **bouge** pas. Tu risques de me faire tomber.

Variations:
- l'échelle → le marteau
- l'échelle → la scie

bricoler   *to do odd jobs, to ''do it yourself''*
utile   *useful*
tenir   *to hold, to have*

bouger   *to move*

2

DAVID	Je **compte** peindre ma chambre ce week-end.
FRANÇOISE	Tu veux que je t'aide?
DAVID	Ah oui, si tu veux. **A deux,** ça ira plus vite. Je **compte sur** toi, alors?
FRANÇOISE	Oui, j'arriverai chez toi samedi à 8 heures.

- peindre → tapisser
  tu veux que je t'aide → tu veux un coup de main
  ah oui, si tu veux → oui, avec plaisir
  j'arriverai → je serai

compter + inf.   *to plan to*

à deux   *with two, together*
compter sur   *to count on*

*Tenir follows the pattern of *venir* in the present. It forms the passé composé with *avoir.*

3 Gérard ne **fuit*** jamais le travail. Il adore **le bricolage.**

MME ROUGET Le robinet **fuit.** Il faut le faire réparer.

GÉRARD **Inutile** d'appeler le plombier. Je peux peut-être le faire moi-même.

■ le robinet fuit → l'évier est **bouché**
le faire réparer → faire venir le plombier
inutile d'appeler → **pas la peine d'**appeler
je peux peut-être → moi, j'ai les outils pour
■ le robinet fuit → la machine à laver ne **fonctionne** pas
le faire réparer → la faire réparer
le plombier → **le réparateur**

fuir = éviter

le bricolage *tinkering, doing odd jobs*

fuir here: *to leak*

inutile *useless*

bouché, -e *clogged*

pas la peine de + inf. *no need to*

fonctionner = marcher

le réparateur, la réparatrice = personne qui répare

4 Mme Leroux **se plaint de l'état** de la chambre de son petit-fils Benoît.

MME LEROUX Quel **désordre** dans ta chambre! Il y a de **la poussière** partout.

BENOÎT **J'ai horreur de** faire le ménage.

MME LEROUX Bon, on va le faire ensemble et après, toi, tu m'aideras à sortir les poubelles.

BENOÎT Si tu veux.

■ de la poussière → des jouets
faire le ménage → nettoyer ma chambre
ensemble → à deux

se plaindre (de) *to complain (about)*

l'état (m.) *state*

le désordre *mess*

la poussière *dust*

avoir horreur de = *déstester*

5 M. DURAND Samedi il faut faire un peu de jardinage. Je compte sur vous pour m'aider, les enfants.

CHRISTOPHE D'accord. Moi, je me charge de tondre le gazon.

ELIANE Et moi, je planterai les fleurs.

■ de tondre le gazon → d'arroser les fleurs
je planterai les fleurs → j'**enlèverai** les mauvaises herbes
■ de tondre le gazon → d'enlever les feuilles mortes
je planterai les fleurs → je mettrai le tuyau dans le garage

enlever *to remove, to get rid of, to take away*

*The i of fuir becomes y before a pronounced vowel:

je fuis	nous fuyons
tu fuis	vous fuyez
il / elle / on fuit	ils /elles fuient

The past participle is *fui;* the present participle, *fuyant.*

6 Aurélie fête son anniversaire avec des amis.

SÉBASTIEN   Tu as fait ton gâteau d'anniversaire toi-même?

AURÉLIE   Oui, bien sûr.

SÉBASTIEN   Il est délicieux. Tu me donneras **la recette?**

AURÉLIE   Oh, ce n'est pas compliqué. On **mélange** des œufs et de la farine avec du chocolat et du sucre et on **laisse cuire*** une heure.

■ ce n'est pas compliqué → c'est assez simple
  mélange → **bat**†

la recette	*recipe*
mélanger	*to mix*
laisser + inf.	*to let*
cuire	*to cook*
battre	*to beat*

*Cuire follows the pattern of *conduire*.

†*Battre* follows the pattern of *mettre* in most tenses. Its past participle, however, is *battu*.

AUTREMENT DIT

TO OFFER HELP …

> **Puis-je** vous être utile?
> Vous avez besoin de mon **aide?**
> Je peux vous aider?
> Je pourrais peut-être vous aider?
> Tu veux que je t'aide?
> Tu veux un coup de main?
> Laisse-moi t'aider.

TO ASK FOR HELP …

> Vous ne voudriez pas me donner
> un coup de main?
> Vous ne voudriez pas m'aider?
> Vous ne pourriez pas m'aider?
> Ça vous ennuierait de m'aider?

puis-je … ? *(very formal)* = je
peux … ?

l'aide (f.) *help, assistance*

EXERCICES

A Une mère de famille se plaint.   Mme Bousquet doit tout faire
dans la maison. Choisissez les mots pour compléter le paragraphe.
Quelques-uns ne seront pas utilisés.

bouché	inutile	plante
compte	me charge de	plombier
coup de main	mélanger	tapisser
enlève	ménage	tiens
fuis	outils	utile

Je fais tout dans la maison, moi! Quand tout est en désordre, c'est
moi qui fais le _____. L'évier est _____? C'est moi qui _____ le faire
réparer. Je sors mes _____ ou, si je trouve que je ne peux pas le
réparer moi-même, j'appelle le _____. Une chambre à peindre ou à
5   _____? On _____ sur moi de le faire.

Ah, oui! J'ai des nombreux talents! Je fais aussi du jardinage. Au
printemps je _____ les fleurs et en automne c'est moi qui _____ les
feuilles mortes. Même quand mon mari doit réparer le toit—ce que
je refuse de faire—c'est moi qui lui _____ l'échelle.

10   Ce n'est pas que j'ai horreur de travailler, vous savez. Je ne _____
jamais le travail, moi! Mais j'aimerais quand même qu'on me donne
un _____ de temps en temps. Je sais bien que c'est _____ de me
plaindre, oui, mais ce n'est pas facile la vie d'une mère de famille.

B Qu'est-ce qui se passe?   Qu'est-ce qu'ils tiennent et pourquoi? Par exemple:

Le peintre tient le papier peint. Elle tapisse le mur de papier peint.

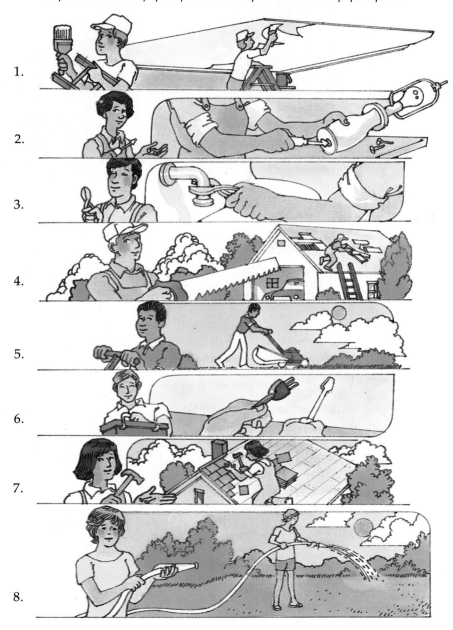

1.

2.

3.

4.

5.

6.

7.

8.

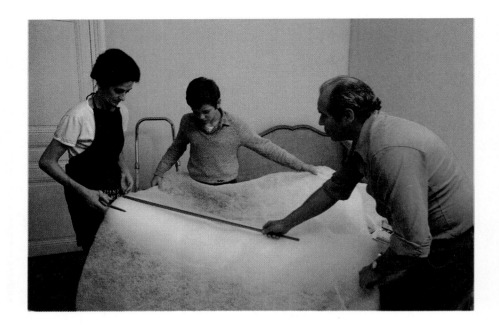

C **Comment répondre?** Que dites-vous dans les situations suivantes? Choisissez une réponse et expliquez pourquoi vous l'avez choisie.

1. Quand quelqu'un remarque que votre chambre est en désordre vous dites: *(Tu sais que j'ai horreur de faire le ménage. / Ça t'ennuierait de m'aider un peu à la nettoyer?)*
2. Quand votre sœur ou votre frère vous demande un coup de main vous dites: *(Volontiers! / Tu sais que je déteste le bricolage.)*
3. Quand quelqu'un vous demande d'enlever les mauvaises herbes vous dites: *(Tu ne voudrais pas me donner un coup de main? / Ah, oui, tu peux compter sur moi.)*
4. Quand une machine ne fonctionne pas vous dites: *(Appelons le réparateur. / Tu veux que je t'aide à la réparer?)*
5. Quand le robinet fuit et que votre père a besoin de votre aide vous dites: *(Inutile de me parler de ça. / Où est ta boîte à outils?)*
6. Quand un(e) ami(e) essaie de faire quelque chose tout(e) seul(e) vous dites: *(A deux, ça serait plus simple. / Ne bouge pas! Laisse-moi le faire.)*
7. Quand votre mère a beaucoup de choses à faire et qu'elle a très peu de temps vous dites: *(Ne te plains pas, maman. / Laisse-moi t'aider.)*
8. Quand votre petit frère ou petite sœur bat des œufs et laisse tomber le bol vous dites: *(Oh là là! Le plancher est dans un état! / Ce n'est pas la peine de pleurer. Je t'aiderai à le nettoyer.)*

D Parlons de toi.

1. Qui aime bricoler dans ta famille? Tu aimes le bricolage? Qu'est-ce que tu sais réparer? Par exemple, est-ce que tu as déjà réparé une lampe ou un robinet? C'était difficile? Tu as réussi à le faire ou est-ce que tu as dû faire venir un réparateur?

2. De quelle couleur est ta chambre? Tu l'as peinte ou est-ce qu'on a fait venir un peintre? Ou peut-être est-elle tapissée de papier peint? Si oui, décris le dessin.

3. Est-ce que tu as horreur de faire le ménage? Quelles excuses est-ce que tu donnes pour fuir le travail chez toi?

4. Est-ce que ta mère se plaint de l'état de ta chambre? Combien de fois par mois est-ce que tu la nettoies? Tu enlèves la poussière un peu plus souvent que ça?

5. Qui se charge de faire le ménage chez toi? Tu fais du jardinage? Qui enlève les feuilles mortes en automne? Et les mauvaises herbes en été? Tu arroses les fleurs? Chez toi, de quoi est-ce qu'on se sert pour arroser les fleurs, d'un arrosoir ou d'un tuyau?

6. Tu voudrais être charpentier, plombier, électricien(ne)? Pourquoi? Qu'est-ce que tu comptes faire comme métier?

A deux, ça va plus vite!

ACTIVITÉ

Un coup de main. Avec un(e) partenaire, inventez deux situations où vous offrez à aider (1) votre professeur, (2) un(e) ami(e), (3) une(e) petit(e) enfant, (4) un(e) adulte que vous ne connaissez pas. Après, donnez votre liste à deux autres camarades de classe qui choisiront une des huit situations et joueront les rôles.

APPLICATIONS

C'est si simple le bricolage!

La machine à laver de Mme Garel ne marche plus. Son mari a
essayé de la réparer.

	MME GAREL	Alors?
	M. GAREL	Ça ne marche toujours pas!
5	MME GAREL	Oh, zut! Mais qu'est-ce que tu as fait?
	M. GAREL	J'ai tout démonté[1] et remonté.[2] Je ne comprends pas.
	BRIGITTE	Attends, papa. Laisse-moi regarder.
	M. GAREL	Mais tu n'y connais rien!
	BRIGITTE	Tiens, papa, tu vois cette petite vis-là? Tu l'as
10		remontée à l'envers.[3]
	M. GAREL	Tu crois?
	BRIGITTE	Oui, regarde. Je vais la remettre. Et voilà! Mets la
		machine en marche, maman.
	MME GAREL	Oh, ça fonctionne!
15	BRIGITTE	Bien sûr. C'était tout simple.

---

[1]**démonter** *to take apart*   [2]**remonter** *to put back (together)*   [3]**à l'envers**
the wrong way

Lavage, séchage, élevez le débat.

LAVABLE A LA
MACHINE L'EAUTIEDE
NE PAS BLANCHIR
SECHAGE PAR BAS
CULBUTAGE

Lave-linge
Sèche-linge
Miele

La paix n'a pas de prix.

Questionnaire

1. Qu'est-ce que M. Garel a fait pour essayer de réparer la machine à laver?   2. Pourquoi est-ce qu'il n'a pas réussi?   3. Qu'est-ce que Brigitte a fait pour la réparer?   4. A votre avis, pourquoi est-ce que M. Garel n'a pas appelé un réparateur?   5. A votre avis, pourquoi est-ce qu'il ne voulait pas que Brigitte lui donne un coup de main?   6. Quand une machine ne fonctionne pas chez vous, que font vos parents?

Situation

La tondeuse ne marche pas. Votre père veut la faire réparer chez le réparateur, mais vous dites que vous pouvez le faire vous-même s'il vous aide un peu. Avec un(e) camarade de classe, jouez les rôles.

EXPLICATIONS I

Les verbes comme *peindre*

Here are the present-tense forms of *peindre*.

INFINITIF **peindre**

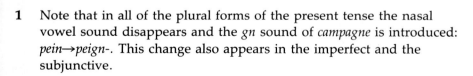

		SINGULIER	PLURIEL
PRÉSENT	1	je **peins**	nous **peignons**
	2	tu **peins**	vous **peignez**
	3	il elle on } **peint**	ils elles } **peignent**

IMPÉRATIF   **peins!   peignons!   peignez!**
PASSÉ COMPOSÉ   j'**ai peint**
IMPARFAIT   je **peignais**
FUTUR SIMPLE   je **peindrai**
SUBJONCTIF   que je **peigne;** que nous **peignions**

1 Note that in all of the plural forms of the present tense the nasal vowel sound disappears and the *gn* sound of *campagne* is introduced: *pein→peign-*. This change also appears in the imperfect and the subjunctive.

2 *Eteindre* ("to extinguish," "to put out") and *se plaindre de* ("to complain") follow the same pattern.

> J'**éteins** le feu sous la poêle.
> Nous avons **éteint** toutes les lumières.
> Vous **éteindrez** la lampe, n'est-ce pas?
>
> Ne **te plains** pas toujours!
> Ma mère **se plaignait** de ne pas pouvoir compter sur nous.
> Je voudrais **que** tu ne **te plaignes** pas.

Une publicité à Montréal

EXERCICES

A **On se met au travail.** Il y a longtemps qu'on n'a pas peint la
maison. Et maintenant tout le monde se met au travail. Dites ce que
fait chacun. Suivez le modèle.

Vous peignez la salle à manger en vert clair.

1. Je   vif   jaune   la cuisine

2. Il   clair   violet   le salon

3. Ils   clair   bleu   la chambre
                                                        à coucher

4. Elle   clair   orange   la porte

5. Tu   clair   gris   la salle de
                                                        bain

6. Nous   vif   rose
                                rouge   le garage

B Le départ en vacances. La famille Giroux va se mettre en route pour leurs vacances. Avant de partir, Mme Giroux s'assure que tout est éteint. Conversez selon le modèle.

> Sara / la lumière dans la salle de bains
> ÉLÈVE 1 *Sara, éteins la lumière dans la salle de bains.*
> ÉLÈVE 2 *Ne t'inquiète pas, maman. Je l'ai déjà éteinte.*

1. Yves / le four
2. Bruno et Nadine / les lumières au premier étage
3. Yves / la télé
4. Nadine / les lampes dans la salle à manger
5. Bruno / la radio
6. Yves et Bruno / la lumière dans votre chambre

C Voilà les peintres! Les jeunes fiancés, Georges et Denise, font peindre l'appartement qu'ils ont loué. Complétez la conversation en employant les formes correctes des verbes qui conviennent: *éteindre, peindre* ou *se plaindre.*

	LE PEINTRE	S'il vous plaît, ne _____ pas de l'état de l'appartement.
	DENISE	D'accord. Mais vous n'avez pas encore commencé! J'aimerais bien que vous finissiez bientôt. On va se marier la semaine prochaine.
5	LE PEINTRE	Bien sûr, mademoiselle. Mais il faut préparer les murs avant de les _____. Nous enlevons le papier peint maintenant. Et demain nous _____ cette chambre.
	GEORGES	Et la chambre à coucher, est-ce que vous l'avez déjà _____?
10	LE PEINTRE	Non, nous voudrions que vous nous disiez de quelle couleur la _____.
	GEORGES	Denise, je te laisse choisir la couleur. Je ne veux pas que tu _____ après.
15	DENISE	Oui. Alors, bleu clair pour notre chambre. Et j'aimerais aussi que vous _____ l'intérieur du placard.
	LE PEINTRE	Bon, c'est décidé. Je mélangerai les peintures demain matin. Si vous revenez vers huit heures, vous pouvez choisir la couleur exacte.
	DENISE	Très bien. J'y serai.
20	GEORGES	Et _____ les lumières avant de partir, s'il vous plaît. Nous payons déjà l'électricité, vous savez.

Le verbe *faire* comme causatif

The verb *faire* is used to state that something or someone is causing an action to take place or to indicate that someone is having somebody else do something.

♦ OBJECTIVES:

TO READ AND FOLLOW A RECIPE

TO SUGGEST THAT A JOB BE DONE BY SOMEONE ELSE

TO ACCUSE OR TO FIND OUT WHO LET / MADE SOMETHING HAPPEN

1 Use *faire* + infinitive to indicate that something or someone is causing an action to take place. Certain verbs, such as *cuire, geler,* and *sonner* cannot be used with a person as the subject. People make things cook, freeze, and ring.

Les œufs cuisaient.	*The eggs were cooking.*
La cuisinière faisait cuire les œufs.	*The cook was cooking the eggs.*
La cloche sonne.	*The bell's ringing.*
La directrice fait sonner la cloche.	*The principal is ringing the bell.*

2 The construction *faire* + infinitive is also used when you have someone do something for you.

Jeanne **peint** sa chambre.	*Jeanne is painting her room.*
Moi, je **fais peindre** ma chambre.	*I'm having my room painted.*
Nous **nettoyons** les fenêtres.	*We clean the windows.*
Vous **faites nettoyer** vos fenêtres?	*Do you have your windows cleaned?*

3 We use object pronouns before *faire*. In positive commands they occur after the form of *faire*. Note that there is no agreement of the past participle.

Tu **fais réparer la tondeuse**?	Tu **la fais réparer?**
Vous **avez fait planter les arbres**?	Vous **les avez fait planter?**
Ne **faites** pas **enlever mes vieux meubles**.	Ne **les faites** pas **enlever!**
Fais garer la voiture.	**Fais-la garer!**

EUROLOISIRS

bricolez-décorez-jardinez

4 To express who does the action, use *par* + a noun or pronoun. You may replace that phrase with the indirect object pronouns *lui* and *leur*.

J'ai fait nettoyer la maison **par les enfants.**	Je **leur** ai fait nettoyer la maison.
Nous avons fait faire cuire le rosbif **par notre fils.**	Nous **lui** avons fait faire cuire le rosbif.

In the second example, note the use of *faire* + *faire*.

5 *Laisser* is used like *faire*.

Laissez cuire les oignons.	*Let the onions **cook**.*
Laisse-les **cuire.**	*Let them **cook**.*
Laisse sortir le chien.	*Let the dog **out**.*
Je l'ai déjà **laissé sortir.**	*I already **let** him **out**.*

6 *Faire* and *laisser* are often used with other infinitives idiomatically.

Mme Marat **fait marcher** la télé.	*Mme Marat **turns on** the TV.*
L'évier est bouché. **Fais venir** le plombier.	*The sink is clogged. **Call** the plumber.*
Le charpentier **a laissé tomber** le marteau.	*The carpenter **dropped** the hammer.*

EXERCICES

A C'était Rose! Robert et Rose disent toujours que c'est l'autre qui a fait tout. Conversez selon le modèle.

> faire réparer la machine à laver
> ÉLÈVE 1 *Qui a fait réparer la machine à laver? C'est toi, Robert?*
> ÉLÈVE 2 *Non, c'est Rose qui l'a fait réparer.*

1. laisser sortir le chat
2. laisser tomber l'échelle
3. laisser entrer le chien
4. laisser brûler la poêle
5. laisser s'éteindre le feu
6. faire marcher le sèche-cheveux
7. faire venir le médecin
8. faire enlever la vieille télé

Un jeune cuisinier à Montmartre

B **On prépare le repas.** Chez les Dalbéra les enfants aident à préparer les repas. Yves-Charles ne sait pas encore tout faire, et il pose beaucoup de questions à sa mère. Répondez pour Mme Dalbéra en employant l'un des verbes donnés. Vous pouvez utiliser le même verbe plusieurs fois.

> couper   cuire   geler   laver

> Et les pommes?   *Il faut les couper / laver / faire cuire.*

1. Et les œufs?
2. Et les tomates?
3. Et la viande?
4. Et le chocolat?
5. Et les pâtes?

6. Et les pommes de terre?
7. Et la glace?
8. Et la laitue?
9. Et le poisson?

C Le pain perdu *(French toast).*   Luc et son petit frère vont préparer du pain perdu. D'après la recette, dites ce que Luc fait faire à son frère. Suivez le modèle.

> Choisissez du vieux pain.
> *Il lui fait choisir du vieux pain.*

1. Coupez le pain en tranches.
2. Battez un œuf dans un bol.
3. Ajoutez une tasse de lait à l'œuf.
4. Mélangez le lait avec l'œuf.
5. Mettez les tranches de pain dans le bol.
6. Mettez du beurre dans la poêle.
7. Mettez la poêle sur le feu.
8. Arrangez les tranches de pain dans la poêle.
9. Faites cuire les tranches.
10. Servez le pain perdu avec *(à vous de choisir)* du sucre ou de la confiture.

D Les nouveaux-mariés.   Gérard et Elodie se sont récemment mariés et se sont installés dans leur nouvelle petite maison. Elodie adore le bricolage, mais Gérard en a horreur. Conversez selon le modèle en employant chaque fois le mot de la liste suivante qui convient.

> un charpentier   un jardinier   un plombier
> un électricien   un peintre   un réparateur

> peindre la cuisine
> ÉLÈVE 1 *On peint la cuisine, non?*
> ÉLÈVE 2 *Moi, non! Je préfère la faire peindre par un peintre.*

1. couper cet arbre
2. peindre les fenêtres
3. réparer ce fil électrique
4. installer ce tuyau sous l'évier
5. enlever les mauvaises herbes
6. vérifier le lave-vaisselle
7. réparer le toit
8. installer cette lampe au plafond
9. réparer ce robinet
10. construire l'étagère

E   Parlons de toi.

1. De quoi est-ce que tu te plains? De quoi est-ce que tes amis se plaignent? Et tes parents, de quoi est-ce qu'ils se plaignent?
2. Qu'est-ce que tu ferais pour rendre *(make)* ton lycée plus beau? Par exemple, de quelle couleur est-ce que tu voudrais qu'on peigne les murs des salles de classe? Tu voudrais qu'on installe des tableaux dans les couloirs? Qu'on plante des fleurs et des arbres?
3. Pourquoi est-ce qu'on appelle des réparateurs chez toi?
4. Est-ce qu'un membre de ta famille a déjà construit ou fait construire quelque chose? Qu'est-ce que c'était? Tu peux le décrire?
5. Si tu le pouvais, quelles sortes de choses est-ce tu ferais faire par les autres? Lesquelles est-ce que tu ferais toi-même? Pourquoi?

APPLICATIONS

Trois poèmes de Jacques Prévert

AVANT DE LIRE

Jacques Prévert (1900–1977) est un des poètes français les plus aimés de notre siècle. Il a aussi écrit beaucoup de scénarios *(screenplays),* dont le plus connu est sans doute le grand classique *Les Enfants du paradis* (1943).

1. Lisez les neuf premiers vers *(lines)* de ces trois poèmes. Quel sujet ont-ils en commun? Vous connaissez d'autres écrivains qui s'occupent souvent d'un seul sujet?
2. Quand vous écrivez des poèmes ou des compositions, est-ce que vous parlez souvent du même sujet? Si oui, lequel?
3. Notez que le poète ne se sert pas de guillemets (« »). Vous pensez que les poèmes seraient plus faciles à lire s'il s'en servait? Ecrivez le poème «Quartier libre» sur le tableau. Après, ajoutez les guillemets où ils sont nécessaires. Ça vous aide à comprendre? C'est même plus facile à lire si vous ajoutez des virgules (,), des points (.) et des points d'interrogation(?) et d'exclamation(!)?
4. D'après le contexte, dans «Quartier libre», que veut dire *saluer* (vers 7)?
5. Quelle est la scène de «Page d'écriture»? Vous comprenez sans doute «Sauve-moi» (vers 13), mais *save* n'est peut-être pas le meilleur mot anglais possible. Vous pouvez en choisir un meilleur?
6. Dans une recette, on emploie souvent l'infinitif au lieu de l'impératif. Pourquoi est-ce qu'on peut dire que le dernier poème est une recette?
7. Pensez à des mots associés à ceux-ci pour deviner ce qu'ils veulent dire: *l'écriture, la lenteur, la réussite, le feuillage, la fraîcheur.*

Jacques Prévert

Quartier libre[1]

J'ai mis mon képi[2] dans la cage
et je suis sorti avec l'oiseau sur la tête
Alors
on ne salue plus
5 a demandé le commandant
Non
on ne salue plus
a répondu l'oiseau
Ah bon
10 excusez-moi je croyais qu'on saluait
a dit le commandant
Vous êtes tout[3] excusé tout le monde peut
se tromper
a dit l'oiseau.

Jacques Prévert, Paroles
© *Editions Gallimard, 1949*

---

[1]**quartier libre** *on leave*   [2]**le képi** = chapeau militaire
[3]**tout** = tout à fait

Page d'écriture

Deux et deux quatre
quatre et quatre huit
huit et huit font seize …
Répétez! dit le maître[1]
5 Deux et deux quatre
quatre et quatre huit
huit et huit font seize.
Mais voilà l'oiseau-lyre
qui passe dans le ciel
10 l'enfant le voit
l'enfant l'entend
l'enfant l'appelle:
Sauve-moi
joue avec moi
15 oiseau!
Alors l'oiseau descend
et joue avec l'enfant …

Jacques Prévert, Paroles
© *Editions Gallimard, 1949*

---

[1]**le maître** = professeur dans une école primaire

Pour faire le portrait d'un oiseau

Peindre d'abord une cage
avec une porte ouverte
peindre ensuite
quelque chose de joli
5 quelque chose de simple
quelque chose de beau
quelque chose d'utile
pour l'oiseau
placer ensuite la toile[1] contre un arbre
10 dans un jardin
dans un bois
ou dans une forêt
se cacher derrière l'arbre
sans rien dire
15 sans bouger …
Parfois[2] l'oiseau arrive vite
mais il peut aussi bien mettre de longues années
avant de se décider
Ne pas se décourager
20 attendre
attendre s'il le faut pendant des années
la vitesse ou la lenteur de l'arrivée
de l'oiseau n'ayant aucun[3] rapport
avec[4] la réussite du tableau
25 Quand l'oiseau arrive
s'il arrive
observer le plus profond silence
attendre que l'oiseau entre dans la cage
et quand il est entré
30 fermer doucement la porte avec le pinceau
puis
effacer[5] un à un tous les barreaux[6]
en ayant soin de[7] ne toucher aucune des plumes de l'oiseau
Faire ensuite le portrait de l'arbre
35 en choisissant la plus belle de ses branches
pour l'oiseau
peindre aussi le vert feuillage et la fraîcheur du vent
la poussière du soleil

---

[1]**la toile** *canvas*   [2]**parfois** = quelquefois   [3]**ne … aucun(e)** *not at all*
[4]**avoir rapport avec** *to have to do with*   [5]**effacer** *to erase*   [6]**le barreau**
bar   [7]**avoir soin de** *to be careful*

et le bruit des bêtes de l'herbe dans la chaleur[8] de l'été
40 et puis attendre que l'oiseau se décide à chanter
Si l'oiseau ne chante pas
c'est mauvais signe
signe que le tableau est mauvais
mais s'il chante c'est bon signe
45 signe que vous pouvez signer
alors vous arrachez[9] tout doucement
une des plumes de l'oiseau
et vous écrivez votre nom dans un coin du tableau.

Jacques Prévert, Paroles
© *Editions Gallimard, 1949*

---

[8]**la chaleur** *heat*   [9]**arracher** *to pluck*

Questionnaire

1. A votre avis, pourquoi est-ce que le premier poème s'appelle «Quartier libre»?
2. A votre avis, que fait le poète dans ce poème? Si le commandant représente l'autorité (ou les autorités), qu'est-ce que le poète en pense?
3. Dans «Page d'écriture», à quel cours assiste l'élève? Il / Elle est content d'être là-bas? Il / Elle a quel âge probablement?
4. Qu'est-ce que vous faites quand vous vous ennuyez dans vos cours?
5. Dans «Pour faire le portrait d'un oiseau», que fait l'artiste pour attraper l'oiseau?
6. Lisez les vers 19–24. Pourquoi est-ce que le poète dit que l'artiste ne doit pas se décourager?
7. Lisez les vers 30–33. Le poète mélange totalement la réalité et l'art. Qu'est-ce qui arriverait si l'artiste touchait une des plumes de l'oiseau?
8. Discutez un peu des vers 37–39. Est-il possible de faire ce que dit le poète? Est-ce que vous avez vu des peintures tellement vraisemblables *(lifelike)* que vous croyiez regarder des photos?
9. D'après le poète, si le tableau est vraisemblable, qu'est-ce que l'oiseau fera? Et s'il ne l'est pas?
10. En général, comment sont les oiseaux?
11. On pourrait dire que l'oiseau dans ces trois poèmes représente la liberté. Vous pouvez expliquer cela pour chacun de ces poèmes?

EXPLICATIONS II

Le futur simple

♦ **OBJECTIVES:**

TO DESCRIBE POSSIBLE OR LIKELY FUTURE EVENTS

TO MAKE PROMISES

TO PUT SOMEONE OFF

TO OFFER TO DO SOMETHING

TO GIVE SOMEONE DIRECTIONS

Just as in English, there are two ways to express future events in French.

1   If the event is about to take place or you are sure it will, use *aller +* infinitive.

Pourquoi est-ce que tu veux ma boîte à outils?	*Why do you want my toolbox?*
Je **vais réparer** le toit.	*I'm **going to fix** the roof.*
L'agent de police sort son carnet et son stylo. Il **va** sans doute **donner** une contravention à cette dame.	*The policemen is taking out his ticket book and pen. No doubt he's **going to give** a ticket to that woman.*

2   If the event is not certain or is less immediate, use *le futur simple.*

Quelle maison! Les tuyaux fuient et tous les éviers sont bouchés. Le plombier **réparera** tout ça.	*What a house! The pipes leak and all the sinks are clogged. The plumber **will fix** all that.*
Si nous bougeons, il nous **entendra**.	*If we move, he'**ll hear** us.*

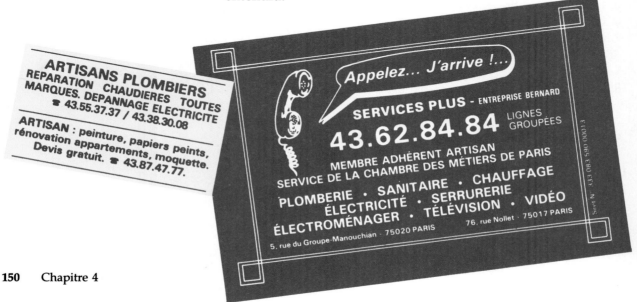

3 In written French and in more formal spoken style the futur simple is most often used.

4 The futur simple is often used to give directions or commands.

> Bon, d'abord vous **planterez** les tomates; ensuite vous les **arroserez.**
>
> *First, **plant** the tomatoes; then **water** them.*

5 Remember that to form the futur simple, we add the future endings to the infinitive. For -re verbs, of course, the e is dropped.

je	chanter**ai**	finir**ai**	partir**ai**	vendr**ai**
tu	chanter**as**	finir**as**	partir**as**	vendr**as**
il, elle, on	chanter**a**	finir**a**	partir**a**	vendr**a**
nous	chanter**ons**	finir**ons**	partir**ons**	vendr**ons**
vous	chanter**ez**	finir**ez**	partir**ez**	vendr**ez**
ils, elles	chanter**ont**	finir**ont**	partir**ont**	vendr**ont**

EXERCICES

A Ne jamais faire maintenant ce qu'on peut faire plus tard. Les enfants de M. et Mme Bruneau disent toujours qu'ils feront leurs tâches *(tasks)* plus tard. Conversez selon le modèle.

> Laurent / arroser les plantes
> ÉLÈVE 1 *Je compte sur toi, Laurent, pour arroser les plantes.*
> ÉLÈVE 2 *D'accord, mais je les arroserai plus tard.*

1. les enfants / sortir le chien
2. Loïc / choisir le papier peint pour ta chambre
3. Laurent / chercher le marteau et les clous
4. Laurent / ranger le tuyau d'arrosage
5. les enfants / réparer le robinet
6. Loïc / tondre le gazon
7. les enfants / mélanger les peintures
8. Laurent / remplir l'arrosoir

B Quel désordre!   La famille Roussel déménage et tout le monde travaille. Conversez selon le modèle.

> descendre l'armoire / Sébastien et moi
> ÉLÈVE 1   *Qui va descendre l'armoire?*
> ÉLÈVE 2   *Sébastien et moi, nous la descendrons.*

1. écrire les étiquettes pour ces boîtes-ci / moi
2. porter la télé / Bernadette
3. sortir les poubelles / maman et moi
4. donner à manger aux chats / Patricia
5. monter les chaises du sous-sol / papa et toi
6. emballer ces assiettes / les filles
7. répondre au téléphone / moi
8. endormir le bébé / toi

C On cherche son chemin.   M. Pascal cherche la poste dans une petite ville. Vous êtes la personne à laquelle il demande des renseignements. Mettez les instructions suivantes au futur simple. Par exemple:

> Il faut d'abord descendre cette rue.
> *D'abord, vous descendrez cette rue.*

Il faut descendre la rue. Ensuite, il faut tourner à gauche au prochain feu rouge. Après il faut traverser un petit pont. On arrive devant une grande place. Il faut prendre la première rue à droite, ensuite tourner à gauche. On se trouve devant la bibliothèque. La
5 poste se trouve en face de la bibliothèque. Si vous avez besoin de l'aide de quelqu'un, il faut demander des renseignements à l'agent de police sur la place.

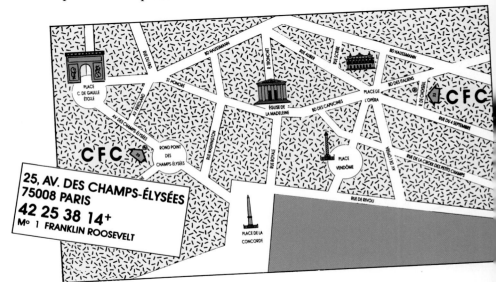

Le futur simple des verbes irréguliers

As you know, the simple future is usually formed by adding the future endings to an infinitive stem. Here are some common verbs that have special future stems.

INFINITIVE	STEM	
aller	ir-	Nous **irons** danser ce soir.
avoir	aur-	Il **aura** faim.
devoir	devr-	Vous **devrez** manger moins.
être	ser-	Je **serai** à l'heure.
faire	fer-	Est-ce qu'il **fera** beau demain?
falloir	faudr-	Il **faudra** partir bientôt.
pleuvoir	pleuvr-	Il **pleuvra**!
pouvoir	pourr-	Je ne **pourrai** pas rester longtemps.
recevoir[1]	recevr-	Vous **recevrez** un paquet.
savoir	saur-	Tu **sauras** les résultats plus tard.
venir[2]	viendr-	Ils ne **viendront** pas.
voir	verr-	Nous **verrons**!
vouloir	voudr-	Tu **voudras** prendre un bain.

1 Verbs like *jeter* and *acheter* that have a stem change in the present tense keep this change throughout the simple future.

jeter[3] (je jette)	**jetter-**	Nous **jetterons** les pinceaux.
acheter[4] (j'achète)	**achèter-**	Nous **achèterons** de la farine, n'est-ce pas?

Verbs like *répéter*[5] add the future endings to the infinitive without changes.

Je **répéterai** la question.

2 Most verbs that end in *-yer* have an *i* in their future stem instead of a *y*.

essayer	**essaier-**	Vous **essaierez** d'être à l'heure.
s'ennuyer	**s'ennuier-**	Je ne m'**ennuierai** pas.

The future stem of *envoyer*, however, is like *voir*.

envoyer	**enverr-**	Tu m'**enverras** la recette?

[1]Like *recevoir*: *s'apercevoir, décevoir.*
[2]Like *venir*: *devenir, revenir, tenir.*
[3]Like *jeter*: *(s')appeler.*
[4]Like *acheter*: *emmener, enlever, geler, (se) lever, mener, peser, (se) promener, ramener.*
[5]Like *répéter*: *accélérer, espérer, s'inquiéter, préférer, rouspéter, (se) sécher.*

A **La routine quotidienne.** Denise Lafleur a une vie très régulière. Chaque jour de la semaine elle fait la même chose. C'est un jeudi. Dites ce qu'elle fera.

se lever à 7h
Elle se lèvera à sept heures.

1. faire sa toilette avant de prendre le petit déjeuner
2. aller chercher du pain à la boulangerie
3. essayer d'attraper le train de 8h15
4. acheter le journal et le lire dans le train
5. être au bureau la première
6. appeler son amie Marie-France pendant l'heure du déjeuner
7. déjeuner et se promener ensemble
8. nettoyer son bureau vers 6h
9. revenir chez elle à 7h

B **Dans la cuisine.** Thérèse et Jean-Paul apprennent le métier de chef de cuisine. Mais avant d'apprendre à faire des bons plats, ils devront faire des choses moins agréables. Le chef de cuisine leur explique ce qu'ils devront faire.

essuyer les assiettes   *Vous essuierez les assiettes.*

1. nettoyer les casseroles
2. essuyer la cuisinière
3. employer des serviettes propres pour essuyer les assiettes
4. faire attention de ne pas casser les assiettes
5. m'appeler si vous avez des questions
6. devoir travailler vite
7. ne pas rouspéter
8. ne pas se plaindre

En France

C **La lettre de Mathieu.** Mathieu attend avec impatience la visite de ses amis américains. Voici la lettre qu'il leur écrit. Mettez chaque verbe entre parenthèses à la forme qui convient.

> Mes très chers Julie et Thomas,
> Encore deux semaines avant votre arrivée à Paris!
> J'*(arriver)* à l'aéroport avant 8h. Si l'avion est en retard, ne vous inquiétez pas. Je *(être)* toujours là. Voici ce que vous
> 5 *(devoir)* faire. Vous *(prendre)* vos bagages et vous *(passer)* la douane où l'on *(vérifier)* vos passeports et peut-être vos bagages aussi.
> Je vous *(attendre)* dans la salle d'attente. Vous me *(trouver)* facilement. Je *(porter)* un manteau rouge et des
> 10 lunettes de soleil. J'*(avoir)* ma voiture et, s'il n'y a pas trop de circulation, nous *(mettre)* un peu plus d'une heure pour arriver à la maison. Vous *(être)* certainement fatigués et nous ne *(faire)* pas de projets pour le jour de votre arrivée.
> 15 Je vous embrasse,
> *Mathieu*

D **La réponse de Thomas.** Voici la lettre que Thomas a écrite en réponse à celle de Mathieu. Complétez-la en employant les verbes ci-dessous. Utilisez la forme correcte du verbe.

arriver	s'endormir	faire	prendre
avoir	essayer	s'inquiéter	reconnaître
devoir	être	pouvoir	voir

> Mon cher Mathieu,
> Je te remercie de ta lettre. Maintenant que l'on sait que tu
> _____ là, on ne _____ plus. Je suis certain que nous te _____
> à ton manteau rouge et tes lunettes. J'espère quand même
> 5 que nous _____ à l'heure.
> Je sais que nous _____ passer la douane, mais nous n' _____
> que peu de bagages et ça ne _____ pas beaucoup de temps.
> Julie _____ dans la voiture, j'en suis sûr. Mais j' _____ de ne
> pas dormir. Comme ça, je _____ la ville dont je rêve depuis si
> 10 longtemps. Nous sommes très heureux de faire ce voyage.
> L'été prochain, tu nous _____ une visite, n'est-ce pas? Comme
> ça tu _____ approfondir tes connaissances en anglais.
> A bientôt,
> *Thomas*

L'équipe de France joue à
Mexico.

E   Un appel transatlantique.   Le cousin canadien de Marie-Paule va
lui faire une visite. Ils ont tous les deux beaucoup de questions à se
poser. Alors, quinze jours avant l'arrivée de son cousin, Marie-Paule
lui passe un coup de fil. Conversez selon le modèle.

> l'heure à laquelle son cousin / arriver
> ÉLÈVE 1   *A quelle heure est-ce que tu arriveras?*
> ÉLÈVE 2   *J'arriverai à ...*

1. si le voyage / être long
2. si son cousin / avoir beaucoup de bagages
3. combien de temps son cousin / pouvoir rester chez eux
4. s'il y a des choses que son cousin / vouloir surtout voir
5. si son cousin / acheter beaucoup de souvenirs pour ses amis

Et voici quelques-unes des questions que son cousin pose à
Marie-Paule.

6. si on / aller au théâtre
7. le temps qu'il / faire
8. s'ils / aller voir des matchs de football
9. si sa cousine / venir le chercher à l'aéroport ou s'il / devoir
   prendre un taxi
10. s'il / pouvoir la reconnaître
11. si elle lui / envoyer une photo quand même

F Parlons de toi.

1. Qu'est-ce que tu comptes faire ce week-end? Tu verras un film, par exemple? Tu feras des courses?
2. Qu'est-ce que tu comptes faire l'été prochain? Tu auras un emploi *(job)*? Si oui, qu'est-ce que tu feras? Où est-ce que tu travailleras? Tu feras un voyage peut-être? Où est-ce que tu voyageras? Avec qui?
3. Où est-ce que tu seras dans cinq ans? Dans dix ans? Qu'est-ce que tu feras comme métier? Tu te marieras? Tu auras des enfants? Si oui, comment seront-ils?
4. Comment sera le monde dans dix ans? Est-ce que tu t'inquiètes à ce sujet ou est-ce que tu penses que tout ira bien?

ACTIVITÉ

La boule de cristal. Dans un petit groupe de trois ou quatre personnes, discutez du monde de l'an 2020. Comment sera-t-il? Comment seront, par exemple:

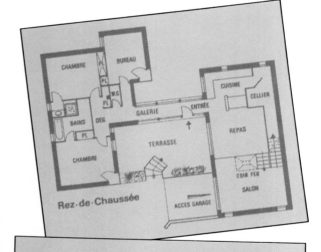

les machines
les emplois
les loisirs
les villes
les transports en commun
vos familles
vos métiers ou professions
vos maisons ou appartements
vos vêtements
vos vacances

Après, choisissez un de ces sujets et écrivez ce que votre groupe a imaginé. S'il y a un artiste parmi vous, il / elle peut y ajouter des dessins.

RÉVISION

Lisez la bande dessinée.

1. Mes grands-parents veulent faire peindre leur maison.

2. Grand-papa voudrait le faire lui-même mais il n'a pas envie de monter sur une échelle.

3. Grand-maman fera venir un peintre.

4. Quand papa apprend ça, il pense que ce n'est pas croyable.

5. Il leur dit de compter sur lui.

6. Tu parles! C'est papa et moi qui le ferons samedi!

Bardeaux Toisite, des toits du tonnerre de Zeus!

Maintenant imaginez que vos parents veulent faire réparer un robinet chez vous. Inventez une suite à cette histoire en vous servant de la Révision comme modèle.

THÈME

Trouvez les expressions françaises qui correspondent à l'anglais et rédigez un paragraphe.

1. Our neighbor wants to have a garage built.

2. He could build it himself, but he's afraid he'll fall off the ladder.

3. They'll have a carpenter come.

4. When their children learn that, they think it's unnecessary.

5. They tell them to count on <u>them</u>.

6. Look! It's the whole family who will do it together.

RÉDACTION

Maintenant, choisissez un de ces sujets.

1. Quelle est la dernière chose que vous avez fait réparer chez vous? Pourquoi est-ce que vous ne l'avez pas réparée vous-même?

2. Imaginez la conversation entre le voisin, sa femme et leurs enfants.

3. Complétez les phrases suivantes comme vous voulez en vous servant des phrases de la Révision et du Thème comme modèles.

   a. Je voudrais ….
   b. Je pourrais … mais ….
   c. Je ferai ….
   d. Quand mon frère … il pense que ….
   e. Il me dit ….
   f. Voilà! C'est mon frère et moi ….

A   Le bricolage.

Dites ce dont vous avez besoin pour faire les travaux suivants. Choisissez de la liste au-dessous.

un arrosoir   la poussière
le papier peint   une recette
un pinceau et une   une scie et un
échelle   marteau
les pinces   une tondeuse

réparer ma voiture
Pour réparer ma voiture, j'ai besoin de pinces.

1. tondre le gazon
2. peindre le plafond
3. arroser le jardin
4. préparer le coq au vin
5. tapisser un mur
6. construire une étagère

B   D'habitude.

Complétez chaque phrase en mettant les verbes soit au présent, soit au passé composé, soit au futur simple.

1. *(éteindre)* D'habitude, j'_____ la lumière du garage quand je sors le soir, mais hier je ne l'ai pas _____. Bien sûr, je l'_____ ce soir.
2. *(se plaindre)* Ma sœur _____ toujours que je fais trop de bruit. Hier elle _____ à ma mère et demain elle _____ à mon père.
3. *(peindre)* Tous les ans mes voisins _____ leur maison. L'année dernière ils _____ l'extérieur et l'été prochain ils _____ l'intérieur.

C   C'est aux autres de le faire!

Répondez aux questions suivantes en employant *faire* causatif.

Jean, tu as réparé la tondeuse toi-même?
Mais non! Je l'ai fait réparer.

1. C'est vrai que tu peins la voiture toi-même?
2. Ta mère réparera la cuisinière elle-même?
3. Tes frères ont construit ce garage eux-mêmes?
4. Vous laverez toutes les fenêtres de la maison vous-mêmes?
5. Ton amie va enlever les feuilles elle-même?
6. Ton père veut que nous le tapissions nous-mêmes?

D   Les rêves.

Mettez les phrases suivantes au futur simple.

1. Tu *(conduire)* la voiture de tes rêves.
2. Ma nièce *(devenir)* une danseuse célèbre.
3. J'*(aller)* autour du monde en bateau.
4. Mes cousines *(travailler et voyager)* en Europe.
5. Vous *(avoir)* beaucoup d'argent et vous *(acheter)* une maison au sud de la France.
6. Nous *(faire)* tout ce que nous *(vouloir)*.

VOCABULAIRE DU CHAPITRE 4

Noms
l'aide *(f.)*
l'ampoule *(f.)*
l'arrosoir *(m.)*
la boîte à outils
le bricolage
le charpentier
le clou
le désordre
l'échelle *(f.)*
l'électricien, l'électricienne
l'état *(m.)*
le fil (électrique)
le gazon
le marteau
la mauvaise herbe
les outils *(m.pl.)*
le papier peint
le peintre
la peinture *(paint)*
le pinceau
les pinces *(f.pl.)*
le plombier
la poubelle
la poussière
la recette
le réparateur, la réparatrice
le robinet
la scie
la tondeuse
le tournevis
le tuyau
le tuyau d'arrosage
la vis

Verbes
arroser
battre
bouger
bricoler
compter + *inf.*
compter sur
cuire
enlever
fonctionner
fuir *(to avoid; to leak)*
mélanger
peindre
se plaindre (de)
planter
tapisser (de papier peint)
tenir

Adjectifs
bouché, -e
compliqué, -e
inutile
simple
utile

Expressions
à deux
avoir horreur de
laisser + *inf.*
pas la peine de + *inf.*
puis-je ...?
tondre le gazon

CHAPITRE 5

PRÉLUDE CULTUREL | UN COIN DE FRANCE EN AMÉRIQUE

La plupart des Québécois sont d'origine française et les 250 000 touristes qui viennent assister au Carnaval de Québec entendent souvent le français pendant leur séjour. Le Carnaval dure presque deux semaines et on peut y voir des sculptures de glace, des gens qui dansent dans les rues et un énorme bonhomme de neige *(snowman)* qui, lui aussi, parle français!

MONTMORENCY

(en haut) On a construit la Basilique Notre-Dame de Montréal entre 1824 et 1829. Il faut remarquer à l'intérieur les vitraux (stained-glass windows) faits en France, l'orgue (organ) et «le Gros Bourdon», l'une des plus grosses cloches d'Amérique du Nord.

(en bas) Au dix-huitième siècle, la plupart des Acadiens ont été chassés par les Anglais et sont finalement venus s'installer en Louisiane. On y trouve encore aujourd'hui l'influence française. Voilà un village touristique acadien à Lafayette, en Louisiane.

163

MOTS NOUVEAUX

Quelle est ta langue maternelle?

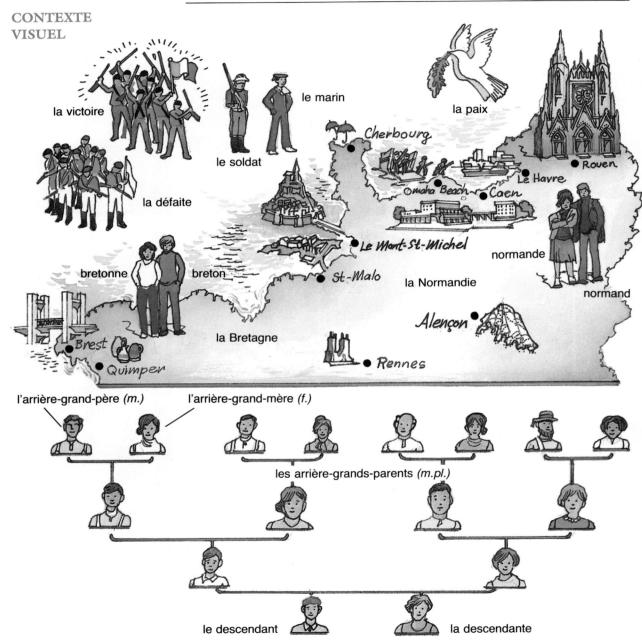

la victoire

la défaite

le soldat

le marin

la paix

Cherbourg

Le Havre

Omaha Beach

Caen

Rouen

Le Mont-St-Michel

normande

St-Malo

la Normandie

normand

bretonne

breton

la Bretagne

Alençon

Brest

Quimper

Rennes

l'arrière-grand-père *(m.)*   l'arrière-grand-mère *(f.)*

les arrière-grands-parents *(m.pl.)*

le descendant   la descendante

1 Sophie a fait la connaissance d'un jeune Américain.

SOPHIE Tu parles **drôlement** bien le français.

JOHN Ma famille est **d'origine** française.

SOPHIE C'est **rare** ça aux Etats-Unis, non?

JOHN Non, en Louisiane où j'habite, il y a beaucoup de descendants d'**Acadiens** qui sont très **fiers** de leur **héritage** français. Nous nous appelons «cadiens» de notre prononciation du mot «acadien».

drôlement = très
d'origine (f.) + adj. *of...origin*
rare *rare, unusual*

acadien, -enne *Acadian*
fier, fière *proud*
l'héritage (m.) *heritage*

Variations:

■ tu parles → tu **t'exprimes**
le français → en français
fiers de → **fidèles** à

■ sont très fiers de → **tiennent à**
leur héritage français → leur **culture** française

s'exprimer *to express oneself*

fidèle *faithful, loyal*
tenir à *to value*
la culture *culture*

2 Eric fait un exposé sur le Québec.

Les Québécois sont très **attachés à** tout ce qui leur rappelle leur héritage **culturel** français. Ils **se sont** toujours **battus** pour **conserver** leur langue et leurs **traditions** dans un pays qui est pour la plupart **anglophone**. Ils ont réussi, et maintenant Montréal est la plus grande ville francophone **en dehors de** la France.

attaché, -e à *fond of*
culturel, -le *cultural*
se battre *to fight*
conserver *to preserve*
la tradition *tradition*
anglophone *English-speaking*
en dehors de *outside of*

3 Véronique discute avec un copain québécois.

VÉRONIQUE Ta famille a toujours habité au Canada?

PIERRE Non, c'est mon arrière-grand-père qui a **émigré** de France.

VÉRONIQUE D'où était-il en France?

PIERRE Il était breton.

émigrer *to emigrate*

■ a émigré de France → **s'est établi** au Canada
d'où était-il en France → qu'est-ce qu'il faisait
breton → marin

s'établir *to settle*

Mots Nouveaux **165**

4 VÉRONIQUE Tout le monde est **bilingue** au Québec?

PIERRE Non, mais c'est difficile de vivre là-bas si on ne connaît pas les deux langues. Nous parlons anglais, mais **en famille** nous parlons uniquement le français. C'est notre **langue maternelle.**

■ bilingue → francophone
non, mais → non, et
en famille → avec nos amis
■ en famille → dans notre **communauté**

5 Albert fait visiter une petite ville **dans les environs** de Québec à sa cousine française.

ALBERT Ici nous visitons ce qu'on appelle les vieux quartiers.

JOCELYNE **On se croirait** dans une petite ville **de province** en France.

■ dans les environs de → pas loin de
on se croirait dans une → ça me fait penser à une
■ on se croirait dans → ça me **rappelle**

---

bilingue *bilingual*	
en famille *at home*	
la langue maternelle *mother tongue*	
la communauté *community*	
dans les environs *on the outskirts*	
on se croirait *it's like being*	
de province *provincial*	
rappeler here: *to remind*	

Dans le Quartier Petit Champlain, à Québec

6 Jocelyne lit un guide sur le Québec.

C'est Jacques Cartier qui donna* le nom Canada au pays. C'est Samuel de Champlain qui **fonda** la ville de Québec. Il s'y installa avec quelques **colons** français dont la plupart étaient normands.

Les Français fondèrent aussi une colonie en Acadie, une région du Canada qui s'appelle aujourd'hui **la Nouvelle-Ecosse.** La France dut **céder** l'Acadie à l'Angleterre en 1713. (A cette **époque,** la France et l'Angleterre étaient **ennemis.**) Plus tard, les Anglais **chassèrent** les Acadiens. Beaucoup d'entre eux s'établirent **finalement** en Louisiane.

fonder *to found*
le colon *settler, colonist*

la Nouvelle-Ecosse *Nova Scotia*
céder *to give up, to relinquish*
l'époque (f.) *time, era*
l'ennemi, -e *enemy*
chasser *to drive out*
finalement *eventually*

7 Jocelyne est rentrée de son voyage au Québec.

ANTOINE   Raconte-nous ce que tu as vu.
JOCELYNE   C'est un pays **merveilleux.**
ANTOINE   Et les Québécois?
JOCELYNE   Ce sont des gens formidables. Et **la façon** dont ils parlent français m'a beaucoup intéressée.

merveilleux, -euse *marvelous*

la façon *way*

■ ce que tu as vu → ce qui t'a plu
  ce sont des gens → ils sont

*The verbs in this paragraph are in a past tense called the *passé simple.* Their English equivalent is like that of the passé composé: *donna = a donné* ("gave"), *dut = a dû,* and so on. Simply note the stem and you will understand all of these verbs.

AUTREMENT DIT

TO COMPLIMENT SOMEONE ...
    Bravo!
    Très bien!
    Tu te débrouilles très bien!
    Mais c'est bien ça!
    Dis donc, c'est pas mal du tout!

TO ACCEPT A COMPLIMENT ...
    Tu trouves?
    Vraiment?
    Ça te plaît vraiment?
    Tu es sincère?
    Tu es gentil(le) de me dire ça.
    Je suis content(e) que ça te plaise.

A **Définitions.** Définissez ou donnez un synonyme pour chacun des mots suivants. Ensuite, utilisez chaque mot dans une phrase.

1. anglophone	5. s'exprimer	9. la langue maternelle
2. l'ennemi	6. merveilleux	10. bilingue
3. le colon	7. normand	11. l'arrière-grand-mère
4. Bretonne	8. drôlement	12. émigrer de

B **On se croirait au Québec.** Lucie, une jeune fille canadienne d'origine française, visite la France pour la première fois. Choisissez les mots pour compléter les paragraphes. Quelques-uns ne seront pas utilisés.

ancêtres	époque	se sont établis
communauté	fidèles	marins
émigré	fiers	paix

Me voici à Poitiers. Je me sens vraiment à l'aise, car ceci est la ville d'où mes _____ ont _____ il y a trois siècles. Ils _____ en Nouvelle-Ecosse (anciennement Acadie), dans l'est du Canada, où ils vivaient dans un village sur l'Océan Atlantique. A cette _____
5 tous les hommes de ma famille étaient _____ et ils habitaient près de la mer.
Ils ont vécu longtemps en _____ dans cette petite _____ francophone, conservant la culture et les traditions dont ils étaient vraiment _____.

bilingues	environs	francophones
chassés	famille	héritage
colonie	fidèles	soldats
défaite	finalement	tenons à
drôlement	fondons	victoire

_____, cependant, la France a dû céder l'Acadie à l'Angleterre.
10 Quand l'Acadie française est devenue la Nouvelle-Ecosse anglaise, mes ancêtres ont été _____ de la région. Ils étaient, après tout, des colons français dans une _____ anglaise. Alors ils sont allés au Québec, dans les _____ de Montréal. (Cela s'est passé quelques années avant la _____ du général Montcalm à Québec, après laquelle
15 la France a dû quitter le Canada une fois pour toutes.) Ma famille y habite encore. En _____ nous parlons français, mais nous sommes _____, bien sûr. Nous _____ notre _____ culturel et à nos traditions et nous y sommes toujours _____.

C Parlons de toi.

1. Ta famille est de quelle origine? Tu sais où sont nés tes arrière-grands-parents? Quelle était leur langue maternelle?
2. Dans ta ville, il y a des quartiers où on parle une autre langue? Laquelle? Il y a beaucoup de gens francophones? Quelles cultures différentes se trouvent dans les environs? Tu sais quelques-unes des traditions qui ont été conservées parmi ces gens?
3. De quelle origine étaient les gens qui ont fondé ta ville? Quand est-ce que ta famille s'est établie là-bas?
4. Dans quelles villes ou régions des Etats-Unis est-ce qu'il y a des communautés où les gens parlent la langue maternelle de leurs ancêtres qui ont émigré? Est-ce qu'ils sont bilingues? Tu connais des personnes bilingues? Quels en sont quelques-uns des avantages?

ACTIVITÉ

L'arbre généalogique. Dessinez un arbre généalogique de votre famille jusqu'à vos arrière-grands-parents. Si possible, indiquez le nom, la date et le lieu de naissance et la date de mort de chaque personne. Combien de pays différents sont représentés dans votre arbre généalogique? De combien de pays différents sont venus les ancêtres de vos camarades de classe?

APPLICATIONS

Hot dogs ou chiens chauds?

Pierre, un jeune Québécois, est en vacances chez les Dumont, ses cousins français.

ANNIE   Alors, tu te plais en France?

PIERRE   Oh oui, j'adore ce pays.

5   ANNIE   Qu'est-ce que tu as fait aujourd'hui?

PIERRE   J'ai magasiné.

ANNIE   Pardon? Tu as fait quoi?

PIERRE   J'ai magasiné.

ANNIE   Je regrette, mais je ne t'ai pas bien compris.

10   PIERRE   J'ai fait des courses. Dans les magasins.

ANNIE   Ah, tu as fait du shopping!

PIERRE   Du shopping? Ce n'est pas du français, ça!

ANNIE   Tu as raison. Les Québécois parlent mieux que nous.

15   MME DUMONT   Allez, venez à table. Pierre va être content. Pour le dîner, j'ai fait des hot dogs. Ça lui rappellera son pays!

A Montmartre, Paris

170   Chapitre 5

Questionnaire

1. Qu'est-ce que Pierre a fait aujourd'hui? D'où vient le mot dont il se sert pour décrire ce qu'il a fait?   2. D'où vient le mot dont se sert Annie?   3. Pourquoi est-ce qu'elle dit qu'il parle mieux le français?   4. Vous pouvez deviner comment on dit *hot dog* au Québec?   5. Vous pouvez indiquer quelques mots anglais qui sont différents en Amérique et en Angleterre? Par exemple, comment dit-on *elevator* et *truck* en Angleterre?

Un supermarché en France

Situation

Il y a dix villes aux Etats-Unis qui s'appellent Paris (dans les états d'Arkansas, Idaho, Illinois, Kentucky, Maine, Missouri, Ohio, Pennsylvanie, Tennessee et Texas). Avec un(e) camarade de classe, inventez un dialogue entre un(e) de ces Parisien(ne)s américain(e)s et un(e) Parisien(ne) français(e).

EXPLICATIONS I

C'est et il est

♦ **OBJECTIVES:**

TO IDENTIFY AND DESCRIBE PEOPLE AND THINGS

TO REFER TO GENERAL IDEAS

TO REFER TO SOMEONE'S NATIONALITY OR PROFESSION

1 To identify people or things in answer to the questions *Qu'est-ce que c'est?* or *Qui est-ce?*, use *c'est*.

> Le cadien? Qu'est-ce que c'est? **C'est** une forme de français.
> Cet outil? **C'est** un tournevis.
> Quelqu'un est à la porte. Qui est-ce? **C'est** sans doute la voisine.
> Qui est ce monsieur sur la photo? **C'est** mon oncle.

2 To refer to a general idea rather than specific people or things, use *c'est*.

> Il faut se dépêcher. **C'est** vrai, ça.
> Ils vont nous parler de leurs ancêtres. **Ce n'est pas** intéressant.

3 Before an adjective that describes people or things already mentioned or identified, use *il / elle est* or *ils / elles sont*.

> Mathilde est canadienne. **Elle est** énergique et très sportive.
> Vous connaissez ces livres? **Ils sont** très rares.

4 To state nationality or profession, you can use either *c'est* + indefinite article or *il / elle est* and *ils / elles sont* without the indefinite article. But if you want to use an adjective with the noun, you must use *c'est* or *ce sont*.

> Gilles? **Il est** canadien. / **C'est un** Canadien.
> Son père? **Il est** électricien. / **C'est un** électricien.
> **C'est un** excellent électricien.
> **Ce sont** les meilleurs commerçants de ce quartier.

Note that with *il(s) / elle(s)* the term referring to nationality is an adjective, but with *c'est* it is a noun. This is shown by the use of the capital letter. We always use *c'est / ce sont* before a proper noun, a disjunctive pronoun, a definite or indefinite article, or a possessive adjective.

Un restaurant à Québec

5 *C'est* is also used in emphatic sentences.

Julien est notre meilleur joueur.	Julien, **c'est** notre meilleur joueur.
La Bretagne est la province de mes ancêtres.	La Bretagne, **c'est** la province de mes ancêtres.
La plus grande ville de la région est la Nouvelle-Orléans.	La plus grande ville de la région, **c'est** la Nouvelle-Orléans.

6 *C'est* is also used to change from description to identification. In that case there is no agreement for gender or number. Compare:

Le gazon est joli.	*The lawn is nice.*
Le gazon, c'est joli.	*(Having a) lawn is nice.*
La farine est blanche.	*The flour is white.*
La farine, c'est blanc.	*Flour is white.*

7 In more formal spoken styles and in writing, *il est* rather than *c'est* is used to introduce an infinitive phrase.

INFORMAL / SPOKEN	FORMAL / WRITTEN
Nager ici, c'est défendu.	Il est défendu de nager ici.
Patiner sur ce lac, c'était dangereux.	Il était dangereux de patiner sur ce lac.

OFFICIAL SCHEDULE

Festival INTERNATIONAL de LOUISIANE

JULY 2-5 1987
DOWNTOWN
LAFAYETTE, LOUISIANA

DU 2 au 5 JUILLET 1987
CENTRE-VILLE
LAFAYETTE, LOUISIANE

EXERCICES

A Quelle sorte d'ouvriers? Indiquez le métier des gens décrits et dites comment ils travaillent.

> M. Lemoël répare les tuyaux qui fuient. Il travaille bien.
> *Il est plombier. C'est un bon plombier.*

1. Mme Leduc répare les voitures. Elle travaille bien.
2. M. Lemieux a réparé ma lampe. Il travaille bien.
3. Yvon a essayé de réparer les portes de notre maison mais il n'a pas fait un bon travail.
4. Ma tante soigne les malades. Elle est très sympa.
5. Mes cousins enseignent dans un lycée. Leurs élèves trouvent qu'ils sont excellents.
6. M. Renouard prend beaucoup de photos mais elles ne sont jamais bonnes.
7. Notre voisin fait des gâteaux qui sont toujours excellents.

B L'album de photos. Caroline montre l'album de photos de sa famille à sa copine. Elle identifie les personnes sur les photos, puis elle les décrit. Suivez le modèle.

ma tante / très fière
C'est ma tante. Elle est très fière.

ma tante / une femme très fière
C'est ma tante. C'est une femme très fière.

1. mes arrière-grands-parents / normands
2. ma cousine du Québec / bilingue
3. mes oncles / des chauffeurs de camion
4. mon frère et un de ses copains / soldats à Nancy
5. les filles de ma cousine québécoise / insupportables
6. la fille de notre voisine / une journaliste
7. mon oncle de la Nouvelle-Ecosse / anglophone
8. une ancienne voisine / une Suédoise

La pêche en Nouvelle-Ecosse; à Terre-Neuve

C Le bavard.   Grégoire donne toujours son opinion. Conversez selon le modèle.

> mon frère qui a enregistré le film / $\left\{ \begin{array}{l} \text{pas compliqué, tu sais} \\ \text{très jeune, non?} \end{array} \right.$
>
> ÉLÈVE 1   *C'est mon frère qui a enregistré le film.*
> ÉLÈVE 2   *C'est pas compliqué, tu sais.*
>   OU: *Il est très jeune, non?*

1. lui qui m'a invité au restaurant / pas possible
2. la maison où nous habitions / la maison la moins pittoresque de la rue
3. mon père qui a fait cuire le bœuf bourguignon / pas très difficile
4. Annick qui a préparé les crêpes / bretonne, non?
5. maman qui a planté toutes ces fleurs / une assez bonne jardinière
6. l'acteur de cinéma que je connais / pas très célèbre
7. mon nouveau vélo / plus beau que celui que tu avais l'année dernière
8. les boucles d'oreilles que j'ai achetées / une bonne affaire, tu crois?
9. toi qui me fatigues / la meilleure

D De quelle couleur est-ce?   Donnez la couleur des aliments suivants.

> les épinards   *Les épinards, c'est vert.*

1. la laitue	3. le beurre	5. les citrons	7. les carottes
2. les oignons	4. les fraises	6. le lait	8. les tomates

E Opinions.   Evaluez les actions suivantes en utilisant l'un des adjectifs donnés. Donnez les deux formes possibles.

> faire du ski
> *Faire du ski, c'est dangereux.*
> *Il est dangereux de faire du ski.*

amusant	ennuyeux	intéressant
dangereux	facile	inutile
défendu	important	utile
difficile		

1. faire de l'alpinisme
2. apprendre à nager
3. bachoter
4. bricoler
5. conduire une voiture sur la glace
6. faire réparer un vieil aspirateur
7. trouver des cadeaux pour ses amis
8. jouer dans la rue

Les pronoms relatifs *qui* et *que*

◆ OBJECTIVES:

TO GIVE
ADDITIONAL
INFORMATION

TO CLARIFY

You know that we use relative pronouns to combine two sentences or to give additional, clarifying information. Remember that we use *qui* + verb to tell what people or things are or do. We use *que* + noun (or subject pronoun) + verb to tell what is done to them. Both *qui* and *que* can be used for both people and things.

Les Acadiens, **qui** ont été chassés par les Anglais, se sont établis en Louisiane.	The Acadians, **who** were driven out by the British, settled in Louisiana.
C'est une région **qui** se modernise rapidement, mais **qui** conserve son héritage culturel.	It's a region **that** is modernizing rapidly but (**that** is) preserving its cultural heritage.
J'ai rencontré le charpentier **que** vous vouliez voir hier.	I met the carpenter (**whom**) you wanted to see yesterday.
Mon amie n'a pas répondu aux lettres **que** je lui ai envoyées.	My friend didn't answer the letters (**that**) I sent her.

Note the agreement of the past participle and the preceding direct object. Note also that, unlike the English "that" or "whom," *qui* and *que* are never omitted.

EXERCICE

Mon voyage. Catherine et Roger ont fait un voyage en Louisiane. Ils parlent avec un ami en regardant les photos de leur voyage. Combinez les phrases selon le modèle.

Ce sont les photos du voyage. Nous l'avons fait l'été dernier.
Ce sont les photos du voyage que nous avons fait l'été dernier.

1. La Louisiane est un état des Etats-Unis. C'était une colonie française il y a deux siècles.
2. En Louisiane il y a toujours beaucoup de descendants des Acadiens. Ils sont très fiers de leur héritage.
3. Ils sont très attachés à leur culture. Elle est différente de celle de la plupart des Américains.
4. Voici des photos. Je les ai prises à la Nouvelle-Orléans.
5. Sur celle-ci tu vois un vieux monsieur. Je l'ai rencontré dans le quartier français.
6. Ses ancêtres étaient des Acadiens. Ils se sont établis en Louisiane.
7. Voici une carte postale. Catherine l'a reçue d'une amie américaine.
8. Nous avons fait beaucoup d'amis. J'espère les revoir un jour.

Le pronom relatif *dont*

We use *dont* instead of *qui* or *que* if the verb or verb phrase is followed by *de*. Such phrases include *avoir besoin de, parler de, avoir peur de, être fier de, se servir de,* and so forth.

La défaite **dont** le professeur parlait était celle des Français au Canada.	*The defeat **(that)** the professor was talking **about** was that of the French in Canada.*
Les outils **dont** le réparateur a besoin coûtent cher.	*The tools **(that)** the repairman needs cost a lot.*
Mon arrière-grand-mère, **dont** je conserve un bon souvenir, est morte à 85 ans.	*My great-grandmother, **of whom** I have fond memories, died at 85.*

Like all other relative pronouns in French, you must never omit *dont,* even when in English we can.

We also use *dont* to express possession. The English equivalent is "whose."

Mon ami **dont** le père est mort vit dans les environs de Montréal.	*My friend **whose** father died lives on the outskirts of Montreal.*

◆ **OBJECTIVES:**

TO GIVE ADDITIONAL INFORMATION

TO CLARIFY

EXERCICE

Une grande famille. Le père de Patrick lui montre son arbre généalogique. Combinez les phrases selon le modèle.

> Ça, c'est mon arrière-grand-père. Son portrait est dans la salle à manger.
> *Ça, c'est mon arrière-grand-père dont le portrait est dans la salle à manger.*

1. C'était un homme très strict. Tous ses enfants avaient peur de lui.
2. Ça, c'est mon grand-père. On parlait de lui hier soir.
3. C'était un avocat. Toute la famille était très fière de lui.
4. A côté de lui on voit sa femme, ma grand-mère. Je me souviens bien d'elle.
5. Je me souviens surtout de ses histoires. Il y en avait beaucoup au sujet de ses frères, qui étaient tous marins.
6. Elle avait une grande voiture ancienne. Elle s'en servait seulement pour aller à l'église.
7. C'était elle qui m'a donné cet arbre généalogique. J'en avais très envie.
8. C'est une bonne famille. Tu peux en être fier.

Le pronom relatif *où*

♦ OBJECTIVE:

TO CLARIFY OR
GIVE ADDITIONAL
INFORMATION
ABOUT A PLACE OR
TIME

The relative pronoun *où* introduces a clause that gives information about a place or a time. Its English equivalent can be "where," "in which," "on which," or "when."

La Normandie est la province **où** je suis né.	*Normandy is the province **where** I was born.*
Voilà le lac **où** j'ai appris à faire du ski nautique.	*There's the lake **on which** I learned to water-ski.*
Le train partait au moment **où** je suis arrivé à la gare.	*The train was leaving at the moment **(when)** I arrived at the station.*
1608? C'est l'année **où** Champlain a fondé la ville de Québec.	*1608? That's the year **(when)** Champlain founded the city of Québec.*

EXERCICE

L'influence de la France en Amérique. Qu'est-ce que vous savez de l'héritage français en Amérique? Complétez les phrases en employant le mot qui convient: *dont* ou *où*.

1. Les habitants du Québec, _____ beaucoup sont descendants des colons normands, tiennent à leur héritage.
2. A Montréal, _____ beaucoup de gens sont bilingues, on peut se débrouiller bien si on ne parle que le français.
3. Le Stade Olympique, _____ jouent les Expos, a été construit pour les Jeux Olympiques de 1976.
4. Il y a plus de 300 églises à Montréal, _____ l'une, Notre-Dame-de-Bon-Secours, s'appelle «l'église des marins».
5. 1713, c'est l'année _____ la France a dû céder l'Acadie à l'Angleterre.
6. La culture francophone, _____ l'héritage est si riche, se trouve aussi aux Etats-Unis. Cela est vrai surtout en Louisiane, _____ les Acadiens se sont établis.
7. La Caroline du Sud, la Virginie, le Massachusetts et le New York ont aussi beaucoup d'habitants d'origine française. C'était dans ces états-là _____ se sont établis beaucoup d'Huguenots (protestants français) quand ils ont été chassés de France.
8. Paul Revere, par exemple, _____ vous connaissez sans doute le nom, était d'origine huguenote.

Le Château Frontenac à Québec

Les pronoms relatifs avec *ce*

The relative pronouns *qui, que, où,* and *dont* all refer to a noun in the main clause. In fact they replace that noun in the relative clause.

> Je cherche la machine. La machine ne marche pas. → Je cherche **la machine qui** ne marche pas.

When the thing being referred to is unknown or is not specific, the pronoun *ce* is used with the relative pronoun.

Je veux savoir **ce qui** ne marche pas.	*I want to know **what** isn't working.*
Je ne comprends pas **ce qu'**ils disaient.	*I don't understand **what** they were saying.*
Je n'ai pas du tout compris **ce dont** vous parliez.	*I didn't understand at all **what** you were talking about.*

1 *Ce qui* and *ce que* are also used in indirect questions.

Qu'est-ce qui se passait à cette époque?	*What was happening at that time?*
Dites-moi **ce qui** se passait à cette époque.	*Tell me **what** was happening at that time.*
Qu'est-ce qu'il y a dans la boîte?	*What's in the box?*
Il veut savoir **ce qu'**il y a dans la boîte.	*He wants to know **what's** in the box.*

◆ **OBJECTIVES:**

TO REFER TO SOMETHING THAT IS UNKNOWN OR NOT SPECIFIC

TO CLARIFY

TO ASK AN INDIRECT QUESTION

TO PARAPHRASE

TO EMPHASIZE

A Montréal

2 To emphasize the indefinite pronouns *ce* and *ça*, use *c'est* + *ce que, ce qui,* or *ce dont.*

> Je sais ça. → **C'est ce que** je sais.
> C'est difficile. → **C'est ce qui** est difficile.
> C'est de ça que nous parlons. → **C'est ce dont** nous parlons.

3 These combinations are also used to emphasize any noun.

> Cet accident est arrivé hier. → Cet accident, **c'est ce qui** est arrivé hier.
> Il nous a envoyé ces disques. → Ces disques, **c'est ce qu'**il nous a envoyé.
> On a besoin de la tradition. → La tradition, **c'est ce dont** on a besoin.

Notice in the second example that, even when the thing being referred to is known, the past participle does not agree when *ce que* is used.

4 We can also use *ce qui, ce que,* and *ce dont* at the beginning of a sentence to add emphasis to what follows. The second clause often begins with *c'est* or *ce sont.*

> **Ce qui** est arrivé ensuite a mené finalement à leur défaite.

What happened then led eventually to their defeat.

> **Ce que** nous voulons tous, c'est la paix.

What we all want is peace.

> **Ce dont** nous nous sommes rendu compte, c'était que les garçons refusaient de danser.

What we noticed was that the boys were refusing to dance.

Une boutique à Montréal

TENUE DE GALA
LOCATION ou VENTE / RENT or SALE
FORMAL WEAR

On est bilingue au Québec.

EXERCICES

A Préparons une interview. Avec un(e) camarade de classe vous préparez des questions que vous aimeriez poser à un étudiant qui est récemment venu du Québec. Vous faites des suggestions.

Qu'est-ce qu'il aime faire pendant le week-end?
On pourrait lui demander ce qu'il aime faire pendant le week-end.

1. Qu'est-ce qui l'intéresse le plus?
2. Qu'est-ce qu'il suit comme cours?
3. De quoi est-ce que lui et ses camarades parlent le plus souvent?
4. Qu'est-ce qu'il y a d'intéressant à faire à Québec?
5. Qu'est-ce qui lui plaît aux Etats-Unis?
6. Qu'est-ce qu'il voudrait faire pendant son séjour?
7. Qu'est-ce qu'il y a ici qui lui rappelle son propre pays?
8. Qu'est-ce que les jeunes gens québécois aiment faire?
9. De quoi est-ce qu'ils se plaignent?

Il est facile de tondre le gazon avec le bon outil.

B Le bon outil.   Choisissez ce qu'il faut pour faire les choses suivantes. Vous n'emploierez que huit des noms donnés.

faire cuire des gâteaux
Un four, c'est ce qu'il faut pour faire cuire des gâteaux.

un arrosoir	un marteau	une serviette
un aspirateur	un pinceau	une tondeuse
un four	des pinces	un tournevis
un lave-vaisselle	une scie	un tuyau d'arrosage

1. arroser le gazon
2. tondre le gazon
3. peindre le garage
4. réparer un fil électrique

5. sécher les assiettes
6. mettre des vis
7. mettre des clous
8. nettoyer un tapis

C La Louisiane.   Complétez les phrases suivantes en employant *qui, que, dont, où, ce qui, ce que* ou *ce dont*.

1. Nous avons passé quinze jours dans une petite ville _____ est près de Lafayette.
2. _____ nous intéressait, c'était la culture de la population d'origine française.
3. Nous voulions savoir _____ on parle en Louisiane.

4. Nous ne pouvions pas toujours comprendre _____ les gens nous disaient.

5. Nous avons vu la façon _____ ils font la cuisine.

6. Nous ne savions pas _____ ils se servent de tant de fruits de mer dans leur cuisine.

7. _____ les Cadiens sont fiers, c'est leur héritage acadien.

8. Les traditions françaises, voilà _____ est important pour eux.

D Parlons de toi.

1. Qu'est-ce qui te plaît le plus au lycée? Et le moins? De quoi est-ce que vous vous plaignez, toi et tes amis?

2. Quel est le cours où tu t'amuses le plus? Et le moins? Pourquoi?

3. De tout ce que tu as dû faire et apprendre au lycée cette année, qu'est-ce qui sera le plus utile dans la vie? Et le moins utile?

4. Est-ce qu'on doit toujours dire ce qu'on pense? Pourquoi? Tu crois qu'il est important de ne pas froisser les autres (*to hurt others' feelings*)? Pourquoi?

5. Est-ce que tu tiens à la tradition? Pourquoi? A quelles traditions est-ce que tu tiens le plus? Il y en a que tu trouves bêtes, inutiles ou même dangereuses? Lesquelles?

6. De tout ce dont tu te souviens de l'époque où tu étais très jeune, quel est le souvenir le plus agréable? Il y a des souvenirs qui te font rire? Tu peux en raconter un?

ACTIVITÉ

Sujets de conversation. Dans un groupe de trois ou quatre personnes, choisissez deux ou trois des sujets suivants et discutez-les. Est-ce que vous êtes du même avis?

ce dont on ne doit pas se plaindre
ce dont on a le plus grand besoin au lycée
ce dont on a le plus grand besoin dans le monde
ce qui m'ennuie le plus
ce qui me plaît le plus au lycée
ce qui me déplaît le plus au lycée
ce que nos villes peuvent faire pour se moderniser
ce que nos villes doivent faire pour conserver ce qu'elles ont de beau
ce qu'on peut faire pour aider les sans-abri (*homeless*)

APPLICATIONS

Une abominable feuille d'érable sur la glace
ROCH CARRIER

AVANT DE LIRE

1. Vous ne connaissez pas peut-être le mot *érable,* mais est-ce que vous pouvez deviner ce que veut dire le titre de cette histoire en anglais? Si vous saviez que l'histoire a lieu au Canada, vous pourriez deviner ce que c'est qu'une «feuille d'érable»?

2. Vous savez comment s'appellent les équipes de hockey de Montréal et de Toronto?

3. Quand vous aviez dix ans, est-ce que vous aviez quelque chose de vieux qui était très important pour vous et que personne ne pouvait vous faire jeter? Un jouet, par exemple, ou un vêtement? Vous vous rappelez pourquoi cet objet était si important pour vous?

4. A certains âges il nous est très important de nous habiller et d'agir *(to act)* comme nos amis. Pourquoi est-il si important de ne pas être différent des autres?

5. Est-ce que vos parents vous ont déjà fait faire quelque chose que vous croyiez que personne d'autre ne faisait? Ils vous ont empêché de faire quelque chose que tous les autres faisaient? Vous étiez drôlement gêné(e) *(embarrassed)?*

6. Dans cette histoire vous trouverez plusieurs mots que vous pourrez comprendre en pensant à des mots associés. Par exemple, à quels verbes les noms suivants sont-ils associés: *la patinoire, le repos, l'emballage?* Vous connaissez les verbes *disparaître* et *espérer.* Alors, que veulent dire le verbe *apparaître* et l'adjectif *désespéré? Saigner* est associé au nom *le sang* et *la déception* au verbe *décevoir.* Vous les comprenez? Que veut dire *feuilleter un catalogue?*

7. Que veulent dire *finir* et *établir* en anglais? Alors, vous comprenez *punir* et *la punition?*

8. En lisant, même dans notre langue maternelle, il y a souvent des mots que nous ne connaissons pas, mais que nous pouvons comprendre en faisant attention au contexte. Vous comprendrez probablement ces mots-ci d'après le contexte: *la prière* (ligne 11), *la manière* (l. 15), *la colle* (l. 16—pensez à *collant*), *découper* (l. 19), *incluses* (l. 34—le participe passé du verbe *inclure*), *la larme* (l. 55), *s'approcher* (l. 81), *se briser* (l. 93), *se relever* (l. 94), *le vicaire* (l. 94—vous savez ce que veut dire *vicar* en anglais?), *dévorer* (l. 101).

9. Notez aussi les illustrations. Elles vous aideront à comprendre quelques autres mots que vous ne connaissez pas.

10. L'auteur *(author)* emploie le passé simple dans cette histoire. Faites attention au radical *(stem)* et vous les comprendrez tous. Il y en a, cependant, qui sont irréguliers: *fit = a fait, j'eus = j'ai eu, eut = a eu, je fus = j'ai été, je vis = j'ai vu.*

Les hivers de mon enfance étaient des saisons longues, longues. Nous vivions en trois lieux: l'école, l'église et la patinoire; mais la vraie vie était sur la patinoire. Les vrais combats se gagnaient sur la patinoire. La vraie force apparaissait sur la patinoire. Les vrais chefs[1] se manifestaient sur la
5 patinoire. L'école était une sorte de punition. Les parents ont toujours envie de punir les enfants et l'école était leur façon la plus naturelle de nous punir. De plus,[2] l'école était un endroit tranquille où l'on pouvait préparer les prochaines parties de hockey, dessiner les prochaines stratégies. Quant à[3] l'église, nous trouvions là le repos de Dieu: on y oubliait
10 l'école et l'on rêvait à la prochaine partie de hockey. A travers[4] nos rêveries, il nous arrivait de réciter une prière: c'était pour demander à Dieu de nous aider à jouer aussi bien que Maurice Richard.*

Tous, nous portions le même costume que lui, ce costume rouge, blanc, bleu des Canadiens de Montréal, la meilleure équipe de hockey au monde;
15 tous, nous peignions nos cheveux à la manière de Maurice Richard et, pour les tenir en place, nous utilisions une sorte de colle, beaucoup de colle. Nous lacions nos patins à la manière de Maurice Richard, nous mettions le ruban gommé[5] sur nos bâtons à la manière de Maurice Richard. Nous découpions dans les journaux toutes ses photographies. Vraiment
20 nous savions tout à son sujet.

Sur la glace, au coup de sifflet de l'arbitre, les deux équipes s'élançaient sur[6] le disque de caoutchouc;[7] nous étions cinq Maurice Richard contre cinq autres Maurice Richard à qui nous arrachions[8] le disque; nous étions dix joueurs qui portions, avec le même brûlant enthousiasme, l'uniforme
25 des Canadiens de Montréal. Tous nous arborions[9] au dos le très célèbre numéro 9.

Un jour, mon chandail des Canadiens de Montréal était devenu trop étroit; puis il était déchiré ici et là, troué. Ma mère me dit: «Avec ce vieux chandail, tu vas nous faire passer pour pauvres!» Elle fit ce qu'elle faisait
30 chaque fois que nous avions besoin de vêtements. Elle commença de feuilleter le catalogue que la compagnie Eaton nous envoyait par la poste chaque année. Ma mère était fière. Elle n'a jamais voulu nous habiller au magasin général; seule pouvait nous convenir la dernière mode du catalogue Eaton. Ma mère n'aimait pas les formules de commande[10] incluses
35 dans le catalogue; elles étaient écrites en anglais et elle n'y comprenait rien. Pour commander mon chandail de hockey, elle fit ce qu'elle faisait

---

[1]**le chef** *leader* [2]**de plus** *what's more* [3]**quant à** *as for* [4]**à travers** *through*
[5]**le ruban gommé** *adhesive tape* [6]**s'élancer sur** *to rush at* [7]**le caoutchouc**
rubber [8]**arracher à** *to snatch away from* [9]**arborer** *to display* [10]**la formule de
commande** *order form*

*Maurice Richard était un joueur de hockey très célèbre. Il a joué pour les Canadiens de Montréal (1942–1960) et, pendant sa carrière, a marqué 626 buts (dont 82 en compétition pour la Coupe Stanley).

Roch Carrier, «Une abominable feuille d'érable sur la glace», extrait des *Enfants du bonhomme dans la lune.* Copyright © Editions Stanké, 1979. Reproduit avec permission.

d'habitude; elle prit son papier à lettres et elle écrivit de sa douce calligraphie d'institutrice:[11] «Cher Monsieur Eaton, auriez-vous l'amabilité de m'envoyer un chandail de hockey des Canadiens pour mon garçon qui a

40 dix ans et qui est un peu trop grand pour son âge, et que le docteur Robitaille trouve un peu trop maigre? Je vous envoie trois piastres[12] et retournez-moi le reste s'il en reste.[13] J'espère que votre emballage va être mieux fait que la dernière fois.»

Monsieur Eaton répondit rapidement à la lettre de ma mère. Deux se-

45 maines plus tard, nous recevions le chandail. Ce jour-là, j'eus l'une des plus grandes déceptions de ma vie! Je puis dire que j'ai, ce jour-là, connu une très grande tristesse. Au lieu du chandail bleu, blanc, rouge des Canadiens de Montréal, M. Eaton nous avait envoyé un chandail bleu et blanc, avec la feuille d'érable au devant, le chandail des Maple Leafs de Toronto.

50 J'avais toujours porté le chandail bleu, blanc, rouge des Canadiens de Montréal; tous mes amis portaient le chandail bleu, blanc, rouge; jamais, dans mon village, quelqu'un n'avait porté le chandail de Toronto, jamais on n'y avait vu un chandail des Maple Leafs de Toronto. De plus, l'équipe de Toronto se faisait terrasser[14] régulièrement par les triomphants Cana-

55 diens. Les larmes aux yeux, je trouvai assez de force pour dire:

—J'porterai jamais cet uniforme-là.

—Mon garçon, tu vas d'abord l'essayer! Si tu te fais une idée sur les choses avant de les essayer, mon garçon, tu n'iras pas loin dans la vie …

Ma mère m'avait enfoncé[15] sur les épaules le chandail bleu et blanc des

60 Maple Leafs de Toronto et, déjà, j'avais les bras enfilés dans les manches. Elle tira[16] le chandail sur moi et s'appliqua à aplatir tous les plis[17] de cette abominable feuille d'érable sur laquelle, en pleine poitrine, étaient écrits les mots Toronto Maple Leafs. Je pleurais.

—J'pourrai jamais porter ça.

65 —Pourquoi? Ce chandail-là te va bien … Comme un gant …

—Maurice Richard se mettrait jamais ça sur le dos …

—T'es pas Maurice Richard. Puis, c'est pas ce qu'on se met sur le dos qui compte, c'est ce qu'on se met dans la tête …

—Vous me mettrez pas dans la tête de porter le chandail des Maple

70 Leafs de Toronto.

Ma mère eut un gros soupir[18] désespéré et elle m'expliqua:

—Si tu gardes[19] pas ce chandail qui te fait bien, il va falloir que j'écrive à M. Eaton pour lui expliquer que tu veux pas porter le chandail de Toronto. M. Eaton, c'est un Anglais; il va être insulté parce que lui, il aime

75 les Maple Leafs de Toronto. S'il est insulté, penses-tu qu'il va nous ré-

---

[11]**l'institutrice** *primary-school teacher*   [12]**le piastre** *dollar*   [13]**s'il en reste** *if anything is left over*   [14]**se faire terrasser** *to let oneself be crushed*   [15]**enfoncer** *to jam down*   [16]**tirer** *to pull*   [17]**s'appliqua à aplatir les plis** *set about smoothing out the wrinkles*   [18]**le soupir** *sigh*   [19]**garder** *to keep*

pondre très vite? Le printemps va arriver et tu auras pas joué une seule partie parce que tu auras pas voulu porter le beau chandail bleu que tu as sur le dos.

Je fus donc obligé de porter le chandail des Maple Leafs. Quand j'arrivai
80 à la patinoire avec ce chandail, tous les Maurice Richard en bleu, blanc, rouge s'approchèrent un à un pour regarder ça. Au coup de sifflet de l'arbitre, je partis prendre mon poste habituel. Le chef d'équipe vint me prévenir[20] que je ferais plutôt partie de la deuxième ligne d'attaque. Quelques minutes plus tard, la deuxième ligne fut appelée: je sautai sur
85 la glace. Le chandail des Maple Leafs pesait sur mes épaules comme une montagne. Le chef d'équipe vint me dire d'attendre; il aurait besoin de moi à la défense, plus tard. A la troisième période, je n'avais pas encore joué; un des joueurs de défense reçut un coup de bâton sur le nez, il saignait; je sautai sur la glace: mon heure était venue! L'arbitre siffla; il
90 m'infligea une punition.[21] Il prétendait que j'avais sauté sur la glace quand il y avait encore cinq joueurs. C'en était trop! C'était trop injuste!

C'est de la persécution! C'est à cause de mon chandail bleu! Je frappai mon bâton sur la glace si fort qu'il se brisa. Soulagé, je me penchai pour ramasser[22] les débris. Me relevant, je vis le jeune vicaire, devant moi:
95 —Mon enfant, ce n'est pas parce que tu as un petit chandail neuf des Maple Leafs de Toronto, au contraire des autres, que tu vas nous faire la loi.[23] Un bon jeune homme ne se met pas en colère. Enlève tes patins et va à l'église demander pardon à Dieu.

Avec mon chandail des Maple Leafs de Toronto, je me rendis à[24] l'église,
100 je priai Dieu; je lui demandai qu'il envoie au plus vite des mites[25] qui viendraient dévorer mon chandail des Maple Leafs de Toronto.

---

[20]**prévenir** *to warn*   [21]**infliger une punition** *to impose a penalty*   [22]**soulagé, je me penchai pour ramasser** *relieved, I bent down to pick up*   [23]**faire la loi** *to make the rules*   [24]**se rendre à** = aller à   [25]**la mite** *moth*

Questionnaire

1. Est-ce que vous croyez que cet incident a eu lieu ou non? Pourquoi est-ce que vous croyez que oui / que non? Si non, le croyez-vous vraisemblable *(true-to-life)?*

2. Qui était votre héros (héroïne) quand vous aviez dix ans? Evidemment, Maurice Richard était un grand héros sportif pour les garçons francophones canadiens des années quarante et cinquante. Il y a un héros ou une héroïne comme lui pour les enfants des Etats-Unis de nos jours?

3. Est-ce que vous croyez que les familles des garçons dans cette histoire avaient des télévisions? Si non, comment se renseignaient-ils sur les exploits de Richard? Qu'est-ce qu'ils faisaient pour lui ressembler?

4. L'auteur ne décrit pas sa mère, mais il nous donne quand même un assez bon portrait d'elle. D'après ce que vous avez lu, comment était-elle? C'était une personne simple ou compliquée? Riche ou pauvre?

5. Qu'est-ce que vous pensez de la lettre qu'elle a écrite à la compagnie Eaton? Vous croyez que M. Eaton y a répondu lui-même? (Eaton est le plus grand magasin de Montréal.)

6. Qu'est-ce que vous pensez de la raison que donne la mère pour ne pas vouloir renvoyer le chandail? Elle invente peut-être une excuse, tout en croyant qu'un chandail, c'est un chandail et que ça ne vaut pas la peine de le renvoyer?

7. Est-ce que vos parents vous ont fait porter un vêtement que vous détestiez? Si oui, parlez-en un peu. Pourquoi les vêtements peuvent-ils être si importants pour les adultes et pour les enfants? Pourquoi les adultes croient-ils souvent que les sentiments *(feelings)* des enfants ont si peu d'importance?

8. Pourquoi le chef de l'équipe n'a-t-il pas laissé jouer le garçon? D'après l'arbitre, pourquoi est-ce qu'il lui a infligé une punition? Et d'après le vicaire, pourquoi le punissait-il?

9. Vous savez que les Français et les Anglais étaient ennemis il y a deux cents ans. Et depuis, les Canadiens anglophones et francophones ne se sont pas toujours entendus les uns avec les autres. Le vicaire nous révèle (montre) ses sentiments quand il dit que le chandail des Maple Leafs ne permet pas au garçon de faire la loi. Qu'est-ce qu'il veut dire et de quoi est-elle le symbole, cette «abominable feuille d'érable»? Et pourquoi les Canadiens de Montréal étaient-ils si importants pour les francophones du pays?

10. Les symboles sont très puissants *(powerful)*. Les gens les suivront jusqu'à la victoire ou à la défaite totale. Quels symboles puissants est-ce que vous connaissez?

EXPLICATIONS II

Le passé simple

You know that we use the passé composé to express an action that began and ended in the past. The passé simple is another past tense that describes completed action. You will find the passé simple in written texts, such as newspaper articles, stories and novels, and historical accounts. We do not use it in conversation.

Samuel de Champlain **fonda** la ville de Quebec en 1608.
Les Français **cédèrent** l'Acadie aux Anglais en 1713.

Samuel de Champlain founded the city of Quebec in 1608.
The French turned Acadia over to the English in 1713.

◆ **OBJECTIVE:**

TO READ NEWSPAPERS, MAGAZINES, TEXTS, SHORT STORIES, AND NOVELS

1 The passé simple of regular *-er* verbs is formed by dropping the *-er* of the infinitive and adding the endings *-ai, -as, -a; -âmes, -âtes,* and *-èrent*.

INFINITIF   **marcher**

SINGULIER		PLURIEL	
1	je **marchai**	nous	**marchâmes**
2	tu **marchas**	vous	**marchâtes**
3	il elle on } **marcha**	ils elles } **marchèrent**	

2 Regular *-ir, -ir / -iss-*, and *-re* verbs all follow the same pattern in the passé simple. The infinitive ending is dropped, and the endings *-is, -is, -it; -îmes, -îtes, -irent* are added.

INFINITIF	finir	dormir	répondre
je	fin**is**	dorm**is**	répond**is**
tu	fin**is**	dorm**is**	répond**is**
il, elle, on	fin**it**	dorm**it**	répond**it**
nous	fin**îmes**	dorm**îmes**	répond**îmes**
vous	fin**îtes**	dorm**îtes**	répond**îtes**
ils, elles	fin**irent**	dorm**irent**	répond**irent**

LES ÉMISSIONS CULTURELLES DU RÉSEAU FM DE RADIO-CANADA SONT-ELLES POUR VOUS?
OUI!

Dans la rue Royale, à la
Nouvelle-Orléans

3 Some irregular verbs form the passé simple like *-ir* and *-re* verbs.

INFINITIVE	PASSÉ SIMPLE STEM	PASSÉ SIMPLE
conduire	conduis-	je conduisis
dire	d-	tu dis
écrire	écriv-	il écrivit
faire	f-	nous fîmes
mettre	m-	vous mîtes
peindre	peign-	ils peignirent
prendre	pr-	nous prîmes
rire	r-	vous rîtes
voir	v-	ils virent

4 Most irregular verbs whose past participle ends in *u* use the past participle as the passé simple stem. The endings: *-s, -s, -t, -ˆmes, -ˆtes, -rent* are then added.

INFINITIVE	PAST PARTICIPLE	PASSÉ SIMPLE
avoir	eu	j'eus
boire	bu	tu bus
connaître	connu	il connut
croire	cru	elle crut
devoir	dû	nous dûmes
falloir	fallu	il fallut
lire	lu	elle lut
pleuvoir	plu	il plut
pouvoir	pu	nous pûmes
recevoir	reçu	vous reçûtes
savoir	su	ils surent
valoir	valu	il valut
vivre	vécu	nous vécûmes
vouloir	voulu	vous voulûtes

5 Some verbs have special forms in the passé simple: *être: je fus / nous fûmes; mourir: il mourut / ils moururent; naître: elle naquit / ils naquirent,* and verbs like *tenir* and *venir: je tins / nous tînmes; il vint / elles vinrent.*

Dans le Vieux Carré *(French
Quarter)* à la Nouvelle-
Orléans

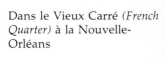

EXERCICES

A Le passé composé. Donnez la forme du passé composé qui correspond.

1. ils regardèrent
2. nous choisîmes
3. elle mourut
4. je naquis
5. tu construisis
6. vous prîtes
7. il valut
8. vous allâtes
9. elles dirent
10. vous vîtes
11. nous retournâmes
12. je reconnus
13. nous crûmes
14. il fallut
15. nous nous plaignîmes
16. tu sus

B L'infinitif. Donnez l'infinitif des verbes suivants.

1. elles lurent
2. ils devinrent
3. nous eûmes
4. ils purent
5. vous fûtes
6. vous rejoignîtes
7. nous rîmes
8. ils firent
9. elles promirent
10. elles déçurent
11. vous naquîtes
12. il plut
13. elle décrivit
14. je vécus
15. elles burent
16. nous dîmes

C Un vol *(theft)* **à la station-service.** Racontez cette histoire en employant le passé composé au lieu du passé simple. Autrement dit, changez-la de la forme narrative écrite à la forme orale.

Hier à 15h30, un automobiliste se gara devant une station-service. L'homme, qui portait un imperméable et un chapeau, n'éteignit pas le moteur mais descendit de la voiture. C'était une petite Renault grise, selon un passant qui vit le monsieur mais qui ne put ajouter
5 rien de plus à sa description.

L'homme entra dans la station-service et se dirigea vers la caissière. Il ne dit rien et quand elle lui demanda ce qu'il voulait il ne répondit pas. Il regarda autour de lui et sortit un couteau qu'il montra à la caissière. Il exigea de l'argent et les clés de sa voiture, ce
10 qu'elle lui donna tout de suite. L'inconnu coupa le fil du téléphone et disparut avec la voiture volée. On retrouva la voiture quelques heures plus tard près d'un camping à une cinquantaine de kilomètres de la ville.

On pense que pendant ce temps-là, quelqu'un monta dans la
15 Renault grise et s'en alla, car elle n'y était plus quand la caissière téléphona à la police.

RÉVISION

Lisez la bande dessinée.

1. Mon grand-père, qui est d'origine bretonne, était marin.

2. Il a émigré au Canada à l'âge de trente ans.

3. Ce qui est merveilleux c'est qu'il tient toujours à ses traditions bretonnes.

4. En effet, ses enfants parlent toujours français chez lui.

5. Malheureusement, quelques-uns de ses petits-enfants ont perdu la langue de leurs ancêtres.

6. Ils ne s'intéressent pas au pays où sont nés leurs grands-parents. C'est dommage.

SHOPPEZ LES IDEES!

Maintenant imaginez que vous avez un(e) ami(e) qui n'est pas d'origine américaine. D'où vient-il (elle)? Quand est-ce qu'il (elle) est venu(e) aux Etats-Unis? Pourquoi? Est-ce qu'il (elle) conserve toujours quelques-unes de ses traditions? Inventez une suite à cette histoire en vous servant de la Révision comme modèle.

Trouvez les expressions françaises qui correspondent à l'anglais et rédigez un paragraphe.

1. My aunt and uncle, who are originally from the Netherlands, are professors.

2. They came to Chicago at the age of eighteen.

3. What's incredible is that they still maintain their Dutch culture.

Goede morgen !

4. In fact, I always speak Dutch with them.

En effet, je parle

5. Fortunately, most of their children have maintained the language of their parents.

6. They're very proud of the language their parents speak. That's wonderful !

RÉDACTION

Maintenant, choisissez un de ces sujets.

1. Expliquez brièvement d'où viennent vos grands-parents ou vos arrière-grands-parents. Quelles langues est-ce qu'ils parlaient quand ils étaient jeunes? Quand est-ce qu'ils sont venus aux Etats-Unis? Pourquoi est-ce qu'ils ont quitté leur pays d'origine?

2. Est-ce que votre famille a des traditions? Lesquelles? Est-ce que ces traditions sont importantes? Pourquoi?

3. Complétez les phrases suivantes comme vous voulez en vous servant des phrases de la Révision et du Thème comme modèles.

   a. Ma ... qui ....
   b. Elle ... a ...
   c. Ce qui ... c'est qu'elle ....

   d. En effet, on ....
   e. Heureusement/malheureusement ....
   f. Elle est ... que ... C'est ....

CONTRÔLE DE RÉVISION   CHAPITRE 5

A   Vrai ou faux?

Dites si les phrases suivantes sont vraies ou fausses. Si elles sont fausses, corrigez-les.

1. Le père de mon père c'est mon arrière-grand-père.
2. Quelqu'un qui est né en Bretagne est d'origine canadienne.
3. Les parents de Guy ne parlent que français. Alors, il sont bilingues.
4. La plupart du Canada est anglophone.
5. Un francophone est une personne qui parle anglais.
6. Québec est la plus grande ville française en dehors de la France.
7. Les Acadiens de la Louisiane sont restés fidèles à leur héritage français.

B   Photos de ma famille.

Complétez chaque phrase avec *qui, que, dont, ce qui, ce que, ce dont* ou *où*.

1. Mes arrière-grands-parents étaient des Acadiens _____ se sont établis en Louisiane.
2. La Bretagne est la province _____ ma tante Hélène est née.
3. Voici une carte postale _____ j'ai reçue de mon grand-père.
4. Les photos de ma famille _____ maman a besoin sont dans le tiroir.
5. Je ne sais pas _____ est arrivé quand ma grand-mère a quitté la France.
6. Dites-moi _____ vous avez besoin.

C   Les Leblond.

Complétez chaque phrase avec *c'est, ce sont, il (elle) est* ou *ils (elles) sont*.

Monsieur Leblond est né à Rouen. _____ français. A dix-huit ans il a quitté la France pour s'installer à San Francisco. _____ à San Francisco qu'il s'est marié avec Mme Leblond. _____ une Américaine. Monsieur Leblond travaille dans un lycée. _____ un professeur de musique. Sa femme travaille dans un hôpital. _____ comptable. Les Leblond ont deux enfants, Joan et Roger. Joan a vingt-deux ans. _____ danseuse. Pour elle, la danse classique, _____ le bonheur. Roger a dix-neuf ans. _____ étudiant à l'université. Joan et Roger habitent avec leurs parents à San Francisco. _____ des jeunes gens travailleurs et sympathiques.

D   A Rouen.

Les Leblond visitent Rouen. Grand-père raconte l'histoire de leur père à Roger et à Joan. Changez les verbes du passé simple au passé composé.

Votre père naquit dans cette belle ville. Il alla à l'école au coin de la rue, puis au lycée. Au lycée il apprit à jouer du piano, à chanter et à danser. Un jour le prof de musique lui demanda de jouer dans la pièce du lycée. Votre père accepta parce qu'il pensait qu'il allait chanter. Mais non, il dut jouer du piano. Le soir du grand spectacle, grand-maman et moi, nous étions très fiers. Là sur la scène nous vîmes notre petit Yves. Il reçut les applaudissements *(applause)* de tout le monde. Depuis ce temps-là, votre père aime jouer du piano.

VOCABULAIRE DU CHAPITRE 5

Noms
l'arrière-grand-mère *(f.)*
l'arrière-grand-père *(m.)*
les arrière-grands-parents
    (m.pl.)
la Bretagne
le colon
la communauté
la culture
la défaite
le descendant, la descendante
l'ennemi, l'ennemie
l'époque *(f.)*
la façon
l'héritage *(m.)*
la langue maternelle
le marin
la Normandie
la Nouvelle-Ecosse
la paix
le soldat
la tradition
la victoire

Verbes
se battre
céder
chasser
conserver
émigrer
s'établir
s'exprimer
fonder
rappeler *(to remind)*
tenir à

Adjectifs
acadien, -ne
anglophone
attaché, -e
bilingue
breton, -ne
culturel, -le
fidèle
fier, fière
merveilleux, -euse
normand, -e
rare

Adverbes
drôlement
finalement

Préposition
en dehors de

Expressions
dans les environs
de province
d'origine + *adj.*
en famille
on se croirait

En France, on aime beaucoup le cirque. Cette publicité vous invite à venir passer une journée au cirque de Paris. On n'y va pas seulement pour regarder des clowns et des jongleurs, mais aussi pour déjeuner avec les artistes ou même s'entraîner avec eux.

Pendant l'été il y a beaucoup de festivals artistiques, dramatiques et musicaux partout en France. Cette affiche présente un festival de théâtre et de musique à Dijon.

Ici on voit un mime qui amuse les gens dans une rue piétonne à Chalon-sur-Saône, près de Lyon. Les artistes comme celui-ci mettent souvent un chapeau par terre dans lequel ils espèrent retrouver quelques pièces de monnaie ou même des billets.

MOTS NOUVEAUX

Ça te dirait d'aller au théâtre?

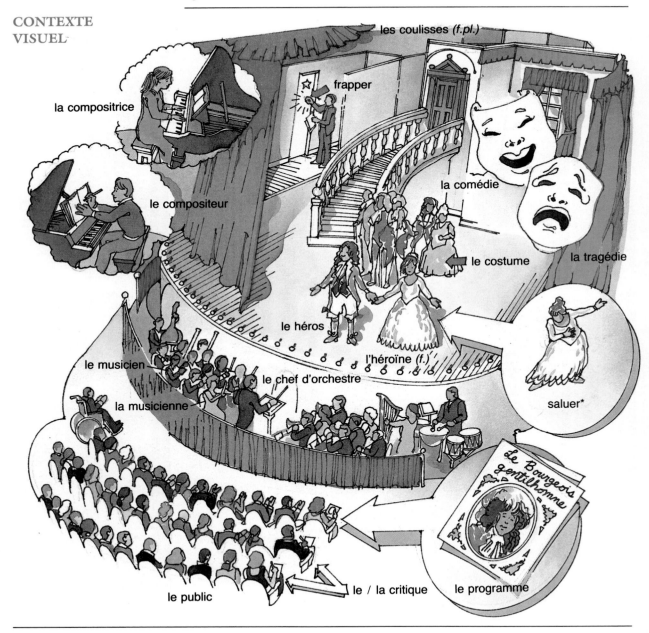

les coulisses (f.pl.)

frapper

la compositrice

le compositeur

la comédie

le costume

la tragédie

le héros

l'héroïne (f.)

saluer*

le musicien

le chef d'orchestre

la musicienne

le public

le / la critique

le programme

Saluer means "to bow" or "to bow to": *Elle salue le public.*

CONTEXTE COMMUNICATIF

1 On répète au club-théâtre du lycée.

BENOÎT	Tu as appris la première **scène?**
ANNE-MARIE	Oui, je la sais par cœur.
BENOÎT	Tu me la **récites?**
ANNE-MARIE	D'accord.

Variations:

■ la première scène → le premier **acte**
je la sais → je le sais
me la → me le

■ la première scène → les paroles de cette chanson
je la sais → je les sais
me la récites → me les chantes

2 Le club-théâtre organise **un spectacle.** Il y a des tas de **détails** à **régler.**

CHARLES	Les costumes sont prêts?
NATHALIE	Oui, je les ai apportés. Je vais te les montrer.
CHARLES	Il faut maintenant que les acteurs les essaient.

■ les costumes → les décors
apportés → peints
les acteurs → le metteur en scène
essaient → **approuve**

3 Le soir de **la première,** dans les coulisses, le metteur en scène **encourage** les acteurs.

M. MARTIN	On va frapper les trois **coups.*** Il faut que tu te prépares, Jeanne.
JEANNE	**J'ai le trac.**
M. MARTIN	Allez, c'est **à ton tour** d'entrer en scène.

■ tu te prépares → tu te maquilles
d'entrer en scène → de te préparer

---

la scène   here: *scene*

réciter   *to recite*

l'acte (m.)   *act*

le spectacle   *show*
le détail   *detail*
régler   *to arrange*

approuver   *to approve, to OK*

la première   *opening night*
encourager   *to encourage*

le coup   *knock, blow*

avoir le trac = avoir peur
à ton tour   *your turn*

---

*Dans un théâtre français, juste avant de lever le rideau, on frappe trois coups avec un bâton lourd pour annoncer que le spectacle commence.

4 M. CHARRIER Il faut qu'on aille voir la pièce qui joue en ce moment au Théâtre des Champs-Elysées. D'après les critiques, elle est très bonne.

MME CHARRIER Oui, elle **fait salle comble** tous les soirs. Il vaut mieux que tu **loues** les places rapidement, alors.

■ les critiques → ce qu'on dit
loues les places → achètes les billets

faire salle comble *to play to packed houses*
louer here: *to reserve*

5 MME VIVIEN Il y a une nouvelle pièce au Théâtre St-Jacques. Ça te dirait d'aller la voir?

M. VIVIEN C'est quel **genre** de pièce?

MME VIVIEN Une comédie d'un jeune **dramaturge** suédois.

M. VIVIEN Il y a des **comédiens** connus?

MME VIVIEN Oui, c'est **une troupe** célèbre.

■ ça te dirait d'aller → tu voudrais aller
une comédie → une tragédie
d'un jeune dramaturge → d'un jeune **auteur**

le genre *type, kind*
le / la dramaturge *playwright*
le comédien, la comédienne = l'acteur, l'actrice
la troupe *cast*

l'auteur (m.) *author*

6 Nous sommes dans la salle de concert, à **l'entracte.**

VALÉRIE Qui est le chef d'orchestre?

LIONEL Attends, je vais te le dire. Je regarde le programme.

VALÉRIE En tout cas, les musiciens ont beaucoup de **talent.**

■ le chef d'orchestre → le compositeur
■ les musiciens ont → **la compositrice de chansons** a

l'entracte (m.) *intermission*

le talent *talent*

le compositeur / la compositrice de chansons *songwriter*

7 La vie de vedette n'est pas toujours drôle. M. Dupont, le metteur en scène, parle.

M. DUPONT Il faut que tu apprennes mieux ton **texte.**

LA VEDETTE Qu'est-ce que tu veux que je fasse? Je n'arrive pas à **me rappeler** toutes **les répliques.**

M. DUPONT Ne **te décourage** pas! Il faut juste que tu fasses un petit effort.

■ tu veux que je fasse → je dois faire
un petit effort → un peu plus d'efforts

le texte *script*

se rappeler *to recall*
la réplique *line (of a script); reply*
se décourager *to get discouraged*

8 Quand la pièce **a du succès,** les spectateurs **acclament** les comédiens. **Parfois,** après un spectacle, le public crie «**Bis!**» Il faut alors que les artistes reviennent sur scène pour saluer.

- acclament les comédiens → n'arrêtent pas d'applaudir
- a du succès → est **un four**
  acclament → **sifflent***
  parfois → mais parfois

avoir du succès   *to be successful*
acclamer   *to praise*
parfois = quelquefois
bis!   *encore!*

le four   *flop*
siffler   *to whistle; to boo*

9 Pour son cours de français, Roland doit **résumer** une pièce de théâtre. Voici tout ce qu'il écrit: «**L'action se déroule** en France **de nos jours.** Il y a deux **personnages** principaux et la pièce raconte ce qu'ils font.»

- résumer → décrire
  tout ce qu'il écrit → tout ce qu'il peut dire
  deux personnages principaux → un héros et une héroïne
  ce qu'ils font → leurs **aventures**

résumer   *to summarize*
l'action (f.)   *action*
se dérouler   *to take place*
de nos jours = actuellement
le personnage   *character*

l'aventure (f.)   *adventure*

*En Europe, les spectateurs sifflent pour montrer que quelque chose leur déplaît.

A l'Opéra-Comique, à Paris

AUTREMENT DIT

TO EXPRESS ENTHUSIASM …

C'est pas mal!
C'est bien!
C'est vraiment très bien!
C'est formidable!
C'est **extraordinaire!**
C'est **fantastique!**
J'adore … !
Je n'ai jamais rien vu (entendu)
    d'aussi + *adj.*

TO EXPRESS DISINTEREST …

Bof!
C'est pas terrible.
C'est vraiment mauvais(e).
Quel four!
Quel navet!
Ça m'a plutôt déçu.
Je n'ai jamais rien vu (entendu)
    d'aussi + *adj.*

extraordinaire *extraordinary*
fantastique *fantastic*

quel navet! *what a lousy (film!
novel!, etc.)*

Le Moulin Rouge à
Montmartre, à Paris

EXERCICES

A La première. Jacqueline Dufour fait ses débuts au Théâtre Marivaux. Elle est très nerveuse. Choisissez les mots pour compléter ce qu'elle pense. Tous les mots ne seront pas utilisés.

acclamés	grâce	saluer
comédienne	me rappelle	scène
coulisses	metteur en scène	sifflé
coups	réglés	succès
critiques	répliques	tour
four	salle comble	trac

On frappe les trois _____ *et le rideau se lève.* Qu'est-ce que je fais ici dans les _____? C'est à mon _____ d'entrer en _____! Non, non! Pas encore. Oh là là! J'ai beaucoup répété et maintenant je ne _____ rien. Hier je savais toutes mes _____ par cœur, et ce soir, quand tous les
5   autres comptent sur moi, je ne me souviens de rien! Chut, Jacqueline! Ne panique pas! ... Oui, je sais que c'est tout à fait normal d'avoir le _____. Mais quel _____ ça sera si j'oublie tout.

A l'entracte. Je me suis débrouillée et le _____ dit que tout va bien. C'est _____ à lui que je me débrouille bien. Il dit que nous faisons
10 _____ —et que personne n'est parti! Le public n'a pas beaucoup applaudi, mais personne n'a _____ non plus.

Après la pièce. Qu'est-ce que je suis contente! Les spectateurs nous ont _____. Et quand je suis revenue sur scène pour _____, quelques-uns ont crié «Bravo!» Oh, comme j'adore la vie de _____!

B Catégories. Quel mot ne convient pas? Expliquez votre choix.

1. les costumes / les critiques / le décor / la scène
2. le comédien / le dramaturge / le personnage / le metteur en scène
3. l'action / le programme / les répliques / le texte
4. la comédie / le costume / la pièce historique / la tragédie
5. le chef d'orchestre / la compositrice / les coulisses / les musiciennes
6. l'auteur / le dramaturge / l'écrivain / la troupe
7. l'acte / l'entracte / l'héroïne / le personnage
8. les coups / les critiques / le public / les spectateurs
9. acclamer / applaudir / approuver / saluer
10. actuellement / de temps en temps / parfois / quelquefois

C Que dites-vous? Choisissez une ou deux réponses qui conviennent et expliquez pourquoi vous les avez choisies.

1. Quand vous voulez inviter quelqu'un à vous accompagner au cinéma, vous dites: (*Ça te dirait d'aller au cinéma ce soir? | Tu voudrais sortir ce soir? | Moi, je n'ai rien à faire ce soir. Et toi?*)

2. Quand quelqu'un vous invite à l'accompagner, vous dites: (*Avec plaisir. | Ça ne me dit rien. | Donne-moi les détails, s'il te plaît.*)

3. Quand vous avez beaucoup aimé un film, vous dites: (*C'était pas mal. | Je n'ai jamais rien vu d'aussi extraordinaire. | Quel navet!*)

4. Quand votre ami(e) a peur de rater un examen, vous dites: (*Ne te décourage pas. | Ne t'énerve pas. | On se décourage parfois, non?*)

5. Quand quelqu'un vous encourage avant un examen, vous dites: (*Oui, mais j'ai le trac quand même. | C'est toi qui as besoin de chance. | Merci, et bon courage à toi!*)

6. Quand quelqu'un vous demande quel genre de film vous avez vu, vous dites: (*C'était une tragédie. | Je ne me rappelle pas tous les détails. | C'était un film d'aventures.*)

7. Quand vous avez admiré le comédien qui a joué le héros, vous dites: (*Il a du talent, celui-là. | Il s'est rappelé ses répliques. | Ça m'a plutôt déçu. Et toi?*)

8. Quand vous prenez rendez-vous pour aller au théâtre, vous dites: (*Tu veux que je loue les places? | Attends! Laisse-moi te résumer l'action! | On doit acheter les billets bientôt, parce qu'on dit qu'on fait salle comble tous les soirs.*)

9. Quand vous répétez un rôle dans une pièce et quelqu'un vous acclame, vous dites: (*Tu trouves? | C'était pas mal du tout, hein? | Je suis content(e) que ça te plaise.*)

D Parlons de toi.

1. Est-ce que tu as joué dans une pièce? Parles-en un peu. Par exemple, qui en était le dramaturge? Où s'est déroulée l'action? Combien de personnages est-ce qu'il y avait? Quel rôle est-ce que tu as joué, celui du héros ou de l'héroïne?

2. Décris le soir de la première. Tu avais le trac? Vous avez fait salle comble? Quelle était la réaction des spectateurs? Est-ce qu'il y avait des critiques qui y ont assisté? Qu'est-ce qu'ils ont dit?

3. Tu vas souvent au théâtre? Quels genres de pièces est-ce que tu aimes le mieux voir ou lire? Pourquoi? Tu peux résumer une pièce que tu as vue ou lue et que tu as beaucoup aimée?

4. Tu as vu une pièce ou un film récemment? Quels comédiens jouaient les rôles principaux? Tu peux décrire les personnages, l'action, les décors et les costumes?

5. Tu vas souvent aux concerts? Tu vas parfois aux concerts de musique classique? Quels compositeurs de musique classique t'intéressent surtout? Quels compositeurs ou compositrices de chansons est-ce que tu préfères? Pourquoi?

ACTIVITÉ

Mot de passe.   Il y aura deux équipes. Deux par deux les joueurs de chaque équipe feront leur tour. Un(e) des deux partenaires de chaque équipe a le mot secret; par exemple, «applaudir». Chacun(e) à son tour dira des mots associés pour aider son (sa) partenaire à deviner le mot secret. Par exemple:

ÉQUIPE A
    ÉLÈVE 1 Acclamer.
    ÉLÈVE 2 Le critique.

ÉQUIPE B
    ÉLÈVE 1 Le public.
    ÉLÈVE 2 Les spectateurs.

ÉQUIPE A
    ÉLÈVE 1 Les mains.
    ÉLÈVE 2 Applaudir.

L'équipe qui peut deviner le mot secret avant la limite d'une minute marque *(scores)* un point.

APPLICATIONS

C'est dur, la vie d'artiste

Pour fêter la fin de l'année scolaire, le club-théâtre monte une pièce au lycée.

ALBAN   Elise, il faut que tu répètes le premier acte avec Georges tout de suite.

5 ÉLISE   Mais je ne sais pas tout le texte.

ALBAN   Tu plaisantes! Le spectacle est dans trois jours!

ÉLISE   Bon, je vais essayer de l'apprendre ce soir.

ALBAN   D'accord. Luc, tu te charges de mettre les décors sur la scène demain matin.

10 LUC   Mais demain matin, c'est samedi, tu sais. Moi, je fais la grasse matinée.

ALBAN   Mais ce n'est pas possible! Vous n'êtes pas sérieux! Rien n'est prêt!

LUC   Oh là là, ne te fâche pas! J'y serai.

15 ALBAN   Eh bien, dis donc. Je préfère encore suivre les cours. C'est moins de travail que de monter une pièce avec vous.

Dom Juan de Molière à la Comédie-Française, Paris

Questionnaire

1. Pendant quel mois est-ce que vous croyez que le club-théâtre monte la pièce? Pourquoi?   2. Pourquoi Elise n'est-elle pas prête?   3. Quel jour sommes-nous? Quel jour est-ce qu'ils vont monter la pièce devant le public?   4. Est-ce que vous croyez que Luc compte faire la grasse matinée demain ou est-ce qu'il plaisante?   5. Vous croyez qu'Alban est trop sérieux ou que les autres ne sont pas assez sérieux?   6. Est-ce que vous vous êtes déjà chargé(e) d'une activité comme celle-ci? C'était difficile ou non? Pourquoi? Est-ce que tout le monde a fait de son mieux pour vous aider? Qu'est-ce que vous avez fait pour les encourager?   7. Est-ce que vous avez déjà réglé les détails pour une fête? Racontez ce que vous avez dû faire?

Un comédien se maquille au théâtre de l'Opéra, à Paris.

Situation

Votre classe organise un repas français et votre comité de trois personnes se charge du menu. Mais il n'y a que le (la) président(e) du comité qui essaie vraiment de régler les détails. Les autres ne l'aident pas du tout. Finalement il (elle) commence à se fâcher et les autres décident de l'aider. Avec deux camarades de classe, choisissez le (la) président(e) et puis jouez les rôles.

EXPLICATIONS I

Les combinaisons de pronoms compléments d'objet

♦ OBJECTIVE:

TO DESCRIBE
DOING THINGS FOR
OTHERS

You know that object pronouns are placed before the verb.

Elle ne résume pas **le texte?**	Non, elle ne **le** résume pas.
Il a vu **la pièce?**	Oui, il **l'**a vu**e.**

1 When we use two object pronouns together we place them both before the verb. We put them in this order.

$$\text{subject} + \begin{Bmatrix} \text{me} \\ \text{te} \\ \text{se} \\ \text{nous} \\ \text{vous} \end{Bmatrix} \text{before} \begin{Bmatrix} \text{le} \\ \text{la} \\ \text{les} \end{Bmatrix} \text{before} \begin{Bmatrix} \text{lui} \\ \text{leur} \end{Bmatrix} \text{before } y \text{ before } \text{en} + \text{verb}$$

Tu **m'**achètes **le programme?**	Oui, je **te l'**achète.
Vous avez envoyé **les billets aux Martin?**	Oui, nous **les leur** avons envoyé**s.**
Tu as vu **Pierre au théâtre?**	Oui, je **l'y** ai vu.
Est-ce que tu as décrit **l'action à Marie?**	Oui, je **la lui** ai décrit**e.**
Tu veux que j'offre **du gâteau à tes amis?**	Oui, je voudrais que tu **leur en** offres.

Remember that in the passé composé the past participle must agree in gender and number with the preceding direct object pronoun.

2 In a negative sentence we put the object pronouns between *ne (n')* and the verb or, in the passé composé, before the form of *avoir* or *être*.

Elle n'a pas offert **sa place à la dame?**	Non, elle **ne la lui** a **pas** offerte.
Il n'a pas laissé **les billets à la caisse?**	Non, il **ne les y** a **pas** laissés.
Je ne **me** suis pas plaint **du chef d'orchestre.**	Tu **ne t'en** es **pas** plaint non plus.

3 In verb groups containing an infinitive, we put the object pronoun before the infinitive, except with causative *faire*.

Tu as mon programme?	Oui, je vais **te le rendre**.
Je voudrais entendre la chanson.	Je ne veux pas **te la chanter** maintenant.
M. Duclos pourrait réparer ce rideau.	On **le lui fait réparer**.

EXERCICES

A **Allons au théâtre!**   Une amie de Pierre est comédienne. Elle va jouer un rôle important avec une troupe célèbre. Il parle de son amie avec quelques-uns de ses camarades. Conversez selon le modèle.

> offrir des billets gratuits
> ÉLÈVE 1   *Est-ce qu'elle t'offrira des billets gratuits?*
> ÉLÈVE 2   *J'espère qu'elle m'en offrira.*

1. inviter à la première
2. réserver des bonnes places
3. faire visiter les coulisses pendant l'entracte
4. montrer son costume
5. signer ton programme
6. faire connaître le dramaturge
7. présenter les autres acteurs

B **Générosité.**   Dites si vous avez ou si vous n'avez pas fait les choses suivantes cette année.

> offert des fleurs à votre mère
> *Oui, je lui en ai offert.*
> OU: *Non, je ne lui en ai pas offert.*

1. envoyé des lettres à vos grands-parents
2. acheté un cadeau pour votre petit(e) ami(e)
3. prêté de l'argent à votre meilleur(e) ami(e)
4. demandé de l'argent à vos parents
5. emprunté une cassette-vidéo à la bibliothèque
6. demandé des conseils à votre prof de français
7. offert des conseils à vos amis
8. emmené votre frère ou votre sœur au musée
9. prêté des notes de cours à vos copains
10. lu des histoires aux enfants que vous gardiez

C Avant la répétition. Une classe prépare une pièce de théâtre et la première aura lieu la semaine prochaine. Ils ont encore beaucoup à faire et c'est le chaos. Complétez la scène suivante en employant les combinaisons de pronoms compléments d'objet qui conviennent.

m'en	me la	nous en	t'en	te le
lui en	me les	nous les	te la	te les (2 fois)

JEAN Nous avons besoin de peinture verte pour le décor. Qui peut _____ acheter?

MARIE Je _____ chargerai. Tu as de l'argent?

JEAN Non. Françoise _____ prêtera.

5 CHRISTINE Pour les costumes, c'est enfin réglé. La mère de Françoise va _____ préparer.

FRANÇOISE J'adore la robe qu'elle m'a choisie pour le deuxième acte. Tu l'as vue?

CHRISTINE Non, fais voir.

10 FRANÇOISE Attends un peu. Je vais _____ montrer.

MARIE Après, Françoise! On n'a pas le temps maintenant. Il faut commencer la répétition.

JEAN Daniel a oublié son texte. Qui peut _____ prêter un?

MARIE Voici celui de Paul. Il ne sera pas là cet après-midi.

15 DANIEL Merci. Je _____ rendrai après.

MARIE D'accord. Mais je ne sais pas pourquoi tu as besoin d'un texte. Nous devons tous savoir toutes nos répliques. La première a lieu vendredi prochain.

DANIEL Oh, je les ai apprises, mais je ne peux pas _____
20 rappeler.

MARIE J'espère que tu pourras _____ rappeler vendredi prochain!

FRANÇOISE Moi, je connais déjà toutes mes répliques, Marie. Tu veux que je _____ récite?

25 DANIEL Tu n'en as qu'une dizaine, Françoise. Si, comme moi, tu avais un plus grand rôle …

JEAN Marie! Où est la peinture verte? Tu peux aller _____ chercher?

FRANÇOISE Oui, Marie, presse-toi! On pourra peindre Daniel en
30 vert, la couleur de la jalousie.

POUR VOS ENFANTS
LES aTELIERS dU

tHEÂTRE
fUNICULAIRE

ATELIERS · SPECTACLES POUR ENFANTS DE 6 A 12 ANS
(les fables de la fontaine · le seigneur des anneaux…)
DIR. : RODOLPHE LÉMARSON

AU FORUM DES HALLES : le mercredi à 15 h 30 (atelier d'un mois), centre animation loisirs - les halles - le mardis -
64, place carrée - porte saint-eustache, 75001 paris - tél. : 42.06.67.98
AU THEATRE ESPACE ACTEUR: le mercredi et samedi à 14h30 - 14 bis, rue sainte-isaure, 75018 paris - tél. : 42.62.35.00
RENS : ESPACE ACTEUR - 14 BIS, RUE SAINTE-ISAURE, 75018 PARIS - TEL : 42.62.35.00
SUBVENTIONNÉ PAR LA VILLE DE PARIS

D Rien n'est fait! Nous sommes quelques heures avant la première. Le metteur en scène veut être sûr que tous les détails ont été réglés et que la pièce ne sera pas un four. Mais on a oublié beaucoup de choses! Dites ce qu'on a oublié. Suivez le modèle.

> Où est le costume de Marie? *(apporter)*
> *Je ne le lui ai pas apporté.*

1. Les acteurs aimaient le programme? *(montrer)*
2. Les critiques ont reçu leurs invitations? *(envoyer)*
3. Le héros a ses bottes? *(donner)*
4. Les billets pour mes amis sont à la caisse? *(laisser)*
5. Où est le chapeau de Mme Sevrin? *(apporter)*
6. Tu as des fleurs pour les comédiennes? *(acheter)*
7. L'eau minérale est sur scène? *(mettre)*
8. Les musiciens ont la musique? *(apporter)*

E Parlons de toi.

1. Quelles pièces est-ce que tu as lues dans tes cours? Laquelle est-ce que tu as aimée le mieux? Pourquoi? Il y en avait que tu n'as pas du tout aimé? Lesquelles? Pourquoi est-ce que tu ne les as pas aimées?
2. Tu préfères lire les pièces ou les voir sur scène? Pourquoi?
3. Tu préfères voir un film au cinéma ou à la télé? Pourquoi? Tu ris beaucoup, par exemple, quand tu vois une comédie tout(e) seul(e) chez toi? Il n'est pas plus facile de rire quand on fait partie d'un grand public?
4. Choisis une pièce que tu as vue mais que les autres ne connaissent pas. Tu peux leur en parler un peu? Tu peux leur en raconter l'action? Comment étaient les décors, par exemple? Tu t'en souviens? Tu peux les décrire aux autres?
5. Quand tu vas au cinéma et que les spectateurs qui sont assis près de toi parlent ou plaisantent pendant le film, qu'est-ce que tu fais? Tu t'en plains? Tu changes de place? Tu essaies de ne pas y faire attention?
6. Beaucoup de comédiens disent qu'il est beaucoup plus difficile de jouer des comédies que de jouer des tragédies. Pourquoi diraient-ils cela? Tu penses que c'est vrai? Tu crois qu'il est plus facile de faire rire ou de faire pleurer les autres? Pourquoi?

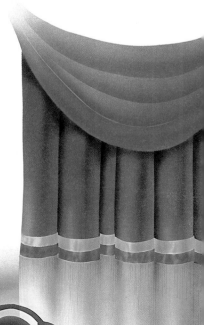

APPLICATIONS

La Leçon
EUGÈNE IONESCO

AVANT DE LIRE

Eugène Ionesco est né en Roumanie en 1912 d'un père roumain et d'une mère française. Quand il était encore très jeune, sa famille s'est installée à Paris, ce qui explique pourquoi le français est sa première langue. Sa famille est retournée en Roumanie en 1926 et Ionesco y a fait ses études. Pendant plusieurs années il a enseigné le français dans un lycée à Bucarest, la capitale. Il habite en France depuis 1938. Il a écrit plusieurs pièces, dont les plus connues sont *La Cantatrice chauve* (qui joue dans le même théâtre à Paris depuis 1957!), *La Leçon* (1951), *Les Chaises* (1952) et *Rhinocéros* (1960).

1. Est-ce que vous avez lu *Alice au pays des merveilles* de Lewis Carroll? Qu'est-ce que vous vous en souvenez? Vous pouvez raconter un ou deux épisodes de cette histoire?

2. Lewis Carroll était mathématicien et logicien. Dans *Alice au pays des merveilles* il nous fait voir comment la logique peut être illogique. Par exemple, est-ce que vous savez ce que c'est qu'un syllogisme? En voici un: Une balle est ronde. Un ballon est rond. Donc, une balle est un ballon. Vous pouvez en inventer quelques autres?

3. Les pièces d'Eugène Ionesco font partie de ce qu'on appelle «le Théâtre de l'Absurde», où l'on nous présente un monde sans logique ou dans lequel la logique est illogique. Pensez aux dessins humoristiques de Gary Larson («The Far Side») ou à quelques-uns des «stand-up comedians» que vous connaissez. Vous y trouvez des exemples d'une logique qui n'est pas comme d'habitude?

4. Dans cette scène de *La Leçon* vous trouverez des termes d'arithmétique. Par exemple, que veulent dire *la soustraction, soustraire, additionner, l'unité, le produit, le résultat*?

5. Il y a plusieurs mots en français pour ce qu'on appelle en anglais «number». *Le nombre* est le terme général et abstrait *(abstract)*; par exemple, *le nombre 1, le nombre 2, les nombres positifs et négatifs, les nombres cardinaux et ordinaux.* On emploie le mot *le numéro* pour parler du nombre donné à une chose pour l'identifier parmi des choses semblables *(similar)*; par exemple, un numéro de téléphone, d'une maison, d'une carte de crédit, d'une place dans un théâtre. *Un chiffre* est un nombre écrit; par exemple, un nombre arabe ou romain.

6. Il y a, comme vous savez, beaucoup de degrés de surprise. Que veulent dire *étonné* (l. 93) et *stupéfait* (l. 101)?

7. Vous savez ce que veut dire *se charger de*. Alors vous comprenez *charger quelqu'un de (faire quelque chose)* (l. 81)?

8. Vous savez ce que veut dire *rester*. Vous pouvez deviner ce que veut dire *il reste (quelque chose à quelqu'un)* (ll. 7, 12)?

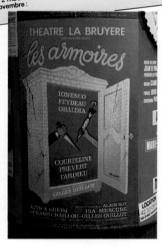

53 HUCHETTE (85 places) 23, rue de la Huchette (5e), 43.26.38.99. M° St-Michel. Location 17h à 22h sf Dim. Sur place et par téléphone. Tarifs dégressifs pour plusieurs spectacles le même soir. Pl: 80 F. Etud. sf Sam: 60 F. **Accessible aux handicapés.** Relâche Dim. A 19h30. Fin de spectacle 20h30, pas d'entracte:

La Leçon
d' Eugène Ionesco. Mise en scène Marcel Cuvelier. Avec les comédiens de la Huchette. Un professeur timide, une élève insolente. Mais les rôles vont changer, la situation se renverser. Lui tyrannique, elle soumise, ce nouveau rapport de forces se résoudra par un crime.
A 21h30. Pl.: 100 F. Etud. sf Sam: 60 F. Jusqu'au 19 novembre:

LE PROFESSEUR: Supposez que vous n'avez qu'une seule oreille.

L'ÉLÈVE: Oui, après?

LE PROFESSEUR: Je vous en ajoute une, combien en auriez-vous?

L'ÉLÈVE: Deux.

5 LE PROFESSEUR: Bon. Je vous en ajoute encore une. Combien en auriez-vous?

L'ÉLÈVE: Trois oreilles.

LE PROFESSEUR: J'en enlève une … Il vous reste … combien d'oreilles?

L'ÉLÈVE: Deux.

LE PROFESSEUR: Bon. J'en enlève encore une, combien vous en reste-t-il?

10 L'ÉLÈVE: Deux.

LE PROFESSEUR: Non. Vous en avez deux, j'en prends une, je vous en mange une, combien vous en reste-t-il?

L'ÉLÈVE: Deux.

LE PROFESSEUR: J'en mange une … une.

15 L'ÉLÈVE: Deux.

LE PROFESSEUR: Une.

L'ÉLÈVE: Deux.

LE PROFESSEUR: Une.

L'ÉLÈVE: Deux.

20 LE PROFESSEUR: Une!

L'ÉLÈVE: Deux!

LE PROFESSEUR: Une!!!

L'ÉLÈVE: Deux!!!

LE PROFESSEUR: Une!!!

25 L'ÉLÈVE: Deux!!!

LE PROFESSEUR: Une!!!

L'ÉLÈVE: Deux!!!

LE PROFESSEUR: Non. Non. Ce n'est pas ça. L'exemple n'est pas, n'est pas convaincant.[1] Ecoutez-moi.

30 L'ÉLÈVE: Oui, monsieur.

LE PROFESSEUR: Vous avez … , vous avez … , vous avez …

L'ÉLÈVE: Dix doigts! …

LE PROFESSEUR: Si vous voulez. Parfait. Bon. Vous avez donc dix doigts.

L'ÉLÈVE: Oui, monsieur.

35 LE PROFESSEUR: Combien en auriez-vous, si vous en aviez cinq?

L'ÉLÈVE: Dix, monsieur.

LE PROFESSEUR: Ce n'est pas ça!

L'ÉLÈVE: Si, monsieur.

LE PROFESSEUR: Je vous dis que non!

40 L'ÉLÈVE: Vous venez de me dire que j'en ai dix …

L'élève et le professeur

---

[1]**convaincant, -e** *convincing*

«Mathématiques de l'absurde», extrait d'Eugène Ionesco, *La Leçon*. © Editions Gallimard. Reproduit avec permission.

LE PROFESSEUR: Je vous ai dit aussi, tout de suite après, que vous en aviez cinq!

L'ÉLÈVE: Je n'en ai pas cinq, j'en ai dix.

45 LE PROFESSEUR: Procédons autrement ... Limitons-nous aux nombres de un à cinq, pour la soustraction ... Attendez, mademoiselle, vous allez voir. Je vais vous faire comprendre. *(Le Professeur se met à écrire sur un tableau noir imaginaire. Il l'approche de[2] l'élève qui se retourne[3] pour regarder.)* Voyez, mademoiselle ... *(Il fait semblant de[4] dessiner au tableau noir, un bâton; il fait semblant d'écrire au-dessous le chiffre 1: puis deux bâtons sous lesquels il*
50 *fait le chiffre 2, puis en dessous le chiffre 3, puis quatre bâtons au-dessous desquels il fait le chiffre 4.)* Vous voyez ...

L'ÉLÈVE: Oui, monsieur.

LE PROFESSEUR: Ce sont des bâtons, mademoiselle, des bâtons. Ici, c'est un bâton; là ce sont deux bâtons; là trois bâtons, puis quatre bâtons, puis
55 cinq bâtons. Un bâton, deux bâtons, trois bâtons, quatre et cinq bâtons, ce sont des nombres. Quand on compte des bâtons, chaque bâton est une unité, mademoiselle ... Qu'est-ce que je viens de dire?

L'ÉLÈVE: «Une unité, mademoiselle! Qu'est-ce que je viens de dire?»

LE PROFESSEUR: Ou des chiffres! Ou des nombres! Un, deux, trois, quatre,
60 cinq, ce sont des éléments de la numération, mademoiselle.

L'ÉLÈVE *(hésitante):* Oui, monsieur. Des éléments, des chiffres, qui sont des bâtons, des unités et des nombres ...

LE PROFESSEUR: A la fois ... C'est-à-dire, en définitive,[5] toute l'arithmétique elle-même est là.

65 L'ÉLÈVE: Oui, monsieur. Bien, monsieur. Merci, monsieur.

LE PROFESSEUR: Alors, comptez, si vous voulez, en vous servant de ces éléments ... additionnez et soustrayez ... [...]

L'ÉLÈVE: On peut soustraire deux unités de trois unités, mais peut-on soustraire deux deux de trois trois? et deux chiffres de quatre nombres?
70 et trois nombres d'une unité?

LE PROFESSEUR: Non, mademoiselle.

L'ÉLÈVE: Pourquoi, monsieur?

LE PROFESSEUR: Parce que, mademoiselle.

L'ÉLÈVE: Parce que quoi, monsieur? [...]

75 LE PROFESSEUR: Il en est ainsi,[6] mademoiselle. Ça ne s'explique pas. Ça se comprend par un raisonnement mathématique intérieur. On l'a ou on ne l'a pas.

L'ÉLÈVE: Tant pis!

---

[2]**approcher (quelque chose de)** *to bring (something) near*   [3]**se retourner** *to turn around*   [4]**faire semblant de** *to pretend*   [5]**en définitive** *in a nutshell*   [6]**il en est ainsi** *that's just the way it is*

(à gauche) Une école maternelle à Paris
(à droite) Bulletin *(report card)* d'une école maternelle à Sherbrooke, Québec

LE PROFESSEUR: Ecoutez-moi, mademoiselle, si vous n'arrivez pas à com-
80 prendre […] vous n'arriverez jamais à faire correctement un travail de
polytechnicien.[7] Encore moins ne pourra-t-on vous charger d'un cours
à l'Ecole Polytechnique, ni à la maternelle supérieure.[8] Je reconnais que
ce n'est pas facile, c'est très, très abstrait … évidemment … mais comment pourriez-vous arriver […] à calculer mentalement combien font—
85 et ceci est la moindre[9] des choses pour un ingénieur moyen[10]—combien
font, par exemple, trois milliards[11] sept cent cinquante-cinq millions
neuf cent quatre-vingt-dix-huit mille deux cent cinquante et un, mul-
tiplié par cinq milliards cent soixante-deux millions trois cent trois mille
cinq cent huit?
90 L'ÉLÈVE *(très vite):* Ça fait dix-neuf quintillions trois cent quatre-vingt-dix
quadrillions deux trillions huit cent quarante-quatre milliards deux cent
dix-neuf millions cent soixante-quatre mille cinq cent huit …
LE PROFESSEUR *(étonné):* Non, je ne pense pas. Ça doit faire dix-neuf quintillions trois cent quatre-vingt-dix quadrillions deux trillions huit cent
95 quarante-quatre milliards deux cent dix-neuf millions cent soixante-
quatre mille cinq cent neuf …
L'ÉLÈVE: Non … Cinq cent huit …

---

[7]**le / la polytechnicien(ne)** = personne qui fait ses études à l'Ecole Polytechnique, où les
ingénieurs civils et militaires reçoivent leur formation *(training)* [8]**ni à la maternelle
supérieure** *nor at an advanced nursery school* [9]**le / la moindre** *least* [10]**moyen, -ne** =
ordinaire [11]**un milliard** = mille millions

LE PROFESSEUR (*de plus en plus étonné, calcule mentalement*): Oui, vous avez
raison … le produit est bien … (*Il bredouille[12] inintelligiblement.*) … quintillions, quadrillions, trillions, milliards, millions … (*Distinctement.*) …
cent soixante-quatre mille cinq cent huit … (*Stupéfait.*) Mais comment
le savez-vous, si vous ne connaissez pas les principes du raisonnement
arithmétique?

L'ÉLÈVE: C'est simple. Ne pouvant me fier à[13] mon raisonnement, j'ai appris
par cœur tous les résultats possibles de toutes les multiplications
possibles …

---

[12]**bredouiller**   *to jabber*   [13]**se fier à**   *to trust*

Questionnaire

1. Est-ce que vous connaissez des gens qui prennent tout d'une façon
   littérale? Vous trouvez qu'il est difficile de leur parler—de leur faire
   comprendre ou même de comprendre ce qu'ils disent? Vous vous
   moquez d'eux?
2. Dans la première partie de cette scène, qui est plus logique, le
   professeur ou l'élève? Pourquoi le croyez-vous?
3. Le professeur emploie un tableau noir imaginaire pour aider l'élève à
   comprendre. Comment est-ce que cela contribue à l'absurdité de la
   scène?
4. Lisez les lignes 55 à 57. Quand est-ce qu'on pose une question comme
   ça? Est-ce que vous avez déjà répondu comme le fait l'élève? Quand
   est-ce que vous avez fait ça? Qu'est-ce que l'autre personne a fait
   ensuite?
5. Que faites-vous quand quelqu'un vous explique quelque chose deux
   ou trois fois et vous continuez à ne pas comprendre? Vous répondez
   peut-être comme fait l'élève à la ligne 65?
6. Lisez les lignes 75–78. Qu'est-ce que vous pensez de cette
   «explication»? Et de la réponse de l'élève?
7. Est-ce que vous croyez que l'élève veut être polytechnicienne ou
   professeur à l'Ecole Polytechnique? Pourquoi?
8. Pourquoi les profs de maths s'intéressent-ils moins au résultat correct
   qu'à la méthode par laquelle on y arrive?
9. Vous connaissez l'expression «idiot savant»? Si non, cherchez-la dans
   un dictionnaire anglais ou français ou allez à la bibliothèque pour faire
   des recherches à ce sujet. Comment l'élève ressemble-t-elle à une
   idiote savante? Qu'est-ce que vous pensez de cette aptitude bizarre? A
   quoi est-ce qu'elle sert?

EXPLICATIONS II

Le subjonctif après les expressions de nécessité

You know that we use the subjunctive after *il faut que* to express that something must or must not be done.

Il faut que nous rentr**ions** avant minuit.
Il ne faut pas que vous perd**iez** votre programme.

Here are some other expressions we use to communicate advisability or necessity. We use the subjunctive following all of these.

Il vaut mieux que
Il est important que ⎱ nous encourag**ions** la troupe.
Il est nécessaire que ⎰ vous lou**iez** des costumes.
Il est utile que

♦ **OBJECTIVES:**

TO EXPRESS ADVISABILITY OR NECESSITY

TO SUGGEST ALTERNATIVES

EXERCICES

A Une opérette.   Quelques jeunes gens veulent monter une opérette. Ils parlent de ce qu'ils doivent faire. Suivez le modèle.

> chercher quelques musiciens
> *Il faudra que nous cherchions quelques musiciens.*

1. choisir un bon metteur en scène
2. construire tous les décors
3. louer des beaux costumes
4. trouver un chef d'orchestre
5. vendre des boissons pendant l'entracte
6. écrire nos biographies pour le programme
7. répéter au moins deux heures par jour
8. encourager nos amis à venir nous applaudir

Le théâtre de l'Opéra à Paris

B   Ce qu'il faut faire pour avoir une bonne journée.   Donnez des conseils à un(e) ami(e) qui se plaint de ne jamais pouvoir bien se débrouiller. Utilisez les expressions de nécessité données.

il faut	il est nécessaire	il vaut mieux
il est important	il est utile	

Couche-toi de bonne heure le soir.
Il est nécessaire que tu te couches de bonne heure le soir.

1. Lève-toi de bonne heure!
2. N'attends pas qu'on te réveille!
3. Choisis un bon petit déjeuner!
4. Pars de ta maison avant huit heures!
5. Ne perds pas tes affaires en allant au lycée!
6. Ne bavardes pas quand le prof parle!
7. Essaie d'écouter ce qu'il dit!
8. Ne t'endors pas en classe!

C   La vieille maison.   Les Lebeau viennent d'acheter une vieille maison. M. Lebeau parle avec un nouveau voisin de ce qu'il devra faire. Conversez selon le modèle.

changer tous les robinets
ÉLÈVE 1   *Je crois que je devrai changer tous les robinets.*
ÉLÈVE 2   *Il faut que vous les changiez.*

1. réparer l'escalier
2. construire un nouveau garage
3. peindre la cuisine
4. tapisser les murs du salon
5. trouver un bon électricien
6. acheter une tondeuse
7. enlever ces arbres morts
8. m'adapter à une façon de vivre tout à fait différente

D   La vie de comédienne.   Hélène compte être comédienne. Un jour quelqu'un lui présente un acteur célèbre et très cynique, et elle lui pose des tas de questions. Conversez selon le modèle.

utile de connaître les textes classiques / étudier vos répliques
ÉLÈVE 1   *Il est utile que je connaisse les textes classiques?*
ÉLÈVE 2   *Il vaut mieux que vous étudiiez vos répliques.*

1. important de choisir des rôles difficiles / accepter ceux qu'on vous offre
2. important d'encourager les autres / ne pas vous décourager
3. nécessaire de sourire en saluant le public / ne pas tomber
4. utile de lire ce que disent les critiques / ne pas entendre ceux qui vous sifflent

5. utile de suivre des cours de danse / connaître quelqu'un d'important
6. important de plaire au public pour devenir vedette / ne pas déplaire au metteur en scène
7. important de m'exprimer bien / vous maquiller bien
8. nécessaire de s'établir dans une bonne troupe de province avant d'aller à Paris / vous contenter d'y rester

Le subjonctif d'*aller, faire, prendre* et *venir*

A few verbs have irregular subjunctives. You already know the subjunctive forms of *aller* and *faire*.

◆ OBJECTIVES:

TO GIVE INDIRECT COMMANDS

TO TELL SOMEONE WHAT YOU WANT HIM / HER TO DO

TO MAKE SUGGESTIONS

INFINITIF **aller**

que j'	**aille**	que nous	**allions**
que tu	**ailles**	que vous	**alliez**
qu'il, elle, on	**aille**	qu'ils, elles	**aillent**

INFINITIF **faire**

que je	**fasse**	que nous	**fassions**
que tu	**fasses**	que vous	**fassiez**
qu'il, elle, on	**fasse**	qu'ils, elles	**fassent**

Here are the subjunctive forms of the verbs *prendre* and *venir*. Verbs that end in *prendre (apprendre / comprendre)* or *-enir (devenir / revenir / tenir)* follow the same pattern.

INFINITIF **prendre**

que je	**prenne**	que nous	**prenions**
que tu	**prennes**	que vous	**preniez**
qu'il, elle, on	**prenne**	qu'ils, elles	**prennent**

INFINITIF **venir**

que je	**vienne**	que nous	**venions**
que tu	**viennes**	que vous	**veniez**
qu'il, elle, on	**vienne**	qu'ils, elles	**viennent**

EXERCICES

A Pour ne pas s'ennuyer. Jacques arrive chez lui après ses cours et il veut se détendre un peu. Mais sa mère lui a laissé une longue liste de choses à faire. Regardez la liste et faites des phrases selon le modèle. Employez une expression de volonté ou de nécessité.

Va au supermarché.
Je voudrais que tu ailles au supermarché.

Jacques –
1. Fais la vaisselle.
2. Va à la boulangerie. (Prends de l'argent de mon tiroir.)
3. Prends rendez-vous avec le docteur Thibault.
4. Fais cuire le jambon pour ce soir
5. Viens me chercher à 5 h 30.
(6. Prends quelque chose avant de partir.)
7. Fais de ton mieux pour y arriver à l'heure.

B Mais on insiste! Les parents de Mireille et de Roger exigent qu'ils fassent certaines choses. D'après ce que disent les jeunes gens, imaginez ce qu'exigent leurs parents. Utilisez le verbe donné. Par exemple:

Mais nous ne voulons pas faire de l'alpinisme! *(aller)*
Tant pis! Nous voulons que vous alliez à la montagne avec nous.

1. Mais nous n'aimons pas les langues! *(apprendre)*
2. Mais nous détestons la musique classique! *(aller)*
3. Mais nous ne sommes pas forts en sciences! *(faire)*
4. Mais nous aimons voyager seulement en vélo! *(prendre)*
5. Mais nous ne voulons pas faire les courses! *(aller)*
6. Mais nous préférons rester ici! *(venir)*
7. Mais il fait beau et nous voulons jouer dehors! *(faire)*
8. Mais nous comptons revenir vers minuit! *(revenir)*

C A votre avis. Quel conseil est-ce que vous donneriez à un enfant de dix ou onze ans?

> faire de l'espagnol ou du français?
> *Il vaut mieux qu'on fasse de l'espagnol.*
> OU: *du français.*

1. comprendre les idées importantes dans mon cours d'histoire ou apprendre tous les détails par cœur?
2. aller à une tragédie ou à une comédie?
3. apprendre à faire du ski ou à patiner?
4. aller au Canada ou en France?
5. devenir médecin ou avocat?
6. si on ne s'amuse pas à un concert: siffler ou ne rien faire?
7. si on habite à un kilomètre de l'école: y aller à pied ou prendre l'autobus?
8. si on est en retard: prendre l'autobus ou faire de l'auto-stop?

D Parlons de toi.

1. Tu crois que la vie de comédien(ne) te plairait? Pourquoi? Qu'est-ce qu'il faut faire pour devenir acteur (actrice)? Et pour devenir un acteur (une actrice) célèbre?
2. Qu'est-ce qui est plus important pour un(e) comédien(ne) ou musicien(ne), le talent ou le travail? Pourquoi? Et la chance, quel rôle joue-t-elle dans le succès?
3. Qu'est-ce qu'il faut que tu fasses chaque jour au lycée? Et chez toi? De tout ce que tu dois faire, le plus agréable, c'est quoi? Et le moins agréable?
4. Pourquoi nous est-il important de nous sentir approuvés? Quand tu te décourages, de quoi est-ce que tu as besoin pour t'encourager?
5. A quoi est-ce que tu tiens? Tu crois qu'il est important qu'on tienne à son héritage culturel ou familial? Pourquoi?

ACTIVITÉ

Quinze nécessités pour être bon(ne) citoyen(ne) *(citizen).* Formez des groupes de trois ou quatre personnes. Discutez de ce que vous pensez être nécessaire pour être bon(ne) citoyen(ne) de nos jours. Parlez de ce qu'il faut que nous fassions, ce à quoi il faut que nous tenions, ce qu'il faut que nous apprenions à faire pour être bon(ne) citoyen(ne) de la communauté. Après, faites une liste de ce que vous avez décidé. Comparez votre liste avec celles des autres groupes.

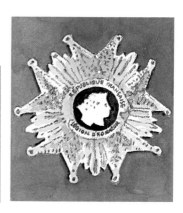

APPLICATIONS

Lisez la bande dessinée.

1. Notre club-théâtre organise un spectacle pour Noël.

2. Maryse et Thierry aimeraient jouer les rôles principaux.

3. Donc il faut qu'ils apprennent bien leurs répliques.

4. Quand le metteur en scène leur a demandé de jouer la première scène, ils la lui ont bien récitée.

5. Ils n'ont pas du tout eu le trac.

6. Mais il leur a dit qu'il valait mieux qu'ils se perfectionnent encore un peu.

Maintenant imaginez que vous faites partie du club-théâtre de votre lycée. Quelle sorte de spectacle est-ce que vous organisez? Qui joue les rôles principaux? Ecrivez votre propre histoire en vous servant de la Révision comme modèle.

THÈME

Trouvez les expressions françaises qui correspondent à l'anglais et rédigez un paragraphe.

1. Our conductor is preparing a concert for Christmas.

2. André and I would like to play the violin at the concert.

3. So it's necessary for us to work together every afternoon.

4. When the conductor asked us to play our song, André played it very well for him.

5. He was successful right away.

6. But the conductor told me that it's better that I enroll in his course.

RÉDACTION

Maintenant, choisissez un de ces sujets.

1. Imaginez que vous venez d'assister à la pièce de théâtre de votre lycée. Ecrivez une critique pour le journal.

2. Décrivez la dernière pièce de théâtre ou le dernier concert que vous avez vu(e).

3. Complétez les phrases suivantes comme vous voulez en vous servant des phrases de la Révision et du Thème comme modèles.

   a. Le cercle français ....
   b. Je voudrais ....
   c. Donc, il faut que ....
   d. Quand on m'a demandé ....
   e. Je ....
   f. Mais on m'a dit que ....

Applications   **223**

CONTRÔLE DE RÉVISION   CHAPITRE 6

A   Parlons du théâtre.
Choisissez une définition pour chaque mot.

1. le comédien
2. les trois coups
3. le public
4. le compositeur
5. la réplique
6. la dramaturge
7. le four
8. la troupe
9. le chef

a. celle qui écrit une pièce
b. celui qui dirige l'orchestre
c. un acteur qui veut nous faire rire
d. ce qui annonce le commencement d'une pièce
e. les acteurs et les actrices d'une pièce
f. ceux qui assistent à une pièce
g. une mauvaise pièce; une pièce que le public n'aime pas
h. une réponse
i. celui qui écrit de la musique

B   On prépare la fête.
Papa demande ce qu'on a fait et ce qu'on va faire. Répondez en employant des pronoms.

Tu as emprunté les cassettes à Pierre?
Oui, je les lui ai empruntés.

1. Tu as acheté du pain à la boulangerie?
2. Tu as envoyé l'invitation à tes cousines?
3. Tu as mis la nappe sur la table?
4. Tu as emprunté le magnétophone à cassettes à ton oncle?
5. Tu as acheté les gâteaux à la pâtisserie?
6. Tu vas me donner de l'argent pour les boissons?
7. Tu vas mettre les verres et les assiettes sur la table?

C   La vie d'un(e) étudiant(e).
Changez les mots soulignés en employant les expressions données.

Il faut que je …
Tous les jours à 7h30, il faut que j'aille au lycée. Il faut que je …

Tous les jours à 7h30, je vais au lycée. Je prends le bus parce que c'est trop loin pour y aller à pied. J'apprends des tas de choses. Puis je rentre chez moi et fais mes devoirs.

1. Il faut que je …
2. Il faut que nous …
3. Il faut que les étudiants …
4. Il faut que tu …
5. Il faut que vous …

D   Des projets.
Mettez les verbs soit au subjonctif soit à l'indicatif.

1. Bill veut faire ses études à Paris dans deux ans. Il faut qu'il *(s'inscrire)* à des cours de français tout de suite. Il ne faut pas qu'il *(attendre)*. Il est important qu'il *(apprendre)* à parler français.
2. Tu aimerais devenir actrice? Il est important que tu *(aller)* souvent au théâtre. Il sera peut-être utile que tu *(suivre)* des cours de théâtre aussi. Je crois que tu *(aller)* réussir.
3. Vous cherchez un emploi? Eh bien, il faut que vous *(répondre)* à ces questions. Il est important que vous *(expliquer)* quelle sorte d'emploi vous cherchez et que vous *(écrire)* ce que vous pouvez faire pour nous.

VOCABULAIRE DU CHAPITRE 6

Noms
l'acte (m.)
l'action (f.)
l'auteur (m.)
l'aventure (f.)
le chef d'orchestre
la comédie
le comédien, la
    comédienne
le compositeur, la
    compositrice (de
    chansons)
le costume (costume)
les coulisses (f.pl.)
le coup
le / la critique
le détail
le / la dramaturge
l'entracte (m.)
le four
le genre
le héros, l'héroïne
le musicien, la musicienne
le personnage
la première
le programme
le public
la réplique
le spectacle
le talent
le texte
la tragédie
la troupe

Verbes
acclamer
approuver
se décourager
se dérouler
encourager
frapper
louer (to reserve)
se rappeler
réciter
régler
résumer
saluer
siffler

Adjectifs
extraordinaire
fantastique

Adverbe
parfois

Expressions
à ton tour
avoir du succès
avoir le trac
bis!
de nos jours
faire salle comble
quel navet!

CHAPITRE 7

PRÉLUDE CULTUREL │ SI LOIN ET CEPENDANT SI PROCHE

La France a beaucoup emprunté à l'Amérique et l'Amérique aussi a été influencée par la France. Pensez par exemple à la musique, à la cuisine, à la mode … Certains points restent cependant propres *(particular)* à chaque pays. La bise, qu'on se fait entre amis, n'est pas une chose habituelle en Amérique. C'est, en France, la façon la plus normale de se dire bonjour et au revoir.

(en bas) Les parcs d'attraction (amusement parks) ont récemment commencé à avoir du succès en France. Cette publicité nous annonce l'ouverture d'un parc d'attraction au nord-est de la France en proposant un jeu grâce auquel on peut gagner un voyage en Floride.

(en haut) De nombreux Français visitent les Etats-Unis, un pays qui les fascine. C'est pour eux que certains guides touristiques ont été créés. Vous voyez ici une carte indiquant en français les points d'intérêt de la ville de New York.

MOTS NOUVEAUX

Tu aimerais vivre à l'américaine, toi?

l'aînée

la cadette

le cadet

l'aîné

la liberté

se serrer la main

faire la bise

CONTEXTE
COMMUNICATIF

1 YVETTE   Tu as vu les bandes dessinées que je vais
           envoyer à ma correspondante?
   LAURENT   Non, fais voir, Yvette.
   YVETTE   Regarde! Tu crois que ça lui **fera plaisir?**
   LAURENT   Bien sûr. Elle sera **enchantée.** C'est
           typiquement français.

Variations:
- que je vais envoyer à → que j'ai achetées pour
  fais voir, Yvette → montre-les-moi

faire plaisir à = plaire à
enchanté, -e *delighted*
typiquement *typically*

2 Isabelle va **faire ses études** aux Etats-Unis.

ISABELLE   Il faut que je sache couramment parler anglais pour partir là-bas.

LOÏC   Tu te débrouilles pas mal, je trouve.

ISABELLE   J'ai peur que les gens se moquent de mon accent.

LOÏC   Mais non, les Américains sont très **accueillants.**

■ se moquent de moi → ne me comprennent pas
sont très accueillants → **accueillent*** très bien les étrangers

3 Josiane **fait un séjour** aux Etats-Unis. Elle **admire** beaucoup **la façon de vivre** des Américains, mais il y a des choses qui **la surprennent.**[†] Elle écrit à une copine française.

Chère Sophie,
Les jeunes ici ont de la chance. Ils ont beaucoup plus de liberté que nous en France. Je **n'en crois pas mes yeux**: quand ils ont envie d'aller **faire un tour,** ils empruntent la voiture de leurs parents!
Grosses bises,

Josiane

■ liberté → temps libre
empruntent → demandent
grosses bises → **amitiés**

faire ses études = étudier	
accueillant, -e *friendly*	
accueillir *to greet, to welcome*	
faire un séjour *to stay (in a place)*	
admirer *to admire*	
la façon de vivre *way of life*	
surprendre *to surprise*	
ne pas en croire ses yeux *not to believe one's eyes*	
faire un tour = se balader	
grosses bises *love (at the end of a letter)*	
amitiés *yours (at the end of a letter)*	

*Accueillir follows the pattern of *-er* verbs in the present tense:

j' accueille	nous accueillons
tu accueilles	vous accueillez
il / elle / on accueille	ils / elles accueillent

And the *i* of the infinitive changes to *e* to form the future and conditional stem: *j'accueillerai, tu accueilleras; j'accueillerais, tu accueillerais,* etc.

[†]*Surprendre* follows the pattern of *prendre.*

4 Christian vient d'arriver aux Etats-Unis.

CHRISTIAN   Il y a combien de **chaînes** de télévision?

BOB   Oh, **une vingtaine.**

CHRISTIAN   Eh bien, pour **te distraire*** tu as le choix!

■ une vingtaine → une douzaine peut-être
te distraire → t'amuser

la chaîne   *channel*
une vingtaine (de)   *about twenty*
se distraire   *to entertain oneself*

5 Julia, une jeune Américaine, fait un séjour chez sa correspondante française.

JULIA   Chaque fois que tu rencontres des copains, tu leur fais la bise?

ÉLISE   Oui, pourquoi? **Ça ne se fait pas** aux Etats-Unis?

JULIA   Non, on ne se serre même pas la main.

ÉLISE   **Ah bon!** C'est **bizarre** ça. Je ne pourrais jamais vivre **à l'américaine.**

■ ah bon! → vraiment?

ça ne se fait pas   *it isn't done*

ah bon!   *really?*
bizarre   *strange*
à l'américaine   *the American way, like Americans*

*Here are the present-tense forms of *se distraire:*

je me distrais	nous nous distra**yons**
tu te distrais	vous vous distra**yez**
il / elle / on se distra**it**	ils / elles se distra**ient**

The subjunctive forms are *que je me distraie* / *que nous nous distrayions*. In all tenses, before a pronounced vowel the *i* → *y*. The past participle is *distrait, -e*.

Elles se font la bise.

6 Christine rentre d'un séjour à l'étranger.

DOMINIQUE   Tu n'as pas eu de mal à **t'habituer à** la vie là-bas?

CHRISTINE   Non, je n'étais pas **dépaysée** du tout.

- à l'étranger → en Norvège
- à l'étranger → aux Pays-Bas

s'habituer à   *to get used to*

dépaysé, -e   *disoriented, not feeling at home*

7 On a parfois du mal à **supporter** les enfants de ses amis.

MME DURAND   Le fils de Mme Valmont **est mal élevé.**

M. DURAND   Oui, il **se tient mal.** On devrait le dire à sa mère.

MME DURAND   Non, ne le lui dis pas. Tu risques de la **vexer.**

- on a parfois du mal à supporter → parfois on aime beaucoup
  mal élevé → bien élevé
  tient mal → tient bien
  non, ne le lui dis pas → oui, dis-le-lui
  tu risques de la vexer → elle sera **ravie**

supporter   *to put up with*
être bien / mal élevé, -e   *to have good / bad manners*
se tenir bien / mal   *to behave well / badly*
vexer   *to offend*

ravi, -e = très content

8 En France, **certains** parents sont très **stricts.**

ARNAUD   Tu veux venir chez moi samedi soir?

FANNY   Ça m'**étonnerait** que mes parents me laissent sortir.

ARNAUD   Demande-leur quand même.

FANNY   Oui, c'est dommage que je n'aie pas toujours **le droit** de voir mes copains quand j'en ai envie.

- ça m'étonnerait que → j'ai peur que
  me laissent → ne me laissent pas
  c'est dommage → c'est bête
  quand j'en ai envie → quand je veux

certain, -e   *certain*
strict, -e   *strict*
étonner = surprendre

le droit   *right*

9 CHANTAL   Je suis étonnée que Pierre et Dominique ne soient pas encore là.

NADINE   Ils vont **probablement** téléphoner pour **s'excuser de** leur **retard.**

- je suis étonnée → ça m'inquiète
  s'excuser de → expliquer

probablement   *probably*
s'excuser (de)   *to apologize (for)*
le retard   *lateness*

AUTREMENT DIT

TO EXPRESS JOY …

> Super!
> Génial!
> Formidable!
> Je suis vraiment ravi(e)!
> Ça me fait très plaisir!

TO EXPRESS SURPRISE OR DISBELIEF …

> Quelle **surprise!**
> Ah bon!
> Vraiment!
> Ça alors!
> Non!
> Ça m'étonne!
> Je ne **m'y attendais** pas!
> Je n'en crois pas mes yeux (mes oreilles)!
> J'ai du mal à croire ça!

la surprise   *surprise*

s'attendre à   *to expect*

TO COMPLAIN ABOUT SOMEONE'S MANNERS OR BEHAVIOR …

> Qu'est-ce qu'il (qu'elle) est mal élevé(e)!
> Il (Elle) se tient vraiment mal!
> La façon dont il (elle) … ne me plaît pas du tout!
> Il (Elle) est insupportable!

EXERCICES

A   En un mot.   Quelle est l'expression ou quel est le mot décrit par la définition donnée? Donnez la réponse et puis posez une question à un(e) camarade de classe en utilisant ce mot ou cette expression.

1. La fille la plus jeune de la famille.
2. S'adapter à; se trouver finalement à l'aise.
3. Gentil, aimable en faisant la connaissance de quelqu'un.
4. S'amuser, se plaire en faisant quelque chose.
5. Demander pardon à quelqu'un.
6. S'embrasser sur les deux joues quand on se rencontre.
7. Se promener soit à pied soit en voiture soit en car.
8. Mal à l'aise dans un pays étranger ou dans une ville que l'on ne connaît pas.
9. Le premier-né d'une famille.
10. Compter sur; penser que quelque chose va arriver.
11. Accepter quelque chose même si on le trouve difficile ou désagréable.
12. Etre étonné; trouver quelque chose difficile à croire.

B Que dites-vous? Choisissez une ou deux réponses qui conviennent dans les situations suivantes.

1. Quand un copain vient d'acheter une moto très chère, vous dites: *(Ah bon? / Fais voir. / J'aimerais bien faire un tour avec toi.)*

2. Quand vous avez reçu un très beau cadeau, vous dites: *(Je suis vraiment ravi(e)! / C'est insupportable! / Ça, c'est super!)*

3. Quand un nouvel élève arrive en retard dans la classe d'un prof très strict, vous dites: *(Attention! Tu risques de déplaire au prof. / Ça ne se fait pas, tu sais. / Le prof s'attendait probablement à ton retard.)*

4. Quand quelqu'un que vous ne connaissez pas très bien vous invite à faire un tour, vous dites: *(Grosses bises. / Ça me ferait grand plaisir. / Je n'ai pas le droit de sortir, tu sais.)*

5. Quand vous voyez deux copains qui se battent dans le couloir du lycée, vous dites: *(Je n'en crois pas mes yeux! / Comme vous êtes mal élevés. / Qu'est-ce que vous êtes accueillants!)*

6. Quand un Français est en Espagne et ne peut pas s'habituer à dîner à 10 heures du soir, il dit: *(Pardon, mais je suis un peu bizarre. / Pardon, mais je suis un peu dépaysé. / Pardon, mais je me tiens mal.)*

7. Quand un Français accueille un(e) ami(e) qu'il n'a pas vu(e) depuis longtemps, il dit: *(Je suis enchanté! / Serre-moi la main! / Je suis vraiment ravi de te voir.)*

8. Quand on dit à un Français que beaucoup de jeunes Américains ont leur propre voiture, il dit: *(Ils ont trop de liberté ces jeunes gens. / Quelle façon de vivre bizarre! / La façon dont ils conduisent me fait très plaisir.)*

Des copines à Aix-en-Provence

Beaucoup de jeunes Américains ont leur propre voiture.

Mots Nouveaux **233**

Une famille parisienne au dîner.

C C'est à votre tour. Avec un(e) partenaire, choisissez deux des situations de l'Exercice B et jouez les rôles.

D Parlons de toi.

1. Est-ce que tu as déjà fait un séjour dans un pays étranger? Dans quel pays? Pour combien de temps? Qu'est-ce qui t'a surpris(e) là-bas? Tu trouvais leur façon de vivre plus ou moins comme celle des Américains? Il y avait des choses qui se faisaient là-bas qui ne se font pas aux Etats-Unis? Donne des exemples. Les habitants étaient accueillants? Quand vous ne vous compreniez pas, comment est-ce que tu te débrouillais?

2. Si tu n'as pas fait de séjour dans un pays étranger, est-ce que tu en as fait dans une partie des Etats-Unis que tu as trouvée un peu bizarre, où la façon de vivre était différente de celle où tu habites?

3. Si un(e) Français(e) venait visiter les Etats-Unis, à quelles choses devrait-il (elle) s'habituer? A ton avis, qu'est-ce qui l'étonnerait le plus?

4. Tu connais peut-être des élèves étrangers qui ont passé quelques semaines aux Etats-Unis? Qu'est-ce qu'ils en ont pensé? Qu'est-ce qu'ils ont admiré? Qu'est-ce qui leur a fait plaisir?

5. Est-ce que tu penses que tes parents sont stricts? Donne des exemples. Par exemple, tu as le droit de sortir quand tu en as envie, de leur emprunter la voiture pour faire un tour, etc.?

6. Qu'est-ce qui te vexe le plus souvent à l'école? A la maison? Qu'est-ce que tu as du mal à supporter?

7. Qu'est-ce que tu fais quand tu te trouves dans une situation où les gens ne se tiennent pas bien? Et si ce sont tes copains qui se tiennent mal? Donne des exemples de ce que font les gens bien et mal élevés.

8. Qu'est-ce que tu fais pour te distraire le samedi après-midi quand il pleut? Comment est-ce que tu te distrais quand tu es malade?

ACTIVITÉ

Répliques finales. Avec un(e) partenaire, écrivez un dialogue ou un paragraphe dont la dernière réplique serait une des phrases suivantes.

Je n'en crois pas mes oreilles!
Ne te moque pas de moi!
Débrouille-toi!
J'en suis ravi(e)!
Tiens-toi bien alors!

Ça ne se fait pas, tu sais.
Et maintenant accueillons nos
   invités!
J'en suis étonné(e)!
Ça ne me surprend pas du tout!

A Nîmes, au sud de la France

APPLICATIONS

Comme dans un film américain

Jean-François vient d'arrive chez son correspondant américain.

JEAN-FRANÇOIS	Tes parents ont deux voitures?
TOM	Oui, et moi, j'en ai une aussi.
JEAN-FRANÇOIS	Je n'en crois pas mes oreilles! Tu as ta propre
5	voiture?
TOM	Bien sûr! C'est utile pour aller au lycée ou pour
	sortir avec les copains.
JEAN-FRANÇOIS	Ta maison est immense.
TOM	Tu trouves? Viens, voici ta chambre.
10 JEAN-FRANÇOIS	Mais il y a une télé dans ma chambre.
TOM	Oui, elle est à moi, mais je te la prête pendant
	ton séjour ici.
JEAN-FRANÇOIS	Merci. C'est gentil. Tu sais, ici vous vivez
	vraiment comme dans les films américains qu'on
15	voit à la télé.

Une famille française regarde la télévision au salon.

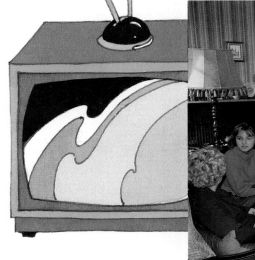

Questionnaire

1. Comment ça se fait que Tom et Jean-François se connaissent?
2. Qu'est-ce que vous pensez qu'ils ont fait quand ils se sont vus pour la première fois? 3. Vous pensez que la famille de Tom est assez riche ou pauvre? Pourquoi? 4. Qu'est-ce qui étonne Jean-François?
5. Comment est-ce que Tom nous montre qu'il est très accueillant et qu'il veut que son ami se distraie? 6. Beaucoup de gens étrangers ont une certaine vue des Américains. D'où vient-elle? A votre avis, est-ce que cette vue est correcte? Pourquoi?

DIMANCHE 20 DECEMBRE

Du merveilleux: français, avec un récital du jeune Charles Trenet («Chapeau Monsieur Trenet», FR3, 20.35) et anglo-saxon avec deux films, sur C +, qui sont des modèles du genre («Alice au pays des merveilles» de Walt Disney, 18h., et «Legend», 20.30).

7. BONJOUR LA FRANCE, BONJOUR L'EUROPE.
9. DOROTHEE DIMANCHE.
10. TARZAN. Série.
11. LES ANIMAUX DU MONDE. La loutre.
11.30 AUTO-MOTO.
12. TELE-FOOT.
13. JOURNAL.
13.20 STARSKY ET HUTCH. Série.
14.20 LE JUSTE PRIX. Jeu.
15.25 TIERCE A VINCENNES.
15.40 USHUAIA. Invités : Paul-Emile Victor et le spéléologue Francis Le Guen.
16.10 A LA FOLIE. Invités : Claude Nougaro, Arletty, Carole Bouquet.
17.30 POUR L'AMOUR DU RISQUE. Série.
18.30 LA CALANQUE. Série.
19. 7/7. Alain Decaux.
20. JOURNAL.
20.30 TESS.

9. EMISSIONS RELIGIEUSES.
12.5 COMME SUR UN PLATEAU. Magazine des spectacles.
13. JOURNAL.
13.20 LE MONDE EST A VOUS. Jeu.
15. L'HOMME QUI TOMBE A PIC. Série.

Heather Thomas

15.50 L'ECOLE DES FANS.
16.35 THE TANGO. Variétés.
17.15 HOTEL DE POLICE. Série.
18.20 STADE 2.
19.30 MAGUY. Série.
20. JOURNAL.
20.30 PETITS

8.30 AMUSE 3.
10. ENSEMBLE AUJOURD'HUI. Spécial Enrico Macias.
11.30 LATITUDE. Magazine de l'outre-mer.
13. D'UN SOLEIL A L'AUTRE. Magazine des agriculteurs.
13.30 FORUM RMC/FR3.
14.30 SPORTS LOISIRS. Fun, natation, hand-ball : Gagny/Amiens, jumping à Grenoble (clôture de la saison).
17.5 MONTAGNE. Spéléo dans les Andes.
17.35 AMUSE 3.
19. Mr. PYE. Feuilleton.
20.5 BENNY HILL. Divertissement.

20.35 CHAPEAU

CANAL+
En clair jusqu'à 8 h.
7. TOP 50.
8. CABOU CADIN.
9.10 DRESSE POUR TUER. Film.
10.35 LA FORET D'EMERAUDE. Film.
En clair jusqu'à 14 h.
12.30 S.O.S. FANTOMES. Dessin animé.
13.5 MAX HEADROOM. Variétés.
13.30 SPORTQUIZZ. Jeu.
14. FOOTBALL AMERICAIN.
14.55 MEPRISE. Téléfilm.
16.40 LES ALLUMES DU SPORT.
17.10 LE CHASSEUR SILENCIEUX. Document.
18. ALICE AUX PAYS DES MERVEILLES. Film de dessins animés. En clair jusqu'à 20.30.
19.30 ÇA CARTOON SPECIAL. Disneyworld.

20.30 LEGEND.

LA CINO 5
7.5 DESSINS ANIMES.
10.20 SHERIF, FAIS-MOI PEUR.
11.10 WONDER WOMAN. (Reprise du samedi.)
12.5 SUPERMINDS. (Reprise du samedi.)
13. JOURNAL.
13.25 K 2000.
14.20 CHILDERIC. Variétés.
15.15 FACE A FRANCE. Magazine.

Herbert Léonard

16.45 MONDO DINGO. Divertissement.
17.45 AU COEUR DE L'AFFAIRE. Magazine d'informations.
18.35 LA 5e DIMENSION.
19.10 KOJAK.
20. JOURNAL.

20.30 LE VIAGER.

M6
9. CLIP DEDICACE.
10.30 REVENEZ QUAND VOUS VOULEZ. Invitée : Jane Birkin.
11.45 GRAFFI'6.
12.30 JOURNAL.
12.45 LE GLAIVE ET LA BALANCE. L'affaire Patrick Henry.
13.15 PORTRAITS CRACHES. (Reprise du samedi.)
13.45 FAN DE... Jeu.
14.40 SPECIAL CHANSON FRANÇAISE.
15. CLAIR DE LUNE. (Reprise du samedi.)
15.50 AVENTURES DANS LES ILES.
16.40 L'ILE FANTASTIQUE. Série.
17.30 PORTRAITS CRACHES. (Reprise du samedi.)
18. JOURNAL.
18.20 LA PETITE MAISON DANS LA PRAIRIE.
19.5 CHER ONCLE BILL.
19.30 HAWAII POLICE D'ETAT. Série.

20.30 POKER D'AS

Situation

Un(e) correspondant(e) français(e) vous a demandé de lui expliquer ce que c'est que «la vie à l'américaine». Avec un(e) partenaire, discutez de comment vous vous attendez à lui répondre.

EXPLICATIONS I

Le subjonctif après les expressions d'émotion

♦ OBJECTIVES:

**TO EXPRESS
HAPPINESS OR
POSITIVE FEELINGS**

**TO EXPRESS
UNHAPPINESS OR
SORROW**

**TO EXPRESS
ANGER OR
DISAPPOINTMENT**

**TO EXPRESS WORRY
OR FEAR**

**TO EXPRESS
SURPRISE**

You know that the subjunctive is used whenever the main clause of a sentence expresses an order, a wish, or a necessity. It is also used after an expression of emotion: anger, fear, happiness, surprise, and so on. Here are some of the common expressions of emotion that are followed by the subjunctive:

● to express happiness or satisfaction

admirer	Ils admirent que
approuver	Vous approuvez que
être content	Tu es contente que
être enchanté	Il est enchanté que
être fier	Elle est fière que
être heureux	Il est heureux que
être ravi	Il est ravi que

} j'**approfondisse** mes connaissances.

● to express unhappiness or dissatisfaction

c'est dommage	C'est dommage que
être déçu	Nous sommes déçues que
être désolé	Elle est désolée que
être fâché	Je suis fâchée que
être furieux	Elles sont furieuses que
être triste	Il est triste que
être vexé	Je suis vexé que
regretter	On regrette que
supporter	Nous ne supportons pas que

} vous **vous battiez.**

● to express worry or fear

avoir peur	Ils ont peur que
être inquiet	Il est inquiet que
s'inquiéter	Vous vous inquiétez que

} nous **roulions** trop vite.

● to express surprise

être surpris	Elles sont surprises que
être étonné	Je suis étonnée que
étonner	Ça t'étonne que
surprendre	Ça le surprend que

} Maurice **s'attende** à nous voir.

1 Remember that we use the subjunctive only when the subjects of the two clauses are different. When they are the same, use *de* + infinitive.

Le prof est **ravi que nous fassions un séjour** à Grenoble.

*The teacher is **delighted (that) we're staying** in Grenoble.*

Le prof est **ravi de faire un séjour** à Grenoble.

*The teacher is **delighted to stay** in Grenoble.*

2 Any verb that conveys some emotion in a particular context may take the subjunctive.

Je **ne comprends pas qu'il sorte** sans dire au revoir.

*I **don't understand his leaving** without saying good-by.*

Il n'est pas possible que vous fassiez une chose comme ça!

It's not possible that you would do a thing like that!

EXERCICES

A Le voyage.   Scott arrive en France pour la première fois. Il est complètement dépaysé. Tout l'étonne. Par exemple:

on / prendre un billet pour le métro

Il est étonné
Il est surpris   *qu'on prenne un billet pour le métro.*
Ça l'étonne
Ça le surprend

1. tout le monde / se faire la bise
2. tant de gens / rouler en mobylette
3. les jeunes / aller au lycée le samedi
4. on / ne pas y aller le mercredi après-midi
5. le camembert / venir de Normandie
6. les enfants / prendre du chocolat avec du pain
7. tout le monde / prendre le café si fort
8. même les enfants / se serrer la main

Ils sont ravis de se revoir.

B L'inquiet. M. Revel est pessimiste. Avant de faire un voyage en Amérique du Sud il exprime ce qui l'inquiète et ce dont il a peur. Employez le subjonctif ou l'infinitif d'après le modèle.

> Je me lèverai en retard le jour du départ.
> *J'ai peur de me lever en retard le jour du départ.*

> Nous ne trouverons plus de chambre libre à l'hôtel.
> *Je m'inquiète que nous ne trouvions plus de chambre libre à l'hôtel.*

1. Nous n'emporterons pas assez de valises.
2. Nous ne trouverons pas de taxi pour aller à l'aéroport.
3. Nous perdrons nos passeports.
4. Je ne comprendrai pas ce que les gens me diront là-bas.
5. Personne ne viendra nous accueillir à l'aéroport.
6. Je ne me débrouillerai pas pour trouver notre hôtel.
7. Je ne me plairai pas.
8. Il fera trop chaud.
9. Nous n'aimerons pas la façon de vivre là-bas.
10. Jeannot se tiendra mal pendant le voyage.

C Qu'est-ce que vous en pensez? Comment réagissez-vous dans les situations suivantes? Par exemple:

> Il fait très froid aujourd'hui.
> *C'est dommage qu'il fasse froid aujourd'hui.*

1. On ne vous permet pas de conduire.
2. On ne sert pas les boissons fraîches que vous aimez.
3. Votre meilleur(e) ami(e) ne vient pas vous voir quand vous êtes malade.
4. Vous vous inscrivez à un cours qui vous déplaît.
5. Une élève française vous fait la bise.
6. La comédie dans laquelle vous jouez un rôle principal ne fait pas salle comble.
7. Un bon ami se bat avec vous.
8. Quelqu'un dit que vous êtes mal élevé(e).
9. On va démolir le cinéma auquel vous allez le plus souvent.
10. On vous interdit de sortir pendant une semaine.

CONTRAVENTION le _13/11/8?_ à _15 h 25_ 8685993

Agent : _965295_ Service : _CU Passy_

Lieu d'infraction _Bd Robespierre_

Commune : _Poissy_ — RN 195 Dépt. : _78_

Motif : _Non respect du feu rouge_

Collez ici la partie
du timbre amende
à conserver pour
justification de
votre paiement.

N° CERFA 10 0058

MARQUE				IMMATRICULATION		
RENAULT **1**	CITROËN **2**	PEUGEOT **3**	SIMCA CHRYSLER **4**	CHIFFRES	LETTRES	DEPARTEMENT
FIAT **5**	OPEL **6**	FORD **7**	AUTRES **8**	_5 1 2 1_	_S M_	_7 8_
TYPE :				ETRANGER :		

Pour le règlement de cette contravention, suivez les
indications portées dans la notice numéro
Ce volet doit être conservé par le contrevenant. _3_

VOLET
A CONSERVER
POUR
JUSTIFICATION
DE VOTRE
PAIEMENT

D Tout le monde donne des conseils au conducteur! Les
grands-parents de Paul n'aiment pas du tout sa façon de conduire. Il
est venu les chercher et ils ne s'arrêtent pas de se plaindre.
Choisissez des expressions de la liste pour exprimer ce qu'ils lui
disent—et pour exprimer ce que Paul pense mais ne dit pas.
Conversez selon le modèle.

ne pas approuver	être étonné	être inquiet
être content	étonner	s'inquiéter
être déçu	surprendre	supporter
ne pas comprendre	regretter	avoir peur

ton père / ne pas venir nous chercher / / il / faire du jardinage
ÉLÈVE 1 *Ça nous surprend que ton père ne vienne pas nous chercher.*
ÉLÈVE 2 *Je suis content qu'il fasse du jardinage.*

1. tu / conduire si vite / / vous / conduire si lentement
2. tu / doubler les voitures en ville / / vous / ne jamais doubler
3. tu / rouler si vite près d'une école / / vous / ne pas remarquer
   que les écoles sont fermées
4. tu / ne pas ralentir quand tu vois un feu jaune / / vous / ralentir
   quand il y a un feu vert
5. tu / ne pas mettre le clignotant avant de tourner / / vous / croire
   que je vais tourner ici
6. tu / brûler les feux rouges / / vous / dire ça à papa
7. tu / prendre la voiture de tes parents / / vous / vous plaindre tant
8. on / ne pas t'interdire de conduire / / on / mettre si longtemps à
   arriver chez nous

Le subjonctif des verbes irréguliers *avoir, être, pouvoir, savoir* et *vouloir*

♦ OBJECTIVE:

TO EXPRESS ONE'S
FEELINGS

These five verbs have highly irregular subjunctive forms.

INFINITIF **avoir**

que j'	**aie**		que nous	**ayons**
que tu	**aies**		que vous	**ayez**
qu'il, elle, on	**ait**		qu'ils, elles	**aient**

INFINITIF **être**

que je	**sois**		que nous	**soyons**
que tu	**sois**		que vous	**soyez**
qu'il, elle, on	**soit**		qu'ils, elles	**soient**

INFINITIF **pouvoir**

que je	**puisse**		que nous	**puissions**
que tu	**puisses**		que vous	**puissiez**
qu'il, elle, on	**puisse**		qu'ils, elles	**puissent**

INFINITIF **savoir**

que je	**sache**		que nous	**sachions**
que tu	**saches**		que vous	**sachiez**
qu'il, elle, on	**sache**		qu'ils, elles	**sachent**

INFINITIF **vouloir**

que je	**veuille**		que nous	**voulions**
que tu	**veuilles**		que vous	**vouliez**
qu'il, elle, on	**veuille**		qu'ils, elles	**veuillent**

Le village de St-Pons dans la région Languedoc-Roussillon, au sud-ouest de la France

EXERCICES

A Dans un petit village français.   Sara, une Québécoise, passe l'été dans un petit village en France. Dans une lettre récente elle a écrit les observations suivantes. Imaginez la réponse que sa mère lui écrit, en choisissant parmi les expressions de la liste. Par exemple:

ça m'étonne	je suis contente	je suis heureuse
ça m'inquiète	je suis déçue	je suis ravie
c'est dommage	je suis fière	je suis surprise

Le village est typiquement français et j'apprends beaucoup sur la façon de vivre dans une ferme.
Je suis ravie que le village soit typiquement français et que tu apprennes beaucoup sur la façon de vivre dans une ferme.

1. Les gens sont très accueillants et je me fais déjà des amis.
2. Les Lebœuf ont un fils de mon âge et il est très sympa.
3. Il y a beaucoup de choses pour me distraire et je ne me sens pas du tout dépaysée.
4. Nous avons une vingtaine de poules et c'est moi qui vais chercher les œufs le matin.
5. Je n'en ai plus horreur!
6. Il y a peu de voitures, et la plupart des gens ont une bicyclette.
7. Ma bicyclette est très vieille et n'a pas de freins. Je m'en sers rarement.
8. La ville la plus proche est à une centaine de kilomètres du village.
9. Les Lebœuf n'y vont jamais. Mais nous y irons au moins une fois avant la fin de l'été.
10. Je suis tout à fait à l'aise et tout me fait plaisir.

B Le programme d'échange. Votre lycée va organiser un programme d'échange avec un lycée français. Vous demandez à votre professeur quelles sont les conditions pour y participer. Conversez selon le modèle.

> avoir des bonnes notes
> ÉLÈVE 1 *Il faut que j'aie des bonnes notes?*
> ÉLÈVE 2 *Eh bien, il vaut mieux que tu aies des bonnes notes.*
> OU: *Non, il n'est pas nécessaire que tu aies des bonnes notes.*

1. savoir parler bien le français
2. savoir me débrouiller dans un pays étranger
3. pouvoir m'y inscrire tout de suite
4. pouvoir payer à l'avance
5. pouvoir acheter mon billet maintenant
6. savoir passer la douane
7. pouvoir recevoir un étudiant français chez moi
8. pouvoir passer des examens en français
9. pouvoir passer une année entière là-bas
10. savoir beaucoup sur la culture française

C Nous deux. Refaites l'Exercice B en posant les questions pour vous-même et pour un(e) ami(e). Faites tous les changements nécessaires.

> avoir des bonnes notes
> ÉLÈVE 1 *Il faut que nous ayons des bonnes notes?*
> ÉLÈVE 2 *Eh bien, il vaut mieux que vous ayez des bonnes notes.*
> OU: *Non, il n'est pas nécessaire que vous ayez des bonnes notes.*

D Optimiste ou pessimiste? Deux amis montent une pièce de théâtre. L'un est optimiste; l'autre, pessimiste. Comment répondent-ils aux questions suivantes? L'Elève 1 emploie *savoir* et *être certain(e)* / *sûr(e)* avec l'indicatif. L'Elève 2, le pessimiste, emploie des expressions d'émotion.

> Il y aura beaucoup de monde dans la salle?
> ÉLÈVE 1 *Je suis certain(e) qu'il y aura beaucoup de monde.*
> ÉLÈVE 2 *Je m'inquiète qu'il n'y ait pas beaucoup de monde.*
> OU: *Ça m'étonne qu'il y ait beaucoup de monde.*

1. Les comédiens sauront toutes leurs répliques?
2. L'héroïne aura le trac?
3. Les acteurs voudront répéter tous les soirs?
4. On pourra trouver des beaux costumes?
5. Les programmes seront prêts?

6. Vous pourrez finir de peindre les décors?
7. On fera salle comble?
8. Le public voudra applaudir et crier «Bis!»?
9. Vous aurez du succès?
10. Imaginez que la pièce est un four: Vous voudrez travailler ensemble après?

E Parlons de toi.

Décris tes sentiments dans les circonstances suivantes:

1. Un(e) ami(e) te dit qu'il (elle) ne peut pas sortir avec toi.
2. Tu attends un(e) ami(e) à l'aéroport mais, quand l'avion atterrit, ton ami(e) n'est pas là.
3. Un(e) ami(e) ne peut pas te faire une visite parce que son père est très malade.
4. Un(e) ancien(ne) ami(e) que tu n'as pas vu(e) depuis longtemps frappe à la porte.
5. Tu as besoin d'aide pour tes devoirs, mais personne ne peut te les expliquer.
6. C'est samedi et tu n'as rien à faire, mais personne ne veut aller au cinéma.
7. Tu veux réparer ta lampe, mais personne ne sait où se trouve la boîte à outils.

ACTIVITÉ

Laissons voir nos sentiments! Il y a des gens qui ne nous laissent jamais voir leurs sentiments, et il y en a qui disent toujours exactement ce qu'ils pensent. Formez des groupes de trois ou quatre personnes. Pensez à cinq situations où vous pourriez exprimer ou cacher vos vrais sentiments. Pour chacune des situations, choisissez la chose la plus polie que vous pourriez dire, ce que vous diriez probablement et l'expression de vos vrais sentiments.

Par exemple, vos parents ont exigé que vous invitiez quelqu'un que vous n'aimez pas du tout à une fête que vous donnez. Vous êtes ravi(e) qu'il (elle) ne puisse pas venir.

ON POURRAIT DIRE: Je suis désolé(e) que tu ne puisses pas venir à ma fête. Mais si au dernier moment tu peux nous rejoindre, j'espère que tu le feras.

ON DIT PROBABLEMENT: Je regrette que tu ne puisses pas venir.

ON PENSE: Je suis ravi(e) que tu ne sois pas là.

APPLICATIONS

La Rigueur de la socialisation

LAURENCE WYLIE ET ARMAND BÉGUÉ

AVANT DE LIRE

1. En général, comment vous teniez-vous quand vous étiez petit(e)? On vous appelait «bien élevé(e)»?
2. Qu'est-ce que c'est qu'un enfant «bien élevé» dans notre culture?
3. Pourquoi est-il important que les enfants se tiennent bien? Comment doit-on les punir s'ils se tiennent mal? On doit les gronder? Leur donner des fessées (spankings)?
4. Comment est le monde pour un enfant de trois ans? De cinq ans? De dix ans? (Si vous ne vous en souvenez pas, essayez d'imaginer comment serait le monde pour un jeune enfant.) Par exemple, est-ce qu'un petit enfant comprend toujours pourquoi on le punit? Est-ce important ou non?
5. Qu'est-ce que vous faisiez quand on vous punissait?
6. Si vous comptez avoir une famille un jour, comment pensez-vous enseigner à vos enfants ce qu'ils doivent et ne doivent pas faire?
7. Dans cette lecture vous trouverez des mots que vous ne saurez pas mais que vous comprendrez sans doute. Par exemple, pensez à un mot associé à la faiblesse. Que veut dire «prendre quelque chose à la légère»? Vous savez ce que veulent dire les verbes suivre et échapper. Alors, aux lignes 16–17, vous comprendrez il s'ensuit et, à la ligne 63, une échappatoire.
8. Vous connaissez le mot comportment en anglais? Si non, cherchez-le dans un dictionnaire et vous comprendrez se comporter et le comportement. Et qu'est-ce que c'est qu'une fissure en anglais? Et un functionary, qu'est-ce que c'est? Vous connaissez le mot milieu en anglais?
9. Si recevoir veut dire «to receive», que veut dire percevoir? De la même manière: permettre / admettre, construire / (se) conduire et la conduite.
10. D'après le contexte, devinez ce que veulent dire ces mots et expressions: s'y prendre (ll. 3–4—d'abord, pensez-y littéralement!), franchir (l. 46), ne regarde personne d'autre (ll. 66–67), refléter (l. 99), vestimentaire (l. 102), sans cesse (l. 108)?

Une jeune famille à St-Auban, en Provence

Q uelles que soient[1] les faiblesses de la famille traditionnelle, son idéal ne peut pas être pris à la légère; un idéal est toujours authentique: il faut donc s'arranger pour que la vie se conforme à l'idéal. Comment s'y prendre? D'abord, en élevant l'enfant, en le «socialisant», c'est-à-dire en
5 prenant un ensemble de mesures qui l'amèneront[2] naturellement à se conformer à son milieu social, pour lui permettre de réussir encore mieux dans la vie que ses propres parents....

   ... La famille française accueille l'enfant avec enthousiasme. Elle veut avoir des enfants; elle estime[3] qu'un ménage sans enfant est incomplet; en
10 fait, c'est souvent pour en avoir qu'on se marie, et parfois le ménage dure parce qu'on en a: les enfants donnent à la famille sa raison d'être et son unité. Toutefois,[4] il est admis que l'enfant n'est pas une fin en soi.[5] L'enfance n'est que la première étape[6] de la vie; la vie adulte est le vrai but....

15   Comme les Français, nous le savons, respectent le passé, l'âge et la tradition; comme ils placent la vie adulte au-dessus de la jeunesse, il s'ensuit que le bonheur immédiat de l'enfant n'est pas essentiellement important. L'enfant doit apprendre que la vie est dure[7] et difficile, qu'il faut s'y préparer sérieusement; selon l'expression dont se servent souvent
20 les parents: «La vie n'est pas faite pour s'amuser.» ...

   Comment l'enfant apprend-il à percevoir le monde qui l'entoure?[8] Quelles impressions lui en donne-t-on?

   On lui enseigne avant tout à bien distinguer les grandes divisions du monde réel où il grandit. Tout, dans la vie, peut se diviser et se subdiviser
25 en catégories bien distinctes. A la maison et à l'école, il apprend à reconnaître ces zones différentes, leurs lignes de démarcation bien définies, ce qui les caractérise, comment s'y adapter, comment s'y conduire. L'enfant qui y réussit s'appelle un «enfant bien élevé».

   Une anecdote personnelle illustrera la méthode et les résultats. Lorsque[9]
30 j'étais professeur à Haverford College, je suis allé un jour avec ma femme et mes enfants, à Swarthmore College, faire la connaissance d'une jeune Française qui allait venir donner quelques cours dans notre établissement. Elle avait un garçon d'un an et demi, et j'avais pensé que ma femme emmènerait les trois enfants jouer dehors pendant que j'expliquerais à la
35 jeune femme quel allait être son travail. Mme V. toutefois a déclaré qu'il était inutile[10] de faire sortir son enfant.... Mme V. a placé alors une grosse boîte dans un coin de la pièce; elle a mis son fils derrière, et elle lui a dit: «Tu vois cette boîte? Il y a une ligne qui va de là à là, et qui traverse la

Une famille française se promène en ville.

---

[1]**quelles que soient** *whatever may be*   [2]**amener** *to bring, to lead*   [3]**estimer** = croire   [4]**toutefois** = cependant   [5]**soi** *itself, oneself*   [6]**l'étape** (f.) *stage* [7]**dur, -e** *tough*   [8]**entourer** *to surround*   [9]**lorsque** = quand   [10]**inutile** (here) = pas nécessaire

Extraits de Laurence Wylie et Armand Bégué, *Les Français.* Copyright © 1970 Prentice-Hall, Inc., Englewood Cliffs, NJ. Reproduit avec permission.

boîte. Toi, tu es de ce côté, il t'appartient,[11] et tu restes là; nous autres,
nous restons de l'autre côté de la ligne.» Fort[12] amusé, je me suis imaginé
tout de suite ce qui serait arrivé si j'avais utilisé ce stratagème avec mes
propres enfants! Mais j'ai eu la stupéfaction de constater[13] que le petit
garçon est demeuré[14] tranquillement dans son coin à jouer avec un petit
jouet pendant tout l'entretien.[15] De temps en temps, il venait s'appuyer[16]
sur la boîte; il nous regardait un instant, puis il revenait à son jouet, sans
franchir une seule fois la ligne imaginaire.

Et ce n'est pas un cas exceptionnel; car c'est ainsi qu'on élève les enfants
français. Ils apprennent qu'il y a des lignes, des frontières, qui décident
de la conduite à tenir. Les enfants «raisonnables» sont ceux qui admettent
cette explication....

Le petit Français apprend à connaître qui il est: tout d'abord, il sait qu'il
est un enfant, et non pas un adulte, et que ce qui est permis aux adultes
ne l'est pas nécessairement aux enfants. Il apprend que, «chaque chose
doit être à sa place»; ceci est très important....

---

[11]**appartenir a** *to belong to*   [12]**fort** = très   [13]**constater** = se rendre compte
[14]**demeurer** = rester   [15]**l'entretien** (m.) = l'interview   [16]**s'appuyer** *to lean*

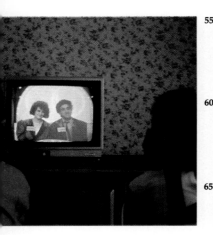

Ils regardent la télé dans le salon.

Dans toutes les cultures, la jeunesse trouve moyen[1] d'échapper à la
rigueur de la socialisation; et comme en France, l'adaptation à la vie
dans la société est particulièrement stricte, ces moyens ont probablement
plus d'importance qu'ailleurs. L'enfant et l'adolescent parviennent ainsi à
subir leur dressage social[2] sans perdre leur individualité et leur identité;
ils deviennent progressivement des adultes avec des réactions d'adultes.
Le comportement qu'ils adoptent pour y parvenir souligne certains des
aspects de la culture française.

Le refuge en soi-même est une des échappatoires dont dispose[3] l'enfant.
... Tant qu'il agit[4] et se conduit comme on lui demande d'agir et de se
conduire, on le laisse tranquille; ce qui lui donne l'impression, à mesure
qu'il[5] grandit, que ce qu'il pense est son affaire à lui seul, et ne regarde
personne d'autre. Ceci explique pourquoi les Français sont si profondé-
ment convaincus[6] qu'il faut à tout prix préserver la liberté de pensée—la
liberté de conscience.... Ils estiment que la société ne peut absolument pas
se permettre ce contrôle des opinions; elle n'a le droit que d'imposer

---

[1]**le moyen** *means*   [2]**parviennent ainsi à subir leur dressage social** *succeed in this
way in withstanding their social training*   [3]**disposer de** = employer   [4]**agir** *to act*
[5]**à mesure que** = pendant que   [6]**convaincu, -e** *convinced*

certaines limitations à l'individu. Montaigne* l'a fort bien dit: «Il faut [nous] réserver une arrière-boutique[7] … en laquelle nous establissons nostre vraye liberté....»

Ceci mène au sens de ce qu'il est possible de laisser connaître et de ce que l'on ne peut pas révéler. En d'autres termes: «Tout n'est pas bon à dire.»

L'enfant grandit donc, certain qu'il peut toujours se réfugier dans cette «arrière-boutique» de Montaigne, où personne n'a le droit d'entrer. Il y a pour lui deux mondes: le sien,[8] et celui de la société dont il fait partie.

Il en résulte une fissure assez profonde entre ces deux mondes. … Une fois de plus, c'est Montaigne que l'on peut citer; lorsqu'élu[9] maire de Bordeaux, il déclare que le maire et lui-même sont deux personnes bien différentes.

Dès lors que[10] les responsabilités du métier, de la profession, de la fonction, sont clairement spécifiées, l'individu n'accepte de remplir professionnellement que ses responsabilités professionnelles. C'est ainsi que l'attitude des fonctionnaires français, par exemple, surprend parfois les Américains, qui ont coutume,[11] aux Etats-Unis, en entrant dans un bureau, de s'adresser d'une manière amicale et personnelle à l'employé qui est derrière le guichet.

Dans un bureau qui ferme à midi, après avoir fait longtemps la queue, s'il ne reste plus qu'une personne devant moi, et qu'il soit 11 h. 58, lorsque mon tour arrive enfin, à midi et douze secondes, le guichet se ferme plus ou moins brutalement à mon nez, ce qui me rend furieux. Mais c'est un fait que les devoirs du fonctionnaire s'arrêtent là, et que cette conception limitée de ses fonctions est en général comprise et admise par le public français....

Puisque le plus précieux de soi se dissimule derrière une muraille,[12] l'expression et le style individuels, qui reflètent en quelque sorte la partie cachée de la personnalité, présentent un grand intérêt. Même dans une école où tous les élèves portent un uniforme, chacun d'entre eux cepen-

Une jeune guitariste et son public à Paris

---

[7]l'arrière-boutique (f.) *back room in a shop*   [8]le sien, la sienne *his; hers*   [9]élu, -e *elected*   [10]dès lors que = puisque   [11]avoir coutume (de) *to be in the habit (of)*   [12]se dissimule derrière une muraille = se cache derrière un mur haut

*Michel de Montaigne (1533–1592) a écrit trois livres d'*Essais* sur la vie et la nature humaine. Comme beaucoup d'écrivains français, il a fait partie de la vie publique de son temps et a été maire de la ville de Bordeaux. Notez qu'au seizième siècle on écrivait d'une manière assez différente de celle à laquelle nous sommes habitués. On employait des s, par exemple, que nous n'employons plus. Aujourd'hui ces s ont souvent été remplacés par un accent.

dant s'arrange pour se différencier des autres par quelque détail vestimentaire. Car personne ne veut être exactement comme tout le monde.
On est ce que l'on est. Comme le dit Jean-Jacques Rousseau:* «Je ne suis
105   fait comme aucun[13] de ceux que j'ai vus; j'ose[14] dire n'être fait comme aucun
de ceux qui existent. Si je ne vaux pas mieux, au moins je suis autre.» …
     Les enfants américains ne bénéficient[15] pas de cette «voie de secours»;[16]
ils sont sans cesse poussés à s'adapter, à s'intégrer au groupe, à sentir et
à penser comme «les autres», au lieu de cultiver leur propre personnalité
110   par une introspection constante.

---

[13]**ne … aucun(e)**   *not … any*   [14]**oser**   *to dare*   [15]**bénéficier**   *to benefit*   [16]**la voie de
secours**   *emergency route*

*Jean-Jacques Rousseau (1712–1778), né à Genève, est l'un des plus grands écrivains de
langue française. Il a écrit des œuvres *(works)* importantes au sujet de l'enseignement et de
la meilleure façon d'élever les enfants *(Emile,* 1762) et sur la société et ses origines *(Du
contrat social,* 1762). Son autobiographie, *Les Confessions,* d'où vient cette citation, a été
publiée quatre ans après sa mort.
     Rousseau a eu une forte influence sur son propre siècle et celui qui l'a suivi. Ses œuvres
expriment parfaitement beaucoup des idées qui ont mené aux Révolutions américaine et
française. Par exemple: «Vous oubliez que les fruits sont à tous et que la terre n'est à
personne» et «L'homme est né libre et partout il est dans les fers *(chains).*»

Questionnaire

1. Comment définiriez-vous le mot «socialisation»?
2. Qu'est-ce que vous pensez de l'expression dont se servent souvent
   les parents français: «La vie n'est pas faite pour s'amuser»? En
   termes pratiques, qu'est-ce que ça veut dire pour un enfant de trois à
   dix ans? Pour quelqu'un de votre âge? Pour un(e) adulte?
3. Vous croyez que «la vie est dure et difficile»? Donnez des exemples.
4. Qu'est-ce que vous pensez de l'anecdote personnelle que raconte M.
   Wylie au sujet de son interview avec la jeune Française? Vous
   connaissez un enfant de dix-huit mois qui se tiendrait comme celui
   de cette anecdote? Vous croyez que c'est une bonne manière d'élever
   les enfants ou préfériez-vous que les enfants soient plus libres?
   Pourquoi?
5. L'auteur raconte cette histoire pour démontrer comment «le petit
   Français apprend à connaître qui il est». Autrement dit, il apprend
   très jeune ce à quoi on s'attend de lui. Quand vous étiez plus jeune,
   est-ce que vous saviez toujours ce que vous deviez faire et comment
   vous tenir dans toutes les situations? Est-ce que vous pensez que la
   vie est plus simple quand on sait ce à quoi les autres s'attendent?
6. Vous pouvez expliquer ce que Montaigne voulait dire en parlant
   d'une «arrière-boutique» qu'on doit se réserver? C'est une vraie pièce
   ou plutôt quelque chose dans soi-même?

On choisit une cassette-vidéo à Paris.

7. Vous pouvez donner des exemples de l'expression «Tout n'est pas bon à dire»? Quel est votre avis à ce sujet? Vous croyez qu'il y a des choses qu'on ne doit pas laisser connaître aux autres ou est-ce que vous révélez toujours ce que vous pensez?

8. Est-ce que vous croyez qu'on doit avoir une ligne distincte entre sa vie privée *(private)* et sa vie publique? Par exemple, est-ce que vous vous tenez d'une manière différente quand vous êtes en famille? Vous avez un côté que vous ne laissez voir qu'à vos meilleurs amis?

9. Lisez de nouveau ce qu'a écrit Jean-Jacques Rousseau au commencement de ses *Confessions* (voir la ligne 104). Vous croyez que chaque personne est différente de toutes les autres? Comment? Qu'est-ce que nous avons tous en commun?

10. Qu'est-ce que vous pensez de ce que dit M. Wylie dans le dernier paragraphe de cette lecture? Vous croyez qu'il a raison ou non? Pourquoi?

EXPLICATIONS II

Combinaisons de pronoms compléments d'objet à l'impératif

The pronoun order in a negative command is the same as in a statement.

$$\text{ne} + \begin{Bmatrix} \text{me} \\ \text{te} \\ \text{nous} \\ \text{vous} \end{Bmatrix} \textit{before} \begin{Bmatrix} \text{le} \\ \text{la} \\ \text{les} \end{Bmatrix} \textit{before} \begin{Bmatrix} \text{lui} \\ \text{leur} \end{Bmatrix} \textit{before y before } \text{en} + \textit{verb} + \text{pas}$$

♦ **OBJECTIVE:**

TO TELL SOMEONE (NOT) TO DO SOMETHING FOR YOU OR FOR SOMEONE ELSE

Ne vends pas **ton magnétophone à Didier.**

Ne prêtons pas **nos disques à Eric et à Sara.**

Ne **me** jette pas **la balle.**

Ne **nous** rendez pas **la monnaie.**

Ne **m'**envoie pas **de paquets** pendant que je suis ici.

Ne **le lui** vends pas.

Ne **les leur** prêtons pas.

Ne **me la** jette pas.

Ne **nous la** rendez pas.

Ne **m'en** envoie pas pendant que je suis ici.

1 In an affirmative command the object pronouns follow the verb and are connected by hyphens. They occur in this order.

$$\textit{verb} + \begin{Bmatrix} \text{le} \\ \text{la} \\ \text{les} \end{Bmatrix} \textit{before} \begin{Bmatrix} \text{moi} \\ \text{toi} \\ \text{lui} \\ \text{nous} \\ \text{vous} \\ \text{leur} \end{Bmatrix} \textit{before y before } \text{en}$$

Dis-**moi ton numéro de téléphone.**	Dis-**le-moi.**
Offrons **des fleurs à la cadette.**	Offrons-**lui-en.**
Montrez-**nous vos photos.**	Montrez-**les-nous.**
Servez-**vous de ces pinceaux-ci.**	Servez-**vous-en.**

Before *en*, *moi* and *toi* become *m'* and *t'*. This is also true before *y*, but it is rarely used.

> Va-**t'en!**
> Ne **t'en** inquiète pas!
> Apportez-**m'en** une.

2 Remember the placement of an expression of quantity in commands.

Donnez-leur **un peu de gâteau.**	Donnez-leur-**en un peu.**
Achète-moi **trois paquets de**	Achète-m'**en trois!**
biscuits salés.	

EXERCICES

A Avant un voyage. M. Amadieu demande à sa femme s'il peut l'aider à préparer ses affaires pour un voyage au Québec. Conversez selon le modèle.

> ton passeport / t'apporter
> ÉLÈVE 1 *Tu veux que je t'apporte ton passeport?*
> ÉLÈVE 2 *Oui, apporte-le-moi, s'il te plaît.*

1. tes valises / te descendre
2. ton billet / t'acheter
3. la carte de Montréal / te chercher
4. de l'argent canadien / te trouver
5. des vêtements chauds / t'apporter
6. tes lunettes de soleil / te trouver
7. ton sac / te passer
8. des romans policiers / t'acheter

On voit la reine Elisabeth sur tous les billets d'argent canadiens. A l'envers *(back)* de ce billet d'un dollar, on voit le Parlement à Ottawa.

B   Les régimes.   Yves doit maigrir mais ses deux sœurs doivent grossir. Leur mère donne des instructions à la femme qui doit préparer leurs repas pendant son absence.

> Solange et Nadine / du beurre
> *Servez-leur-en!*

1. Yves / de la glace
2. Solange / de la salade avec vinaigrette
3. Nadine et Solange / du fromage
4. Yves / des légumes verts
5. Nadine et Solange / le poulet frit avec de la purée de pommes de terre
6. Yves / la même chose
7. Nadine / la tarte aux fraises avec de la crème
8. Yves / les petits gâteaux
9. Nadine et Solange / la quiche lorraine

C   Qu'est-ce que vous diriez?   Si on vous offrait ces choses, est-ce que vous les accepteriez? Si oui, dites qu'on vous les apporte. Si non, refusez-les!

> des romans d'espionnage
> *Oui, je les aime bien. Apportez-m'en!*
> OU: *Non, je ne les aime pas. Ne m'en apportez pas!*

1. des romans policiers
2. des histoires d'amour
3. un disque de musique classique
4. une cassette de musique rock
5. le journal *Le Monde*
6. le magazine *Elle*
7. la page de sports du journal
8. les bandes dessinées

D   Au restaurant.   Vous êtes avec un ami dans un restaurant et le garçon vous pose beaucoup de questions. Conversez selon le modèle.

> apporter le menu
> ÉLÈVE 1   *Vous voudriez que je vous apporte le menu?*
> ÉLÈVE 2   *Oui, apportez-le-nous.*
> OU: *Non, ne nous l'apportez pas encore.*

1. servir de l'eau minérale
2. dire nos spécialités
3. verser du vin
4. apporter les salades
5. montrer les desserts
6. apporter du café
7. faire l'addition
8. appeler un taxi

E Qu'est-ce que je devrai faire? Pierre, un Français, va faire la connaissance des parents de sa petite amie américaine, Lisa. Il lui demande ce qu'il doit faire et ne pas faire. Conversez selon le modèle.

> faire la bise à tes parents
> ÉLÈVE 1 *Est-ce que je dois faire la bise à tes parents?*
> ÉLÈVE 2 *Oui, fais-la-leur.*
>   OU: *Non, ne la leur fais pas.*

1. apporter des fleurs pour ta mère
2. montrer à tes parents les photos de ma famille
3. offrir notre photo à tes parents
4. parler à ton père de mon travail
5. parler à tes parents de nos projets
6. montrer à tes parents la montre que tu m'as envoyée
7. demander à ton père de m'emmener à l'hôtel

F A votre tour. Ecrivez trois situations où l'on emploierait l'impératif avec deux pronoms compléments d'objet. Lisez-les à un(e) camarade de classe. Est-ce qu'il (elle) peut donner l'ordre que vous voulez?

G Parlons de toi.
1. Est-ce que tu as parfois l'impression que tout le monde te dit quoi faire? Quels sont quelques-uns des ordres que tu reçois le plus souvent chez toi? Et au lycée?
2. Quels ordres est-ce que tu donnes le plus souvent à tes copains? Si tu as des frères ou des sœurs, quels ordres est-ce que tu leur donnes? Est-ce que l'aîné(e) ou le cadet (la cadette) reçoit plus d'ordres?
3. Si tu dis quelque chose à un(e) ami(e) et tu veux que personne d'autre ne le sache, qu'est-ce que tu lui dis?
4. Si tu veux que tes parents te prêtent leur voiture, qu'est-ce que tu leur dis?
5. Quand quelqu'un te présente à une personne et tu n'entends pas le nom, qu'est-ce que tu dis?
6. Quand quelqu'un t'a emprunté quelque chose et tu veux qu'il (elle) te le rende, qu'est-ce que tu lui dis?
7. Si tu joues au football américain et tu veux que l'on te jette le ballon, qu'est-ce que tu cries?

APPLICATIONS

RÉVISION

Lisez la bande dessinée.

1. Bob fait un séjour en France. Cette semaine il fait une visite à son correspondant français, Pierre.

2. Quand il fait la connaissance de Monique, la sœur de Pierre, il lui serre la main.

3. «Mais non», dit Pierre. «Il faut que tu lui fasses la bise.»

4. «Fais-la-lui.»

5. Bob est ravi que les Français soient si accueillants.

Maintenant imaginez que vous faites une visite à une famille française. Vous faites la connaissance de Georges, un lycéen, et de Françoise, une élève au collège. Qu'est-ce que vous dites? Qu'est-ce que vous faites? Etes-vous ravi(e)? Pourquoi ou pourquoi pas? Ecrivez votre histoire en vous servant de la Révision comme modèle.

Trouvez les expressions françaises qui correspondent à l'anglais et rédigez un paragraphe.

1. Isabelle is staying in the United States. This month she's visiting her American pen pal, Jenny.

2. When she meets Matt, Jenny's friend, she kisses him on the cheek.

3. "Oh, no!" says Jenny. "It's better that you shake his hand."

4. "Shake it."

5. Isabelle is surprised that Americans are so strange.

Maintenant, choisissez un de ces sujets.

1. Après cinq jours, Isabelle se sent dépaysée. Elle écrit une lettre à sa famille. Ecrivez la lettre. Parlez des différences entre la façon de vivre des Français et celle des Américains.

2. Complétez les phrases suivantes comme vous voulez en vous servant des phrases de la Révision et du Thème comme modèles.

   a. Je voudrais faire un séjour …
   b. J'ai fait …
   c. Je suis surpris(e) que les Français …

   d. Je suis heureux(se) / triste que …
   e. Mais non, il faut …

3. Avez-vous passé quelques jours chez un(e) ami(e)? Décrivez l'expérience.

CONTRÔLE DE RÉVISION CHAPITRE 7

A Vive la différence!

Complétez les phrases suivantes en employant les mots de la liste.

accueillent	se baladent
se font la bise	se serrent la main
font leurs études	s'habituent à
font un tour	surprennent

1. Ces deux étudiants _____ à l'université de Paris.
2. D'habitude les Américains _____ très bien les étrangers.
3. Christian et Marc font un séjour aux Etats-Unis. Ils étaient d'abord un peu dépaysés, mais maintenant ils _____ la vie américaine.
4. Jessica aime la façon de vivre des Français, mais il y a des choses qui la _____.
5. Entre amis, les Américains _____, mais les Français _____.
6. Les jeunes Français _____ à pied ou en vélo, mais les jeunes Américains _____ en voiture.

B Les émotions de maman.

Refaites chaque phrase en ajoutant l'expression qui convient.

être fier   être inquiet   être fâché   être surpris

J'écris une lettre à grand-maman.
Maman est surprise que j'écrive une lettre à grand-maman.

1. Je ne sors pas le chien.
2. Nous réussissons nos examens.
3. Je conduis trop vite.
4. Nous ne faisons pas la vaisselle.
5. Jean-Paul ne met pas le couvert.
6. Papa ne dort pas assez.
7. Je vais à l'opéra samedi.
8. Mon frère aîné devient médecin.

C Les dépaysés.

Les Johnson font un séjour en France. Ils se sentent un peu dépaysés. Mettez les verbes soit à l'indicatif, soit au subjonctif, soit à l'infinitif.

1. Les Johnson sont heureux que la cuisine française (*être*) si délicieuse.
2. Monsieur Johnson est déçu que le serveur au restaurant ne (*vouloir*) pas lui parler en anglais.
3. Il pense que la plupart des Français (*pouvoir*) parler anglais.
4. Madame Johnson est surprise que les vendeuses dans les grands magasins (*être*) très polies.
5. Elle trouve qu'il y (*avoir*) beaucoup de vêtements chics dans les magasins.
6. Les Johnson sont étonnés qu'il faut (*donner*) un pourboire à l'ouvreuse au cinéma.

D Au marché.

Répondez à chaque question en choisissant la bonne réponse à droite.

1. Vous voulez combien de bananes?
2. Vous voulez voir le poisson?
3. Le petit garçon peut avoir des bonbons?
4. Je donne ces œufs à la petite fille?
5. Madame aime ces oignons?
6. Maman, on peut avoir une glace?

a. Non, ne lui en donnez pas.
b. Non, ne m'en donnez pas.
c. Donnez-m'en une douzaine, s'il vous plaît.
d. Oui, vous pouvez en acheter une.
e. Oui, montrez-le-moi, s'il vous plaît.
f. Non, donnez-les-moi, s'il vous plaît.

Noms

l'aîné, l'aînée
le cadet, la cadette
la chaîne
le droit
la façon de vivre
la liberté
le retard
la surprise
une vingtaine (de)

Verbes

accueillir
admirer
s'attendre à
se distraire
étonner
s'excuser (de)
s'habituer à
supporter
surprendre
vexer

Adjectifs

accueillant, -e
bizarre
certain, -e
dépaysé, -e
enchanté, -e
ravi, -e
strict, -e

Adverbes

probablement
typiquement

Expressions

ah bon!
à l'américaine
amitiés
ça ne se fait pas
être bien / mal élevé, -e
faire la bise
faire plaisir à
faire ses études
faire un séjour
faire un tour
grosses bises
ne pas en croire ses yeux
se serrer la main
se tenir bien / mal

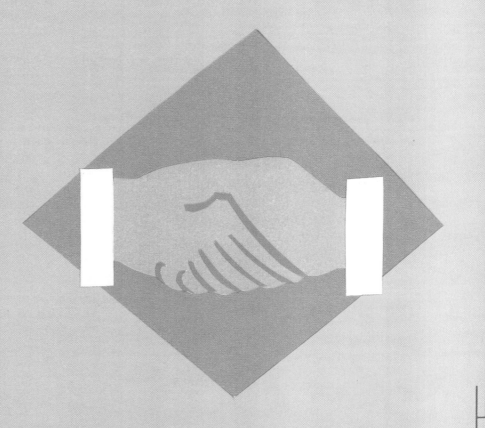

CHAPITRE 8

FONDE EN 1686

Le Procope

LE RENDEZ-VOUS DES ARTS ET DES LETTRES
13, Rue de l'Ancienne Comédie - 75006 PARIS - (1) 43 26 99 20

Les Restaurants du "Tout Pa

"OUVERTS JOUR ET NUIT"

Parmi les cafés les plus célèbres à Paris, on trouve le Procope. Fondé en 1686, c'est depuis des siècles l'un des endroits préférés des écrivains et des artistes. Cette publicité vous invite à y donner rendez-vous à des amis comme l'ont fait des grands écrivains comme Molière, Voltaire et Rousseau.

Aujourd'hui on peut trouver les œuvres de ces grands écrivains dans des librairies comme celle-ci. Remarquez l'extérieur imaginatif de la librairie Tacussel qui ressemble à plusieurs volumes d'encyclopédie.

C'est dans le Panthéon qu'on trouve les tombeaux (tombs) de plusieurs grands hommes de la littérature française: Voltaire, Rousseau, Victor Hugo et Emile Zola, ainsi que (as well as) celui de Louis Braille, inventeur de l'alphabet pour les aveugles.

MOTS NOUVEAUX

J'adore bouquiner, pas toi?

CONTEXTE VISUEL

le poète

J'attends une belle,
Une belle enfant.
J'appelle, j'appelle,
J'en parle au passant.
Ah! Je t'attends, je t'attends!
L'attendrai-je encor longtemps?

J'appelle, j'appelle,
J'en parle au passant.
Que suis-je sans elle?
Un agonisant.
Je vais sans semelle
Sans rien sous la dent...
Ah! Je t'attends, je t'attends!
L'attendrai-je encor longtemps?

la strophe

la rime

l'introduction (f.)

Ma Vie

la conclusion

l'autobiographie (f.)

CONTEXTE COMMUNICATIF

1

LAETITIA	Tu es encore en train de lire?	
JULIEN	Oui, **la lecture**, c'est mon **passe-temps favori**.	**la lecture** *reading*
LAETITIA	Quel genre de bouquin tu préfères?	**le passe-temps** *pastime*
JULIEN	J'aime bien les romans policiers.	**favori, -ite** *favorite*

Variations:
- la lecture → **bouquiner**
  les romans policiers → **la littérature** classique
- les romans policiers → la littérature anglaise
- les romans policiers → **les récits** d'aventures

bouquiner = lire des livres
la littérature *literature*

le récit = l'histoire

2   PHILIPPE   J'en ai marre! Le prof de français veut que nous lisions **encore un** roman!

     MME DUPUIS   Ton prof a raison. En lisant, on apprend beaucoup de choses.

- un roman → **une nouvelle**
  beaucoup de → des tas de

encore un(e) + noun *another, still another*

la nouvelle *short story*

3   LE PROF   Avant de lire un roman, renseignez-vous sur la vie du **romancier. Ne** lisez **aucun** livre sans prendre de notes. C'est très important, ça. Et puis, en discutant d'**un passage,** n'oubliez pas de parler du **style.**

- un roman → **une œuvre**
  du romancier → de l'auteur
  d'un passage → d'**un extrait**
- d'un passage → d'un poème
  du style → des rimes

le romancier, la romancière = auteur de romans
ne ... aucun(e) *not ... any*
le passage *passage*
le style *style*
l'œuvre (f.) *work*

l'extrait (m.) *excerpt*

4   JEAN-CLAUDE   Je ne sais pas faire **une explication de texte.**

     AURÉLIE   C'est simple, **pourtant.** Après avoir **analysé** le texte **ligne** par ligne, tu dois **rédiger** une introduction et une conclusion.

- analysé → **commenté**
  le texte → le poème
  ligne par ligne → **vers** par vers

l'explication de texte (f.) *analysis of a passage*
pourtant = cependant
analyser *to analyze*
la ligne *line*
rédiger = écrire un article, une composition, etc.
commenter *to comment on*
le vers *line of poetry*

5   AGNÈS   Le roman qu'on doit lire pour le cours d'allemand est trop long.

     MARTIN   Tu trouves! Moi, je n'**avais** jamais **lu** de bouquin aussi intéressant. **L'intrigue** m'a **tenu en haleine** jusqu'au bout.

     AGNÈS   Tu l'as lu **en entier?**

     MARTIN   Oui, **le dénouement** est tout à fait **inattendu.**

- le roman → la nouvelle
  long → longue
  de bouquin → de récit
  tu l'as lu → tu l'as lue
- intéressant → bizarre
  inattendu → **invraisemblable**

j'avais + past participle *had (done something)*
l'intrigue (f.) *plot*
tenir en haleine *to keep in suspense*
en entier *in its entirety, the whole thing*
le dénouement *outcome, ending*
inattendu, -e *unexpected*

invraisemblable *unlikely*

Mots Nouveaux   **263**

6 RICHARD **De quoi parle** le livre que tu es en train de lire?

MARIE C'est la biographie d'**un personnage** célèbre.

RICHARD Ça se déroule **à notre époque?**

MARIE Oui, et c'est passionnant.

■ la biographie → l'autobiographie
célèbre → peu connu
passionnant → très **humoristique**

7 Les élèves du club de français répètent un spectacle. Stéphane est sur scène.

STÉPHANE Et maintenant, je vais vous réciter un poème.

MURIELLE N'oublie pas, Stéphane! Salue le public en arrivant, parle **à voix haute** et ne pars pas sans avoir **cité** le nom du poète.

■ un poème → deux strophes de mon poème favori
parle à voix haute → ne parle pas **à voix basse**

8 Au lycée.

SÉBASTIEN Dis donc, tu as eu une bonne note à ton contrôle de français.

SANDRINE Je la **méritais,** tu sais. Je **m'étais** bien **préparée.** J'avais révisé mes cours et appris des tas de **citations.**

■ contrôle → examen
révisé mes cours → bûché comme une dingue
citations → mots que je ne connaissais pas avant

AUTREMENT DIT

TO INSTRUCT SOMEONE HOW TO DO SOMETHING ...

> Voilà comment on ...
> Tu vois, ce n'est pas difficile (compliqué).
> Pour + *inf.*, il (ne) faut (pas) ...
> *Any verb in the imperative*

TO WARN SOMEONE ...

> Attention! (+ *imperative*)
> Fais bien attention à (ne pas) + *inf.*
> Fais bien attention en + *present participle*
> Surtout ne + *imperative*
> *Imperatives such as*
>> Vas-y doucement!
>> Prends ton temps!
>> Ne te dépêche (presse) pas!

EXERCICES

A **Le cours de littérature.** Christine parle à quelques amies de son cours de littérature à l'université. Choisissez les mots pour compléter les paragraphes. Tous les mots ne seront pas utilisés, mais il y en a un qui sera utilisé deux fois.

analyser	en entier	lecture	récit
aucun	explication	ligne	romancier
bouquiner	de texte	passe-temps	style
commenter	intrigue	personnage	vers

J'adore mon cours de littérature! Faire mes devoirs n'est jamais ennuyeux parce que la _____, c'est mon _____ favori. Il n'y a _____ genre de littérature qui ne me passionne pas. En lisant un roman, je m'intéresse surtout à l'_____, bien sûr. Ça me fait
5 beaucoup plaisir de voir comment un bon _____ la fait dérouler. Quand je lis une biographie ou une autobiographie c'est le _____ lui-même—le héros ou l'héroïne de l'œuvre—qui m'intéresse. Et quand je lis un poème, je me mets tout de suite à _____ les rimes et le _____ du poète. Parfois, si je l'aime beaucoup, je trouve que j'ai
10 appris quelques _____ par cœur sans même essayer.

    Chaque semaine il faut que nous fassions une _____. Pour cet exercice, au lieu de discuter une œuvre _____, il faut _____ un passage court _____ par _____. Ce n'est pas toujours facile, mais après avoir fait ça, on ne lit jamais une œuvre importante sans
15 l'analyser.

    Je n'ai jamais suivi de cours si intéressant. Vous devez vous y inscrire l'année prochaine.

B Définitions. Définissez les mots suivants. Ensuite, posez des questions à un(e) camarade de classe en utilisant ces mots.

1. le dénouement
2. l'extrait
3. l'autobiographie
4. bouquiner
5. le passe-temps
6. la conclusion
7. l'introduction
8. le récit
9. humoristique
10. favori
11. inattendu
12. rédiger

C Que dites-vous? Choisissez la réponse qui convient dans chacune des situations suivantes.

1. Quand le prof vous demande d'expliquer la différence entre un vers et une strophe, vous dites: *(Il y a plusieurs vers dans une strophe. / Il y a plusieurs strophes dans un vers.)*
2. Quand quelqu'un vous demande comment était un film policier que vous avez vu, vous dites: *(Ça me tenait en haleine jusqu'au dénouement. / Je l'ai vu en entier.)*
3. Quand vous avez reçu une bonne note à un examen où vous ne compreniez vraiment aucune des questions, vous dites: *(Je la méritais, tu sais. / Ça, c'est tout à fait inattendu.)*
4. Quand un copain vous dit qu'un certain poème est excellent mais vous ne l'avez pas aimé du tout, vous dites: *(Tu trouves? / Voilà comment on écrit un poème.)*
5. Quand une amie dit que vous devez lire une nouvelle qu'elle a beaucoup aimée, vous dites: *(Tu l'as rédigée? / Quelle en est l'intrigue?)*
6. Quand vous n'entendez pas ce que dit un(e) ami(e), vous dites: *(Il faut parler à voix basse. / Qu'est-ce que tu dis là?)*
7. Quand une prof dit que vous devez lire une œuvre en entier et non seulement des extraits, vous dites: *(Oui, madame. Pourtant je me suis servi d'un tas de citations. / Oui, madame, je le sais. Mais je trouve la lecture en français très difficile.)*
8. Pour dire que certains récits sont excellents, vous dites: *(Je n'ai jamais lu d'histoires aussi humoristiques. / Encore une intrigue comme celles-là et je m'arrêterai de lire.)*

D Parlons de toi.

1. Tu aimes la lecture? Est-ce ton passe-temps favori? Quel genre de littérature est-ce que tu aimes le mieux? Pourquoi?
2. Tu préfères lire des œuvres en entier ou seulement des extraits? Pourquoi?
3. Quelles œuvres est-ce que tu as lues récemment dans ton cours d'anglais? Tu les as aimées? Pourquoi? Tu peux en choisir une et raconter l'intrigue?

4. Est-ce que tu as lu un récit ou vu un film dont l'intrigue te tenait en haleine mais dont le dénouement t'a déçu(e)? Lequel? Pourquoi est-ce que tu as été déçu(e)? Le dénouement était invraisemblable? Inattendu?

5. Tu es en train de lire un roman maintenant? Quel en est le sujet? Qui en est l'auteur? Tu peux décrire les personnages principaux?

6. De tous les romanciers que tu connais, lequel est-ce que tu aimes le mieux? Pourquoi? De tous les romans que tu as lus, lequel est-ce que tu aimes le mieux? Tu l'as lu seulement une fois? A ton avis, est-ce qu'il y a des livres qui méritent d'être lus plusieurs fois?

7. Tu peux citer deux ou trois vers d'un poème français que tu as lu? D'un poème en anglais?

8. Pourquoi est-ce qu'on analyse une œuvre? Est-ce que tu trouves que tu aimes mieux un livre après l'avoir analysé et commenté?

ACTIVITÉ

Questions de banalité *(Trivial Pursuit).*   Avec un(e) camarade de classe, préparez cinq questions (avec leurs réponses) au sujet de la littérature. Par exemple: «Qui est le héros des *Misérables?*» «Quelle lettre de l'alphabet était la *Lettre écarlate* de Nathaniel Hawthorne?» «Combien de vers est-ce qu'il y a dans un sonnet?» Signez vos noms.

Ensuite, formez deux équipes. Votre prof posera toutes les questions aux membres de chaque équipe, chacune à son tour. Une réponse correcte vaut cinq points.

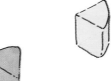

APPLICATIONS

Personne ne comprend un génie[1]

Ludovic entre dans la chambre de sa sœur.

	LUDOVIC	Tu viens faire la vaisselle avec moi?
	MARIANNE	Tu ne vois pas que je suis occupée?
	LUDOVIC	Mais qu'est-ce que tu fais?
5	MARIANNE	J'écris.
	LUDOVIC	A qui tu écris?
	MARIANNE	A personne, idiot! J'écris mes mémoires.
	LUDOVIC	Tes mémoires! Ça alors, c'est la meilleure!
	MARIANNE	Ah, ça suffit! Sors et laisse-moi travailler!
10	(Leur mère entre.)	
	MME BORDE	Arrêtez de vous disputer tous les deux et venez m'aider.
	MARIANNE	Bon, d'accord, j'arrive. Mais vraiment, ici personne ne me comprend!
15	LUDOVIC	Ma pauvre, tu vois, tu es mécomprise[2] comme tous les génies de la littérature.

---

[1] **le génie** *genius*   [2] **mécompris, -e** *misunderstood*

MÉMOIRES

MÉMOIRES D'UNE
JEUNE FILLE RANGÉE

LES CONFESSIONS   J. J. ROUSSEAU

BE

Questionnaire

1. Pourquoi est-ce que Ludovic veut parler avec sa sœur?   2. Que faisait Marianne quand il est entré?   3. A votre avis, comment seraient les mémoires d'une jeune fille comme Marianne? Vous croyez qu'elle a mené une vie intéressante?   4. Comment est Mme Borde? Vous pensez qu'elle comprend ses enfants ou qu'elle ne croit pas que cela soit important? A votre avis, est-ce qu'elle fait ce qu'elle doit faire dans cette situation? A sa place, qu'est-ce que vous feriez?   5. Comment est-ce que Ludovic se moque de sa sœur?   6. Pourquoi est-ce qu'on dit que les génies sont mécompris? Vous le croyez aussi?

Situation

Ce soir-là, Marianne revient à ses mémoires. Elle prend son stylo, sourit doucement et commence un nouveau chapitre dont le titre est «On m'a appelée un génie!» Dans ce chapitre elle écrit sa version de ce qui s'est passé dans sa chambre quand Ludovic et sa mère sont entrés. Ecrivez ce chapitre.

EXPLICATIONS I

Le plus-que-parfait

◆ OBJECTIVES:

TO TELL WHAT HAD
ALREADY
HAPPENED WHEN
SOMETHING
OCCURRED

TO ORDER THINGS
CHRONOLOGICALLY

TO REPORT WHAT
SOMEONE SAID

TO MAKE EXCUSES
OR GIVE
EXPLANATIONS

To describe an action in the past that occurred *before* another action in the past, we use the *plus-que-parfait*. The English equivalent is "had" + past participle.

Je les ai appelés mais ils **étaient** déjà **partis.**	*I called them but they **had** already **left.***
Nous **avions** beaucoup **travaillé** sur le récit avant de vous le donner.	*We **had worked** hard on the story before giving it to you.*

1 To form the plus-que-parfait, use the imperfect of *avoir* or *être* + the past participle.

INFINITIF **étudier**

SINGULIER		PLURIEL	
1	j' avais étudié	nous	avions étudié
2	tu avais étudié	vous	aviez étudié
3	il elle } avait étudié on	ils elles } avaient étudié

INFINITIF **aller**

SINGULIER		PLURIEL	
1	j' étais allé(e)	nous	étions allé(e)s
2	tu étais allé(e)	vous	étiez { allé(s) allée(s)
3	il était allé	ils	étaient allés
	elle était allée	elles	étaient allées
	on était allé		

2 In the plus-que-parfait the rules for agreement of the past participle are the same as in the passé composé.

> **La nouvelle** que j'avais **lue** était humoristique.
> **Nous étions** déjà **sortis** quand ils nous ont téléphoné.

3 The plus-que-parfait is often used to report what someone said.

«Elles sont parties», il a dit.	*"They've left," he said.*
Il **a dit qu**'elles **étaient parties.**	*He **said that** they'd left.*
«Tu as réussi haut la main», m'a dit le prof.	*"You passed with no difficulty," the teacher told me.*
Le prof **m'a dit que** j'**avais réussi** haut la main.	*The teacher **told me** I **had passed** with no difficulty.*

La vitrine d'une librairie à Québec

EXERCICES

A L'ordre chronologique. Dans chaque groupe, les phrases sont mélangées. Mettez-les dans l'ordre chronologique correct. Par exemple:

> (a) Quand je suis arrivée en classe, mes mains étaient sales.
> (b) Le pneu de mon vélo était à plat.
> (c) J'avais essayé de le réparer.

> *Le pneu de mon vélo était à plat. J'avais essayé de le réparer. Quand je suis arrivée en classe, mes mains étaient sales.*

1. (a) L'employé de la poste a refusé de le prendre.
   (b) Louis-Jean n'a pas pu envoyer le paquet.
   (c) Il avait oublié de mettre le code postal.
2. (a) Je ne me suis pas rappelé l'intrigue.
   (b) Je n'avais pas pris de notes.
   (c) J'ai paniqué pendant l'interro.
3. (a) Ma moto a glissé et je me suis cassé le genou.
   (b) La route était humide parce qu'il avait plu le matin.
   (c) J'étais très en retard.
4. (a) Mon petit frère avait essayé d'utiliser la scie.
   (b) Mon père n'a pas pu réparer le toit du garage.
   (c) Elle s'était cassée.
5. (a) Nous avions trouvé des vieux bouquins en nous promenant sur les bords de la Seine.
   (b) Il nous a dit que c'étaient des livres très anciens.
   (c) Nous les avons montrés au prof d'histoire.

B **L'invitation au château.** M. le Marquis de Mauvaiseherbe donnait un bal masqué quand on l'a tué *(killed)* dans sa chambre. Le célèbre détective Apollon Poirier interroge les invités et les membres de la famille. Conversez selon le modèle.

> Mlle Danièle / sortir pour chercher Elisabeth et Juliette
> ÉLÈVE 1   *Où était Mlle Danièle?*
> ÉLÈVE 2   *Elle était sortie pour chercher Elisabeth et Juliette.*

1. Elisabeth et Juliette / aller dans le jardin avec leurs petits amis
2. les tantes Delphine et Huguette / se coucher de bonne heure
3. le frère de M. le Duc / descendre chercher du vin
4. M. Bruno / déjà partir pour Paris
5. le Colonel Beaufort / s'endormir dans la bibliothèque
6. la Duchesse de Lestain / monter au troisième étage
7. M. et Mme Delavigne / déjà rentrer chez eux
8. Et vous? Où est-ce que vous étiez?

C **J'accuse!** Un à un, les gens nerveux s'accusent du meurtre *(murder)*. Mais tout le monde a un alibi. Conversez selon le modèle.

> le Colonel Beaufort / ne pas quitter la bibliothèque
> ÉLÈVE 1   *C'est le Colonel Beaufort. J'en suis sûr!*
> ÉLÈVE 2   *Impossible! Je n'avais pas quitté la bibliothèque!*

1. Mlle Delphine / prendre un comprimé pour m'endormir
2. le chef d'orchestre / ne jamais faire sa connaissance
3. Mlle Danièle / tomber dans le jardin et je changeais de vêtements
4. la cuisinière / ne pas voir M. le Marquis depuis le commencement de la fête
5. le Baron et la Baronne / ne pas être invités à la fête
6. Elisabeth et Juliette / aller dans le jardin
7. la Duchesse de Lestain / ne pas descendre du troisième étage
8. Et vous? Qu'est-ce que vous aviez fait qui vous a empêché de tuer le marquis?

D **Renseignements de seconde main.** Répétez ce qu'ont répondu les gens accusés de l'Exercice C. Suivez le modèle.

> *Le Colonel Beaufort a dit qu'il n'avait pas quitté la bibliothèque.*

E   Les suspects.   Voici trois des suspects importants. Choisissez cinq autres personnes des Exercices B et C et imaginez les raisons qu'ils avaient pour tuer le marquis.

1. M. Bruno était venu à la fête pour exiger que le marquis lui rende l'argent qu'il lui avait perdu en jouant aux cartes. Le marquis avait refusé. Alors, M. Bruno est parti tout de suite pour Paris *ou* il l'a tué.
2. Mlle Danièle voulait le tuer parce qu'il avait refusé de la laisser se marier avec un pauvre poète. Elle avait changé de vêtements parce qu'elle était tombée dans le jardin et ils étaient couverts de poussière *ou* parce qu'elle avait tué son père et ils étaient couverts de sang.
3. Le marquis s'était plaint de la musique que le chef d'orchestre avait choisie. Voilà pourquoi il voulait le tuer.

4–8. A votre tour.

F   Parlons de toi.

1. Avant d'étudier le français, est-ce que tu t'étais intéressé(e) à voyager en France? Tu avais déjà visité un pays francophone? Lequel?
2. Pendant cette année est-ce que tu as fait la connaissance de quelques camarades de classe que tu n'avais pas rencontrés avant? Comment se fait-il que vous ne vous étiez pas rencontrés avant? L'un ou l'autre vous habitiez ailleurs peut-être ou alliez à un lycée différent?
3. Quelles œuvres de la littérature est-ce que tu as lues cette année que tu ne connaissais pas? Elles t'ont fait plaisir? Pourquoi? Laquelle était ta favorite?
4. Qu'est-ce que tu as appris à faire cette année que tu ne savais pas il y a un an?

Un des cafés préférés des artistes et des intellectuels à Paris

APPLICATIONS

Les Confessions *(extrait)*

JEAN-JACQUES ROUSSEAU

Pour vous renseigner sur Jean-Jacques Rousseau, voir la page 250 et dans l'encyclopédie de votre choix.

1. Si vous écriviez votre autobiographie, comment commenceriez-vous? Qu'est-ce que vous mettriez dans le premier paragraphe?

2. Avez-vous lu des autobiographies ou des mémoires? De qui? Qu'est-ce que vous en pensiez?

3. Quelle est la différence entre une biographie et une autobiographie? Laquelle serait plus objective et laquelle plus subjective? Pourquoi? Vous croiriez plutôt ce que vous lisiez dans une biographie ou dans une autobiographie?

4. Est-ce que vous pensez qu'un personnage célèbre doit rédiger ses mémoires ou non? Pourquoi?

5. Lisez les trois premiers paragraphes de cet extrait des *Confessions* de Rousseau. A votre avis, pourquoi est-ce qu'il les a commencées ainsi? Est-ce que vous croyez qu'il ne dira que la vérité ou est-ce que cela sera sa propre version de la vérité?

6. Comprenez-vous ces mots associés à d'autres que vous connaissez déjà: *le semblable (ressembler / invraisemblable)* (l. 2), *le vide* (pensez à l'adjectif *vide*) (ll. 14, 51), *l'être* (l. 18), *innombrable (nombreux)* (l. 19), *amoureux, -euse de (aimer / l'amour)* (l. 35), *la naissance (naître)* (l. 44), *la perte (perdre)* (l. 46), *le soin (soigner)* (l. 56)?

7. D'après le contexte, que veulent dire *jeter* (l. 7), *hautement* (l. 11), *indifférent* (l. 13), *le souper* (l. 68)?

Le Rhône, le plus puissant *(powerful)* des fleuves français, traverse le lac Léman à Genève.

J e forme une entreprise qui n'eut jamais d'exemple et dont l'exécution n'aura point[1] d'imitateur. Je veux montrer à mes semblables un homme dans toute la vérité de la nature; et cet homme ce sera moi.

Moi seul. Je sens mon cœur et je connais les hommes. Je ne suis fait
5 comme aucun de ceux que j'ai vus; j'ose[2] croire n'être fait comme aucun de ceux qui existent. Si je ne vaux pas mieux, au moins je suis autre. Si la nature a bien ou mal fait de briser le moule[3] dans lequel elle m'a jeté, c'est ce dont on ne peut juger qu'après m'avoir lu.

Que la trompette du jugement dernier sonne quand elle voudra, je vien-
10 drai, ce livre à la main, me présenter devant le souverain juge. Je dirai hautement: Voilà ce que j'ai fait, ce que j'ai pensé, ce que je fus. J'ai dit le bien et le mal avec la même franchise.[4] Je n'ai rien tu[5] de mauvais, rien ajouté de bon, et s'il m'est arrivé d'employer quelque ornement indiffé-rent, ce n'a jamais été que pour remplir un vide occasionné par mon
15 défaut[6] de mémoire; j'ai pu supposer vrai ce que je savais avoir pu l'être, jamais ce que je savais être faux. Je me suis montré tel que[7] je fus; méprisable[8] et vil quand je l'ai été, bon, généreux, sublime, quand je l'ai été: j'ai dévoilé[9] mon intérieur tel que tu l'as vu toi-même. Etre éternel, rassemble autour de moi l'innombrable foule de mes semblables; qu'ils
20 écoutent mes confessions, qu'ils gémissent[10] de mes indignités, qu'ils rou-gissent de mes misères. Que chacun d'eux découvre[11] à son tour son cœur aux pieds de ton trône avec la même sincérité; et puis qu'un seul te dise, s'il l'ose: *Je fus meilleur que cet homme-là.*

Je suis né à Genève en 1712, d'Isaac Rousseau, citoyen,[12] et de Suzanne
25 Bernard, citoyenne. Un bien fort médiocre à partager[13] entre quinze enfants ayant réduit[14] presque à rien la portion de mon père, il n'avait pour sub-sister que son métier d'horloger, dans lequel il était à la vérité fort habile.[15] Ma mère, fille du ministre Bernard, était plus riche; elle avait de la sagesse et de la beauté.... Leurs amours avaient commencé presque avec leur vie:
30 dès[16] l'âge de huit à neuf ans ils se promenaient ensemble tous les soirs ...; à dix ans ils ne pouvaient plus se quitter. La sympathie, l'accord des âmes affermit[17] en eux le sentiment qu'avait produit l'habitude. Tous deux, nés tendres et sensibles, n'attendaient que le moment de trouver dans un autre la même disposition....

Buste de Jean-Jacques Rousseau par le célèbre sculpteur Jean-Antoine Houdon

---

[1]**point** = pas   [2]**oser** *to dare*   [3]**briser le moule** *to break the mold*   [4]**la franchise** *frankness*   [5]**tu** past participle of **taire** *to keep quiet*   [6]**le défaut** *failure*   [7]**tel que** *such as*   [8]**méprisable** *contemptible*   [9]**dévoiler** *to reveal*   [10]**gémir** *to moan* [11]**découvrir** *to uncover*   [12]**le citoyen, la citoyenne** *citizen*   [13]**un bien fort médiocre à partager** *a very mediocre inheritance to divide*   [14]**ayant réduit** *having reduced*   [15]**habile** *clever*   [16]**dès** *from*   [17]**l'accord des âmes affermit** *the harmony of souls confirmed*

Le siège des Nations Unies
(l'O.N.U.) à Genève

35   Gabriel Bernard, frère de ma mère, devint amoureux d'une des sœurs de mon père; mais elle ne consentit à épouser[18] le frère qu'à condition que son frère épouserait la sœur. L'amour arrangea tout, et les deux mariages se firent le même jour. Ainsi mon oncle était le mari de ma tante, et leurs enfants furent doublement mes cousins....

40   Mon père, après la naissance de mon frère unique, partit pour Constantinople, où il était appelé, et devint horloger du sérail.[19]... Ma mère ... aimait tendrement son mari, elle le pressa de revenir: il quitta tout et revint. Je fus le triste fruit de ce retour. Dix mois après, je naquis infirme et malade; je coûtai la vie à ma mère, et ma naissance fut le premier de
45 mes malheurs.

    Je n'ai pas su comment mon père supporta cette perte, mais je sais qu'il ne s'en consola jamais. Il croyait la revoir en moi, sans pouvoir oublier que je la lui avais ôtée.[20] ... Quand il me disait: Jean-Jacques, parlons de ta mère, je lui disais: Hé bien! mon père, nous allons donc pleurer, et ce
50 mot seul lui tirait déjà des larmes.[21] Ah! disait-il en gémissant, rends-la-moi, console-moi d'elle, remplis le vide qu'elle a laissé dans mon âme. T'aimerais-je ainsi si tu n'étais que mon fils? Quarante ans après l'avoir perdue, il est mort dans les bras d'une seconde femme, mais le nom de la première à la bouche, et son image au fond du cœur....

55   J'étais né presque mourant; on espérait peu de me conserver.... Une sœur de mon père, fille aimable et sage, prit si grand soin de moi, qu'elle me sauva. Au moment où j'écris ceci, elle est encore en vie, soignant, à l'âge de quatre-vingts ans, un mari plus jeune qu'elle.... Chère tante, je vous pardonne de m'avoir fait vivre, et je m'afflige[22] de ne pouvoir vous
60 rendre à la fin de vos jours les tendres soins que vous m'avez prodigués[23] au commencement des miens.[24] ... Les mains qui m'ouvrirent les yeux à ma naissance pourront me les fermer à ma mort.

---

[18]**épouser** = se marier avec   [19]**le sérail** = le palais du sultan   [20]**ôter** *to take away*
[21]**lui tirait déjà des larmes** *was already drawing tears from him*   [22]**s'affliger** *to be distressed*   [23]**prodiguer** *to lavish*   [24]**les miens, les miennes** *mine*

Je sentis avant de penser: c'est le sort[25] commun de l'humanité.... J'ignore[26] ce que je fis jusqu'à cinq ou six ans; je ne sais comment j'appris
65 à lire; je ne me souviens que de mes premières lectures et de leur effet sur moi: c'est le temps d'où je date sans interruption la conscience de moi-même.[27] Ma mère avait laissé des romans. Nous nous mîmes à les lire après souper, mon père et moi. Il n'était question d'abord que de m'exercer à la lecture par des livres amusants; mais bientôt l'intérêt devint si vif, que
70 nous lisions tour à tour sans relâche,[28] et passions les nuits à cette occupation. Nous ne pouvions jamais quitter qu'à la fin du volume. Quelquefois mon père, entendant le matin les hirondelles,[29] disait tout honteux:[30] Allons nous coucher; je suis plus enfant que toi.

---

[25]**le sort** *fate*   [26]**ignorer** = ne pas savoir   [27]**la conscience de moi-même** *my self-awareness*   [28]**sans relâche** *without a break*   [29]**l'hirondelle** (f.) *swallow* [30]**honteux, -euse** *ashamed*

Questionnaire

1. D'après les trois premiers paragraphes, qu'est-ce que Rousseau se met à faire?
2. A votre avis, est-ce qu'il dira «le bien et le mal avec la même franchise»? Pourquoi?
3. Dans les lignes 11–23, à qui est-ce que Rousseau s'adresse? Vous croyez qu'il s'adresse vraiment à l'«Etre éternel» ou plutôt à ces «semblables» dont il parle?
4. De quelle origine était Rousseau? Que faisait son père comme métier? Combien de frères et de sœurs avait son père?
5. Rousseau dit que ses parents avaient été amis presque dès leur naissance et qu'ils s'aimaient bien. D'après sa description, on pourrait dire qu'ils étaient inséparables. Pourtant ils s'attendaient à «trouver dans un autre la même disposition». Vous pouvez expliquer pourquoi ils n'ont pas pensé à se marier?
6. Pourquoi les parents de Rousseau se sont-ils mariés enfin?
7. Pourquoi Rousseau dit-il que sa naissance «fut le premier de (ses) malheurs»?
8. D'après Rousseau, pourquoi est-ce que son père l'a tant aimé? Vous croyez que c'était peut-être le sentiment de l'enfant lui-même plutôt que celui de son père?
9. Est-ce que Rousseau était un homme heureux ou malheureux? Qu'est-ce qu'il dit dans le huitième paragraphe (ll. 55–62) qui nous le montre?
10. D'où sont venus les livres que Rousseau et son père lisaient? Décrivez comment le jeune Jean-Jacques a appris à lire.
11. Rousseau était une personne très sensible. Citez une ou deux choses qui expriment son extrême sensibilité.

EXPLICATIONS II

Le participe présent

◆ **OBJECTIVES:**

TO DESCRIBE SIMULTANEOUS ACTIONS OR EVENTS

TO EXPLAIN HOW TO DO SOMETHING

TO DESCRIBE PEOPLE OR THINGS

To express that an action or event is taking place at the same time as that of the main verb of a sentence, use the present participle. The present participle is equivalent to the "-ing" form in English. It is formed by dropping the *-ons* from the *nous* form of a verb and adding *-ant*.

Only three verbs have irregular present participles:

avoir→ayant, être→étant, savoir→sachant.

1 The present participle, used with the preposition *en,* is used to express an action or an event taking place at the same time as the main one. *Tout* may be added for stress.

Elle boit du café **pendant qu'elle lit** le journal.	Elle boit du café **en lisant** le journal.
Nous rédigeons la conclusion **et nous regardons** la télé.	Nous rédigeons la conclusion **en regardant** la télé.
Il nous parlait. Il avait réparé le clignotant.	**Tout en nous parlant,** il avait réparé le clignotant.

2 *En* + present participle is also used to express how or by what means an action is done.

Pour faire une explication de texte **il faut analyser** l'œuvre.	**On fait** une explication de texte **en analysant** une œuvre.
Comment est-ce qu'**on apprend** à écrire? **On écrit.**	**On apprend** à écrire **en écrivant.**

3 The present participle can also be used as an adjective. In that case, it is equivalent to a clause introduced by *qui.*

la page qui suit = la page **suivante**	*the following page*
un dénouement qui étonne = un dénouement **étonnant**	*an astonishing ending*

4 The present participle can also be used as a synonym for *être en train de* + infinitive. In that case it is a verb, not an adjective, and there is no agreement.

Nous les avons trouvés qui mouraient de faim (qui étaient en train de mourir de faim).	Nous les avons trouvés **mourant** de faim.
Je les ai vues. Elles étaient en train de s'habiller en blanc.	Je les ai vues **s'habillant** en blanc.

EXERCICES

A Un sujet sérieux. M. Jardinier est un prof sérieux et très strict. Chaque année il donne des conseils à ses élèves. Suivez le modèle.

ne pas étudier / écouter la musique rock
On ne doit pas étudier en écoutant la musique rock.

1. ne pas rédiger des compositions / regarder la télé
2. ne pas commenter chaque mot / faire une explication de texte
3. ne pas se décourager / analyser un texte difficile
4. ne pas paniquer / passer des examens
5. parler à voix haute / réciter
6. se mettre debout / répondre à des questions
7. ne pas faire de bruit / entrer dans la salle de classe

Des grands auteurs et des grands philosophes ont dîné ici, à Paris.

B Comment se faire des amis et des ennemis. Employez les verbes et les expressions ci-dessous pour exprimer sept règles *(rules)* pour se faire des amis et sept règles pour se faire des ennemis. Par exemple:

En ne disant jamais bonjour on se fait des ennemis.

acclamer	décourager	se moquer de
admirer	déplaire à	se plaindre (de)
aider (à)	dire bonjour	respecter les droits
avoir l'air	encourager	savoir se tenir
agréable	être accueillant	sourire
avoir l'air snob	faire plaisir à	se souvenir des noms
se battre contre	gêner	vexer
conserver la paix		

06 **PROCOPE (LE)**, 13, rue de l'Ancienne-Comédie, 43.26.99.20. Tlj. Sce jsq 2h du matin. Ce célèbre café-restaurant littéraire fondé en 1686, est en train de renaître, avec une belle cuisine de tradition et des fruits de mer. Carte env. 200 F. t.c. Formule à 69 F (de 11h30 à 18h).

C Montrons que nous sommes d'accord.   Indiquez votre accord en employant un participe présent comme adjectif. Choisissez le verbe de la liste qui convient le mieux. Suivez le modèle.

accueillir	étonner	inquiéter
brûler	fatiguer	passionner
embêter	gêner	plaire

C'est une maison très agréable.
En effet, c'est une maison plaisante.

1. Cette assiette est très chaude.
2. Ces gens sont drôlement gentils.
3. Le cadet est un garçon dont je m'inquiète beaucoup.
4. Ce travail est vraiment très difficile.
5. Ces enfants ne me laissent jamais tranquille.
6. Cette solution pose encore des problèmes.
7. Cette intrigue est très intéressante.
8. Cette machine fait des choses formidables.

D Des conseils.   Donnez des conseils pour faire les choses suivantes. Suivez le modèle.

trouver un emploi
On trouve un emploi en regardant les petites annonces dans le journal.

1. apprendre à bien parler une langue étrangère
2. devenir riche
3. maigrir
4. mériter des bonnes notes
5. faire une explication de texte
6. apprendre à conduire une voiture
7. devenir romancier (romancière)
8. se tenir bien
9. approfondir ses connaissances en littérature
10. se perdre

A Québec

L'emploi de l'infinitif

You know that the infinitive is the basic, or "dictionary," form of a verb and that it is used much as we use the "to" form in English.

J'adore **bouquiner**.	*I love **to read**.*
Comment dit-on «**se serrer la main**» en italien?	*How do you say "**to shake hands**" in Italian?*

1   You also know the meaning of *faire* or *laisser* + infinitive.

Elles **font analyser** le récit par les élèves.	*They're **having** the students **analyze** the story.*
Il le **laisse citer** trop de vers.	*He's **letting** him **quote** too many lines.*

For this type of construction, other English equivalents are also possible. It is often used with *entendre, voir,* and other sense verbs.

Je vous **entends frapper**.	*I **hear** you **knocking**.*
Elle nous **voit venir**.	*She **sees** us **coming**.*

2   We also use the infinitive after adjectives + *de*.

Je serai **contente de commenter** cela.	*I'll be **happy to comment on** that.*
Nous sommes **désolés de partir** si tôt.	*We are **sorry to leave** so early.*

3   We use the infinitive after the prepositions *sans* and *avant de*. Note that in English we use the "-ing" form of the verb.

Elle est entrée **sans payer**.	*She went in **without paying**.*
Ils lisent toujours le dénouement **avant de commencer** un livre.	*They always read the ending **before beginning** a book.*

We also use the infinitive after *pour*.

Il va à la bibliothèque **pour rédiger** son explication de texte.	*He's going to the library (**in order) to write** his explication de texte.*

A Paris, dans un café près de la Sorbonne

4 There is also a past infinitive. We form it by using the infinitive of *avoir* or *être* + the past participle. With a verb that takes *être*, the past participle agrees with the subject of the sentence.

Après avoir salué, elles ont quitté la scène.	*After bowing (After having bowed), they left the stage.*
Après nous être battus, nous nous sommes serré la main.	*After fighting (After having fought), we shook hands.*

The past infinitive is always used after *après,* and it can also be used after other prepositions *(sans, de,* etc.).

Je regrette **de** vous **avoir fait attendre**.	*I'm sorry to have kept you waiting.*
Elle avait passé l'oral **sans s'être préparée**.	*She'd taken the oral exam without preparing (without having prepared).*

5 Before an infinitive, most negative words come right after *ne*.

N'écrivez **rien**!	Je vous dis de **ne rien écrire**.
Elle **ne** déjeune **jamais** au lit.	Elle préfère **ne jamais déjeuner** au lit.

The negative words *aucun(e), personne,* and *que* follow the infinitive.

Il **ne** pourrait vérifier **aucune** des réponses.	*He couldn't check any of the answers.*
Je **ne** veux voir **personne**.	*I don't want to see anyone.*
Elle **ne** veut parler **que** de son petit ami.	*She only wants to talk about her boyfriend.*

EXERCICES

A Je suis content …   Dites votre réaction dans ces situations. Choisissez un adjectif de la liste pour répondre. Par exemple:

content(e)	désolé(e)	fier (fière)	ravi(e)
déçu(e)	fâché(e)	heureux (-euse)	triste

rencontrer ce romancier
Je suis content(e) d'avoir rencontré ce romancier.

1. écrire un dénouement si inattendu
2. rédiger un récit que vous trouvez si humoristique
3. vous tenir en haleine
4. deviner comment se déroulerait l'intrigue
5. ne pas faire salle comble

6. pouvoir citer le poème en entier
7. perdre la nouvelle que j'avais écrite
8. monter un four comme ça
9. oublier de commenter la rime

B **Jamais!** La mère de Jean-Pierre s'étonne qu'il fasse les choses suivantes. Il lui explique qu'il n'a aucune intention de les faire. Conversez selon le modèle.

> aller au lycée / prendre le petit déjeuner
> ÉLÈVE 1 *Tu vas au lycée avant de prendre le petit déjeuner?*
> ÉLÈVE 2 *Mais tu sais que je ne vais jamais au lycée sans prendre le petit déjeuner!*

1. s'habiller / écouter la météo
2. partir / donner à manger au chien
3. sortir / se brosser les dents
4. quitter la table / finir ton café au lait
5. se mettre en route / faire la vaisselle
6. ranger la vaisselle / la sécher
7. partir / fermer ta fenêtre

C **Des accusations.** Le soir, quand elle rentre de son travail, la mère d'Hélène l'accuse d'avoir fait ces mêmes choses. Elle répond qu'elle ne les a pas faites. Refaites l'Exercice B en conversant selon le nouveau modèle.

> aller au lycée / prendre le petit déjeuner
> ÉLÈVE 1 *Tu es allée au lycée avant d'avoir pris le petit déjeuner?*
> ÉLÈVE 2 *Je ne suis jamais allée au lycée sans avoir pris le petit déjeuner!*

Les tombes de Molière et de La Fontaine, au cimetière du Père-Lachaise, Paris

D La matinée de Marie-Laure. Indiquez dans quel ordre Marie-Laure fait les choses suivantes. Suivez le modèle.

Après s'être réveillée, elle prend une douche.

E Parlons de toi.
1. Qu'est-ce que tu fais d'habitude après être rentré(e) chez toi l'après-midi? Après avoir dîné?
2. Tu regardes la télé le soir? Tu le fais avant de faire tes devoirs ou après les avoir faits? Tu la regardes en les faisant?
3. Tu prends quelque chose avant de te coucher? Qu'est-ce que tu prends d'habitude?

4. Tu fais ta toilette le matin avant de prendre le petit déjeuner ou après l'avoir pris? Raconte ce que tu fais le matin après t'être réveillé(e).

5. Quel est ton passe-temps favori le samedi matin? Tu t'en occupes avant de déjeuner ou après? Est-ce que tu fais toujours la même chose le samedi matin? Qu'est-ce que tu fais quand il arrive quelque chose d'inattendu?

6. Tu passes la plupart des samedis sans étudier? Si oui, quand est-ce que tu prépares tes devoirs pour lundi?

ACTIVITÉ

Avant et après. Plusieurs étapes (*steps*) sont nécessaires pour bien faire certaines choses.

Formez des équipes de quatre personnes. Quand le premier membre de l'équipe a décidé de ce qu'il va faire, le deuxième membre doit nommer une chose que l'on fait généralement ou qu'il faut faire avant. La troisième personne doit nommer une chose que l'on fait généralement ou qu'il faut faire après. Ensuite, la dernière personne doit proposer une chose sans laquelle on ne peut pas compléter cette activité. Par exemple:

ÉLÈVE 1   *Je vais faire une explication de texte.*

ÉLÈVE 2   *Avant de faire une explication de texte, il faut que tu comprennes l'œuvre.*

ÉLÈVE 3   *Après avoir fait une explication de texte, il faut que tu la vérifies.*

ÉLÈVE 4   *Tu ne peux pas faire une explication de texte sans commenter le style.*

Des notes sur Sartre

RÉVISION

Lisez la bande dessinée.

1. Avant de lire ce roman, Jean-Paul n'avait jamais lu de science-fiction.

2. Il préférait lire les récits d'aventures.

3. Mais un jour, son prof de littérature lui a donné un passage de Jules Verne.

4. En l'analysant ligne par ligne, il l'a trouvé passionnant.

5. Maintenant il veut devenir auteur de science-fiction.

Maintenant imaginez que Jean-Paul n'avait jamais lu de biographies et qu'il préférait les romans policiers. Son prof lui a donné une biographie. Ecrivez une histoire en vous servant de la Révision comme modèle.

THÈME

Trouvez les expressions françaises qui correspondent à l'anglais et rédigez un paragraphe.

1. Before writing this poem, Nicole and Nadine had never written poems.

2. They preferred writing short stories.

3. But one day their literature teacher explained a stanza of Verlaine's to them.

4. While listening to it line by line, they found it very interesting.

5. Now they want to become poets.

RÉDACTION

Maintenant, choisissez un de ces sujets.

1. Qui est votre romancier préféré? Décrivez son style.

2. Est-ce que vous voudriez lire des romans, des pièces ou des poèmes d'écrivains français? Lesquels? Pourquoi?

3. Ecrivez un poème en suivant ce modèle:

a. *un nom*	le ciel
b. *deux adjectifs*	bleu beau
c. *trois verbes*	regarder admirer sentir
d. *une phrase complète*	Qu'ils sont calmes les nuages de coton!
e. *un nom*	la paix

CONTRÔLE DE RÉVISION   CHAPITRE 8

A   Des synonymes.
Refaites les phrases suivantes en remplaçant les mots en italique par des synonymes.

1. J'ai presque fini cette explication de texte. Je dois seulement *écrire* la conclusion.
2. Quel est ton passe-temps *préféré*? J'aime *lire des livres*.
3. Ces devoirs n'étaient pas difficiles; *cependant*, j'ai passé beaucoup de temps en les faisant.
4. *La femme qui a écrit ce poème* a beaucoup de talent, n'est-ce pas?
5. Quelle sorte de littérature est-ce que Jean aime? *Les histoires* d'aventures, je crois.
6. Cette semaine nous lisons *une histoire de la vie* de Charles de Gaulle.
7. Avant de lire ce roman, il faut se renseigner sur *l'auteur du roman*.

B   Qu'est-ce qu'on a dit?
Lisez chaque conversation, puis expliquez ce qu'on a dit.

> —Jean-Claude, tu vas au théâtre voir *La Leçon* avec nous?
> —Non, merci. Je l'ai vue la semaine dernière.
> *Jean-Claude n'est pas allé au théâtre voir* La Leçon *parce qu'il l'avait déjà vue.*

1. —Dominique, tu peux nous parler du film?
   —Non, je ne l'ai pas vu.
2. —Philippe, tu peux réciter le poème par cœur?
   —Je regrette, madame. Je ne l'ai pas appris.
3. —Paul, écris à ton oncle pour le remercier pour son cadeau.
   —Mais maman, je l'ai déjà remercié.
4. —Solange et Nicole, vous ne donnez pas vos compositions au professeur aujourd'hui?
   —Non, nous les lui avons données vendredi au début de la classe.
5. —Jean, dis à ta sœur de se coucher.
   —Mais papa, elle s'est couchée à neuf heures.
6. —Juliette, tu vas au match avec nous?
   —Non, je n'ai pas fini l'explication de texte.

C   On apprend en bouquinant.
Répondez aux questions en employant le participe présent.

> Comment est-ce qu'on apprend? (Il faut bouquiner.) *On apprend en bouquinant.*

1. Comment est-ce qu'on fait une explication de texte? (Il faut analyser l'œuvre.)
2. Comment est-ce qu'on fait plaisir aux parents? (Il faut se tenir bien.)
3. Comment est-ce qu'on se fait des ennemis? (Il faut avoir l'air snob.)
4. Comment est-ce qu'on s'endort facilement? (Il faut se détendre avant de se coucher.)
5. Comment est-ce qu'on trouve un bon emploi? (Il faut lire les petites annonces.)

D   Scènes de la vie.
Complétez chaque paragraphe en employant les phrases de la liste.

> après l'avoir faite   la faire
> avant de faire   ne jamais la faire

1. Il faut que je fasse cette explication de texte ce soir, mais je ne veux pas _____. J'aimerais mieux écouter des disques. Mais papa m'a dit que je ne peux pas écouter de disques _____ l'explication. Heureusement, je pourrais en écouter _____. J'aimerais mieux _____.

> accepter   l'avoir acceptée
> avant d'accepter

2. J'ai accepté une invitation pour aller au cinéma ce soir, mais je ne suis pas content de _____. Je ne savais pas _____ qu'il y aurait un grand match de tennis à la télé. Je ne devrais pas _____ d'invitations sans penser.

> avant de se battre   sans se battre
> ne pas se battre

3. Les deux garçons se battent dans la cour de l'école. La directrice leur a souvent dit de _____. _____ ils savent qu'elle les punira, mais ils se battent quand même. Il faut qu'ils apprennent à jouer _____.

VOCABULAIRE DU CHAPITRE 8

Noms
l'autobiographie *(f.)*
la citation
la conclusion
le dénouement
l'explication de texte *(f.)*
l'extrait *(m.)*
l'intrigue *(f.)*
l'introduction *(f.)*
la lecture
la ligne
la littérature
la nouvelle
l'œuvre *(f.)*
le passage
le passe-temps
le personnage *(important person)*
le poète
le récit
la rime
le romancier, la romancière
la strophe
le style
le vers

Verbes
analyser
bouquiner
citer
commenter
mériter
rédiger

Adjectifs
favori, -ite
humoristique
inattendu, -e
invraisemblable

Adverbe
pourtant

Question
de quoi parle ...?

Expressions
à notre époque
à voix basse / haute
encore un(e)
en entier
ne ... aucun(e)
tenir en haleine

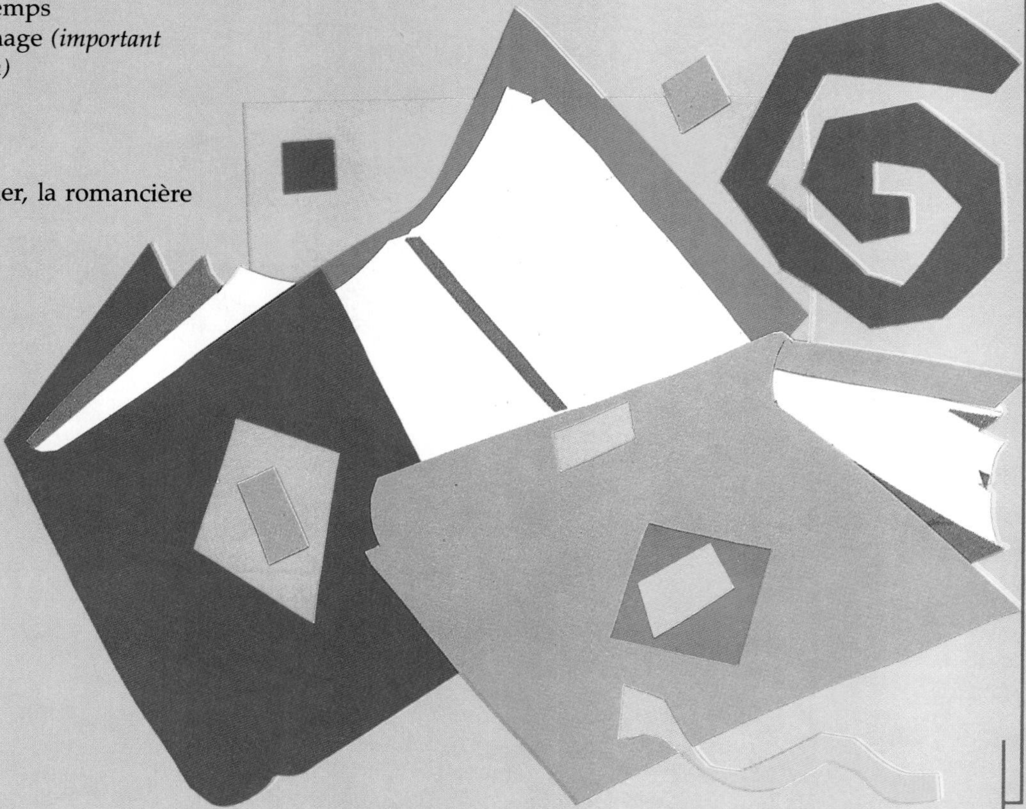

CHAPITRE 9

PRÉLUDE CULTUREL | AU TRAVAIL!

La Bourse *(Stock Exchange)* est un endroit prestigieux où travaillent des spécialistes de la finance nommés par le ministre de l'Economie. L'animation des agents de change *(brokers)* et le nombre de transactions quotidiennes illustrent très bien l'importance de la Bourse dans l'économie moderne.

l'efficacité en plus

TRAVAIL
TEMPORAIRE
SECRETARIAT
BUREAUTIQUE
COMPTABILITE
HOTESSES

45.62.55.33

COLISEE
INTERIM

OUVERTURE	·	+	0.09%
SEANCE	—	0.75%
LIQUIDATION	+	7.68%
INDICE	(100 AU 31.12)	123.2

mairie de paris
informations 42.76.47.47

LA MAIRIE DE PARIS
RECRUTE
DES AUXILIAIRES
DE PUERICULTURE
DIPLOMEES
RENSEIGNEMENTS
AU: 42-76-51-27

Réalisation JCDecaux

(en haut) On trouve beaucoup d'affiches dans le métro. Celle-ci fait de la publicité pour une société qui permet à diverses entreprises d'embaucher, entre autres, des secrétaires et des comptables à temps partiel.

(en bas) Les villes font un effort pour tenir les habitants au courant des offres d'emploi. On voit ici un panneau *(information board)* indiquant qu'on cherche une infirmière spécialisée dans la santé des jeunes enfants.

MOTS NOUVEAUX

Quelles professions t'intéressent?

le / la standardiste

le patron

la patronne

le / la secrétaire

LAFITTE
et
LAURENT, S.A.
AGENCE
DE
PUBLICITÉ (f.)

M. LAFITTE

Mme LAURENT

CONTEXTE
COMMUNICATIF

1 Au lycée, Luc parle avec **la conseillère d'orientation.**

LA CONSEILLÈRE   Quelles **professions** t'intéressent?

LUC   Comme je suis bon en langues et en maths, ça me plairait de travailler dans **les affaires.**

LA CONSEILLÈRE   Pour cela, il faut que tu aies **une formation.** Il est donc **préférable** que tu continues tes études.

Variations:
- en langues et en maths → en maths
  travailler → **faire carrière**
  les affaires → **la comptabilité**
- en langues et en maths → en langues
  travailler dans les affaires → devenir **rédacteur**
  une formation → des **qualifications**
  il est donc préférable → il vaut mieux

le conseiller / la conseillère d'orientation *guidance counselor*

la profession *profession*
les affaires (f.pl.) *business*
la formation *training*
préférable *preferable*

faire carrière (f.) *to have a career*
la comptabilité *accounting*
le rédacteur, la rédactrice *editor; copywriter*
la qualification *qualification*

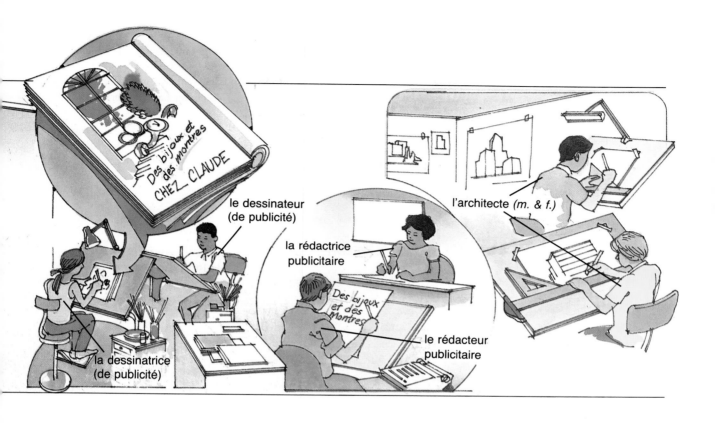

le dessinateur
(de publicité)

la dessinatrice
(de publicité)

la rédactrice
publicitaire

le rédacteur
publicitaire

l'architecte *(m. & f.)*

Des bijoux et des montres
CHEZ CLAUDE

Des bijoux et des montres

2 Xavier rédige une lettre de **candidature** pour **un emploi**.

Monsieur,

Je vous prie de trouver **ci-joint** mon
curriculum vitae.

[handwritten text]

**Veuillez agréer, Monsieur, mes
sincères salutations.**

Xavier Dupont
Xavier Dupont

la candidature *application*
l'emploi (m.) *job*

je vous prie de + inf. formal:
  please
ci-joint, -e *enclosed*
le curriculum vitæ *job résumé*

Veuillez ... *Sincerely*

3 Josiane a **posé sa candidature à** un emploi dans un hôtel. Aujourd'hui elle a **un entretien** avec **le gérant.**

LE GÉRANT	Nous cherchons quelqu'un qui soit **disponible** cet été jusqu'au commencement de septembre.
JOSIANE	Je suis libre en juillet et en août. **En quoi consiste** le travail?
LE GÉRANT	Nous avons besoin d'une personne qui reçoive les clients, les **mette à l'aise,** leur donne des renseignements, etc.

- reçoive → accueille
  leur donne des renseignements → réponde à leurs questions

poser sa candidature à *to apply for (a job)*
l'entretien (m.) *formal: interview*
le gérant, la gérante *manager (of a business)*
disponible *available*
consister en *to consist of*

mettre (qqn.) à l'aise *to make someone feel comfortable*

4 Après son entretien, Josiane **a rempli ce formulaire.**

NOM _Pacard_
PRÉNOMS _Josiane Marie_
DATE DE **NAISSANCE** _20 - 7 - 72_
ADRESSE _3, rue Balzac . 47000 Agen._
TÉLÉPHONE _75 . 49 . 18 . 16_
ÉTUDES _Université de Toulouse, 1ère année (anglais)_
DIPLÔMES _Baccalauréat_
QUALIFICATIONS _anglais et espagnol parlés couramment_
EMPLOIS **PRÉCÉDENTS** _standardiste (Banque du Commerce), été 1990_

- ce formulaire → cette fiche de renseignements

remplir *here: to fill out*
le formulaire *form*

la naissance *birth*

le diplôme *diploma, degree*

précédent, -e *previous*

5

JEANNE	Il est probable que je **ferai un stage** dans **une entreprise** d'informatique cet été.
MATHIEU	C'est une bonne idée. Cela te permettra d'avoir de **l'expérience** pratique.

- il est probable → **il y a des chances**
  que je ferai un stage → que je serai **stagiaire**
  une entreprise → **une société**
- il est probable que je ferai → **il se peut** que je fasse
  d'avoir → **d'obtenir***

(faire) un stage *(to have) on-the-job training, internship*
l'entreprise (f.) *firm*
l'expérience (f.) *experience*

il y a des chances *there's a good chance*
le / la stagiaire *trainee*
la société *company*
il se peut = *il est possible*
obtenir *to get, to obtain*

*Obtenir follows the pattern of *venir* and *tenir* and forms the passé composé with *avoir.*

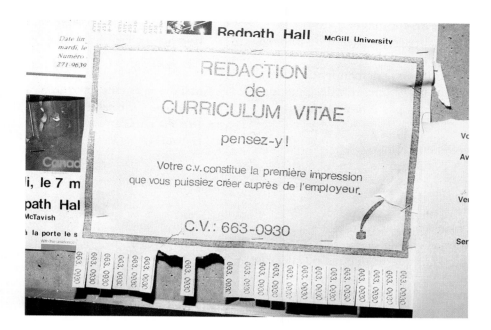

A Montréal

6 Gilles discute avec son patron.

GILLES   Cela vous dérangerait que je prenne **un jour de congé** cette semaine?

LE PATRON   Je suis désolé mais il n'y a personne qui puisse vous **remplacer.**

le jour de congé   *day off*

remplacer   *to replace*

■ cela vous dérangerait → vous permettez
    un jour de congé → **mes congés**
    il n'y a personne → il n'y a pas d'autre **ouvrier**
    vous remplacer → **faire des heures supplémentaires**
■ il n'y a personne → il n'y a pas d'autre rédacteur

prendre ses congés   *to take time off*

l'ouvrier, l'ouvrière   *(manual) worker*

faire des heures supplémentaires   *to work overtime*

7 Céline téléphone pour avoir un entretien avec le patron d'une grande entreprise.

CÉLINE   Serait-il possible que je voie **le directeur en personne?**

LA SECRÉTAIRE   Je **doute** que le directeur lui-même vous reçoive. Il est très occupé. Il vaut mieux que vous veniez voir **le chef du personnel.**

le directeur, la directrice   *head, manager (of a department)*

en personne   *in person*

douter   *to doubt*

le chef du personnel   *head of personnel*

■ je doute → je ne crois pas
■ je doute → il est **peu probable**
    veniez voir → preniez rendez-vous avec
■ veniez voir le chef → écriviez au chef

peu probable   *unlikely*

Mots Nouveaux   **295**

<table>
<tr><td>

8 ARNAUD   Il y a beaucoup de **chômage.**

MARION   Oui, et les entreprises **licencient** de plus en plus de monde.

ARNAUD   Beaucoup d'entreprises demandent à leurs employés de **prendre leur retraite** plus tôt.

MARION   Moi, je ne voudrais pas **être à la retraite.**

</td><td>

le chômage   *unemployment*
licencier   *to fire*

prendre sa retraite   *to retire*
la retraite   *retirement*
être à la retraite   *to be retired*
embaucher   *to hire*

</td></tr>
</table>

■ licencient → **embauchent**
   de plus en plus → de moins en moins
   beaucoup d'entreprises → beaucoup de grandes sociétés
■ il y a → **il me semble** qu'il y a

sembler (à)   *to seem*

<table>
<tr><td>

9 JULIEN   J'aimerais bien trouver un emploi qui soit **bien payé** pour gagner de l'argent de poche.

ÉMILIE   Cela m'étonnerait que tu puisses travailler en **poursuivant*** tes études.

JULIEN   Mais je vais chercher un emploi **à temps partiel.**

</td><td>

bien payé, -e   *well-paid*

poursuivre   *to pursue, to continue*
à temps partiel   *part-time*

</td></tr>
</table>

■ soit bien payé → ne soit pas trop **mal payé**
   je vais → je ne vais pas
   à temps partiel → **à temps complet**

mal payé, -e   *badly paid*

à temps complet   *full-time*

*Poursuivre follows the pattern of suivre in all its forms.

La Bourse à Paris

AUTREMENT DIT

TO REQUEST PERMISSION …

> Puis-je …?
> Pourrais-je …?
> Vous permettez que je …?
> Cela vous dérangerait que je …?
> Je peux …?
> Vous voulez bien que je …?

EXERCICES

A Les catégories.   Quel mot ou quelle expression ne convient pas à chacun des groupes suivants? Expliquez votre choix.

1. des études / une formation / des qualifications / un stage
2. avoir un entretien / chercher un emploi / faire des heures supplémentaires / poser sa candidature
3. la directrice / la gérante / le patron / l'ouvrier
4. l'agence / l'entreprise / la retraite / la société
5. une carrière / une fiche / une profession / un métier
6. avoir un emploi à temps partiel / prendre des vacances / prendre ses congés / être à la retraite
7. accueillir / déranger / mettre à l'aise / sourire
8. le chômage / embaucher / licencier / sans emploi
9. la comptabilité / le curriculum vitæ / l'expérience / la qualification

B A votre tour.   Avec un(e) partenaire, inventez trois ou quatre catégories où un seul mot ou une seule expression ne convient pas. Ensuite demandez à vos camarades de classe d'expliquer ce qui ne convient pas dans vos catégories.

C L'entretien. Jean-Luc n'a pas eu de chance en cherchant un emploi. Complétez sa lettre à son ami Julien en utilisant les mots suivants. Tous les mots ne seront pas utilisés.

à temps complet
à temps partiel
candidature
carrière
chef du personnel
congé
disponible
formulaire
obtenir

poursuivre
précédent
préférable
qualifications
remplacer
rendez-vous
stage
stagiaire
standardistes

Cher Julien:

Tu m'as demandé des nouvelles au sujet de mon entretien. Quel désastre! J'avais écrit une lettre de _____ et, après une semaine, j'ai téléphoné pour prendre _____ avec le _____. Mais, quand je
5 suis arrivé, il n'était pas _____ pour me voir. Donc, j'ai dû attendre pendant presqu'une heure. Son secrétaire m'a donné un _____ à remplir où j'ai indiqué mes _____. (Il n'y en avait pas beaucoup, bien sûr!) Ensuite, pendant l'interview, j'ai appris qu'ils cherchaient quelqu'un avec de l'expérience dans la
10 comptabilité, et moi, je n'ai eu aucun emploi _____, comme tu le sais. D'ailleurs, ils avaient besoin de quelqu'un qui puisse travailler _____. Puisque je dois _____ mes études en même temps, il faut que je trouve un emploi _____. Le chef du personnel m'a dit que je devrais faire un _____ dans une entreprise de comptabilité
15 et de revenir le voir après. Bon conseil, j'en suis sûr, mais ….

Pour le moment, j'espère _____ un emploi dans l'agence de publicité où travaille ma mère. Ils cherchent quelqu'un qui puisse _____ les _____ pendant qu'elles prennent leurs vacances. Cela ne m'aidera pas à faire _____ dans la comptabilité, mais je
20 pourrai au moins gagner un peu d'argent.

Amitiés,

Jean-Luc

D Parlons de toi.

1. Que font tes parents comme métier? Ça t'intéresse aussi? Qu'est-ce que tu penses choisir comme carrière? Tu t'intéresses peut-être à la profession d'architecte? De dessinateur ou de dessinateur de publicité? De rédacteur ou de rédacteur publicitaire? Pourquoi?

2. Quelle serait la profession parfaite pour toi? Quelles en sont les qualifications? Tu sais quelle sorte de stage ou de formation il te faudrait?

3. Est-ce que tu as un emploi à temps partiel? Est-ce que tu travailles à temps complet en été? Où est-ce que tu travailles? Qu'est-ce que tu fais? Tu es ouvrier (ouvrière)? Raconte ce que tu as dû faire pour obtenir cet emploi.

4. Si tu as un emploi, comment sont les autres employés? Comment est ton (ta) patron(ne)? Vous vous entendez bien? Tu dois faire des heures supplémentaires de temps en temps? C'est un emploi bien payé ou non?

5. Tu voudrais être conseiller (conseillère) d'orientation? Quelles sont les qualifications pour cet emploi? Quels conseils est-ce que tu donnerais à quelqu'un qui cherche un emploi? Qu'est-ce qu'il faut faire, par exemple, pour faire une bonne impression pendant un entretien?

ACTIVITÉ

L'emploi parfait. Ecrivez une description de l'emploi parfait. Vous voudriez travailler dans une grande société ou non? Pourquoi? Comment devraient être le (la) patron(ne) et les autres employés? Parlez un peu des heures de travail, du lieu où vous travailleriez, du salaire et, bien sûr, de ce qu'exigerait l'emploi. Après, comparez vos idées à celles de vos camarades de classe. Sur quels détails est-ce que vous êtes d'accord?

GAM CONSEIL EN MARKETING

RECHERCHE

gam

STAGIAIRE MARKETING

Un ou une étudiante en sciences économiques libre de suite. N'hésitez plus ! Envoyez nous votre candidature avec CV + lettre de motivation sous ré...   ...Michel

KID SERVICES, BABY-SITTING RECHERCHE

Jeunes gens et jeunes filles minimum 19 ans, domiciliés à Paris ou proche banlieue (possédant moyen de locomotion), téléphone indispensable, libre au minimum pour une année scolaire (temps partiel), maîtrise parfaite de la langue française, excellente présentation exigée. Si vous êtes intéressé envoyez votre candidature sous réf. KI à :
OSE, 85 bd St Michel
'5005 Paris

LE CHAUFFEUR A VOTRE SERVICE 24h SUR 24 RECHERCHE

Chauffeurs livreurs dont poids-lourds. Permis souhaité. Du lundi au vendredi. 9 heures 12 heures, 14 heures - 18 heures. Libre de suite. Base SMIC. Si vous êtes intéressé, envoyez votre candidature sous réf. 25 CH à :
OSE, 85 bd St Michel

APPLICATIONS

Un premier emploi

Lionel a vu une petite annonce dans le journal: «Hôtel cherche personnel pour cet été.» Il se présente à un entretien avec la gérante.

Une secrétaire travaille à Rennes, France.

	LA GÉRANTE	Bonjour. Vous désirez donc travailler cet été?
5	LIONEL	Oui, madame. Et je suis disponible en juillet et en août.
	LA GÉRANTE	Parfait. Et qu'est-ce que vous savez faire?
	LIONEL	Eh bien, je parle couramment anglais et allemand. Je sais taper à la machine, me servir d'un ordinateur et j'adore le contact avec le public.
10		
	LA GÉRANTE	C'est très bien tout ça. Mais savez-vous faire cuire des œufs et préparer le café?
	LIONEL	Euh … Oui, ça n'est pas trop difficile. Mais pourquoi me posez-vous cette question?
15	LA GÉRANTE	Nous avons déjà embauché un réceptionniste et je crois que nous avons trouvé une secrétaire. Mais nous cherchons toujours un cuisinier qui puisse préparer les petits déjeuners le matin. Je vous propose donc un salaire mensuel[1] de 6.000 francs pour des journées de 5 à 13 heures. Est-ce que cela vous convient?[2]
20		
	LIONEL	Oui, et ça me fera une première expérience dans le monde du travail.
	LA GÉRANTE	Vous avez raison. Alors, à lundi prochain. Le chef vous expliquera votre travail.
25	LIONEL	Je vous remercie. Au revoir, madame.

[1]**mensuel, -le** *monthly*   [2]**convenir à**   *to be agreeable to*

Questionnaire

1. Quelles sont les qualifications de Lionel?   2. Quelle sorte d'emploi est-ce que vous croyez qu'il cherche?   3. Combien d'expérience est-ce qu'il a dans le monde du travail?   4. Décrivez le travail que la gérante lui propose.   5. Combien d'heures par jour est-ce qu'il travaillera?
6. Vers quelle heure du matin devra-t-il se lever? Cela vous conviendrait? A votre avis, quelles seraient les heures idéales pour un emploi? Pourquoi?

Situation

Dans votre journal local, cherchez une petite annonce pour un emploi et apportez-la en classe. Préparez aussi un curriculum vitæ qui montrera les renseignements suivants: nom et prénom, adresse, téléphone, date de naissance, études, qualifications et emplois précédents. Avec un(e) partenaire, posez votre candidature à cet emploi. Votre partenaire jouera le rôle du (de la) gérant(e) ou, si c'est une grande société, du chef du personnel.

EXPLICATIONS I

Le subjonctif des verbes qui se terminent en *-oir(e)*

♦ OBJECTIVES:

TO EXPRESS EMOTIONS

TO INSIST

TO EXPRESS A PESSIMISTIC VIEW

Verbs whose infinitives end in *-oir* or *-oire* have two subjunctive stems. Remember that the subjunctive of regular verbs is formed by dropping the *-ent* ending from the third-person plural indicative form. These verbs follow that pattern except for the *nous* and *vous* forms which, in the subjunctive, are the same as the imperfect forms.

voir	que je voie	que nous voyions
		que vous voyiez
recevoir	que je reçoive	que nous recevions
		que vous receviez
boire	que je boive	que nous buvions
		que vous buviez
croire	que je croie	que nous croyions
		que vous croyiez
devoir	que je doive	que nous devions
		que vous deviez
s'apercevoir	que je m'aperçoive	que nous nous apercevions
		que vous vous aperceviez

EXERCICE

Vous vous inquiétez trop.   M. Leblanc voit tout en noir. Il essaie d'obtenir du travail à temps partiel, mais il n'est pas très optimiste. Qu'est-ce qu'il se dit? Suivez le modèle.

> Si je demande un entretien, on ne me recevra pas.
> *Je suis désolé qu'on ne me reçoive pas. Je voudrais leur dire: «Il faut que vous me receviez.»*

1. Si je dis que j'ai beaucoup d'expérience, on ne me croira pas.
2. Si je leur montre mon curriculum vitæ, on ne s'apercevra pas de mes qualifications.
3. Si nous ne parlons que pendant un quart d'heure, on ne verra pas que j'ai du talent.
4. Si le chef du personnel n'est pas là, le gérant ne me recevra pas.
5. Si je ne veux pas d'emploi à temps complet, le patron ne me verra pas.

6. Si je leur dis que je poursuis encore mes études, on ne croira pas que je sois sérieux.
7. Si je leur montre les dessins que j'ai faits, on ne s'apercevra pas de tous les petits détails.

Le subjonctif: les expressions de possibilité, de doute et d'opinion

The indicative tenses (present indicative, future) express actual facts or events that are likely to occur. The present subjunctive is used whenever the main clause expresses doubt or questions the possibility or likelihood of something.

◆ OBJECTIVES:

TO EXPRESS DOUBT OR UNCERTAINTY

TO ASK SOMEONE'S OPINION

1 We use the subjunctive after these six common expressions of doubt or uncertainty.

Je doute
Il se peut
Il est possible
Il est impossible
Il est peu probable
Il semble
} **que nous poursuivions** le même but.

2 To express an affirmative belief or opinion we use the indicative.

Je crois
Elle pense
Il est certain
Il est évident
Il est probable
Je suis sûr(e)
Il me semble*
} **qu'il fait** bien son travail.
que nous devons remplir ce formulaire.
qu'elle recevra son diplôme.

But when we use these in negative statements or in questions, they express doubt or uncertainty, so they require the subjunctive.

Je ne crois pas
Elle ne pense pas
Il n'est pas certain
Il n'est pas évident
Je ne suis pas sûr(e)
Est-il probable
Te semble-t-il
} **qu'il fasse** bien son travail./?
que nous devions remplir ce formulaire./?
qu'elle reçoive son diplôme./?

A Paris

*Notice that *il semble* expresses some doubt, so it requires the subjunctive. But *il me semble* is a positive statement of opinion, so it is followed by the indicative.

3 We use the subjunctive with the verb *douter* in the affirmative but not in the negative, because then it is no longer a statement of doubt.

> **Je doute qu'il vienne** ce soir.   *I doubt that he'll come* this evening.
>
> **Je ne doute pas qu'il viendra** ce soir.   *I don't doubt* (I'm sure) *that he'll come* this evening.

EXERCICES

A L'avantage de l'expérience. Mireille connaît l'Amérique par les films d'Hollywood. Bertrand la connaît par sa propre expérience, car il vient de rentrer d'un voyage à New York. Qu'est-ce que ces deux jeunes gens penseraient des déclarations suivantes?

> Tous les Américains sont riches.
>
> ÉLÈVE 1 *Je crois que tous les Américains sont riches. Crois-tu qu'ils soient tous riches?*
>
> ÉLÈVE 2 *Non, je ne crois pas qu'ils soient tous riches.*

1. Tous les lycéens ont une voiture.
2. Ils vont tous au lycée en voiture.
3. Ils peuvent tous prendre leur retraite à l'âge de cinquante-cinq ans.
4. Tous les enfants veulent devenir des vedettes de cinéma.
5. Tous les Américains savent monter à cheval.
6. Il n'y a pas de chômage aux Etats-Unis.
7. Ils peuvent tous s'acheter tout ce qu'ils veulent.
8. Ils veulent tous avoir une piscine.

Dans un vignoble *(vineyard)* à Chablis

B **Avant l'interview.** Le chef du personnel et la gérante d'une grande société regardent la lettre de candidature et le curriculum vitæ d'un jeune homme qui voudrait être stagiaire. Mais ils ont des doutes. Posez des questions en employant les expressions à gauche et répondez avec celles à droite. Conversez selon le modèle.

Croyez-vous	Il est peu probable
Il se peut	Il ne me semble pas
Pensez-vous	Je doute
Vous semble-t-il	Je ne suis pas sûr(e)

taper à la machine / savoir taper très vite
ÉLÈVE 1 *Pensez-vous qu'il tape à la machine?*
ÉLÈVE 2 *Peut-être, mais je doute qu'il sache taper très vite.*

1. s'entendre avec les gens / se faire facilement des amis
2. s'intéresser beaucoup au travail / accepter de faire des heures supplémentaires
3. pouvoir arriver à 8h / éviter les embouteillages
4. parler anglais / connaître une langue étrangère
5. connaître les Etats-Unis / faire beaucoup de voyages
6. être disponible cet été / partir en vacances s'il nous pose sa candidature
7. vouloir avoir encore un entretien / devoir rentrer
8. pouvoir remplacer M. Dubois / avoir assez d'expérience

C **Contrastes.** Yves aime beaucoup s'amuser, mais son frère Richard est beaucoup plus sérieux. Selon vous, quelle est la probabilité des choses suivantes? Employez les expressions de la liste et conversez selon le modèle. Attention! Quelques-unes des expressions seront suivies du subjonctif, les autres seront suivies de l'indicatif.

il est évident	il me semble	je (ne) crois (pas)
il est (im)possible	il se peut	je (ne) pense (pas)
il est (peu) probable	je doute	je suis certain(e)

sortir pendant la semaine
ÉLÈVE 1 *Il se peut qu'Yves sorte.*
ÉLÈVE 2 *Il est probable que Richard ne sortira pas.*

1. obtenir les meilleures notes de sa classe
2. prendre des leçons de piano
3. être reçu à l'université haut la main
4. écrire une rédaction au dernier moment
5. lire le journal en entier chaque jour
6. avoir un passe-temps qui lui ferait plaisir
7. avoir un emploi à temps partiel
8. travailler les jours de congé

D Quel sera mon avenir? Avec un(e) partenaire, faites des phrases exprimant la certitude ou le doute sur l'avenir. Par exemple:

douter	être possible	croire	être probable	être certain
être impossible		penser		être sûr

devenir riche
Je ne pense pas que tu deviennes riche.
OU: *Je suis sûr(e) que tu deviendras riche.*

1. devenir rédacteur / rédactrice
2. être ouvrier / ouvrière
3. faire carrière dans les affaires
4. travailler dans une agence de publicité
5. devenir architecte / dessinateur (dessinatrice) / peintre
6. se marier
7. avoir trois ou quatre enfants
8. aller à l'université avant de se marier
9. poursuivre ses études après avoir reçu un diplôme
10. voyager autour du monde
11. apprendre le japonais / le russe
12. devoir trouver un emploi à temps complet l'année prochaine

E Parlons de toi.
1. On peut facilement obtenir un emploi à temps partiel? Pourquoi? Il est plus facile d'obtenir un emploi à temps complet? Te semble-t-il qu'on puisse avoir un emploi à temps complet et poursuivre ses études en même temps?
2. On peut entrer facilement dans une bonne université? Qu'est-ce qu'il faudra que tu fasses pour être reçu(e) à l'université de ton choix?
3. Penses-tu qu'on doive apprendre plusieurs langues étrangères comme les Européens? Pourquoi? A ton avis, quelles langues est-il important qu'un Américain apprenne? Combien de langues est-ce que tu as étudiées? Il se peut que tu en apprennes d'autres avant de terminer tes études? Lesquelles?
4. Qu'est-ce qu'il faudra que tu fasses pour entrer dans la carrière que tu penses poursuivre?
5. Crois-tu que le chômage soit un grand problème à notre époque? Tu as des idées pour y trouver une solution? Si oui, présente-les. Ou crois-tu qu'il soit peu probable qu'il y ait une solution à ce problème?

APPLICATIONS

L'Enfant noir

CAMARA LAYE

AVANT DE LIRE

Camara Laye (1924–1980) est un des écrivains francophones africains les mieux connus. Tout dépaysé et hanté de ses souvenirs de son village natal en Guinée, il a écrit *L'Enfant noir* pendant qu'il faisait ses études d'ingénieur à Paris. L'extrait qui suit vient du dernier chapitre de cette autobiographie. Dans ce chapitre, le jeune Camara, qui avait déjà passé quatre ans loin de sa famille dans un lycée dans la capitale, Conakry, se prépare à partir de nouveau—cette fois-ci, pour Paris.

1. Est-ce que vous avez passé quelque temps loin de chez vous? Où étiez-vous? Vous étiez dépaysé(e)?
2. Est-ce que vous avez passé plusieurs mois loin de votre famille? Vous pouvez décrire vos sentiments pendant ce temps-là? Vous vous y êtes facilement habitué(e)?
3. Si vous n'avez pas passé de temps loin de votre famille, est-ce que vous pouvez vous imaginer comment ça serait? Vous semble-t-il que vous puissiez vite vous y adapter ou non? Pourquoi? Qu'est-ce qui vous aiderait à vous habituer à une situation toute neuve?
4. Si vous vous inscriviez dans une université loin de chez vous, qui aurait plus de difficulté à s'adapter, vous ou votre famille? Pourquoi? Vous pourriez décrire les émotions d'un parent qui dit au revoir à un enfant qui part?
5. Dans cet extrait vous verrez les formes *eusse* (l. 6) et *fussent* (l. 9). Ce sont des formes de l'imparfait du subjonctif. D'après ce que vous savez du passé simple, quels seraient les infinitifs de ces deux verbes?
6. Servez-vous du contexte et de ce que vous savez du français et de l'anglais pour vous aider à comprendre ces mots et expressions: *aucunement rassuré* (l. 8), *l'effusion* (vous connaissez le mot anglais «effusive»?—l. 9), *réjouissons-nous* (l. 29), *le consentement* (l. 33), *le bien* (l. 49), *le destin* (l. 58), *saisir* (l. 62), *soudain* (l. 68).
7. Vous savez ce que sont *les nouvelles*. Alors, que veut dire *la nouvelle* dans ce contexte-ci (l. 10)? Que veut dire *ravir* (l. 10)? Quel en est le participe passé?
8. Notez les temps des verbes dans le premier paragraphe. A quel point est-ce que l'auteur s'arrête de parler du passé lointain (*distant*) et commence à décrire ce qui se passait à ce moment-là?

Camara Laye

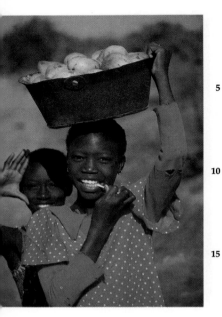

Deux jeunes filles
sénégalaises avec des
mangues

... **A**vant mon départ de Conakry, le directeur de l'école m'avait fait appeler et m'avait demandé si je voulais aller en France pour y achever[1] mes études. J'avais répondu oui d'emblée[2]—tout content, j'avais répondu oui!—mais je l'avais dit sans consulter mes
5 parents, sans consulter ma mère. Mes oncles, à Conakry, m'avaient dit que c'était une chance unique et que je n'eusse pas mérité de respirer si je ne l'avais aussitôt[3] acceptée. Mais qu'allaient dire mes parents, et ma mère plus particulièrement? Je ne me sentais aucunement rassuré. J'attendis que nos effusions se fussent un peu calmées, et puis je m'écriai,[4]—je
10 m'écriai comme si la nouvelle devait ravir tout le monde:

—Et ce n'est pas tout: le directeur se propose de m'envoyer en France!

—En France? dit ma mère.

Et je vis son visage se fermer.

—Oui. Une bourse me sera attribuée;[5] il n'y aura aucun frais[6] pour vous.

15 —Il s'agit bien de[7] frais! dit ma mère. Quoi! tu nous quitterais encore?

—Mais je ne sais pas, dis-je.

Et je vis bien—et déjà je me doutais[8] bien—que je m'étais fort avancé,[9] fort imprudemment avancé en répondant «oui» au directeur.

—Tu ne partiras pas! dit ma mère.

20 —Non, dis-je. Mais ce ne serait pas pour plus d'une année.

—Une année? dit mon père. Une année, ce n'est pas tellement long.

—Comment? dit vivement[10] ma mère. Une année, ce n'est pas long? Voilà quatre ans que notre fils n'est plus jamais près de nous, sauf pour les vacances, et toi, tu trouves qu'une année ce n'est pas long?

25 —Eh bien … commença mon père.

—Non! non! dit ma mère. Notre fils ne partira pas! Qu'il n'en soit plus question!

—Bon, dit mon père; n'en parlons plus. Aussi bien cette journée est-elle la journée de son retour et de son succès: réjouissons-nous! On
30 parlera de tout cela plus tard. …

Tard dans la soirée, quand tout le monde fut couché, j'allai rejoindre mon père sous la véranda de sa case:[11] le directeur m'avait dit qu'il lui fallait, avant de faire aucune démarche,[12] le consentement officiel de mon père et que ce consentement devrait lui parvenir dans le plus bref délai.[13]

---

[1]**achever** = compléter   [2]**d'emblée** = tout de suite   [3]**aussitôt** = tout de suite
[4]**s'écrier** = crier   [5]**une bourse me sera attribuée** *I'll be given a scholarship*   [6]**le frais** *expense*   [7]**s'agir de** *to be a question of*   [8]**se douter** *to suspect*   [9]**s'avancer** = aller trop loin   [10]**vivement** = rapidement   [11]**la case** *cabin*   [12]**la démarche** *step*   [13]**lui parvenir dans le plus bref délai** *get to him as soon as possible*

Extrait de Camara Laye, *L'Enfant noir.* © Librairie Plon. Reproduit avec permission.

35 —Père, dis-je, quand le directeur m'a proposé de partir en France, j'ai dit oui.

—Ah! tu avais déjà accepté?

—J'ai répondu oui spontanément. Je n'ai pas réfléchi,[14] à ce moment, à ce que mère et toi en penseriez.

40 —Tu as donc bien envie d'aller là-bas? dit-il.

—Oui, dis-je. Mon oncle Mamadou m'a dit que c'était une chance unique.

—Tu aurais pu aller à Dakar; ton oncle Mamadou est allé à Dakar.

—Ce ne serait pas la même chose.

45 —Non, ce ne serait pas la même chose ... Mais comment annoncer cela à ta mère?

—Alors tu acceptes que je parte? m'écriai-je.

—Oui ... oui, j'accepte. Pour toi, j'accepte. Mais tu m'entends: pour toi, pour ton bien!

50 Et il se tut[15] un moment.

—Vois-tu, reprit-il,[16] c'est une chose à laquelle j'ai souvent pensé. J'y ai pensé dans le calme de la nuit et dans le bruit de l'enclume.[17] Je savais bien qu'un jour tu nous quitterais: le jour où tu as pour la première fois mis le pied à l'école, je le savais. Je t'ai vu étudier avec tant de plaisir, tant 55 de passion ... Oui, depuis ce jour-là, je sais; et petit à petit, je me suis résigné.

—Père! dis-je.

—Chacun suit son destin, mon petit; les hommes n'y peuvent rien changer. Tes oncles aussi ont étudié. Moi—mais je te l'ai déjà dit: je te l'ai dit, 60 si tu te souviens quand tu es parti pour Conakry—moi, je n'ai pas eu leur chance et moins encore la tienne[18] ... Mais maintenant que cette chance est devant toi, je veux que tu la saisisses; tu as su saisir la précédente, saisis celle-ci aussi, saisis-la bien! Il reste dans notre pays tant de choses à faire ... Oui, je veux que tu ailles en France; je le veux aujourd'hui autant 65 que[19] toi-même: on aura besoin ici sous peu[20] d'hommes comme toi ... Puisses-tu ne pas nous quitter pour trop longtemps! ...

Nous demeurâmes un long bout de temps[21] sous la véranda, sans mot dire et à regarder la nuit; et puis soudain mon père dit d'une voix cassée:

—Promets-moi qu'un jour tu reviendras?

70 —Je reviendrai! dis-je.

De l'île historique de Gorée, d'où sont partis tant d'esclaves africains, on peut voir actuellement la ville moderne de Dakar.

---

[14]**réfléchir** = penser   [15]**se taire** = ne rien dire   [16]**reprendre** = recommencer
[17]**l'enclume** (f.) *anvil*   [18]**le tien, la tienne** *yours*   [19]**autant que** *as much as*
[20]**sous peu** = bientôt   [21]**nous demeurâmes un long bout de temps** = nous restâmes longtemps

Questionnaire

1. Comment est-ce que l'auteur a présenté sa nouvelle à ses parents? Vous semble-t-il que ce soit la meilleure méthode de faire cela? Qu'est-ce que vous feriez si vous aviez une nouvelle importante à présenter?
2. A la ligne 13 il dit de sa mère, «Et je vis son visage se fermer». Vous pouvez décrire son visage à ce moment?
3. Quelle est la première réaction de sa mère? Et de son père?
4. Qu'est-ce qu'il fallait que le directeur de l'école reçoive avant de poursuivre ce projet?
5. Dakar était le grand centre de la culture francophone en Afrique. Est-ce que vous savez où se trouve cette ville? Pourquoi une année à Dakar ne serait-elle pas «la même chose» qu'une année à Paris?
6. Pourquoi est-ce que le père de l'auteur accepte qu'il aille à Paris? Qu'est-ce qu'il exige que son fils lui promette?
7. En anglais, vous pouvez dire ce qu'était le métier du père? Comment le savez-vous?
8. L'auteur ne décrit pas ses parents dans cet extrait. Il ne donne pas de détails sur les rapports *(relationship)* qu'il avait avec eux. Résumez ce que vous savez de leurs rapports d'après ce que vous avez lu.

Une fête au Sénégal

EXPLICATIONS II

Le subjonctif dans les propositions relatives pour exprimer le doute

You know that we use the subjunctive with verbs and expressions of doubt. We also use the subjunctive with verbs that express wishing, wanting, or searching when we are uncertain that the person or thing can be obtained or is available. Common verbs of this type are *avoir besoin de, avoir envie de, chercher,* and *vouloir.* Compare these sentences.

J'ai besoin d'un standardiste qui comprenne l'italien.	J'ai besoin du standardiste qui comprend l'italien.
Je cherche un électricien qui sache réparer ces machines.	Je cherche l'électricien qui sait réparer ces machines.

In the sentences on the left we use the subjunctive because we are not certain that such a person exists or is available. In the sentences on the right we use the indicative because we know that such a person exists. In general, using the indefinite article (*un / une / des*) with these verbs implies doubt.

We also use the subjunctive in negative or interrogative sentences with phrases expressing doubt that include the verbs *avoir, connaître, il y a,* and *trouver.* We also use it after such indefinite words as *quelqu'un* and *personne.*

Avez-vous une machine à écrire **qui ait** des accents?	*Do you have a typewriter that has accents?*
Je ne connais personne qui veuille travailler pour cette agence de publicité.	*I don't know anyone who might want to work for that ad agency.*
Y a-t-il un stagiaire **qui sache** la comptabilité?	*Is there a trainee who knows accounting?*

OBJECTIVES:

TO SAY WHAT OR WHAT TYPE OF PERSON YOU ARE LOOKING FOR

TO ASK FOR SOMETHING BY DESCRIBING ITS PURPOSE

TO GIVE A JOB DESCRIPTION

TO EXPRESS UNCERTAINTY

Quel emploi vous intéresse?

Vous êtes électromécanicien, électrotechnicien, téléphoniste, électricien auto ou électricien avec bonne notion en courant faible

Optez pour un métier passionnant, autonome, varié, devenez notre

monteur en alarme

425—Anglaise secrétaire 28 ans habit. Marina 3 Ilets, cherche job mi-temps ou plein temps pour améliorer français, Tél. 66.00.00

720(bis)-JF, ch. empl. qual. d'Aide-comptable, niv. BAC G2, 10 ans d'exp. (dont 1 an en Cabinet Comptable). Tél. 67.73.61 le lundi 24 et mardi 25

KOMET®
La filiale française du fabricant d'outils coupants recherche son:
RESPONSABLE MAGASIN
Il sera, à court terme, un interlocuteur privilégié de la clientèle
Les candidats devront justifier de la formation indispensable et/ou d'une première expérience réussie
La langue allemande parlée est indispensable
Une connaissance de la gestion informatique sera appréciée
Envoyer C.V. avec

Explications II   311

Des Parisiens cherchant un emploi

A **Offres d'emploi.** Mme Durafour, le chef du personnel d'une grande société, a reçu une liste d'emplois disponibles. De quelles sortes de personnes ont-ils besoin? Suivez le modèle.

> jeune personne sans expérience précédente / connaître plusieurs langues
> *Il leur faut une jeune personne sans expérience précédente qui connaisse plusieurs langues.*

1. jeune femme / pouvoir se servir d'un ordinateur
2. comptable / lire le japonais
3. rédacteur ou rédactrice / connaître le français et le hollandais
4. cuisinier ou cuisinière de cantine / savoir faire cuire des plats français
5. dessinateur ou dessinatrice / avoir une expérience précédente
6. secrétaire bilingue / être disponible tout de suite
7. ouvriers / vouloir faire des heures supplémentaires
8. conseiller ou conseillère d'orientation / comprendre l'espagnol

B **Une conversation entendue.** Un monsieur et ses enfants de 17 et de 23 ans discutent des problèmes de l'emploi. Vous les entendez dire les choses suivantes. Qu'est-ce qu'ils se disent? Mettez les verbes à la forme correcte.

1. Connais-tu quelqu'un qui *(pouvoir)* m'aider à trouver un emploi comme dessinateur?
2. Il n'y a pas de patron qui *(être)* plus sympa que moi.
3. Je ne cherche personne qui *(prendre)* sa retraite dans les cinq années suivantes.
4. Je ne trouve pas de patron qui *(reconnaître)* toutes mes qualités.
5. As-tu des copains qui *(ne pas avoir)* encore leur diplôme et qui *(vouloir)* travailler le samedi?
6. Peux-tu me trouver quelqu'un de ton lycée qui *(vouloir)* travailler à temps partiel?
7. Connais-tu quelque chose qui me *(mettre)* à l'aise pendant les interviews?

C Le rêve. Il n'est pas toujours facile de trouver une situation parfaite. Complétez les phrases en décrivant votre situation idéale. Par exemple:

> J'ai envie d'habiter une maison qui *soit près de la mer.*

1. Je voudrais un travail qui _____.
2. Il me faut des amis qui _____.
3. Y a-t-il un patron qui _____?
4. J'ai besoin d'un emploi qui _____.
5. Connaissez-vous une université qui _____?
6. Je voudrais une voiture qui _____.
7. Je voudrais un mari (une femme) qui _____.
8. J'ai envie d'une façon de vivre qui _____.

Une conductrice d'autobus en France

D A votre tour. Imaginez que vous êtes avec votre conseiller (conseillère) d'orientation. Inventez huit phrases ou questions en vous servant des expressions suivantes et du subjonctif. Par exemple:

avoir	avoir envie de	connaître	trouver
avoir besoin de	chercher	il y a	vouloir

Je cherche une entreprise qui m'embauche pour l'été.
Connaissez-vous une société qui ait besoin d'un standardiste à temps partiel?

Le subjonctif après les verbes d'attitude subjective

Any verb that expresses a subjective attitude, as opposed to an objective fact, must be followed by the subjunctive.

1 You know that verbs expressing emotions, necessity, and doubt take the subjunctive.

> **Je suis étonné que vous** ne **sachiez** pas conduire.
> **Il faut que vous téléphoniez** au directeur.
> **Je ne crois pas que vous aimiez** ce travail.

◆ **OBJECTIVES:**

TO MAKE SURE SOMETHING WON'T ANNOY SOMEONE

TO ASK PERMISSION IN A ROUNDABOUT WAY

2 There are many verbs expressing some subjective attitude on the part of the speaker that do not fall neatly in these categories. Typically, these verbs are used in impersonal constructions with *cela (ça)*. For example: *amuser, déplaire, déranger, embêter, ennuyer, gêner, plaire*.

Cela m'amuse qu'il dise ça.	*It amuses me that he says that.*
Cela ne me déplaît pas qu'il ne le **sache pas.**	*I'm not displeased that he doesn't know it.*

We often use these verbs to ask if something will bother or upset someone.

Cela te gêne que je vienne avec toi?	*Will it bother you if I come with you?*
Cela vous dérange que nous restions ici?	*Will it disturb you that we're staying here?*

EXERCICES

A Un peu de politesse et de tact. Demandez de faire les choses suivantes qui pourraient ne pas plaire à la personne à qui vous parlez. Choisissez parmi les verbes donnés. Suivez le modèle.

déplaire   déranger   embêter   gêner

prendre votre voiture
Cela vous gêne que je prenne votre voiture?

1. ne pas aller avec vous
2. faire une boum ce week-end
3. prendre mes congés
4. ne pas faire des heures supplémentaires
5. remplir le formulaire au crayon
6. vous envoyer mon curriculum vitæ la semaine prochaine
7. ne pas obtenir les billets avant jeudi
8. ne pas être disponible jusqu'au premier juillet

B Au bureau du personnel. Complétez cette note que le chef du bureau du personnel écrit pour qu'on prépare une annonce d'offre d'emploi. Employez la forme correcte du verbe qui convient.

avoir	être	pouvoir
devoir	faire	savoir

Notre société cherche des lycéens qui _____ travailler à temps partiel. Cela ne nous dérange pas qu'ils _____ leur travail le samedi. Il faut

A Bruxelles

que les candidats _____ parler anglais car nos clients sont surtout des
étrangers dont la plupart se servent de cette langue dans leurs
5 affaires quotidiennes. Bien sûr, il ne nous déplaît pas qu'un candidat
_____ parler aussi l'allemand, l'italien ou l'espagnol. Mais nous ne
pensons pas qu'il _____ possible de trouver beaucoup de candidats
qui _____ une connaissance de ces langues. Aussi il sera utile qu'un
candidat _____ son permis de conduire, car nous demanderons que
10 ceux que nous embauchons _____ parfois des courses. Il est possible
que les candidats _____ se servir d'un ordinateur. Enfin il est
nécessaire que ceux qui posent leur candidature _____ au moins
dix-sept ans et qu'ils _____ disponibles le 15 février.

C Parlons de toi.

1. Crois-tu qu'il y ait un travail idéal? Décris-le.
2. Comment est le patron ou la patronne de ton père ou de ta mère?
   Ils s'entendent bien, ton père (ta mère) et son patron (sa
   patronne)? Tu doutes qu'il y ait un(e) patron(ne) parfait(e)?
   Décris-le (la).
3. Tu as un emploi? Cela t'embête que ton patron (ta patronne)
   veuille que tu fasses des heures supplémentaires? Pourquoi? Tu
   gagnes plus d'argent en faisant des heures supplémentaires?
4. Si tu étais directeur ou directrice d'une entreprise, quelles sortes
   de connaissances et quelles qualités est-ce que tu chercherais en
   interviewant quelqu'un qui a posé sa candidature? Comment
   serait l'employé(e) parfait(e)?
5. Tu t'intéresses à une carrière dans laquelle tu pourrais utiliser ton
   français? Est-il possible que tu fasses une carrière comme ça?
6. Imagine que tu viens de recevoir ton diplôme. Quelle sorte
   d'emploi est-ce que tu cherches?

ACTIVITÉ

Un entretien. Avec un(e) camarade de classe, préparez une liste de
qualifications nécessaires pour un certain travail. Ensuite, préparez une
liste de questions que vous poserez à un(e) candidat(e) pour cet emploi.

Changez de partenaires. Décidez qui jouera le rôle du chef du personnel
et qui jouera le rôle de celui (celle) qui pose sa candidature. Le chef du
personnel doit décrire ce dont la société a besoin et poser des questions
au (à la) candidat(e). Celui-ci (celle-ci) doit répondre aux questions,
décrire ses qualifications et son expérience précédente, etc. (N'oubliez
pas qu'un(e) candidat(e) pour un emploi peut aussi avoir des questions
à poser. Par exemple: salaire, heures de travail, etc.)

Il faut faire attention aux
détails pour faire ce travail.

APPLICATIONS

Lisez la bande dessinée.

1. Emilie et Nadine parlent avec le conseiller d'orientation du lycée.

2. Elles cherchent un emploi à temps complet pour l'été.

3. Emilie lui demande: «Connaissez-vous une entreprise qui reçoive les lycéens l'été?»

4. «Oui, bien sûr, mais sans aucune expérience je doute qu'on vous offre un emploi.»

5. «En tout cas, il vaut mieux que vous alliez voir le chef du personnel de l'entreprise.»

6. Le conseiller leur donne une fiche à remplir.

Divers

Station Animal Service

Vous avez envisagé une carrière de vétérinaire ou de maître chien ou simplement aimez les animaux ? Station Animal Service vous propose un job rémunéré de promenades ou gardes de chiens, chats et autres fidèles compagnons.
Station Animal Service 9, rue Surcouf Paris 7ᵉ

Maintenant imaginez que vous cherchez un emploi pour l'été. Vous allez voir le conseiller d'orientation de votre lycée. Quelle sorte d'emploi voudriez-vous? Quelles questions est-ce que vous posez au conseiller? Qu'est-ce que le conseiller vous dit? Ecrivez votre propre dialogue en vous servant de la Révision comme modèle.

Trouvez les expressions françaises qui correspondent à l'anglais et rédigez un paragraphe.

1. Gilles is phoning the manager of the St. Jacques Hotel.

2. He's looking for part-time work.

3. The secretary tells him: "We're looking for someone who wants to work evenings."

4. "Unfortunately, without previous training it's unlikely that we'll hire you this year."

5. "In any case, it's preferable that you come see the hotel advertising director."

6. The secretary sends him an application form.

Maintenant, choisissez un de ces sujets.

1. Gilles a un entretien avec la gérante de l'hôtel. Imaginez leur conversation.

2. Décrivez un emploi que vous avez eu.

3. Complétez les phrases suivantes comme vous voulez en vous servant des phrases de la Révision et du Thème comme modèles.

a. J'ai téléphoné …   d. Heureusement …
b. Je cherchais …   e. Aussi, il … que …
c. Le secrétaire m'a dit …   f. Il m'a envoyé …

CONTRÔLE DE RÉVISION   CHAPITRE 9

A   Chez la conseillère d'orientation.
Complétez les phrases suivantes.

1. Si tu veux un emploi, il faut préparer	a. des heures supplémentaires.
2. Il faut aussi que tu rédiges	b. une lettre de candidature.
3. C'est là où tu donnes	c. ton curriculum vitae.
4. Il est bon aussi de téléphoner pour obtenir	d. le chef du personnel.
5. Quand tu arrives à l'entreprise, il faut demander	e. un formulaire.
6. On te demandera de remplir	f. de l'expérience.
7. Si on te le demande, accepte de faire	g. les jours de congé.
8. Surtout ne demande pas quand sont	h. tes qualifications.
9. Si on t'embauche, ça te permettra d'avoir	i. un entretien.

B   J'ai peur!
Mettez les verbes entre parenthèses au subjonctif.

J'ai peur ...
1. que Guy et moi, nous *(recevoir)* une mauvaise note à l'interro.
2. que maman *(ne pas croire)* que je *(être)* sérieux.
3. que papa *(ne plus vouloir)* que j'*(aller)* à la fête.
4. que nos parents *(devoir)* nous punir.
5. que nous *(devoir)* rester chez nous pour étudier samedi.
6. que nous *(ne pas voir)* le meilleur match de basket de l'année.
7. que nos amis *(s'apercevoir)* que nous ne sommes pas au match.

C   Chez le chef du personnel.
Choisissez la bonne réponse.

1. *(Je crois / Je ne crois pas)* qu'on a besoin de quelqu'un à temps partiel.
2. *(Il semble / Il me semble)* que vous avez les qualifications nécessaires.
3. *(Je doute / Je ne doute pas)* que vous serez heureux ici.
4. *(Il est certain / Il n'est pas certain)* que je sois disponible la semaine prochaine.
5. *(Il est probable / Il est peu probable)* que je puisse faire des heures supplémentaires.
6. *(Je suis sûr / Je ne suis pas sûr)* que vous ne serez pas déçu.
7. *(Il est évident / Il n'est pas évident)* que vous veuilliez vraiment travailler.

D   De qui a-t-on besoin?
Mettez les verbes à l'indicatif ou au subjonctif.

1. pouvoir
   —Je cherche quelqu'un qui _____ réparer les tondeuses.
   —Dommage. Je ne connais personne qui _____ faire ça. Mais je connais deux jeunes filles qui _____ tondre le gazon.
2. savoir
   —Qui _____ le nom du président de la France? Quoi? Il n'y a pas d'étudiants qui le _____?
   —Moi, monsieur, je le _____.
   —Enfin, voilà quelqu'un qui le _____.
3. être
   —J'ai besoin des ouvriers qui _____ prêts à faire des heures supplémentaires.
   —Je suis certaine que mon frère en connaît un qui _____ disponible.

Noms

les affaires *(f.pl.)*
l'agence de publicité *(f.)*
l'architecte *(m.&f.)*
la candidature
la carrière
le chef du personnel
le chômage
la comptabilité
le conseiller, la conseillère
  d'orientation
le curriculum vitæ
le dessinateur, la
  dessinatrice (de
  publicité)
le diplôme
le directeur, la directrice
l'emploi *(m.)*
l'entreprise *(f.)*
l'entretien *(m.)*
l'expérience *(f.)*
la formation
le formulaire
le gérant, la gérante
le jour de congé
la naissance
l'ouvrier, l'ouvrière
le patron, la patronne
la profession
la qualification
le rédacteur, la rédactrice
le rédacteur, la rédactrice
  publicitaire
la retraite
le / la secrétaire
la société
le stage
le / la stagiaire
le / la standardiste

Verbes

consister en
douter
embaucher
licencier
obtenir
poursuivre
remplacer
remplir *(to fill out)*
sembler (à)

Adjectifs

ci-joint, -e
disponible
précédent, -e
préférable

Expressions

à temps complet
à temps partiel
bien / mal payé, -e
en personne
être à la retraite
faire carrière
faire des heures supplémentaires
faire un stage
il se peut
il y a des chances
je vous prie de + *inf.*
mettre (qqn.) à l'aise
peu probable
poser sa candidature
prendre ses congés
prendre sa retraite
Veuillez …

Certains journaux sont soit de droite soit de gauche, et les membres actifs d'un parti choisissent généralement le journal qui exprime leur opinion. La plupart des Français cependant lisent le journal pour rester au courant des événements mondiaux. Comme cette dame parisienne, ils s'arrêtent chaque matin pour acheter leur quotidien favori, avant d'aller à la boulangerie ou au travail.

Cette dame de St-Ouen, au nord de Paris, est en train de lire un hebdomadaire qui paraît tous les dimanches.

Paris est une ville très cosmopolite. Pour satisfaire les besoins des gens de différentes nationalités qui habitent ou visitent la ville, les librairies offrent un grand choix de journaux et de magazines étrangers.

MOTS NOUVEAUX

Comment tu te tiens au courant?

le quotidien

Dimanche, le 23 septembre, 1990
Samedi, le 22 septembre, 1990
Vendredi, le 21 septembre 1990
Jeudi, le 20 septembre, 1990
Mercredi, le 19 septembre, 1990
Mardi, le 18 septembre, 1990
Lundi, le 17 septembre, 1990

DERNIÈRES NOUVELLES

les (gros) titres

Le nouveau gouvernement

le dessin humoristique

1789 - 1989

Gagnez un voyage en France!

l'illustration (f.)

le lecteur   la lectrice

l'illustratrice   l'illustrateur

la couverture

LA VIE MODERNE

la revue*

LUNDI, LE 25 MARS
LUNDI, LE 18 MARS
LUNDI, LE 11 MARS
LUNDI, LE 4 MARS

l'hebdomadaire (m.)

AVRIL
MARS
FÉVRIER

un magazine mensuel /
une revue mensuelle

*Généralement on se sert du mot *revue* pour parler d'un magazine spécialisé.

1 FRANÇOIS   Tu lis le journal tous les jours?

NOËLLE   Bien sûr. Je **suis abonnée** à *France Matin*. Ça me permet de suivre **l'actualité.**

FRANÇOIS   Moi, je préfère regarder les informations à la télé.

NOËLLE   Mais on n'obtient pas **autant de** renseignements que dans un journal.

être abonné, -e   *to be a subscriber*
l'actualité (f.)   *current events*

autant (de / que)   *as much / many, so much / many*

Variations:

■ je suis abonnée → j'ai **un abonnement**
   suivre → **me tenir au courant de**
   regarder → écouter
   à la télé → à la radio

l'abonnement (m.)   *subscription*
se tenir au courant de   *to keep up with*

2 DANIELLE   Je n'ai pas eu le temps d'acheter le journal ce matin. Je peux **jeter un coup d'œil sur le tien?**

GÉRARD   Oui. Regarde les titres. C'est affreux. Il y a eu un accident d'avion.

DANIELLE   Encore un accident?

GÉRARD   Oui, et **il y aurait** 230 **morts.**

jeter un coup d'œil sur   *to glance at*
le tien, la tienne   *yours*

il y aurait   *there are reported to be*
le mort, la morte   *dead (person)*
(à) la une   *(on) the front page*

le blessé, la blessée   *wounded, hurt (person)*

■ le journal ce matin → un quotidien
   les titres → ce qu'il y a **à la une**
   accident d'avion → accident de voiture
   230 morts → 7 **blessés**

3 RÉMI   J'ai un exposé à faire pour le cours d'histoire et je ne sais pas où faire mes **recherches.**

AURÉLIE   Si tu allais **consulter** les revues et les journaux de la salle de documentation, tu trouverais sûrement ce dont tu as besoin.

la recherche   *research*
consulter   *to consult, to look up*

■ si tu allais → à ta place, j'irais
   tu trouverais sûrement → pour trouver
   ce dont tu as besoin → ce dont j'ai besoin

4 Au kiosque à journaux.

ANTOINE	Vous avez **le** dernier **numéro** du magazine *Bateaux*, s'il vous plaît?
LA MARCHANDE	Attendez. Je vais regarder. C'est une revue mensuelle?
ANTOINE	Non, c'est un hebdomadaire.

■ un hebdomadiare → une revue qui **paraît* toutes les deux semaines**

■ un hebdomadaire → une revue qui paraît tous les deux mois

■ un hebdomadaire → une revue qui paraît tous les trois mois

le numéro   here: *issue*

paraître   *to appear, to come out*
toutes les deux semaines   *every other week*

5

ÉLISE	Quelle **rubrique** t'intéresse le plus dans le journal?
PATRICK	Les nouvelles **de l'étranger**. Il est important de se tenir au courant des **événements mondiaux.**

■ rubrique → émission
dans le journal → à la télé
se tenir au courant des → **s'informer des**

■ les nouvelles de l'étranger → **les faits divers**
des événements mondiaux → de l'actualité

la rubrique   *section (in a paper, magazine, etc.)*
de l'étranger   *foreign, from abroad*
l'événement (m.)   *event*
mondial, -e   adj. *world*

s'informer de   *to keep informed about*
les faits divers (m.pl.)   *news briefs; minor articles*

6 Plusieurs copains vont **lancer** un magazine au lycée. Ils **se sont réunis** pour **établir** le club de **rédaction.**

SOPHIE	Il nous faut un rédacteur **en chef** qui s'occupera surtout de **l'éditorial.**
HUGUES	Jacques, tu es fort en français et en **orthographe.** Ça te dirait de t'en charger?
JACQUES	Bien sûr. Ça me passionnerait.

■ rédacteur en chef → journaliste
de l'éditorial → des articles d'actualité

■ rédacteur en chef → dessinateur
de l'éditorial → de la couverture
en français et en orthographe → en dessin
ça te dirait → ça te plairait

lancer   *to launch*
se réunir   *to meet*
établir   *to set up, to establish*
la rédaction   here: *editing*
en chef   *in chief*
l'éditorial (m.)   *lead article; editorial*
l'orthographe (f.)   *spelling*

---

*Paraître follows the pattern of *connaître*.

7 Chez les Lacombe. Il est 8h30 du soir.

ARNAUD — On met la cinquième chaîne? Il y a **le** dernier **épisode** de mon feuilleton préféré ce soir.

MME LACOMBE — Non, on regarde la première chaîne. Il y a une interview d'un écrivain célèbre. C'est beaucoup plus intéressant.

ARNAUD — Oh, zut! Si seulement on avait un magnétoscope, on pourrait enregistrer mon feuilleton.

MME LACOMBE — Et tu passerais ton temps à regarder des émissions débiles!

■ une interview d'un → **un reportage** sur un

l'épisode (m.) *episode, installment*

le reportage *report*

8 LUCIE — J'aimerais bien être journaliste. Si je travaillais dans un grand quotidien, je voyagerais dans le monde entier.

VINCENT — Je préférerais être **animateur** à la télé. J'interviewerais des gens célèbres. Ce serait super!

■ j'interviewerais → je ferais la connaissance
■ j'interviewerais → je travaillerais avec

l'animateur, l'animatrice *TV show host*

9 La prof de français a organisé **un débat** sur **l'importance** de **la presse**.

LA PROF — A votre avis, quel est le rôle d'un bon journaliste?

MARC — Il doit **soulever** des problèmes d'actualité pour **pousser** les gens **à** penser aux événements mondiaux.

ANNE — Moi, je dirais plutôt qu'il doit **informer** ses lecteurs de tout ce qui se passe, mais en restant tout à fait **objectif**.

MARC — C'est impossible, **la véritable objectivité.**

ANNE — Et voilà **une remarque** tout à fait **subjective**!

■ soulever des → **attirer l'attention** des gens sur les
   pousser les gens à penser → nous faire penser
   une remarque → une réponse

le débat *debate, discussion*
l'importance (f.) *importance*
la presse *the press*

soulever *to raise*
pousser à + inf. *to force, to make (someone do sth.)*
informer *to inform*

objectif, -ive *objective*
véritable *real, true*
l'objectivité (f.) *objectivity*
la remarque *comment, remark*
subjectif, -ive *subjective*
attirer *to attract, to draw*
l'attention (f.) *attention*

AUTREMENT DIT

TO MAKE SUGGESTIONS …

>Pourquoi ne pas + *inf.?*
>Pourquoi tu ne …?
>A ta place, je + *conditional.*
>Et si tu + *imperfect?*
>Tu devrais plutôt + *inf.*
>Tu ferais mieux de + *inf.*
>Tu ne crois pas que tu ferais mieux de + *inf.?*

TO AGREE TO A SUGGESTION …

>Tu as raison.
>Je suis d'accord (avec toi).
>Bien sûr.
>Tout à fait.

TO DISAGREE WITH A SUGGESTION …

>Mais non!
>Pas du tout!
>Alors là tu te trompes!
>Je ne suis pas d'accord avec toi du tout!

TO ASK IF SOMEONE WOULD LIKE TO DO SOMETHING …

>Ça te dirait de + *inf.?*
>Ça ne te dit rien de + *inf.?*
>Ça te plairait de + *inf.?*
>Tu n'as pas envie de + *inf.?*
>Moi, je voudrais bien …, pas toi?

TO EXPRESS INTEREST IN DOING SOMETHING …

>Oh oui, bonne idée!
>Oui, allons-y!
>D'accord, j'arrive.
>O.K.

TO EXPRESS DISINTEREST IN DOING SOMETHING …

>Non, ça ne me dit rien.
>Bof, je n'ai pas vraiment envie.
>Non, je préfère ….
>Non, moi, je + *conditional* + plutôt ….

EXERCICES

A   En un mot.   Quelle est l'expression ou quel est le mot décrit par la définition donnée? Donnez la réponse et puis posez une question à un(e) camarade de classe en utilisant ce mot ou cette expression.

1. Un journal qui paraît tous les matins ou tous les soirs.
2. Une personne qui lit.
3. Un magazine qui paraît une fois par semaine.
4. Un magazine spécialisé (au sujet des sports, de la mode ou du jardinage, par exemple).
5. Ce qui est à toi.
6. Dans un journal, là où se trouvent les articles sur les événements les plus importants.
7. Une revue qui paraît tous les mois.
8. Celui qui se charge de la rédaction d'un journal, d'un magazine, etc.
9. Une femme qui fait les illustrations d'un magazine ou d'un journal.

10. S'informer; se renseigner chaque jour sur ce qui se passe dans le monde.
11. Faire paraître le premier numéro d'un journal, d'un magazine, etc.
12. Une seule partie d'un feuilleton.

B Pour mieux s'informer. Maurice s'intéresse à l'actualité, mais Jean-Paul non. Complétez leur dialogue en utilisant les mots suivants. Tous les mots ne seront pas utilisés.

abonnés	éditoriaux	recherches
attirent	établissent	reportage
blessés	gros titres	rubriques
consulter	lecteur	se réunir
couverture	mondiaux	s'informer
de l'étranger	presse	soulèvent

JEAN-PAUL Quoi! Tu as deux journaux là?

MAURICE Oui, je suis un grand _____ de journaux. Mes parents croient qu'il est très important de _____ des événements _____. Ils sont _____ à deux quotidiens et à plusieurs
5 hebdomadaires.

JEAN-PAUL Chez moi on se tient au courant en regardant les informations à la télé. C'est beaucoup plus facile.

MAURICE Là il faut faire attention! A la télé le _____ est rarement objectif. Dans les meilleurs journaux, le point de vue reste assez objectif sauf dans les _____ et les dessins
10 humoristiques. Et les journaux _____ des questions de grande importance, ce qui n'est pas possible en trente secondes à la télé.

JEAN-PAUL Peut-être. Mais je n'ai le temps de lire que les _____ qui
15 m'intéressent, comme les sports. Et les bandes dessinées, bien sûr! Et d'habitude je jette un coup d'œil sur les _____. S'ils m' _____, je lis les articles.

MAURICE Moi, je passe pas mal de temps à lire l'actualité _____.

JEAN-PAUL Ecoute, j'ai des _____ à faire pour mon exposé de demain
20 dans la classe d'histoire. Ça te dirait de m'aider à choisir les meilleures revues à _____? On pourrait _____ dans la salle de documentation.

MAURICE Oui, mais quel est le sujet de ton exposé?

JEAN-PAUL L'importance d'une _____ libre dans le monde actuel.

Ça te dirait de t'abonner à l'opéra?

L'emblème du journal *Le Monde*, à Paris

C Que dites-vous? Choisissez la réponse qui convient dans chacune des situations suivantes et expliquez pourquoi vous l'avez choisie.

1. Quand vous voulez inviter quelqu'un à sortir, vous dites: *(Et si tu sortais pour voir un film? / Ça te dirait de voir un film?)*
2. Quand quelqu'un vous invite à voir un film que les critiques n'ont pas du tout aimé, vous dites: *(O.K. / Bof, je n'ai pas vraiment envie.)*
3. Quand quelqu'un vous demande de l'aider à faire des recherches dans la salle de documentation, vous dites: *(Tu te moques de moi. / Ça me passionnerait.)*
4. Quand vos parents regardent une émission à la télé mais vous voulez regarder une autre chaîne, vous dites: *(Pourquoi ne pas regarder la deuxième chaîne? / Si je ne vois pas cet épisode de mon feuilleton, je ne comprendrai pas le dénouement.)*
5. Quand le professeur dit qu'il y aura un examen demain, vous dites: *(Encore un examen? / Mais j'ai un exposé à faire dans mon cours d'anglais.)*
6. Quand quelqu'un dit que le Canada est plus petit que les Etats-Unis, vous dites: *(Voilà une remarque tout à fait subjective. / Alors là tu te trompes.)*
7. Quand quelqu'un dit que la véritable objectivité n'est pas possible, vous dites: *(Je suis d'accord. / D'accord, j'arrive.)*
8. Quand quelqu'un dit qu'un animateur ne doit pas entrer dans un débat subjectif avec ses invités vous dites: *(Mais non! / Je suis tout à fait d'accord.)*

D Parlons de toi.

1. Est-ce que tu lis un quotidien tous les jours? Quelles rubriques t'intéressent le plus? Pourquoi? Et tes parents, auxquelles est-ce qu'ils s'intéressent?
2. Tu lis des magazines ou des revues? Lesquels? Tu y es abonné(e)? Tu sais combien coûte un abonnement à ton magazine favori? Combien coûte chaque numéro? C'est un hebdomadaire ou un magazine mensuel?
3. Quelle sorte de couverture attire l'attention des gens? Tu te rappelles ce qui était sur la couverture du dernier numéro de ton magazine favori?
4. Tu t'intéresses à l'actualité? Pourquoi? Qu'est-ce qui était à la une du journal hier soir ou ce matin? Tu te rappelles quelques-uns des gros titres? Est-ce que tu lis des articles sur les événements mondiaux? Nationaux? Locaux? Ou est-ce que tu préfères lire les faits divers?

5. Tu aimes regarder les dessins humoristiques dans les journaux et les magazines? Tu as un dessinateur humoristique favori?

6. Comment est le journal de ton lycée? Il paraît mensuellement? Toutes les six semaines? Qui en est le rédacteur en chef? Comment est le reportage? Tu travailles pour le journal? Si oui, qu'est-ce que tu fais? Tu écris des articles? Sur quel sujet? Tu es fort(e) en orthographe? Si non, qui corrige ce que tu écris?

7. Est-ce que tu regardes les informations à la télé? Sur quelle chaîne? Pourquoi est-ce que cette émission est ta favorite?

8. Qui est ton animateur favori? Pourquoi? Tu regardes souvent son programme?

9. Est-ce que ta famille a un magnétoscope? Quelles sortes de programmes est-ce que tu enregistres le plus souvent? Tu t'en sers le plus souvent pour regarder des films? Quels films est-ce que tu as regardés chez toi récemment?

ACTIVITÉ

La nouvelle revue. Vous allez lancer une nouvelle revue et, avec votre partenaire, vous vous chargez de la couverture. Quel sera le sujet de votre revue (les événements mondiaux? les sports? les arts?)? Comment s'appellera-t-elle? Quel en sera le prix?

Avec votre partenaire, dessinez la couverture du premier numéro. Montrez quelques-uns des titres des articles qui y paraîtront. S'il y a des rubriques spéciales, mentionnez-les. Dessinez l'illustration ou, si cela convient, le dessin humoristique pour la couverture. (Si vous n'avez aucun talent artistique, vous pouvez décrire l'illustration.) N'oubliez pas que la couverture doit pousser les gens à acheter la revue.

APPLICATIONS

L'événement de l'année

Le club de rédaction de *Salut,* le magazine du lycée, s'est
réunie pour discuter du prochain numéro.

BENOÎT	Moi, pour la rubrique «La vie au lycée», j'ai pensé faire un article sur la cantine.
5 VÉRONIQUE	Formidable! Si tu pouvais donner des idées au cuisinier pour améliorer[1] les menus, ce serait génial.
ROLAND	Et toi, Jocelyne, qu'est-ce que tu vas préparer comme reportage?
JOCELYNE	Je ne sais pas encore. Il faudrait trouver quelque chose qui attire l'attention des lecteurs.
BENOÎT	Ce sera difficile de faire mieux que ton reportage sur le bal masqué.[2]
ROLAND	On ne peut pas lui demander d'avoir autant d'inspiration tous les trois mois.
15 VÉRONIQUE	Si tu interviewais un prof sur sa vie en dehors du lycée?
BENOÎT	Oui, ça serait peut-être pas mal.
ROLAND	Ah, tu devrais interviewer le nouveau prof d'anglais.
20 JOCELYNE	Mister Hyde?
ROLAND	Oui, il te révélerait[3] peut-être le sujet de son examen sur *1984.*
JOCELYNE	Alors, ça, ce serait l'événement de l'année!

---

[1] **améliorer** *to improve*   [2] **le bal masqué** *costume party*   [3] **révéler** *to reveal*

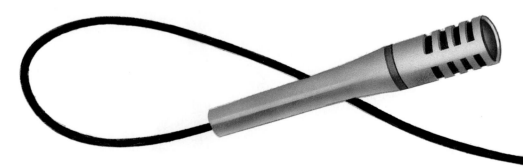

Questionnaire

1. Pourquoi est-ce que ces élèves se sont réunis?   2. Qu'est-ce que Véronique veut que Benoît mette dans son article?   3. Sur quel sujet est-ce que Jocelyne a écrit pour le dernier numéro? D'après ce que disent Benoît et Roland, comment était cet article?   4. Pourquoi est-ce que Roland veut que Jocelyne interviewe Mr. Hyde?   5. Est-ce qu'elle croit qu'il ferait ce que veut Roland?   6. Est-ce que *Salut* est un magazine mensuel? Combien de fois par an est-ce qu'il paraît?   7. Vous avez lu *1984?* Qui en était l'auteur? Vous vous rappelez le nom du héros et de l'héroïne? Vous pouvez parler un peu de l'intrigue de ce roman célèbre? 8. Est-ce que votre lycée a un magazine? Comment s'appelle-t-il? Combien de fois par an est-ce qu'il paraît? Vous avez écrit quelque chose qui y a paru?

De quoi te chargerais-tu si tu faisais partie du club de rédaction d'un magazine?

Situation

Discutez de ce qui se passerait si votre classe de français voulait lancer un magazine. De quoi est-ce que chaque personne se chargerait? Qu'est-ce qui y paraîtrait? Qui écrirait les articles et quels en seraient les sujets? Il y aurait des dessins humoristiques? Qui les ferait? Qui dessinerait la couverture? Comment s'appellerait le magazine?

Après la discussion, décidez si vous voudriez essayer de lancer un petit magazine. Si oui, formez un club de rédaction et allez-y!

EXPLICATIONS I

Le conditionnel

As you know, the conditional is used to express what *would* happen if certain conditions existed. To form the conditional we add the imperfect endings to the future stem.

	-ER		-IR/-ISS		-IR		-RE
je	regarder**ais**	je	finir**ais**	je	sortir**ais**	je	répondr**ais**
tu	regarder**ais**	tu	finir**ais**	tu	sortir**ais**	tu	répondr**ais**
il elle on	regarder**ait**	il elle on	finir**ait**	il elle on	sortir**ait**	il elle on	répondr**ait**
nous	regarder**ions**	nous	finir**ions**	nous	sortir**ions**	nous	répondr**ions**
vous	regarder**iez**	vous	finir**iez**	vous	sortir**iez**	vous	répondr**iez**
ils elles	regarder**aient**	ils elles	finir**aient**	ils elles	sortir**aient**	ils elles	répondr**aient**

♦ OBJECTIVES:

TO MAKE REQUESTS

TO MAKE SUGGESTIONS

TO MAKE POLITE COMMANDS

TO REPORT WHAT SOMEONE SAID OR THOUGHT

TO UNDERSTAND A NEWS REPORT

Remember that verbs ending in *-yer* and stem-changing verbs like *jeter* and *lever* use the changed stem in the future and conditional.

INFINITIVE		PRESENT INDICATIVE		CONDITIONAL
essa**yer**	j'	ess**aie**	j'	ess**aie**rais
emplo**yer**	tu	empl**oies**	tu	empl**oie**rais
essu**yer**	il	ess**uie**	il	ess**uie**rait
jeter	elles	je**tt**ent	elles	je**tt**eraient
lever	ils	l**è**vent	ils	l**è**veraient

For stem-changing verbs like *répéter,* use the infinitive as the future and conditional stem.

répéter	je	rép**è**te	je	**répéterais**
accélérer	on	accél**è**re	on	**accélérerait**

Un kiosque à journaux à Paris

1 Verbs with irregular future stems use the same stem in the conditional.

INFINITIVE	FUTURE/ CONDITIONAL STEM	
aller	**ir-**	On a dit que tu **irais** loin.
avoir	**aur-**	Il **aurait** un reportage.
devoir	**devr-**	Nous **devrions** nous réunir plus souvent.
envoyer	**enverr-**	Vous m'**enverriez** une revue?
être	**ser-**	Je crois qu'elle **serait** objective.
faire	**fer-**	Je suis sûre que tu **ferais** de ton mieux.
falloir	**faudr-**	Il **faudrait** nous en informer.
mourir	**mourr-**	Ils **mourraient** sans eau.
pleuvoir	**pleuvr-**	Je croyais qu'il **pleuvrait.**
pouvoir	**pourr-**	Vous **pourriez** faire un petit effort.
recevoir	**recevr-**	Ils **recevraient** l'hebdomadaire.
savoir	**saur-**	Elles **sauraient** lancer un hebdomadaire.
valoir	**vaudr-**	Ça ne **vaudrait** pas la peine.
venir	**viendr-**	Elle **viendrait** me consulter.
voir	**verr-**	Je **verrais** d'abord la couverture.
vouloir	**voudr-**	Nous **voudrions** lire ce numéro.

2 The conditional is used:

- to make a request

Vous me **montreriez** la couverture?	*Would* you *show* me the cover?
Tu m'**aiderais** à trouver cet article?	*Would* you *help* me find that article?

- to make suggestions

Moi, je n'**achèterais** pas cette revue.	*I wouldn't buy* that magazine.
A ta place, nous ne **ferions** pas attention à lui.	*In your place, we wouldn't pay any attention to him.*

- with verbs like *devoir, pouvoir, vouloir* to soften commands

Tu **pourrais** bien m'aider.	*You could help me.*
Vous **devriez** enregistrer cet épisode.	*You should record that episode.*

- to make a hypothetical statement

Moi, je **ferais** un meilleur reportage qu'elle.	*I would do a better report than she.*
Nous **serions** moins subjectifs que ça.	*We'd be less subjective than that.*

3 Just as in English, the conditional is also used to express something that is in the future with respect to a past event. Compare these pairs of sentences.

Je crois qu'il nous invitera.	*I think he'll invite us.*
Je croyais qu'il nous **inviterait.**	*I thought he'd invite us.*
Ils disent qu'ils attireront l'attention des lecteurs sur ce problème.	*They say they'll bring this problem to the readers' attention.*
Ils ont dit qu'ils **attireraient** l'attention des lecteurs sur ce problème.	*They said they'd bring this problem to the readers' attention.*

4 In newspaper articles, the conditional is used to stress that information has not been verified and may be a rumor.

Il y aurait beaucoup de chômage chez les jeunes.

(It is reported that) there is a lot of unemployment among young people.

On **lancerait** le nouveau quotidien le premier avril.

(It is reported that) the new daily paper will be launched April 1.

EXERCICES

A **Si j'étais journaliste.** Qu'est-ce que vous feriez si vous étiez journaliste? Suivez le modèle.

s'informer des événements mondiaux
Je m'informerais des événements mondiaux.

1. se tenir au courant des nouvelles de l'étranger
2. vérifier tout ce qu'on m'a dit
3. interviewer des gens célèbres
4. faire des reportages intéressants
5. voyager dans le monde entier
6. ne rien citer sans le vérifier
7. essayer de rester objectif
8. soulever des problèmes importants

B **Soyez diplomate!** Le rédacteur en chef d'un grand quotidien donne des ordres brusques. Comment pourrait-il les donner d'une manière plus polie? Suivez le modèle.

Ne prenez pas vos congés ce mois-ci!
A votre place, je ne prendrais pas mes congés ce mois-ci.

1. Renseignez-vous vite sur ce problème!
2. Faites écrire un article sur cet accident!
3. Jetez un coup d'œil sur les éditoriaux pour vous tenir plus au courant!
4. Soulevez les questions les plus importantes au début de l'article!
5. Consultez l'illustratrice tout de suite!
6. Servez-vous des gros titres pour attirer l'attention des lecteurs!
7. Réunissez-vous plus souvent avec les illustrateurs!
8. Soyez moins subjectif!
9. Poussez les autres à travailler autant que vous!
10. Citez les remarques de l'animateur!

C Des bonnes résolutions. Les enfants Lambert parlent des résolutions que les membres de leur famille ont faites. L'un des enfants croit qu'ils feront ce qu'ils ont promis de faire. L'autre n'en est pas certain. Conversez selon le modèle.

> Papa / se reposer plus
> ÉLÈVE 1 *Papa se reposera plus.*
> ÉLÈVE 2 *Il a promis qu'il se reposerait plus.*

1. Papa et maman / se détendre pendant le week-end
2. Louis / s'énerver moins
3. Nous / faire des randonnées à la campagne
4. Papa / ne plus fumer
5. Je / se lever plus tôt
6. Nous / ne pas bûcher comme des dingues
7. Maman / prendre les transports en commun
8. Louis / essayer de perdre quelques kilos

D A la rédaction. Le rédacteur d'un grand quotidien prépare les titres de la prochaine édition. Un assistant lui lit les dernières nouvelles qui sortent sous forme télégraphique. Conversez selon le modèle.

> ÉLÈVE 1 *7 morts dans un accident affreux sur l'autoroute*
> ÉLÈVE 2 *Il y aurait sept morts dans un accident affreux sur l'autoroute.*

1. maire partir en voyage en Grande-Bretagne le mois prochain
2. sa femme l'accompagner
3. élèves d'un lycée à Lyon lancer tous seuls leur propre journal mensuel
4. ne vouloir aucune aide de leurs professeurs
5. pleuvoir sur la Côte d'Azur
6. plusieurs bateaux à voiles se perdre à cause de la pluie et du vent
7. arriver un accident affreux dans la montagne
8. 15 morts et 30 blessés graves
9. les emmener à l'hôpital de notre ville

Le Monde

Le quotidien le plus prestigieux
se lit comme un vrai roman

Les phrases avec *si*

You know that a sentence with a *si* clause gives a condition. The main clause of the sentence tells what will happen if the condition is met. If the *si* clause is in the present tense, the result is in the present, future, or imperative. This tells what usually happens or what will or should happen if the condition is met.

S'il pleut, $\begin{cases} \text{je prends un parapluie.} \\ \text{je prendrai un parapluie.} \\ \text{prends un parapluie!} \end{cases}$

1 To express what *would* happen if a condition *were* met, use the imperfect in the *si* clause and the conditional in the result.

Si j'**étais** bon en orthographe, j'**écrirais** des articles.
Si tu **voyageais,** tu **ferais** des reportages.
S'il se tenait au courant, il **connaîtrait** le sujet du débat.

2 Remember that a *si* clause in the imperfect can be used by itself to express a suggestion.

Si nous faisions un tour en voiture?   *Shall we take a ride in the car?*

EXERCICES

A **On prépare un voyage.** Les Dumesnil se préparent pour faire un grand voyage. Conversez selon le modèle.

aller au Canada / pouvoir aller à Montréal
ÉLÈVE 1 *Si on allait au Canada?*
ÉLÈVE 2 *Oui, nous pourrions aller à Montréal.*

1. acheter les billets maintenant / payer beaucoup moins
2. aller de Montréal à Québec par la route / louer une voiture
3. y aller en hiver / voir le Carnaval
4. traverser la frontière américaine / vouloir visiter les Etats-Unis
5. s'arrêter à New York / se promener dans le Parc Central
6. descendre jusqu'à Washington / aller à la Maison Blanche
7. se diriger vers la Floride / s'arrêter à Disney World
8. avoir plus de jours de congé / revenir en bateau

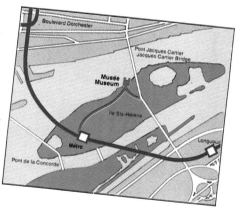

◆ OBJECTIVES:

TO TALK ABOUT THINGS YOU WOULD DO IF ...

TO DISCUSS HYPOTHETICAL SITUATIONS

TO MAKE SUGGESTIONS

Des journalistes de la
Radio Canada

B Le jour de fête.   Un jour de fête, on entend ce reportage à la
radio. Mettez les verbes entre parenthèses à la forme correcte du
temps qui convient.

Il y *(avoir)* un grand embouteillage sur l'autoroute A6 à la sortie de
Paris. D'après la police, il *(falloir)* trois heures pour faire les 50
kilomètres de Paris à Fontainebleau. La police essaie de régler le
problème. Si les automobilistes *(sortir)* de l'autoroute et *(prendre)* les
5   petites routes, la situation *(être)* moins grave. Bien sûr, si tout le
monde *(ne pas se mettre)* en route en même temps cela *(empêcher)* les
embouteillages comme celui-ci. En tout cas, il *(valoir)* mieux éviter
l'autoroute. Comme nous a dit un agent de police: «A leur place, je
(prendre) le train, ou encore mieux je *(rester)* chez moi.»

C Choix de profession.   Dites ce que vous feriez si vous choisissiez
les professions ou métiers suivants. Par exemple:

charpentier
*Si j'étais charpentier, je construirais des maisons que tout le monde
voudrait acheter.*

1. rédacteur / rédactrice en chef d'un quotidien
2. illustrateur / illustratrice
3. romancier / romancière ou dramaturge

4. animateur / animatrice
5. architecte
6. acteur / actrice
7. chef d'orchestre
8. dessinateur / dessinatrice humoristique
9. chef du personnel d'une grande société
10. gérant(e) d'un grand magasin

D Parlons de toi.

1. Nous avons tous des rêves. Si, par exemple, tu recevais un million de dollars, qu'est-ce que tu ferais?
2. Est-ce que ta ville a des problèmes qu'on n'a pas pu résoudre *(solve)?* Si tu étais maire de ta ville, qu'est-ce que tu ferais pour essayer de les résoudre?
3. Obtiens le journal d'aujourd'hui ou d'hier et regarde les gros titres à la une. Commente un des problèmes ou un des événements importants.
4. Lis le courrier du cœur dans le journal. Tu es d'accord avec les conseils donnés? Quels conseils est-ce que tu donnerais à ceux qui ont écrit les lettres?

ACTIVITÉ

Soyons diplomates!   Formez un groupe de deux ou trois personnes. Choisissez un des problèmes suivants et décidez ce qu'on pourrait faire pour le résoudre.

la faim dans le monde
l'apartheid en Afrique du Sud
la situation au Moyen-Orient *(Middle East)*
un problème différent de la même importance mondiale

D'abord, faites une liste de termes (en anglais) dont vous aurez besoin. Cherchez-les dans un bon dictionnaire anglais-français.

Après avoir discuté du problème et décidé ce qu'on pourrait faire, faites un reportage à la classe sur ce que vous avez décidé.

Dans la salle de documentation d'un lycée français

APPLICATIONS

Qu'est-ce qui fait courir Jacqueline Gareau?

1. Vous êtes sportif (sportive)? Quels sports vous intéressent le plus?
2. Que faites-vous pour vous détendre? Beaucoup de gens nagent ou jouent au tennis ou au basketball, par exemple, pour se détendre. Mais si vous étiez un athlète professionnel qui «jouait» pour gagner sa vie, que feriez-vous pour vous détendre?
3. A votre avis, comment serait la vie d'un(e) athlète professionnel(le)?
4. La lecture qui suit est une interview avec une coureuse de fond (*long-distance runner*). Que veulent dire le verbe *courir* et, dans ce contexte, le nom *la course*?
5. A la ligne 8, vous pouvez deviner ce que veut dire «l'entrevue a été réalisée»? Vous comprenez le verbe *impliquer* à la ligne 7? Que veut dire «to implicate» en anglais?
6. Voici quelques autres mots que vous devez comprendre sans vous servir d'un dictionnaire. Pensez au contexte et à ce que vous savez des langues françaises et anglaises: *la longueur de mes enjambées* (l. 14), *le bien-être* (l. 22), *ça roule bien* (l. 22), *la mille* (l. 30), *une épreuve d'endurance* (l. 34), *la grande personne* (l. 46), *la chaleur* (un nom associé à l'adjectif *chaud*, l. 51), *en plus* (l. 52), *les hydrates de carbone* (l. 53), *souffrir* (l. 66), *recréer* (l. 81), *cesser* (l. 97), *efficace* (l. 99).
7. Vous comprenez ce que c'est qu'un muscle contracté. Alors, que veut dire *décontracté* à la ligne 23? Vous connaissez le verbe *pousser*. Que veut dire *repousser* (l. 71)?

Des journalistes interviewent Jacqueline Gareau.

D epuis avril 1982 (marathon de Boston), Jacqueline Gareau figure sur la liste des 10 femmes les plus rapides du monde: 42 km en moins de 2 h 30.

«Un bon athlète doit savoir bien dormir, bien manger, bien vivre», dit-elle
5 aux groupes qu'elle rencontre régulièrement pour parler de santé, d'alimentation[1] et de son métier de coureuse de fond. Jacqueline Gareau considère le sport comme … une activité qui doit impliquer tout le monde tout le temps. L'entrevue a été réalisée en avril 83, à Saint-Bruno, par Georges-Hébert Germain.

10 **L'Actualité:** *A quoi pensez-vous lorsque[2] vous courez?*
J. Gareau: Ça dépend. Quand je m'entraîne, je pense un jour sur deux à mon chum, au film que j'ai vu la veille[3] ou à ce que je vais manger pour dîner. Je rêve. D'autres jours, je m'entraîne plus sérieusement: je pense à mon style, à ma respiration, à la position de mes bras ou à la longueur de
15 mes enjambées. Je pense aux conseils que m'a donnés mon entraîneur et j'essaie de les mettre en pratique. En d'autres mots, je pense à mon métier qui est de courir et d'être autant que possible au meilleur de ma forme.
L'Actualité: *Et en compétition?*
J. Gareau: Quand je suis en compétition, je me concentre plus encore sur
20 mes mouvements, sur mon moral,[4] sur la douleur[5] ou l'euphorie que je ressens.[6] Il y a des moments, pendant un marathon, où j'ai une réelle impression de bien-être. Je suis calme, ça roule bien, tous mes muscles sont décontractés. Dans ces moments-là, il m'arrive d'avoir des flashes complètement absurdes. Mais je ne les bloque pas. Au contraire, je m'en
25 sers. Je me dis par exemple: «Je suis une girafe qui court pour son plaisir dans la savane!» Et je me sens bien comme ça. Mon corps s'est habitué à l'effort. J'ai oublié que c'est dur.[7] Et je me sens libre. Même si je ne suis pas la première, j'éprouve[8] une sorte de sentiment de victoire.
L'Actualité: *Et quand ça va mal?*
30 **J. Gareau:** … Dans les derniers milles, la tête travaille autant que les jambes et que les poumons,[9] surtout si on rencontre ce que les maratho- niens appellent le mur. C'est une véritable crevaison.[10] On n'a plus d'énergie et plus de force que dans sa tête…. Ceux qui sont partis trop vite ou qui sont mal préparés à une épreuve d'endurance sont à peu près[11]
35 certains de tomber sur le mur à un moment donné. La plupart abandon- nent. Les têtes dures continuent.

---

[1]**l'alimentation** (f.) = ce qu'on mange   [2]**lorsque** = quand   [3]**la veille** *the night before*   [4]**le moral** *mental state*   [5]**la douleur** *pain*   [6]**ressentir** *to experience, to feel*   [7]**dur, -e** = difficile   [8]**éprouver** = ressentir   [9]**le poumon** *lung*   [10]**la crevaison** *collapse*   [11]**à peu près** = presque

Extrait de «Qu'est-ce qui fait courir Jacqueline Gareau?», *L'Actualité,* juillet 1983. Reproduit avec permission.

Un marathon, ce n'est pas seulement une épreuve physique. Ça demande également une sérieuse préparation psychologique. Et plus on s'améliore,[12] plus ça demande de la concentration....

40 **L'Actualité:** *N'est-ce pas un sport de solitaire que la course de fond?*

J. Gareau: Pas vraiment. Et ça l'est de moins en moins. Il y a 10 ans, quand j'ai commencé à courir, on était vraiment tout seul. Les gens criaient: «Une-deux-une-deux!» en nous voyant passer. Les coureurs formaient une minorité. C'est peut-être pour ça qu'il y a une sorte de complicité qui est

45 née entre eux. A l'époque, on trouvait normal de voir courir un enfant. Mais pas une grande personne. Aujourd'hui par contre,[13] j'ai parfois l'impression que les grandes personnes qui ne courent pas forment à leur tour une espèce[14] de minorité. C'est eux, au fond,[15] qui sont seuls.

L'Actualité: *Avez-vous déjà failli[16] abandonner pendant une course?*

50 **J. Gareau:** Une fois, oui. C'était pendant le Marathon de Montréal de l'été 82. C'était mon deuxième marathon à la grosse chaleur en moins de deux mois. J'avais fait Boston et je n'étais pas encore totalement reposée. En plus, j'avais fait une erreur dans mon régime: j'avais pris trop d'hydrates de carbone, en me disant que ça compenserait pour la fatigue. Résultat:

55 j'avais quelques livres[17] en trop. Dès[18] le début du marathon, j'ai senti que je n'étais pas au meilleur de ma forme.

Mais je me suis dit que la forme me reviendrait peut-être si je continuais. J'avais tort; ça ne s'est pas arrangé.[19] La forme n'est pas revenue. Mais je suis quand même contente d'avoir fini ce marathon, parce que je ne sais

60 pas trop comment je m'arrangerais avec l'idée d'un abandon.

L'Actualité: *N'est-ce pas dangereux à la longue[20] que d'exiger de son corps la totalité de ses forces et de ses énergies?*

J. Gareau: Lorsqu'on est bien entraîné et en bonne forme physique et morale, faire un marathon est une chose naturelle; ce n'est pas dangereux.

65 Par contre, si tu veux faire un marathon alors que tu n'es pas prêt, tu vas souffrir, c'est sûr ...

Avant de se lancer dans une aventure de ce genre-là, il faut avoir couru des petites distances en compétition, des courses de 5 ou 10 milles. Il faut aussi avoir couru des 15 et 20 milles à l'entraînement, pour habituer son

70 corps. L'idée, ce n'est pas d'affronter[21] de grandes douleurs et de les surmonter, c'est de repousser les limites de la douleur le plus loin possible....

L'Actualité: *Quelle importance accordez-vous à la compétition?*

J. Gareau: Pour moi, c'est essentiel. C'est motivant. C'est là qu'on apprend. J'aime mieux arriver deuxième dans un marathon où il y a de la

75 compétition que première là où il n'y en a pas.... On part tout le monde

---

[12](s')**améliorer** *to improve (oneself)*   [13]**par contre** *on the other hand*   [14]**l'espèce** (f.)
= la sorte   [15]**au fond** = vraiment   [16]**faillir** + inf. *to almost (do something)*
[17]**la livre** *pound*   [18]**dès** *from*   [19]**s'arranger** = aller mieux; se débrouiller   [20]**à la**
longue *in the long run*   [21]**affronter** *to face*

ensemble pour courir un marathon. Les conditions sont les mêmes pour tout le monde. Pendant la première partie du parcours,[22] on garde contact, on s'étudie, on se regarde dans les yeux, on observe comment l'autre respire. Et on cache son jeu, sa stratégie. La différence entre une première
80 et une deuxième place, c'est souvent mental....

Quand je m'entraîne, j'essaie de recréer des situations de compétition afin de[23] m'y habituer. Je m'imagine par exemple qu'il y a une fille sur mes talons[24] depuis une quinzaine de minutes.... Et j'ai vraiment l'impression qu'elle est là derrière moi. J'arrive en haut[25] la première et souvent, je suis
85 tellement prise au jeu, que je lève les bras en l'air, comme quand on a gagné pour vrai....

L'Actualité: *Comment vous entraînez-vous?*

J. Gareau: Au début, il y a 10 ans, je me suis entraînée beaucoup par moi-même. Je me demande même si on peut parler d'entraînement. Je courais
90 tous les jours, sans aucune technique, pour le plaisir. Une heure par jour. J'étais capable dès le début de courir de très longues distances, mais je ne demandais jamais à mon cœur d'aller trop vite.

Dans ce temps-là, j'étais inhalothérapeute.... Chaque jour, je voyais des hommes et des femmes malades des poumons. Chaque jour, j'en voyais
95 qui se mouraient de cancer, d'emphysème, de bronchite chronique, tués par la cigarette, par l'inaction. J'avais 20 ans et pas du tout envie de mourir. J'ai cessé de fumer et je me suis mise à courir pour tout de bon.[26] Mais sans m'imaginer un instant qu'un jour je serais parmi les meilleures au monde. Je me rendais seulement compte que mon corps était plus efficace
100 et que j'améliorais mes temps à chaque course.

En 1977, j'ai participé à ma première compétition, un marathon de 42 km. C'était un peu fou, je l'avoue.[27] On ne commence pas avec de si longues distances. Mais je ne voulais pas arriver première; je voulais arriver, simplement. Je l'ai fait en 3 heures et 44 minutes, sans souffrir à
105 aucun moment. Six mois plus tard à Ottawa, j'ai fait trois heures et huit minutes. C'est là que j'ai compris que je pouvais peut-être m'y mettre sérieusement....

L'Actualité: *Mais on ne peut pas s'améliorer indéfiniment. A quel âge une marathonienne est-elle en pleine possession de ses moyens?*[28]

110 **J. Gareau:** D'après moi, ce n'est pas tellement une question d'âge, pas dans les courses d'endurance. J'ai fait cette année, à 30 ans, mon meilleur temps dans le 15 km, dans le 10 milles et dans le marathon. Ce n'est pas l'âge qui arrête les coureurs. Quand un coureur se retire de la course, c'est qu'il en a assez, qu'il veut faire autre chose.

115 A Tokyo, il y a quelques années, j'ai été battue par une femme de 43 ans. Je l'aurais probablement battue sur une courte distance, c'est-à-dire

Jacqueline Gareau

---

[22]**le parcours** *distance* [23]**afin de** = pour [24]**le talon** *heel* [25]**en haut** (here) = au but [26]**pour tout de bon** = sérieusement [27]**avouer** *to admit* [28]**les moyens** (m.pl.) *powers*

dans une course de vitesse qui demande plus de force et de vivacité. Mais le marathon exige beaucoup d'expérience, une force de caractère et une endurance physique qu'on a rarement à 20 ans. Ce sont des choses qui se
120 développent avec le temps et l'entraînement. Moi, je sais que je n'ai pas atteint[29] ma pleine maturité de marathonienne et que je peux encore m'améliorer....

L'Actualité: *Vous ne courez donc plus pour votre plaisir?*

J. Gareau: Mettons que ce n'est plus le même plaisir qu'il y a 10 ans. Je
125 suis en compétition. Je cours pour gagner. Je m'entraîne pour être la meilleure.

L'Actualité: *Vous ne vous entraînez plus seule?*

J. Gareau: Oui et non. Depuis trois ans, je travaille avec Guy Thibeault. Il est docteur en physiologie de l'exercice.... Avec lui, j'établis un plan de
130 travail. Mais on ne se voit pas souvent. Il m'a appris à m'entraîner toute seule, à m'observer, à me corriger. Il m'a rendue indépendante.

L'Actualité: *Aimeriez-vous parfois faire un métier moins exigeant?*

J. Gareau: Tous les métiers le sont quand on s'y donne vraiment. Moi, je suis heureuse du mien....
135 Il est bien évident qu'un jour ou l'autre, quand j'aurai fait ce que j'ai à faire, je vais me retirer de la compétition.

---

[29]**atteindre**   *to reach*

Questionnaire

1. Mlle Gareau parle plusieurs fois des choses différentes auxquelles elle pense en courant. Quelles en sont quelques-unes?
2. D'après Mlle Gareau, la course de fond n'est pas un «sport de solitaire». Pourquoi?
3. Que faisaient les gens il y a dix ans en voyant courir les grandes personnes? Pourquoi?
4. Que dit Mlle Gareau au sujet de la compétition? Que fait-elle en s'entraînant pour se faire courir plus vite?
5. Que faisait Mlle Gareau comme métier? Comment cela l'a-t-il poussée à devenir coureuse de fond?
6. Pourquoi croit-elle que les coureurs de trente ans puissent faire les courses d'endurance mieux que ceux qui n'ont que vingt ans?
7. D'après ce que dit Mlle Gareau, comment rangerait-elle les déclarations suivantes en ordre de leur importance?

    a) gagner la course　　　　　　　d) ne pas abandonner la course
    b) avoir de la compétition　　　　e) s'améliorer régulièrement
    c) devenir la meilleure coureuse　f) faire de son mieux
    　du monde

    Comment est-ce que vous les rangeriez, vous?

EXPLICATIONS II

Les pronoms possessifs

You know three ways to express possession: with *de*, with a possessive adjective, or with *à* + a disjunctive pronoun, a noun, or a name.

C'est l'article **de Serge.**　　Il est **à Serge.**
C'est la voiture **du directeur.**　　Elle est **au directeur.**
C'est **mon** journal.　　Il est **à moi.**

1　Another way of expressing possession is to use a possessive pronoun.

pour remplacer un nom au singulier		*pour remplacer un nom au pluriel*	
MASCULIN	FÉMININ	MASCULIN	FÉMININ
le mien	la mienne	les miens	les miennes
le tien	la tienne	les tiens	les tiennes
le sien	la sienne	les siens	les siennes
le nôtre	la nôtre	les nôtres	
le vôtre	la vôtre	les vôtres	
le leur	la leur	les leurs	

Note that the possessive pronouns *nôtre* and *vôtre* have circumflex accents.

2　The possessive pronoun agrees in gender and number with the noun it replaces, and we use the appropriate definite article. As in English, we use possessive pronouns to identify, stress, or contrast ownership.

Ces illustrations sont à vous?　　Non, ce ne sont pas **les nôtres.** Ce sont celles de Guy.

Ce sont vos reportages?　　Non, j'ai déjà donné **les miens** à la rédactrice. Je crois que ce sont ceux d'Anne.

Une librairie à Dijon

EXERCICES

A **Un journaliste pressé.** Un jeune journaliste doit interviewer le maire pour son journal. Mais avant de quitter son bureau, il ne peut pas trouver ses affaires. Il demande à son collègue de lui prêter les siennes. Conversez selon le modèle.

> stylo
> ÉLÈVE 1 *Je ne trouve pas mon stylo. Tu me prêtes le tien?*
> ÉLÈVE 2 *Le mien? Bon, d'accord.*

1. carnet
2. cassettes
3. micro
4. magnétophone
5. notes sur le débat d'hier soir
6. imperméable
7. articles sur le chômage
8. carte de presse

B **Les nôtres aussi!** Deux jeunes rédacteurs se sont réunis. Maintenant ils comparent leurs magazines. Conversez selon le modèle.

> couvertures / être / extraordinaires
> ÉLÈVE 1 *Nos couvertures sont extraordinaires. Et les vôtres?*
> ÉLÈVE 2 *Les nôtres aussi!*

1. numéros / paraître / tous les deux mois
2. rubrique de faits divers / exiger / des tas de recherches
3. journalistes / essayer / toujours d'être objectifs
4. reportages / être / acclamés par tout le monde
5. illustrations / être / toutes en couleurs
6. style / attirer / beaucoup de jeunes lecteurs
7. société / lancer / une nouvelle revue bientôt
8. citations / être / toujours vérifiées plusieurs fois
9. liste d'abonnements / devenir / très grande
10. rédacteur en chef / nous consulter / au moins une fois par semaine

C **Et les leurs?** Les deux mêmes rédacteurs parlent maintenant de quelques autres magazines. Refaites l'Exercice B en conversant selon le nouveau modèle.

> couvertures / être / extraordinaires
> ÉLÈVE 1 *Nos couvertures sont extraordinaires. Et les leurs?*
> ÉLÈVE 2 *Je ne crois pas que les leurs soient extraordinaires.*

D Une petite biographie. Voilà la biographie d'une élève guadeloupéenne. Lisez-la et ensuite répondez aux questions selon le modèle.

Laure habite en Guadeloupe. Elle est née dans la petite ville de Capesterre mais maintenant elle habite la ville principale, Pointe-à-Pitre. Elle va au lycée Schœlcher. Elle aime les sciences, surtout la chimie, et voudrait devenir médecin. Elle aime aussi les langues
5 étrangères. Elle suit des cours d'anglais et d'espagnol. Bien sûr, comme tous les Guadeloupéens, elle parle français et créole. Pour se distraire elle joue de la guitare, mais elle aime aussi faire du théâtre. Elle fait partie d'une petite troupe dramatique qui joue des pièces comiques de temps en temps. Elle aime aussi lire. Ses auteurs
10 favoris sont Aimé Césaire, un écrivain martiniquais, et Colette, une romancière française.

> la ville natale?
> *La sienne est Capesterre. La mienne est …*

1. La ville où elle habite?
2. Son lycée?
3. Ses matières préférées?
4. Son choix de profession?
5. Ses passe-temps?
6. Les autres langues qu'elle connaît?
7. Les langues qu'elle parle couramment?
8. Ses auteurs favoris?

E Parlons de toi.
1. Dans certains lycées américains, il y a beaucoup d'élèves étrangers. Il y en a dans le tien? D'où viennent-ils? Tu parles quelquefois de l'actualité mondiale avec eux? Si oui, est-ce que tu es souvent d'accord avec eux sur ce qui se passe dans le monde? Ils s'intéressent probablement à ce qui se passe dans notre pays. Tu t'intéresses à ce qui se passe dans le leur?
2. Comment cela serait-il d'être dans un pays étranger où on ne parlait pas très bien la langue? Qu'est-ce que tu ferais dans cette situation si tu ne te sentais pas bien ou si tu étais blessé(e)? Et si tu pouvais comprendre que quelque chose d'important avait eu lieu, mais que tu ne pouvais pas lire le journal ni *(nor)* comprendre ce dont on parlait à la télé, qu'est-ce que tu ferais?
3. Comment est-ce que tu t'informes de l'actualité? Comment est-ce que tu te tiendrais au courant dans la situation décrite ci-dessus?
4. Crois-tu que ton pays soit le meilleur du monde? Pourquoi? Pourquoi presque tous les gens croient-ils que le leur soit le meilleur? Pourquoi n'est-il pas possible d'être moins subjectif à ce sujet?

RÉVISION

Lisez la bande dessinée.

1. Arnaud n'est pas heureux parce qu'il n'y a pas de club de débat au lycée.

2. Ce matin il a voulu demander aux profs d'anglais s'ils l'aideraient à en établir un.

3. S'ils disaient oui, Arnaud pourrait organiser le club.

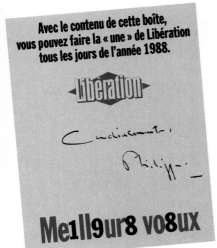

4. Le club se réunirait une fois par semaine.

5. Les lycéens regarderaient les journaux pour trouver un sujet pour le premier débat.

6. Ça plairait à Arnaud si on choisissait le sien: «Pour ou contre la liberté de la presse».

Maintenant imaginez que vous organisez un club de débat à votre lycée. Qu'est-ce qu'il faut faire pour lancer le club? Ecrivez votre propre histoire en vous servant de la Révision comme modèle.

Trouvez les expressions françaises qui correspondent à l'anglais et rédigez un paragraphe.

1. Jacques and Sophie are unhappy because there is no current events magazine at school.

2. Yesterday they tried to ask the French teacher if she would help them launch one.

3. If she said yes, Sophie could be an editor and Jacques could be an illustrator.

4. The magazine would appear four times a year.

5. The editors would consult the French students to find a name for the magazine.

6. It would please Jacques and Sophie if they accepted theirs: Le Petit Echo du lycée.

Maintenant, choisissez un de ces sujets.

1. Quelle rubrique vous intéresse le plus dans le journal? Expliquez votre réponse.

2. Pourquoi est-il important de se tenir au courant de l'actualité?

3. Que feriez-vous …

   a. si on vous demandait d'être le président (la présidente) de votre classe?
   b. si on vous permettait de changer une chose au lycée?
   c. si on vous demandait d'interviewer la personne de votre choix?

CONTRÔLE DE RÉVISION   CHAPITRE 10

A   Les analogies.
Faites des analogies.

1. la radio: écouter / le journal: _____
2. tous les jours: quotidien / tous les mois: _____
3. la télévision: une émission / la revue: _____
4. l'article écrit: le journaliste / l'interview oral: _____
5. le chapitre: le livre / l'épisode: _____
6. le dessin: l'illustrateur / l'éditorial: _____
7. le grand magasin: le rayon / le journal: _____

B   Le lycée a 50 ans.
Monsieur Van Kote parle de ce qu'on prépare pour la grande fête du lycée. Refaites le paragraphe en ajoutant *Monsieur Van Kote a dit que ...* et en mettant les verbes au conditionnel.

Monsieur Van Kote a dit que ...

«D'abord, on invitera tous les anciens profs et lycéens. Le matin, il y aura des programmes différents dans les salles de classe. Puis, tout le monde prendra le déjeuner à la cantine. L'après-midi, on fera du volley et du basket. A 6h, les invités iront au gymnase. Là, ils mangeront et danseront jusqu'à minuit. Tout le monde partira fatigué mais content.»

C   Les conditions nécessaires.
Mettez les verbes entre parenthèses aux temps convenables.

1. Si j'*(avoir)* faim, je mangerais un sandwich.
2. Si l'enfant était fatigué, il *(se coucher)*.
3. Si nous *(vouloir)* le faire, nous le ferions.
4. Si vous pouviez le lui expliquer, elle *(être)* contente.
5. S'ils avaient assez d'argent, ils l'*(acheter)*.
6. Si tu le lui demandais, il te l'*(envoyer)*.
7. Si nous l'avions, nous te l'*(offrir)*.

D   Les objets perdus.
Mettez les pronoms possessifs. Suivez le modèle.

C'est ton marteau?   *Oui, c'est le mien.*

1. C'est la boîte à outils de Serge?
2. Ce sont vos outils?
3. Ce sont les pinces de ton voisin?
4. C'est ta scie?
5. C'est la poubelle de tes parents?
6. Ce sont mes pinceaux?
7. C'est notre échelle?

VOCABULAIRE DU CHAPITRE 10

Noms
l'abonnement *(m.)*
l'actualité *(f.)*
l'animateur, l'animatrice
l'attention *(f.)*
le blessé, la blessée
la couverture
le débat
le dessin humoristique
l'éditorial *(m.)*
l'épisode *(m.)*
l'événement *(m.)*
les faits divers *(m.pl.)*
l'hebdomadaire *(m.)*
l'illustrateur, l'illustratrice
l'illustration *(f.)*
l'importance *(f.)*
le lecteur, la lectrice
le mort, la morte
le numéro *(issue)*
l'objectivité *(f.)*
l'orthographe *(f.)*
la presse
le quotidien
la recherche
la rédaction *(editing)*
la remarque
le reportage
la revue
la rubrique
les (gros) titres

Verbes
attirer
consulter
établir
(s') informer (de)
lancer
paraître
pousser (qqn. à + *inf.*)
se réunir
soulever

Adjectifs
mensuel, -le
mondial, -e
objectif, -ve
subjectif, -ve
véritable

Pronoms possessifs
le mien, la mienne
le tien, la tienne
le sien, la sienne
le nôtre, la nôtre
le vôtre, la vôtre
le leur, la leur

Expressions
à la une
autant (de / que)
de l'étranger
en chef
être abonné, -e
jeter un coup d'œil sur
se tenir au courant de
tou(te)s les deux jours / mois
(semaines / années)

CHAPITRE 11

L'anniversaire de la Révolution de 1789, qui a mis fin à la monarchie et qui a introduit les concepts de liberté et d'égalité, est une grande fête en France. Le 14 juillet, il y a des défilés, des gens qui dansent dans les rues et des feux d'artifice. Ici, on voit la silhouette de la tour Eiffel au milieu des illuminations multicolores.

(en haut) La France est divisée en régions, chacune avec sa propre histoire, ses propres traditions et même son propre costume. A Antibes, sur la Côte d'Azur, ces adolescents portent le costume régional à l'occasion d'une danse folklorique.

(en bas) St-Jean-de-Luz est un port au sud-ouest de la France, spécialisé dans la pêche au thon *(tuna)*. Cette industrie donnent du travail aux gens qui habitent sur la côte basque. On célèbre l'industrie pendant le festival du thon.

MOTS NOUVEAUX

Connais-tu bien l'histoire de France?

l'hymne national *(m.)*

tricolore

le drapeau tricolore

l'uniforme *(m.)*

le défilé

la liberté

l'égalité *(f.)*

la fraternité

le feu d'artifice

le roi

la reine

l'hymne *(m.)*

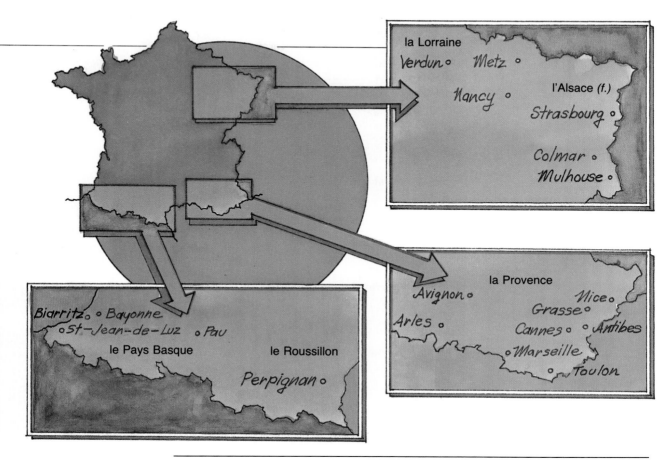

la Lorraine

Verdun ○ Metz ○

Nancy ○ l'Alsace *(f.)*

Strasbourg ○

Colmar ○

Mulhouse ○

la Provence

Avignon ○ Nice ○

Grasse ○

Arles ○ Cannes ○ ○ Antibes

○ Marseille

○ Toulon

Biarritz ○ ○ Bayonne

○ St-Jean-de-Luz ○ Pau

le Pays Basque le Roussillon

Perpignan ○

CONTEXTE COMMUNICATIF

1 Charlotte et Serge jouent au Trivial Pursuit.

SERGE	Depuis quand **la devise** de la France est-elle «Liberté, Egalité, Fraternité»?
CHARLOTTE	Depuis deux cents ans.
SERGE	Bravo!

la devise *motto*

Variations:

■ la devise → l'hymne national

«Liberté, Egalité, Fraternité» → «La Marseillaise»

depuis deux cents ans → ça fait deux cents ans

2 M. Dufour regarde des vieilles photos avec sa fille.

SYLVIE	Cette photo **date de** quand?
M. DUFOUR	De **la** Première **Guerre** mondiale. Tu vois le monsieur là, en uniforme de **l'armée** française, c'est ton arrière-grand-père.
SYLVIE	Tu l'as connu, toi?
M. DUFOUR	**Non, hélas.** Quand je suis né, ça faisait déjà longtemps qu'il était mort.

dater de *to date back to*
la guerre *war*
l'armée (f.) *army*

non (oui), hélas *I'm afraid not (so)*

- la Première Guerre mondiale → la guerre de 14*
  le monsieur → le soldat
  ça faisait → il y avait

3 Demain, c'est le 14 juillet. En France, c'est une grande fête qui **commémore la révolution** de 1789.

M. LEGRAND	Demain, c'est **jour férié.** On ne travaille pas.
MME LEGRAND	Tu **fais le pont?**
M. LEGRAND	Oui, on pourrait peut-être partir à la campagne?
MME LEGRAND	Non, j'ai promis d'emmener les enfants voir le feu d'artifice.

commémorer *to commemorate*
la révolution *revolution*
le jour férié *official holiday*
faire le pont *to take an extra day off between a holiday and a weekend*

- ne travaille pas → va **célébrer**†
  le feu d'artifice → le défilé

célébrer *to celebrate*

4 Un jeune Allemand vient d'arriver au lycée.

CHRISTINE	Depuis quand es-tu en France?
HANS	Ça fait deux mois.
CHRISTINE	Tu parles vraiment bien le français.
HANS	J'ai toujours habité près de la frontière française. C'est une région où il y a beaucoup d'**échanges** entre nos deux pays, tu sais.

l'échange (m.) *exchange*

- de la frontière française → de l'Alsace
- Allemand → Espagnol
  de la frontière française → du Roussillon
- Allemand → Italien
  de la frontière française → de la Provence

---

*La Première Guerre mondiale a commencé en août 1914 et s'est terminée le 11 novembre 1918. Les Etats-Unis n'y sont entrés qu'en avril 1917.

†*Célébrer* is a stem-changing verb that follows the pattern of *répéter: je célèbre; nous célébrons.*

5 LUCIEN	Ton frère aîné fait son **service militaire*** dans l'armée?	**le service militaire** *military service*
ODETTE	Non, il **s'est engagé** dans **la marine.**	**s'engager** *to enlist*
LUCIEN	Tiens, c'est une bonne idée. Quand je ferai mon service militaire, je le ferai dans la marine. Comme ça je verrai le monde.	**la marine** *navy*

■ l'armée → **l'armée de l'air**

l'armée de l'air (f.) *air force*

6	Le prof d'histoire **fait un cours** sur la révolution de 1789.	**faire un cours** = donner un cours
LE PROF	Pouvez-vous expliquer pourquoi la révolution a eu lieu?	
FRANÇOIS	Il y avait longtemps que **le peuple** était **malheureux.**	**le peuple** *the people* **malheureux, -euse** *unhappy*
NADINE	Et le roi était trop **puissant.**	**puissant, -e** *powerful*

■ il y avait → ça faisait

7 Si tu regardes une carte d'Europe, tu verras que la France est **entourée de** nombreux autres pays. Au cours des siècles, ils ont souvent **été en désaccord,** mais maintenant ils ont décidé de **s'unir** pour **former** la C.E.E.[†]

■ au cours des siècles → **jadis**
■ au cours des siècles → autrefois
   ils ont souvent été → ils étaient souvent

entouré (de) *surrounded (by)*
être en désaccord *to disagree*
le désaccord *disagreement*
s'unir *to unite*
former *to form*
jadis *formerly*

8	Une journaliste interviewe **un écologiste** célèbre.	**l'écologiste** (m. & f.) *ecologist*
LA JOURNALISTE	Quels sont, à votre avis, **les dangers** qui vont nous **menacer** dans l'avenir?	**le danger** *danger* **menacer** *to threaten*
L'ÉCOLOGISTE	En un mot, **la technologie.**	**la technologie** *technology*
LA JOURNALISTE	La technologie?	
L'ÉCOLOGISTE	Oui, c'est la technologie qui **crée** la pollution. **Dès que** nous **parviendrons**[††] à trouver une solution à ce problème, nous vivrons dans un monde meilleur.	**créer** *to create* **dès que** *as soon as* **parvenir à** + inf. = arriver à + *inf.*

■ dès que → **aussitôt que**
   trouver → **découvrir****
■ dès que → **lorsque**
   nous parviendrons à trouver → nous trouverons

aussitôt que = dès que
découvrir *to discover*
lorsque = quand

---

*Tous les Français dòivent faire le service militaire pendant un an.

[†]*La C.E.E. = la Communauté Economique Européenne* ("Common Market"). Les douze membres sont l'Allemagne, la Belgique, le Danemark, l'Espagne, la France, la Grande-Bretagne, la Grèce, l'Irlande, l'Italie, le Luxembourg, les Pays-Bas et le Portugal.

[††]*Parvenir* follows the pattern of *venir* in all tenses.

**Découvrir follows the pattern of *ouvrir*. Its past participle is *découvert.*

AUTREMENT DIT

TO ASK FOR AN EXPLANATION …
> Comment ça se fait que …?
> Tu peux m'expliquer pourquoi …?
> Tu peux me dire pourquoi …?
> Tu sais pourquoi …?

TO CONGRATULATE …
> Félicitations!
> Bravo!
> C'est toi le meilleur!
> Tu es un chef!

EXERCICES

A Au contraire. Donnez le contraire de chaque mot ou de chaque expression. Ensuite posez une question à un(e) camarade de classe en utilisant l'antonyme que vous avez choisi.

1. cacher
2. créer
3. faible
4. la paix
5. heureux
6. tout seul
7. le jour de travail
8. être d'accord

B D'accord. Maintenant donnez un synonyme pour chaque mot ou pour chaque expression. Ensuite posez une question en utilisant le mot ou l'expression que vous avez choisi.

1. arriver à + *inf.*
2. autrefois
3. dès que
4. le drapeau français
5. les gens d'un pays
6. mettre en danger
7. quand
8. se souvenir de

C Parlons de toi.
1. Comment est-ce qu'on commémore le 4 juillet chez toi, en famille et dans la communauté où tu vis? Comment est-ce que tu expliquerais l'importance de cette date?
2. Quels autres jours fériés est-ce qu'on célèbre aux Etats-Unis? Comment est-ce qu'on les célèbre? Tu sais quels événements ces fêtes commémorent?
3. La Déclaration d'Indépendance n'était pas le véritable commencement de la Révolution américaine. Tu peux citer la date où l'armée anglaise et les Américains se sont battus vraiment pour la première fois? Tu sais où a eu lieu cet événement?

4. Qu'est-ce que tu sais de l'hymne national des Etats-Unis? Pendant quelle guerre est-ce qu'il a été écrit? Est-ce que tu penses que c'est le meilleur hymne national possible pour ce pays? Si non, qu'est-ce que tu préférerais et pourquoi?
5. De nos jours, il y a quelques pays qui ont encore un roi ou une reine. Tu peux en citer quelques-uns? Est-ce que tu voudrais vivre dans un pays où il y avait un roi ou une reine? Pourquoi?
6. Tu peux expliquer la devise de la France? A ton avis, qu'est-ce qu'elle veut dire? Tu sais la devise des Etats-Unis? Qu'est-ce que tu en penses?
7. Est-ce que tu comptes t'engager dans les forces armées? Pourquoi? Si tu t'engageais, est-ce que tu choisirais l'armée, la marine ou l'armée de l'air? Pourquoi?
8. Est-ce que tu crois qu'aux Etats-Unis on devrait avoir le service militaire comme en France? Est-ce que tu t'engagerais si une armée étrangère menaçait nos frontières?
9. S'il fallait que les hommes fassent le service militaire, est-ce que les femmes devraient le faire aussi? Pourquoi?
10. Est-ce que tu penses que tout le monde doit rendre quelque service à l'état ou à la communauté? Si oui, quelle sorte de service?
11. Est-ce que tu voudrais être écologiste? Pourquoi? Qu'est-ce qu'on peut faire pour se débarrasser de la pollution de l'air, de la terre et des mers?

ACTIVITÉ

La meilleure devise. Avec un(e) partenaire, créez des devises en français pour:

a) les Etats-Unis
b) votre état
c) votre ville
d) votre lycée
e) votre classe de français
f) vous-mêmes

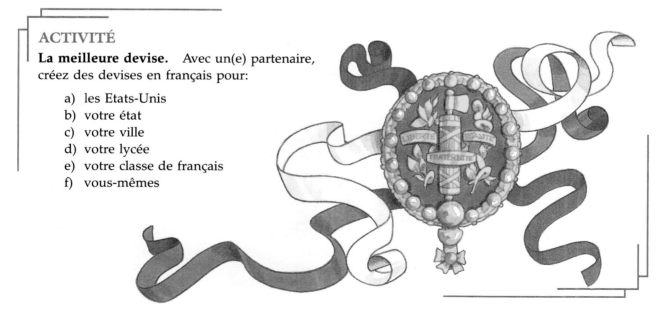

APPLICATIONS

Les avantages de la C.E.E.

Juliette discute avec son père.

JULIETTE   Ce sera chouette quand il n'y aura plus de frontières en Europe.

M. HERAN   Tu t'intéresses à la politique[1] internationale, toi, maintenant?

JULIETTE   Oui, je trouve ça passionnant.

M. HERAN   Et pourquoi?

JULIETTE   Ecoute. D'après mon prof d'éco,[2] quand les frontières économiques disparaîtront, tout ce qui vient des autres pays de la C.E.E. sera bien moins cher.

M. HERAN   Et alors?

JULIETTE   Eh bien, je pourrai m'acheter tous les disques de rock anglais sans dépenser trop d'argent!

M. HERAN   Ah, ça alors, c'est vraiment un avantage très important!

JULIETTE   Ne te moque pas de moi, papa. Rends-toi compte: la petite Jaguar blanche dont tu rêves depuis si longtemps, elle aussi coûtera bien moins cher.

M. HERAN   Tiens, c'est vrai, ça!

---

[1] **la politique** *politics*   [2] **l'éco** = les sciences économiques

Questionnaire

1. Pourquoi est-ce que Juliette veut que les frontières économiques entre les pays européens disparaissent? Son père pense que c'est un véritable avantage?   2. Qu'est-ce qu'elle dit pour le convaincre *(convince)*? Vous croyez qu'elle y parvient?   3. Quels avantages est-ce que vous voyez dans une organisation internationale comme la C.E.E.?   4. Vous croyez que c'est possible qu'un jour il n'y ait plus de frontières du tout en Europe? Qu'est-ce qui risque d'empêcher que toutes les frontières disparaissent?   5. Vous croyez qu'un jour il n'y aura plus de frontières entre les Etats-Unis et le Canada? Entre les Etats-Unis et le Mexique? Pourquoi?

Situation

Organisez un débat sur les avantages et les désavantages de faire disparaître les frontières économiques entre les Etats-Unis et le Canada ou entre les Etats-Unis et le Mexique. Formez deux équipes qui prépareront leurs arguments et qui choisiront deux ou trois personnes pour participer au débat.

EXPLICATIONS I

Il y a et *ça fait* avec le temps

◆ **OBJECTIVES:**

TO SAY HOW LONG IT HAS BEEN SINCE SOMETHING HAPPENED

TO TELL HOW LONG SOMETHING HAS BEEN GOING ON

TO TALK ABOUT PAST EVENTS IN RELATION TO THE PRESENT

You know that *il y a* + an expression of time + passé composé is the equivalent of "ago."

Le feu d'artifice **s'est terminé il y a deux heures.**	*The fireworks **ended two hours ago.***

1 *Il y a* or *ça fait* + an expression of time + *que* is the equivalent of "since" or "for." With the passé composé, this construction expresses how long it has been since an event took place.

Ça fait deux siècles que la révolution **a eu lieu.**	*It's been two centuries since the revolution **took place.***
Il y a presque 200 ans que Rouget de Lisle **a écrit** «la Marseillaise».	*It's been almost 200 years since Rouget de Lisle **wrote** the "Marseillaise."*
Ça fait plus de quarante ans qu'il n'y a pas eu de guerre en France.	*It's been over forty years since there was a war in France.* OR: *There hasn't been a war in France **for over forty years.***

2 With the present tense, *il y a* and *ça fait* + an expression of time + *que* is always equivalent to "for." It tells how long something has been going on.

Ça fait trois heures que le défilé **dure.**	*The parade **has lasted for three hours.***
Il y a une semaine que le patron **menace** de le licencier.	*The boss **has been threatening** to fire him **for a week.***

3 *Il y a* and *ça fait* can also be used with the imperfect to tell how long something *had* been going on when another event occurred. This construction is the equivalent of "for."

Il y avait une heure que le défilé **passait** quand il a commencé à pleuvoir.	*The parade **had been passing by for an hour** when it started to rain.*
Ça ne faisait qu'**une semaine que j'avais** la bague quand je l'ai perdue.	*I had had the ring **for** only **a week** when I lost it.*

Un feu d'artifice le 14 juillet, Paris

Un défilé à Paris, le 14 juillet

A **Quelques dates dans l'histoire de France.** Il y a combien de temps que ces événements ont eu lieu? Répondez selon le modèle. Employez *plus de, moins de, presque* ou *et demi* s'il le faut. Pour les deux dernières questions, dites exactement combien d'années sont passées depuis l'événement.

> 732: Charles Martel bat les Arabes à Poitiers
> *Il y a (Ça fait) plus de douze siècles et demi que Charles Martel a battu les Arabes à Poitiers.*

1. 987: Hugues Capet devient roi de France
2. 1066: Guillaume, duc de Normandie, gagne la bataille de Hastings et devient roi d'Angleterre
3. 1214: Naissance de Louis IX (saint Louis)
4. 1257: Robert de Sorbon fonde la Sorbonne
5. 1431: Jeanne d'Arc est brûlée vive à Rouen
6. 1673: Le père Marquette et Louis Joliet découvrent le Mississippi
7. 1715: Mort de Louis XIV (le Roi-Soleil)
8. 1789: La Révolution française a lieu
9. 1815: Napoléon perd la bataille de Waterloo
10. 1871: La France doit céder l'Alsace et une partie de la Lorraine à l'Allemagne
11. 1918: La France reprend l'Alsace et la Lorraine après la Première Guerre mondiale
12. 1959: Charles de Gaulle crée la Ve République

B **La meilleure candidate.** Le gérant d'une grande entreprise internationale a besoin d'une secrétaire. Deux jeunes femmes ont posé leur candidature. Dites quelle est l'experience des deux candidates. Suivez le modèle.

> étudier l'allemand   ANNE: 3 ans   JULIE: ___
> ÉLÈVE 1   *Il y a combien de temps qu'elles étudient l'allemand?*
> ÉLÈVE 2   *Il y a (Ça fait) trois ans qu'Anne l'étudie. Julie ne l'a pas étudié.*

	ANNE	JULIE
1. taper à la machine	5 ans	3 ans
2. utiliser un ordinateur	3 ans	3 ans
3. étudier la comptabilité	—	2 semaines
4. rédiger des lettres d'affaires	1 an	1 an
5. travailler comme standardiste	8 mois	—
6. suivre des cours d'anglais	3 ans	5 ans

Alors, laquelle des deux candidates est-ce que vous choisiriez? Pourquoi?

C **Grosses bises.** Nous sommes en juillet et Jim voyage en France avec sa famille. Voici des cartes postales qu'il écrit à sa petite amie, Amy, et, après son retour aux Etats-Unis, à son correspondant Georges. Complétez-les selon son itinéraire.

juillet

L	M	M	J	V	S	D
	1 Départ pour la France	2 ←—	3 —	4 Paris —	5 —	6 —→
7 ←—	8 —	9 Lorraine	10 —	11 —→	12 ←—	13 —→
14 Alsace —	15 —	16 —	17 ←—	18 Provence —	19 —	20 —→
21 ←—	22 Rousillon	23 —→	24 ←—	25 Pays Basque —	26 —→	27 Paris
28 Retour aux Etats-Unis	29	30	31			

Chère Amy, le 14 juillet

Aujourd'hui on commémore la Révolution. Il y a des défilés et des feux d'artifice partout. On est maintenant à Strasbourg, en _____. _____ deux jours que nous *(être)* ici. Nous *(quitter)* la Lorraine _____ trois jours. On se verra dans deux semaines.

Grosses bises,

Jim

Chère Amy, le 22 juillet

_____ trois semaines que je *(être)* en France—et trois semaines que nous *(ne pas se voir)*, hélas! _____ deux jours que nous *(arriver)* au Roussillon. Le 24, nous allons au _____. Tu viens me chercher à l'aéroport?

A bientôt!
Grosses bises,

Jim

Cher Georges, le 15 septembre

_____ plus d'un mois qu'on *(quitter)* la France, mais le temps passe vite. _____ une semaine que je *(rentrer)* au lycée. Je suis le plus fort en français maintenant! Il se peut que tu viennes aux Etats-Unis pour les vacances de Noël?

A bientôt,

Jim

D Un peu plus d'histoire. Dites quel était l'intervalle entre les événements donnés. Suivez le modèle.

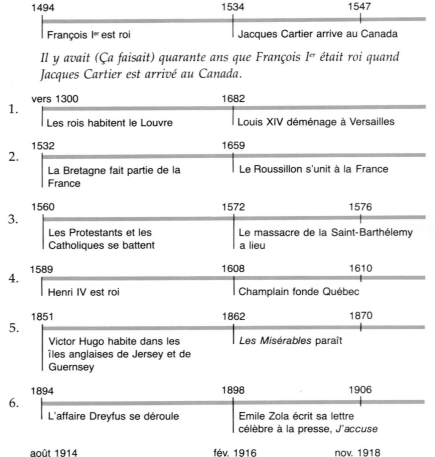

1494	1534	1547
François Ier est roi	Jacques Cartier arrive au Canada	

Il y avait (Ça faisait) quarante ans que François Ier était roi quand Jacques Cartier est arrivé au Canada.

1.

vers 1300	1682
Les rois habitent le Louvre	Louis XIV déménage à Versailles

2.

1532	1659
La Bretagne fait partie de la France	Le Roussillon s'unit à la France

3.

1560	1572	1576
Les Protestants et les Catholiques se battent	Le massacre de la Saint-Barthélemy a lieu	

4.

1589	1608	1610
Henri IV est roi	Champlain fonde Québec	

5.

1851	1862	1870
Victor Hugo habite dans les îles anglaises de Jersey et de Guernsey	*Les Misérables* paraît	

6.

1894	1898	1906
L'affaire Dreyfus se déroule	Emile Zola écrit sa lettre célèbre à la presse, *J'accuse*	

7.

août 1914	fév. 1916	nov. 1918
La Première Guerre mondiale a lieu	La bataille de Verdun commence	

8.

1918	1939
Il y a la paix en Europe	La guerre commence

9.

sept. 1939	juin 1940	mai 1945
La Deuxième Guerre mondiale a lieu	L'armée allemande entre dans Paris	

Depuis, depuis quand et *depuis combien de temps*

You know that we use the present tense + *depuis* + an expression of time to tell how long something has been going on. It is the equivalent of "for" (a length of time) or "since" (a point in time).

Elles **habitent** la Lorraine **depuis quinze ans.**	*They've been living in Lorraine for fifteen years.*
Il **habite** la Provence **depuis** 1983.	*He's been living in Provence since 1983.*

In the first example, we can also use *il y a* or *ça fait: Il y a (Ça fait) quinze ans qu'elles habitent la Lorraine.* But only *depuis* can be used with a specific date or time.

1 We use *depuis* with the imperfect to tell how long something *had* been going on when another event occurred.

J'habitais l'Alsace **depuis cinq ans lorsque** la guerre **a commencé.**	*I had been living in Alsace for five years when the war started.*
Elle cherchait son uniforme **depuis midi lorsqu'**elle l'**a découvert** dans la machine à laver.	*She'd been looking for her uniform since noon when she found it in the washing machine.*

2 You know that you can use *depuis quand* to ask *when* an action started. It is the equivalent of "since when." To ask "how long," use *depuis combien de temps*.

Depuis quand est-ce qu'ils habitent le Pays Basque? Depuis 1978.	*Since when have they lived in the Basque country? Since 1978.*
Depuis combien de temps est-ce que vous êtes écologiste? Je le suis depuis huit ans.	*How long have you been an ecologist? I've been one for eight years.*

3 Before a noun or pronoun + verb, we use *depuis que.*

Il n'est pas rentré chez lui **depuis qu'il s'est engagé** dans l'armée de l'air.	*He hasn't been home since he enlisted in the air force.*

◆ OBJECTIVES:

TO SAY HOW LONG SOMETHING HAS BEEN GOING ON

TO TALK ABOUT PAST EVENTS IN RELATION TO THE PRESENT

Les arènes d Arles, en Provence

EXERCICES

A Depuis combien de temps ...? Imaginez qu'il y a un(e) élève français(e) qui fait partie d'un programme d'échange à votre lycée et qui veut mieux vous connaître. Conversez selon le modèle, en employant *depuis combien de temps.*

> habiter à *(nom de votre ville)*
> ÉLÈVE 1 *Depuis combien de temps est-ce que tu habites à* (nom de votre ville)?
> ÉLÈVE 2 *J'habite ici depuis cinq ans (quinze ans, etc.).*

1. jouer à *(nom d'un sport)*
2. savoir nager
3. étudier le français
4. utiliser un ordinateur
5. avoir votre permis de conduire
6. avoir un(e) petit(e) ami(e)
7. connaître *(nom d'une personne)*
8. aller aux concerts de rock

B Depuis quand exactement ...? Cette fois votre nouvel(le) ami(e) demande des renseignements plus précis. Conversez selon le modèle, en employant *depuis quand.*

> habiter à *(nom de votre ville)*
> ÉLÈVE 1 *Depuis quand est-ce que tu habites à* (nom de votre ville)?
> ÉLÈVE 2 *J'habite ici depuis 1988 (le premier septembre / ma naissance / que je suis né(e), etc.)*.

C Liberté, Egalité, Fraternité! Dites depuis quand et depuis combien de temps chacune des situations suivantes existait en France lorsque la Révolution de 1789 a commencé. Suivez le modèle.

> il y a des rois en France / 481
> *Il y avait des rois en France depuis 481.*
> *Il y avait des rois en France depuis treize cent huit ans lorsque la Révolution a commencé.*

1. les rois / être très puissants / 15e siècle
2. les rois et les reines / habiter à Versailles / 1682
3. la France / dépenser des tas d'argent pour les guerres étrangères / 1668
4. le peuple / connaître les idées de Rousseau sur l'égalité / 1755
5. Marie Antoinette / être la femme de Louis XVI / 1770
6. le père de Louis XVI / être mort / 1765
7. son grand-père, Louis XV / être mort / 1774
8. le roi et les nobles / se menacer / 1787

D Parlons de toi.

1. Depuis combien de temps est-ce que tu étudies le français? Tu comptes continuer tes études de français à l'université? Tu voudrais faire un cours un jour? Tu penses être professeur?

2. Ça fait longtemps que tu habites ta maison ou ton appartement? Depuis quand est-ce que tu habites là-bas?

3. Depuis quand est-ce que tu connais ton (ta) meilleur(e) ami(e)? Comment est-ce que tu as fait sa connaissance? Il y avait longtemps que vous alliez à la même école sans vous connaître?

4. Tu as ton permis de conduire? Ça faisait longtemps que tu savais conduire quand tu l'as obtenu? Depuis combien de temps est-ce que tu sais conduire? Comment est-ce que tu as appris à conduire?

Le 14 juillet de nos jours

Le 14 juillet il y a deux siècles

APPLICATIONS

Extraits du *Dictionnaire portatif* (Voltaire) et de *Stello* (Alfred de Vigny)

LECTURE

AVANT DE LIRE

Voltaire est le nom de plume de François Marie Arouet (1694–1778). Un des plus grands penseurs et écrivains du XVIIIe siècle, il est surtout connu pour ses satires et pour ses défenses de la liberté de conscience *(thought)*. Pendant trois ans (1726–1729) il a habité en Angleterre, où il a découvert une liberté politique qu'il n'avait pas connue en France. Cinq ans après son retour il a publié ses *Lettres anglaises*. Le Parlement de Paris les a fait brûler. L'extrait qui suit vient de son *Dictionnaire portatif (portable)*, qui date de 1757.

Alfred de Vigny (1797–1863) était un des poètes romantiques les plus célèbres. L'extrait que vous allez lire vient de *Stello*, une œuvre en prose. Dans ce passage, un personnage qui s'appelle le docteur Noir raconte la mort du poète André Chénier (1762–1794). Chénier, dont les poèmes ne seraient pas connus jusqu'après sa mort, était révolutionnaire, mais il s'opposait à ceux qui voulaient faire guillotiner le roi. Chénier a été mis à la prison Saint-Lazare et a été lui-même guillotiné le 20 juillet 1794, dix-huit mois après Louis XVI.

1. Une satire est une œuvre qui s'attaque à quelque chose ou à quelqu'un en se moquant. Vous avez lu des satires? Qu'est-ce que vous en avez pensé? Pourquoi croyez-vous que beaucoup de gens aient de la difficulté à comprendre une œuvre satirique?
2. A votre avis, la liberté de la presse est-elle importante? Pourquoi? Croyez-vous qu'on doive pouvoir lire ce qu'on veut? Si non, qui doit avoir le droit de décider de ce qu'on peut lire, dire ou publier?
3. Croyez-vous que la presse américaine de nos jours soit trop puissante? Expliquez votre réponse en donnant quelques exemples.
4. Dans l'extrait de Voltaire vous allez rencontrer plusieurs noms de lieu et de personnages. Vous savez qui étaient Homère, Platon, Cicéron, Virgile, Pline et Horace? Quand est-ce qu'ils ont écrit? En quelles langues?
5. Qu'est-ce que c'était que la Sainte *(holy)* Inquisition? Si vous ne savez pas, cherchez-le dans une encyclopédie.
6. Quand Voltaire parle de Rome, il ne parle pas de l'empire de l'Antiquité, mais de l'Eglise catholique. (A cette époque, l'Eglise interdisait aux gens de lire les livres qui étaient en désaccord avec ses doctrines.) Les gens dont il fait mention (le roi Henri VIII et la reine Elisabeth I d'Angleterre, le duc de Saxe et le landgrave de Hesse dans ce qui deviendra l'Allemagne au siècle suivant, les princes d'Orange qui régnaient *(ruled)* sur les Pays-Bas et les familles importantes de Condé et de Coligny en France) étaient des protestants importants qui ont menacé ou se sont battus contre l'Eglise.

370   Chapitre 11

7. Vous connaissez l'histoire des murs de Jéricho? Si non, lisez-la dans la Bible, Josué (*Joshua*) VI, et racontez-la en vos propres mots.

8. Dans l'extrait de Voltaire, que veut dire *détruire* (l. 7—un mot associé à *construire*)? Vous connaissez les mots anglais *approbation* et *to subsist*? Si oui, vous comprendrez les lignes 10 et 16.

9. Dans l'extrait de Vigny, d'après le contexte, que veulent dire *une longue-vue* (l. 2), *attachées* (l. 4), *l'échafaud* (l. 23), *encombré* (l. 28), *se vider* (l. 28), *plaintif* (l. 36), *saisir* (l. 43), *baisser* (l. 55—mot associé à *bas, basse*), *une prière désespérée* (l. 55): Vous savez ce que veut dire *recevoir*. Alors, que veut dire *concevoir*? Vous connaissez ce que veulent dire *dolorous, zephyr, retrograde* et *vociferation* en anglais? Si oui, vous comprendrez les lignes 12, 21, 27 et 35.

I VOLTAIRE

Buste de Voltaire par Jean-Antoine Houdon

LIBERTÉ d'IMPRIMER.[1] ... On a imprimé 5 à 6 000 brochures en Hollande contre Louis XIV; aucune n'a contribué à lui faire perdre les batailles de Blenheim, de Turin et de Ramillies.

5 En général, il est de droit naturel de se servir de sa plume comme de sa langue, à ses périls, risques et fortunes. Je connais beaucoup de livres qui ont ennuyé; je n'en connais point[2] qui ait fait de mal réel. Des théologiens ou de prétendus politiques[3] crient: «La religion est détruite, le gouvernement est perdu, si vous imprimez certaines vérités.... Il est contre le bon ordre qu'un homme pense par soi-même. Homère, Platon, Cicéron, Vir-
10 gile, Pline, Horace n'ont jamais rien publié qu'avec l'approbation des docteurs de la Sorbonne et de la Sainte Inquisition.

«Voyez dans quelle décadence horrible la liberté de la presse a fait tomber l'Angleterre et la Hollande! Il est vrai qu'elles embrassent le commerce du[4] monde entier et que l'Angleterre est victorieuse sur terre et sur mer; mais
15 ce n'est qu'une fausse grandeur, une fausse opulence, elles marchent à grands pas[5] à leur ruine. Un peuple éclairé[6] ne peut subsister....»

Non, Rome n'a point été vaincue[7] par des livres.... Henri VIII, Elisabeth, le duc de Saxe, le landgrave de Hesse, les princes d'Orange, les Condé, les Coligny ont tout fait, et les livres rien. Les trompettes n'ont jamais
20 gagné de batailles et n'ont fait tomber de murs que ceux de Jéricho.

Vous craignez[8] les livres comme certaines bourgades[9] ont craint les violons. Laissez lire, et laissez danser, ces deux amusements ne feront jamais de mal au monde.

---

[1]**imprimer** *to print*   [2]**point** = pas   [3]**prétendus politiques** *so-called politicians*
[4]**embrasser le commerce de** = faire des affaires avec   [5]**le pas** *step*   [6]**éclairé**
enlightened   [7]**vaincu, -e** = battu, -e   [8]**craindre** = avoir peur de   [9]**la bourgade**
= village de province

André Chénier

II VIGNY

Avec mes yeux j'avais vu l'ensemble du tableau; pour voir le détail, je pris une longue-vue. La charrette[1] était déjà éloignée de moi, en avant. J'y reconnus pourtant un homme en habit[2] gris, les mains derrière le dos. Je ne sais si elles étaient attachées. Je ne doutai pas que ce ne fût
5 André Chénier. La voiture s'arrêta encore. On se battait. Je vis un homme en bonnet rouge monter sur les planches de la Guillotine et arranger un panier.

Ma vue se troublait:[3] je quittai[4] ma lunette pour essuyer le verre et mes yeux.

10 L'aspect général de la place changeait à mesure que[5] la lutte[6] changeait de terrain. Chaque pas que les chevaux gagnaient semblait au peuple une défaite qu'il éprouvait.[7] Les cris étaient moins furieux et plus douloureux. La foule s'accroissait[8] pourtant, et empêchait la marche, plus que jamais, par le nombre plus que par la résistance.

15 Je repris la longue-vue, et je revis les malheureux … qui dominaient, de tout le corps,[9] les têtes de la multitude. J'aurais pu les compter en ce moment. Les femmes m'étaient inconnues…. Les hommes, je les avais vus à Saint-Lazare. André causait,[10] en regardant le soleil couchant. Mon âme[11] s'unit à la sienne, et tandis que[12] mon œil suivait de loin le mouvement
20 de ses lèvres, ma bouche disait tout haut ses derniers vers:

> Comme un dernier rayon,[13] comme un dernier zéphire
> Anime la fin d'un beau jour,
> Au pied de l'échafaud, j'essaie encor ma lyre.
> Peut-être est-ce bientôt mon tour.

25 Tout à coup un mouvement violent qu'il fit me força de quitter ma lunette et de regarder toute la place où je n'entendais plus de cris.

Le mouvement de la multitude était devenu rétrograde tout à coup.

Les quais si remplis, si encombrés, se vidaient. Les masses se coupaient en groupes, les groupes en familles, les familles en individus. Aux extré-
30 mités de la place, on courait,[14] pour s'enfuir,[15] dans une grande poussière. Les femmes couvraient leurs têtes et leurs enfants de leurs robes. La colère[16] était éteinte … il pleuvait.

Qui connaît Paris comprendra ceci. Moi, je l'ai vu. Depuis encore je l'ai revu dans des circonstances graves et grandes.

35 Aux cris tumultueux, aux jurements,[17] aux longues vociférations succé-

Alfred de Vigny

---

[1]**la charrette** *tumbrel (cart for taking prisoners to the guillotine)*   [2]**l'habit** (m.) = le vêtement   [3]**se troubler** *to grow cloudy*   [4]**quitter** *to take off*   [5]**à mesure que** *as*   [6]**la lutte** *fight*   [7]**éprouver** = sentir   [8]**s'accroître** = devenir plus grand   [9]**qui dominait, de tout le corps** = *who were completely above*   [10]**causer** = parler   [11]**l'âme** (f.) *soul*   [12]**tandis que** = pendant que   [13]**le rayon** here: *ray*   [14]**courir** *to run*   [15]**s'enfuir** = échapper   [16]**la colère** *anger*   [17]**le jurement** *oath*

dèrent des murmures plaintifs qui semblaient un sinistre adieu, de lentes et rares exclamations, dont les notes prolongées, basses et descendantes, exprimaient l'abandon de la résistance et gémissaient[18] sur leur faiblesse. La Nation humiliée ployait[19] le dos, et roulait par troupeaux[20] entre une
40 fausse statue, une Liberté qui n'était que l'image d'une image, et un réel Echafaud teint[21] de son meilleur sang.

Ceux qui se pressaient voulaient voir ou voulaient s'enfuir. Nul[22] ne voulait rien empêcher. Les bourreaux[23] saisirent le moment. La mer était calme, et leur hideuse barque arriva à bon port. La Guillotine leva son
45 bras.

En ce moment plus aucune voix, plus aucun mouvement sur toute l'étendue[24] de la place. Le bruit clair et monotone d'une large pluie était le seul qui se fit entendre, comme celui d'un immense arrosoir. Les larges rayons d'eau s'étendaient devant mes yeux et sillonnaient[25] l'espace. Mes
50 jambes tremblaient: il me fut nécessaire d'être à genoux.

Là je regardais et j'écoutais sans respirer. La pluie était encore assez transparente pour que ma lunette me fit apercevoir la couleur du vêtement qui s'élevait entre les poteaux.[26] ... Je fermais les yeux. Un grand cri des spectateurs m'avertissait[27] de les rouvrir.

55 Trente-deux fois je baissai la tête ainsi, disant tout haut une prière désespérée, que nulle oreille humaine n'entendra jamais, et que moi seul j'ai pu concevoir.

Après le trente-troisième cri, je vis l'habit gris tout debout. Cette fois je résolus d'honorer le courage de son génie,[28] en ayant le courage de voir
60 toute sa mort; je me levai.

La tête roula, et ce qu'il *avait là*[29] s'enfuit avec le sang.

---

[18]**gémir** *to groan*   [19]**ployer** *to bend*   [20]**le troupeau** *herd*   [21]**teint, -e** *stained*   [22]**nul(le)** = aucun, -e   [23]**le bourreau** *executioner* [24]**l'étendue** *extent, stretch*   [25]**sillonner** = traverser   [26]**le poteau** *post* [27]**avertir** *to warn*   [28]**le génie** *genius*   [29]Selon la légende au moment où le bourreau allait le saisir, Chénier se serait touché la tête et aurait dit: «Et pourtant j'avais quelque chose là.»

Questionnaire

1. Voltaire dit que les brochures imprimées en Hollande n'ont pas vaincu Louis XIV dans trois batailles importantes. Qu'est-ce qu'il veut dire?

2. Qu'est-ce qu'il y a d'humoristique dans les lignes 9–11? (Vous savez ce que c'est qu'un anachronisme? Si non, cherchez ce mot dans un dictionnaire.)

3. Dans le troisième paragraphe, Voltaire décrit la «décadence horrible» dans laquelle étaient tombées la Hollande et l'Angleterre. Qu'est-ce qu'il y a d'ironique dans ce qu'il dit?

4. Dans la métaphore aux lignes 19–20, à quoi Voltaire compare-t-il les livres?

5. Voltaire dit que les livres peuvent ennuyer mais qu'ils ne font jamais de «mal réel»? Est-ce que vous êtes d'accord? Si les livres eux-mêmes ne font pas de mal réel, parviennent-ils parfois à pousser les gens à agir *(to act)?* Donnez des exemples des livres qui de cette façon ont fait soit du mal soit du bien.

6. Dans le deuxième extrait, croyez-vous que Vigny peigne un bon tableau de ce qui s'est passé ce jour-là? Décrivez la scène en trois ou quatre phrases.

7. Est-ce que la plupart des gens qui étaient là voulaient que l'exécution ait lieu ou non? Servez-vous des citations pour justifier votre réponse.

8. A votre avis, pourquoi les gens se battaient-ils? Qu'est-ce qui a «éteint» leur colère?

9. Discutez des lignes 39–41. Pourquoi Vigny dit-il que la Nation était humiliée? A quoi est-ce qu'il compare le peuple en parlant d'un «troupeau»? Il parle d'une «fausse» statue de la Liberté et dit qu'elle n'était que «l'image d'une image». Vous pouvez expliquer ça? Il contraste la fausse Liberté à l'Echafaud réel. Qu'est-ce qu'il dit un peu plus tard qui crée une image même plus réelle, brutale et humaine de l'échafaud?

10. Qu'est-ce que vous pensez du dénouement? Pourquoi le narrateur dit-il qu'il honore le courage de Chénier «en ayant le courage de voir toute sa mort»? Pourquoi la dernière phrase est-elle tellement frappante *(striking)* et triste?

11. André Chénier n'avait rien fait, mais il avait trop parlé. Voilà pourquoi on l'a mis à mort. (Souvenez-vous qu'à cette époque on ne savait pas qu'il écrivait aussi et que c'était un poète extraordinaire.) Cela se passe de nos jours dans certains pays. Cela pourrait se passer un jour aux Etats-Unis? Quel rôle joue la liberté de la presse en empêchant qu'on soit puni pour être en désaccord avec le gouvernement?

EXPLICATIONS II

Le futur après *quand, lorsque, dès que, aussitôt que*

In French we always use the future tense after *quand, lorsque, aussitôt que*, and *dès que* when it is implied that the action is in the future. In English we would use the present tense.

♦ **OBJECTIVE:**

TO DESCRIBE FUTURE PLANS OR EXPECTATIONS

Quand j'obtiendrai mon diplôme, je vais m'engager dans la marine.	**When I get** my diploma, I'm going to enlist in the navy.
Lorsque la reine arrivera, on chantera l'hymne national.	**When the queen arrives,** we'll sing the national anthem.
Dès que nous parviendrons à réparer ces fours, il y aura moins de pollution.	**As soon as we succeed** in repairing those ovens, there'll be less pollution.
Je te répondrai **aussitôt que nous nous réunirons.**	I'll answer you **as soon as we meet.**

Note that in French both verbs are in the future. In English one is in the present and one is in the future.

We use the present after *quand, lorsque, dès que,* and *aussitôt que* when we are referring to a repeated or habitual action. Compare the following sentences.

Dès qu'on chantera l'hymne national, le match **commencera.**	**As soon as we sing** the national anthem, the game **will begin.**
Dès qu'on chante l'hymne national, les matchs **commencent.**	**As soon as we sing** the national anthem, the games **begin.**

Une célébration militaire du 14 juillet en France

A **Qu'est-ce que tu fais?** Conversez avec un(e) camarade sur ce que vous faites d'habitude. Suivez le modèle.

> dès que / se lever
> ÉLÈVE 1 *Qu'est-ce que tu fais d'habitude dès que tu te lèves?*
> ÉLÈVE 2 *Dès que je me lève, je prends une douche.*

1. quand / arriver dans la cuisine le matin
2. lorsque / quitter la maison
3. dès que / arriver au lycée
4. quand / la première classe / se terminer
5. aussitôt que / arriver au gymnase
6. lorsque / sortir de la cantine du lycée
7. dès que / entrer dans la classe de français
8. lorsque / partir du lycée
9. dès que / arriver à la maison
10. quand / le dîner est prêt

B **Et lundi prochain?** Refaites l'Exercice A en discutant de ce que vous ferez lundi prochain. Suivez le modèle.

> dès que / se lever
> ÉLÈVE 1 *Qu'est-ce que tu feras lundi prochain dès que tu te lèveras?*
> ÉLÈVE 2 *Dès que je me lèverai, je me brosserai les dents.*

C **Absurdités.** Imaginez les absurdités historiques suivantes. Si elles étaient vraies, qu'est-ce que les gens se seraient dit? Employez *quand, lorsque, dès que* ou *aussitôt que*. Suivez le modèle.

> Le père Marquette a découvert le Mississippi pour faire du bateau.
> *Il s'est dit: «Quand (lorsque / dès que / aussitôt que) je découvrirai le Mississippi, je ferai du bateau.»*

1. Napoléon est entré dans l'armée pour faire dessiner un nouvel uniforme.
2. Rouget de Lisle est allé à Strasbourg pour écrire un hymne national.
3. Le peuple a pris la Bastille pour avoir un jour férié.
4. Jeanne d'Arc a appris à monter à cheval pour chasser les Anglais.
5. Louis XIV a fait construire le palais de Versailles pour attirer un peu l'attention.
6. Les Bretons se sont unis à la France pour apprendre à parler français.
7. Les Acadiens ont émigré pour s'établir en Louisiane.

8. Thomas Jefferson a lu les œuvres de Rousseau et de John Locke pour savoir écrire la Déclaration d'Indépendance.
9. Pierre et Marie Curie se sont mariés pour découvrir le radium.

D A votre tour.   Choisissez cinq personnages ou événements historiques et écrivez vos propres «absurdités» d'après le modèle de l'Exercice C.

E Parlons de toi.
1. Qu'est-ce que tu comptes faire dès que tu obtiendras ton diplôme au lycée? De quelle façon ta vie changera-t-elle, ou est-ce qu'elle ne changera pas du tout?
2. Comment sera la vie quand nous serons au XXIe siècle? Tu crois que la technologie sera bien différente de ce qu'elle est aujourd'hui? Qu'est-ce que tu t'attends à voir pendant le siècle prochain?
3. Où est-ce que tu risques d'être à minuit le 31 décembre 1999? Qu'est-ce que tu diras et qu'est-ce que tu feras lorsque l'horloge sonnera minuit cette nuit-là?

ACTIVITÉ

La vie commence à l'âge de 40 ans. Formez des groupes de trois ou quatre personnes et discutez de ce que vous pensez de cet adage. Comment sera la vie quand vous aurez quarante ans—et comment sera votre vie à vous? Où espérez-vous habiter? Comment sera votre famille? Que ferez-vous comme métier?

Ensuite, avec la classe entière, résumez ce que tout le monde a dit et écrivez-le au tableau. Le résumé doit comprendre *(include)* ville et état (ou pays) de résidence, métier ou profession, nombre d'enfants (s'il y en aura), façon de vivre.

RÉVISION

Lisez la bande dessinée.

1. C'est un jour férié qui commémore la Révolution française.

2. Ça fait deux siècles que la Révolution française a eu lieu.

3. Il y a longtemps que Sylvie étudie l'histoire de France.

4. Elle est très contente de vivre dans un pays si tranquille.

5. Mais quelquefois elle se demande pourquoi il y a toujours des gens pauvres dans un pays si riche.

6. Elle sera vraiment heureuse quand le gouvernement aidera ces gens à gagner leur vie.

Maintenant imaginez que vous êtes en cours d'histoire américaine et qu'on parle des problèmes des Etats-Unis aujourd'hui. Ecrivez une histoire en vous servant de la Révision comme modèle.

Trouvez les expressions françaises qui correspondent à l'anglais et rédigez un paragraphe.

1. It's twelve countries of Europe that form the C.E.E.

2. It's been more than thirty years since the C.E.E. was founded.

3. They have been thinking about economic exchanges for a long time.

4. They are proud to live in such a powerful community.

5. But from time to time they become angry because there is still unemployment in such modern countries.

6. They will be very happy when their governments find a real solution to this problem.

Maintenant, choisissez un de ces sujets.

1. Nommez quelques différences entre la Révolution française et la Révolution américaine.

2. Que faut-il faire pour être patriote?

3. Racontez l'histoire du drapeau américain.

A   Une leçon d'histoire.

Complétez chaque phrase en choisissant une expression de la liste à droite.

1. La devise de la France c'est _____.
2. On commémore la Révolution de 1789 _____.
3. On célèbre des fêtes avec _____.
4. La Révolution française a eu lieu à cause de (d') _____.
5. Tous les Français doivent faire _____.
6. On ne travaille pas le 14 juillet. C'est _____.
7. Le drapeau français s'appelle _____.

a. le 14 juillet
b. «Liberté, Egalité, Fraternité»
c. un roi trop puissant et un peuple malheureux
d. le drapeau tricolore
e. les défilés et les feux d'artifice
f. jour férié
g. le service militaire

B   Le chat Minou.

Dites ce que Minou fait d'habitude.

dès que Minou / entrer dans la maison / vouloir manger
Dès que Minou entre dans la maison, il veut manger.

1. quand / faire froid / ne pas sortir
2. aussitôt que papa / être assis / se mettre sur ses genoux
3. lorsque je / se coucher / monter sur le lit
4. dès que / voir un oiseau / essayer de l'attraper

Maintenant dites ce qu'il fera dans les situations suivantes.

dès que je / ouvrir la porte / sortir
Dès que j'ouvrirai la porte, il sortira.

5. aussitôt que / entendre un chien / se cacher sous le lit
6. lorsque / finir de manger / dormir
7. quand je / aller dans la cuisine / me suivre
8. aussitôt que maman / l'appeler / venir

C   Le petit village.

Lisez le passage et répondez aux questions.

Mes grands-parents ont quitté leur petit village québécois pour venir s'installer à Hartford, Connecticut, en 1932. Mon père, qui est né six ans avant leur départ, se considère tout à fait américain parce qu'il a passé la plupart de sa vie aux Etats-Unis. Grand-père est mort en 1952. Trois ans après, papa a décidé de visiter le petit village où ses parents sont nés. Il avait 29 ans au moment de sa première visite. Cinq ans plus tard, en 1960, il y a passé sa lune de miel. Moi, je suis né en 1962 et depuis ma naissance je visite ce village tous les trois ans.

1. Depuis combien de temps est-ce que mon père habite aux Etats-Unis?
2. Quand grand-père est mort, ça faisait combien de temps qu'il habitait aux Etats-Unis?
3. Quand je suis né, il y avait combien d'années que mes parents étaient mariés?
4. Depuis combien de temps est-ce que grand-père était mort quand mon père a fait sa première visite à ce village?
5. Depuis quand est-ce que je visite ce village?
6. Il y avait combien d'années que mon père est né quand il a quitté le Canada?
7. Quand je suis né, ça faisait combien de temps que mon grand-père avait quitté son village?
8. Depuis combien de temps est-ce que mon grand-père est mort?

Noms

l'Alsace *(f.)*
l'armée *(f.)*
l'armée de l'air *(f.)*
le danger
le défilé
le désaccord
la devise
le drapeau tricolore
l'échange *(m.)*
l'écologiste *(m.&f.)*
l'égalité *(f.)*
le feu d'artifice
la fraternité
la guerre
l'hymne *(m.)*
l'hymne national
le jour férié
la liberté
la Lorraine
la marine
le Pays Basque
le peuple
la Provence
la reine
la révolution
le roi
le Roussillon
le service militaire
la technologie
l'uniforme *(m.)*

Verbes

célébrer
commémorer
créer
dater de
découvrir
s'engager
former
menacer
parvenir à + *inf.*
s'unir

Adjectifs

entouré, -e de
malheureux, -euse
puissant, -e
tricolore

Adverbes

aussitôt que
dès que
jadis
lorsque

Expressions

être en désaccord
faire le pont
faire un cours
non / oui, hélas

CHAPITRE 12

PRÉLUDE CULTUREL │ LES FRANÇAIS ET LA POLITIQUE

Les Français s'intéressent beaucoup à la politique. Les élections présidentielles ont lieu tous les sept ans et pour gagner, il faut obtenir la majorité absolue. Si cette majorité n'est pas atteinte *(reached)* au premier tour, il y a une deuxième élection quinze jours après, entre les deux candidats qui avaient reçu le plus grand nombre de votes. Cette affiche présente le candidat socialiste François Mitterrand. Les roses rouges sont le symbole de son parti.

(en haut) Il y a aussi des élections
locales où les gens de chaque
canton (district) élisent un
représentant au conseil général.
Sur ces affiches, on voit les
candidats des élections à venir.

(en bas) En France, comme aux
Etats-Unis, on peut voter à l'âge
de dix-huit ans. Cette électrice a le
choix entre le parti communiste, le
parti socialiste, les partis du centre
(UDF et RPR) et le front national
(l'extrême droite).

MOTS NOUVEAUX

La politique, ça t'intéresse?

le candidat

la candidate

PIERRE DUVAL POUR LA FRANCE!

CLAIRE VALLÈS POUR LA FRANCE!

voter

l'électrice

l'électeur

CONTEXTE
COMMUNICATIF

1 Dimanche prochain, les Français vont **élire*** **un** nouveau
président. Tout le monde s'intéresse à ces **élections.**

ROLAND	Pour qui tu voterais, toi?
VALÉRIE	Bof, je ne sais pas. Pendant **la campagne,** tous les candidats ont fait **les** mêmes **promesses.**
ROLAND	Oui, mais je suis **persuadé** que **certains** d'entre eux sont beaucoup plus sincères que d'autres.

Variations:

■ pour qui tu voterais → qui tu élirais
persuadé → **convaincu**
certains → quelques-uns

élire *to elect*
le président, la présidente
   president
l'élection (f.) *election*
la campagne *campaign*
la promesse *promise*
persuadé, -e *persuaded*
certain(e)s = quelques-un(e)s

convaincu, -e = persuadé

*Elire follows the pattern of lire in all tenses. Its past participle is élu.

2 Après les élections, le Président de **la République** choisit un nouveau **premier ministre.**

ROBERT   Tu as écouté l'interview du premier ministre hier soir à la télé?

SANDRINE   Oui, il a dit qu'il donnerait le nom des autres **membres** du nouveau **gouvernement** aujourd'hui.

■ donnerait → annoncerait
   membres → ministres

la république *republic*
le premier ministre *prime minister*

le membre *member*
le gouvernement *government*

3 Tous les cinq ans, les Français élisent leurs **députés.**

SOPHIE   Quel **parti** va gagner, tu crois?

ÉTIENNE   D'après **les sondages, la gauche** devrait avoir **la majorité.**

SOPHIE   **Quant à** moi, j'espère bien que Mme Gilbert va **vaincre** son **adversaire.**

■ les sondages → les reportages
■ les sondages → les informations
   la gauche → la droite
   avoir la majorité → gagner sans **difficulté**

le/la député *deputy, representative*
le parti *party, side*
le sondage *poll*
la gauche / droite *the left / the right*
la majorité *majority*
quant à *as for*
vaincre *to defeat*
l'adversaire (m. & f.) *opponent, adversary*
la difficulté *difficulty*

4 Une journaliste fait un reportage **en direct** de l'Elysée.* Voici ce qu'elle dit:

Quand on a annoncé que le Président se préparait à sortir, la foule autour de moi s'est **aussitôt** mise à **hurler:** «**Vive** le Président!»

■ on a annoncé → on a **déclaré**
   sortir → quitter la ville
   la foule → certains **individus**
   s'est aussitôt mise → se sont aussitôt mis
   vive → **à bas**

en direct *live*

aussitôt = tout de suite
hurler = crier
vive *hurray for, long live*
déclarer *to state*

l'individu (m.) *individual*

à bas *down with*

*Le Palais de l'Elysée est la résidence officielle du Président de la République Française.

5 PIERRE	Tu as lu **les déclarations** du maire dans le journal?	**la déclaration** *statement*
AURORE	Non, pourquoi? Il a dit quelque chose d'intéressant?*	
PIERRE	Oui, il a expliqué qu'il avait décidé de proposer **une loi** interdisant la circulation au centre-ville.	**la loi** *law*
AURORE	Ça serait une bonne idée!	

■ les déclarations → **le discours**
   d'intéressant → d'important

le discours *speech*

6 HERVÉ	Tu t'intéresses à **la politique,** toi?	**la politique** *politics*
SOLANGE	Oui, beaucoup. Je pense qu'il est important de se tenir au courant de la vie **politique. J'ai hâte d'**avoir 18 ans pour pouvoir voter.	**politique** *political* **avoir hâte de** + inf. *to look forward to*

■ à la politique → aux élections
   d'avoir 18 ans → d'**être majeur**
   voter → **m'inscrire sur les listes électorales**

être majeur, -e *to be of age*
s'inscrire sur les listes électorales *to register to vote*

7 NORBERT	Ecoute ces candidats. Ils nous promettent la lune!	
BÉATRICE	Si tu **te présentais aux élections,** qu'est-ce que tu dirais aux électeurs pour les **convaincre de** t'élire?	**se présenter aux élections** *to run for office*
NORBERT	Je promettrais de faire de mon mieux pour **réduire†** les impôts et **rendre** la vie de tous les Français plus agréable.	**convaincre (de** + inf.) *to convince (of / to)*

■ la lune → **n'importe quoi**
   dirais → promettrais
   convaincre → **persuader**
   t'élire → voter pour toi
   tous les Français → tous **les citoyens**

réduire *to reduce*
l'impôt (m.) *tax*
rendre + adj. *to make* + adj.
n'importe quoi *anything*
persuader *to persuade*

le citoyen, la citoyenne *citizen*

*Notez que *quelque chose* prend *de* devant un adjectif.
†*Réduire* follows the pattern of *conduire* in all its forms.

ELECTIONS LEGISLATIVES - JUIN 1988   12ᵉ CIRCONSCRIPTION DES YVELIN

POUR LA FRANCE UNIE

Martine FRACHON

SUPPLEANT :

Jean MOUTON

DEPARTEMENT DES YVELINES
ELECTIONS LEGISLATIVES DU 5 JUIN 1988

Jacques MASDEU-ARUS

MAIRE DE POISSY
DEPUTE SORTANT

Dominique PAUMIER

SUPPLEANT
CONSEILLER GENERAL DE PLAISIR

CANDIDATS DE L'UNION DU RASSEMBLEMENT ET DU CENTRE
(RPR - UDF)

8 La prof d'histoire du lycée emmène ses élèves visiter le Palais Bourbon* à Paris. Elle leur a **donné rendez-vous** devant le lycée à neuf heures.

donner rendez-vous *to arrange to meet*

LA PROF   Bon, il est 9h15. Il faut partir.

NATHALIE   Mais tout le monde n'est pas là, madame.

LA PROF   Tant pis pour les autres. J'avais bien **insisté** sur **le fait** qu'il fallait être à l'heure.

insister *to insist*
le fait *fact*

- insisté sur le fait → expliqué
- j'avais bien … fallait être → je leur avais **recommandé d'**être

recommander (de + inf.) *to recommend*

*Le Palais Bourbon est occupé par l'Assemblée Nationale, qui est plus ou moins comme la Chambre des Représentants *(House of Representatives)* aux Etats-Unis.

AUTREMENT DIT

TO ASK FOR OPINIONS …

A votre avis …?
Pensez-vous que …?
Croyez-vous que …?
D'après vous, …?

TO OFFER AN OPINION …

A mon avis …
Je pense / crois que …
Je suis convaincu(e) / persuadé(e) que …
Pour moi, il n'y a pas de doute que …
Quant à moi …

EXERCICES

A Catégories. Quel mot ou quelle expression ne convient pas à chacun des groupes suivants? Expliquez votre choix.

1. le président / le sondage / le premier ministre / le député
2. les nouvelles / les informations / les impôts / les interviews
3. l'élection / les candidats / les électeurs / la loi
4. la république / la déclaration / le discours / la promesse
5. le parti / la gauche / le fait / la droite
6. sincère / persuadé / convaincu / sûr
7. avoir dix-huit ans / être majeur / réduire les impôts / pouvoir voter
8. la campagne / les discours / les membres / les adversaires
9. on annonce / on hurle / on dit / on déclare
10. vaincre / recommander / gagner / avoir la majorité

La façade d'un bâtiment à Paris

B **La vie politique.** Votre père vient de lire un article sur la vie politique en France. Maintenant il vous donne sa propre opinion politique. Choisissez les mots pour compléter les paragraphes. Tous les mots ne seront pas utilisés.

campagne	hurler	présenter aux élections
citoyens	impôts	promettent
convaincre	loi	rendre
déclaré	n'importe quoi	sondage
élection	persuadé	votent

Tu as lu le journal ce matin? Tous ces candidats nous _____ la lune! Comment les croire? Pour nous _____ de les élire, ils diraient _____. Par exemple, pendant la _____, le candidat Bousquet a promis de réduire les _____, mais il vient de proposer la construction d'une
5 nouvelle autoroute, ce qui coûtera très cher. Le candidat Vincent a _____ qu'il ferait de son mieux pour _____ la vie des Français plus agréable, mais il vient de voter contre une _____ interdisant la circulation dans le centre-ville.

Je m'intéresse beaucoup à cette _____, mais je ne suis pas _____ que
10 ces candidats soient sincères. Pour être sûr d'avoir un candidat sincère, je devrais peut-être me _____! Qu'est-ce que tu en penses? Si tu avais dix-huit ans, tu voterais pour moi?

C **Que dites-vous?** Choisissez la réponse qui convient dans chacune des situations suivantes et expliquez pourquoi vous l'avez choisie.

1. Quand vous discutez du discours d'un candidat pour qui vous n'allez pas voter, vous dites: *(J'ai trouvé ses déclarations très intéressantes. / Il nous promet la lune. / Il dirait n'importe quoi pour nous convaincre.)*
2. Quand on vous demande si les hommes politiques sont sincères, vous dites: *(A mon avis, ils font tous les mêmes promesses. / Je suis persuadé(e) que certains d'entre eux sont sincères. / Quant à moi, je crois tout ce qu'ils disent.)*
3. Quand on vous demande si vous allez voter aux élections, vous dites: *(J'ai hâte d'avoir dix-huit ans pour pouvoir voter. / La vie politique ne m'intéresse pas beaucoup. / Mais oui, je vais m'inscrire sur les listes électorales.)*
4. Quand on vous demande votre opinion sur une longue campagne électorale, vous dites: *(Bof, j'en ai marre. / Les discours étaient passionnants. / Les candidats ont tous fait des déclarations formidables.)*
5. Quand on vous demande si vous aimez regarder les interviews d'hommes politiques à la télé, vous dites: *(Je m'intéresse beaucoup à la politique. / Je ne me tiens pas au courant de la vie politique. / J'en ai marre de ces candidats.)*

6. Quand on vous demande votre opinion sur la politique, vous dites: *(La politique me passionne. / Je ne m'intéresse pas du tout à la politique. / J'écoute les candidats mais je ne suis pas convaincu(e) qu'ils soient sincères.)*

7. Quand on vous demande si vous vous présenteriez un jour aux élections, vous dites: *(La politique m'intéresse beaucoup. / Vous vous moquez de moi? / Je n'ai aucune envie d'être membre du gouvernement.)*

D Parlons de toi.

1. Est-ce qu'il y a des élections dans ton lycée? Quelles sortes d'élections? As-tu déjà voté à ces élections? Quelles promesses est-ce que les candidat(e)s ont faites?

2. Est-ce que tes parents s'intéressent à la politique? Quels sujets les passionnent? Est-ce que vous en parlez à la maison? Et toi, pendant les campagnes électorales, quels sujets t'intéressent le plus? les impôts? la pollution? la possibilité d'une guerre?

3. Qu'est-ce que tu penses du Président des Etats-Unis? Est-ce que tu l'as vu récemment à la télé? De quoi est-ce qu'il a parlé? Demande l'opinion d'un(e) ami(e) sur le succès du Président.

4. Comment s'appellent quelques-uns des hommes politiques de ta ville? de ton état? Tu connais leurs points de vue politiques? Parles-en un peu.

5. Tu sais quels sont les sujets politiques les plus récents dans les journaux? Apporte un article sur la politique pour en donner un résumé en classe. Apporte un éditorial pour en discuter le point de vue. A ton avis, est-ce que l'article et l'éditorial sont objectifs ou subjectifs? Explique pourquoi.

ACTIVITÉ

Pour être élu(e). Avec un(e) camarade de classe, parlez du (de la) candidat(e) idéal(e)—de sa personnalité, de sa formation *(background)*, des promesses qu'il (qu'elle) doit et ne doit pas faire. Après, imaginez que votre candidat(e) se présente aux prochaines élections. Quels conseils lui donneriez-vous?

APPLICATIONS

Le candidat idéal

Il est huit heures du matin chez les Francart. La famille prend le petit déjeuner. Le fils aîné, Vincent, arrive.

Guy Laroche

VINCENT	Bonjour, tout le monde!
MME FRANCART	Mais, mais ... Tu vas au lycée habillé comme ça, avec un costume et une cravate?
5 VINCENT	Oui, pourquoi? Je n'ai pas l'air sérieux?
M. FRANCART	Si, au contraire. Mais on a plutôt l'habitude de[1] te voir en jean.
VINCENT	Oui, mais aujourd'hui les élèves de mon lycée élisent leurs délégués de classe* et j'ai décidé de me présenter aux élections.
10 CORALIE	Et tu espères les convaincre de voter pour toi en portant une cravate?
VINCENT	Parfaitement, mademoiselle! D'après les sondages, l'image d'un candidat est aussi importante que ses idées.
15 CORALIE	Heureusement pour toi, parce que tes idées ...
M. FRANCART	Allons, ne sois pas méchante avec ton frère!
MME FRANCART	Eh bien, bonne chance, mon grand. Moi, je trouve que tu as l'air du candidat idéal.
20	

[1]avoir l'habitude de   *to be used to*

*Au commencement de l'année scolaire, chaque classe élit deux délégués (*representatives*) qui doivent servir de *(as)* liaison entre les élèves et les professeurs ou l'administration du lycée. Ils s'occupent du cahier de texte, dans lequel les professeurs écrivent les devoirs qu'ils donnent aux élèves, et ils doivent aussi assister à des conseils de classe tous les trimestres. Pendant ces conseils de classe, les professeurs, les deux délégués et les deux parents qui servent de liaison entre les professeurs et les autres parents se réunissent pour discuter des résultats des élèves. Après, les professeurs décident quels élèves peuvent passer et lesquels doivent redoubler *(to repeat the grade)*.

Questionnaire

1. Comment est-ce que Vincent surprend sa famille au petit déjeuner?
2. D'habitude, comment est-ce qu'il s'habille pour aller au lycée? Est-ce que sa famille aime son nouveau style? D'habitude, comment est-ce que vous vous habillez pour aller au lycée?
3. Qu'est-ce qui se passe au lycée aujourd'hui? Qu'est-ce que Vincent a décidé de faire?
4. Comment est-ce que Vincent espère convaincre les autres élèves de voter pour lui? Est-ce que vous êtes d'accord avec cette idée?
5. Est-ce que vous croyez que Vincent est sérieux quand il parle à sa sœur? Et sa sœur, quand elle lui parle? Qui est plus jeune?
6. Quand ont lieu les élections de votre lycée? Est-ce que vous vous y êtes déjà présenté(e) comme candidat(e)? Avez-vous l'intention de vous présenter aux prochaines élections? Pourquoi?

Situation

Organisez une élection dans votre classe de français pour choisir un(e) président(e) et un(e) vice-président(e). Chaque candidat doit faire un discours pour essayer de convaincre les électeurs (ses camarades de classe) de l'élire. Les électeurs ont le droit de poser des questions aux candidats pour pouvoir faire leur choix. Que les meilleurs gagnent!

Des journalistes français à la convention démocrate américaine, 1980

EXPLICATIONS I

Les verbes *vaincre* et *convaincre*

♦ OBJECTIVE:

TO TALK ABOUT
ELECTIONS

Here are the forms of the verb *vaincre*.

INFINITIF   **vaincre**

		SINGULIER		PLURIEL	
PRÉSENT	**1**	je	**vaincs**	nous	**vainquons**
	2	tu	**vaincs**	vous	**vainquez**
	3	il elle } **vainc** on		ils elles } **vainquent**	

IMPÉRATIF   **vaincs!   vainquons!   vainquez!**
PASSÉ COMPOSÉ   j'**ai vaincu**
IMPARFAIT   je **vainquais**
FUTUR SIMPLE   je **vaincrai**
SUBJONCTIF   que je **vainque;** que nous **vainquions**

Note that, except in the past participle *(vaincu)*, the *c* becomes *qu* when it is followed by a vowel. The verb *convaincre* follows the same pattern.

Les élections au lycée.   Demain ce sont les élections au lycée et Marion s'est présentée comme candidate. Tout le monde en parle. Mettez les verbes entre parenthèses à la forme qui convient.

1. Tous les jours, Marion (*convaincre*) plus d'élèves à voter pour elle.
2. Il y a un mois que je la (*convaincre*) de s'inscrire comme candidate.
3. Maintenant, je suis (*convaincre*) qu'elle va gagner.
4. L'année dernière, elle (*vaincre*) Paul jusqu'au dernier moment.
5. Beaucoup de monde souhaite qu'elle (*vaincre*) ses adversaires cette fois-ci.
6. D'après les sondages, nous sommes persuadés que Marion (*vaincre*) les autres.
7. Nous voulons que tu la (*convaincre*) de faire un discours demain.
8. Il est important que nous vous (*convaincre*) de voter pour elle.
9. A mon avis, elle pourrait nous (*convaincre*) de n'importe quoi.
10. Avec de l'énergie et du travail je suis sûr que nous (*vaincre*)!

Le discours indirect

Compare the sentences on the left, where what someone said is being quoted, to the sentences on the right, where it is being reported.

On m'a dit: «**Anne-Marie récite** des poèmes.»	On m'a dit **qu'Anne-Marie récitait** des poèmes.
Elle m'a dit: «**Je me suis trompée** en récitant le dernier vers.»	Elle m'a dit **qu'elle s'était trompée** en récitant le dernier vers.

The following verbs are frequently used in reported speech: *annoncer, déclarer, demander (si), dire, expliquer, promettre, répéter, répondre.*

1   The change in tense from direct speech to reported speech is the same in French as in English.

  • PRESENT → IMPERFECT

Maryse a dit: «**Je** ne **m'intéresse** pas à la campagne.»	*Maryse said: "**I'm** not **interested** in the campaign."*
Maryse a dit **qu'elle** ne **s'intéressait** pas à la campagne.	*Maryse said **that she wasn't interested** in the campaign.*

◆ **OBJECTIVES:**

TO REPORT WHAT SOMEONE SAID

TO SUMMARIZE OR GIVE A REPORT

TO REPEAT FOR CLARIFICATION OR EMPHASIS

This is true also of the future of *aller,* where the present tense of the verb *aller* becomes the imperfect tense in reported speech.

Elle a annoncé: «**Je vais me présenter** aux élections.»	She announced: "**I'm going to run** for office."
Elle a annoncé **qu'elle allait se présenter** aux élections.	She announced **that she was going to run** for office.

● PASSÉ COMPOSÉ → PLUPERFECT

Il a dit: «**J'ai réduit** les impôts selon ma promesse.»	He said: "**I have reduced** taxes according to my promise."
Il a dit **qu'il avait réduit** les impôts selon sa promesse.	He said **that he had reduced** taxes according to his promise.

● FUTURE → CONDITIONAL

Les journalistes lui ont demandé: «**Vous respecterez** les droits de l'individu?»	The reporters asked him: "**Will you respect** the rights of the individual?"
Les journalistes lui ont demandé **s'il respecterait** les droits de l'individu.	The reporters asked him **if he would respect** the rights of the individual.

2 When reporting commands, use *de* + infinitive.

Il nous a commandé: «**Ne parlez pas** si fort!»	Il nous a commandé **de ne pas parler** si fort.
Je vous ai dit: «**Ne votez pas** pour eux.»	Je vous ai dit **de ne pas voter** pour eux.

But note that the subjunctive does not change in reported speech.

Il a déclaré: «Il faut **que tu le fasses.**»	Il a déclaré qu'il fallait **que je le fasse.**

Un billet de la Banque de France qui commémore le bicentenaire de la Révolution française

LA FRANCE UNIE AVEC JACQUELINE PENEZ

EXERCICES

A Trop de bruit. M. Vandermeule raconte à sa femme ce qui va se passer dans son bureau demain. Mais il y a des ouvriers qui réparent la rue, et elle a du mal à l'entendre. Il doit tout répéter.

> Le chef de bureau vient me voir demain. —Pardon?
> *J'ai dit que le chef de bureau venait me voir demain.*

1. Il veut parler de mon discours. —Quoi?
2. C'est un bon discours dont je suis fier. —C'est quoi?
3. Mais je crois qu'il va me demander de le refaire. —Pardon?
4. Le comptable part en vacances. —Je n'ai pas bien entendu.
5. Sa femme et lui vont en Suède. —Ils vont en Suisse?
6. Les hôtels sont très bon marché en cette saison. —Quelle maison?
7. Nous devons peut-être leur donner rendez-vous à Stockholm.
   —Leur donner quoi?
8. Tu aimes bien sa femme, non? —Tu as faim?
9. Bon, je vais jeter un coup d'œil sur mon journal. —Qu'est-ce que tu vas jeter?

B Les nouvelles. Vous avez écouté une émission à la télévision sur les élections. Répétez ce que vous avez entendu. Suivez le modèle.

> Les X ont élu un nouveau président.
> *On a dit que les X avaient élu un nouveau président.*

1. Le parti de gauche a gagné.
2. La majorité des électeurs ont voté de bonne heure.
3. Les journalistes ont déjà commencé à écrire des articles pour analyser la situation.
4. Au début de la campagne, les candidats ont promis de travailler ensemble après l'élection.
5. Aussitôt après, les partis ont recommencé à se disputer.
6. Le nouveau président a donné un discours aux députés.
7. Il a annoncé son choix d'un nouveau premier ministre.
8. Quant à son adversaire, il a accepté avec difficulté le fait de ne pas avoir convaincu la majorité des électeurs.

C **C'est promis!**   Vous essayez de convaincre vos amis de voter pour votre candidate. Rappelez-leur les promesses qu'elle a faites pendant la campagne. Suivez le modèle.

> «On choisira un nouveau premier ministre.»
> Elle a promis qu'on choisirait un nouveau premier ministre.

1. «Rien ne menacera la liberté de l'individu.»
2. «En travaillant ensemble, on vaincra le chômage.»
3. «Nous réduirons les impôts.»
4. «Le prix de l'essence sera réduit.»
5. «Dans le gouvernement que je formerai, la gauche et la droite s'uniront.»
6. «Des nouvelles lois plairont aux écologistes et rendront la vie plus agréable pour tous les citoyens et citoyennes.»
7. «On recommandera de construire des nouvelles routes.»
8. «Les ouvriers ne travailleront que trente-cinq heures par semaine, et l'anniversaire de chacun sera pour lui un jour de congé.»

D **Un mécanicien qui n'est pas sérieux.**   Mme Ledoux a conduit sa voiture au garage pour la faire vérifier et réparer. Quand elle va la chercher, on n'a rien fait. Elle n'est pas contente et rappelle au garagiste ce qu'elle lui avait demandé de faire. Suivez le modèle.

> Vérifiez les freins!
> *Je vous avais demandé de vérifier les freins.*

1. Changez l'huile!
2. Jetez un coup d'œil sur les essuie-glace!
3. Mettez un nouveau pneu à la roue avant gauche!
4. Vérifiez les autres pneus!
5. Lavez la voiture!
6. Nettoyez tous les sièges!
7. Réparez le phare droit!

E **Puis-je vous aider à vous faire comprendre?**   Refaites l'Exercice D en jouant le rôle d'une troisième personne qui dit au garagiste ce que Mme Ledoux voulait qu'il fasse. Suivez le modèle.

> Vérifiez les freins!
> *Elle voulait que vous vérifiiez les freins.*

F   Parlons de toi.

1. Pense à une élection récente. Tu te rappelles ce que les candidat(e)s ont promis de faire? Si oui, raconte-le. Si non, demande à quelqu'un s'il (elle) se rappelle?
2. Est-ce que celui (celle) qui a gagné l'élection a fait ce qu'il (elle) avait promis de faire?
3. Tu te rappelles ce qu'ont dit les journaux sur les candidat(e)s?
4. Qu'est-ce que tu promettrais de faire (ou de ne pas faire) si tu te présentais aux élections?
5. Tu as regardé les informations à la télé hier soir? Si oui, quels événements a-t-on racontés? Raconte quelques-unes des déclarations que tu as entendues.

ACTIVITÉ

Résumés.   Avec un(e) partenaire, choisissez deux des sujets suivants:

   a. Ce que j'ai fait le week-end dernier
   b. Ce que je ferai quand j'obtiendrai mon diplôme universitaire
   c. Ce que je pense du Président des Etats-Unis

Discutez un peu de ces deux sujets et prenez des notes sur ce que votre partenaire dit. Ensuite, réunissez-vous avec deux autres élèves. Chaque personne doit résumer ce que son partenaire a dit sur un des deux sujets que vous avez choisis.

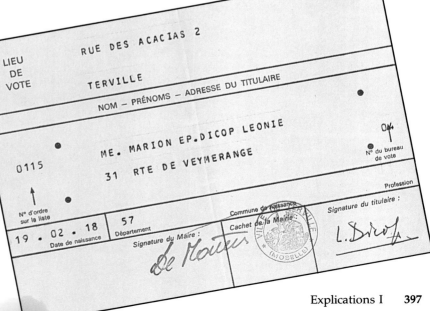

APPLICATIONS

Monsieur Blink

MICHEL TREMBLAY

AVANT DE LIRE
Dans cette histoire l'écrivain canadien Michel Tremblay (né en 1942) satirise la puissance formidable de la publicité dans la politique.

1. Est-ce que vous lisez la publicité dans les magazines et les revues? Vous la regardez à la télé ou est-ce que vous essayez de ne pas y faire attention?
2. Même si vous ne regardez pas la publicité, vous savez sans doute par cœur quelques slogans ou couplets *(jingles)* publicitaires. Lesquels est-ce que vous aimez le mieux? Il y en a qui vous gênent? Lesquels? Vous savez ce qui vous attire et ce qui vous gêne dans la publicité?
3. Quel rôle est-ce que la publicité doit jouer dans la politique? On dit, par exemple, que la publicité a joué un rôle très important dans l'élection présidentielle de 1988 aux Etats-Unis. Qu'est-ce qui doit avoir plus d'importance, ce que disent les candidat(e)s ou ce que dit leur publicité? Pourquoi?
4. Imaginez-vous ce cauchemar *(nightmare)*. Vous vous trouvez dans une situation tout à fait inattendue. Vous vous apercevez que vous attirez l'attention de tout le monde. On attend que vous fassiez ou que vous disiez quelque chose, mais vous ne savez pas que faire. Vous avez déjà eu un cauchemar comme celui-ci? Vous pouvez le raconter? Comment est-ce que vous vous êtes senti(e) en vous réveillant?
5. Dans l'histoire suivante, que veulent dire ces mots dont vous connaissez déjà des mots associés: *collée* (l. 3), *s'écrier* (l. 30), *le coût* (l. 71)?
6. D'après ce que vous savez de l'anglais et du français que veulent dire: *se précipiter* (l. 29), *le chœur* (l. 36), *la boutonnière* (l. 39), *le ruban* (l. 39), *le rassemblement* (l. 42), *la marche* (l. 43), *cesser* (l. 50), *le cortège* (l. 62), *le cantique* (l. 62), *la majoration* (l. 69), *prendre la parole* (l. 72)?
7. D'après le contexte, vous pouvez deviner ce que veulent dire: *le cachet* (l. 38), *défoncer* (l. 55), *enfoncer* (l. 58), *enfiler* (l. 61), *une gigantesque banderole* (l. 76), *inscrire* (l. 76)?

Michel Tremblay

M onsieur Blink était stupéfait. Quelle était donc cette plaisanterie? Qui avait osé[1] ... Devant lui, sur le mur de bois longeant[2] la rue des Cèdres, une immense affiche était collée et, au milieu de cette affiche, monsieur Blink lui-même «se» souriait. Au-dessus de sa photo, en lettres
5 majuscules[3] grosses comme ça, une phrase renversante,[4] une phrase qui fit sursauter[5] monsieur Blink, était imprimée[6] en rouge violent: «Votez pour monsieur Blink, le candidat de l'avenir!»

Monsieur Blink enleva ses lunettes, les essuya nerveusement, les remit sur son nez et regarda l'affiche de nouveau.

10 La peur le prit. Il se mit à courir[7] et s'engouffra dans[8] le premier autobus qui vint à passer. «Non, c'est impossible, se disait monsieur Blink, j'ai rêvé! Il faut que j'aie rêvé! Moi, candidat?»

Depuis des semaines on parlait de ces fameuses élections. On disait que ces élections-là seraient sûrement les élections les plus importantes du
15 siècle. Les deux grands partis du pays allaient se livrer une lutte[9] à mort, c'était certain.

Monsieur Blink tremblait. Il essaya de lire son journal, mais il ne parvint pas à fixer son esprit[10] sur les petits caractères noirs qui lui semblaient des mouches en délire[11] plutôt que des lettres.

20 Depuis des semaines, on parlait de ces fameuses élections. «Voyons, j'ai dû mal voir!» Les élections les plus importantes du siècle. Sûrement les élections les plus importantes du siècle. «C'est une plaisanterie.» Les élections les plus ... Il cria. En page centrale, l'affiche la plus grosse qu'il eût jamais vue dans un journal, en page centrale, pleine page, il était là ...
25 Monsieur Blink était là et «se» souriait. «Votez pour monsieur Blink, le candidat de l'avenir!» Il ferma son journal et le lança[12] par la fenêtre.

Juste en face de lui, un petit garçon se pencha[13] vers sa mère et lui dit: «Maman, regarde, le monsieur de l'affiche!» En reconnaissant monsieur Blink, la mère du petit garçon se leva et se précipita sur le pauvre homme
30 qui crut mourir de peur. «Monsieur Blink, s'écria la dame en s'emparant des [14] mains de l'homme, monsieur Blink, notre sauveur!» Elle embrassait les mains de monsieur Blink qui semblait sur le bord d'une crise de nerfs.[15]

«Voyons, madame, murmura-t-il enfin, je ne suis pas votre sauveur ...» Mais la femme criait comme une folle: «Vive monsieur Blink, notre sau-
35 veur! Vive monsieur Blink, le candidat de l'avenir!» Tous les gens qui se trouvaient dans l'autobus répétaient en chœur: «Vive monsieur Blink ...»

---

[1]**oser** *to dare*   [2]**longer** *to extend along*   [3]**majuscule** *capital*
[4]**renverser** = gêner   [5]**sursauter** *to jump*   [6]**imprimer** *to print*
[7]**courir** *to run*   [8]**s'engouffrer dans** *to dash onto*   [9]**se livrer une lutte** =
se battre   [10]**l'esprit** (m.) *mind*   [11]**des mouches en délire** *delirious flies*
[12]**lancer** = jeter   [13]**se pencher** *to lean*   [14]**s'emparer de** *to grab*   [15]**sur
le bord d'une crise de nerfs** *on the verge of a breakdown*

«Monsieur Blink» par Michel Tremblay. Extrait des *Contes pour buveurs attardés* (Montréal: Editions du Jour, 1966). Reproduit avec permission.

Votez pour monsieur **Blink**, le candidat de l'avenir.

A une pharmacie voisine de sa demeure[16] monsieur Blink acheta des cachets d'aspirine. «Alors, lui dit le pharmacien, on fait de la politique, maintenant?» A sa boutonnière, il portait un ruban bleu sur lequel était
40 écrit en rouge …

Sa concierge l'arrêta. «Monsieur Blink, lui dit-elle, vous n'auriez pas, par hasard,[17] un billet à me donner pour votre grand rassemblement de ce soir?» Monsieur Blink faillit dégringoler[18] les quelques marches qu'il avait montées. Un rassemblement? Quel rassemblement? Mais voyons, il
45 n'avait jamais été question d'un rassemblement! «Petit cachottier[19] que vous êtes! J'aurais dû me douter[20] qu'il se passait des choses importantes derrière cette caboche![21] Vous pouvez vous vanter de[22] nous avoir causé toute une surprise, à mon homme et à moi …»

Ce soir-là, monsieur Blink ne dîna pas. D'ailleurs il l'eût voulu qu'il ne
50 l'eût pu.[23] Le téléphone ne cessa de sonner. Des admirateurs qui voulaient savoir à quelle heure il arriverait au grand rassemblement. Monsieur Blink crut devenir fou. Il décrocha le récepteur, éteignit toutes les lumières de son appartement, mit son pyjama et se coucha.

La foule réclamait[24] son sauveur à grands cris. On parlait même de dé-
55 foncer la porte s'il ne répondait pas dans les dix minutes … La concierge dit alors une chose terrible, une chose qui faillit produire une émeute:[25] «Monsieur Blink est peut-être malade», dit-elle à un journaliste. Dix secondes plus tard, la porte de monsieur Blink était enfoncée et la foule portait en triomphe son sauveur en pyjama. On trouva son costume bien
60 original. Que sa publicité était donc bien faite! Quelques hommes retournèrent même chez eux pour enfiler leur pyjama. Des femmes en chemises de nuit sortirent dans la rue et suivirent le cortège en chantant des cantiques. Sidéré,[26] le pauvre monsieur Blink n'osait pas bouger, installé qu'il était sur les épaules de deux des journalistes les plus éminents du pays.

---

[16]**la demeure** = où l'on habite   [17]**par hasard** = peut-être   [18]**faillir dégringoler** *to almost fall down*   [19]**le cachottier, la cachottière** *sneak*
[20]**se douter** *to suspect*   [21]**la caboche** = la tête   [22]**se vanter de** *to brag about*
[23]**d'ailleurs … l'eût pu** = même s'il l'avait voulu, il ne l'aurait pas pu
[24]**réclamer** = demander   [25]**l'émeute** (f.) *riot*   [26]**sidéré, -e** = étonné

65   Le rassemblement fut un triomphe. Monsieur Blink ne parla pas.

      Le nouveau parti, le parti du peuple, le parti de monsieur Blink, éclatait[27] dans la vie politique du pays comme une bombe. On hua[28] les vieux partis et on cria que l'esclavage[29] était fini, grâce à monsieur Blink. B-L-I-N-K. Blink! Blink! Hourra! Fini, les majorations d'impôt, monsieur Blink allait
70 tout arranger. Fini, le grabuge[30] politique, monsieur Blink allait tout arranger. Fini, les augmentations du coût de la vie … Blink! Blink! Blink!

      Une seule fois monsieur Blink tenta de[31] se lever pour prendre la parole. Mais la foule l'acclama tellement qu'il eut peur de la contrarier et se rassit.[32]

      On le gava de[33] champagne et monsieur Blink finit lui aussi par se croire
75 un grand héros. En souvenir de cette soirée mémorable, monsieur Blink rapporta chez lui une gigantesque banderole sur laquelle était inscrit en lettres de deux pieds de haut …

      Le lendemain, monsieur Blink était élu premier ministre de son pays.

---

[27]**éclater** *to burst*   [28]**huer** *to boo*   [29]**l'esclavage** (m.) *slavery*   [30]**le grabuge** = la dispute   [31]**tenter de** = essayer de   [32]**se rasseoir** *to sit back down*   [33]**gaver de** = insister qu'on mange ou qu'on boive quelque chose

Questionnaire

1. Pourquoi l'auteur emploie-t-il des guillemets en écrivant «*se*» *souriait* (ll. 4 et 25)?
2. Comment s'est senti M. Blink en voyant «sa» publicité sur le mur et dans le journal? Qu'est-ce qu'il a fait dans les deux instances?
3. Vous pouvez terminer les phrases aux lignes 39–40 (*… était écrit en rouge …*) et 76–77 (*… était inscrit en lettres de deux pieds de haut …*)?
4. Quand la foule a enfoncé la porte de M. Blink, qu'est-ce qu'il faisait? Qu'est-ce que certains d'entre eux ont fait après l'avoir trouvé? Pourquoi? Que pensez-vous que l'auteur satirise ici?
5. Qu'est-ce qu'il y a d'humoristique dans les phrases à la ligne 65?
6. Selon ce que nous dit l'auteur aux lignes 66–71, quelles promesses la publicité de M. Blink avait-elle faites?
7. Comment l'attitude de M. Blink a-t-elle changé après le rassemblement?
8. Comment trouvez-vous cette histoire? Employez deux ou trois adjectifs pour la décrire.
9. Pourquoi une foule est-elle si puissante? Qu'est-ce que vous connaissez de la psychologie de la foule?
10. Pourquoi doit-on se douter de la publicité?
11. Formez un groupe de trois ou quatre personnes et faites un schéma (*outline*) écrit des événements de cette histoire. Le schéma doit montrer comment la publicité convainc les gens qui, à leur tour, convainquent M. Blink.

EXPLICATIONS II

Les pronoms indéfinis

♦ OBJECTIVES:

TO SPEAK IN
GENERAL TERMS

TO SPEAK OF
PEOPLE WITHOUT
NAMING THEM

TO REFER TO
UNKNOWN PEOPLE

TO COMPARE AND
CONTRAST

You know several indefinite pronouns, such as *on, chacun(e)*, and *quelqu'un.* An indefinite pronoun represents an unidentified person or thing or an undetermined number of people or things.

1 *Quelqu'un* means "someone." *Quelques-un(e)s* means "some," "some people," "any," or "a few."

> Pierre connaît **quelqu'un** dans le gouvernement. Moi, je connais des députés. **Quelques-uns** sont mes amis.

> Beaucoup de femmes sont persuadées qu'Alice serait une candidate formidable. **Quelques-unes** lui ont recommandé de se présenter aux élections.

Note that *quelqu'un* is always masculine, but *quelques-un(e)s* agrees with the noun it refers to.

2 *Certain(e)s* means "certain people." We often use it with *d'entre eux (elles / nous / vous)* to mean "some of them (us / you)." It, too, agrees with the noun to which it refers.

> Il y aura plusieurs candidats, j'en suis sur.
> En fait, **certains** ont déjà lancé leur campagne.

> Il faut obéir à toutes les lois même si on est en désaccord avec **certaines d'entre elles.**

3 The pronoun *autre* is used in a wide variety of expressions. Its specific meaning depends on the context.

On ne prend pas ce bus. On en prend **un autre,** le 77.	*We aren't taking this bus. We're taking **a different one,** No. 77.*
On m'a beaucoup aidé. C'est pour ça que j'aide **les autres.**	*People have helped me a lot. That's why I help **others.***

A common use of *autre* is in the combinations *l'un(e) l'autre* ("each other") and *les un(e)s les autres* ("one another").

J'ai présenté Luce et Chantal **l'une à l'autre.**	*I introduced Luce and Chantal **to each other.***
Aidez-vous **les uns les autres!**	*Help **one another!***

4 *Les un(e)s ... les autres* means "some ... others" or "some people ... other people."

> D'après le sondage que j'ai fait, le droit de voter n'est pas important pour tous les élèves qui vont bientôt être majeurs. **Les uns** ont hâte de pouvoir le faire, **les autres** ne voteront pas n'importe quoi.

Pour qui voter?

5 You know that *on* means "one," "we," "you," "they," or "people."

> | | |
> |---|---|
> | Tous les ans, **on** paie des impôts. | *Every year **we** pay taxes.* |
> | Si **on** convainc les électeurs, **on** gagne les élections. | *If **you** convince the voters, **you** win the election.* |
> | **On** dit que son discours était très bon. | *They say that her speech was very good.* |

It used to be that adjectives following *on* were always in the masculine singular form. You will, however, often see the plural form or even, occasionally, the feminine singular.

> | | |
> |---|---|
> | **On** s'est lev**és** tard ce matin. | *We got up late this morning.* |
> | Quand **on** est **maman on** est souvent impatient**e**. | *When **you**'re a **mother you**'re often impatient.* |

6 As an indefinite pronoun, *tout* means "all" or "everything." *Tous (toutes)* means "all of them" or "everyone." *Tout le monde* means "everyone" or "everybody."

> | | |
> |---|---|
> | **Tout** est perdu. | ***All** is lost.* |
> | **Tout** est pour le mieux. | ***Everything**'s for the best.* |
> | Nous sommes **tous** membres du parti de la gauche. | *We're **all** members of the party of the left.* |
> | Les candidates? On les a élues **toutes.** | *The candidates? We elected them **all.*** |

7 The indefinite pronoun *n'importe quoi* means "anything." We often use it to express that something is unrealistic or irrational.

> | | |
> |---|---|
> | Je peux le persuader de faire **n'importe quoi.** | *I can persuade him to do **anything.*** |

EXERCICES

A **Elle exagère!** Joëlle exagère toujours et sa sœur Gisèle la corrige. Choisissez parmi les expressions de la liste et conversez selon le modèle.

> certain(e)s d'entre eux (elles)
> les un(e)s … les autres
> quelques-un(e)s

> les citoyens / s'inscrire tous sur les listes électorales
> ÉLÈVE 1 *Les citoyens s'inscrivent tous sur les listes électorales.*
> ÉLÈVE 2 *Les uns s'inscrivent sur les listes électorales, les autres non.*
> OU: *Certains d'entre eux (quelques-uns) s'inscrivent sur les listes électorales.*

1. les journalistes / raconter tous n'importe quoi
2. les Français / savoir tous parler des langues étrangères
3. les députés / être tous intelligents
4. les gens / aimer tous discuter de la politique
5. les reportages à la cinquième chaîne / être tous en direct
6. les sondages / insister tous sur le fait que le parti de droite sera vaincu
7. les candidats / vouloir tous réduire les impôts
8. les discours politiques / être tous ennuyeux
9. les candidats / faire tous trop de promesses

B **Critique de films.** Faites une liste de dix films que vous avez vus pendant l'année passée. Ensuite, décrivez ces films en utilisant des pronoms indéfinis et les expressions ci-dessous. Par exemple:

> avoir du succès   être un four   faire salle comble
> être amusant   être fantastique   rendre triste
> être ennuyeux   faire rire   tenir en haleine

> *Quelques-uns ont fait salle comble:* La Boum *et* Rocky III, *par exemple.*

MARTINE FRACHON

Député · Conseillère Municipale de Poissy · 51 ans · Mariée, 5 enfants, 2 petits enfants

CONTRAT POUR LA FRANCE UNIE

1. Elle donnera la priorité à la formation et à la recherche.
2. Elle modernisera l'économie dans le progrès social.
3. Elle assurera la solidarité et la cohésion sociale (revenu minimum).
4. Elle agira pour l'égalité des femmes et des hommes.
5. Elle travaillera à construire l'Europe.
6. Elle veillera sur notre environnement.
7. Elle multipliera les espaces de culture.
8. Elle garantira notre sécurité, encouragera le désarmement et agira pour la paix.
9. Elle aidera le développement du Tiers-Monde.
10. Elle refusera toutes les exclusions.

C **Les informations.** Complétez les paragraphes suivants en employant les pronoms indéfinis de la liste.

certains d'entre eux	n'importe quoi	quelqu'un
les autres	on	tous
les uns	quelques-uns	tout

Le Président a donné rendez-vous ce matin à un groupe de députés et de maires. _____ étaient venus de très loin pour entendre ce que le Président avait à dire. Ceux qui s'étaient attendus à une réunion tranquille et agréable ont quitté la salle bien déçus.

5 Avant l'arrivée du Président, _____ se parlaient doucement, _____ attendaient impatiemment, se plaignant de _____. Quand il est enfin entré, _____ à côté de moi s'est mis à hurler: «Vive le Président! Vive la République!» Ce n'était pas un des invités et on l'a fait partir aussitôt.

10 Le Président a déclaré que le gouvernement allait recommander de créer des nouveaux impôts. J'ai regardé ses adversaires de la droite, qui semblaient _____ être furieux. Même _____ des membres de son propre parti n'avaient pas l'air convaincu. Il y en avait une qui s'est mise debout et qui a crié d'une voix cassée: «Et _____ oublie les

15 électeurs? Il faut bien se rendre compte, monsieur, que nous ne pouvons pas leur demander _____. Je suis maire, c'est vrai, mais je suis plus que ça. Je suis citoyenne! Et les citoyens vous disent non! A bas les impôts! Aux armes, citoyens!»

Le Président étonné a quitté la salle. Quant à moi, je doute qu'il y

20 ait des nouveaux impôts cette année.

D **Parlons de toi.**

1. De tous les événements mondiaux de l'année passée, il y en a quelques-uns que tu crois surtout importants? Lesquels? Pourquoi est-ce que tu les trouves si importants?

2. De tous tes camarades de classes, il y en a quelques-un(e)s qui risquent de choisir une carrière politique? Comment sont-ils? Tu crois que certain(e)s d'entre eux (elles) seraient des bon(ne)s candidat(e)s? Pourquoi? Tu voterais pour eux (elles)?

3. Est-ce que les élèves de ton lycée parlent de la politique? On parle de l'actualité? Il y a des sujets de conversation qui vous intéressent tous? Si oui, lesquels?

4. Si tu étais Président des Etats-Unis et si tu parlais avec le Président de France, quelles questions est-ce que tu lui poserais? Et si tu parlais au Premier Ministre de Grande-Bretagne? Qu'est-ce que tu recommanderais que les trois pays fassent pour a) empêcher le terrorisme, b) conserver la paix mondiale, c) créer un meilleur monde?

APPLICATIONS

Lisez la bande dessinée.

1. Aujourd'hui c'est le jour des élections au lycée de filles, et Nicole et Caroline ont hâte de voter.

2. Nicole et Caroline, qui viennent d'entrer en seconde, se sont présentées aux élections.

3. Quelques-unes de leurs amies ont dit qu'elles convaincraient les autres de voter.

4. Nicole croit que toutes les candidates sont sérieuses.

5. Mais leurs copines sont persuadées que certaines d'entre elles sont un peu bizarres.

Maintenant imaginez que vous pouvez choisir un lycée. Est-ce que vous voudriez assister à un lycée mixte ou est-ce que vous préféreriez un lycée de garçons (filles)? Ecrivez une histoire en vous servant de la Révision comme modèle.

Trouvez les expressions françaises qui correspondent à l'anglais et rédigez un paragraphe.

1. Sunday is election day and Aurélie is looking forward to voting.

2. Aurélie, who just turned 18, has already registered to vote.

3. Some of her friends have said that they would not encourage anyone to vote.

4. They believe that all candidates are hypocritical.

5. But Aurélie is convinced some of them are truly sincere.

Maintenant, choisissez un de ces sujets.

1. Est-ce que vous allez vous inscrire sur les listes électorales dès que vous aurez 18 ans? Pourquoi ou pourquoi pas?

2. Les candidats politiques font-ils des promesses sincères ou non? Expliquez votre réponse.

3. Nicole et Caroline parlent avec leurs amis au sujet des lycées mixtes. Ecrivez leur conversation.

A   Le gouvernement français.

Complétez chaque phrase en choisissant l'expression qui convient.

1. Les Français élisent (*le premier ministre / le président*).
2. Pour voter, un Français doit (*avoir la majorité / être majeur*).
3. Pour voter, il faut (*s'inscrire sur les listes électorales / se présenter aux élections*).
4. La plupart des candidats promettent de (d') (*réduire / interdire*) les impôts.
5. La gauche et la droite sont des (*sondages / partis*) politiques.
6. Celui qui se présente aux élections est un (*électeur / candidat*).
7. Le Président de la République choisit (*le premier ministre / les députés*).
8. Est-ce que tu as écouté (*le discours / les lois*) de cette candidate?

B   Les adversaires.

Complétez les phrases suivantes en mettant les formes convenables des verbes *vaincre* et *convaincre* d'après le sens de l'histoire.

Jean-Luc et Michel sont amis depuis très longtemps. Ils sont _____ qu'ils le seront toujours. Pourtant, chacun se croit meilleur que l'autre en tout. Par exemple, la semaine dernière, Michel _____ Jean-Luc en tennis. Mais c'est celui-ci qui _____ Michel de se présenter aux élections du lycée. Bien sûr, Jean-Luc était candidat lui aussi. L'un et l'autre essaient de _____ leurs amis de voter pour lui. Michel est certain qu'il _____ son ami, mais Jean-Luc ne pense pas que Michel le _____. Est-ce que Michel est content d'_____ Jean-Luc au tennis? Bien sûr! Est-ce que Michel serait déçu si Jean-Luc le _____ aux élections? Bien sûr! S'ils le pouvaient, chacun _____ l'autre tous les jours. Mais ce qui est intéressant c'est que chaque victoire et chaque défaite les _____ qu'ils seront toujours amis.

C   Qu'est-ce qu'elle a dit?

Récrivez le passage suivant en employant le discours indirect. Commencez le passage par *Elle a dit qu'elle …*

Je suis très contente d'être ici. J'ai toujours voulu visiter la France. En septembre, quand mon prof nous a dit qu'il organisait un voyage à Paris, j'ai demandé à mes parents si je pouvais y aller. Maintenant que je suis ici, je verrai beaucoup de monuments, je visiterai des endroits intéressants, mais surtout j'espère faire la connaissance de plusieurs jeunes Français de mon âge. La famille chez qui j'habite est très sympa. Je suis certaine que mes quinze jours seront super.

D   A l'école.

Répondez *non* aux questions suivantes et expliquez votre réponse en employant *quelques-uns, les uns … les autres* ou *certains d'entre eux*. Suivez le modèle.

Est-ce que tous les lycéens prennent le bus pour aller au lycée?
Non, tous les lycéens ne prennent pas le bus pour aller au lycée. Les uns y vont en voiture, les autres y vont à pied. Certains d'entre eux y vont en vélo.

1. Est-ce que tous les lycéens …
   a. arrivent à l'école à l'heure?
   b. s'intéressent à tous les cours?
   c. déjeunent à la cantine?
   d. font toujours leurs devoirs?
2. Est-ce que tous les professeurs …
   a. donnent des examens faciles?
   b. expliquent bien leurs leçons?
   c. assistent à tous les matchs sportifs?
   d. donnent trop de devoirs?

VOCABULAIRE DU CHAPITRE 12

Noms
l'adversaire *(m.&f.)*
la campagne
le candidat, la candidate
le citoyen, la citoyenne
la déclaration
le / la député
la difficulté
le discours
la droite
l'électeur, l'électrice
l'élection *(f.)*
le fait
la gauche
le gouvernement
l'impôt *(m.)*
l'individu *(m.)*
la loi
la majorité
le membre
le parti
la politique
le premier ministre
le président, la présidente
la promesse
la république
le sondage

Verbes
convaincre (de + *inf.*)
déclarer
élire
hurler
insister
persuader
recommander (de + *inf.*)
réduire
vaincre
voter

Adjectifs
convaincu, -e
majeur, -e
persuadé, -e
politique

Pronom
certain(e)s

Adverbe
aussitôt

Expressions
à bas!
avoir hâte de + *inf.*
donner rendez-vous
en direct
n'importe quoi
quant à
rendre + *adj.*
s'inscrire sur les listes
    électorales
se présenter aux élections
vive!

CHAPITRE 13

Le Palais du Louvre est surtout connu pour son musée dans lequel on trouve une importante collection d'antiquités, d'objets d'art, de sculptures et de peintures. On a récemment fait construire une grande pyramide de verre qui est maintenant l'entrée principale du musée.

(en haut) Les impressionnistes essaient de représenter les impressions causées par les effets de la lumière changeante. Ce tableau, qui s'appelle *Impression, soleil levant*, a été peint en 1872 par Monet, un des plus grands peintres impressionnistes. En 1985, des voleurs sont arrivés au musée Marmottan à Paris et ont pris plusieurs tableaux parmi lesquels celui-ci. On ne sait toujours pas où se trouve ce chef-d'œuvre.

(en bas) Au dix-neuvième siècle, Montmartre, à Paris, est devenu le rendez-vous des artistes. Aujourd'hui encore, à la place du Tertre, on trouve de nombreux peintres prêts à faire le portrait des gens qui passent.

MOTS NOUVEAUX

Tu aimes l'art contemporain?

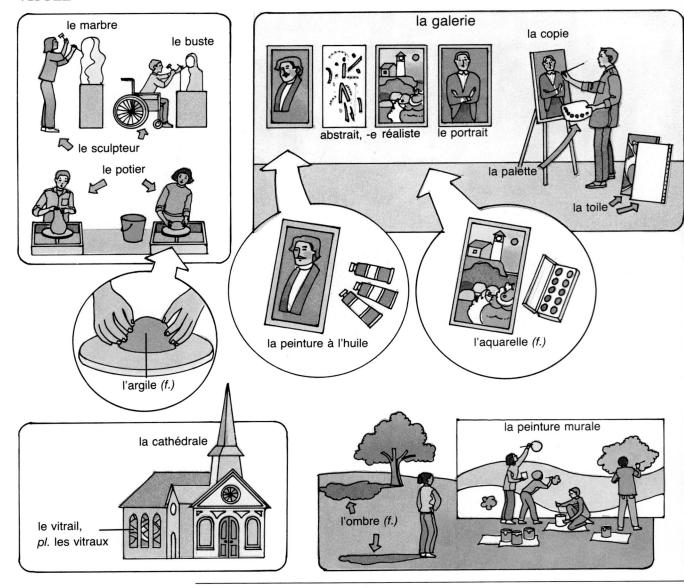

le marbre

le buste

le sculpteur

le potier

l'argile (f.)

la galerie

la copie

abstrait, -e   réaliste   le portrait

la palette

la toile

la peinture à l'huile

l'aquarelle (f.)

la cathédrale

le vitrail,
pl. les vitraux

la peinture murale

l'ombre (f.)

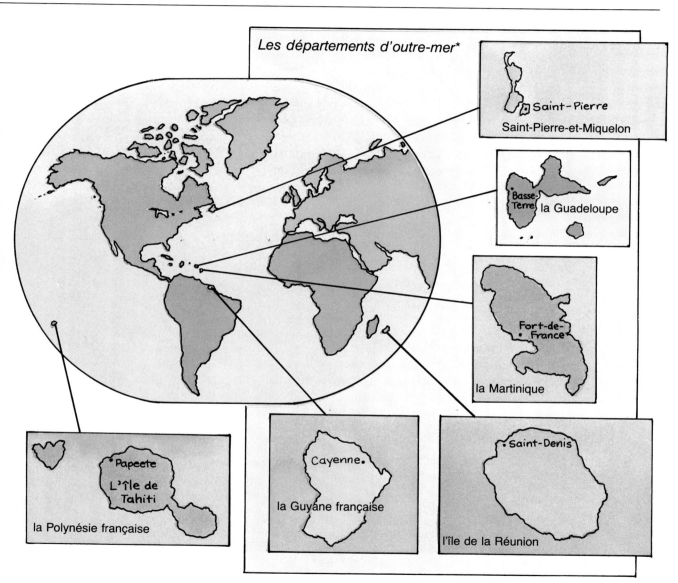

Les départements d'outre-mer*

Saint-Pierre
Saint-Pierre-et-Miquelon

Basse-Terre la Guadeloupe

Fort-de-France
la Martinique

Papeete
L'île de Tahiti
la Polynésie française

Cayenne
la Guyane française

Saint-Denis
l'île de la Réunion

*La France se compose de 102 départements, dont cinq sont des départements d'outre-mer.
La Polynésie française n'est pas un département, mais un territoire français.

1 LAURENCE   Qu'est-ce que tu penses de l'art **contemporain?**

    ANTOINE   La peinture abstraite me **laisse froid** mais j'aime bien l'**architecture** moderne.

Variations:
- la peinture abstraite → la sculpture moderne
  me laisse froid → me **fascine**
  j'aime bien → je préfère
  moderne → classique

contemporain, -e *contemporary*
laisser froid *to leave cold*
l'architecture (f.) *architecture*

fasciner *to fascinate*

2 VALÉRIE   Qui est ton peintre préféré?

    DOMINIQUE   Sans hésiter, je dirais Gauguin.* Ses tableaux, surtout ceux qu'il a peints en Polynésie, sont des **chefs-d'œuvre.**

- ses tableaux → ses toiles
  ceux → celles
  peints → peintes
  en Polynésie → **outre-mer**

le chef-d'œuvre, pl. **les chefs-d'œuvre** *masterpiece*

outre-mer *overseas*

3 Eric et Alice visitent le musée d'art moderne. Ils s'arrêtent devant une toile abstraite.

    ERIC   Qu'est-ce que ça **représente?**

    ALICE   On ne pose jamais cette question devant un tableau abstrait. Il vaut mieux étudier **les formes** et essayer de comprendre **l'effet** qu'a voulu **produire**[†] l'artiste.

- un tableau abstrait → une œuvre abstraite
  étudier → **observer**
  l'effet → **l'impression**
  produire → créer

représenter *to represent, to depict*
la forme *form, shape*
l'effet (m.) *effect*
produire *to produce*

observer *to observe, to study*
l'impression (f.) *impression*

*Paul Gauguin (1848–1903), est considéré comme un des premiers artistes vraiment modernes. Né à Paris, il est allé en Bretagne pour essayer de trouver une façon de vivre plus simple et pittoresque. Après un séjour à Arles, en Provence, avec son ami Vincent Van Gogh, il a quitté sa famille et il est parti en Polynésie, où il a passé ses dernières années et où il a peint les toiles exotiques tellement connues aujourd'hui.

[†] *Produire* follows the pattern of *conduire* in all its forms.

4 David **rend visite à** Sabine.

DAVID   J'aime beaucoup **la reproduction** qui est au-dessus de ton bureau.

SABINE   C'est une copie d'une œuvre de Renoir.*

■ la reproduction → l'aquarelle
d'une œuvre → d'**une esquisse**

rendre visite à = faire une visite à
la reproduction *print*

l'esquisse (f.) *sketch*

5 Dans le musée d'Orsay, qui était jadis une grande gare, se trouvent les œuvres **impressionnistes** qui **appartiennent au**[†] musée du Louvre. Une guide commente les toiles:

—Et voici un des chefs-d'œuvre de l'école impressionniste. **En fait,** c'est la peinture **même** qui a donné son nom à ce **mouvement** artistique. Elle s'appelle *Impression: Soleil levant.* Monet[††] l'a peinte en 1874. Admirez **le contraste** entre l'ombre et la lumière.

ANNE   Elle est vraiment belle! Dès que nous serons arrivés à la boutique du musée, je m'en achèterai une reproduction.

■ admirez → remarquez

impressionniste *Impressionist*
appartenir à *to belong to*

en fait *in fact*
même here: *very*
le mouvement *movement*
le contraste *contrast*

6 PIERRE   Qu'est-ce que tu as fait samedi dernier?

NATHALIE   Je suis allée visiter une galerie de tableaux à Paris.

PIERRE   C'était intéressant?

NATHALIE   Oh, oui, ça **vaut le coup d'**y aller. L'artiste qui **expose** ses œuvres est, à mon avis, **un génie.**

PIERRE   Tu aurais pu me dire que tu y allais, je serais venu avec toi.

■ est, à mon avis, un génie → a du talent, je trouve
tu aurais pu me dire → si tu m'avais dit

valoir le coup (de + inf.) *to be worth it (to)*
exposer *to exhibit*
le génie *genius*

---

*Auguste Renoir (1841–1919) s'est spécialisé dans les scènes de la vie contemporaine. Ses tableaux de femmes et d'enfants peints de couleurs très vives sont surtout connus.

[†]*Appartenir* follows the pattern of *venir* in the present, but forms the passé composé with *avoir.*

[††]Claude Monet (1840–1926) est peut-être l'artiste le plus typique de l'école impressionniste. Il a surtout essayé de représenter l'effet que produisent la lumière et l'ombre sur les objets. Il a peint beaucoup de tableaux fameux de la cathédrale de Rouen, de la gare St-Lazare à Paris, de meules de foin *(haystacks)* et de nymphéas *(water lilies),* les représentant tous à différentes heures de la journée.

7 Les élèves sont en train de **réaliser** une peinture murale pour **décorer le hall** du lycée. Mais le métier de peintre est difficile.

THOMAS   **J'ai beau** essayer, je n'arrive pas à bien **reproduire** l'effet de la lumière.

LE PROF   Si tu avais choisi des couleurs moins **sombres,** tu aurais obtenu l'effet que tu cherchais.

- moins sombres → plus claires
- moins sombres → plus vives

réaliser = faire, produire
décorer *to decorate*
le hall *foyer, entranceway*

avoir beau + inf. *it's no use*
reproduire *to reproduce*
sombre *dark*

8 Le prof de dessin montre **une nature morte** à ses élèves.

LE PROF   Qu'est-ce que vous remarquez **au premier coup d'œil?**

ANNE   Une tasse. Mais ce qui me **frappe,** moi, ce sont les couleurs **criardes.**

CLAUDINE   Oui, moi, je n'aurais pas pris du bleu aussi vif.

- une nature morte → **un paysage**
  au premier coup d'œil → **au premier plan**
  une tasse → un arbre
  du bleu → du vert
- une nature morte → un portrait
  au premier coup d'œil → **à l'arrière-plan**
  une tasse → un rideau
  criardes → **ternes**
  du bleu aussi vif → du rouge aussi sombre

la nature morte *still life*
au premier coup d'œil *at first glance*
frapper *here: to strike*
criard, -e *gaudy, garish*

le paysage *here: landscape*
au premier plan *in the foreground*

à l'arrière-plan *in the background*
terne *dull*

AUTREMENT DIT

TO EXPRESS HURT FEELINGS …

    Tu aurais pu …
    Pourquoi tu n'as pas …
    Je regrette que tu …
    C'est pas gentil de …

TO EXPRESS BEING FED UP …

    La barbe!
    Quelle barbe!
    J'en ai marre!
    Ça suffit!
    Bon, ça a assez duré!
    C'est pas bientôt fini!

A Une visite au musée. Paul écrit une lettre à sa copine française, Sylvie, pour lui raconter sa récente visite à l'Institut d'art de Chicago. Choisissez les mots pour compléter sa lettre. Tous les mots ne seront pas utilisés.

beau essayer	esquisse	laissent froid
ça vaut le coup	fasciné	observé
chefs-d'œuvre	formes	Polynésie
contraste	huile	portraits
effet	impressionnistes	

Chère Sylvie,

Tu sais que je n'aime pas tellement les musées, mais j'ai changé d'avis après avoir visité l'Institut d'art de Chicago avec ma classe de français. Nous avons vu l'exposition

5   temporaire de Gauguin. J'ai beaucoup admiré ses tableaux peints en Provence et aussi en _____. Ce sont des vrais _____ !

J'ai aussi apprécié les œuvres _____, comme celles de Renoir et de Monet. J'adore leurs aquarelles et leurs peintures à

10 l'_____. Il faut admirer les couleurs et le _____ entre l'ombre et la lumière dans ces tableaux. Dans la galerie d'art classique, j'ai surtout aimé les _____ des personnages importants de cette période. Leurs costumes m'ont _____.

Par contre, les tableaux abstraits me _____. Le professeur

15 nous a demandé d'étudier les _____ et les couleurs et d'essayer d'apprécier l'_____ qu'a voulu produire l'artiste. J'ai _____, je n'arriverai jamais à apprécier ce style.

La prochaine fois que tu viendras à Chicago, on ira visiter ce musée— _____ d'y aller!

20   Je t'embrasse,

Paul

Dans ce tableau, un sculpteur fait un buste de Gauguin.

Au musée du Louvre, Paris

B Catégories. Quel mot ou quelle expression ne convient pas dans chacun des groupes suivants? Expliquez votre choix.

1. l'aquarelle / l'œuvre / l'esquisse / le peintre
2. la toile / l'argile / le marbre / la copie
3. le potier / le sculpteur / le buste / le peintre
4. réaliste / terne / abstrait / contemporain
5. la Guadeloupe / la Guyane / la Provence / la Polynésie
6. la copie / la reproduction / l'esquisse / le sculpteur
7. la toile / le tableau / le vitrail / la peinture
8. produire / observer / réaliser / peindre
9. le portrait / la nature morte / le paysage / l'aquarelle
10. la galerie / l'exposition / la cathédrale / le musée

C Comment répondre? Que dites-vous dans les situations suivantes? Choisissez une réponse et expliquez pourquoi vous l'avez choisie.

1. Quand votre petit(e) ami(e) vous demande d'aller visiter une galerie de tableaux, vous dites: (*Les galeries me laissent froid(e). / Avec plaisir, ça me passionne. / Je ne suis pas libre.*)
2. Quand on vous demande votre opinion sur une toile abstraite, vous dites: (*Laisse-moi l'étudier un peu. / Mais qu'est-ce que ça doit représenter? / Ce n'est pas très réaliste, n'est-ce pas?*)
3. Quand un copain vous montre une reproduction d'une œuvre de Renoir, vous dites: (*J'adore les peintures impressionnistes. / Je préfère les œuvres abstraites. / Tu me la prêtes pour décorer ma chambre?*)
4. Quand vos parents font des projets pour visiter un musée avec vous, vous dites: (*Vous auriez pu me dire que nous y allions—j'ai déjà fait d'autres projets. / Bonne idée—les musées me fascinent. / J'en ai marre des musées.*)
5. Quand votre prof vous demande de réaliser une peinture murale pour décorer le hall du lycée, vous dites: (*Je ne suis pas artiste, moi. / Quel sujet avez-vous choisi? / Vous préférez un style réaliste ou abstrait?*)
6. Quand une copine parle d'une visite qu'elle a faite à une galerie d'art, vous dites: (*C'est quel artiste qui expose ses œuvres? / Je n'aime pas les musées. / Si tu m'avais dit que tu y allais, je serais venu(e) avec toi.*)
7. Quand quelqu'un vous demande votre opinion sur Picasso, vous dites: (*A mon avis, c'est un génie. / J'ai beau essayer, je n'arrive pas à apprécier son style. / Moi, je préfère les artistes impressionnistes.*)
8. Quand votre prof annonce une visite au musée d'art moderne, vous dites: (*Ça alors, je préfère l'art classique. / Je n'ai pas envie d'y aller. / Bonne idée—l'art contemporain me fascine.*)

D Parlons de toi.

1. Est-ce que tu as étudié des mouvements artistiques dans le cours d'art? Lesquels? Tu peux nommer quelques peintres ou quelques œuvres de chaque mouvement?

2. Quel mouvement artistique est-ce que tu apprécies le plus? Pourquoi? Quels artistes est-ce que tu apprécies le plus? Tu peux nommer et commenter une ou deux de leurs œuvres? Comment est-ce que ces œuvres représentent le mouvement artistique?

3. Quel mouvement artistique te laisse froid(e)? Pourquoi? Est-ce que tu peux nommer quelques artistes ou quelques œuvres de ce mouvement?

4. Quels artistes est-ce que tes parents préfèrent? Est-ce que tu es d'accord avec eux? Pourquoi? Y a-t-il des reproductions artistiques chez toi? Tu peux les décrire?

5. Qu'est-ce que tu aimes surtout dans un tableau? Les couleurs? Les formes? Le sujet? Est-ce que tu peux apporter en classe la reproduction d'un tableau que tu apprécies pour le commenter?

6. Est-ce qu'il y a des reproductions dans ton école ou dans la salle de dessin? Est-ce que tu peux les nommer ou les décrire? Qu'est-ce que tu en penses?

7. Quels musées est-ce que tu as visités? Est-ce que tu préfères les galeries d'art ou de sculpture? Pourquoi?

8. Y a-t-il un musée bien connu près de chez toi? Qu'est-ce qu'on y trouve? Est-ce que ça vaut le coup de le visiter? Si tu devais visiter un musée d'art moderne ou un musée d'art classique, lequel est-ce que tu choisirais? Pourquoi?

ACTIVITÉ

Un exposé d'art. Avec un(e) camarade de classe, choisissez un tableau d'un de vos peintres préférés. Apportez en classe une reproduction de ce tableau et expliquez pourquoi vous l'avez choisi. Parlez un peu de la vie du peintre, de son style, de son choix de couleurs, etc.

Gare St-Lazare, par Claude Monet

APPLICATIONS

L'art moderne

Céline est en train de terminer un tableau. Son père arrive.

M. DUFOUR	Qu'est-ce que ça représente?
CÉLINE	Un jardin en automne.
M. DUFOUR	Ah! Vraiment!
5 CÉLINE	Oui, je n'ai pas fini, donc tu ne peux pas bien voir l'effet que j'ai cherché à produire.
M. DUFOUR	Ah, d'accord! Tu vas mettre des couleurs?
CÉLINE	Des couleurs? Mais il y en a!
M. DUFOUR	Oui, mais je voulais dire des couleurs un peu plus
10	vives. Moi, je ne vois que du noir.
CÉLINE	Oh, papa! Tu le fais exprès.[1]
M. DUFOUR	Ne te fâche pas. Tu sais, moi, l'art moderne, je n'y comprends rien.
CÉLINE	En tout cas, j'espère que ça te plaît.
15 M. DUFOUR	Eh bien, euh … Tu as certainement du talent avec le … avec le noir, mais …
CÉLINE	Ah, je suis contente que tu apprécies mon talent parce que ce tableau est pour toi et maman. Il sera très bien dans la salle à manger, non?

Un artiste à Montmartre, Paris

---

[1]**faire exprès** *to do something on purpose*

Questionnaire

1. Qu'est-ce que Céline est en train de faire quand son père arrive?
2. Pourquoi M. Dufour demande-t-il ce que représente le tableau? D'après Céline, pourquoi est-ce que son père ne sait pas ce que ça représente?
3. Qu'est-ce que M. Dufour aimerait voir sur le tableau? Vous êtes d'accord avec lui? Pourquoi?
4. Que pense M. Dufour de l'art moderne? Et vous, qu'est-ce que vous en pensez? Est-ce que vous préférez un autre style? Lequel? Pourquoi?
5. D'après M. Dufour, est-ce que sa fille a du talent? Est-ce qu'il est sérieux quand il lui parle? Est-ce que Céline comprend que son père n'aime pas beaucoup son tableau?
6. Est-ce que M. Dufour est content que sa fille lui donne le tableau pour décorer la salle à manger? Pourquoi?
7. Est-ce que vous avez un artiste préféré? Lequel? Pourquoi? Est-ce que vous avez des reproductions de ses œuvres? Lesquelles?

Situation

Il y a une exposition d'art à votre lycée et vous et votre ami(e) allez juger la compétition. L'un(e) d'entre vous préfère l'art moderne et l'autre préfère l'art classique. Imaginez votre conversation.

Beaucoup d'artistes sont inspirés par Notre-Dame de Paris.

EXPLICATIONS I

Le passé du conditionnel

♦ OBJECTIVES:

TO TALK ABOUT
THINGS THAT
MIGHT HAVE
HAPPENED

TO EXPRESS
REGRET

TO SAY WHAT YOU
WOULD HAVE
DONE IN SOMEONE
ELSE'S PLACE

TO UNDERSTAND A
NEWS REPORT

The conditional refers to events that might take place in the future. The *past conditional* is used to express what might have occurred in the past if certain conditions had been present or to talk about hypothetical events that might have occurred in the past. Compare:

Il **achèterait** tous les tableaux.	*He **would buy** all the paintings.*
Il **aurait acheté** tous les tableaux.	*He **would have bought** all the paintings.*

1 The past conditional is formed by using the conditional of *avoir* or *être* + past participle. Its English equivalent is "would have" + verb.

INFINITIF **regarder**

	SINGULIER		PLURIEL	
1	j'	**aurais regardé**	nous	**aurions regardé**
2	tu	**aurais regardé**	vous	**auriez regardé**
3	il elle on	**aurait regardé**	ils elles	**auraient regardé**

INFINITIF **rentrer**

	SINGULIER		PLURIEL	
1	je	**serais rentré(e)**	nous	**serions rentré(e)s**
2	tu	**serais rentré(e)**	vous	**seriez rentré(e)(s)**
3	il elle on	**serait** { **rentré rentrée rentré** }	ils elles	**seraient** { **rentrés rentrées** }

Au musée du Louvre, Paris

For the past conditional the rules of agreement are the same as for the other perfect tenses: *Ils ne seraient pas venus. La statue? Nous ne l'aurions pas achetée.*

2 Like the conditional, the past conditional is often introduced by expressions such as *moi, nous, à ta (votre) place.*

Nous, nous n'y **serions** pas **allés.**	*We **wouldn't have gone** there.*
A votre place, j'aurais peint le fleuve et les bateaux.	*If I were you, I'd have painted the river and the boats.*

3 Also like the conditional, the past conditional is used in journalistic style to give an unconfirmed report. But whereas the conditional refers to a present or future event, the past conditional refers to an event that is alleged to have taken place already. Compare:

M. Mécène **vendrait** toutes ses œuvres d'art.	*It is reported that* M. Mécène *will sell (is selling) all of his works of art.*
M. Mécène **aurait vendu** toutes ses œuvres d'art.	*It is reported that* M. Mécène *has sold all of his works of art.*

4 The conditional and the past conditional of the verb *dire* are also used as equivalents of the verb *ressembler à.*

Quel mauvais temps! **On dirait** l'hiver.	*What awful weather! You'd think it was (= it looks like) winter.*
Il peignait des beaux paysages. **On aurait dit** Monet.	*He painted beautiful landscapes. You'd have thought they were (= they look like) Monets.*

5 The past conditional forms of *pouvoir* and *devoir* are equivalent to "could have" and "should have."

J'**aurais pu** reproduire cette esquisse.

*I **could have** reproduced that sketch.*

Tu **aurais dû** exposer tes peintures.

*You **should have** exhibited your paintings.*

6 You know that we often use the conditional with *si* clauses in the imperfect tense.

Si tu utilisais des couleurs plus vives, **tu aurais** plus de succès.

If you used brighter colors, you'd have more success.

To talk about past hypothetical events, or might-have-beens, we use the past conditional with *si* clauses in the pluperfect.

Si tu avais utilisé des couleurs plus vives, **tu aurais eu** plus de succès.

If you had used brighter colors, you'd have had more success.

Nous **aurions acheté** ce papier peint **si nous avions décoré** le salon.

*We **would have bought** that wallpaper **if we had decorated** the living room.*

EXERCICES

A L'exposition d'art.   Avec vos amis, vous assistez au lycée à une exposition d'art qui ne vous plaît pas. Dites ce que chacun aurait fait pour la changer. Conversez selon le modèle.

Alice / peindre les murs en blanc / / en gris clair
ÉLÈVE 1   *Alice aurait peint les murs en blanc.*
ÉLÈVE 2   *Moi, je les aurais peints en gris clair.*

1. nous, nous / décorer l'affiche de couleurs criardes / / ternes
2. Yves / exposer les sculptures des élèves de troisième / / cacher
3. Jeanne et Hervé / tapisser la porte de papier rose / / ne pas la tapisser
4. nous, nous / mettre ce grand portrait du prof au premier plan / / à l'arrière-plan
5. Sylvie / exposer les bustes en marbre à l'entrée / / dans la grande salle
6. nous, nous / mettre toutes les esquisses ensemble / / jeter
7. Isabelle / rendre moins sombre le hall d'entrée / / plus sombre
8. nous, nous / réaliser les vitraux avec des papiers de différentes couleurs / / produire avec des aquarelles

B A ta place.   Dites ce que vous auriez fait. Suivez le modèle.

> Je suis arrivé en retard parce que je me suis levé tard.
> *A ta place, je me serais levé tôt.*

1. Je n'ai pas pu acheter l'aquarelle parce que j'avais dépensé trop d'argent au restaurant.
2. Je n'ai pas vendu mes tableaux parce que j'avais choisi d'utiliser une palette sombre.
3. Cette galerie m'a laissé froid parce que je ne savais rien sur l'art abstrait.
4. Je n'ai pas vu beaucoup d'œuvres d'art célèbres parce que j'y suis resté seulement une partie de la matinée.
5. Nous n'avons pas vu les statues contemporaines parce que nous avons fait le tour sans guide.
6. Nous n'avons pas vu les peintures à l'huile parce que nous avons passé trop de temps devant les peintures murales.
7. Je n'ai rien acheté de ce potier parce que les prix n'étaient pas réduits.
8. Nous avons beau aller voir l'exposition, le musée est fermé le lundi.

C Rumeurs.   Vous êtes le rédacteur de la rubrique des faits divers. On vous donne des nouvelles non vérifiées. Vous rédigez les articles pour l'édition du lendemain en attendant que les journalistes vérifient les rumeurs. Suivez le modèle.

> Il paraît qu'un adversaire du maire est parti avec tout l'argent de la ville.
> *Un adversaire du maire serait parti avec tout l'argent de la ville.*

1. Il paraît que l'hôtel Martinique a brûlé.
2. On dit que le premier ministre ne s'est pas présenté pour les prochaines élections.
3. On annonce que notre équipe de football a encore perdu.
4. Il paraît que quelqu'un a volé deux natures mortes du musée.
5. On dit que M. Mécène a donné une copie de son portrait à la ville.
6. La directrice du musée a annoncé qu'on avait décidé d'exposer les toiles qui appartenaient à M. Mécène.
7. Il paraît qu'un sculpteur célèbre est arrivé pour réaliser un buste du maire.
8. On a cassé deux vitraux de la cathédrale.

Des touristes au Louvre

D Il est un peu tard pour des recommandations.   A l'exposition de la fin de l'année, les élèves du cours d'art regardent leurs œuvres et se plaignent de ce qu'ils ont produit. En groupes de trois personnes, conversez selon le modèle. Faites vos propres suggestions pour ce qu'on aurait dû faire et ce qu'on aurait pu faire.

> ne pas observer les modèles d'assez près
> ÉLÈVE 1 *Nous n'avons pas observé les modèles d'assez près.*
> ÉLÈVE 2 *Le prof aurait dû nous les faire observer de plus près.*
> ÉLÈVE 3 *Nous aurions pu faire plus d'attention.*

1. ne pas faire assez de copies de vrais chefs-d'œuvre
2. utiliser trop de couleurs criardes
3. ne pas apprendre à produire les ombres
4. ne faire la connaissance d'aucun artiste
5. passer trop de temps à étudier le mouvement impressionniste
6. ne pas étudier les artistes d'outre-mer
7. peindre trop de natures mortes
8. ne parvenir à créer aucun effet frappant dans nos tableaux

E   Promesses électorales.   M. Lajoie, candidat de gauche, a perdu l'élection. Mais voilà ce qu'il avait promis aux électeurs. D'après lui, qu'est-ce qui se serait passé s'il avait été élu? Composez des phrases en combinant les éléments de gauche avec ceux de la colonne de droite.

> les membres des partis de gauche
> *Les membres des partis de gauche auraient été contents.*

1. les ouvriers	ne plus s'engager dans le service
2. ceux qui ont des emplois	militaire
dangereux	vendre plus d'œuvres d'art à l'état
3. les étudiants	obtenir des interviews sans
4. les jeunes	difficulté
5. les artistes	ne pas s'inquiéter du chômage
6. ses ennemis politiques	être content
7. les journalistes	être déçu
8. les dessinateurs	se distraire à faire leurs esquisses
humoristiques	payer moins pour leurs études
	pouvoir prendre leur retraite à
	l'âge de 50 ans

F   Si j'avais su.   Une école d'art a organisé une grande exposition qui a fait salle comble. Après, les artistes discutent de ce qui est arrivé. Dites ce que chacun aurait fait s'il avait su les choses suivantes. Suivez le modèle.

> Il y avait trop de monde. (Jacques / inviter moins de monde)
> *Si Jacques l'avait su, il aurait invité moins de monde.*

1. Ma petite amie n'est pas venue à l'exposition. (je / lui téléphoner pour la lui rappeler)
2. Patrick n'a pas fait exposer ses peintures à l'huile. (Marie / insister plus longtemps)
3. La salle de peintures a fasciné tous les critiques. (Lise et Odile / y aller tout de suite)
4. On n'avait pas décoré les murs du hall. (nous / faire une peinture murale)
5. Le jour même de l'exposition un potier célèbre est arrivé de Rome. (on / lui envoyer une invitation)
6. Le buste en argile qu'a fait le prof m'a frappé. (nous / apporter un appareil de photo)
7. Il y avait des tas de toiles réalistes. (Simon / exposer quelques toiles abstraites)
8. La galerie était un peu sombre. (Solange / allumer plus de lumières)

G Vos vacances. Si vous étiez partis en vacances avec votre famille dans les endroits suivants, qu'est-ce que vous auriez fait?

1. près d'une forêt
2. au bord d'un lac
3. dans les montagnes
4. à la campagne
5. à Paris
6. en Allemagne
7. au Mexique
8. au Québec
9. aux Pays-Bas

H Parlons de toi.

1. Si tes ancêtres n'étaient pas venus en Amérique, comment leurs vies auraient-elles été différentes? Et la tienne?
2. Si tu avais pu mener une vie tout à fait différente, quelle sorte de vie est-ce que tu aurais choisie? Où est-ce que tu aurais vécu, par exemple, et dans quelle sorte de maison est-ce que tu aurais habité?
3. Si tu avais pu choisir un siècle, pendant lequel est-ce que tu aurais décidé de vivre? Pourquoi?

ACTIVITÉ

Nous autres Américains.   Si le général Montcalm avait gagné la bataille de Québec, la France n'aurait pas cédé le Canada à l'Angleterre. En fait, il est probable que l'Angleterre aurait cédé ses colonies américaines à la France. En groupes de trois ou quatre personnes, discutez de cette question: «Comment est-ce que l'histoire de ce continent aurait changé si l'Amérique du Nord était devenue une colonie française après 1763?»

Une fontaine moderne à Paris

APPLICATIONS

Vahine no te tiare

PAUL GAUGUIN

AVANT DE LIRE

Dans cet extrait de son journal intime *Noa Noa*, Gauguin nous décrit comment il a fait son beau tableau *Vahine no te tiare* (1891).

1. Pouvez-vous définir le mot *exotique?* Qu'est-ce que vous voyez d'exotique dans le tableau *Vahine no te tiare?* (Voir à la page 430.) Décrivez-le.
2. Gauguin ne savait aucun mot de la langue polynésienne quand il est allé à Tahiti. (Et les Polynésiens ne parlaient pas français, bien sûr.) Comment Gauguin et ses voisins auraient-ils communiqué?
3. D'après ce que vous connaissez des langues françaises et anglaises, que veulent dire *m'initier* (l. 9), *le mensonge* (pensez au verbe *mentir*—l. 20), *le refus* (l. 26), *attristé, -e* (l. 26), *le caprice* (l. 28), *la souffrance* (l. 31), *hâtivement* (pensez à l'expression *avoir hâte*—l. 34)?
4. Les Maoris dont Gauguin parle sont un peuple polynésien. Beaucoup d'entre eux habitent en Nouvelle-Zélande.
5. A la ligne 30, Gauguin parle d'une «harmonie raphaélique». Vous connaissez quelques œuvres du grand peintre italien Raphaël? Les gens de ses tableaux sont élégants et détendus avec beaucoup de dignité.
6. Dans cet extrait on parle de l'*Olympia* de Manet. Edouard Manet (1832–1883) était un des peintres impressionnistes. Son *Olympia*, un tableau bien connu, nous montre une femme nue au lit, une fleur blanche à l'oreille. Une femme noire lui apporte une boîte de fleurs. Cette peinture a scandalisé les critiques de l'époque. Aujourd'hui c'est un des trésors *(treasures)* du musée d'Orsay.

Une maison coloniale sur l'île polynésienne de Moorea

Vahine no te tiare de
Gauguin et *la Joconde* de
Léonard de Vinci

Je commençais à travailler, notes, croquis[1] de toutes sortes. Tout m'a-
veuglait,[2] m'éblouissait[3] dans le paysage. Venant de l'Europe j'étais toujours incertain d'une couleur …: cela était cependant si simple de mettre
naturellement sur ma toile un rouge et un bleu. Dans les ruisseaux[4] des
5 formes en or m'enchantaient. Pourquoi hésitais-je à faire couler[5] sur ma
toile tout cet or et toute cette réjouissance[6] de soleil? Probablement de
vieilles habitudes d'Europe, toute cette timidité d'expression de nos races
….

Pour bien m'initier à ce caractère d'un visage tahitien, à tout ce charme
10 d'un sourire maori, je désirais depuis longtemps faire un portrait d'une
voisine de vraie race tahitienne.

Je le lui demandai un jour qu'elle s'était enhardie[7] à venir regarder dans
ma case[8] des images photographiques de tableaux.

Elle regardait spécialement avec intérêt la photographie de l'*Olympia* de
15 Manet. Avec le peu de mots que j'avais appris dans la langue (depuis deux
mois je ne parlais pas un mot de français) je l'interrogeais. Elle me dit que
cette *Olympia* était bien belle: je souris à cette réflexion et j'en fus ému.[9]
Elle avait le sens du beau (Ecole des Beaux-Arts qui trouve cela horrible).
Elle ajouta tout d'un coup … —C'est ta femme?
20 —Oui. Je fis ce mensonge.…

---

[1]**le croquis** = l'esquisse   [2]**aveugler** = rendre incapable de voir   [3]**éblouir** *to
dazzle*   [4]**le ruisseau** *stream*   [5]**couler** *to flow*   [6]**la réjouissance** *rejoicing*
[7]**s'enhardir** *to get up the courage*   [8]**la case** *hut*   [9]**ému, -e** *moved*

Pendant qu'elle examinait avec beaucoup d'intérêt quelques tableaux religieux, des primitifs italiens, j'essayai d'esquisser quelques-uns de ses traits,[10] ce sourire surtout si énigmatique.

Je lui demandai à faire son portrait. Elle fit une moue[11] désagréable:

25 —Aita (non) dit-elle d'un ton presque courroucé[12] et elle se sauva.[13]

De ce refus j'en fus bien attristé.

Une heure après elle revint dans une belle robe. Etait-ce une lutte[14] intérieure, ou le caprice (caractère très maori) ou bien encore un mouvement de coquetterie qui ne veut se livrer[15] qu'après résistance?

30 Tous ses traits avaient une harmonie raphaélique ..., la bouche modelée par un sculpteur parlant toutes les langues ... de la joie et de la souffrance; cette mélancolie de l'amertume[16] mêlée au[17] plaisir, de la passivité résidant dans la domination. Toute une peur de l'inconnu.

Et je travaillai hâtivement: je me doutais[18] que cette volonté[19] n'était pas

35 fixe.[20] Portrait de femme: *Vahine no te tiare.* Je travaillai vite avec passion. Ce fut un portrait ressemblant à ce que mes yeux *voilés*[21] *par mon cœur* ont aperçu. Je crois surtout qu'il fut ressemblant à l'intérieur. Ce feu robuste d'une force contenue.[22] Elle avait une fleur à l'oreille qui écoutait son parfum. Et son front[23] dans sa majesté, par des lignes surélevées[24] rappelait

40 cette phrase de Poe: il n'y a pas de beauté parfaite sans une certaine singularité dans les proportions.

---

[10]**le trait** *feature*   [11]**la moue** *face, grimace*   [12]**courroucé, -e** = fâché   [13]**se sauver** = fuir   [14]**la lutte** = la bataille   [15]**se livrer** *to surrender*   [16]**l'amertume** (f.) *bitterness*   [17]**mêlé, -e à** = mélangé avec   [18]**se douter** *to suspect*   [19]**la volonté** *willingness*   [20]**fixe** = permanent   [21]**voiler** *to veil*   [22]**contenu, -e** *suppressed*   [23]**le front** = la partie de la figure entre les yeux et les cheveux   [24]**surélevé, -e** *heightened*

Questionnaire

1. D'après Gauguin, pourquoi hésitait-il à employer les couleurs vives qu'il voyait partout en Polynésie?
2. Dans le premier paragraphe il parle plusieurs fois du soleil. Quels mots emploie-t-il qui vous font penser au soleil?
3. A votre avis, pourquoi a-t-il menti à sa voisine en lui disant que l'*Olympia* était un portrait de sa femme?
4. A la ligne 23, Gauguin parle de son sourire énigmatique (mystérieux). Vous croyez qu'il a parvenu à le peindre? Quel tableau célèbre est-ce que ce sourire vous rappelle?
5. A votre avis, pourquoi a-t-elle refusé de lui laisser faire son portrait? Et pourquoi est-elle rentrée bientôt après?
6. Que pensez-vous de l'image de l'oreille qui écoute le parfum de la fleur (l. 38)?
7. Gauguin cite Edgar Allan Poe. Vous pouvez expliquer cette citation? Vous êtes d'accord avec cela?

EXPLICATIONS II

Le futur antérieur

Remember that to express two simultaneous future events, we use the future tense in both clauses.

Je viendrai dès que vous me téléphonerez.	*I'll come as soon as you phone me.*
Quand j'aurai dix-huit ans je m'engagerai dans l'armée de l'air.	*When I'm 18, I'll enlist in the air force.*

To express that a future event will be completed with respect to another future event or by a certain time, we use the future perfect (*futur antérieur*).

Aussitôt que j'aurai obtenu mon bac, je m'engagerai dans la marine.	*As soon as I've gotten my bac, I'll enlist in the navy.*
Lorsque nous nous verrons la prochaine fois, **nous nous serons habitués à** la vie en banlieue.	*When we see each other the next time, we'll have gotten used to life in the suburbs.*
Je n'ai pas encore fini la copie, mais **je l'aurai finie** avant midi.	*I haven't finished the copy yet, but I'll have finished it by noon.*

Des affiches au Centre Pompidou, Paris

1 The future perfect is formed by using the future of *avoir* or *être* +
past participle. Its English equivalent is "will have" + verb.

INFINITIF **regarder**

	SINGULIER		PLURIEL	
1	j'	**aurai regardé**	nous	**aurons regardé**
2	tu	**auras regardé**	vous	**aurez regardé**
3	il elle on }	**aura regardé**	ils elles }	**auront regardé**

INFINITIF **rentrer**

	SINGULIER			PLURIEL		
1	je	**serai**	**rentré(e)**	nous	**serons**	**rentré(e)s**
2	tu	**seras**	**rentré(e)**	vous	**serez**	**rentré(e)(s)**
3	il elle on }	**sera**	{ **rentré** **rentrée** **rentré**	ils elles }	**seront**	{ **rentrés** **rentrées**

For the future perfect the rules of agreement are the same as for the
other perfect tenses: ***Elles** se seront lev**ées**. **L'argile?** Nous l'aurons vite
trouv**ée**.*

2 The future perfect is often used to indicate that something has
probably happened.

Mes aquarelles ne sont pas là. On les **aura prises**.	*My watercolors aren't there.* *Someone **must have taken** them.*
Sara n'est pas encore arrivée. Elle **se sera perdue**.	*Sara hasn't arrived yet. She* ***must have gotten lost**.*

MUSÉE D'ART MODERNE

■ Créé en 1973, avec des collections qui vont de l'impressionnisme à nos jours, la partie historique du fonds (de 1870 à 1960) donne une idée assez complète des grands mouvements qui n'ont cessé de révolutionner l'art moderne. Le musée s'enrichit continuellement d'œuvres contemporaines témoignant des courants importants de l'art actuel.

Entre autres, œuvres de Monet, Renoir, Gauguin, Rodin, Klimt, Braque, Klee, Arp, Ernst, Hartung, Immendorf, Paladino, Boltanski, Baselitz, etc.

La totalité des collections ne pouvant pas être exposée actuellement, nous n'en présentons qu'une sélection.

Adresse:
Galerie d'exposition
5, place du Château
Tél. 88 32 48 95

EXERCICES

A **A l'aéroport.** Les enfants Beaufort vont rendre visite à leurs grands-parents en Guadeloupe. Ils arrivent à l'aéroport où leur père se charge de tout. Choisissez l'expression de droite qui convient pour terminer la phrase de gauche. Suivez le modèle.

> Je garerai la voiture aussitôt que …
> *Je garerai la voiture aussitôt que vous aurez sorti les bagages du coffre.*

1. On se rejoindra ici dès que …
2. Vous enregistrerez vos bagages aussitôt que …
3. Nous prendrons quelque chose au café dès que …
4. Nous irons à la porte d'embarquement quand …
5. On annoncera l'embarquement lorsque …
6. Vous trouverez vos places dès que …
7. Vous mettrez les ceintures de sécurité dès que …
8. Vous nous téléphonerez aussitôt que …

a. les hôtesses / monter dans l'avion
b. l'avion / atterrir
c. vous / les enregistrer
d. vous / monter
e. je / garer la voiture
f. nous / entendre annoncer le vol
g. nous / entrer dans l'aéroport
h. vous / trouver vos places
i. vous / sortir les bagages du coffre

B **Je l'aurai fait bientôt.** Les étudiants d'art répondent aux questions de leur prof. Personne n'a encore parvenu à faire la chose indiquée, mais tout le monde l'aurait faite bientôt. Conversez selon le modèle.

> observer l'architecture / après avoir enlevé mes lunettes de soleil
> ÉLÈVE 1 *Tu as observé l'architecture?*
> ÉLÈVE 2 *Non, mais je l'observerai dès que j'aurai enlevé mes lunettes de soleil.*

1. régler tes affaires / après avoir fini cette nature morte
2. produire l'effet que tu cherchais / après avoir ajouté du gris sombre
3. laver les pinceaux / après avoir rangé ma palette
4. jeter l'argile sale / après avoir fini ce bol
5. payer le marbre / après avoir vendu la statue
6. reproduire les copies / après avoir fini cette esquisse
7. nettoyer la galerie / après avoir trouvé l'aspirateur
8. finir l'arrière-plan / après avoir dessiné ce rideau

C Probabilités. Vous avez une amie qui n'est pas arrivée à un rendez-vous. Qu'est-ce qui a pu se passer? Suivez le modèle.

> oublier le rendez-vous
> *Elle aura oublié le rendez-vous.*

1. se tromper de l'heure
2. partir en retard
3. rater son train
4. se perdre
5. perdre mon adresse
6. recevoir une contravention
7. descendre au mauvais arrêt
8. se trouver dans un embouteillage
9. avoir un accident
10. être en panne d'essence

D Où étiez-vous? Quand votre amie arrive enfin vous lui dites ce que vous pensiez. Refaites l'Exercice C selon le modèle.

> oublier le rendez-vous
> *Tu auras oublié le rendez-vous.*

E Parlons de toi.
1. Qu'est-ce que tu feras quand tu auras terminé tes études au lycée?
2. Quand samedi sera arrivé, qu'est-ce que tu feras? Et samedi soir?
3. Qu'est-ce que tu feras quand les vacances d'été seront arrivées? Tu auras un emploi à temps complet ou à temps partiel? Qu'est-ce que tu feras quand tu auras gagné un peu d'argent? Tu t'achèteras quelque chose?
4. Dès que tu auras appris à parler couramment le français, qu'est-ce que tu feras? Tu voyageras en France? Tu iras peut-être en Martinique ou en Guadeloupe? Tu es déjà allé(e) dans ces îles? Tu voudrais y aller? Qu'est-ce que tu ferais là-bas?

TOUT SIMPLEMENT LES ANTILLES

Farniente, sports et somptueux paysages... c'est aux Antilles. Laissez-vous aller au rythme d'une biguine, charmer par la richesse des couleurs et les magnifiques plages. La Guadeloupe et La Martinique vous séduiront par la chaleur de leur accueil et cette inégalable gaieté créole... c'est tout simplement les Antilles.

OFFICE DU TOURISME DES ANTILLES FRANÇAISES
12, rue Auber - 75009 PARIS - Tél. 42.68.11.07 - Télex . 215806
Présent au Salon Mondial du Tourisme & des Voyages - Porte de Versailles - Paris - Stand K 070

RÉVISION

Lisez la bande dessinée.

1. La semaine dernière mes parents sont allés à l'opéra pour la première fois.

2. Les bustes de marbre dans le hall les ont vraiment surpris.

3. Ils se sont demandé comment les sculpteurs avaient réussi à reproduire les détails de la figure et de la tête d'une façon si réaliste.

4. La musique, pourtant, les a rendus nerveux.

5. Si Luciano Pavarotti lui-même avait chanté, ils ne l'auraient toujours pas aimé.

Maintenant imaginez que vous êtes allé(e) à l'opéra avec vos parents. Quelle était votre réaction au théâtre, aux chanteurs, à la musique? Ecrivez votre histoire en vous servant de la Révision comme modèle.

SELECTION

■■ **Nabucco**
de Verdi
Mis en scène par René Terrasson, dirigé par Alain Lombard, ce *Nabucco* a déjà deux atouts dans son jeu. Viva Verdi ! Du 15 février au 9 mars, Opéra du Rhin.

■■ **Don Giovanni**
de Mozart
Christiane Issartel met en scène les aventures du libertin. Du 15 au 25 février, Opéra de Marseille.

■ **Christa Ludwig**
Des lieder de jeunesse pour ouvrir le festival Mahler. Le 13 février, 20 h 30, Théâtre du Châtelet.

■■ **Gala de l'espoir**
Barbara Hendricks, Maurice André, Alexis Weissenberg, Ivry Gitlis, sous la baguette d'Emil Tchakarov, au profit des Restos du cœur. Le 15 février, 20 h 30, salle Pleyel.

■ **Jean-Luc Viala**
Le meilleur ténor français de la nouvelle génération. Le 13 février, 18 h 30, Théâtre du Châtelet.

■ **Marc Minkowski**

Trouvez les expressions françaises qui correspondent à l'anglais et rédigez un paragraphe.

1. Last Saturday we went to the museum for the first time.

2. The impressionist paintings really fascinated us.

3. We asked ourselves how the artists could have produced the effect of light and shadow in such an extraordinary way.

4. The abstract paintings, however, left us cold.

5. If Matisse himself had explained them to us we never would have understood them.

RÉDACTION

Maintenant, choisissez un de ces sujets.

1. Expliquez pourquoi vous aimez (n'aimez pas) l'art moderne.

2. Expliquez pourquoi vous aimez (n'aimez pas) l'opéra.

3. Ecrivez la conversation que vous avez avec vos amis après avoir visité le musée.

A   Au musée d'art.
Répondez aux questions en choisissant la réponse logique.

1. Eric admire une toile. Est-ce qu'il regarde un buste ou une peinture?
2. Il n'aime pas du tout la peinture des fruits sur une table. Qu'est-ce qu'il regarde, un vitrail ou une nature morte?
3. Ce tableau de l'artiste par lui-même le fascine. Est-ce qu'il regarde un paysage ou un portrait?
4. Il trouve les couleurs sombres de cette toile désagréables. Qu'est-ce qu'il n'aime pas, les couleurs ternes ou les couleurs criardes?
5. Il aime beaucoup voir le soleil traverser les fenêtres en couleurs. Qu'est-ce qu'il admire, les vitraux ou les peintures murales?
6. Les bustes le laissent froid. Qu'est-ce qu'il n'aime pas, l'architecture ou la sculpture?
7. Son œuvre favorite est une peinture par Monet. C'est une œuvre impressionniste ou une œuvre classique?

B   Les conseils trop tard.
Dites ce qui serait arrivé en suivant le modèle.

Ils sont partis sans toi parce que tu ne leur as pas téléphoné.
Si tu leur avais téléphoné, ils ne seraient pas partis sans toi.

1. Vous n'avez pas compris cette toile abstraite parce que vous n'avez jamais suivi de cours d'art.
2. Tu as oublié ton permis de conduire parce que tu étais trop pressé.
3. On a volé son portefeuille parce qu'il l'a laissé dans la cantine.
4. Nous nous sommes perdus parce que nous n'avons pas acheté le plan de la ville.
5. Je suis tombé malade parce que j'ai trop mangé.
6. Elle ne vous a pas invités à la boum parce que vous étiez désagréables.

C   Une action après l'autre.
Répondez aux questions en employant *après que*.

Paule partira à 6h. Moi, j'arriverai à 7h. Pourquoi est-ce que je ne verrai pas Paule?
Parce que tu arriveras après que Paule sera partie.

1. Annie déjeunera à midi. Nous finirons le cours à 1h. Pourquoi est-ce que nous ne pourrons pas déjeuner avec Annie?
2. Je regarderai la télé à 22h. Ma petite sœur se couchera à 20h. Pourquoi est-ce que je pourrai choisir l'émission?
3. Mes voisins vendront leur maison, puis ils déménageront. Quand est-ce qu'ils déménageront?
4. Si ma sœur obtient son permis de conduire, elle pourra conduire la voiture de maman. Quand est-ce que maman la laissera conduire sa voiture?
5. Nous sortirons à 7h. Notre sœur, Sophie, rentrera à 9h. Pourquoi est-ce que Sophie ne pourra pas sortir avec nous?

D   Qu'est-ce qu'on a dit?
Mettez les phrases suivantes au discours indirect et mettez les verbes aux temps nécessaires.
Commencez chaque phrase avec *Il a dit que …*

Je n'ai pas encore fait la vaisselle mais je l'aurai faite avant de partir.
Il a dit qu'il n'avait pas encore fait la vaisselle mais qu'il l'aurait faite avant de partir.

1. Nous n'avons pas encore fini l'interro, mais nous l'aurons finie avant la fin de la classe.
2. Je ne me suis pas encore inscrit au cours de biologie, mais je m'y serai inscrit avant ce week-end.
3. Coralie ne s'est pas encore adaptée à la vie américaine, mais elle s'y sera adaptée avant la fin de son séjour.
4. Ils n'ont pas encore démoli ce vieil immeuble, mais ils l'auront démoli avant la fin de juillet.
5. Je n'ai pas encore peint le salon mais je l'aurai peint avant le mariage de ma fille.

VOCABULAIRE DU CHAPITRE 13

Noms
l'aquarelle *(f.)*
l'architecture *(f.)*
l'argile *(f.)*
le buste
la cathédrale
le chef-d'œuvre, *(pl.)* les
    chefs-d'œuvre
le contraste
la copie
l'effet *(m.)*
l'esquisse *(f.)*
la forme
la galerie
le génie
la Guadeloupe
la Guyane française
le hall
l'île de la Réunion
l'impression *(f.)*
le marbre
la Martinique
le mouvement
la nature morte
l'ombre *(f.)*
la palette
le paysage *(landscape)*
la peinture à l'huile
la peinture murale
la Polynésie française
le portrait
le potier
la reproduction
    Saint-Pierre-et-Miquelon
le sculpteur
la toile
le vitrail, *(pl.)* les vitraux

Verbes
appartenir à
décorer
exposer
fasciner
frapper *(to strike)*
observer
produire
réaliser
représenter
reproduire

Adjectifs
abstrait, -e
contemporain, -e
criard, -e
impressionniste
même *(very)*
réaliste
sombre
terne

Adverbes
outre-mer

Expressions
à l'arrière-plan
au premier coup d'œil
au premier plan
avoir beau + *inf.*
en fait
laisser froid
rendre visite à
valoir le coup (de + *inf.*)

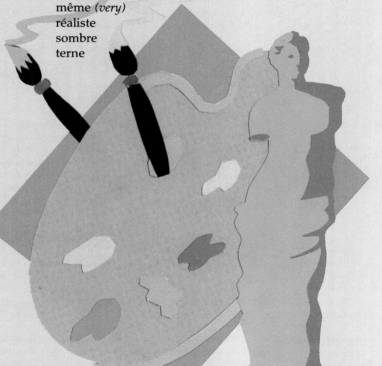

CHAPITRE 14

PRÉLUDE CULTUREL | L'AFRIQUE FRANCOPHONE

Le Sénégal, un pays francophone qui se trouve sur la côte ouest de l'Afrique, se modernise mais garde, en même temps, ses traditions. Les habitants de Kayar, un village près de Dakar, vivent de la pêche. La pêche, comme l'agriculture, est une industrie très importante au Sénégal. Vingt-cinq pour cent des poissons frais sont exportés.

45 VOLS PAR SEMAINE

L'AFRIQUE PAR UTA

26 ESCALES

afrique
PRESTIGE

PEUGEOT
LA VOITURE DE L'AFRIQUE

||| 505 : LE PRESTIGE |||

Il y a toujours des liens
économiques et culturels entre
la France et certains pays
d'Afrique. Voici des publicités
pour la compagnie aérienne UTA,
qui fait 26 escales en Afrique, et
pour Peugeot, appelée ici
«la voiture de l'Afrique».

MOTS NOUVEAUX

C'est où le Maghreb?

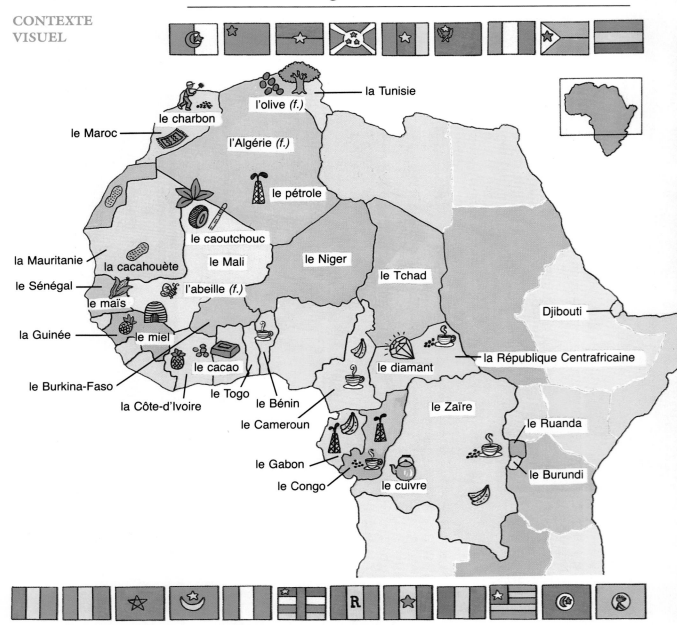

la Tunisie

l'olive (f.)

le charbon

le Maroc

l'Algérie (f.)

le pétrole

le caoutchouc

la Mauritanie

le Mali

le Niger

le Tchad

la cacahouète

le Sénégal

l'abeille (f.)

le maïs

Djibouti

la Guinée

le miel

la République Centrafricaine

le cacao

le diamant

le Burkina-Faso

le Togo

le Zaïre

la Côte-d'Ivoire

le Bénin

le Ruanda

le Cameroun

le Gabon

le Burundi

le Congo

le cuivre

1 Le prof de géo **interroge** les élèves.

LE PROF	C'est où **le Maghreb?** Sébastien?
SÉBASTIEN	Au nord de l'Afrique.
LE PROF	Et quels pays s'y trouvent?
SÉBASTIEN	Le Maroc, l'Algérie et la Tunisie.
LE PROF	Très bien.

interroger *to quiz*
le Maghreb *the Maghreb*

Variations:
- le Maghreb → le Sénégal
  au nord → dans la région **occidentale**
  quels pays → quels autres pays francophones
  le Maroc, etc. → le Mali et la Guinée entre autres

occidental, -e *western*

2

LE PROF	Quel pays francophone se trouve en Afrique **orientale?**
LAURE	Djibouti.

- quel pays → quel grand pays
  orientale → **centrale**
  Djibouti → le Zaïre

oriental, -e *eastern*

central, -e *central*

3 Cédric et Yvette discutent au lycée.

YVETTE	C'est dommage que tu ne sois pas resté plus longtemps chez moi hier soir.
CÉDRIC	Pourquoi?
YVETTE	Ma sœur avait invité un copain **ivoirien.** Il nous a parlé des traditions de son pays. C'était passionnant. Il y a seulement onze **millions** d'habitants, mais soixante **tribus** différentes. Chacune avec sa propre langue!
CÉDRIC	Heureusement ils parlent aussi le français.

- tu ne sois pas resté → tu n'aies pas pu rester

ivoirien, -ne *from the Ivory Coast*
un million (de + noun) *a million* (+ noun)
la tribu *tribe*

4 Un étudiant **sénégalais** discute avec des copains américains.

BETTY Tu parles toujours français au Sénégal?

MOUSSA A l'université, les cours sont enseignés en français car c'est la langue **officielle.** Mais en famille, nous parlons **wolof.**

■ à l'université → au lycée

sénégalais, -e *Senegalese*

officiel, -le *official*
le wolof = une langue parlée au Sénégal

5 Un journaliste interviewe **un chef d'état** africain.

UN JOURNALISTE Dans votre pays, l'agriculture a été bien **développée.** Vous **exportez** aussi des **matières premières:** du pétrole, du caoutchouc, etc. Pensez-vous que ce soit possible partout en Afrique?

LE CHEF D'ÉTAT Bien sûr! Certaines régions **souffrent*** de **la sécheresse,** ce qui est un véritable problème. Mais nous devons **toutefois** arriver à ne plus **dépendre de** l'aide étrangère. Et il faut développer notre industrie. L'Algérie, par exemple, ne vit pas seulement de son pétrole et de ses olives. Elle **fabrique également** de **l'acier** et du plastique.

■ du pétrole, du caoutchouc → du cuivre, du **fer** nous devons toutefois → il faut quand même

le chef d'état *chief of state, head of state*
développer *to develop*
exporter *to export*
la matière première *raw material*

souffrir *to suffer*
la sécheresse *drought*
toutefois = cependant
dépendre de *to depend on*

fabriquer *to manufacture*
également *as well*
l'acier (m.) *steel*
le fer *iron*

6 Michel, un jeune Belge, est arrivé **récemment** en Côte-d'Ivoire. Il écrit à un copain en Belgique.

Cher Pierre,

J'ai été vraiment bien reçu ici. Les Africains sont les gens les plus accueillants que je connaisse. Je souffre beaucoup de **la chaleur.** C'est la seule chose à laquelle je ne puisse pas m'habituer. Je ne me plaindrai plus **du froid!**

■ que je connaisse → que j'aie rencontrés

récemment *recently*

la chaleur *heat*

le froid *the cold*

*Souffrir follows the pattern of *ouvrir* in all its forms. Its past participle is *souffert.*

7 Au 19ᵉ siècle, une grande partie de l'Afrique avait été **colonisée** par des **puissances** européennes. Bien que la France ait quitté le continent africain il y a trente ans, elle est encore très attachée à ses anciennes colonies avec lesquelles elle a beaucoup de **liens** économiques.

■ économiques → culturels

coloniser	*to colonize*
la puissance	*power*
le lien	*tie*

8 MURIELLE   Tu as réussi ton examen de géo?

FRANCQIS   Non, j'ai **confondu** les noms de plusieurs pays, et je n'ai pas su parler de **la situation** économique des **pays en voie de développement**.

■ plusieurs pays → plusieurs chefs d'état
de la situation économique des → **des différences** entre les

confondre	*to mix up*
la situation	*situation*
le pays en voie de développement	*developing country*
la différence	*difference*

AUTREMENT DIT

TO EXPRESS CONFUSION OR UNCERTAINTY …

Je ne vois vraiment pas …
Je ne suis pas sûr(e) …
Ça dépend. / Peut-être. / C'est possible.
Je ne pourrais pas vous dire.

Certains pays de la région occidentale de l'Afrique sont très riches en pétrole.

EXERCICES

A **D'où viennent ces produits?**   Thierry et Alain étudient l'Afrique et
sont surpris de remarquer la diversité de chaque pays. Dites dans
quel pays on peut trouver chacun des produits suivants.

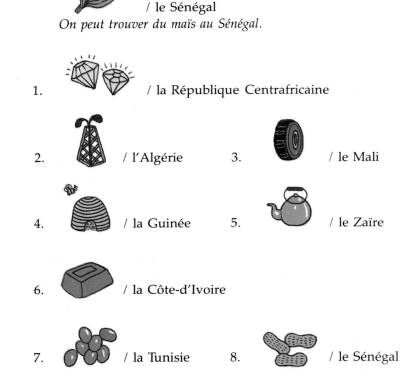

/ le Sénégal

On peut trouver du maïs au Sénégal.

1.   / la République Centrafricaine

2.   / l'Algérie   3.   / le Mali

4.   / la Guinée   5.   / le Zaïre

6.   / la Côte-d'Ivoire

7.   / la Tunisie   8.   / le Sénégal

B **Les catégories.**   Quel mot ne convient pas dans chacun des
groupes suivants? Expliquez votre choix.

1. le Ruanda / le Maghreb / le Mali / le Bénin
2. le pétrole / le caoutchouc / le plastique / le cuivre
3. oriental / principal / occidental / central
4. confondre / fabriquer / produire / faire
5. le miel / l'abeille / l'olive / le cacao
6. la tribu / la tradition / le wolof / le charbon
7. la puissance / la chaleur / le froid / la sécheresse
8. l'acier / le maïs / le fer / le cuivre

C Définitions. Définissez les mots suivants. Ensuite, posez des questions à un(e) camarade de classe en utilisant ces mots.

1. le wolof
2. exporter
3. dépendre de
4. récemment

5. coloniser
6. la puissance
7. confondre
8. le lien

D Parlons de toi.

1. Est-ce que tu souffres de la chaleur ou du froid? Qu'est-ce que tu dis quand tu en souffres? En quels mois est-ce que tu te plains du froid? De la chaleur?
2. Est-ce que ton état ou ta région souffre beaucoup de la sécheresse? Pourquoi?
3. Quelles matières premières est-ce que ton état ou ta région produit? Dans quels pays est-ce qu'on exporte ces matières premières? Est-ce que l'industrie est bien développée dans ta région? Est-ce que tu peux nommer quelques produits industriels?
4. Est-ce que tu peux nommer quelques pays où il y a plus d'une langue officielle? Quelles sont les langues officielles de ces pays? Est-ce que tu sais pourquoi ces pays ont plus d'une langue officielle?
5. Est-ce que tu peux nommer quelques pays qui sont en voie de développement? Quels pays en voie de développement est-ce que les Etats-Unis ont aidés? Comment est-ce que les Etats-Unis les ont aidés?
6. Est-ce que tu sais avec quels pays les Etats-Unis ont beaucoup de liens économiques? Comment est-ce que les Etats-Unis dépendent d'autres pays?
7. Est-ce que tu peux nommer quelques pays avec lesquels les Etats-Unis ont des liens culturels? Et les pays de l'Afrique, avec quels pays ont-ils des liens culturels?

ACTIVITÉ

Un peu de recherche. Avec un(e) camarade de classe, choisissez un pays africain qui vous intéresse et faites des recherches sur son histoire, sa géographie, sa situation économique, etc. Changez ensuite de partenaire. Interviewez cette personne sur le pays qu'elle a étudié.

APPLICATIONS

Nul en géographie

Benoît arrive chez Aurélie.

Vue aérienne de
Nouakchott, Mauritanie

AURÉLIE   Salut. C'est dommage que tu ne sois pas arrivé un peu plus tôt.

BENOÎT   Ah, bon. Pourquoi?

5   AURÉLIE   Tu aurais rencontré un copain mauritanien. Mais il vient de partir.

BENOÎT   La Mauritanie. C'est où? Je sais que c'est une île, mais dans quel océan?

AURÉLIE   Je crois que tu confonds la Mauritanie et l'île Maurice.[1]

10   BENOÎT   C'est pas la même chose?

AURÉLIE   Pas du tout. L'île Maurice se trouve dans l'océan Indien et la Mauritanie en Afrique occidentale.

BENOÎT   Oh, bien, ce n'est pas très loin, après tout.

AURÉLIE   Plus ou moins, comme Paris et le Pakistan! Tu devrais avoir honte,[2] Benoît. Et si j'étais toi, je commencerais

15   dès[3] aujourd'hui à apprendre mes leçons de géographie!

---

[1] **l'île Maurice**   *Mauritius* Cette petite île à l'est de l'Afrique appartenait à la France de 1715 à 1814 et à la Grande-Bretagne de 1814 à 1968. Elle est indépendante depuis 1968.
[2] **avoir honte**   *to be ashamed*   [3] **dès** + time   *from*

Questionnaire

1. Pourquoi est-ce qu'Aurélie dit à Benoît que c'est dommage qu'il ne soit pas arrivé plus tôt?
2. D'où vient le copain d'Aurélie?
3. Est-ce que Benoît est calé en géo? Comment le savez-vous? Et vous, est-ce que vous aimez la géographie? Vous êtes calé en géo?
4. Où se trouve la Mauritanie? Et l'île Maurice? D'après Benoît, est-ce que l'île Maurice est loin de la Mauritanie? Est-ce qu'il a raison?
5. Qu'est-ce qu'Aurélie pense de Benoît? D'après elle, qu'est-ce qu'il devrait faire?
6. D'après toi, est-il important de savoir la géographie? Pourquoi?

Le Temple Tamile à Port Louis, à l'île Maurice

Situation

Avec un(e) camarade de classe, préparez un exposé oral sur un pays d'Afrique francophone que vous présenterez à la classe. Si possible, servez-vous d'images et d'une carte pour illustrer votre présentation.

EXPLICATIONS I

Le passé du subjonctif

◆ **OBJECTIVE:**

TO EXPRESS EMOTION OR DOUBT ABOUT A PAST EVENT

You have already learned the present subjunctive and some of its uses. There is also a past tense of the subjunctive which is used to express completed events after expressions that require the use of the subjunctive. Compare:

Je suis heureux qu'il **fasse** quelque chose pour régler le problème.

Je suis heureux qu'il **ait fait** quelque chose pour régler le problème.

*I'm happy that he **is doing (will be doing)** something to settle the problem.*

*I'm happy that he **has done** something to settle the problem.*

1 We form the past subjunctive by using the present subjunctive of *avoir* or *être* + past participle.

INFINITIF **finir**

	SINGULIER		PLURIEL	
1	que j'	**aie fini**	que nous	**ayons fini**
2	que tu	**aies fini**	que vous	**ayez fini**
3	qu'il qu'elle } qu'on	**ait fini**	qu'ils qu'elles }	**aient fini**

INFINITIF **arriver**

	SINGULIER			PLURIEL		
1	que je	**sois arrivé(e)**		que nous	**soyons**	**arrivé(e)s**
2	que tu	**sois arrivé(e)**		que vous	**soyez**	**arrivé(e)(s)**
3	qu'il qu'elle } qu'on	**soit** {	**arrivé** **arrivée** **arrivé**	qu'ils qu'elles }	**soient** {	**arrivés** **arrivées**

Un village en Mauritanie

Sur le Sénégal, le fleuve entre la Mauritanie et le Sénégal

2 The rules for agreement with the past participle are the same as for any other tense composed of *avoir* or *être* + past participle.

Je suis content **qu'elles soient arrivées** à l'heure.
*I am happy **that they arrived** on time.*
Il est dommage **qu'ils** ne **se soient** pas **réveillés** à temps.
*It's a shame **they didn't wake up** on time.*
Marie-Claire? Je ne suis pas sûr **qu'on l'ait prévenue** du retard.
*Marie-Claire? I'm not sure **she was warned** about the delay.*

EXERCICES

A Un voyage au Sénégal.   Honoré et sa sœur Françoise sont nés en France mais leurs parents sont sénégalais. Cet hiver, Honoré et Françoise sont allés au Sénégal pour la première fois. A leur retour, ils parlent du voyage avec des camarades. Complétez les phrases avec le passé du subjonctif du verbe entre parenthèses.

1. Nous sommes restés chez mon oncle et ma tante. Ils ont été contents que nous *(venir)* leur rendre visite.
2. Nos parents sont très contents que nous *(rencontrer)* nos cousins sénégalais.
3. J'étais étonné qu'il y *(avoir)* tant de développement au Sénégal depuis que mes parents ont quitté le pays.
4. Il n'est pas évident que tous les pays d'Afrique *(garder)* des liens aussi proches avec la France.
5. J'étais surpris que le Sénégal *(tant développer)* le tourisme.
6. Il est dommage que vous *(ne jamais visiter)* le Sénégal.
7. Je regrette que vous *(ne pas aller)* avec nous.
8. Le voyage a été super, mais mes parents sont très contents que nous *(revenir)* chez nous.

Explications I   **451**

B Un voyage en Côte-d'Ivoire. Les Martin et les Blanadet ont fait un voyage en Côte-d'Ivoire. A leur retour, les Martin parlent à des amis du voyage. Employez les expressions suivantes avec le passé du subjonctif. Suivez le modèle.

être content(e) que	être surpris(e) que
être déçu(e) que	il est possible que
être étonné(e) que	il est dommage que

nous / ne pas visiter Abidjan
Je suis déçu que nous n'ayons pas visité Abidjan.

1. nous / pouvoir visiter des champs d'ananas
2. Mme Blanadet / essayer le café ivoirien
3. les Blanadet / ne pas rendre visite à leurs amis sur la côte
4. nous / ne pas nager dans la mer
5. les Ivoiriens / tant parler de leur histoire
6. M. Blanadet / goûter du miel de Guinée
7. les Blanadet / rencontrer le ministre de l'Agriculture
8. nous / prendre des photos intéressantes

C Commentaires sur le monde moderne. Qu'est-ce que vous pensez du monde moderne? Donnez votre opinion sur les déclarations suivantes en employant le passé du subjonctif. Suivez le modèle.

On est déjà allé sur la lune.
C'est formidable qu'on soit déjà allé sur la lune.

1. Nous n'avons pas conservé nos ressources naturelles.
2. Les médecins ont découvert des nouveaux médicaments.
3. On a remplacé les chevaux par des voitures et des camions.
4. Les hommes politiques se sont décidés à ne plus faire la guerre.
5. Les jeunes gens ont choisi des métiers où ils gagneraient beaucoup d'argent.
6. Nous avons eu plus de loisirs et de temps libre l'année dernière.
7. On s'est rendu compte que les matières premières sont limitées.

D Etes-vous d'accord? Maintenant, comparez les opinions que vous avez exprimées dans l'Exercice C à celles d'un(e) camarade. Expliquez vos réponses.

Le subjonctif dans les phrases superlatives

We use the subjunctive to express an opinion with a superlative or with limiting adjectives and expressions such as *premier, dernier, seul, unique, ne … que, ne … personne, ne … rien, peu de,* or *pas beaucoup de.*

C'est **la seule** question qui **puisse** confondre le chef d'état.	*That's the **only** question that **can** confuse the head of state.*
Ce sont les gens **les plus gentils** que je **connaisse.**	*They are **the nicest** people I know.*
Le Mali, c'est **le plus beau** pays que j'**aie** jamais **vu.**	*Mali is **the most beautiful** country I've ever **seen.***
Il **n'**y a **personne** qui **puisse** m'aider?	*Is**n't** there **anyone** who **can** help me?*

We use the subjunctive in this case only if we are expressing an opinion. When we are stating a fact, we use the indicative. Compare:

C'est **le seul** livre qu'il **a lu.**	C'est **le seul bon** livre qu'il **ait lu.**
C'est **le dernier** examen que nous **passons** cette année.	C'est **le dernier** examen **difficile** que nous **passions** cette année.

◆ **OBJECTIVES:**

TO EXAGGERATE

TO SPEAK IN SUPERLATIVES

EXERCICES

A Conversations entre les cours. Entre les cours, les élèves parlent de leurs profs et de leurs cours. Complétez leurs phrases en mettant le verbe au subjonctif ou à l'indicatif, selon le cas.

1. C'est l'examen le plus difficile que nous *(avoir)* jusqu'à présent.
2. Il y a peu d'étudiants qui *(savoir)* la réponse au problème de maths.
3. Mme Sévère est la prof la plus sympathique que je *(connaître)*.
4. C'est le seul livre où il y *(avoir)* des images.
5. L'anglais est la seule langue que je *(pouvoir)* comprendre.
6. M. Turpin est le premier prof qui *(choisir)* un examen oral.
7. Il n'y a personne qui *(être)* calme avant un examen.
8. C'est le premier examen que nous *(passer)* cette année.

B Mon amie du Togo. Une élève du Togo vient passer une année dans votre lycée pour un échange culturel. Elle vous raconte ses opinions sur la culture africaine. Suivez le modèle.

> ville africaine / intéressante / visiter (Dakar)
> *La ville africaine la plus intéressante que j'aie jamais visitée est Dakar.*

1. fruit africain / bon / manger (l'ananas)
2. film africain / drôle / voir (*Les Dieux sont tombés sur la tête*)
3. langue africaine / utile / apprendre (le bantou)
4. écrivain africain / intéressant / lire (Camara Laye)
5. montagne / belle / visiter (le Kilimandjaro)
6. tradition / ancienne / étudier (la danse)
7. Africain / célèbre / rencontrer (Léopold Senghor)
8. musique africaine / moderne / écouter (la ju-ju)

C Le plus beau pays du monde. Vous rentrez d'un voyage au Maroc absolument enchanté(e) de tout ce que vous y avez vu. Vous en êtes si enthousiaste que vous utilisez le superlatif dans toutes vos phrases. Suivez le modèle.

> rues / étroites / je / voir
> *C'étaient les rues les plus étroites que j'aie jamais vues.*

1. olives / bonnes / nous / manger
2. café / fort / maman / boire
3. oranges / sucrées / mon père / goûter
4. langue / difficile / je / essayer d'apprendre
5. tribu / ancienne / nous / rencontrer
6. pays / chaud / nous / visiter
7. marché / grand / mon frère / voir
8. tapis / beau / mes parents / acheter

D Parlons de toi.

1. Qui est la personne la plus fascinante que tu connaisses? La plus ennuyeuse? Décris-la.
2. Quel est le meilleur livre que tu aies jamais lu? Le meilleur film que tu aies jamais vu? Pourquoi?
3. Quel est le cours le plus difficile que tu aies jamais suivi? Le plus facile? Pourquoi?
4. Quel est le plus bel état des Etats-Unis que tu aies jamais visité? D'après ce que tu connais des Etats-Unis, quelle région est-ce que tu aimerais le plus visiter? Pourquoi?
5. Quel est le voyage le plus long que tu aies jamais fait? Quel est le voyage le plus intéressant que tu aies fait? Raconte-le.
6. Est-il possible que tu fasses un voyage en Afrique un jour? Qu'est-ce que tu ferais avant d'y aller? Dans quels pays africains est-ce que tu voudrais aller? Est-il probable que tu ailles dans un pays d'Afrique francophone? Qu'est-ce que tu voudrais faire là-bas?

Cet artisan fait des objets en cuivre à Nabeul, Tunisie.

Au Maroc on trouve des beaux tapis fabriqués à la main.

APPLICATIONS

Deux poèmes antillais

AVANT DE LIRE

Les poèmes qui suivent sont de Guy Tirolien, né en 1917 à Pointe-à-Pitre, Guadeloupe, et de Gilbert Gratiant (1901–1985), né à Fort-de-France, Martinique. Celui de Gratiant a été écrit en créole. On reproduit ici sa traduction *(translation)* en français par Jean Loize. La traduction n'est qu'une approximation, mais elle est fidèle au message amer *(bitter)* de l'original.

1. Pourquoi est-ce qu'on exige que les jeunes aillent à l'école?
2. Croyez-vous que la plupart de ce que vous apprenez à l'école soit utile? Par exemple, quels cours suivez-vous cette année? Expliquez comment chacun d'entre eux vous aidera à l'avenir. A votre avis, est-ce que l'éducation doit être tout à fait pratique? Pourquoi?
3. A votre avis, comment seraient les écoles dans une colonie? Par exemple, quelle culture enseignerait-on, la culture indigène ou celle des colons? Croyez-vous qu'un peuple ait le droit d'obliger quelqu'un à s'adapter à une culture qui n'est pas la sienne?
4. Vous comprenez le titre du premier poème? Comment dit-on *la prière* en anglais? Alors, que veut dire *je vous en prie* (v. 6) dans ce contexte? On emploie l'expression française *comme il faut* (v. 10) en anglais. Vous la connaissez? Au vers 18, que veut dire *amoureux, -euse*?
5. Au vers 22, Zamba et compère Lapin *(Brother Rabbit)* sont des personnages importants dans les récits folkloriques de l'Afrique et des Antilles.
6. Dans le poème «Debout! Joseph!» comment dirait-on *la boutique de l'usine* (v. 5) en anglais? D'après le contexte, vous pouvez deviner ce que veulent dire *quelques sous* (v. 4), *chrétien, sauver* et *l'enfer* (v. 12), *la canne* (v. 18)?

Vue aérienne de
Pointe-à-Pitre, Guadeloupe

Prière d'un petit enfant nègre
GUY TIROLIEN

Seigneur,[1] je suis très fatigué.
Je suis né fatigué.
Et j'ai beaucoup marché depuis le chant du coq
Et le morne[2] est bien haut qui mène à leur école.
5 Seigneur, je ne veux plus aller à leur école,
Faites, je vous en prie, que je n'y aille plus ...
Ils racontent qu'il faut qu'un petit nègre y aille
Pour qu'il devienne pareil[3]
Aux messieurs de la ville
10 Aux messieurs comme il faut.
Mais moi je ne veux pas
Devenir, comme ils disent,
Un monsieur de la ville,
Un monsieur comme il faut.
15 Je préfère flâner le long des sucreries[4]
Où sont les sacs repus[5]
Que gonfle[6] un sucre brun autant que ma peau brune.
Je préfère vers l'heure où la lune amoureuse
Parle bas à l'oreille des cocotiers[7] penchés[8]
20 Ecouter ce que dit dans la nuit
La voix cassée d'un vieux qui raconte en fumant
Les histoires de Zamba et de compère Lapin
Et bien d'autres[9] choses encore
Qui ne sont pas dans les livres.
25 Les nègres, vous le savez, n'ont que trop travaillé.
Pourquoi faut-il de plus apprendre dans des livres
Qui nous parlent de choses qui ne sont point[10] d'ici?
Et puis elle est vraiment trop triste leur école,
Triste comme
30 Ces messieurs de la ville,
Ces messieurs comme il faut
Qui ne savent plus danser le soir au clair de lune[11]
Qui ne savent plus marcher sur la chair[12] de leurs pieds
Qui ne savent plus conter les contes aux veillées.[13]
35 Seigneur, je ne veux plus aller à leur école.

Zamba et compère Lapin figurent sans doute dans ces récits sénégalais.

---

[1]**le Seigneur** *Lord*   [2]**le morne** (mot créole) = petite montagne
[3]**pareil, -le** *like*   [4]**flâner le long des sucreries** *to stroll around the sugar refineries*   [5]**repu, -e** = plein, -e   [6]**gonfler** *to inflate*   [7]**le cocotier** *coconut palm*   [8]**penché, -e** *bent*   [9]**bien de** = beaucoup de   [10]**point** = pas   [11]**le clair de lune** *moonlight*   [12]**la chair** *flesh*   [13]**conter les contes aux veillées** = raconter les histoires le soir

Extrait de Guy Tirolien, «Prière d'un petit enfant nègre». Reproduit de Léopold Sédar Senghor, *Anthologie de la nouvelle poésie nègre et malgache de langue française*. Copyright © 1948 Presses Universitaires de France. Reproduit avec permission.

Debout! Joseph!

GILBERT GRATIANT

(Traduction de «Joseph, lève» par Jean Loize)

Joseph, voici un chapeau que Monsieur ne porte plus:
Il te fera faraud[1] quand tu descendras au bourg.[2]
   —Merci, Madame!

Joseph, voici quelques sous pour le travail que tu m'as fait
5 (Tu viendras le rendre à la boutique de l'usine).
   —Merci, mon maître![3]

—Joseph, c'est l'élection, dimanche, pour le député.
Mon rhum[4] est bon; voici une belle pièce de cinq francs;
  Les nègres ne sont pas ingrats …
10   —Merci, Monsieur!

—Joseph, c'est une quête[5] que je fais pour la Vierge,[6]
Montre que tu es bon chrétien, je te sauverai de l'enfer.
   —Merci, mon Père!

  Joseph! Joseph!
15 Quand te lèveras-tu?
  La charité, c'est bon pour les chiens!
  Joseph! Joseph!

  Il n'y aurait pas de champs de cannes,
  Il n'y aurait pas de château
20 Il n'y aurait pas d'auto,
  Il n'y aurait pas de Monsieur,
  Il n'y aurait pas de Madame,
  Il n'y aurait pas de «Mon Père»
   S'il n'y avait Joseph!

---

[1]**faraud, -e** *boastful* [2]**le bourg** = le village [3]**le maître** *master*
[4]**le rhum** *rum* [5]**la quête** *collection* [6]**la Vierge** *the Virgin Mary*

Questionnaire

1. Lisez les quatre premiers vers de la «Prière d'un petit enfant nègre». Pourquoi l'enfant est-il tellement fatigué?
2. Comment décririez-vous une personne «comme il faut»?
3. Pourquoi le poète appelle-t-il la lune «amoureuse»? Expliquez la métaphore des vers 18–19.

4. Le poète dit que l'enfant apprend bien de choses «qui ne sont pas dans les livres». Quelles sortes de choses, par exemple? Dans les vers 26–27, quelles sortes de choses cet élève doit-il apprendre «qui ne sont point d'ici»?

5. Pourquoi l'école serait-elle «triste» (v. 28)? Et pourquoi les «messieurs» sont-ils tristes selon l'enfant?

6. Qu'est-ce que vous pensez de ce poème? Comment vous sentez-vous en le lisant?

7. Qu'est-ce qui se passe dans la première strophe de «Debout! Joseph!»? Et dans la deuxième? Est-ce que Joseph reçoit un salaire ou non? Vous pouvez expliquer la remarque entre parenthèses (v. 5)?

8. Qu'est-ce qui se passe dans la troisième strophe?

9. Les quatre premières strophes sont des dialogues. A votre avis, qui parle ensuite? Vous pouvez expliquer le message des vers 18–24?

10. Pourquoi Joseph est-il tellement vexé? Comment décririez-vous le ton (tone) de ce poème? Comment les deux poèmes se ressemblent-ils? Comment est-ce qu'ils ne se ressemblent pas?

On vit de la pêche ar Marin, Martinique

EXPLICATIONS II

Le passif

♦ OBJECTIVES:

TO EMPHASIZE
ACTIONS RATHER
THAN THE PEOPLE
WHO DID THEM

TO DESCRIBE
THINGS THAT HAVE
BEEN DONE BY
PEOPLE

Usually, the subject of the sentence performs the action or is specified. We call this the active voice.

Les abeilles **fabriquent le miel.**	*Bees **make honey.***
Mme Andrieu **vendra les diamants.**	*Mme Andrieu **will sell the diamonds.***
Le vent **a démoli la maison.**	*The wind **destroyed the house.***

1   In the passive voice, the subject does not perform the action. We use this construction when what causes the action is unimportant or when we want to avoid specifying it. Compare these sentences in the passive to those above.

Le miel est fabriqué par les abeilles.	***Honey is made*** *by bees.*
Les diamants seront vendus par Mme Andrieu.	***The diamonds will be sold*** *by Mme Andrieu.*
La maison a été démolie.	***The house was destroyed.***

Just as in English, we use a form of the verb "to be" (*être*) and a past participle. The past participle always agrees with the subject in gender and number.

2   When what causes the action is expressed, it is introduced by *par* or *de*. We generally use *par* when the verb refers to an action.

Les citoyens ont été **interrogés par les soldats.**	*The citizens were **interrogated by the soldiers.***

3   *De* is used with the following types of verbs, most of which refer to states or conditions rather than actions.

Verbs of judgment: *admirer, aimer, connaître, craindre, détester, préférer, respecter*
Verbs of sensation: *entendre, voir*
Verbs implying accompaniment or limitation: *accompagner, couvrir, entourer, remplir, suivre*

Une rue de Dakar, Sénégal

4 We use the passive construction less often in French than in English. Where we use the passive in English, the French often use a reflexive construction or the pronoun *on*.

> **Le vin se vend** en bouteille. ⎫
> **On vend le vin** en bouteille. ⎭   *Wine is sold* in bottles.

These two constructions are often found in set expressions or in posted signs.

> Ça ne **se dit** pas.   *That's just not **said.***
> Ici **on parle** allemand.   *German **is spoken** here.*

EXERCICES

A   **La scène du cambriolage *(robbery).***   Imaginez que vous êtes le (la) détective chargé(e) de l'investigation du cambriolage. Décrivez la scène du cambriolage d'après le dessin. Employez les infinitifs de la liste pour former des adjectifs. Suivez le modèle.

> remplir
> *Les verres sont remplis.*

1. ouvrir
2. fermer
3. allumer
4. mettre

5. casser
6. débrancher
7. ouvrir
8. ne pas raccrocher

B Un peu d'histoire.   Dites quand ou par qui les choses suivantes ont été faites. Employez le passif.

> Quand est-ce qu'on a fondé la ville de Montréal? (1642)
> *La ville de Montréal a été fondée en 1642.*

1. Quand est-ce qu'on a découvert l'Amérique? (1492)
2. Qui a découvert le Canada? (Jacques Cartier)
3. Quand est-ce qu'on a fondé la ville de Québec? (1608)
4. Qui a battu les soldats de Napoléon à Saint-Domingue? (Toussaint Louverture)
5. Qui est-ce qu'on a élu le premier président du Sénégal? (Léopold Senghor)
6. Quand est-ce que les Français ont colonisé l'Algérie? (1830)
7. Quand est-ce que les Français ont colonisé les Antilles? (au 17e siècle)
8. Quand est-ce que Napoléon a vendu la Louisiane aux Etats-Unis? (1803)

C L'Afrique francophone.   Complétez le texte suivant avec la forme passive du verbe donné entre parenthèses.

C'est vers la fin du 19e siècle que l'Afrique *(coloniser)* par les grandes puissances européennes. Par exemple, la région qui correspond aujourd'hui au Sénégal, au Mali et à la Côte-d'Ivoire *(développer)* par la France. Des grandes villes comme Dakar et Abidjan *(créer)*. Des
5 ports, des routes et des chemins de fer *(construire)*. Le français est devenu la langue de l'éducation et de l'administration mais les langues nationales *(toujours utiliser)* dans les villages. Vers 1950 les pays francophones d'Afrique sont devenus indépendants mais la langue française *(garder)*. Après l'indépendance, des liens culturels et
10 économiques *(conserver)* entre la France et ses anciennes colonies d'Afrique.

D Des habitudes.   Comment se font ces choses en général? Répondez à chaque phrase deux fois en employant d'abord *on,* puis un verbe pronominal. Conversez selon le modèle.

> l'eau minérale / vendre / en bouteilles
> ÉLÈVE 1   Comment se vend l'eau minérale?
> ÉLÈVE 2   On la vend en bouteilles.
>   L'eau minérale se vend en bouteilles.

1. le café / boire / avec du sucre
2. les jus de fruits / boire / frais

3. la viande / manger / avec une fourchette
4. la salade / servir / avec une sauce
5. les tomates / manger / avec du sel
6. l'aspirine / vendre / en comprimés
7. l'aspirine / prendre / avec de l'eau
8. la vaisselle / laver / avec du savon
9. les cheveux / laver / avec du shampooing

E Parlons de toi.

1. Est-ce que tu sais par qui a été écrit l'hymne national américain? Et quand? Est-ce que tu t'intéresses à l'histoire américaine? L'histoire française? L'histoire africaine?
2. Quelles langues sont parlées par les habitants de ta région? Est-ce qu'on parle des langues orientales dans ta région?
3. Est-ce qu'on compte sur toi pour les réponses dans ton cours de français? Est-ce qu'on t'interroge souvent en classe? Est-ce que ça se fait de parler anglais en cours de français?
4. Est-ce que tu as déjà été surpris(e) par tes amis? Par tes parents? Comment? Pourquoi?

ACTIVITÉ

Les gros titres. Avec un(e) partenaire, pensez à ce qui s'est passé récemment dans votre école, dans votre communauté ou dans le monde. Ecrivez quelques gros titres en employant le passif. Echangez ensuite vos titres avec un autre groupe et écrivez un court article basé sur ces titres.

EN BREF

Avalanche en Espagne quatre alpinistes français tués, deux disparus

Les corps de quatre des six alpinistes français ensevelis dimanche soir sous une avalanche, dans la Sierra Nevada (sud de l'Espagne), ont été retrouvés hier après de laborieuses recherches.

La préfecture de Grenade a indiqué que les opérations de secours reprendraient ce matin, mais a précisé qu'il y avait peu de chances de retrouver vivants les deux disparus. Les alpinistes faisaient partie d'une expédition de sept membres du Club alpin français (CAF) de Cannes, qui allait passer la nuit dans un refuge de montagne.

D'après le témoignage du seul rescapé, Nicole Issaly, quarante-deux ans, professeur domiciliée à Fayence (Var), les chiens dressés pour localiser les disparus en montagne sont arrivés tard. « Toutefois, l'avalanche a été impressionnante et, malheureusement, je crois que tous mes compagnons doivent être morts », a-t-elle ajouté.

6 millions raflés au supermarché

SIX MILLIONS de francs.. C'est le bilan du hold-up commis hier matin par les malfaiteurs qui ont attaqué des convoyeurs de fonds dans une grande surface de Fontenay-sous-Bois (Val-de-Marne).

Lundi, 8 heures. Un fourgon de la société « Unigarde-Fag », une filiale de la Brink's, se gare devant le magasin Auchan, avenue du Maréchal Joffre. Deux vigiles descendent du véhicule et se dirigent vers la salle des cof-res du magasin, située au ous-sol, afin de récupérer les cettes du week-end. C'est au oment où ils se font ouvrir la grille d'accès au coffre-fort par l'agent de sécurité du centre commercial, qu'ils sont attaqués par deux hommes cagoulés et armés de pistolets.

Tout va très vite. Pendant que l'un des malfaiteurs menace de son arme les trois employés, son complice remplit les sacs de sport. L'opération dure quelques minutes à peine. Déjà les bandits prennent la fuite, après avoir pris soin d'enfermer et de bâillonner leurs victimes.

Depuis hier après-midi, enquêteurs vérifient les tres d'embauche du nel, afin de détermi malfaiteurs ont n de complicités :

APPLICATIONS

Lisez la bande dessinée.

1. Nous étudions les œuvres humoristiques de Montesquieu dans notre cours de littérature.

2. Le professeur vient de nous donner des devoirs sur les *Lettres persanes.*

3. C'est dommage que je n'aie pas travaillé le week-end dernier.

4. J'ai été invitée à décorer la chambre d'une amie.

5. Ces devoirs sont les plus amusants que le prof nous ait donnés cette année.

6. Si j'avais lu le livre, j'aurais pu faire les devoirs.

Maintenant imaginez que vous êtes dans la classe de littérature américaine et que le professeur vient d'annoncer des devoirs sur un livre que vous n'avez pas lu. Comment s'appelle l'œuvre? Pourquoi est-ce que vous ne l'avez pas lu? Qu'est-ce que vous allez faire maintenant? Ecrivez votre histoire en vous servant de la Révision comme modèle.

Trouvez les expressions françaises qui correspondent à l'anglais et rédigez un paragraphe.

1. Paul is studying the western region of Africa in his history class.

2. The teacher has just given them a quiz on the Ivory Coast.

3. It's too bad Paul went out last night.

4. He was persuaded to celebrate his friend's birthday.

5. This quiz is the hardest one we've had this year.

6. If Paul had studied his notes, he could have answered the questions.

RÉDACTION

Maintenant, choisissez un de ces sujets.

1. Rédigez un paragraphe sur l'Afrique.

2. Est-ce que vous avez jamais eu la même expérience que Paul? Expliquez ce qui est arrivé.

3. Complétez les phrases suivantes en vous servant des phrases de la Révision et du Thème comme modèles.

a. Nous …
b. Le proviseur …
c. Nous avons peur que …

d. Nous …
e. Et c'est … que le proviseur
f. S'il …, nous …

Ar

CONTRÔLE DE RÉVISION   CHAPITRE 14

A   Une leçon de géographie.
Complétez les phrases avec les mots de la liste qui conviennent.

de l'acier	officielle
le caoutchouc	le pétrole
centrale	du plastique
liens	puissances
occidentale	la sécheresse

1. Le Maroc se trouve sur la côte de l'Afrique, mais le Tchad est en Afrique _____.
2. Djibouti est un petit pays en Afrique orientale, mais la plupart des pays francophones se trouvent en Afrique _____.
3. Mes cousins sénégalais parlent wolof en famille, mais les cours de l'université sont enseignés en français parce que c'est la langue _____.
4. Beaucoup de pays africains exportent des matières premières comme _____ et _____.
5. L'Afrique est un continent de contrastes. Certaines régions ont beaucoup de pluie, mais d'autres souffrent de _____.
6. L'industrie joue un rôle important pour beaucoup de pays africains. L'Algérie, par exemple, fabrique _____ et _____.
7. Au 19e siècle, une grande partie de l'Afrique a été colonisée par des _____ européennes.
8. La France est toujours très attachée à ses anciennes colonies avec lesquelles elle a beaucoup de _____ économiques.

B   Réflexions sur la vie.
Monsieur Vincent, qui vient de fêter ses 100 ans, a été interviewé. Voici ce qu'il a dit. Mettez les verbes au passé du subjonctif.

1. Je suis content que ...
   a. vous *(venir)* me voir pour me parler.
   b. on *(faire)* tant de progrès scientifiques et technologiques.
   c. mes cinq enfants *(recevoir)* une bonne éducation et qu'ils *(réussir)* dans la vie.
   d. mes petits-enfants m'*(envoyer)* ces lettres de félicitations.
2. Il est dommage que ...
   a. il y *(avoir)* tant de guerres pendant ma vie.
   b. trop de gens *(souffrir)*.
   c. nous *(ne pas découvrir)* que la paix vaut mieux que la guerre.
   d. ma femme *(mourir)* il y a 30 ans.

C   Exagérations.
Répondez aux questions en mettant l'adjectif au superlatif et le verbe au subjonctif.

Le film que tu viens de voir est bon?
Tu parles! C'est le meilleur film que j'aie jamais vu.

1. Le gâteau que tu viens de manger est délicieux?
2. La maison que vous venez de visiter est belle?
3. L'examen qu'ils viennent de passer était difficile?
4. Le roman qu'il vient de lire est mauvais?
5. La prof que nous venons de choisir est stricte?
6. Les poèmes que je viens d'écrire sont bizarres?

D   Un poème.
Mettez le paragraphe suivant à l'actif.

Hier en classe, un poème a été expliqué par le professeur. Le poème a été écrit par le poète Aimé Césaire. Chaque strophe a été lue d'abord par le prof et puis par les étudiants. Le poème a été analysé par la classe. Nous avons tous été fascinés par la sincérité *(sincerity)* du poète. Ce poème a été aimé de tous les étudiants.

VOCABULAIRE DU CHAPITRE 14

Noms

l'abeille *(f.)*
l'acier *(m.)*
l'Algérie *(f.)*
le Bénin
le Burkina-Faso
le Burundi
la cacahouète
le cacao
le Cameroun
le caoutchouc
la chaleur
le charbon
le chef d'état
le Congo
la Côte-d'Ivoire
le cuivre
le diamant
la différence
Djibouti
le fer
le froid
le Gabon
la Guinée
le lien
le Maghreb
le maïs
le Mali
le Maroc
la matière première
la Mauritanie
le miel
le Niger
l'olive *(f.)*
le pétrole
la puissance

la République Centrafricaine
le Ruanda
la sécheresse
le Sénégal
la situation
le Tchad
le Togo
la tribu
la Tunisie
le wolof
le Zaïre

Verbes

coloniser
confondre
dépendre de
développer
exporter
fabriquer
interroger
souffrir

Adjectifs

central, -e
ivoirien, -ne
occidental, -e
officiel, -le
oriental, -e
sénégalais, -e

Adverbes

également
récemment
toutefois

Expressions

un million (de + *noun*)
le pays en voie de
développement

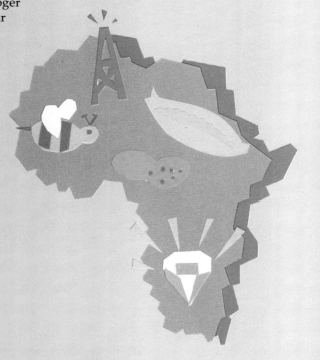

CHAPITRE 15

PRÉLUDE CULTUREL │ LES RESSOURCES ET L'AVENIR

Soixante-dix pour cent de l'énergie utilisée par la France est d'origine nucléaire. Cette centrale nucléaire à Cattenom, dans le nord-est de la France, n'a pas été accueillie d'une façon positive par tous les habitants. Dans une région qui dépendait autrefois de ses mines de fer maintenant épuisées, la centrale de Cattenom a cependant permis à beaucoup de gens de trouver un emploi.

UTILISEZ
L'EMBALLAGE VERRE

IL SE RECYCLE

(en haut) Les élèves français se
sentent très concernés par l'avenir
de leurs lycées. Quand ils ne sont
pas d'accord avec une décision
prise par le gouvernement, ils
n'hésitent pas à organiser une
manifestation.

(en bas) Comme partout dans le
monde, on a beaucoup gaspillé ces
dernières années en France.
Aujourd'hui, un mouvement
écologique s'est développé et les
Français sont encouragés à utiliser
des produits recyclables comme le
verre, au lieu du plastique.

MOTS NOUVEAUX

Qu'est-ce que l'avenir nous réserve?

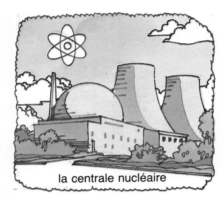

la centrale nucléaire

la planète

l'espace *(m.)*

le / la scientifique

la faculté de droit

la faculté de médecine

la manifestation

la grève

l'inondation *(f.)*

1 Un journaliste interviewe une scientifique.

LE JOURNALISTE   Vous pensez que la vie au 21ᵉ siècle sera vraiment très différente? Qu'est-ce que l'avenir nous **réserve?**

LA SCIENTIFIQUE   Je suis convaincue que nous aurons plus de loisirs. La plupart des **tâches** ennuyeuses de la vie quotidienne seront **effectuées** par des machines.

réserver   here: *to have in store*

la tâche   *chore, task*
effectuer   *to carry out*

Variations:
- plus de loisirs → plus de chômage
  ennuyeuses → moins importantes

2 La science **évolue** très vite de nos jours. Qui aurait pu **prévoir** que nous voyagerions dans l'espace?

- prévoir → **prédire**
  nous voyagerions → nous **atteindrions***
  dans l'espace → la lune

évoluer   *to evolve, to change*
prévoir   *to foresee*

prédire   *to predict*
atteindre   *to reach*

3 Mais la technologie n'a pas apporté que des **changements bénéfiques** et **nous** ne **nous sommes** pas **débarrassés de** tous nos problèmes. **Loin de là!** Et c'est aux jeunes maintenant d'**agir pour que** les peuples du monde ne souffrent plus de la faim.

- pour que → pour qu'à l'avenir
  de la faim → de la guerre et des **maladies**
- de la faim → de la sécheresse et des inondations

le changement   *change*
bénéfique   *beneficial*
se débarrasser de   *to get rid of*
loin de là   *far from it*
agir   *to act*
pour que   *so that*

la maladie   *sickness*

*Atteindre follows the pattern of *peindre* in all its forms.

4 Le gouvernement a décidé de construire une centrale nucléaire près d'un petit village. Les habitants du village se sont réunis pour discuter du projet.

M. DE LAROCHE   On va construire cette centrale **sans que** ses dangers pour notre **environnement** soient bien connus.

MME VIDOC   Il faut envoyer **une pétition** tout de suite pour que le gouvernement sache que nous sommes **opposés** à ce projet.

sans que *without*
l'environnement (m.) *environment*

la pétition *petition*

opposé, -e *opposed*

- ses dangers pour → ses effets sur
  envoyer une pétition → **protester**
  pour que → **afin que**
  opposés à → contre
- envoyer une pétition → organiser une manifestation

protester *to protest (against)*
afin que = pour que

5 Elodie lit un article sur l'histoire de la médecine: «**Bien que** nous n'arrivions pas à **guérir** toutes les maladies, la médecine fait d'**énormes** progrès. Les scientifiques font des nouvelles **découvertes** chaque jour.»

bien que *although*
guérir *to cure*
énorme *enormous*
la découverte *discovery*

- bien que → **quoique**
  guérir → nous débarrasser de

quoique = bien que

6 THOMAS   D'après un article que je viens de lire, on a tellement **gaspillé les ressources** de la terre que dans quelques ans toutes **les sources d'énergie** seront **épuisées**.

PAULINE   Ça, c'est une vue bien **pessimiste** de l'avenir. Moi, je crois que **nous autres** les jeunes, nous sommes très **conscients** des problèmes de l'environnement et que nous trouverons des solutions **avant que** notre planète ne devienne **invivable**.

gaspiller *to waste*
la ressource *resource*
la source *source*
l'énergie (f.) *energy*
épuiser *to exhaust, to use up*
pessimiste *pessimistic*
nous autres *we* (emphatic)
conscient, -e *aware*
avant que *before*
invivable *unlivable, unbearable*

optimiste *optimistic*

- les sources d'énergie → les matières premières
  bien pessimiste → bien peu **optimiste**
  nous sommes très conscients → nous nous occupons

7 CLAUDE	Qu'est-ce que tu comptes faire l'année prochaine?	
SYLVIE	M'inscrire en fac de droit, **à moins que** je n'aie pas le bac.	**à moins que** *unless*

■ droit → médecine
à moins que je n'aie pas → **à condition que** j'aie   **à condition que** *provided (that)*
■ je n'aie pas le bac → je ne sois pas reçue au bac

8 Arnaud parle de ses projets d'avenir avec sa conseillère d'orientation.

MME LAFARGE	Qu'est-ce que tu comptes faire maintenant que tu **es sur le point de** terminer tes études?	**être sur le point de** + inf. *to be about to* + inf.
ARNAUD	Je vais chercher du travail **jusqu'à ce que** je trouve quelque chose qui me **convienne.***	**jusqu'à ce que** *until* **convenir à** *to suit*
MME LAFARGE	Je dois te **prévenir*** que ça n'est pas toujours facile.	**prévenir** *to warn*

■ convienne → plaise
je dois te prévenir → tu dois te rendre compte

9 Les parents ne sont pas toujours d'accord avec les projets d'avenir de leurs enfants. C'est ce qu'on appelle **le conflit des générations.**

le conflit des générations *generation gap*

NATHALIE	Mes parents trouvent que je **manque** d'**ambition** parce que je n'ai aucune envie d'avoir un métier qui **rapporte** beaucoup d'argent.	**manquer** *to lack* **l'ambition** (f.) *ambition* **rapporter** *to bring in (money)*
LIONEL	Qu'est-ce que tu aimerais faire?	
NATHALIE	Etre **assistante sociale.** Ça permet de gagner sa vie en aidant les autres.	**l'assistant(e) social(e)** *social worker*
LIONEL	Je suis sûr que si tu fais quelque chose qui te plaît vraiment, tu réussiras et tes parents **admettront†** que tu avais raison.	**admettre** *to admit*

■ trouvent → disent
qui rapporte beaucoup d'argent → bien payé
admettront que tu avais raison → seront fiers de toi

---

*Convenir and prévenir follow the pattern of venir in all of their forms but they are conjugated with avoir.
†Admettre follows the pattern of mettre in all its forms. Its past participle is admis.

Une centrale nucléaire près de Valence, France

AUTREMENT DIT

TO COMPLAIN ...

Oh là là ...
Ça ne va pas (du tout).
Ça commence à bien faire.
Oh non, ce n'est pas possible.
Zut!

TO TELL SOMEONE NOT TO COMPLAIN ...

Ça va, ça va!
Arrête de te plaindre / rouspéter!
Ne rouspète pas comme ça!
Ne t'en fais pas!

EXERCICES

A Pessimiste ou optimiste? Un pessimiste et un optimiste comparent leurs opinions sur la vie. Complétez leurs déclarations. Tous les mots ne seront pas utilisés.

avant que	énergie	guérir
bénéfiques	énormes	invivable
bien que	environnement	manifestation
centrales	épuisées	problèmes
conscients	gaspiller	protester

Le pessimiste

1. La technologie n'offre pas la solution à tous nos _____.
2. La médecine n'arrivera jamais à _____ toutes les maladies.
3. Les sources d'_____ seront bientôt _____.

4. Nous allons _____ toutes les ressources de la terre.
5. On ne peut rien faire contre les dangers des _____ nucléaires.

L'optimiste

Mais elle a apporté beaucoup de changements _____.
Mais on fait des progrès _____ en médecine.
Mais nous trouverons des solutions _____ la planète ne devienne _____.
Mais nous devenons plus _____ des problèmes de l'_____.
Mais on peut _____ en envoyant une pétition au gouvernement et en organisant une _____.

B Les catégories. Quel mot ou quelle expression ne convient pas dans chacun des groupes suivants? Expliquez votre choix.

1. la sécheresse / la médecine / l'inondation / la pollution
2. faire la grève / organiser une manifestation / être opposé / effectuer une tâche

3. les planètes / les projets / la lune / l'espace
4. épuiser / gaspiller / atteindre / consommer
5. manquer d'ambition / agir / apporter des changements / trouver des solutions
6. gagner sa vie / travailler / étudier / rapporter de l'argent
7. le bac / la technologie / la faculté / le professeur
8. prévenir / évoluer / changer / faire des progrès

C   Parlons de toi.

1. Parle un peu de tes projets d'avenir. Qu'est-ce que tu comptes faire après avoir terminé tes études? Si tu décides de chercher du travail, quelle sorte de travail est-ce que tu chercheras? Tu préfères un métier qui te rapporte beaucoup d'argent? Un métier qui te permette de gagner ta vie en aidant les autres? Est-ce qu'on peut avoir les deux? Pourquoi? Si tu décides de continuer tes études, à quelle université et à quelle faculté est-ce que tu t'inscriras? Pourquoi? Qu'est-ce que tu aimerais faire dans la vie?

2. Est-ce que tes parents sont d'accord avec toi sur tes projets d'avenir? Qu'est-ce qu'ils te conseillent de faire? Tu es d'accord avec leurs idées? Est-ce qu'il y a un conflit des générations?

3. A ton avis, quels sont les plus grands dangers pour notre environnement? Tu es opposé à quels projets qui pourraient gaspiller les ressources de la terre ou les sources d'énergie? Comment est-ce qu'on pourrait protester contre ces projets?

4. Est-ce que tu es d'accord—ou pas—avec les déclarations suivantes? Explique ton opinion: Au 21e siècle, nous aurons plus de loisirs; la technologie apporte toujours des changements bénéfiques; c'est aux jeunes d'agir pour que la planète ne devienne pas invivable.

ACTIVITÉ

Prédictions.   Comment est-ce que la vie sera différente au 21e siècle? Avec un(e) partenaire, écrivez cinq prédictions. Changez ensuite de partenaire et comparez vos prédictions. Présentez ces prédictions à la classe et décidez lesquelles sont les plus vraisemblables.

L'astronaute français
Jean-Loup Chrétien

APPLICATIONS

Qu'est-ce que c'est, la science-fiction?

Virginie et Thibaut discutent d'un film de science-fiction qu'ils viennent de voir au cinéma.

THIBAUT	Ce film était vraiment débile!
VIRGINIE	Quoi que tu en dises,[1] moi, je l'ai trouvé génial.
5 THIBAUT	Mais l'intrigue était complètement invraisemblable.
VIRGINIE	Pourquoi tu dis ça?
THIBAUT	Parce que, pour que nous arrivions à vivre sur la lune, il faudrait que la technologie ait fait des progrès énormes.
10 VIRGINIE	Peut-être, mais on peut toujours imaginer que l'avenir sera différent.
THIBAUT	Bien sûr. C'est comme ça qu'on fait des progrès. Mais ce film-là n'avait aucun rapport[2] avec la réalité scientifique.
15 VIRGINIE	C'est justement pour ça que ça ne s'appelle pas la science, mais la science-fiction!

---

[1]quoi que tu en dises *no matter what you say*   **[2]le rapport** *relationship*

IL EXISTE UNE PORTE DERRIÈRE LAQUELLE LES DÉMONS ATTENDENT... QUELQU'UN L'A OUVERTE

THE GATE
LA FISSURE
un film de TIBOR TAKACS

ALIENS
LE RETOUR

Questionnaire

1. Où est-ce que Thibaut et Virginie sont allés? Qu'est-ce qu'ils ont vu?
2. De quoi est-ce qu'ils discutent? Sont-ils d'accord?
3. Qu'est-ce que Thibaut a pensé du film? Pourquoi? Qu'est-ce que vous pensez de ses idées?
4. Et Virginie, qu'est-ce qu'elle a pensé du film? Pourquoi? Etes-vous d'accord avec ses idées?
5. D'après Virginie, qu'est-ce que c'est que la science-fiction?
6. Et vous, est-ce que vous aimez la science-fiction? Pourquoi? Quel était le dernier film de science-fiction que vous avez vu?
7. En général, quelles sortes de films est-ce que vous aimez? Pourquoi?

La Cité des Sciences et de l'Industrie à la Villette, Paris

Situation

Avec un(e) camarade de classe, discutez comment se passerait la vie sur la lune. Imaginez une journée typique et partagez vos idées avec le reste de la classe. Choisissez les idées qui sont pour vous les plus vraisemblables.

L'emploi du subjonctif après *afin que* et *pour que*

You know that most conjunctions require the use of the indicative; for example: *aussitôt que, dès que, lorsque, quand,* and *parce que.* There are, however, certain conjunctions, such as *afin que* and *pour que,* that require the subjunctive.

Dans une bibliothèque de droit à Paris

M. et Mme Thévenet font des heures supplémentaires **afin que** leur fille **puisse** aller en faculté de droit.	*Mr. and Mrs. Thévenet work overtime **so that** their daughter **can** go to law school.*
Ils feraient n'importe quoi **pour que** leurs enfants **aient** la meilleure éducation possible.	*They would do anything **so that** their children **have (will have)** the best possible education.*

If the subject of both clauses is the same, however, we use the infinitive with *afin de* and *pour.*

La scientifique écrit un article **afin de faire** connaître sa découverte.	*The scientist is writing an article **in order to make** her discovery known.*
L'assistant prend des médicaments **pour guérir** son rhume.	*The assistant is taking medication **to cure** his cold.*

EXERCICES

A Les gens généreux.   M. et Mme Richard viennent de gagner à la loterie. Comment est-ce qu'ils vont dépenser l'argent? Conversez selon le modèle.

> Gustave / finir ses études
> ÉLÈVE 1 *Pourquoi est-ce qu'ils donnent de l'argent à Gustave?*
> ÉLÈVE 2 *Afin qu'il finisse ses études.*

1. M. Durand / s'acheter une nouvelle télé
2. Claudine et Renée / pouvoir aller à l'université
3. Suzanne / devenir avocate
4. la bibliothèque / faire construire une nouvelle salle
5. Mme Bertrand / prendre des vacances

Pour t'informer sur l'énergie nucléaire, tu pourrais visiter une centrale nucléaire.

6. vous / pouvoir rendre visite à votre oncle
7. Gilles / obtenir son diplôme
8. nous / acheter une voiture
9. toi / venir en France
10. moi / ?

B   Les visiteurs.   Votre lycée reçoit la visite d'un groupe de lycéens français. Dites ce que vous allez faire pour être certain(e) que vos amis français s'amusent bien. Suivez le modèle.

> Maryse voudrait voir la faculté de médecine.
> *Je ferai ce que je peux pour qu'elle la voie.*

1. Véronique et Viviane voudraient connaître la ville.
2. Fabrice voudrait obtenir des tickets pour un match de baseball.
3. Emilie voudrait faire de la planche à voile.
4. Le prof voudrait visiter la centrale nucléaire.
5. Les visiteurs voudraient faire la connaissance des jeunes Américains.
6. Hélène voudrait acheter des disques américains.
7. Anne et Jocelyne voudraient être au courant des spectacles dans la ville.
8. Etienne voudrait revoir des amis américains qu'il a rencontrés en France.
9. Nous voudrions aller au musée d'art avec eux.
10. Je voudrais me reposer à la fin de la visite!

C   Un meilleur monde.   Vous pensez à l'avenir et essayez d'imaginer un meilleur monde. Qu'est-ce qu'on fait pour rendre le monde meilleur? Employez la forme correcte du verbe entre parenthèses.

1. J'écris à ma représentante pour que le gouvernement _____ que je suis opposé(e) à ce projet. (savoir)
2. Il faut protester contre les projets qui gaspillent les ressources afin que la planète _____ invivable. (ne pas devenir)
3. Les médecins font des recherches pour _____ toutes les maladies. (guérir)
4. Il faut qu'on soit conscient afin de _____ les ressources de la terre. (ne pas gaspiller)
5. Il faut travailler moins afin que nous _____ plus de loisirs. (avoir)
6. C'est à nous d'agir pour que les peuples du monde _____ de la faim. (ne plus souffrir)
7. Il faut qu'on soit conscient des problèmes de l'environnement pour y _____ des solutions. (trouver)
8. Nous allons continuer à faire des recherches afin de _____ de tous nos problèmes. (se débarrasser)

L'emploi du subjonctif après *à moins que* et *à condition que*

◆ OBJECTIVES:

TO STATE CONDITIONS FOR DOING SOMETHING

TO THREATEN

We also use the subjunctive after the conjunctions *à moins que* and *à condition que*.

Le maire agira **à condition que** vous **cessiez** de protester.	*The mayor will act **provided that** you **stop** protesting.*
Je signerai la pétition **à moins que** le maire **(n')agisse** aujourd'hui.	*I will sign the petition **unless** the mayor **acts** today.*

1   In writing you will often see *ne* before the verb that comes after *à moins que* even though it is an affirmative statement. This is called the pleonastic *ne* and does not make the clause negative. The verb takes a full negative expression only when it is a negative statement. The pleonastic *ne* is often omitted in speaking.

La planète sera détruite **à moins que** nous **(ne) trouvions** une solution.	*The planet will be destroyed **unless** we **find** a solution.*

2 Remember that when the subject of the two clauses is the same, we usually use the infinitive instead of the subjunctive. In that case, *de* replaces *que*.

Je ferai le voyage **à condition de pouvoir** trouver l'argent.	*I'll make the trip **provided that** I **can** find the money.*
Il atteindra son but **à moins de s'endormir.**	*He'll reach his goal **unless** he falls asleep.*

EXERCICES

A   Le pessimiste éternel!   Chaque fois que vous suggérez quelque chose à votre ami pessimiste, il commence sa réponse avec *A moins que ...* Donnez ses réponses. Suivez le modèle.

Allons à la plage! (pleuvoir)
A moins qu'il (ne) pleuve.

1. Rendons visite à des amis! (être partis en voyage)
2. Allons nous baigner! (faire trop froid)
3. Allons danser avec André et Pascale! (vouloir se coucher de bonne heure)
4. Allons dîner au restaurant! (être fermé)
5. Allons nous promener en ville! (il y avoir encore une manifestation)
6. Allons chercher Nadine à l'aéroport! (la voiture être en panne)
7. Faisons de la planche à voile demain! (avoir un rhume)
8. Invitons nos parents à dîner! (avoir d'autres projets)

B Oui, mais …   Vous aimez vos amis mais vous ne faites ce qu'ils vous demandent qu'à certaines conditions. Conversez selon le modèle.

> la voiture, moi / faire le plein
> ÉLÈVE 1 *Dis, tu me prêtes ta voiture?*
> ÉLÈVE 2 *Oui, mais à condition que tu fasses le plein.*

1. ta guitare, Paul / admettre que je joue mieux que lui
2. ton magnétophone, ton cousin / me le rendre avant le week-end
3. tes disques, moi / y faire très attention
4. ta moto, ta sœur / ne pas conduire trop vite
5. ton parapluie, Sara / venir avec moi au magasin
6. ta mobylette, ton frère / ne pas aller trop vite
7. ton ordinateur, Christophe / sortir avec moi ce soir

C A condition que …   Vous essayez de prévoir ce que vous et vos amis allez faire à l'avenir. Dites à quelle condition vous ferez ou ne ferez pas les choses suivantes en employant *à condition que, à moins que, à condition de* ou *à moins de.* Suivez le modèle.

> devenir scientifique
> *Je deviendrai scientifique à condition de réussir le bac.*
> OU: *Je ne deviendrai pas scientifique à moins que mes parents (ne) puissent m'aider à payer mes études.*

1. faire des études à l'université
2. me marier
3. avoir beaucoup d'enfants
4. avoir un conflit des générations
5. vivre en Europe
6. éviter de gaspiller l'énergie
7. faire des voyages en Afrique
8. me débarrasser des tâches ennuyeuses

D Complétez les phrases.   Complétez les phrases en employant l'infinitif, le présent de l'indicatif, le futur ou le subjonctif selon le cas.

1. Elle continuera ses études à condition de …
2. Notre planète deviendra invivable à moins que …
3. Les cours sont enseignés en français parce que …
4. Nous faisons la grève pour ….
5. On plantera le maïs aussitôt que ….

6. Nous pourrons habiter dans la lune à condition que …
7. Il faut envoyer une pétition tout de suite pour que …
8. Les scientifiques nous montreront leur nouvelle découverte quand …
9. Il fait des heures supplémentaires afin de …
10. Nous protesterons à moins de …

E Parlons de toi.
1. Est-ce que tu as déjà signé une pétition? C'était pourquoi? Est-ce que tu as déjà participé à une manifestation? Pourquoi? Est-ce que les gens dans ta ville font souvent la grève? Qu'est-ce qu'ils protestent?
2. Pourquoi est-ce que tu vas au lycée? Afin de pouvoir aller à l'université? Afin d'apprendre le plus de choses possibles? Quelles sont les autres raisons?
3. Est-ce que tes parents te posent des conditions pour sortir le soir? Le week-end? Quelles conditions?
4. Quels sont tes projets d'avenir? Est-ce que tes parents sont d'accord avec ces projets? Pourquoi? Est-ce qu'il y a jamais un conflit des générations?

(à droite) A l'Ecole centrale de Paris

Maintenant, les machines se complètent et communiquent.

APPLICATIONS

Madame Curie

EVE CURIE

AVANT DE LIRE

Eve Curie était la fille cadette de Pierre Curie (1859–1906) et de Marie Curie (née Sklodowska) (1867–1934). Ils ont reçu le Prix Nobel de physique en 1903 pour le travail qu'ils avaient fait sur la radioactivité. (Ce mot même a été inventé par Marie.) En 1911, après la mort de son mari, Mme Curie a reçu encore un Prix Nobel—cette fois de chimie—pour avoir découvert le radium et le polonium (nommé pour son pays d'origine, la Pologne) et pour avoir isolé le radium pur.

1. A votre avis, quelles sont quelques-unes des découvertes scientifiques les plus importantes du vingtième siècle?
2. Vous pouvez imaginer le monde de la médecine avant qu'on ait découvert les rayons X? Comment aurait-il été différent du monde que nous connaissons actuellement?
3. Croyez-vous qu'un(e) scientifique doive offrir ses découvertes à l'humanité ou qu'il (elle) ait le droit d'en faire sa fortune?
4. Vous connaissez ce que veulent dire *pitchblende, savant, integral* et *scruple* en anglais? Si non, cherchez-les dans un dictionnaire.
5. D'après ce que vous connaissez des langues françaises et anglaises, que veulent dire *le traitement / traiter* (ll. 2, 28), *influer* (l. 3), *isoler* (l. 5), *en projet* (l. 8), *paisible* (qui vient du nom *la paix*—l. 17), *un geste d'approbation* (l. 24), *rejeter* (l. 46), *le physicien* (qui vient du nom *la physique*—l. 47)?
6. D'après le contexte, que veulent dire l'adverbe *fort* (l. 3), *justement* (l. 18), *prier* (l. 19), *vif* (pensez au verbe *vivre*—l. 20), *l'esprit* (l. 36), *tirer un avantage* (l. 50)?
7. Vous comprenez la ligne 17: *Son industrie va prendre une grande extension?*

Pierre et Marie Curie

Q uelque temps avant que ne se développât, en France et à l'étranger, le traitement industriel du radium, les Curie ont pris une décision à laquelle ils attachent fort peu d'importance mais qui influera grandement sur le reste de leur vie.

5 En purifiant la pechblende, en isolant le radium, Marie a inventé une technique et créé un procédé[1] de fabrication.

Or,[2] depuis que les effets thérapeutiques du radium sont connus, l'on recherche partout les minerais[3] radioactifs. Des exploitations[4] sont en projet dans plusieurs pays, particulièrement en Belgique et en Amérique.
10 Toutefois les usines ne pourront produire le «fabuleux métal» que lorsque leurs ingénieurs connaîtront le secret de la préparation du radium pur.

Ces choses, Pierre les expose à sa femme, un dimanche matin, dans la petite maison du boulevard Kellermann. Tout à l'heure, le facteur a apporté une lettre venant des Etats-Unis. Le savant l'a lue attentivement, l'a re-
15 pliée,[5] et posée[6] sur son bureau.

—Il faut que nous parlions un peu de notre radium, dit-il d'un ton paisible. Son industrie va prendre une grande extension, c'est maintenant certain. Voici justement une lettre de Buffalo: des techniciens, désireux de créer une exploitation en Amérique, me prient de les documenter.[7]
20 —Alors? dit Marie, qui ne prend pas un vif intérêt à la conversation.

—Alors nous avons le choix entre deux solutions. Décrire sans aucune restriction les résultats de nos recherches, ainsi que[8] les procédés de purification …

Marie a un geste d'approbation, et elle murmure:
25 —Oui, naturellement.

—Ou bien, continue Pierre, nous pouvons nous considérer comme les propriétaires, les «inventeurs» du radium. Dans ce cas, avant de publier de quelle manière tu as opéré pour traiter la pechblende, il faudrait breveter[9] cette technique et nous assurer des droits sur la fabrication du
30 radium dans le monde.

Il fait un effort pour préciser,[10] d'une façon objective, la situation. Ce n'est pas sa faute si, en prononçant des mots qui lui sont peu familiers: «breveter», «nous assurer des droits», sa voix a eu une inflexion de mépris[11] à peine[12] perceptible.
35 Marie réfléchit[13] pendant quelques secondes. Puis elle dit:

—C'est impossible. Ce serait contraire à l'esprit scientifique.

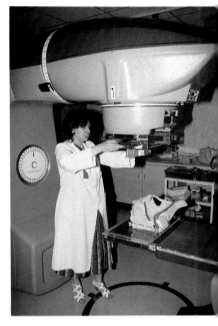

Une radiologiste à l'hôpital
G. F. Leclerc, Dijon

---

[1]**le procédé** *process*   [2]**or** = pourtant   [3]**le minerai** *ore*   [4]**l'exploitation** (f.) *mining*   [5]**replier** *to refold*   [6]**poser** = mettre   [7]**documenter** = donner des documents à quelqu'un afin de le renseigner à un sujet   [8]**ainsi que** *as well as* [9]**breveter** *to patent*   [10]**préciser** = donner des détails sur   [11]**le mépris** *scorn* [12]**à peine** = très peu   [13]**réfléchir** = penser

—Je le pense aussi, dit Pierre, mais je ne veux pas que nous prenions cette décision à la légère.[14] Notre vie est dure;[15] elle menace de l'être toujours. Et nous avons une fille ... peut-être aurons-nous d'autres enfants.

40 Pour eux, pour nous, ce brevet représenterait beaucoup d'argent, la richesse.

Il mentionne encore, avec un petit rire, la seule chose à laquelle il lui soit cruel de renoncer:

—Nous pourrions avoir aussi un beau laboratoire.

45 Marie considère posément[16] l'idée du gain, de la récompense matérielle. Presqu'aussitôt elle la rejette:

—Les physiciens publient toujours intégralement leurs recherches. Si notre découverte a un avenir commercial, c'est là un hasard dont nous ne saurions profiter. Et le radium va servir à guérir des malades. Il me

50 paraît impossible d'en tirer un avantage.

Elle n'essaie nullement[17] de convaincre son mari. Elle devine qu'il n'a parlé du brevet que par scrupule. Les mots qu'elle prononce avec une entière sûreté expriment leur sentiment à tous deux, leur infaillible conception du rôle de savant.

55 Dans un silence, Pierre répète, comme un écho, la phrase de Marie:

—Ce serait contraire à l'esprit scientifique.

Il est soulagé.[18] Il ajoute, comme s'il réglait une question de détail:

—J'écrirai donc ce soir aux ingénieurs américains en leur donnant les renseignements qu'ils demandent.

---

[14]**à la légère** = sans y penser   [15]**dur, -e** = difficile   [16]**posément** = calmement
[17]**nullement** = pas du tout   [18]**soulagé, -e** *relieved*

Questionnaire

1. D'où est venue la lettre que les Curie ont reçue? Qu'est-ce qu'on leur demandait?
2. Qu'est-ce qu'on cherchait partout? Qu'est-ce qui empêchait les techniciens de fabriquer le «fabuleux métal»?
3. Pourquoi faut-il breveter une invention? Qu'est-ce qui se serait passé si les Curie avaient breveté le procédé de fabrication de radium?
4. A votre avis, qui prend la décision de ne pas le breveter, Pierre, Marie ou les deux ensemble? Marie pense-t-elle que son mari veuille vraiment le breveter? Comment le savez-vous?
5. Pierre dit à Marie qu'il se peut qu'il soit une bonne idée de le breveter. Quelles raisons lui donne-t-il? Pourquoi est-ce qu'elle refuse?
6. Leur fille qui écrit cette biographie n'était pas née quand cette conversation a eu lieu. Donc, tout ce qu'elle savait de cet événement lui aurait été raconté par sa mère. Alors il est possible que cette conversation ait été tout à fait différente. Vous pouvez imaginer un scénario différent «dans la petite maison du boulevard Kellermann»?

EXPLICATIONS II

L'emploi du subjonctif après *jusqu'à ce que* et *avant que*

We also use the subjunctive after the conjunctions *jusqu'à ce que* and *avant que*.

Les manifestations continueront **jusqu'à ce que** les ouvriers **reçoivent** plus d'argent.	*The demonstrations will continue **until** the workers **receive** more money.*
Nous espérons signer la pétition **avant que** la centrale nucléaire **(ne) soit** ouverte.	*We hope to sign the petition **before** the nuclear power plant **is** opened.*

◆ OBJECTIVES:

TO STATE TIME CONDITIONS

TO MAKE EXCUSES OR EXPLAIN WHY SOMETHING ISN'T HAPPENING YET

TO DELAY OR PUT SOMEONE OFF

1 As with *à moins que,* in writing we may use the pleonastic *ne* after *avant que* in an affirmative sentence.

Nous devons conserver l'énergie **avant que** nos ressources **(ne) soient** épuisées.	*We must conserve energy **before** our resources **are** used up.*

2 We use the infinitive after *avant de* when the subject of both clauses is the same.

Le médecin avait été écrivain **avant d'aller** en faculté de médecine.	*The doctor had been a writer **before going** to medical school.*

Les infirmières manifestent en France.

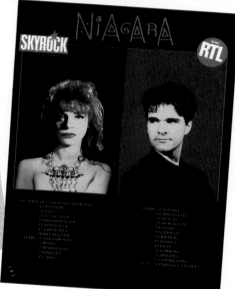

EXERCICES

A Mon frère. Pascal, le frère aîné de Charlotte, vient de louer son propre appartement. Charlotte explique les habitudes de son frère à une amie. Complétez les phrases selon le modèle.

> ne pas faire la vaisselle / il / ne plus avoir d'assiettes propres
> *Il ne fera pas la vaisselle jusqu'à ce qu'il n'ait plus d'assiettes propres!*

1. ne pas faire des courses / nous / dîner chez lui
2. ne pas me prêter ses disques / il / en être fatigué
3. ne pas passer à la maison / il / vouloir que maman lui lave ses vêtements
4. écouter sa stéréo / son voisin / se plaindre
5. sortir avec ses amis / il / ne plus avoir d'argent
6. dormir le dimanche matin / il / devoir promener le chien
7. rester dans son nouvel appartement / nous / l'inviter à dîner chez nous
8. ne pas m'inviter à lui rendre visite / je / être gentille avec lui

B La cadette. Puisque Sylvie est la cadette de la famille, tout le monde lui dit ce qu'elle doit faire. Suivez le modèle.

> Finis tes devoirs, Sylvie. Ton père va arriver.
> *Finis tes devoirs avant que ton père (n')arrive.*

1. Range tes affaires. Ton grand frère va venir.
2. Ecris à ta grand-mère. Elle va se fâcher.
3. Sors le chien. Il va pleuvoir.
4. Rentre à la maison. Il va faire nuit.
5. Mange ta soupe. Elle va être froide.

6. Prépare tes leçons. Nous allons au cinéma.
7. Aide-moi à faire la vaisselle. Nous allons nous coucher.
8. Brosse-toi les dents. Ta sœur va prendre son bain.

C **Le détective.** Jeanne Grandfilou, la célèbre voleuse de bijoux *(jewel thief)*, veut quitter Paris pour se cacher à l'étranger. Donnez des ordres au détective qui aide les agents de police à retrouver la criminelle. Utilisez les conjonctions *jusqu'à ce que, avant que* ou *avant de*.

> attendre à la gare / je / vous prévenir
> *Attendez à la gare jusqu'à ce que je vous prévienne.*

1. téléphoner au bureau / vous / partir pour la gare
2. attendre devant les guichets / nous / arriver
3. acheter un billet / toutes les places / être occupées
4. ne pas parler à la femme / elle / monter dans le train
5. rester dans la même voiture qu'elle / le train / partir
6. ne pas sortir de la voiture / le train / arriver à Toulouse
7. ne rien faire / la femme / descendre du train
8. lui parler / elle / comprendre que la police en sait tout
9. rester avec elle / elle / répondre à toutes nos questions
10. nous expliquer tout / vous / rentrer à la maison

> **LIAISONS EUROPEENNES DU FUTUR**
> A l'horizon 2000/2010, Paris sera au centre d'un réseau de lignes et de trains à grande vitesse, qui rapprochera capitales et grandes villes européennes.
> Paris-Madrid ; 8 heures.
> Paris-Rome ; 8 h 30.
> Paris-Milan ; 5 h 20.
> Paris-Vienne ; 8 h 20.
> Paris-Turin ; 5 heures.
> Paris-Florence ; 7 heures.
> Paris-Munich ; 4 h 50.
> Paris-Stuttgart ; 3 h 1/4.
> Paris-Francfort ; 3 heures.
> Paris-Bonn ; 3 h 25.
> Paris-Cologne ; 3 heures.
> Paris-Berlin ; 7 h 30.
> Paris-Bern ; 4 h 1/4.
> Paris-Rotterdam ; 2 h 1/4.
> Paris-Hambourg ; 6 h 30.
> Paris-Stockholm ; 12 heures.
> Paris-Lisbonne ; 14 heures.
> Paris-Londres ; 2 h 30.

L'emploi du subjonctif après *bien que, quoique, sans que*

We also use the subjunctive after the conjunctions *bien que, quoique,* and *sans que.*

La grève se termine **sans que** la police ne **fasse** rien.	*The strike is ending **without** the police **doing** anything.*
Elle a réussi **bien qu'il n'y ait pas eu** beaucoup de monde.	*It succeeded **even though there weren't** a lot of people.*
Quoique la presse **prédise** une autre grève, je suis sûre que les ouvriers sont heureux maintenant.	***Even though** the press **predicts** another strike, I'm sure the workers are happy now.*

◆ **OBJECTIVE:**

TO EXPRESS RESERVATIONS ABOUT SOMETHING

Remember, we use the infinitive after *sans* if both clauses have the same subject.

> Je l'ai fait **sans protester**. *I did it **without protesting.***

La centrale solaire de Thémis à Targasonne en France

A. **Le reportage.** On regarde un reportage en direct de l'ouverture *(opening)* d'une centrale nucléaire. Faites des phrases selon le modèle.

> Une centrale nucléaire ouvre ses portes aujourd'hui …
> *Une centrale nucléaire ouvre ses portes aujourd'hui bien que beaucoup de citoyens ne l'approuvent pas.*

1. Ces citoyens pensent que l'énergie nucléaire est dangereuse …
2. L'ouverture se fait sans problèmes …
3. Il fait très beau pour l'ouverture …
4. La circulation n'est pas trop mauvaise …
5. On applaudit le maire …
6. Beaucoup de gens pensent que l'énergie nucléaire est nécessaire …
7. Mais beaucoup d'ouvriers ont peur de travailler à la centrale nucléaire …
8. Les scientifiques sont encouragés par leurs récentes découvertes …

a. le journal (dire) qu'il va pleuvoir
b. les scientifiques (insister) qu'il n'y a pas de risques
c. ils (être) au chômage
d. une manifestation (se former) aux portes de la centrale
e. il y (avoir) des gens qui ne sont pas d'accord avec lui
f. elle (être) peut-être dangereuse
g. la manifestation (empêcher) certaines voitures de passer
h. il y (avoir) encore beaucoup de problèmes
i. beaucoup de citoyens (ne pas l'approuver)

B **Il paraît que ….** Les choses ne sont pas toujours telles qu'elles paraissent l'être. Expliquez les situations suivantes en employant les conjonctions *bien que* ou *quoique*. Suivez le modèle.

> Nicole est française (être née en Italie)
> *Quoique Nicole soit née en Italie, elle est française.*
> OU: *Nicole est française bien qu'elle soit née en Italie.*

1. Olivier et Thierry parlent portugais (être nés en France)
2. Nous parlons anglais (être allemands)
3. Vous parlez français (vivre en Espagne)
4. Il a fait toutes ses études au Canada (avoir passé son enfance aux Etats-Unis)
5. Nous parlons russe chez nous (habiter en Chine)
6. Je suis parisienne (être née à Bordeaux)
7. Elles n'ont jamais vécu en Espagne (leurs parents / être espagnols)
8. Nous ne sommes pas mexicains (avoir vécu au Mexique)

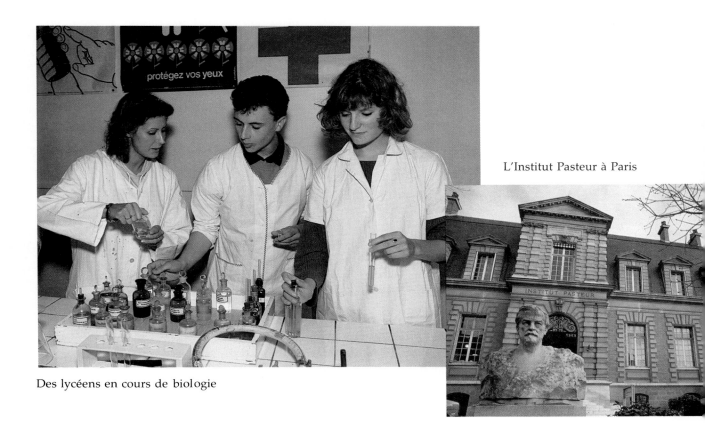

L'Institut Pasteur à Paris

Des lycéens en cours de biologie

C Les bavards. Votre ami connaît les histoires de tout le monde au
lycée. Faites des phrases en employant *sans que.*

> Georges est parti. Ses amis ne le savent pas.
> *Georges est parti sans que ses amis le sachent.*

1. Caroline a été reçue à l'examen. Son père ne le sait pas.
2. Maryse cherche du travail. La conseillère ne l'aide pas.
3. Sébastien parle avec son cousin américain. Il ne comprend pas
   grand-chose.
4. Les parents d'Alexandre lui donnent de l'argent. Il ne leur en
   demande pas.
5. Patricia part bientôt. Frédéric ne lui dit pas au revoir.
6. Jérôme sort tard le soir. Son frère ne l'entend pas.
7. Catherine a un nouveau petit ami. Serge ne s'en rend pas
   compte.
8. Les élèves de français sont sérieux. Le prof n'est pas strict.

D Le savoir vivre.   Qu'est-ce que vous faites dans les situations suivantes? Complétez les phrases avec les expressions qui conviennent et ensuite répondez aux questions.

avant de / que	quoique
bien que	sans
jusqu'à ce que	sans que

1. Vous aimez que vos amis viennent vous voir _____ vous prévenir?
2. Vous vous couchez de bonne heure _____ passer un examen important?
3. Dans un avion vous restez assis _____ l'avion atterrisse?
4. Vous restez assis dans un autobus _____ il y ait des personnes âgées debout?
5. A un feu vert, vous n'accélérez pas _____ tous les passants (n')aient traversé?
6. A un feu de circulation, vous traversez _____ le feu change au rouge?
7. Vous sortez tard le soir _____ vos parents le sachent?

E L'avenir de la planète.   Vous parlez avec vos amis de l'avenir de la planète. Complétez les phrases suivantes avec vos propres opinions.

1. Nous devons conserver les ressources de la planète afin que …
2. La technologie apportera des changements bénéfiques à condition que …
3. Il faut choisir un travail intéressant afin de …
4. La vie au 21ᵉ siècle sera meilleure bien que …
5. Il faut agir pour préserver l'environnement avant que …
6. Notre planète deviendra invivable à moins que …
7. Nous n'arriverons pas à vaincre les frontières de l'espace sans que …
8. Les centrales nucléaires sont nécessaires quoique …
9. Pour obtenir la paix, il faut travailler jusqu'à ce que …
10. Le conflit des générations sera un problème à moins que …

F Parlons de toi.
1. Est-ce qu'il y a des choses que tes parents t'interdisent jusqu'à ce que tu aies 18 ou 20 ans? Lesquelles? Pourquoi?
2. Quelles choses est-ce que tu aimes faire bien qu'elles coûtent cher ou qu'elles soient difficiles? Pourquoi?
3. Quel grand changement est-ce que tu attends dans ta vie avant que le siècle ne change?

Des bâtiments modernes à La Défense, près de Paris

ACTIVITÉ

L'avenir. Avant de prendre une décision importante, il est essentiel de penser à ce que vous voulez accomplir *(accomplish)*. Avec un(e) camarade de classe, discutez de vos rêves et de vos projets d'avenir. Employez les conjonctions que vous avez apprises dans ce chapitre. Vous pouvez discuter des sujets indiqués ci-dessous ou offrir vos propres idées. Par exemple:

Bien que je sois toujours étudiant(e), je pense souvent à l'avenir. Je continuerai mes études jusqu'à ce que je reçoive mon diplôme à l'université. Avant de finir mes études, je voudrais voyager en Europe. Je pourrai y aller à moins que mes parents ne m'aident pas à payer le voyage. Ils veulent me donner l'occasion de voir le monde avant que je ne commence à travailler.

un travail
l'université
votre propre appartement
votre propre maison
votre mariage
votre propre famille
votre propre entreprise

Une maison moderne en Bretagne

RÉVISION

Lisez la bande dessinée.

1. «A moins que nous ne soyons conscients du danger, les scientifiques prédisent une planète invivable dans cent ans.»

2. «Quoique nous puissions atteindre la lune, nous ne faisons presque rien pour nous débarrasser de nos problèmes terribles sur la terre.»

3. Thomas et Pauline ont horreur d'être trop pessimistes.

4. Ils espèrent qu'assez de gens voudront assister à la manifestation pour qu'ils puissent rester chez eux.

5. Bien que plusieurs de leurs amis leur aient dit d'y aller, ils n'ont aucune intention de le faire.

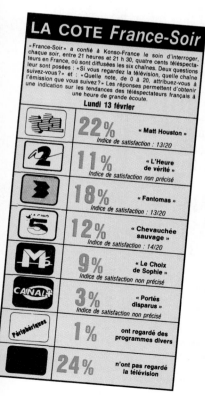

LA COTE France-Soir

«France-Soir» a confié à Konso-France le soin d'interroger, chaque soir, entre 21 heures et 21 h 30, quatre cents téléspectateurs en France, où sont diffusées les six chaînes. Deux questions leur sont posées : «Si vous regardez la télévision, quelle chaîne suivez-vous?» et : «Quelle note, de 0 à 20, attribuez-vous à l'émission que vous suivez?» Les réponses permettent d'obtenir une indication sur les tendances des téléspectateurs français à une heure de grande écoute.

Lundi 13 février

22% « Matt Houston »
Indice de satisfaction : 13/20

11% « L'Heure de vérité »
Indice de satisfaction non précisé

18% « Fantomas »
Indice de satisfaction : 13/20

12% « Chevauchée sauvage »
Indice de satisfaction : 14/20

9% « Le Choix de Sophie »
Indice de satisfaction non précisé

3% « Portés disparus »
Indice de satisfaction non précisé

1% ont regardé des programmes divers

24% n'ont pas regardé la télévision

Maintenant imaginez que c'est l'an 2050. Les petits-enfants de Thomas et de Pauline parlent des problèmes de la terre avec leurs grands-parents. Qu'est-ce que les enfants disent à Thomas et à Pauline? Ecrivez votre histoire en vous servant de la Révision comme modèle.

THÈME

Trouvez les expressions françaises qui correspondent à l'anglais et rédigez un paragraphe.

1. Provided that the principal is not opposed to his plan, Philippe will send a letter to his representative.

2. Although the others want to preserve the environment, they aren't doing anything at all to protect against nuclear power plants in their region.

3. Philippe is afraid that they are too optimistic.

4. He believes that the young people will have to act so that the government understands the problem.

5. Although he asked most of his classmates to accompany him, they have no desire to go there.

RÉDACTION

Maintenant, choisissez un de ces sujets.

1. Ecrivez cinq phrases pessimistes, puis rendez-les optimistes.

2. Est-ce que la planète va être invivable dans cent ans? Expliquez votre réponse.

3. Complétez les phrases suivantes comme vous voulez en vous servant des phrases de la Révision et du Thème comme modèles.

   a. A moins que mes parents ... je ...
   b. Avant que mes amis ... je ...
   c. Jusqu'à ce que les candidats ... je ...
   d. A condition que mon prof ... je ...
   e. Afin que mes parents ... je ...
   f. Quoique mes amis ... je ...

CONTRÔLE DE RÉVISION   CHAPITRE 15

A   La candidate.
Complétez les phrases en choisissant les réponses logiques. Mettez les verbes aux temps convenables et faites tous les changements nécessaires.

guérir / maladie   prédire / avenir
manquer / ambition   effectuer / changement
rapporter / argent   épuiser / ressource
se débarrasser / problème

Si vous votez pour moi, j'____ des ____ bénéfiques à tous les citoyens. Je proposerai des lois pour que chaque travailleur ait un métier qui lui ____ assez d'____ pour vivre. Je me battrai contre ceux qui veulent ____ les ____ de la planète. J'encouragerai les scientifiques qui essaient de ____ toutes les ____. Bien que je ne puisse pas ____ l'____, je vous préviens qu'un vote pour moi c'est admettre qu'on peut ____ des ____ de la terre. Je vous promets que je ne ____ jamais d'____.

B   Allons faire du camping!
Lisez chaque phrase, puis choisissez la phrase qui veut dire la même chose.

1. Nous ne ferons pas de camping s'il pleut.
   a. Nous ferons du camping à condition qu'il ne pleuve pas.
   b. Nous ne ferons pas de camping à moins qu'il ne pleuve.
2. On ne peut pas partir si papa ne fait pas les provisions.
   a. On ne peut pas partir à moins que papa ne fasse les provisions.
   b. On part pour que papa puisse faire les provisions.
3. On ne mangera pas si on n'attrape pas de poissons.
   a. On mangera à moins qu'on n'attappe des poissons.
   b. Il faut attraper des poissons afin de manger.

C   Un emploi.
Choisissez la bonne réponse.

1. Je cherche un emploi *(bien que / parce que)* j'ai besoin d'argent pour l'université.
2. *(Dès que / Jusqu'à ce que)* j'en ai parlé avec mes parents, ils m'ont encouragé.
3. *(Quoiqu' / Parce qu')* un emploi ne me permette pas de faire partie de l'équipe de basket, je pourrai assister aux matchs *(à condition que / quand)* je ne travaillerai pas.
4. Je trouverai certainement un emploi *(lorsqu' / à moins qu')* on ne me demande de l'expérience.
5. Comment veut-on que j'aie de l'expérience *(avant que / quoique)* j'obtienne du travail?

D   Le bricolage.
Complétez chaque phrase avec l'équivalent français de l'expression entre parenthèses.

1. Papa prend des pinces *(in order to repair)* le robinet.
2. Il me donne le marteau *(so that I can repair)* la porte.
3. Je peux réparer la lampe *(on the condition that I have)* un tournevis.
4. Maman enlève la scie à son petit fils *(before he cuts)* au doigt.
5. Nous ne pouvons pas faire la vaisselle *(unless the plumber comes)*.
6. Ils viennent d'acheter du papier peint *(in order to paper)* les murs de leur chambre.
7. J'ai mis l'échelle dans le garage *(without Dad telling me)* de le faire.

Noms
l'ambition *(f.)*
l'assistant(e) social(e)
la centrale nucléaire
le changement
le conflit des générations
la découverte
l'énergie *(f.)*
l'environnement *(m.)*
l'espace *(m.) (outer space)*
la faculté de droit
la faculté de médecine
la grève
l'inondation *(f.)*
la maladie
la manifestation
la pétition
la planète
la ressource
le / la scientifique
la source
la tâche

Verbes
admettre
agir
atteindre
convenir à
se débarrasser de
effectuer
épuiser
évoluer
gaspiller
guérir
manquer
prédire
prévenir
prévoir
protester
rapporter
réserver *(to have in store)*

Adjectifs
bénéfique
conscient, -e
énorme
invivable
opposé, -e
optimiste
pessimiste

Pronom
nous autres

Conjonctions
à condition que
afin que
à moins que
avant que
bien que
jusqu'à ce que
pour que
quoique
sans que

Expressions
être sur le point de + *inf.*
loin de là

VERBES

Les verbes réguliers

regarder

je	regarde	nous	regardons
tu	regardes	vous	regardez
il, elle, on	regarde	ils, elles	regardent

IMPÉRATIF regarde! regardons! regardez!

PASSÉ COMPOSÉ j'ai regardé   PLUS-QUE-PARFAIT j'avais regardé
IMPARFAIT je regardais   PASSÉ SIMPLE je regardai
FUTUR SIMPLE je regarderai   FUTUR ANTÉRIEUR j'aurai regardé
CONDITIONNEL je regarderais   COND. PASSÉ j'aurais regardé
SUBJONCTIF que je regarde   SUBJ. PASSÉ que j'aie regardé
PARTICIPE PRÉSENT regardant

finir

je	finis	nous	finissons
tu	finis	vous	finissez
il, elle, on	finit	ils, elles	finissent

IMPÉRATIF finis! finissons! finissez!

PASSÉ COMPOSÉ j'ai fini   PLUS-QUE-PARFAIT j'avais fini
IMPARFAIT je finissais   PASSÉ SIMPLE je finis
FUTUR SIMPLE je finirai   FUTUR ANTÉRIEUR j'aurai fini
CONDITIONNEL je finirais   COND. PASSÉ j'aurais fini
SUBJONCTIF que je finisse   SUBJ. PASSÉ que j'aie fini
PARTICIPE PRÉSENT finissant

dormir

je	dors	nous	dormons
tu	dors	vous	dormez
il, elle, on	dort	ils, elles	dorment

IMPÉRATIF dors! dormons! dormez!

PASSÉ COMPOSÉ   j'ai dormi

IMPARFAIT   je dormais

FUTUR SIMPLE   je dormirai

CONDITIONNEL   je dormirais

SUBJONCTIF   que je dorme

PARTICIPE PRÉSENT   dormant

PLUS-QUE-PARFAIT   j'avais dormi

PASSÉ SIMPLE   je dormis

FUTUR ANTÉRIEUR   j'aurai dormi

COND. PASSÉ   j'aurais dormi

SUBJ. PASSÉ   que j'aie dormi

vendre

je	vends	nous	vendons
tu	vends	vous	vendez
il, elle, on	vend	ils, elles	vendent

IMPÉRATIF   vends! vendons! vendez!

PASSÉ COMPOSÉ   j'ai vendu

IMPARFAIT   je vendais

FUTUR SIMPLE   je vendrai

CONDITIONNEL   je vendrais

SUBJONCTIF   que je vende

PARTICIPE PRÉSENT   vendant

PLUS-QUE-PARFAIT   j'avais vendu

PASSÉ SIMPLE   je vendis

FUTUR ANTÉRIEUR   j'aurai vendu

COND. PASSÉ   j'aurais vendu

SUBJ. PASSÉ   que j'aie vendu

Les verbes pronominaux

se laver

je	me lave	nous	nous lavons
tu	te laves	vous	vous lavez
il, elle, on	se lave	ils, elles	se lavent

IMPÉRATIF   lave-toi! lavons-nous! lavez-vous!

PASSÉ COMPOSÉ   je me suis lavé(e)

IMPARFAIT   je me lavais

FUTUR SIMPLE   je me laverai

CONDITIONNEL   je me laverais

SUBJONCTIF   que je me lave

PARTICIPE PRÉSENT   me lavant

PLUS-QUE-PARFAIT   je m'étais lavé(e)

PASSÉ SIMPLE   je me lavai

FUTUR ANTÉRIEUR   je me serai lavé(e)

COND. PASSÉ   je me serais lavé(e)

SUBJ. PASSÉ   que je me sois lavé(e)

Les verbes irréguliers

acheter

j'	achète	nous	achetons
tu	achètes	vous	achetez
il, elle, on	achète	ils, elles	achètent

IMPÉRATIF achète! achetons! achetez!

PASSÉ COMPOSÉ j'ai acheté	PLUS-QUE-PARFAIT j'avais acheté
IMPARFAIT j'achetais	PASSÉ SIMPLE j'achetai
FUTUR SIMPLE j'achèterai	FUTUR ANTÉRIEUR j'aurai acheté
CONDITIONNEL j'achèterais	COND. PASSÉ j'aurais acheté
SUBJONCTIF que j'achète	SUBJ. PASSÉ que j'aie acheté
PARTICIPE PRÉSENT achetant	

Verbes similaires: *emmener, enlever, geler, (se) lever, mener, peser, (se) promener, soulever*

accueillir

j'	accueille	nous	accueillons
tu	accueilles	vous	accueillez
il, elle, on	accueille	ils, elles	accueillent

IMPÉRATIF accueille! accueillons! accueillez!

PASSÉ COMPOSÉ j'ai accueilli	PLUS-QUE-PARFAIT j'avais accueilli
IMPARFAIT j'accueillais	PASSÉ SIMPLE j'accueillis
FUTUR SIMPLE j'accueillerai	FUTUR ANTÉRIEUR j'aurai accueilli
CONDITIONNEL j'accueillerais	COND. PASSÉ j'aurais accueilli
SUBJONCTIF que j'accueille	SUBJ. PASSÉ que j'aie accueilli
PARTICIPE PRÉSENT accueillant	

aller

je	vais	nous	allons
tu	vas	vous	allez
il, elle, on	va	ils, elles	vont

IMPÉRATIF va! allons! allez!

PASSÉ COMPOSÉ je suis allé(e)	PLUS-QUE-PARFAIT j'étais allé(e)
IMPARFAIT j'allais	PASSÉ SIMPLE j'allai
FUTUR SIMPLE j'irai	FUTUR ANTÉRIEUR je serai allé(e)
CONDITIONNEL j'irais	COND. PASSÉ je serais allé(e)

SUBJONCTIF que j'aille   que nous allions
que tu ailles   que vous alliez
qu'il aille   qu'ils aillent

SUBJ. PASSÉ que je sois allé(e)

PARTICIPE PRÉSENT allant

avoir

j'	ai		nous	avons
tu	as		vous	avez
il, elle, on	a		ils, elles	ont

IMPÉRATIF aie! ayons! ayez!

PASSÉ COMPOSÉ j'ai eu

IMPARFAIT j'avais

FUTUR SIMPLE j'aurai

CONDITIONNEL j'aurais

SUBJONCTIF que j'aie que nous ayons

que tu aies que vous ayez

qu'il ait qu'ils aient

SUBJ. PASSÉ que j'aie eu

PARTICIPE PRÉSENT ayant

PLUS-QUE-PARFAIT j'avais eu

PASSÉ SIMPLE j'eus

FUTUR ANTÉRIEUR j'aurai eu

COND. PASSÉ j'aurais eu

boire

je	bois		nous	buvons
tu	bois		vous	buvez
il, elle, on	boit		ils, elles	boivent

IMPÉRATIF bois! buvons! buvez!

PASSÉ COMPOSÉ j'ai bu

IMPARFAIT je buvais

FUTUR SIMPLE je boirai

CONDITIONNEL je boirais

SUBJONCTIF que je boive que nous buvions

que tu boives que vous buviez

qu'il boive qu'ils boivent

SUBJ. PASSÉ que j'aie bu

PARTICIPE PRÉSENT buvant

PLUS-QUE-PARFAIT j'avais bu

PASSÉ SIMPLE je bus

FUTUR ANTÉRIEUR j'aurai bu

COND. PASSÉ j'aurais bu

commencer

je	commence		nous	commençons
tu	commences		vous	commencez
il, elle, on	commence		ils, elles	commencent

IMPÉRATIF commence! commençons! commencez!

PASSÉ COMPOSÉ j'ai commencé

IMPARFAIT je commençais

FUTUR SIMPLE je commencerai

CONDITIONNEL je commencerais

SUBJONCTIF que je commence

PARTICIPE PRÉSENT commençant

PLUS-QUE-PARFAIT j'avais commencé

PASSÉ SIMPLE je commençai

FUTUR ANTÉRIEUR j'aurai commencé

COND. PASSÉ j'aurais commencé

SUBJ. PASSÉ que j'aie commencé

Verbes similaires: *annoncer, (s')avancer, lancer, menacer, remplacer*

conduire

je	conduis	nous	conduisons
tu	conduis	vous	conduisez
il, elle, on	conduit	ils, elles	conduisent

IMPÉRATIF conduis! conduisons! conduisez!

PASSÉ COMPOSÉ j'ai conduit
IMPARFAIT je conduisais
FUTUR SIMPLE je conduirai
CONDITIONNEL je conduirais
SUBJONCTIF que je conduise
PARTICIPE PRÉSENT conduisant

PLUS-QUE-PARFAIT j'avais conduit
PASSÉ SIMPLE je conduisis
FUTUR ANTÉRIEUR j'aurai conduit
COND. PASSÉ j'aurais conduit
SUBJ. PASSÉ que j'aie conduit

Verbes similaires: *construire, cuire, produire, réduire, reproduire*

connaître

je	connais	nous	connaissons
tu	connais	vous	connaissez
il, elle, on	connaît	ils, elles	connaissent

IMPÉRATIF connais! connaissons! connaissez!

PASSÉ COMPOSÉ j'ai connu
IMPARFAIT je connaissais
FUTUR SIMPLE je connaîtrai
CONDITIONNEL je connaîtrais
SUBJONCTIF que je connaisse
PARTICIPE PRÉSENT connaissant

PLUS-QUE-PARFAIT j'avais connu
PASSÉ SIMPLE je connus
FUTUR ANTÉRIEUR j'aurai connu
COND. PASSÉ j'aurais connu
SUBJ. PASSÉ que j'aie connu

Verbes similaires: *apparaître, disparaître, paraître, reconnaître*

croire

je	crois	nous	croyons
tu	crois	vous	croyez
il, elle, on	croit	ils, elles	croient

IMPÉRATIF crois! croyons! croyez!

PASSÉ COMPOSÉ j'ai cru
IMPARFAIT je croyais
FUTUR SIMPLE je croirai
CONDITIONNEL je croirais

PLUS-QUE-PARFAIT j'avais cru
PASSÉ SIMPLE je crus
FUTUR ANTÉRIEUR j'aurai cru
COND. PASSÉ j'aurais cru

SUBJONCTIF que je croie   que nous croyions
            que tu croies   que vous croyiez
            qu'il croie   qu'ils croient
SUBJ. PASSÉ que j'aie cru
PARTICIPE PRÉSENT croyant

devoir

je	dois	nous	devons
tu	dois	vous	devez
il, elle, on	doit	ils, elles	doivent

PASSÉ COMPOSÉ j'ai dû   PLUS-QUE-PARFAIT j'avais dû
IMPARFAIT je devais   PASSÉ SIMPLE je dus
FUTUR SIMPLE je devrai   FUTUR ANTÉRIEUR j'aurai dû
CONDITIONNEL je devrais   COND. PASSÉ j'aurais dû
SUBJONCTIF que je doive   que nous devions
            que tu doives   que vous deviez
            qu'il doive   qu'ils doivent
SUBJ. PASSÉ que j'aie dû
PARTICIPE PRÉSENT devant

dire

je	dis	nous	disons
tu	dis	vous	dites
il, elle, on	dit	ils, elles	disent

IMPÉRATIF dis! disons! dites!
PASSÉ COMPOSÉ j'ai dit   PLUS-QUE-PARFAIT j'avais dit
IMPARFAIT je disais   PASSÉ SIMPLE je dis
FUTUR SIMPLE je dirai   FUTUR ANTÉRIEUR j'aurai dit
CONDITIONNEL je dirais   COND. PASSÉ j'aurais dit
SUBJONCTIF que je dise   SUBJ. PASSÉ que j'aie dit
PARTICIPE PRÉSENT disant

Verbes similaires: *interdire, prédire*

se distraire

je	me distrais	nous	nous distrayons
tu	te distrais	vous	vous distrayez
il, elle, on	se distrait	ils	se distraient

IMPÉRATIF distrais-toi! distrayons-nous! distrayez-vous!
PASSÉ COMPOSÉ je me suis distrait(e)
IMPARFAIT je me distrayais   PLUS-QUE-PARFAIT je m'étais distrait(e)
FUTUR SIMPLE je me distrairai   FUTUR ANTÉRIEUR je me serai distrait(e)
CONDITIONNEL je me distrairais   COND. PASSÉ je me serais distrait(e)
SUBJONCTIF que je me distraie   SUBJ. PASSÉ que je me sois distrait(e)
PARTICIPE PRÉSENT me distrayant

écrire

j'	écris	nous	écrivons
tu	écris	vous	écrivez
il, elle, on	écrit	ils, elles	écrivent

IMPÉRATIF écris! écrivons! écrivez!

PASSÉ COMPOSÉ j'ai écrit

IMPARFAIT j'écrivais

FUTUR SIMPLE j'écrirai

CONDITIONNEL j'écrirais

SUBJONCTIF que j'écrive

PARTICIPE PRÉSENT écrivant

PLUS-QUE-PARFAIT j'avais écrit

PASSÉ SIMPLE j'écrivis

FUTUR ANTÉRIEUR j'aurai écrit

COND. PASSÉ j'aurais écrit

SUBJ. PASSÉ que j'aie écrit

Verbes similaires: *décrire, s'inscrire*

---

envoyer

j'	envoie	nous	envoyons
tu	envoies	vous	envoyez
il, elle, on	envoie	ils, elles	envoient

IMPÉRATIF envoie! envoyons! envoyez!

PASSÉ COMPOSÉ j'ai envoyé

IMPARFAIT j'envoyais

FUTUR SIMPLE j'enverrai

CONDITIONNEL j'enverrais

PLUS-QUE-PARFAIT j'avais envoyé

PASSÉ SIMPLE j'envoyai

FUTUR ANTÉRIEUR j'aurai envoyé

COND. PASSÉ j'aurais envoyé

SUBJONCTIF que j'envoie   que nous envoyions

que tu envoies   que vous envoyiez

qu'il envoie   qu'ils envoient

SUBJ. PASSÉ que j'aie envoyé

PARTICIPE PRÉSENT envoyant

---

essayer

j'	essaie	nous	essayons
tu	essaies	vous	essayez
il, elle, on	essaie	ils, elles	essaient

IMPÉRATIF essaie! essayons! essayez!

PASSÉ COMPOSÉ j'ai essayé

IMPARFAIT j'essayais

FUTUR SIMPLE j'essaierai

CONDITIONNEL j'essaierais

SUBJONCTIF que j'essaie

PARTICIPE PRÉSENT essayant

PLUS-QUE-PARFAIT j'avais essayé

PASSÉ SIMPLE j'essayai

FUTUR ANTÉRIEUR j'aurai essayé

COND. PASSÉ j'aurais essayé

SUBJ. PASSÉ que j'aie essayé

Verbes similaires: *appuyer, (s')ennuyer, essuyer, nettoyer, payer*

être

je	suis		nous	sommes	
tu	es		vous	êtes	
il, elle, on	est		ils, elles	sont	

IMPÉRATIF sois! soyons! soyez!

PASSÉ COMPOSÉ j'ai été

IMPARFAIT j'étais

FUTUR SIMPLE je serai

CONDITIONNEL je serais

SUBJONCTIF que je sois   que nous soyons
que tu sois   que vous soyez
qu'il soit   qu'ils soient

SUBJ. PASSÉ que j'aie été

PARTICIPE PRÉSENT étant

PLUS-QUE-PARFAIT j'avais été

PASSÉ SIMPLE je fus

FUTUR ANTÉRIEUR j'aurai été

COND. PASSÉ j'aurais été

faire

je	fais		nous	faisons	
tu	fais		vous	faites	
il, elle, on	fait		ils, elles	font	

IMPÉRATIF fais! faisons! faites!

PASSÉ COMPOSÉ j'ai fait

IMPARFAIT je faisais

FUTUR SIMPLE je ferai

CONDITIONNEL je ferais

SUBJONCTIF que je fasse

PARTICIPE PRÉSENT faisant

PLUS-QUE-PARFAIT j'avais fait

PASSÉ SIMPLE je fis

FUTUR ANTÉRIEUR j'aurai fait

COND. PASSÉ que j'aurais fait

SUBJ. PASSÉ que j'aie fait

falloir il faut

PASSÉ COMPOSÉ il a fallu

IMPARFAIT il fallait

FUTUR SIMPLE il faudra

CONDITIONNEL il faudrait

SUBJONCTIF qu'il faille

PLUS-QUE-PARFAIT il avait fallu

PASSÉ SIMPLE il fallut

FUTUR ANTÉRIEUR il aura fallu

COND. PASSÉ il aurait fallu

SUBJ. PASSÉ qu'il ait fallu

fuir

je	fuis	nous	fuyons
tu	fuis	vous	fuyez
il, elle, on	fuit	ils, elles	fuient

PASSÉ COMPOSÉ j'ai fui
IMPARFAIT je fuyais
FUTUR SIMPLE je fuirai
CONDITIONNEL je fuirais
SUBJONCTIF que je fuie
PARTICIPE PRÉSENT fuyant

PLUS-QUE-PARFAIT j'avais fui
PASSÉ SIMPLE je fuis
FUTUR ANTÉRIEUR j'aurai fui
COND. PASSÉ j'aurais fui
SUBJ. PASSÉ que j'aie fui

jeter

je	jette	nous	jetons
tu	jettes	vous	jetez
il, elle, on	jette	ils, elles	jettent

IMPÉRATIF jette! jetons! jetez!
PASSÉ COMPOSÉ j'ai jeté
IMPARFAIT je jetais
FUTUR SIMPLE je jetterai
CONDITIONNEL je jetterais
SUBJONCTIF que je jette
PARTICIPE PRÉSENT jetant

PLUS-QUE-PARFAIT j'avais jeté
PASSÉ SIMPLE je jetai
FUTUR ANTÉRIEUR j'aurai jeté
COND. PASSÉ j'aurais jeté
SUBJ. PASSÉ que j'aie jeté

Verbes similaires: *(s')appeler, (se) rappeler*

lire

je	lis	nous	lisons
tu	lis	vous	lisez
il, elle, on	lit	ils, elles	lisent

IMPÉRATIF lis! lisons! lisez!
PASSÉ COMPOSÉ j'ai lu
IMPARFAIT je lisais
FUTUR SIMPLE je lirai
CONDITIONNEL je lirais
SUBJONCTIF que je lise
PARTICIPE PRÉSENT lisant

PLUS-QUE-PARFAIT j'avais lu
PASSÉ SIMPLE je lus
FUTUR ANTÉRIEUR j'aurai lu
COND. PASSÉ j'aurais lu
SUBJ. PASSÉ que j'aie lu

Verbe similaire: *élire*

manger

je	mange	nous	mangeons
tu	manges	vous	mangez
il, elle, on	mange	ils, elles	mangent

IMPÉRATIF mange! mangeons! mangez!

PASSÉ COMPOSÉ j'ai mangé	PLUS-QUE-PARFAIT j'avais mangé
IMPARFAIT je mangeais	PASSÉ SIMPLE je mangeai
FUTUR SIMPLE je mangerai	FUTUR ANTÉRIEUR j'aurai mangé
CONDITIONNEL je mangerais	COND. PASSÉ j'aurais mangé
SUBJONCTIF que je mange	SUBJ. PASSÉ que j'aie mangé
PARTICIPE PRÉSENT mangeant	

Verbs similaires: *bouger, changer, (se) charger, corriger, décourager, déménager, déranger, (se) diriger, encourager, s'engager, exiger, interroger, mélanger, nager, neiger, obliger, plonger, ranger, rédiger, voyager*

mettre

je	mets	nous	mettons
tu	mets	vous	mettez
il, elle, on	met	ils, elles	mettent

IMPÉRATIF mets! mettons! mettez!

PASSÉ COMPOSÉ j'ai mis	PLUS-QUE-PARFAIT j'avais mis
IMPARFAIT je mettais	PASSÉ SIMPLE je mis
FUTUR SIMPLE je mettrai	FUTUR ANTÉRIEUR j'aurai mis
CONDITIONNEL je mettrais	COND. PASSÉ j'aurais mis
SUBJONCTIF que je mette	SUBJ. PASSÉ que j'aie mis
PARTICIPE PRÉSENT mettant	

Verbes similaires: *admettre, (se) battre, permettre, promettre*

mourir

je	meurs	nous	mourons
tu	meurs	vous	mourez
il, elle, on	meurt	ils, elles	meurent

PASSÉ COMPOSÉ je suis mort(e)	PLUS-QUE-PARFAIT j'étais mort(e)
IMPARFAIT je mourais	PASSÉ SIMPLE je mourus
FUTUR SIMPLE je mourrai	FUTUR ANTÉRIEUR je serai mort(e)
CONDITIONNEL je mourrais	COND. PASSÉ je serais mort(e)

SUBJONCTIF que je meure	que nous mourions
	que tu meures	que vous mouriez
	qu'il meure	qu'ils meurent

SUBJ. PASSÉ que je sois mort(e)

PARTICIPE PRÉSENT mourant

naître

je	nais	nous	naissons
tu	nais	vous	naissez
il, elle, on	naît	ils, elles	naissent

PASSÉ COMPOSÉ je suis né(e)

IMPARFAIT je naissais

FUTUR SIMPLE je naîtrai

CONDITIONNEL je naîtrais

SUBJONCTIF que je naisse

PARTICIPE PRÉSENT naissant

PLUS-QUE-PARFAIT j'étais né(e)

PASSÉ SIMPLE je naquis

FUTUR ANTÉRIEUR je serai né(e)

COND. PASSÉ je serais né(e)

SUBJ. PASSÉ que je sois né(e)

ouvrir

j'	ouvre	nous	ouvrons
tu	ouvres	vous	ouvrez
il, elle, on	ouvre	ils, elles	ouvrent

IMPÉRATIF ouvre! ouvrons! ouvrez!

PASSÉ COMPOSÉ j'ai ouvert

IMPARFAIT j'ouvrais

FUTUR SIMPLE j'ouvrirai

CONDITIONNEL j'ouvrirais

SUBJONCTIF que j'ouvre

PARTICIPE PRÉSENT ouvrant

PLUS-QUE-PARFAIT j'avais ouvert

PASSÉ SIMPLE j'ouvris

FUTUR ANTÉRIEUR j'aurai ouvert

COND. PASSÉ j'aurais ouvert

SUBJ. PASSÉ que j'aie ouvert

Verbes similaires: *découvrir, offrir, souffrir*

peindre

je	peins	nous	peignons
tu	peins	vous	peignez
il, elle, on	peint	ils, elles	peignent

IMPÉRATIF peins! peignons! peignez!

PASSÉ COMPOSÉ j'ai peint

IMPARFAIT je peignais

FUTUR SIMPLE je peindrai

CONDITIONNEL je peindrais

SUBJONCTIF que je peigne

PARTICIPE PRÉSENT peignant

PLUS-QUE-PARFAIT j'avais peint

PASSÉ SIMPLE je peignis

FUTUR ANTÉRIEUR j'aurai peint

COND. PASSÉ j'aurais peint

SUBJ. PASSÉ · que j'aie peint

Verbes similaires: *atteindre, éteindre, se plaindre*

se plaire

je	me plais	nous	nous plaisons
tu	te plais	vous	vous plaisez
il, elle, on	se plaît	ils, elles	se plaisent

PASSÉ COMPOSÉ   je me suis plu(e)   PLUS-QUE-PARFAIT   je m'étais plu(e)
IMPARFAIT   je me plaisais   PASSÉ SIMPLE   je me plus
FUTUR SIMPLE   je me plairai   FUTUR ANTÉRIEUR   je me serai plu(e)
CONDITIONNEL   je me plairais   COND. PASSÉ   je me serais plu(e)
SUBJONCTIF   que je me plaise   SUBJ. PASSÉ   que je me sois plu(e)
PARTICIPE PRÉSENT   me plaisant

Verbe similaire: *déplaire*

pleuvoir   il pleut

PASSÉ COMPOSÉ   il a plu   PLUS-QUE-PARFAIT   il avait plu
IMPARFAIT   il pleuvait   PASSÉ SIMPLE   il plut
FUTUR SIMPLE   il pleuvra   FUTUR ANTÉRIEUR   il aura plu
CONDITIONNEL   il pleuvrait   COND. PASSÉ   il aurait plu
SUBJONCTIF   qu'il pleuve   SUBJ. PASSÉ   qu'il ait plu
PARTICIPE PRÉSENT   pleuvant

pouvoir

je	peux	nous	pouvons
tu	peux	vous	pouvez
il, elle, on	peut	ils, elles	peuvent

PASSÉ COMPOSÉ   j'ai pu   PLUS-QUE-PARFAIT   j'avais pu
IMPARFAIT   je pouvais   PASSÉ SIMPLE   je pus
FUTUR SIMPLE   je pourrai   FUTUR ANTÉRIEUR   j'aurai pu
CONDITIONNEL   je pourrais   COND. PASSÉ   j'aurais pu
SUBJONCTIF   que je puisse   SUBJ. PASSÉ   que j'aie pu
PARTICIPE PRÉSENT   pouvant

prendre

je	prends	nous	prenons
tu	prends	vous	prenez
il, elle, on	prend	ils, elles	prennent

IMPÉRATIF prends! prenons! prenez!

PASSÉ COMPOSÉ j'ai pris   PLUS-QUE-PARFAIT j'avais pris

IMPARFAIT je prenais   PASSÉ SIMPLE je pris

FUTUR SIMPLE je prendrai   FUTUR ANTÉRIEUR j'aurai pris

CONDITIONNEL je prendrais   COND. PASSÉ j'aurais pris

SUBJONCTIF que je prenne   que nous prenions
que tu prennes   que vous preniez
qu'il prenne   qu'ils prennent

SUBJ. PASSÉ que j'aie pris

PARTICIPE PRÉSENT prenant

Verbes similaire: *apprendre, comprendre, surprendre*

recevoir

je	reçois	nous	recevons
tu	reçois	vous	recevez
il, elle, on	reçoit	ils, elles	reçoivent

IMPÉRATIF reçois! recevons! recevez!

PASSÉ COMPOSÉ j'ai reçu   PLUS-QUE-PARFAIT j'avais reçu

IMPARFAIT je recevais   PASSÉ SIMPLE je reçus

FUTUR SIMPLE je recevrai   FUTUR ANTÉRIEUR j'aurai reçu

CONDITIONNEL je recevrais   COND. PASSÉ j'aurais reçu

SUBJONCTIF que je reçoive   que nous recevions
que tu reçoives   que vous receviez
qu'il reçoive   qu'ils reçoivent

SUBJ. PASSÉ que j'aie reçu

PARTICIPE PRÉSENT recevant

Verbes similaires: *(s')apercevoir, décevoir*

répéter

je	répète	nous	répétons
tu	répètes	vous	répétez
il, elle, on	répète	ils, elles	répètent

IMPÉRATIF répète! répétons! répétez!

PASSÉ COMPOSÉ j'ai répété   PLUS-QUE-PARFAIT j'avais répété

IMPARFAIT je répétais   PASSÉ SIMPLE je répétai

FUTUR SIMPLE je répéterai   FUTUR ANTÉRIEUR j'aurai répété

CONDITIONNEL je répéterais   COND. PASSÉ j'aurais répété

SUBJONCTIF que je répète   SUBJ. PASSÉ que j'aie répété

PARTICIPE PRÉSENT répétant

Verbes similaires: *accélérer, céder, célébrer, espérer, (s')inquiéter, préférer, régler, rouspéter, (se) sécher*

rire

je	ris	nous	rions
tu	ris	vous	riez
il, elle, on	rit	ils, elles	rient

IMPÉRATIF ris! rions! riez!

PASSÉ COMPOSÉ j'ai ri

IMPARFAIT je riais

FUTUR SIMPLE je rirai

CONDITIONNEL je rirais

SUBJONCTIF que je rie

PARTICIPE PRÉSENT riant

PLUS-QUE-PARFAIT j'avais ri

PASSÉ SIMPLE je ris

FUTUR ANTÉRIEUR j'aurai ri

COND. PASSÉ j'aurais ri

SUBJ. PASSÉ que j'aie ri

Verbe similaire: *sourire*

savoir

je	sais	nous	savons
tu	sais	vous	savez
il, elle, on	sait	ils, elles	savent

IMPÉRATIF sache! sachons! sachez!

PASSÉ COMPOSÉ j'ai su

IMPARFAIT je savais

FUTUR SIMPLE je saurai

CONDITIONNEL je saurais

SUBJONCTIF que je sache

PARTICIPE PRÉSENT sachant

PLUS-QUE-PARFAIT j'avais su

PASSÉ SIMPLE je sus

FUTUR ANTÉRIEUR j'aurai su

COND. PASSÉ j'aurais su

SUBJ. PASSÉ que j'aie su

suivre

je	suis	nous	suivons
tu	suis	vous	suivez
il, elle, on	suit	ils, elles	suivent

IMPÉRATIF suis! suivons! suivez!

PASSÉ COMPOSÉ j'ai suivi

IMPARFAIT je suivais

FUTUR SIMPLE je suivrai

CONDITIONNEL je suivrais

SUBJONCTIF que je suive

PARTICIPE PRÉSENT suivant

PLUS-QUE-PARFAIT j'avais suivi

PASSÉ SIMPLE je suivis

FUTUR ANTÉRIEUR j'aurai suivi

COND. PASSÉ j'aurais suivi

SUBJ. PASSÉ que j'aie suivi

Verbe similaire: *poursuivre*

vaincre

je	vaincs	nous	vainquons
tu	vaincs	vous	vainquez
il, elle, on	vainc	ils, elles	vainquent

IMPÉRATIF vaincs! vainquons! vainquez!

PASSÉ COMPOSÉ j'ai vaincu

IMPARFAIT je vainquais

FUTUR SIMPLE je vaincrai

CONDITIONNEL je vaincrais

SUBJONCTIF que je vainque

PARTICIPE PRÉSENT vainquant

PLUS-QUE-PARFAIT j'avais vaincu

PASSÉ SIMPLE je vainquis

FUTUR ANTÉRIEUR j'aurai vaincu

COND. PASSÉ j'aurais vaincu

SUBJ. PASSÉ que j'aie vaincu

Verbe similaire: *convaincre*

valoir

il vaut

PASSÉ COMPOSÉ il a valu

IMPARFAIT il valait

FUTUR SIMPLE il vaudra

CONDITIONNEL il vaudrait

SUBJONCTIF qu'il vaille

PARTICIPE PRÉSENT valant

PLUS-QUE-PARFAIT il avait valu

PASSÉ SIMPLE il valut

FUTUR ANTÉRIEUR il aura valu

COND. PASSÉ il aurait valu

SUBJ. PASSÉ qu'il ait valu

venir

je	viens	nous	venons
tu	viens	vous	venez
il, elle, on	vient	ils, elles	viennent

IMPÉRATIF viens! venons! venez!

PASSÉ COMPOSÉ je suis venu(e)

IMPARFAIT je venais

FUTUR SIMPLE je viendrai

CONDITIONNEL je viendrais

SUBJONCTIF que je vienne   que nous venions
            que tu viennes   que vous veniez
            qu'il vienne   qu'ils viennent

SUBJ. PASSÉ que je sois venu(e)

PARTICIPE PRÉSENT venant

PLUS-QUE-PARFAIT j'étais venu(e)

PASSÉ SIMPLE je vins

FUTUR ANTÉRIEUR je serai venu(e)

COND. PASSÉ je serais venu(e)

Verbes similaires (passé composé avec *avoir*): *appartenir, convenir, obtenir, prévenir, tenir*
(passé composé avec *être*): *devenir, parvenir, revenir, se souvenir, se tenir*

vivre

je	vis	nous	vivons
tu	vis	vous	vivez
il, elle, on	vit	ils, elles	vivent

IMPÉRATIF vis! vivons! vivez!

PASSÉ COMPOSÉ j'ai vécu	PLUS-QUE-PARFAIT j'avais vécu
IMPARFAIT je vivais	PASSÉ SIMPLE je vécus
FUTUR SIMPLE je vivrai	FUTUR ANTÉRIEUR j'aurai vécu
CONDITIONNEL je vivrais	COND. PASSÉ j'aurais vécu
SUBJONCTIF que je vive	SUBJ. PASSÉ que j'aie vécu
PARTICIPE PRÉSENT vivant	

voir

je	vois	nous	voyons
tu	vois	vous	voyez
il, elle, on	voit	ils, elles	voient

IMPÉRATIF vois! voyons! voyez!

PASSÉ COMPOSÉ j'ai vu	PLUS-QUE-PARFAIT j'avais vu
IMPARFAIT je voyais	PASSÉ SIMPLE je vis
FUTUR SIMPLE je verrai	FUTUR ANTÉRIEUR j'aurai vu
CONDITIONNEL je verrais	COND. PASSÉ j'aurais vu

SUBJONCTIF que je voie   que nous voyions
que tu voies   que vous voyiez
qu'il voie   qu'ils voient

SUBJ. PASSÉ que j'aie vu
PARTICIPE PRÉSENT voyant

Verbe similaire: *prévoir*

vouloir

je	veux	nous	voulons
tu	veux	vous	voulez
il, elle, on	veut	ils, elles	veulent

PASSÉ COMPOSÉ j'ai voulu	PLUS-QUE-PARFAIT j'avais voulu
IMPARFAIT je voulais	PASSÉ SIMPLE je voulus
FUTUR SIMPLE je voudrai	FUTUR ANTÉRIEUR j'aurai voulu
CONDITIONNEL je voudrais	COND. PASSÉ j'aurais voulu

SUBJONCTIF que je veuille   que nous voulions
que tu veuilles   que vous vouliez
qu'il veuille   qu'ils veuillent

SUBJ. PASSÉ que j'aie voulu
PARTICIPE PRÉSENT voulant

VOCABULAIRE FRANÇAIS-ANGLAIS

The *Vocabulaire français-anglais* contains all active vocabulary from *DIS-MOI!, VIENS VOIR!,* and *C'EST ÇA!* with the exception of proper nouns that are clear English cognates.

A dash (—) represents the main entry word. For example s'—following **acheter** means s'**acheter.** An asterisk before a word that begins with an *h* denotes an aspirate *h*.

The number following each entry indicates the chapter or book in which the word or expression is first introduced. Two numbers indicate that it is introduced in one chapter and elaborated upon in a later chapter. Roman numeral "I" indicates that the word was presented in *DIS-MOI!*; Roman numeral "II", that it was presented in *VIENS VOIR!*

The following abbreviations are used: *adj.* (adjective), *adv.* (adverb), *f.* (feminine), *inf.* (infinitive), *m.* (masculine), *part.* (participle), *pl.* (plural), *pres.* (present), *pron.* (pronoun), *subj.* (subjunctive).

à to; at, in (I)
l'abeille *f.* bee (14)
abonné, -e: être — to be a subscriber (10)
l'abonnement *m.* subscription (10)
abord: d'— first, at first (I)
absent, -e absent (I)
abstrait, -e abstract (13)
acadien, -ne Acadian (5)
accélérer to speed up (3)
l'accent *m.* accent (I)
accepter to accept (II)
l'accident *m.* accident (II)
acclamer to praise (6)
accompagner to accompany, to go with (I)
accord:
   d'— OK (I)
   être d'— to agree (II)
accueillant, -e friendly (7)
accueillir to greet, to welcome (7)
acheter to buy (I)
   s'— to buy for oneself (2)
l'acier *m.* steel (14)
l'acte *m.* act (6)
l'acteur *m.,* **l'actrice** *f.* actor, actress (I)
actif, -ive active (II)
l'action *f.* action (6)
l'activité *f.* activity (II)
l'actualité *f.* current events (10)
actuel, -le today's; current (II)
actuellement currently (II)
s'adapter to adapt (1)

l'addition *f.* check, bill (I)
adhésif: le pansement — adhesive bandage (II)
admettre to admit (15)
admirer to admire (7)
adorable delightful, adorable (I)
adorer to be crazy about (I)
l'adresse *f.* address (I)
s'adresser à to go to see (ask, tell) (2)
l'adversaire *m.&f.* opponent, adversary (12)
l'aérobic *f.* aerobics (II)
   faire de l'— to do aerobics (II)
l'aérogramme *m.* aerogram (II)
l'aéroport *m.* airport (I)
l'affaire *f.:*
   la bonne — bargain (II)
   faire une bonne — to get a good deal (II)
   les —**s** things, belongings (II); business (9)
l'affiche *f.* poster (I)
affreux, -euse awful, terrible (II)
afin que so that (15)
africain, -e African (II)
l'âge *m.:* **tu as quel** —**?** how old are you? (I)
l'agence *f.:*
   l'— **de publicité** advertising agency (9)
   l'— **de voyages** travel agency (1)
l'agenda *m.* datebook (II)
l'agent de police *m.&f.* police officer (I)

agir to act (15)
l'agneau, *pl.* **les agneaux** *m.* lamb (II)
   la côtelette d'— lamb chop (II)
agréable pleasant (I)
l'agriculteur *m.,* **l'agricultrice** *f.* farmer (I)
l'agriculture *f.* agriculture (II)
l'aide *f.* help, assistance (4)
aider to help (I)
aïe! ouch! (II)
l'ail *m.* garlic (I)
ailleurs somewhere else (3)
   d'— besides, moreover (II)
aimable nice (I)
aimer to like (I)
   — **mieux** to prefer (I)
l'aîné *m.,* **l'aînée** *f.* oldest child in family (7)
ainsi in that way, thus (II)
l'air *m.* air (I)
   l'armée de l'— *f.* air force (11)
   avoir l'— + *adj.* to look + *adj.* (II)
   en plein — outdoors (II)
   l'hôtesse de l'— *f.* flight attendant *(female)* (II)
l'aise:
   (mal) à l'— (un)comfortable (II)
   mettre à l'— to make *(someone)* feel comfortable (9)
ajouter to add (II)
l'algèbre *f.* algebra (I)
l'Allemagne *f.* Germany (I)
allemand, -e German (I)

l'allemand *m.* German (*language*) (I)
aller to go (I)
   — à pied to walk, to go on foot (I)
   — bien (mal, mieux) to be/feel
     well (ill, better) (I)
   — (bien) à to fit, to look (good)
     on (II)
   — chercher to go get, to pick up (II)
   — en cours de to go to (*subject*)
     class (I)
   — + *inf.* to be going to (*do
     something*) (I)
   allez! come on! (II)
   allez-y! go ahead! go on! (II)
   allons-y! let's go! (I)
   qu'est-ce qui ne va pas? what's
     wrong? (I)
   s'en — to go away, to leave (II)
l'aller *m.* one-way ticket (II)
   l'— et retour *m.* round-trip ticket (II)
allô? (*on telephone*) hello? (II)
allumer to turn on (I)
l'allumette *f.* match (II)
alors then, so (I)
   ça — what?!; oh, come on! (I)
l'alpinisme *m.*: faire de l'— to go
   mountain climbing (II)
alsacien, -ienne from the Alsace
   region, Alsatian (II)
l'ambition *f.* ambition (15)
américain, -e American (I)
   à l'—e the American way, like
     Americans (7)
   le football — football (I)
l'Amérique (du Nord) *f.* (North)
   America (I)
l'ami *m.*, l'amie *f.* friend (I)
   le petit —, la petite —e
     boyfriend, girlfriend (II)
   se faire des —s to make friends (2)
amicalement (*letters*) best wishes,
   yours truly (II)
amitiés (*in letters*) yours (7)
l'amour *m.* love (II)
   le film d'— love story (*film*) (II)
l'ampoule *f.* light bulb (4)
amusant, -e amusing, funny (I)
s'amuser to have a good time, to
   enjoy oneself (II)
l'an *m.* year (I)
   avoir ... —s to be ... years old (I)
   tous les —s every year (I)
analyser to analyze (8)
l'ananas *m.* pineapple (II)
l'ancêtre *m.* ancestor (II)

ancien, -ienne old (I); former (II)
anglais, -e English (I)
l'anglais *m.* English (*language*) (I)
l'Angleterre *f.* England (I)
anglophone English-speaking (5)
l'animal, *pl.* les animaux *m.* animal (I)
l'animateur *m.*, l'animatrice *f.* TV
   show host (10)
animé: le dessin — movie cartoon (I)
l'année *f.* year (I)
   les —s cinquante, *etc.* the fifties,
     etc. (II)
   toutes les deux —s every other
     year (10)
l'anniversaire *m.* birthday (I)
   l'— de mariage wedding
     anniversary (II)
   bon —! happy birthday! (I)
   le gâteau d'— birthday cake (I)
l'annonce *f.*: la petite — classified
   ad (II)
annoncer to announce (II)
l'annuaire *m.* telephone directory (II)
l'anorak *m.* ski jacket (I)
août *m.* August (I)
s'apercevoir (de) to realize, to notice (2)
l'appareil (de photo) *m.* camera (I)
   qui est à l'—? who's calling? (II)
l'appartement *m.* apartment (I)
appartenir à to belong to (13)
l'appel *m.*: faire l'— to take
   attendance (I)
appeler to call (II)
   s'— to be named (I)
l'appétit: bon —! enjoy your meal! (I)
applaudir to applaud (I)
apporter to bring (I)
apprendre (à) to learn (to) (I)
   — par cœur to memorize (I)
s'apprêter à + *inf.* to get ready to (2)
approfondir to increase; to deepen (1)
approuver to approve, to OK (6)
appuyer sur to push (*a button*) (II)
après after (I)
   d'— according to (I)
l'après-midi *m.* afternoon (I)
   de l'— P.M.; in the afternoon (I)
l'aquarelle *f.* watercolor (13)
l'arbre *m.* tree (I)
l'architecte *m.&f.* architect (9)
l'architecture *f.* architecture (13)
l'argent *m.* money (I); silver (II)
   en — (*made of*) silver (II)
   l'— de poche *m.* spending
     money, allowance (I)

l'argile *f.* clay (13)
l'armée *f.* army (11)
   l'— de l'air *f.* air force (11)
l'armoire *f.* wardrobe (II)
l'arrêt d'autobus *m.* bus stop (II)
arrêter to stop (*someone or
   something*); to arrest (II)
   s'— (de) to stop (*doing something*)
     (II)
les arrhes *f.pl.* deposit (II)
   verser des — to pay a deposit (II)
arrière rear (II)
   en — backward (II)
l'arrière-grand-mère *f.* great-
   grandmother (5)
l'arrière-grand-père *m.* great-
   grandfather (5)
les arrière-grands-parents *m.pl.* great-
   grandparents (5)
l'arrière-plan *m.*: à l'— in the
   background (13)
l'arrivée *f.* arrival (II)
   l'heure d'— *f.* arrival time (II)
arriver to arrive (I)
   — à to happen (*to someone*) (II)
   — à + *inf.* to succeed in (*doing
     something*) (II); to manage to (3)
   j'arrive! I'll be right there! (I)
l'arrosage *m.*: le tuyau d'— hose (4)
arroser to water (4)
l'arrosoir *m.* watering can (4)
l'art *m.* art (I)
l'article *m.* article (II)
   l'— de toilette toilet article (II)
l'artifice *m.*: le feu d'— fireworks (II)
l'artiste *m.&f.* artist (II)
artistique artistic (II)
l'ascenseur *m.* elevator (II)
l'aspirateur *m.* vacuum cleaner (II)
   passer l'— to vacuum (II)
l'aspirine *f.* aspirin (II)
asseyez-vous sit down (II)
assez + *adj./adv.* rather, quite,
   pretty (I)
   — (de) enough (I)
assieds-toi sit down (II)
l'assiette *f.* plate (I)
assis, -e seated (II)
l'assistant(e) social(e) *m. (f.)* social
   worker (15)
assister à to attend (I)
l'athlétisme *m.* athletics (II)
   faire de l'— *m.* to do athletics (II)
attaché, -e fond of (5)
attacher to fasten, to attach (II)

atteindre to reach (15)
attendre to wait, to wait for (I)
  s'— à to expect (7)
l'attente f.: la salle d'— waiting room (II)
l'attention f. attention (10)
  — au départ! all aboard! (II)
  faire — (à) to pay attention (to) (I)
atterrir to land (II)
attirer to attract, to draw (10)
attraper to catch (II)
l'auberge f. inn (II)
aucun, -e: ne ... — not any (8)
au-dessous de below, under (II)
au-dessus de above (II)
aujourd'hui today (I)
  c'est — today is (I)
auprès see renseigner
aussi too, also (I)
  — ... que as ... as (II)
aussitôt immediately, right away (12)
  — que as soon as (11)
autant (de/que) as much (many) so much (many) (10)
l'auteur m. author (6)
l'autobiographie f. autobiography (8)
l'autobus (le bus) m. bus (I)
  l'arrêt d'— m. bus stop (II)
automatique: le distributeur — ticket machine (II)
l'automne m. autumn, fall (I)
l'automobiliste m.&f. driver (3)
l'autoroute f. highway, freeway (3)
l'auto-stop m.: faire de l'— to hitchhike (2)
autour de around (II)
autre other (I)
  d'—s others; more (II)
  nous —s we (emphatic) (15)
autrefois formerly (II)
avance: en — early (II)
avancer to bring forward (II)
  s'— to move forward (II)
avant before (I); front (II)
  — de + inf. before (doing something) (II)
  — que before (15)
  en — forward (II)
avare stingy (I)
avec with (I)
l'avenir m. future (II)
l'aventure f. adventure (II;6)
  le roman/film d'—s adventure novel/film (I;II)
l'avenue f. avenue (II)

  dans l'— on the avenue (II)
l'avion m. airplane (I)
  par — air mail (II)
l'avis m. opinion (II)
  à mon (ton, etc.) — in my (your, etc.) opinion (II)
  changer d'— to change one's mind (II)
l'avocat m., l'avocate f. lawyer (II)
avoir to have (I)
  See also individual nouns that form expressions with avoir
avril m. April (I)

le bac(calauréat) high-school graduation exam (1)
bachoter to cram (1)
les bagages m.pl. baggage (II)
  faire ses — to pack (II)
la bague ring (I)
la baguette loaf of bread (I)
la baie bay (II)
se baigner to go swimming (2)
la baignoire bathtub (II)
le bain bath (II)
  le maillot de — bathing suit (I)
  la salle de —s bathroom (I)
le baiser: bons —s love and kisses (letters) (II)
se balader to go for a walk (1)
le baladeur Walkman (I)
le balcon balcony (II)
la balle ball (I)
le ballon (inflated) ball (I)
la banane banana (II)
la bande tape (I)
  la — dessinée (la B.D., pl. les B.D.) comic strip (I)
la banlieue suburbs (II)
  en — in (to) the suburbs (II)
la banque bank (I)
le banquier, la banquière banker (II)
la barbe beard (II)
bas adv. low (II)
  à — ...! down with ...! (12)
  en — on the bottom, down below (II)
  en — de at the bottom of (II)
  plus — more softly (II)
le baseball baseball (I)
le basket(ball) basketball (I)
Basque: le Pays — Basque region (11)
basse: à voix — softly (8)

le bateau, pl. les bateaux boat (I)
  le — à voiles sailboat (I)
  faire du — to go boating (I)
  par — by sea, by boat (II)
le bâtiment building (I)
le bâton ski pole (II)
battre to beat (4)
  se — to fight (5)
bavard, -e talkative (II)
bavarder to talk, to chat (II)
beau (bel), belle: pl. beaux, belles beautiful, handsome, fine (I)
  avoir beau + inf. it's no use (13)
  il fait beau it's nice out, it's nice weather (I)
beaucoup a lot, very much (I)
  — de much, many, a lot of (I)
  — de monde many people (I)
le beau-frère brother-in-law (II)
le beau-père father-in-law (II)
les beaux-parents m.pl. in-laws (II)
le bébé baby (II)
bel, belle see beau
belge Belgian (I)
la Belgique Belgium (I)
la belle-mère mother-in-law (II)
la belle-sœur sister-in-law (II)
bénéfique beneficial (15)
besoin: avoir — de to need (I)
bête dumb, stupid (I)
la bête animal, pet (I)
le béton concrete (3)
le beurre butter (I)
la bibliothèque library (I)
la bicyclette bicycle (II)
bien well; nice (I)
  aller — to be well (I)
  — cuit, -e well done (meat) (I)
  — que although (15)
  — sûr of course, certainly (I)
  ça va — everything's fine (I)
  être — élevé, -e to have good manners (7)
bientôt soon (I)
  à — see you soon (I)
la bière beer (I)
le bifteck steak (I)
  le — haché ground beef (II)
le bijou, pl. les bijoux piece of jewelry, pl. jewelry (II)
la bijouterie jewelry store (II)
bilingue bilingual (5)
le billet bill (money); ticket (I)
la biographie biography (II)
la biologie biology (I)

bis! encore! (6)
le biscuit salé cracker (II)
la bise:
    faire la — to kiss on both cheeks (7)
    grosses —s *(in letters)* love (7)
bizarre strange (7)
blague: sans —! no kidding! (II)
blanc, blanche white (I)
la blanquette de veau veal stew (I)
le blessé, la blessée wounded person (10)
bleu, -e blue (I)
le bleu blue cheese (II)
blond, -e blonde (I)
le blouson jacket (I)
le bœuf bourguignon beef burgundy (I)
bof! oh, I don't know; it's all the
    same to me (I)
boire to drink (II)
    donner à — à to give something
    to drink to (I)
le bois wood (II)
    en — *(made of)* wood, wooden (II)
la boisson drink (I)
la boîte box (I); can (II)
    en — canned (II)
    la — à outils toolbox (4)
    la — aux lettres mailbox (II)
    la — postale (B.P.) post office
    (P.O.) box (II)
bon, bonne good (I); right (II)
    ah —! really? (7)
    bon! well, OK! (I)
    — anniversaire! happy birthday! (I)
    — appétit! enjoy your meal! (I)
    — courage! don't get
    discouraged! (II)
    — marché cheap, inexpensive (II)
    la bonne affaire bargain (II)
    faire une bonne affaire to get a
    good deal (II)
    bonne soirée have a nice evening (I)
    —s baisers *(letters)* love and
    kisses (II)
    — voyage! have a nice trip! (I)
    de bonne heure early (I)
    faites bonne route! have a good
    trip! (II)
les bonbons *m.pl.* candy (I)
le bonheur happiness (II)
bonjour hello (I)
bonsoir good evening (I)
bord: au — de by, on the bank of,
    on the side of (II)
la botte boot (I)
la bouche mouth (I)

bouché, -e clogged (4)
le boucher, la bouchère butcher (I)
la boucherie butcher shop (I)
les boucles d'oreilles *f.pl.* earrings (I)
bouger to move (4)
la bouillabaisse bouillabaisse, fish
    stew (I)
le boulanger, la boulangère baker (I)
la boulangerie bakery (I)
le boulevard boulevard (II)
la boum party (I)
le bouquet bouquet (II)
le bouquin *(slang)* book (II)
bouquiner to read books (8)
bourguignon: le bœuf — beef
    burgundy (I)
le bout: jusqu'au — up/all the way to
    the end (II)
la bouteille bottle (I)
la boutique shop (I)
le bouton button (II)
le bracelet bracelet (I)
brancher to plug in (II)
le bras arm (I)
bravo! well done! (I)
la Bretagne Brittany (5)
breton, -ne Breton (5)
le bricolage tinkering, doing odd jobs (4)
bricoler to do odd jobs, to "do it
    yourself" (4)
le brie Brie (II)
bronzé, -e tanned (II)
la brosse brush (II)
    la — à cheveux hairbrush (II)
    la — à dents toothbrush (II)
brosser to brush (II)
    se — les cheveux to brush one's
    hair (II)
    se — les dents to brush one's
    teeth (II)
le brouillard fog (II)
    il y a du — it's foggy (II)
le bruit noise (I)
brûler to burn (II); to go through (3)
    se — to burn oneself (II)
    se — à to burn one's *(part of
    body)* (II)
brun, -e brown, dark (I)
brushing: faire un — to blow-dry
    (II)
bruyant, -e noisy (I)
bûcher to work hard (1)
le buffet station restaurant, snack bar
    (II)
le bureau, *pl.* **les bureaux** desk; office (I)

le — de change currency
    exchange (II)
le — de tourisme tourist office (1)
le bus bus (I)
le buste bust (13)
le but goal (I)
    marquer un — to score a goal (I)

ça that (I)
    — alors what!?; oh, come on! (I)
    — va, — va okay, okay! (2)
    — y est! that's it! (II)
    comme ci, comme — so-so (I)
la cabine téléphonique phone booth (3)
le cabinet office *(medical, dental)* (II)
la cacahouète peanut (14)
le cacao cocoa (14)
cacher to hide (I)
le cadeau, *pl.* **les cadeaux** gift,
    present (I)
le cadet, la cadette youngest child in
    the family (7)
le café coffee; café (I)
    le — crème coffee with cream (I)
    la terrasse d'un — sidewalk café (I)
le cahier notebook (I)
la caisse checkout counter; cash
    register (II)
le caissier, la caissière cashier (II)
calé, -e smart (I)
le calendrier calendar (I)
calme calm (I)
    au — in peace and quiet (3)
camarade de classe *m.&f.* classmate
    (I)
le camembert Camembert (II)
la caméra movie camera (II)
le camion truck (II)
le campagne country (I); campaign (12)
le camping:
    faire du — to camp, to go
    camping (I)
    le terrain de — campground (II)
le camping-car, *pl.* **les camping-cars**
    motorhome (II)
canadien, -ienne Canadian (I)
le canapé sofa, couch; open
    sandwich, canapé (II)
le canard duck (I)
    le — à l'orange duck with
    orange sauce (II)
le candidat, la candidate canditate (12)
la candidature application (9)
    poser sa — to apply for *(a job)* (9)

la **cantine** lunchroom, cafeteria (I)
le **caoutchouc** rubber (14)
la **capitale** capital (II)
    car for, because (II)
le **car** tour bus (I)
    caramel: la crème — caramel custard (I)
la **caravane** trailer camper (II)
le **carnet** book of tickets (II)
la **carotte** carrot (I)
le **carrefour** intersection (3)
la **carrière** career (9)
    faire — to have a career (9)
la **carte** map; playing card; menu (I)
    à la — à la carte (I)
    la — de crédit credit card (II)
    la — d'embarquement boarding pass (II)
    la — d'identité ID card (2)
    la — de vœux greeting card (II)
    la Carte Orange commuter ticket, orange card (II)
    la — postale post card (I)
    la — routière road map (I)
    cas: en tout — in any case (II)
le **casier** locker (I)
le **casque** helmet, crash helmet (II)
    casser to break (I)
    se — to break *(a bone)* (II)
la **casserole** pan, saucepan (II)
la **cassette** cassette (I)
    le magnétophone à —s cassette player (I)
la **cassette-vidéo**, *pl.* **les cassettes-vidéo** videocassette (II)
la **cathédrale** cathedral (13)
    cause: à — de because of (3)
    ce (cet), cette this, that (I)
    ce … -ci; ce … -là this … (here); that … (there) (I)
    ce qui/que what (II)
    ce sont these are, those are, they are (I)
    ceci *pron.* this (II)
    céder to give up, to relinquish (5)
la **ceinture** belt (I)
    la — de sécurité seatbelt (II)
    cela *pron.* that (II)
    célèbre famous (I)
    célébrer to celebrate (11)
le **céleri** celery (II)
    célibataire single, unmarried (II)
    celui, celle; ceux, celles this one, that one, the one; these, those, the ones (II)

    cent one hundred (I)
la **centaine: une —** (de) about a hundred (3)
le **centime** centime (I)
    central, -e; *pl.* **centraux, -ales** central (14)
la **centrale nucléaire** nuclear power plant (15)
le **centre-ville (le centre)** downtown (3)
    cependant however (II)
les **céréales** *f.pl.* cereal (II)
la **cerise** cherry (II)
    certain, -e certain (7)
    certain(e)s *pron.* some (12)
    ces these, those (I)
    c'est this is, that is, it's (I)
    — à (toi) de + *inf.* it's (your) turn to (II)
    — ça that's right (I)
    cet, cette *see* **ce**
    ceux *see* **celui**
    chacun, chacune each (one) (II)
    — son tour wait your turn, each in turn (II)
la **chaîne** channel (7)
    la — stéréo, *pl.* **les —s stéréo** stereo (II)
la **chaise** chair (I)
la **chaleur** heat (14)
la **chambre** room (I)
    la — à coucher bedroom (I)
    la — à un (deux) lit(s) single (double) room (II)
    la femme de — chambermaid (II)
le **champ** field (I)
le **champagne** champagne (II)
le **champignon** mushroom (I)
la **chance** luck (I)
    avoir de la — to be lucky (I)
    il y a des —s there's a good chance (9)
    ne pas avoir de — to be unlucky (I)
    change: le bureau de — currency exchange (II)
le **changement** change (15)
    changer (de + *noun)* to change (II)
    — d'avis to change one's mind (II)
la **chanson** song (I)
    le compositeur/la compositrice de —s songwriter (6)
    chanter to sing (I)
le **chanteur, la chanteuse** singer (I)
le **chapeau,** *pl.* **les chapeaux** hat (I)
le **chapitre** chapter (I)
    chaque each, every (I)

le **charbon** coal (14)
la **charcuterie** delicatessen; cold cuts
le **charcutier, la charcutière** deli owner (I)
    se charger de to be responsible for, to be in charge of (II)
le **chariot** cart (II)
    charmant, -e charming (I)
le **charpentier** carpenter (4)
la **chasse** hunting (II)
    aller à la — to go hunting (II)
    chasser to drive out (5)
le **chat** cat (I)
le **château,** *pl.* **les châteaux** château, castle (I)
    chaud, -e hot (I)
    avoir — to be hot *(people)* (I)
    il fait — it's hot out (I)
le **chauffeur (de camion/de taxi)** (truck/taxi) driver (3)
la **chaussette** sock (I)
la **chaussure** shoe (I)
    la — de ski ski boot (I)
le **chef** head (9)
    en — in chief (10)
    le — d'état chief of state, head of state (14)
    le —-d'œuvre, *pl.* **les —s-d'œuvre** masterpiece (13)
    le — d'orchestre conductor (6)
le **chemin** way (I)
    quel est le — pour aller …? how do you get to …? which way to …? (II)
la **cheminée** fireplace; chimney (II)
la **chemise** shirt (I)
le **chemisier** blouse (I)
le **chèque** check (II)
    le — de voyage traveler's check (II)
    toucher un — to cash a check (II)
    cher, chère expensive (I); dear (II)
    (ne pas) coûter — to be (in)expensive (I)
    chercher to look for (I)
    aller/venir — to go/come get, to pick up (II)
le **cheval,** *pl.* **les chevaux** horse (I)
les **cheveux** *m.pl.* hair (I)
    la brosse à — hairbrush (II)
    se brosser/laver les — to brush/wash one's hair (II)
    se faire couper les — to get a haircut (II)
la **cheville** ankle (II)
la **chèvre** goat (I)

chez to (at) someone's house or business (I)
chic elegant, stylish (I)
 —! great! (I)
le chien dog (I)
la chimie chemistry (I)
les chips *f.pl.* chips (II)
le chocolat chocolate (I)
 au — *(made with)* chocolate (I)
choisir to choose (I)
le choix choice (I)
le chômage unemployment (9)
la chorale glee club (II)
la chose thing (I)
 quelque — something (I)
le chou, *pl.* **les choux** cabbage (II)
la choucroute garnie sauerkraut with meat (II)
chouette neat, terrific (I)
le chou-fleur, *pl.* **les choux-fleurs** cauliflower (II)
chut! hush! (I)
ci: comme —, **comme ça** so-so (I)
le ciel sky (I)
ci-joint, -e enclosed (9)
le cinéma movies; movie theater (I)
cinq five (I)
cinquante fifty (I)
cinquième fifth (I)
la circulation traffic (II)
 circuler to drive around, to go around, to get around (II)
les ciseaux *m.pl.* scissors (II)
la citation quote, citation (8)
 citer to quote; to mention (8)
le citoyen, la citoyenne citizen (12)
le citron pressé lemonade (I)
clair, -e light *(colors, skin)* (II)
la classe class (II)
 le/la camarade de — classmate (I)
 de première (deuxième) — first-(second-)class *adj.* (II)
 la salle de — classroom (I)
classique classical (I)
le classique: le grand — classic *(film or play)* (II)
la clef key (II)
 fermer à — to lock (II)
le client, la cliente customer (I)
le clignotant turn signal (3)
le climat climate (II)
 climatisé, -e air-conditioned (II)
la cloche bell (II)
le clou nail (4)
le club club (II)

le cochon pig (I)
le code postal zip code (II)
le cœur heart (II)
 apprendre par — to memorize (I)
 avoir mal au — to feel nauseated (II)
le coffre trunk (II)
le coiffeur, la coiffeuse hairdresser, barber (II)
la coiffure hairstyle (II)
 le salon de — beauty shop, barbershop (II)
le coin corner (I)
le collant pantyhose (II)
le collège middle school (I)
le collier necklace (I)
la colline hill (II)
le colon settler, colonist (5)
la colonie colony (II)
 la — **de vacances** summer camp (I)
coloniser to colonize (14)
combien (de) how much? how many? (I)
 ça fait —? what does that come to? (I)
 ça prend — **de temps pour …?** how much time does it take to …? (I)
 ça (il) vaut —? what's it worth? (II)
 depuis — **de temps?** how long? (II)
 (pour) — **de temps?** (for) how long? (I)
comble: faire salle — to play to packed houses (6)
la comédie comedy (6)
le comédien, la comédienne actor, actress (6)
comique: le film — comedy *(movie)* (II)
commander to order (I)
comme as a, for a; like (I)
 — **…!** gosh, (he, she, etc.) is …! (II)
 — **ci,** — **ça** so-so (I)
commémorer to commemorate (11)
le commencement beginning (I)
commencer (à) to begin (to) (I)
comment how (I)
 — **allez-vous?** how are you? (I)
 — **ça se fait?** how come? (1)
 — **est …?** what's … like? (I)
 — **vas-tu?** how are you? (I)
commenter to comment on (8)
le commerçant, la commerçante shopkeeper (3)
commun: les transports en — *m.pl.* public transportation (3)

la communauté community (5)
le compartiment compartment (II)
complet, -ète full (II)
 à temps — full-time (9)
 la pension —**ète** room with 3 meals a day (II)
compliqué, -e complicated (4)
composer le numéro to dial (II)
le compositeur, la compositrice composer (6)
 le —, **la** — **de chansons** songwriter (6)
composter to validate (II)
comprendre to understand (I); to include (II)
le comprimé pill (II)
compris: le service est — the tip is included (I)
la comptabilité accounting (9)
comptable *m.&f.* accountant (II)
le compte account (II)
 se rendre — **(de)** to realize (2)
 sur (le) — in an account (II)
compter (sur) to count (1;4)
 — + *inf.* to plan to (4)
le comptoir counter (II)
le concert concert (I)
concierge *m.&f.* caretaker, custodian (I)
la conclusion conclusion (8)
la condition condition (II)
 à — **que** provided (that) (15)
le conducteur, la conductrice driver (II)
 conduire to drive (II)
 le permis de — driver's license (II)
la confiture jam (I)
le conflit des générations generation gap (15)
 confondre to mix up (14)
confortable comfortable (I)
 peu — uncomfortable (I)
congé:
 le jour de — day off (9)
 prendre ses —**s** to take time off (9)
la connaissance knowledge (1)
 faire la — **(de)** to meet (II)
connaître to know, to be acquainted or familiar with (I)
 se — to know each other (II)
connu, -e known, well-known (II)
conscient, -e aware (15)
le conseil (piece of) advice, *pl.* advice (II)
 conseiller (à … de) to advise *(someone to do something)* (II)

le conseiller/la conseillère
    d'orientation guidance
    counselor (9)
conserver to preserve (5)
les conserves *f.pl.* canned goods (II)
consister en to consist of (9)
consommer to use, to consume (II)
construire to build (3)
consulter to consult, to look up (10)
contact: les lentilles de — *f.pl.*
    contact lenses (I)
contemporain, -e contemporary (13)
content, -e pleased, happy (I)
se contenter de to make do with, to
    just *(do something)* (1)
le continent continent (II)
continuer (à) to continue (to) (I)
contraire: au — on the contrary (I)
le contraste contrast (13)
la contravention traffic ticket, fine (3)
contre against (II)
le contrôle test, quiz (1)
le contrôleur, la contrôleuse
    conductor (II)
convaincre (de + *inf.*) to convince
    (of/to) (12)
convaincu, -e convinced (12)
convenir à to suit (15)
la conversation conversation (II)
le copain, la copine pal, friend (I)
la copie copy (13)
le coq rooster (I)
    le — au vin chicken cooked in
        wine (I)
la corbeille wastebasket (I)
    cordes: il pleut des — it's raining
        cats and dogs (II)
le corps body (I)
correct, -e correct (I)
la correspondance transfer *(to another
    bus or subway line)* (II)
le correspondant, la correspondante
    pen pal (I)
correspondre to correspond (I)
corriger to correct (I)
le costume man's suit (II); costume (6)
la côte coast (II)
le côté side (II)
    à — (de) beside, next to (I)
la Côte-d'Ivoire Ivory Coast (II;14)
la côtelette chop (II)
    la — d'agneau lamb chop (II)
le coton cotton (II)
    en — *(made of)* cotton (II)
le cou neck (II)

couchage: le sac de — sleeping bag (II)
coucher to put (someone) to bed (II)
    se — to go to bed (II)
le coucher du soleil sunset (II)
la couchette berth (II)
le coude elbow (II)
la couleur color (I)
    de quelle —? what color? (I)
les coulisses *f.pl.* backstage (6)
le couloir corridor, hall (I)
le coup knock, blow (6)
    au premier — d'œil at first
        glance (13)
    le — de fil (phone) call (II)
    un — de main a (helping) hand (II)
    jeter un — d'œil sur to glance at (10)
    passer un — de fil to give
        someone a call (II)
    tout à — suddenly (II)
    valoir le — (de + *inf.*) to be
        worth it (to) (13)
coupable guilty (II)
la coupe haircut (II)
    la — de glace dish of ice cream (I)
couper to cut (II)
    se — to cut oneself (II)
    se faire — les cheveux to get a
        haircut (II)
le couple couple (II)
la cour courtyard (II)
le courage courage (II)
    bon —! don't get discouraged! (II)
couramment fluently (II)
courant: se tenir au — de to keep
    up with (10)
le courrier mail (II)
    le — du cœur advice column (II)
le cours class, course (I)
    aller en — de to go to *(subject)*
        class (I)
    après les — after class (I)
    au — de while (2)
    faire un — to give a course (11)
la course race (II)
    faire de la — to race (II)
    faire des —s to go shopping (I)
    la — à pied (foot)race (II)
court, -e short (I)
le cousin, la cousine cousin (I)
le couteau, *pl.* les couteaux knife (I)
coûter to cost (I)
    — les yeux de la tête to cost an
        arm and a leg (II)
    (ne pas) — cher to be
        (in)expensive (I)

couvert: le ciel est — it's cloudy (I)
le couvert place setting (I)
    mettre le — to set the table (I)
la couverture blanket (II); cover (10)
la craie chalk (I)
    craindre: je crains que oui (non)
        I'm afraid so (not) (II)
la cravate tie (I)
le crayon pencil (I)
le crédit: la carte de — credit card (II)
créer to create (11)
la crème cream (I)
    la — caramel caramel custard (I)
    le café — coffee with cream (I)
la crémerie dairy store (I)
le crémier, la crémière dairy merchant (I)
la crêpe crêpe (I)
la crevette shrimp (I)
criard, -e gaudy, garish (13)
crier to shout (I)
critique *m.&f.* critic (6)
croire to believe, to think (II)
    — que oui (non) to think so
        (not) (II)
    je crois que si I think so, yes (II)
    ne pas en — ses yeux/oreilles
        not to believe one's eyes/ears (7)
    on se croirait it's like being (5)
le croissant croissant (I)
le croque-monsieur, *pl.* les croque-
    monsieur grilled ham and
    cheese (I)
croyable: pas — incredible (1)
les crudités *f.pl.* raw vegetables (II)
la cuillère spoon (I)
le cuir leather (II)
    en — *(made of)* leather (II)
cuire to cook (4)
    faire — to cook (II)
la cuisine kitchen; cooking (I)
    faire la — to cook, to do the
        cooking (I)
le cuisinier, la cuisinière cook (II)
la cuisinière stove (II)
    cuit, -e: bien — well done *(meat)* (I)
le cuivre copper (14)
la culture culture (5)
    culturel, -le cultural (5)
le curriculum vitæ job résumé (9)
le cyclisme cycling (II)
    faire du — to go cycling (II)
cycliste *m.&f.* cyclist (II)

la dame lady (I)

    les —s checkers (I)

es vêtements pour —s *m.pl.* ladies' wear (II)

le Danemark Denmark (2)

le danger danger (11)

    dangereux, -euse dangerous (II)

    danois, -e Danish (2)

    dans in, into (I)

la danse dance (II)

    danser to dance (I)

le danseur, la danseuse dancer (II)

la date date (I)

    dater de to date back to (11)

    de (d') from; any; some; of; *(possession)* 's (I)

    débarrasser:

        — la table to clear the table (I)

        se — de to get rid of (15)

le débat debate; discussion (10)

    débile stupid (II)

    debout *adv.* standing (II)

    débrancher to unplug (II)

se débrouiller to manage, to cope (2)

    début: au — at the beginning (II)

    décembre *m.* December (I)

    décevoir to disappoint (II)

    décider (de) to decide (to) (I)

        se — (à) to make up one's mind (to) (2)

la déclaration statement (12)

    déclarer to declare (II); to state (12)

    décoller to take off (II)

le décor scenery, film set (II)

le décorateur, la décoratrice set designer (II)

    décorer to decorate (13)

se décourager to get discouraged (6)

la découverte discovery (15)

    découvrir to discover (11)

    décrire to describe (II)

    décrocher to lift the receiver; to unhook; to take down (II)

    déçu, -e disappointed (II)

    dedans inside, in it (II)

la défaite defeat (5)

    défendre to defend (II)

le défilé parade (11)

le degré: il fait (moins) … —s it's (minus) … degrees (I)

    dehors outside, outdoors (II)

    en — de outside of (5)

    déjà already; ever (I)

    déjeuner to have lunch (I)

le déjeuner lunch (I)

    le petit — breakfast (I)

délicieux, -euse delicious (I)

demain tomorrow (I)

    à — see you tomorrow (I)

demander to ask, to ask for (I)

    — à … de to ask *(someone to do something)* (I)

déménager to move (II)

le déménageur, la déménageuse mover (II)

demi- *adj.* half (II)

    la —-pension room with two meals a day (II)

demi(e): *time* + **et —** half past (I)

démodé, -e out of style, old-fashioned (I)

démolir to demolish (3)

le dénouement outcome, ending (8)

la dent tooth (I)

    avoir mal aux —s to have a toothache (I)

    la brosse aux —s toothbrush (II)

    se brosser les —s to brush one's teeth (II)

le dentrifice toothpaste (II)

dentiste *m.&f.* dentist (I)

le départ departure (II)

    attention au —! all aboard! (II)

    l'heure de — *f.* departure time (II)

    le point de — point of departure (II)

le département department (13)

dépaysé, -e disoriented, not feeling at home (7)

se dépêcher to hurry (II)

    dépendre de to depend on (14)

    dépenser to spend *(money)* (II)

    déplaire à to displease (2)

    depuis for; since (II)

    — combien de temps? how long? (II)

    — quand? since when? how long? (II)

député *m.&f.* deputy, representative (12)

déranger to disturb, to bother (II)

dernier, -ière last; latest (I)

se dérouler to take place (6)

    derrière behind (I)

    dès que as soon as (11)

le désaccord disagreement (11)

    être en — to disagree (11)

désagréable unpleasant (I)

le descendant, la descendante descendant (5)

descendre to come/go down (I); to take down, to bring down (II)

    — de to get off *(a bus, plane, etc.);* to get out of *(a car);* to descend from, to come from (I)

désirer: vous désirez? may I help you? (I)

désobéir (à) to disobey (I)

désolé, -e sorry (I)

le désordre mess (4)

le dessert dessert (I)

le dessin drawing (I)

    le — animé movie cartoon (I)

    le — humoristique cartoon (10)

le dessinateur, la dessinatrice designer (9)

    le —, la — de publicité commercial artist (9)

    dessinée: la bande — (**la B.D.,** *pl.* **les B.D.**) comic strip (I)

    dessiner to draw (I)

la destination destination (II)

    détacher to detach, to unfasten (II)

le détail detail (6)

se détendre to relax (II)

    détester to hate (I)

    deux two (I)

    à — together, with two (4)

    tous (toutes) les — both (II)

deuxième second (I)

    devant in front of (I)

développement: le pays en voie de — developing country (14)

développer to develop (14)

devenir to become (I)

    deviner to guess (I)

la devise motto (11)

    devoir to have to, must; to owe; *(conditional)* should, ought to (II)

les devoirs *m.pl.* homework (I)

le diamant diamond (14)

la diapo(sitive) slide (II)

le dictionnaire dictionary (II)

la différence difference (14)

    différent, -e (de) different (II)

difficile difficult, hard (I)

la difficulté difficulty (12)

    dimanche *m.* Sunday (I)

    dîner to have dinner (I)

le dîner dinner (I)

    dingue *m.&f.* nut, crazy person (1)

le diplôme diploma, degree (9)

    dire (à) to say, to tell (I)

        ça ne me dit rien it doesn't grab me (II)

        ça te dirait de + *inf.* …? would it interest you to …? (II)

dire *(continued):*
  dis donc! say! (I)
  on dirait it looks like (II)
  vouloir — to mean (I)
direct, -e direct (II)
  en — live *(broadcast)* (12)
le directeur, la directrice head
    manager *(of a department)* (9)
la direction direction (3)
la directrice principal *(female, of a*
    lycée) (II); head *(of a*
    department) (9)
diriger to direct, to aim (II)
  se — (vers) to head (toward) (II)
le discours speech (12)
discuter de to discuss, to talk about
    (2)
disparaître to disappear (3)
disponible available (9)
se disputer to quarrel, to argue (II)
le disque record (I)
se distraire to entertain oneself (7)
distrait, -e distracted, absent-minded (II)
le distributeur automatique ticket
    machine (I)
divers: les faits — *m.pl.* news
    briefs; minor articles (10)
dix ten (I)
dix-huit eighteen (I)
dix-neuf nineteen (I)
dix-sept seventeen (I)
le dizaine: une — de about ten (II)
le docteur *(title, form of address)* doctor (II)
le documentaire documentary (I)
la documentation: la salle de —
    school library (I)
le doigt finger (II)
  le — de pied toe (II)
le dollar dollar (II)
dommage: c'est — (que + *subj.)*
    that's a shame (I); it's a
    shame (that) (II)
donc then, so (I)
  dis —! say! (I)
donner (à) to give (to) (I)
  — à boire à to give something to
    drink to (I)
  — à manger à to feed (I)
  — rendez-vous to arrange to
    meet (12)
  — sur to have a view of (II)
  — un coup de main à to give
    someone a hand (II)
dont of whom/which, about whom/
    which (II)

dormir to sleep (I)
le dos back (I)
  le sac à — backpack (II)
la douane customs (II)
  passer la — to go through
    customs (II)
le douanier customs officer (II)
doublé, -e dubbed (II)
doubler to pass *(a car)* (3)
doucement quietly, gently (II)
la douche shower (II)
doué, -e gifted (II)
douter to doubt (9)
doux, douce mild (II)
la douzaine (de) dozen (I)
douze twelve (I)
dramaturge *m.&f.* playwright (6)
le drap sheet (II)
le drapeau, *pl.* **les drapeaux** flag (I)
  le — tricolore French flag (11)
droit: tout — straight ahead (I)
le droit right (7)
  la faculté de — law school (15)
la droite right (7); the right *(political*
    term) (12)
  à — (de) on the right, to the
    right (of) (I)
drôle funny (I)
drôlement very (5)
durer + *time* to last (II)

l'eau minérale *f.* mineral water (I)
l'échange *m.* exchange (11)
échapper à to escape from (3)
l'écharpe *f.* scarf (II)
les échecs *m.pl.* chess (I)
l'échelle *f.* ladder (4)
l'éclair *m.* flash of lightning; *pl.*
    lightning (II)
  il y a des —s there's lightning (II)
l'école *f.* school (I)
l'écologiste *m.&f.* ecologist (11)
les économies *f.pl.:* **faire des —** to save
    money (II)
économique economical (II)
  les sciences —s *f.pl.* economics
écossais, -e Scottish (2)
écouter to listen (to) (I)
l'écran *m.* screen (II)
écrire to write (I)
  la machine à — typewriter (II)
écrit, -e written (II)
l'écrit *m.* written exam (1)
l'écrivain *m.* writer (II)

l'éditorial, *pl.* **les éditoriaux** *m.* lead
    article; editorial (10)
l'éducation physique (et sportive)
    (l'E.P.S.) *f.* gym (I)
effectuer to carry out (15)
l'effet *m.* effect (13)
  en — indeed, as a matter of fact (I)
l'effort *m.* effort (II)
  égal: ça m'est — it's all the same to
    me (I)
également as well (14)
l'égalité *f.* equality (11)
l'église *f.* church (I)
égoïste selfish, egotistical (I)
l'électeur *m.,* **l'électrice** *f.* voter (12)
l'élection *f.* election (12)
  se présenter aux —s to run for
    office (12)
électorales: s'inscrire sur les listes
    — to register to vote (12)
l'électricien *m.,* **l'électricienne** *f.*
    electrician (4)
électrique electric(al) (II)
l'électronique *f.* electronics (1)
élégant, -e elegant (II)
élevé, -e: être bien (mal) — to have
    good (bad) manners (7)
l'élève *m.&f.* student (I)
élire to elect (12)
elle *f.* she; it; her (I)
  —-même herself (II)
elles *f.pl.* they; them (I)
  —-mêmes themselves (II)
s'éloigner to go far away, to move
    away (2)
emballer to wrap (II)
l'embarquement *m.:*
  la carte d'— boarding pass (II)
  la porte d'— boarding gate (II)
embaucher to hire (9)
embêter to bother, to annoy (I)
l'embouteillage *m.* traffic jam (3)
(s')embrasser to kiss, to embrace (II)
émigrer to emigrate (5)
l'émission *f.* radio or TV program (I)
emmener to take (II)
empêcher de + *inf.* to prevent
    from (3)
l'emploi *m.* job (9)
  l'— du temps *m.* class schedule (I)
l'employé *m.,* **l'employée** *f.*
    employee (II)
emporter to take along, to take
    with one (2)
emprunter (à) to borrow (from) (I)

en in, to; some; any (I)
— + *pres.part.* while (II)
— + *vehicle* by (I)
— **retard** late (I)
— **ville** downtown, to town (I)
être — + *clothing* to be in (wearing) (I)
enchanté, -e delighted (7)
encore again (I); yet (II)
— **un(e)** another, still another (8)
encourager to encourage (6)
endormir to put to sleep (II)
s'— to go to sleep (II)
l'endroit *m.* place, spot (I)
l'énergie *f.* energy (15)
énergique energetic (I)
s'énerver to get excited, to get upset (2)
l'enfant *m.&f.* child (I)
garder un — to babysit (I)
enfin finally (I)
s'engager to enlist (11)
enlever to remove, to get rid of, to take away (4)
l'ennemi *m.,* **l'ennemie** *f.* enemy (5)
s'ennuyer to be bored (II)
ennuyeux, -euse boring (I)
énorme enormous (15)
l'enregistrement *m.* check-in (II)
enregistrer to tape (II)
faire — **(ses bagages)** to check (one's baggage) (II)
enseigner to teach (I)
ensemble together (I)
ensuite afterward (I)
entendre to hear (I)
s'— bien/mal (avec) to get along well/badly (with) (II)
entier, -ière entire, whole (3)
en — in its entirety, the whole thing (8)
entouré, -e (de) surrounded (by) (11)
l'entracte *m.* intermission (6)
s'entraîner to practice (1)
entre between, among (I)
l'entrée *f.* entrance, front door (I)
l'entreprise *f.* firm (9)
entrer (dans) to enter, to go/come in (I)
l'entretien *m.* (*formal*) interview (9)
l'enveloppe *f.* envelope (I)
envie: avoir — **de** + *inf.* to feel like (*doing something*) (II)
l'environnement *m.* environment (15)
les environs *m.pl.:* **dans les** — on the outskirts (5)
envoyer to send (II)

l'épaule *f.* shoulder (II)
épicé, -e spicy (I)
l'épicerie *f.* grocery store (I)
l'épicier *m.* **l'épicière** *f.* grocer (I)
les épinards *m.pl.* spinach (I)
l'épisode *m.* episode, installment (10)
l'époque *f.* time, era (5)
à notre — at present (8)
épuisé, -e exhausted (II)
épuiser to exhaust, to use up (15)
l'équipe *f.* team (I)
l'escale *f.* stop, stopover (II)
faire — to stop over (II)
l'escalier *m.* stairs, staircase (I)
l'— roulant *m.* escalator (II)
l'escargot *m.* snail (I)
l'espace *m.* space (3); outer space (15)
les —s verts parks, greenery (3)
l'Espagne *f.* Spain (I)
espagnol, -e Spanish (I)
l'espagnol *m.* Spanish (*language*) (I)
espérer to hope (II)
l'espionnage *m.* spying (II)
le roman/film d' — spy novel/ movie, thriller (II)
l'esquisse *f.* sketch (13)
essayer to try, to try on (II)
l'essence *f.* gasoline (II)
tomber en panne d' — to run out of gas (II)
l'essuie-glace, *pl.* **les essuie-glaces** *m.* windshield wiper (II)
essuyer to wipe, to dry (II)
s'— to dry oneself (II)
l'est *m.* east (I)
est-ce que? *signals a question* (I)
et and (I)
établir to set up, to establish (10)
s'— to settle (5)
l'étage *m.* floor, story (*of a building*) (I)
l'étagère *f.* shelf, bookcase (II)
l'état *m.* state (4)
les Etats-Unis *m.pl.* United States (I)
l'été *m.* summer (I)
éteindre to extinguish, to put out, to turn off (4)
éternuer to sneeze (II)
l'étiquette *f.* price tag; label (II)
l'étoile *f.* star (I)
dormir à la belle — to sleep outdoors (II)
étonné, -e astonished, amazed (II)
étonner to surprise, to astonish (7)
étranger, -ère foreign (I)
de l' — foreign, from abroad (10)

(partir) à l'— (to go) abroad (I)
l'étranger *m.,* **l'étrangère** *f.* foreigner (I)
être to be (I)
— **à** to belong to (I)
— **à** + *distance* + **de** to be + *distance* + from (3)
— **en** + *clothing* to be in (wearing) (I)
nous sommes lundi, *etc.* it's Monday, etc. (I)
étroit, -e narrow (I)
l'étude *f.* study (II)
faire ses —s to study (7)
l'étudiant *m.,* **l'étudiante** *f.* (college) student (I)
étudier to study (I)
euh … er…, uh… (I)
eux *m.pl.* they; them (I)
—-mêmes themselves (II)
l'événement *m.* event (10)
évidemment obviously (I)
l'évier *m.* sink (II)
éviter (de + *inf.*) to avoid (*doing something*) (II)
évoluer to evolve, to change (15)
exagérer: tu exagères! you're too much! you've got a lot of nerve! (II)
l'examen *m.* exam, test (I)
examiner to examine (II)
excellent, -e excellent (I)
l'excursion *f.* sightseeing trip (2)
s'excuser (de) to apologize (for) (7)
excuse(z)-moi excuse me (II)
l'exemple *m.:* **par** — for example (I)
l'exercice *m.* exercise (I)
exiger to demand (3)
l'expérience *f.* experience (9)
l'explication de texte *f.* analysis of a passage (8)
expliquer to explain (I)
exporter to export (14)
l'exposé *m.* talk (II)
faire un — to give a talk (II)
exposer to exhibit (13)
l'exposition *f.* exhibit, exhibition (II)
la salle d' — showroom (II)
s'exprimer to express oneself (5)
exquis, -e marvelous, exquisite (II)
l'extérieur *m.* exterior, outside (II)
l'extrait *m.* excerpt (8)
extraordinaire extraordinary (6)

fabriquer to manufacture (14)
la face: en — de opposite, across from (I)
se fâcher to become angry (II)
facile easy (I)
la façon way (5)
  de toute — in any case, anyhow (II)
  la — de vivre way of life (7)
le facteur, la factrice letter carrier (I)
la faculté de droit (de médecine) law (medical) school (15)
faible weak (II)
la faim:
  avoir — to be hungry (I)
  avoir une — de loup to be starving (II)
  faire to make, to do (I)
  ça fait … (francs) that comes to … (francs) (I)
  ça fait combien? what does that come to? (I)
  ça fait + *time* + **que** + *present* for (II)
  ça ne fait rien it doesn't matter (II)
  ça ne se fait pas it isn't done (7)
  comment ça se fait? how come? (1)
  — + *inf.* to have (*something done*) (II)
  — de + *school subject* to take (I)
  — mal à to hurt (12)
  fais (faites) voir! let me see! show me! (II)
  See also individual nouns and adjectives that form expressions with **faire**
le faire-part, *pl.* **les faire-part** announcement, invitation (II)
le fait fact (12)
  en — in fact (13)
  les —s divers *m.pl.* news briefs; minor articles (10)
  tout à — completely, totally (II)
falloir to be necessary (I)
  il faut + *inf.* / **que** + *subj.* I (you, etc.) must (I;II)
  il me (te, *etc.***) faut** I (you, etc.) need (*something*) (II)
la famille family (I)
  en — at home (5)
fantastique fantastic (6)
la farine flour (II)
fasciner to fascinate (13)
fatigué, -e tired (I)
se fatiguer to get tired (II)
fauché, -e broke (out of money) (I)
faut *see* **falloir**

la faute mistake (I)
le fauteuil armchair (II)
faux, fausse wrong, false (I)
favori, -ite favorite (8)
félicitations! congratulations! (I)
féliciter to congratulate (II)
la femme wife; woman (I)
  la — de chambre chambermaid (II)
la fenêtre window (I)
le fer iron (14)
férié: le jour — official holiday (11)
la ferme farm (I)
  fermer to close; to turn off (I)
  — à clef to lock (II)
la fête celebration, party (II)
  fêter to celebrate (II)
le feu, *pl.* **les feux** fire (II); traffic light (3)
  le — d'artifice fireworks (11)
  le — rouge (vert) red (green) light (3)
la feuille leaf (I)
  la — de papier piece of paper (I)
le feuilleton soap opera (I)
le feutre felt-tip pen (I)
février *m.* February (I)
fiancé, -e engaged (II)
le fiancé, la fiancée fiancé, fiancée (II)
la fiche form (II)
fidèle faithful, loyal (5)
fier, fière proud (5)
la fièvre fever (I)
  avoir de la — to have a fever (I)
la figure face (II)
  se laver la — to wash one's face (II)
le fil cord, wire (4)
  le coupe de — phone call (II)
  passer un coup de — to give someone a call (II)
la fille daughter (I)
  la jeune — girl (I)
le film film, movie (I)
  passer un — to show a film (II)
  tourner un — to make a film, to shoot a film (II)
le fils, *pl.* **les fils** son (I)
la fin end (I)
  finalement eventually (5)
  finir to finish (I)
le flamand Flemish (*language*) (I)
la fleur flower (I)
  la plante en — flowering plant (II)
  fleuriste *m.&f.* florist (II)
le fleuve river (I)
la fois time (I)

  une — par … once a(n) …, one time per … (I)
folk(lorique) folk (II)
foncé, -e dark (*colors*) (II)
fonctionner (*machines*) to work (4)
fonder to found (5)
la fontaine fountain (I)
le foot(ball) soccer (I)
  le — américain football (I)
la forêt forest (II)
la formation training (9)
la forme form, shape (13)
  en pleine — in tip-top shape (II)
  être en — to be fit, to be in shape (I)
former to form (11)
formidable great, tremendous (I)
le formulaire form (9)
fort, -e strong (I; II)
  — en good in (I)
  plus — louder (II)
fou, folle crazy (II)
le fou, la folle lunatic (II)
la foule crowd (II)
le four oven (II); flop (6)
  le petit — small cake, petit four (II)
la fourchette fork (I)
frais, fraîche fresh (I)
  au — in the refrigerator (II)
  il fait — it's cool out (I)
la fraise strawberry (II)
le franc franc (I)
français, -e French (I)
le français French (*language*) (I)
francophone French-speaking (II)
frapper to knock (6); to strike (13)
la fraternité fraternity (11)
le frein brake (II)
  freiner to brake (II)
le frère brother (I)
le frigo fridge (II)
frisé, -e curly (I)
les frites *f.pl.* French fries (I)
  froid, -e cold (I)
  avoir — to be cold (*people*) (I)
  il fait — it's cold (I)
  laisser — to leave cold (13)
le froid the cold (14)
le fromage cheese (I)
la frontière border (I)
le fruit piece of fruit; *pl.* fruit (I)
  les —s de mer *m.pl.* seafood (II)
fuir to avoid; to leak (4)
fumer to smoke (II)

fumeurs smoking section (II)
furieux, -euse furious (II)

gagner to win (I); to earn (II)
  — sa vie to earn a living (II)
la galerie gallery (13)
gallois, -e Welsh (2)
le gant glove (I)
  le — de toilette wash mitt (II)
le garage garage (I)
le garçon boy; waiter (I)
garder to keep (II)
  — un enfant to babysit (I)
la gare railroad station (I)
(se) garer to park (3)
  garnie: la choucroute — sauerkraut
    with meat (II)
gaspiller to waste (15)
le gâteau, *pl.* **les gâteaux** cake (I)
  le — d'anniversaire birthday
    cake (I)
  le petit — sec cookie (II)
la gauche the left *(political term)* (12)
  à — (de) on the left, to the left
    (of) (I)
le gazon lawn (4)
  geler to freeze (I)
  gêner to obstruct, to hamper; to
    bother (3)
la génération: le conflit des —s
  generation gap (15)
généreux, -euse generous (I)
génial, -e; *pl.* **géniaux, -ales** neat,
  great (I)
le génie genius (13)
le genou, *pl.* **les genoux** knee (II)
le genre type, kind (6)
les gens *m.pl.* people (I)
  gentil, -le nice, kind (I)
la géographie geography (I)
la géométrie geometry (I)
le gérant, la gérante manager *(of a
  business)* (9)
le gigot leg of lamb (I)
la glace ice cream; ice (I)
  faire du patin à — to ice skate (II)
  les patins à — *m.pl.* ice skates (II)
le glaçon ice cube (II)
  glisser to glide, to slip (II)
le golf golf (II)
la gomme eraser (I)
la gorge throat (I)
  goûter à to taste (I)
le goûter afternoon snack (I)

le gouvernement government (12)
  grâce à thanks to (3)
le gramme gram (II)
  grand, -e big, large, tall (I)
  le — classique classic *(film or
    play)* (II)
  le — magasin department store (II)
  grand-chose: pas — not much (2)
la Grande-Bretagne Great Britain (2)
la grand-mère grandmother (I)
le grand-père grandfather (I)
les grands-parents *m.pl.* grandparents (I)
  grasse: faire la — matinée to sleep
    late (II)
le gratte-ciel, *pl.* **les gratte-ciel**
  skyscraper (3)
  gratuit, -e free (I)
  grave serious (II)
le grenier attic (II)
la grève srike (15)
la grippe flu (II)
  gris, -e gray (I)
  gronder to scold (II)
  gros, grosse fat, large (I)
  —es bises *(in letters)* love (7)
  la —se tête top student (1)
  les — titres headlines (10)
  grossir to gain weight (I)
le groupe group (I)
  guérir to cure (15)
la guerre war (11)
  le film de — war movie (II)
le guichet ticket window (II)
  guide *m.&f.* guide (I)
le guide guidebook (I)
la Guinée Guinea (II;14)
la guitare guitar (I)
la Guyane Française French Guiana (13)
  gym: faire de la — to do
    gymnastics (I)
le gymnase gymnasium (I)
la gymnastique gymnastics (I)
  faire de la — to do gymnastics (I)

habiller to dress *(someone)* (II)
  s'— to get dressed (II)
l'habitant *m.* inhabitant (II)
  habiter (à) to live (in/at) (I)
  — dans + *house/apartment* to live
    in (I)
  habitude: d'— usually (I)
s'habituer à to get used to (7)
  haché: le bifteck — ground beef,
    hamburger (II)

  haleine: tenir en — to keep in
    suspense (8)
le*hall foyer, entranceway (13)
le*hamburger hamburger (I)
le*hamster hamster (I)
les*haricots verts *m.pl.* green beans (I)
  hâte: avoir — de + *inf.* to look
    forward to (12)
  haut high (II)
  à voix —e out loud, loudly (8)
  en — on the top, up above (II)
  en — de at the top of (II)
  — la main easily, without
    difficulty (1)
le*haut-parleur, *pl.* **les*haut-parleurs**
  loudspeaker (II)
  hé! hey! (II)
l'hebdomadaire *m.* weekly
  (publication) (10)
  hein? huh? eh? (II)
  hélas: oui (non), — I'm afraid so
    (not) (II)
l'herbe *f.* grass (II)
  la mauvaise — weed (4)
l'héritage *m.* heritage (5)
l'héroïne *f.* heroine (6)
le*héros hero (6)
  hésiter (à + *inf.)* to hesitate (to)
    (II)
l'heure *f.* hour; o'clock; time (I)
  à l'— on time (I)
  c'est l'— de it's time to … (II)
  de bonne — early (I)
  faire des —s supplémentaires to
    work overtime (9)
  les —s de pointe rush hour (II)
  tout à l'— a while ago; in a little
    while (II)
  heureusement fortunately (I)
  heureux, -euse happy (I)
  hier yesterday (I)
  hi-fi: le rayon — electronics
    department (II)
l'histoire *f.* history; story (I)
  historique historical (II)
l'hiver *m.* winter (I)
le*hockey hockey (I)
l'homme *m.* man (I)
  les vêtements pour —s *m.pl.*
    men's wear (II)
l'hôpital, *pl.* **les hôpitaux** *m.*
  hospital (I)
l'horaire *m.* schedule, timetable (II)
l'horloge *f.* clock (II)
l'horoscope *m.* horoscope (II)

l'horreur *m.:*
  avoir — de to hate (4)
  le film d'— horror film (II)
  quelle —! how awful! (I)
les*hors-d'œuvre *m.pl.* hors d'œuvres, appetizers (I)
le*hot-dog, *pl.* **les*hot-dogs** hot dog (I)
l'hôtel *m.* hotel (I)
l'hôtesse de l'air *f.* flight attendant *(female)* (II)
l'huile *f.* oil (I); motor oil (II)
  la peinture à l'— oil painting (13)
huit eight (I)
  — jours a week (II)
une huitaine de jours a week (II)
l'huître *f.* oyster (I)
humide damp, humid (II)
  il fait un temps — it's humid (II)
humoristique humorous (8)
  le dessin — cartoon (10)
hurler to shout (12)
hygiénique: le papier — toilet paper (II)
l'hymne *m.* hymn (11)
  l'— national national anthem (11)
hypocrite hypocritical (I)

ici here (I): *(on phone)* this is (II)
l'idée *f.* idea (I)
l'identité *f.:*
  la carte d'— ID card (2)
  les papiers d'— *m.pl.* identification papers (II)
il *m.* he; it (I)
l'île *f.* island (II)
l'illustrateur *m.,* **l'illustratrice** *f.* illustrator (10)
l'illustration *f.* illustration (10)
ils *m.pl.* they (I)
il y a there is, there are; + *time* ago (I)
  — + *time* + que + *present* for (II)
  qu'est-ce qu'—? what's the matter? (I)
l'image *f.* picture, image (II)
l'immeuble *m.* apartment building (I)
impatient, -e impatient (I)
l'imperméable (l'imper) *m.* raincoat (I)
l'importance *f.* importance (10)
important, -e important (I)
importe: n'— quoi anything (12)
impossible impossible (I)
l'impôt *m.* tax (12)
l'impression *f.* impression (13)

impressionniste Impressionist (13)
inattendu, -e unexpected (8)
inconnu, -e unknown (I)
incorrect, -e incorrect, wrong (I)
indiquer to indicate (II)
l'individu *m.* individual (12)
individuel, -le individual (II)
l'industrie *f.* industry (II)
l'infirmerie *f.* infirmary; nurse's office (I)
l'infirmier *m.,* **l'infirmière** *f.* nurse (I)
les informations *f.pl.* TV news (I)
l'informatique *f.* computers (II)
informer to inform (10)
  s'— (de) to keep informed (about) (10)
l'ingénieur *m.* engineer (1)
l'initiative: le syndicat d'— tourist office (2)
innocent, -e innocent (II)
l'inondation *f.* flood (15)
inquiet, -iète worried (I)
s'inquiéter (de) to worry (about) (2)
  ça m'inquiète que + *subj.* it worries me that (I)
s'inscrire (à) to enroll (in) (1)
  — sur les listes électorales to register to vote (12)
insister to insist (12)
installer to install, to put in place (II)
  s'— to settle in (II)
l'instrument *m.* instrument (I)
insupportable unbearable (3)
intelligent, -e intelligent (I)
interdire à ... de + *inf.* to forbid *(someone to do something)* (3)
interdit:
  en stationnement — in a no-parking zone (3)
  il est — de + *inf.* ... is prohibited; no ...-ing (II)
intéressant, -e interesting (I)
intéresser *(quelqu'un à)* to interest *(someone in)* (II)
  s'— à to be interested in (II)
l'intérieur *m.* interior (II)
l'interrogation (l'interro) *f.* quiz (I)
interroger to quiz (14)
l'interview *f.* interview (II)
interviewer to interview (II)
l'intrigue *f.* plot (8)
l'introduction *f.* introduction (8)
inutile useless (4)
l'invitation *f.* invitation (I)
l'invité *m.,* **l'invitée** *f.* guest (I)

inviter to invite (I)
invivable unlivable, unbearable (15)
invraisemblable unlikely (8)
irlandais, -e Irish (2)
italien, -ienne Italian (I)
l'italien *m.* Italian *(language)* (I)
ivoirien, -ne from the Ivory Coast (14)

jadis formerly (11)
jamais never (I); ever (II)
  ne ... — never (I)
la jambe leg (I)
le jambon ham (I)
janvier *m.* January (I)
japonais, -e Japanese (II)
le jardin garden (I)
le jardinage: faire du — to garden (I)
le jardinier, la jardinière gardener (II)
jaune yellow (I)
le jazz jazz (I)
je I (I)
le jean jeans (I)
la jeep jeep (II)
jeter to throw, to throw away (II)
  — un coup d'œil sur to glance at (10)
le jeu, *pl.* **les jeux** game; game show (I)
jeudi *m.* Thursday (I)
jeune young (I)
  la — fille girl (I)
la jeunesse youth (2)
le jogging jogging (II)
  faire du — to jog (II)
joli, -e pretty (I)
la joue cheek (I)
  jouer (à + *game/sport;* **de** + *musical instrument)* to play (I)
le jouet toy (II)
le joueur, la joueuse player (I)
le jour day (I)
  de nos —s currently, at present (6)
  faire — to get light (I)
  huit —s a week (II)
  le — de congé day off (9)
  le — férié official holiday (11)
  quel — sommes-nous? what day is it? (I)
  quinze —s two-weeks (II)
  tous les deux —s every other day (10)
  une huitaine (quinzaine) de —s a week (two weeks) (II)
le journal, *pl.* **les journaux** newspaper (I)
journaliste *m.&f.* journalist (II)

la journée day (I)
le judo judo (II)
    faire du — to practice judo (II)
le juge judge (II)
juillet *m.* July (I)
juin *m.* June (I)
la jupe skirt (I)
le jus juice (I)
    jusqu'à to, up to; until (I)
    — ce que until (15)
    jusqu'au bout up/all the way to
        the end (II)
    juste only, just (II)

le kilo(gramme) kilo(gram) (I)
le kiosque magazine/newspaper
    stand, kiosk (II)

la (l') *f.* the; her; it; + *measure* per,
    a(n) (I)
là there (I)
    ce (cet), cette, ces + *noun* + -**—**
        that, those *(emphatic)* (I)
    loin de —! far from it! (15)
là-bas over there (I)
le labo(ratoire) lab(oratory) (I)
    le — de langues language lab (I)
    le — de sciences science lab (I)
le lac lake (II)
la laine wool (II)
    en — *(made of)* wool (II)
laisser to leave (behind) (I)
    — + *inf.* to let (4)
    — froid to leave cold (13)
le lait milk (I)
la laitue lettuce (I)
la lampe lamp (II)
lancer to launch (10)
la langue language (I); tongue (II)
    la — maternelle mother tongue (5)
le lapin rabbit (I)
large wide (I)
le lavabo washbasin (II)
laver to wash (II)
    la machine à — washer (II)
    se — to wash (oneself) (II)
le lave-vaisselle, *pl.* **les lave-vaisselle**
    dishwasher (II)
le (l') *m.* the; him; it; + *measure*
    per, a(n) (I)
    — + *day of week* on *(day of week)* (I)
le lèche-vitrines: faire du — to
    window shop (II)
la leçon lesson (I)

le lecteur, la lectrice reader (10)
la lecture reading (8)
    léger, -ère light *(weight/calories)* (I; II)
le légume vegetable (I)
    la soupe aux —s vegetable soup (II)
le lendemain (de) the next day; the
    day after (II)
    lent, -e slow (I)
    lentement slowly (I)
les lentilles (de contact) *f.pl.* contact
    lenses (I)
    lequel, laquelle; lesquels,
        lesquelles which one(s)? (II)
les *m.&f.pl.* the; them (I)
la lessive: faire la — to do the
    laundry (I)
la lettre letter (I)
    la boîte aux —s mailbox (II)
    le papier à —s stationery (II)
    leur to (for, from) them (I)
    leur, -s their (I)
le leur, la leur theirs (10)
    lever to raise (II)
    se — to get up, to rise (II)
le lever du soleil sunrise (II)
la lèvre lip (II)
la liberté liberty, freedom (7;11)
la librairie bookstore (II)
    libre free, not busy (II)
    le temps — spare time (II)
    licencier to fire (9)
le lien tie (14)
lieu:
    au — de instead of (II)
    avoir — to take place (II)
la ligne line (II;8)
la limite de vitesse speed limit (3)
    liquide: en — in cash (II)
    lire to read (I)
la liste list (II)
    s'inscrire sur les —s électorales
        to register to vote (12)
le lit bed (II)
    la chambre à un (deux) —(s)
        single (double) room (II)
le litre liter (I)
la littérature literature (8)
le livre book (I)
    le — de poche paperback (I)
la loi law (12)
    loin de far from (I)
    — là! far from it! (15)
les loisirs *m.pl.* leisure time, leisure-
    time activities (II)
    long, longue long (I)

longtemps (for) a long time (I)
lorsque when (11)
louer to rent (II); to reserve (6)
loup: avoir une faim de — to be
    starving (II)
lourd, -e heavy (I)
lui him; he; to (for, from) him/her (I)
    —-même himself (II)
la lumière light (II)
lundi *m.* Monday (I)
la lune moon (I)
les lunettes *f.pl.* glasses (I)
    les — de soleil sunglasses (I)
    luxembourgeois, -e from
        Luxembourg (I)
le lycée high school (I)
le lycéen, la lycéenne high-school
    student (I)

ma my (I)
la machine:
    la — à écrire typewriter (II)
    la — à laver washing machine
        (II)
    taper à la — to type (II)
madame (Mme) Mrs., ma'am (I)
mademoiselle (Mlle) Miss (I)
le magasin store (I)
    le grand — department store (II)
le magazine magazine (I)
le magnétophone tape recorder (I)
    le — à cassettes cassette player (I)
le magnétoscope VCR (II)
magnifique magnificent (I)
mai *m.* May (I)
maigre thin, skinny (I)
maigrir to lose weight (I)
le maillot de bain bathing suit (I)
la main hand (I)
    haut la — easily, without
        difficulty (1)
    se serrer la — to shake hands (7)
    un coup de — a (helping) hand (II)
maintenant now (I)
le maire mayor (3)
mais but (I)
    — oui (non) of course (not) (I)
    — si! oh, yes! (I)
le maïs corn (14)
la maison house (I)
    majeur, -e of age (12)
la majorité majority (12)
    mal bad, awful; badly (I)
    aller — to be ill (I)

mal (*continued*):
  avoir du — à + *inf.* to have a hard time (2)
  avoir — à to have a sore … , to have a(n) … ache (I)
  avoir — au cœur to feel nauseated (II)
  être — élevé, -e to have bad manners (7)
  faire — à to hurt (II)
  — à l'aise uncomfortable (II)
  se faire — to hurt oneself (II)
  se faire — à to hurt one's (*part of body*) (II)
  malade sick (I)
  tomber — to get sick (II)
la maladie sickness (15)
malheureusement unfortunately (I)
malheureux, -euse unhappy (11)
maman *f.* Mom (I)
la Manche English Channel (I)
manger to eat (I)
  donner à — à to feed (I)
  **la salle à — ** dining room (I)
la manifestation demonstration (15)
manquer to lack (15)
le manteau, *pl.* **les manteaux** coat, overcoat (I)
le maquillage makeup (II)
se maquiller to put on one's makeup (II)
le marbre marble (13)
le marchand, la marchande merchant, shopkeeper (I)
marchander to bargain (II)
la marche: mettre en — to turn on, to start up (II)
le marché market (I)
  bon (meilleur) — cheap(er) (II)
  le — aux puces flea market (II)
marcher to walk (I); to run, to work (*machines, appliances*) (II)
  ça a bien marché it went well (I)
mardi *m.* Tuesday (I)
la marguerite daisy (II)
le mari husband (I)
le mariage wedding (II)
marié, -e married (II)
le marié, la mariée groom, bride (II)
se marier (avec) to get married (to), to marry (II)
le marin sailor (5)
la marine navy (11)
le Maroc Morocco (14)
la marque brand, make (II)

marquer un but to score a goal (I)
marrant, -e funny, hilarious (II)
marre: en avoir — de + *inf.* to be fed up with (II)
marron brown (I)
mars *m.* March (I)
le marteau, *pl.* **les marteaux** hammer (4)
mat, -e dark (*skin*) (II)
le match game, match (I)
  le — nul tie game (I)
maternelle: la langue — mother tongue (5)
les mathématiques (les maths) *f.pl.* mathematics (math) (I)
la matière (*school*) subject (I)
  la — première raw material (14)
le matin morning, in the morning (I)
  **du — ** A.M.; in the morning (I)
la matinée morning (I)
  faire la grasse — to sleep late (II)
mauvais, -e bad (I); wrong (II)
  il fait — it's bad out (II)
  la —e herbe weed (4)
me me, to (for, from) me (I)
le mécanicien, la mécanicienne mechanic (II)
méchant, -e mean, naughty (I)
le médecin doctor (I)
médecine: la faculté de — medical school (15)
le médicament medicine (II)
meilleur, -e better (I)
  c'est la —e that's a good one, that's a real joke (1)
  le (la) —(e) the best (II)
mélanger to mix (4)
le membre member (12)
même *adj.* same (I); *adv.* even (II); *adj.* very (13)
  en — temps (que) at the same time (as) (II)
  —(s) -self (-selves) (II)
  moi de — me too; likewise (II)
  quand — anyway, all the same; really! (II)
menacer to threaten (11)
le ménage:
  faire le — to do the housework (I)
  le rayon de — housewares department (II)
mener to lead (II)
mensuel, -le monthly (10)
mentir to lie (II)
le menu fixed-price meal (I)
la mer sea (I)

les fruits de — *m.pl.* seafood (II)
merci thank you (I)
mercredi *m.* Wednesday (I)
la mère mother (I)
mériter to deserve (8)
merveilleux, -euse marvelous (5)
mes *pl.* my (I)
le message message (II)
messieurs-dames ladies and gentlemen (I)
la météo weather forecast (II)
le métier job, occupation (II)
le mètre meter (II)
le métro subway, metro (II)
le metteur en scène director (*movies, theater*) (II)
mettre to put, to place, to set; to put on (*clothing*) (I)
  — + *time* + à/pour + *inf.* to take + *time (to do something)* (3)
  se — à + *inf.* to begin, to start (II)
  se — en route to start off, to get going (II)
les meubles *m.pl.* furniture (II)
mexicain, -e Mexican (I)
le micro-ondes microwave oven (II)
le micro(phone) microphone (mike) (II)
midi noon (I)
le miel honey (14)
le mien, la mienne mine (10)
  mieux *adv.* better (I)
  aller — to be/feel better (I)
  faire de son — to do one's best (I)
  il vaut — + *inf.*/que + *subj.* it's better (preferable) to/that (II)
  le — best (II)
  tant — so much the better (II)
mignon, -ne cute (II)
mil thousand (*in dates*) (I)
le milieu: au — de in the middle of (II)
militaire military (11)
mille thousand (I)
un million (de + *noun*) million (I;14)
la mine: avoir bonne (mauvaise) — to look well (ill) (II)
  minérale: l'eau — *f.* mineral water (I)
le ministre: le premier — prime minister (12)
minuit midnight (I)
la minute minute (I)
le miroir mirror (II)
la mobylette (la mob) motorbike (I)
moche ugly (I)
la mode: à la — in style, stylish (I)
le modèle model (II)

moderne modern (II)
se moderniser to modernize (3)
moi me; I; me *(for emphasis)* (I); *(interruption)* as for me (II)
    — de même me too; likewise (II)
    —-même myself (II)
    — non plus neither do I (I)
le moins the least (II)
    à — que unless (15)
    au — at least (II)
    de — en — (de) fewer and fewer, less and less (II)
    — … que less … than (II)
le mois month (I)
    tous les deux — every other month (10)
la moitié (de) half (of) (II)
le moment:
    à ce —-là at that time (II)
    en ce — right now (II)
    pour le — for now (II)
mon my (I)
le monde people (I)
    tout le — everybody (I)
mondial, -e; *pl.* **mondiaux, -ales** *adj.* world (10)
le moniteur, la monitrice camp counselor (II)
le monnaie change (I)
monsieur (M.) Mr., sir (I)
le monsieur, *pl.* **les messieurs** man, gentleman (I)
    messieurs-dames ladies and gentlemen (I)
la montagne mountain (I)
monter to come/go up, to climb (I); to take up, to bring up (II)
    — dans to get on *(a bus, plane, etc.)*; to get in *(a car)* (I)
    — une pièce to put on a play (II)
la montre watch (I)
montrer to show (I)
le monument monument (I)
se moquer de to laugh at, to make fun of (2)
la moquette wall-to-wall carpeting (II)
le morceau, *pl.* **les morceaux** bit, piece (I)
mort, -e *(past part. of* **mourir***)* dead (I)
    la nature —e still life (13)
le mort, la morte dead person (10)
le mot word (I)
    le petit — note, short letter (II)
le moteur motor (II)
la moto motorcycle (I)

faire de la — to go motorcycle riding (I)
le mouchoir handkerchief (II)
    le — en papier tissue (II)
la moufle mitten (II)
mourir to die (I)
la mousse au chocolat chocolate mousse (I)
la moutarde mustard (I)
le mouton sheep (I)
le mouvement movement (13)
mûr, -e ripe (II)
le mur wall (II)
mural, -e: la peinture —e mural (13)
la musculation body building (II)
    faire de la — to do body building (II)
le musée museum (I)
le musicien, la musicienne musician (6)
la musique music (I)

nager to swim (I)
la naissance birth (9)
naître to be born (I)
la nappe tablecloth (I)
la natation swimming (II)
    faire de la — to swim (II)
national, -e; *pl.* **nationaux, -ales** national (10)
la nationalité nationality (I)
la nature nature, outdoors (II)
    la — morte still life (13)
nautique: faire du ski — to water-ski (I)
navet: quel —! what a lousy *(play, novel, etc.)!* (6)
ne *signals a negative expression*
né, -e *(past part. of* **naître***)* born (I)
nécessaire necessary (II)
néerlandais, -e Dutch (2)
la neige snow (I)
neiger to snow (I)
nerveux, -euse nervous (II)
n'est-ce pas? isn't it? aren't they? don't I? *etc.* (I)
nettoyer to clean (II)
neuf nine (I)
neuf, neuve brand-new (II)
    quoi de —? what's new? (II)
le neveu, *pl.* **les neveux** nephew (I)
le nez nose (I)
niçois, -e: la salade —e niçoise salad (II)
la nièce niece (I)

les noces *f.pl.:* **le voyage de —** honeymoon (II)
Noël *m.* Christmas (I)
noir, -e black (I)
le nom name (I)
nombreux, -euse numerous (3)
non no (I)
    mais — of course not (1)
    moi — plus neither do I (I)
    —-fumeurs nonsmoking section (II)
le nord north (I)
le nord-est northeast (I)
le nord-ouest northwest (I)
normand, -e Norman, from Normandy (5)
la Norvège Norway (2)
norvégien, -ienne Norwegian (2)
nos *pl.* our (I)
la note grade (I); note; bill *(invoice)* (II)
notre our (I)
le nôtre, la nôtre ours (10)
nous we; us; to (for, from) us (I); each other (II;2)
    — autres we *(emphatic)* (15)
    —-mêmes ourselves (II)
nouveau (nouvel), nouvelle *pl.;* **nouveaux, nouvelles** new (I)
    de — again (II)
la nouvelle short story (8); *pl.* news (II)
la Nouvelle-Ecosse Nova Scotia (5)
novembre *m.* November (I)
le nuage cloud (I)
nucléaire: la centrale — nuclear power plant (15)
la nuit night (I)
    cette — last night (II)
    faire — to get dark (I)
nul, -le en no good in (1)
    le match — tie game (1)
    ne … —le part not anywhere (3)
le numéro number (I); issue (10)
    composer le — to dial (II)

obéir (à) to obey (I)
objectif, -ive objective (10)
l'objectivité *f.* objectivity (10)
l'objet *m.:* **le service des —s trouvés** lost and found (II)
obliger à + *inf.* to make *(someone do something)* (3)
observer to observe, to study (13)
obtenir to get, to obtain (9)
occasion: d'— used, secondhand (II)

occidental, -e; *pl.* **occidentaux, -ales** western (14)

occupé, -e busy; occupied (I)

s'occuper de to take care of, to attend to (II)

l'océan *m.* ocean (I)

octobre *m.* October (I)

l'œil, *pl.* **les yeux** *m.* eye (I)

  au premier coup d'— at first glance (13)

  coûter les yeux de la tête to cost an arm and a leg (II)

  jeter un coup d'— sur to glance at (10)

  ne pas en croire ses yeux not to believe one's eyes (7)

l'œillet *m.* carnation (II)

l'œuf *m.* egg (I)

l'œuvre *f.* work (8)

officiel, -le official (14)

offrir (à) to offer, to give (I)

  — à + *person* + **de** + *inf.* to offer to do something for someone (I)

oh là là! oh ...!, oh, dear! (II)

l'oignon *m.* onion (I)

  la soupe à l'— onion soup (II)

l'oiseau, *pl.* **les oiseaux** *m.* bird (I)

l'olive *f.* olive (14)

l'ombre *f.* shadow, shade (13)

l'omelette *f.* omlette (I)

on we, people, they (I)

l'oncle *m.* uncle (I)

onze eleven (I)

opposé, -e opposed (15)

l'opticien *m.,* **l'opticienne** *f.* optician (I)

optimiste optimistic (15)

l'option *f.* option, optional subject (1)

l'or *m.* gold (II)

  en — *(made of)* gold (II)

l'orage *m.* storm (II)

  il y a un — it's stormy (II)

oral, -e; *pl.* **oraux, orales** oral (II)

l'oral; *pl.* **les oraux** *m.* oral exam (1)

orange orange (I)

l'orange *f.* orange (I)

  le canard à l'— duck with orange sauce (II)

  le soufflé à l'— orange soufflé (II)

l'orangeade *f.* orangeade (I)

l'orchestre *m.* orchestra (II)

  le chef d'— conductor (6)

l'ordinateur *m.* computer (II)

l'ordonnance *f.* prescription (II)

l'oreille *f.* ear (I)

les boucles d'—s *f.pl.* earrings (I)

ne pas en croire ses —s not to believe one's ears (7)

l'oreiller *m.* pillow (II)

organisé: le voyage — package tour (2)

organiser to organize (I)

oriental, -e; *pl.* **orientaux, -ales** eastern (14)

l'orientation *f.:* **le conseiller/la conseillère d'—** guidance counselor (9)

origine: d'— + *adj.* of ... origin (5)

l'orteil *m.* big toe (II)

l'orthographe *f.* spelling (10)

ou or (I)

où where (I; II)

oublier (de + *inf.)* to forget *(to do something)* (I)

l'ouest *m.* west (I)

oui yes (I)

  mais — of course (I)

les outils *m.pl.* tools (4)

  la boîte à — toolbox (4)

outre-mer overseas (13)

l'ouvre-boîte, *pl.* **les ouvre-boîtes** *m.* can opener (II)

l'ouvreuse *f.* usher (II)

l'ouvrier *m.,* **l'ouvrière** *f.* (manual) worker (9)

ouvrir to open (I)

le pain bread (I)

la paire pair (II)

la paix peace (5)

la palette palette (13)

le pamplemousse grapefruit (II)

le panier basket (II)

paniquer to panic (1)

la panne:

  tomber en — to break down (II)

  tomber en — d'essence to run out of gas (II)

le pansement (adhésif) (adhesive) bandage (II)

le pantalon pants, slacks (I)

papa *m.* Dad (I)

la papeterie stationery store (II)

le papier paper (I)

  la feuille de — piece of paper (I)

  le mouchoir en — tissue (II)

  le — à lettres stationery (II)

  le — hygiénique toilet paper (II)

  le — peint wallpaper (4)

les —s d'identité *m.pl.* identification papers (II)

le paquet package (II)

par by, by way of (I)

  — avion air mail (II)

  — exemple for example (I)

  — terre on the ground (I)

  une fois — ... once a(n) ..., one time per ... (I)

paraître to appear, to come out (10)

le parapluie umbrella (I)

le parc park (I)

parce que because (I)

le parc-mètre parking meter (3)

pardon excuse me (I)

les parents *m.pl.* parents (I)

paresseux, -euse lazy (I)

parfait, -e perfect (I)

parfois sometimes (6)

le parfum perfume (I)

le parking parking lot (3)

parler to talk to speak (1)

  de quoi parle ...? what's ... about? (II; 8)

  tu parles! go on!, come on!, tell me about it! (1)

parmi among (II)

les paroles *f.pl.* words *(to a song)* (I)

part: ne . . . nulle — not anywhere (3)

le parti party, side (12)

la partie game (II)

  faire — de to belong to (I)

  faire une — (de) to play a game (of) (I)

partiel: à temps — part-time (9)

partir to leave (I); to go (2)

  — à l'étranger to go abroad (I)

partout everywhere (II)

parvenir à + *inf.* to succeed in *(doing something)* (11)

pas not (I)

  ne ... — not (I)

  — du tout not at all (I)

le passage passage (8)

le passager, la passagère passenger (II)

le passant, la passante passerby (3)

le passeport passport (II)

passer to spend *(time);* to pass (I); to go by, to get by (II)

  je vous le (la) passe I'll put him (her) on (the phone) (II)

  — l'aspirateur to vacuum (II)

  — la douane to go through customs (II)

passer *(continued)*:
 — **son temps à** + *inf.* to spend one's time *(doing something)* (II)
 — **un coup de fil** to give someone a call (II)
 — **un examen** to take a test (I)
 — **un film** to show a film (II)
 se — to happen (II)
le passe-temps pastime (8)
passionnant, -e exciting (II)
passionner to interest, to fascinate (1)
le pâté pâté, loaf or spread of chopped meat (I)
les pâtes *f.pl.* noodles (II)
patiemment patiently (I)
la patience patience (II)
patient, -e patient (I)
le patin skate, skating (II)
 faire du — **à glace** to ice skate (II)
 faire du — **à roulettes** to roller skate (II)
 les —**s à glace** ice skates (II)
 les —**s à roulettes** roller skates (II)
patiner to skate (II)
la patinoire skating rink (II)
la pâtisserie pastry; pastry shop (I)
le pâtissier, la pâtissière pastry cook; pastry shop owner (I)
le patron, la patronne boss (9)
 pauvre poor (I)
 payé, -e paid (9)
 payer to pay (II)
 — **un supplément** to pay extra (II)
le pays country (I)
 le — **en voie de développement** developing country (14)
le paysage landscape (II; 13)
les Pays-Bas *m.pl.* the Netherlands (2)
le Pays Basque Basque region (11)
la peau skin (II)
la pêche peach (I); fishing (II)
 aller à la — to go fishing (II)
le peigne comb (II)
 peigner to comb *(someone's hair)* (II)
 se — to comb (one's hair) (II)
peindre to paint (4)
la peine: pas la — **de** + *inf.* no need to (4)
peint: le papier — wallpaper (4)
le peintre painter (4)
la peinture painting (II); paint (4)
 faire de la — to paint *(pictures)* (II)
 la — **à l'huile** oil painting (13)
 la — **murale** mural (13)
la pellicule film (I)

la pelouse lawn (I)
pendant during; for (I)
 — **que** while (I)
la péninsule peninsula (II)
penser to think (I)
 — **à** to think of/about (I)
 — **de** to think of, to have an opinion about (I)
 — **que oui (non)** to think so (not) (I)
la pension complète room with three meals a day (II)
perdre to lose (I)
 — **son temps à** + *inf.* to waste one's time *(doing something)* (II)
 se — to get lost (2)
le père father (I)
se perfectionner to improve (1)
 perm: être en — to be in study hall (I)
 permanence: la salle de — study hall (I)
permettre à ... de + *inf.* to let, to permit, to allow (II)
 vous permettez? allow me, pardon me (II)
le permis de conduire driver's license (II)
le personnage character (6); important person (8)
la personne person (I)
 en — in person (9)
 ne ... — not anyone, no one, nobody (I)
le personnel: le chef du — head of personnel (9)
persuadé, -e persuaded (12)
persuader to persuade (12)
peser to weigh (II)
pessimiste pessimistic (15)
petit, -e small, little, short (I)
 le — **ami, la** —**e amie** boyfriend, girlfriend (II)
 le — **déjeuner** breakfast (I)
 la —**e annonce** classified ad (II)
 la —**e-fille** granddaughter (II)
 le —**-fils** grandson (II)
 le — **four** petit four, small cake (II)
 le — **gâteau sec** cookie (II)
 le — **mot** note, short letter (II)
 les —**s-enfants** *m.pl.* grand-children (II)
 les —**s pois** *m.pl.* peas (I)
la pétition petition (15)
le pétrole oil (14)
peu:
 — **confortable** uncomfortable (I)

 — **de** few, little (I)
 — **de temps** a short time (II)
 — **probable** unlikely (9)
 un — **(de)** a little (of) (I)
le peuple people (11)
la peur:
 avoir — **(de)** to be afraid (of) (I)
 faire — **à** to frighten, to scare (I)
 peut-être maybe, perhaps (I)
la pharmacie pharmacy (II)
le pharmacien, la pharmacienne pharmacist (II)
la photo photograph (I)
photographe *m.&f.* photographer (II)
la phrase sentence (II)
physique: l'éducation — **(et sportive) (l'E.P.S.)** *f.* gym (I)
la physique physics (I)
le piano piano (I)
la pièce play; coin; room (I)
 cost + **la** — apiece, for each one (II)
 monter une — to put on a play (II)
le pied food (I)
 à — on foot (I)
 la course à — (foot)race (II)
 le doigt de — toe (II)
le piéton pedestrian (3)
la pile battery (II)
le pilote pilot (II)
le pinceau, *pl.* **les pinceaux** paint-brush (4)
les pinces *f.pl.* pliers (4)
le pique-nique, *pl.* **les pique-niques** picnic (II)
 faire un — to have a picnic (II)
la piqûre shot, injection
 faire une — **à** to give an injection (II)
 pis: tant — too bad (II)
la piscine swimming pool (I)
la piste ski run, slope; runway (II)
 pittoresque picturesque (2)
la pizza pizza (I)
le placard closet (I); cupboard (II)
la place square, plaza (I); seat, room, space (II)
 à ma (ta, *etc.*) — if you were me (if I were you, *etc.*) (II)
le plafond ceiling (II)
la plage beach (I)
se plaindre (de) to complain (about) (4)
 plaire à to please (2)
 ça me (te, *etc.*) **plaît** I (you, *etc.*) like it (that) (II)

plaire (*continued*):
   se — to be pleased, to enjoy oneself (2)
plaisanter to be kidding (II); to joke (1)
le **plaisir**:
   avec — with pleasure (II)
   faire — **à** to please (7)
le **plan** city map (II)
   à l'arrière-in the background (13)
   au premier — in the foreground (13)
la **planche**:
   faire de la — **à rouletes** to go skateboarding (II)
   faire de la — **à voile** to go sailboarding (II)
   la — **à roulettes** skateboard (II)
   la — **à voile** sailboard (II)
le **plancher** floor (II)
la **planète** planet (15)
le **plan-indicateur** automatic metro map (II)
la **plante** plant (II)
   la — **en fleur** flowering plant (II)
   planter to plant (4)
le **plastique** plastic (II)
   en — (*made of*) plastic (II)
   plat: à — flat (*tire*) (II)
le **plat** dish; course (I)
   le — **principal** main course (I)
le **plâtre** cast (II)
   dans le — in a cast (II)
   plein, -e full (II)
   en — **air** outdoors (II)
   en — **e forme** in tip-top shape (II)
   faire le — to fill up (*with gas*) (II)
pleurer to cry (II)
pleuvoir to rain (I)
   il pleut des cordes it's raining cats and dogs (II)
le **plombier** plumber (4)
la **plongée** diving (II)
   faire de la — to dive (II)
   faire de la — **sous-marine** to go scuba diving (II)
   la — **sous-marine** scuba diving (II)
   plonger to dive (II)
la **pluie** rain (I)
la **plupart (de)** most (of), the majority (of) (II)
   plus more, *adj./adv.* + -er (I;11)
   de — **en** — **(de)** more and more (II)
   le/la — + *adj./adv.* the most, the *adj./adv.* + -est (II)
   moi non — neither do I (I)

ne ... — no longer, not anymore (I)
ne ... — **de** no more (of) (I)
— ... que more ... than (I)
plusieurs several (I)
plutôt rather (II)
le **pneu** tire (II)
la **poche**:
   l'argent de — *m.* spending money, allowance (I)
   le livre de — paperback (I)
la **poêle** frying pan (II)
le **poème** poem (I)
le **poète** poet (8)
le **poids** weight (II)
le **poignet** wrist (II)
le **point**:
   à — medium (*meat*) (I)
   être sur le — **de** + *inf.* to be about to (15)
   le — **de départ** point of departure (II)
   pointe: les heures de — *f.pl.* rush hour (II)
la **pointure** size (*shoes, gloves*) (II)
   quelle — **faites-vous?** what size do you take? (II)
la **poire** pear (I)
les **pois: les petits** — *m.pl.* peas (I)
le **poisson** fish (I)
la **poissonnerie** fish market (I)
le **poissonnier, la poissonnière** fishmonger (I)
la **poitrine** chest (II)
le **poivre** pepper (I)
le **poivron** green pepper (II)
   poli, -e polite (I)
   policier, -ière *adj.* detective (I)
   poliment politely (I)
   politique political (12)
la **politique** politics (12)
la **pollution** pollution (3)
la **pomme** apple (I)
   la — **de terre** potato (I)
   la purée de —**s de terre** mashed potatoes (II)
le **pont** bridge (I)
   faire le — to take an extra day off (11)
le **porc: le rôti de** — pork roast (I)
le **port** port (II)
la **porte** door (I)
   la — **d'embarquement** departure gate (II)
le **portefeuille** wallet, billfold (I)
   porter to wear; to carry (I)

le **portrait** portrait (13)
   poser:
   — sa candidature to apply for (*a job*) (9)
   — une question to ask a question (I)
   possible possible (I)
   postal, -e:
   la boîte —**e (B.P.)** post office (P.O.) box (II)
   la carte — post card (I)
   le code — zip code (II)
la **poste** post office (I)
la **poterie** pottery (II)
   faire de la — to make pottery (II)
le **potier** potter (13)
la **poubelle** garbage can (4)
le **pouce** thumb (II)
la **poule** hen (I)
le **poulet** chicken (I)
   le — **provençal** chicken provençal (I)
la **poupée** doll (II)
   pour for; + *inf.* in order to (I)
   — que so that (15)
le **pourboire** tip (II)
   pourquoi (pas)? why (not)? (I)
   pourri, -e rotten (II)
   poursuivre to pursue; to continue (9)
   pourtant however (8)
   pousser to push (II)
   — à + *inf.* to force, to make (*someone do something*) (10)
la **poussière** dust (4)
   pouvoir to be able, can (I)
   il se peut it's possible (9)
   je peux ...? May I ...? (I)
   pratique practical (II)
   précédent, -e previous (9)
   prédire to predict (15)
   préférable preferable (9)
   préféré, -e favorite (I)
   préférer to prefer (I)
   premier, -ière first (I)
   au — **étage** on (to) the second floor (I)
   au — **plan** in the foreground (13)
   la matière —**ère** raw material (14)
   le — + *month* the first of (I)
   le — **ministre** prime minister (12)
la **première** opening night (6)
   prendre to take; to have (*food or drink*) (I)
le **prénom** first name (II)
   préparer to prepare (I)

préparer (continued):
  se — to get ready (1)
près de near (I)
présent, -e present (I)
présenter to introduce, to present (II)
  se — à to go to, to present
    oneself at (II)
  se — aux élections to run for
    office (12)
le président, la présidente president (12)
presque almost (II)
pressé, -e in a hurry (II)
  le citron — lemonade (I)
la presse the press (10)
se presser to hurry (2)
prêt, -e ready (II)
prêter (à) to lend (I)
prévenir to warn (15)
prévoir to foresee (15)
prier:
  je vous prie de + *inf.* (*formal*)
    please (9)
  je vous (t')en prie you're
    welcome (I)
principal, -e; *pl.* **principaux, -ales**
  main (I)
le principal, la principale principal
  (*middle school*) (I)
le printemps spring (I)
  au — in the spring (I)
la priorité right of way (3)
  respecter la — to yield (3)
le prix price (II)
  faire un — à to give a deal to, to
    offer a reduced price (II)
probable: peu — unlikely (9)
probablement probably (7)
le problème problem (I)
prochain, -e next (I)
proche near, close (2)
produire to produce (13)
prof *m.&f.* teacher (I)
le professeur teacher (I)
  la salle des —s teachers' lounge (I)
la profession profession (9)
profiter de to take advandage of (II)
le programme program (6)
le progrès: faire des — to make
  progress, to improve (I)
le projecteur projector; spotlight (II)
le projet plan (I)
  promenade: faire une — to take a
    walk (I)
promener to take for a walk (II)
  se — to take a walk (II)

la promesse promise (12)
promettre à ... de ... + *inf.* to
  promise (*someone to do*
  something) (I)
promis: c'est —! that's a promise! (II)
prononcer to pronounce (I)
proposer (à ... de ...) to suggest, to
  propose (*to someone to do*
  something) (I)
propre clean (I); own (II)
protester to protest (against) (15)
provençal, -e; *pl.* **provençaux, -ales**
  of (from) Provence (I)
  la tomate —e stuffed tomato (II)
la province province (I)
  de — provincial (5)
le proviseur principal (*male*) of a lycée (II)
les provisions *f.pl.* groceries (II)
la prune plum (II)
le public audience (6)
publicitaire: le rédacteur, la
  rédactrice — ad copywriter (9)
la publicité (la pub) ad, commercial (I)
  l'agence de — ad agency (9)
  le dessinateur, la dessinatrice de
    — commercial artist (9)
publique: les toilettes —s public
  toilet (3)
les puces *f.pl.*: **le marché aux —** flea
  market (II)
puis then (II)
puis-je ...? (*formal*) may I?, can I? (4)
puisque since (II)
la puissance power (14)
puissant, -e powerful (11)
le pull sweater (I)
la purée de pommes de terre mashed
  potatoes (II)

le quai platform (II)
la qualification qualification (9)
la qualité quality (II)
quand when (I)
  depuis —? since when? how
    long? (II)
  — même anyway, all the same;
    really! (II)
quant à as for (12)
quarante forty (I)
le quart:
  le — d'heure quarter hour (I)
  time + **et —** quarter past (I)
  time + **moins le —** quarter to (I)
le quartier district, neighborhood (3)

quatorze fourteen (I)
quatre four (I)
quatre-vingt-dix ninety (I)
quatre-vingts eighty (I)
quatrième fourth (I)
que that; than (I); whom; as (II)
  ce — what (II)
  ne ... — only (I)
  —? what? (I)
québécois, -e Quebecois, from
  Quebec (I)
quel, quelle what, which (I)
  — ...! what (a) ...! (I)
quelque chose something (I)
quelquefois sometimes (I)
quelques a few, several (I)
quelqu'un someone (I)
qu'est-ce que what (I)
  — ...! isn't that ...! (II)
  —'il y a? what's the matter? (I)
  — tu as? what's the matter with
    you? (I)
qu'est-ce qui? what? (I)
  — ne vas pas? what's wrong? (I)
la question question (I)
  poser une — to ask a question (I)
la queue: faire la — to stand in line (II)
qui who, whom (I); which (II)
  à — ...? whose ...? to whom ...? (I)
  ce — what (II)
  — est-ce? who's that? (I)
  — est-ce que? whom? (I)
  — est-ce qui? who? (I)
la quiche lorraine quiche lorraine (I)
une quinzaine de jours two weeks (II)
quinze fifteen (I)
  — jours two weeks (II)
quitter to leave (*a person or place*) (I)
  ne quittez pas hold the line (II)
quoi what (I)
  à — what (I)
  de — of what (I)
  il n'y a pas de — don't mention
    it (II)
  n'importe — anything (12)
  — de neuf? what's new (II)
quoique although (15)
quotidien, -ne daily (3)
le quotidien daily (*publication*) (10)

raccrocher to hang up (the phone)
  (II)
raconter to tell, to tell about (II)
la radio radio (I)

la **radio-cassette,** *pl.* **les radio-cassettes** boom box (I)
raide straight (I)
le **raisin** grape (I)
la **raison: avoir —** to be right (I)
ralentir to slow down (II)
ramener to bring back (2)
la **randonnée** hike, hiking (II)
  faire une — to go hiking (II)
le **randonneur, la randonneuse** hiker (II)
ranger to put away; to arrange, to straighten (II)
rapide fast, quick (I)
rappeler to call back (II); to remind (5)
  se — to recall (6)
rapporter to bring in *(money)* (15)
rare rare, unusual (5)
rarement rarely (II)
se **raser** to shave (II)
le **rasoir** razor (II)
rater to miss (II)
  — un examen to fail a test (I)
ravi, -e very happy (7)
le **rayon** department *(of a store)* (II)
le **réalisateur, la réalisatrice** director *(video, TV)* (II)
réaliser to make, to produce (13)
réaliste realistic (13)
récemment recently (14)
récent, -e recent (I)
la **réception** reception desk; reception, party (II)
réceptionniste *m.&f.* receptionist (II)
la **recette** recipe (4)
recevoir to receive (II)
le **réchaud** portable stove (II)
se **réchauffer** to get warmed up (II)
la **recherche** research (10)
le **récit** story (8)
réciter to recite (6)
recommander (de + *inf.*) to recommend (12)
reconnaître to recognize (I)
la **récréation (la récré)** break, recess (I)
reçu, -e: être — to pass, to be accepted (1)
le **rédacteur, la rédactrice** editor, copywriter (9)
  le —, la — publicitaire ad copywriter (9)
la **rédaction** composition (II); editing (10)
rédiger to write *(articles, compositions, etc.)* (8)
réduire to reduce (12)
le **réfrigérateur (le frigo)** refrigerator (II)

refuser (de) to refuse (to) (I)
regarder to look at, to watch (I)
le **régime** diet (II)
la **région** region (II)
régler to arrange (6)
regretter to be sorry (II)
régulièrement regularly (II)
la **reine** queen (11)
la **remarque** comment, remark (10)
remarquer to notice (II)
remercier (pour) to thank (for) (I)
remplacer to replace (9)
remplir to fill out, to fill (II;9)
  — de to fill with (II)
rencontrer to meet, to run into (II)
le **rendez-vous** appointment (I)
  avoir — to have an appointment (I)
  donner — to arrange to meet (12)
  prendre — to make an appointment (I)
rendre to return *(something)*, to give back (I)
  — + *adj.* to make + *adj.* (12)
  — visite à to visit (13)
  se — compte (de) to realize (2)
les **renseignements** *m.pl.* information (I)
se **renseigner** to inquire (2)
  se — auprès de to inquire of (3)
rentrer to go/come back, to return, to come/go home (I)
le **réparateur, la réparatrice** repairperson (4)
réparer to repair, to fix (II)
le **repas** meal (I)
répéter to rehearse (II)
la **réplique** line *(of a script)*; reply (6)
répondre (à) to answer, to reply (to) (I)
la **réponse** answer (I)
le **reportage** report (10)
se **reposer** to rest, to relax (II)
le **représentant, la représentante** salesperson (II)
représenter to represent, to depict (13)
la **reproduction** print (13)
reproduire to reproduce (13)
la **république** republic (12)
la **République Centrafricaine** Central African Republic (14)
réserver to reserve (II); to have in store (15)
respecter to obey (3)
  — la priorité to yield the right of way (3)

ressembler à to resemble, to look like (II)
la **ressource** resource (15)
le **restaurant** restaurant (I)
rester to stay, to remain (I)
résumer to summarize (6)
le **retard** lateness (7)
  avoir + *time* + de — to be + *time* + late (1)
  en — late (I)
le **retour: l'aller et — *m.*** round-trip ticket (II)
retourner to go back, to return (I)
la **retraite** retirement (9)
  être à la — to be retired (9)
  prendre sa — to retire (9)
Réunion: l'île de la — Reunion (13)
se **réunir** to meet (10)
réussir (à + *inf.*) to succeed *(in doing something)* (II)
  — un examen to pass a test (I)
le **rêve: faire de beaux —s** to have sweet dreams (II)
rêver (de) to dream (of) (II)
le **réveil** alarm clock (II)
réveiller to wake someone up (II)
  se — to wake up (II)
revenir to come back, to return (I)
rêver (de) to dream (about) (II)
réviser to go over, to review (II)
revoir: au — good-bye (I)
la **révolution** revolution (11)
la **revue** magazine (10)
le **rez-de-chaussée** ground floor, main floor (II)
le **rhume** cold (I)
riche rich (I)
le **rideau,** *pl.* **les rideaux** curtain, draperies (II)
rien nothing (I)
  ça ne fait — it doesn't matter (II)
  ça ne me dit — it doesn't grab me (II)
  de — don't mention it (I)
  ne ... — not anything, nothing (I)
la **rime** rhyme (8)
rire to laugh (2)
risquer de + *inf.* might (2)
le **riz** rice (I)
la **robe** dress (I)
le **robinet** faucet (4)
le **rocher** boulder, rock (II)
le **rock** rock *(music)* (I)
le **roi** king (11)
le **rôle** role (I)

le roman novel (I)

le romancier, la romancière novelist (8)

le rosbif roast beef (I)

rose pink (I)

la rose rose (II)

rosé: le vin — rosé wine (I)

le rôti de porc (de veau) roast pork (veal) (I)

rouge red (I)

rougir to blush (I)

roulant: l'escalier — *m.* escalator (II)

rouler (en) to drive around (in), to run *(vehicles)* (II)

roulette:

    faire de la planche à —s to go skateboarding (II)

    faire du patin à —s to roller-skate (II)

    les patins à —s *m.pl.* roller skates (II)

    la planche à —s skateboard (II)

rouspéter to grumble, to complain (II)

la route road (I)

    faites bonne —! have a good trip! (II)

    se mettre en — to start off, to get going (II)

routier, -ière: la carte —ière road map (I)

roux, rousse redheaded (I)

le Ruanda Rwanda (14)

la rubrique section *(of a newspaper, magazine)* (10)

la rue street (I)

sa his, her, its (I)

le sable sand (II)

le sac purse; bag, tote bag (I)

    le — à dos, *pl.* **les —s à dos** backpack (I)

    le — de couchage sleeping bag (II)

sage well-behaved (II)

saignant, -e rare *(meat)* (I)

la saison season (I)

la salade salad (I)

    la — niçoise niçoise salad (II)

sale dirty (I)

salé, -e salty (II)

    le biscuit — cracker (II)

la salle:

    faire — comble to play to packed houses (6)

    la — à manger dining room (I)

    la — d'attente waiting room (II)

la — de bains bathroom (I)

la — de classe classroom (I)

la — de documentation school library (I)

la — de permanence study hall (I)

la — des professeurs teachers' lounge (I)

la — d'exposition showroom (II)

le salon living room (I)

    le — de coiffure beauty shop, barber shop (II)

la salopette bibbed ski pants (II)

saluer to bow (to) (6)

salut hi; bye (I)

samedi *m.* Saturday (I)

le sandwich, *pl.* **les sandwichs** sandwich (I)

le sang blood (II)

sans without (I)

    — que without (15)

la santé health (II)

la sauce sauce (I)

le saucisson sausage (I)

sauf except (II)

sauter to jump (II)

savoir to know, to know how (I)

le savon soap (II)

la scène stage (II); scene (6)

    le metteur en — director *(movies, theater)* (II)

la scie saw (4)

la science-fiction (s.-f.) science fiction (II)

les sciences *f.pl.* science (I)

    les — économiques economics (1)

scientifique *m.&f.* scientist (15)

le sculpteur sculptor (13)

la sculpture sculpture (II)

    faire de la — to sculpt, to do sculpture (II)

se himself, herself, oneself (I); each other (II;2)

sec, sèche dry (II)

    le petit gâteau — cookie (II)

le sèche-cheveux hair dryer (II)

le sèche-linge, *pl.* **les sèche-linge** dryer (II)

sécher to dry (II)

    se — to dry oneself (II)

la sécheresse drought (14)

secrétaire *m.&f.* secretary (9)

la sécurité: la ceinture de — seatbelt (II)

seize sixteen (I)

le séjour stay, time spent, sojourn (II)

    faire un — to stay *(in a place)* (7)

le sel salt (I)

selon according to (II)

la semaine week (I)

    toutes les deux —s every other week (10)

sembler to seem (9)

sénégalais, -e Senegalese (14)

sensationnel, -le terrific, sensational (II)

sensible sensitive (II)

le sens unique one-way (3)

le sentier path (II)

sentir to smell (II)

    se — to feel (II)

sept seven (I)

septembre *m.* September (I)

la séquence video clip (II)

sérieux, -euse serious, conscientious (I)

se serrer la main to shake hands (7)

le serveur, la serveuse waiter, waitress (I)

le service:

    le — des objets trouvés lost and found (II)

    le — est compris tip is included (I)

    le — militaire military service (11)

la serviette napkin (I); towel (II)

servir to serve (I)

    sers-toi! servez-vous! help yourself (II)

    — à to be used for (II)

    se — de to use (II)

ses *pl.* his, her, its (I)

le set placemat (I)

seul, -e alone (I)

seulement only (I)

    si — + *imperfect* how about … ! if only … ! (II)

sévère strict, stern (I)

le shampooing shampoo (II)

le short shorts (I)

si yes; if; so (I); whether (II)

    mais —! oh, yes! (I)

le siècle century (I)

le siège seat (II)

le sien, la sienne his, hers (10)

siffler to whistle; to boo (6)

signer to sign (II)

simple simple (4)

sincère sincere (I)

sinon otherwise, if not (II)

la situation situation (14)

situé, -e situated (II)

six six (I)

le **ski** ski (I)
    faire du — to ski (I)
    faire du — nautique to water-ski (I)
    la station de — ski resort (II)
skier to ski (II)
snob snobbish (I)
social, -e: l'assistant(e) —(e) social worker (15)
la **société** company (9)
la **sœur** sister (I)
la **soif: avoir —** to be thirsty (I)
soigner to take care of (II)
    se — to take care of oneself (II)
le **soir** evening, in the evening (I)
    ce — tonight (I)
    du — P.M., in the evening (I)
la **soirée** evening (I)
    bonne — have a nice evening (I)
soit … soit either … or (2)
soixante sixty (I)
soixante-dix seventy (I)
le **soldat** soldier (5)
le **solde** sale (II)
    en — on sale (II)
le **soleil** sun (I)
    il fait du — it's sunny (I)
    le coucher du — sunset (II)
    le lever du — sunrise (II)
    les lunettes de — *f.pl.* sunglasses (I)
la **solution** solution (3)
sombre dark (13)
le **sommeil: avoir —** to be sleepy (I)
son his, her, its (I)
le **sondage** poll (12)
sonner to ring, to sound (II)
    ça sonne the bell's ringing (I)
la **sortie** exit (I)
sortir to go out (I); to take out (II)
la **soucoupe** saucer (I)
le **soufflé** soufflé (II)
    le —à l'orange orange soufflé (II)
souffrir to suffer (14)
souhaiter (à … de + *inf.)* to wish *(someone something)* (II)
soulever to raise (10)
la **soupe** soup (I)
la **source** source (15)
sourire to smile (2)
le **sourire** smile (I)
sous under (I)
sous-marine:
    faire de la plongée — to go scuba diving (II)
    la plongée — scuba diving (II)
le **sous-sol** basement (II)

sous-titré, -e with subtitles (II)
le **sous-titre** subtitle (II)
les **sous-vêtements** *m.pl.* underwear (II)
le **souvenir** souvenir (I)
se souvenir de to remember (II)
souvent often (I)
la **spécialité** specialty (II)
le **spectacle** show (6)
le **spectateur, la spectatrice** spectator (I)
splendide splendid, magnificent (2)
le **sport:**
    faire du — to play sports (I)
    le rayon des —s sporting goods department (II)
    la station de —s d'hiver winter sports resort (II)
    le terrain de — playing field (I)
    la voiture de — sports car (II)
sportif, -ive athletic (I)
    l'éducation physique (et —ive) (l'E.P.S.) *f.* gym (I)
le **stade** stadium (I)
le **stage** on-the-job training (9)
    faire un — to have on-the-job training (9)
stagiaire *m.&f.* trainee (9)
standardiste *m.&f.* switchboard operator (9)
la **station** station (II)
    la — de ski ski resort (II)
    la — de sports d'hiver winter sports resort (II)
stationnement: en — interdit in a no-parking zone (3)
stationner to park (II)
la **station-service,** *pl.* **les stations-service** gas station (II)
la **statue** statue (I)
    stéréo: la chaîne —, *pl.* **les chaînes — stereo** (II)
le **steward** flight attendant *(male)* (II)
le **stop** stop sign (3)
strict, -e strict (7)
la **strophe** stanza *(of a poem)* (8)
le **studio vidéo** TV studio (II)
le **style** style (8)
le **stylo** pen (I)
subjectif, -ive subjective (10)
le **succès: avoir du —** to be successful (6)
sucré, -e sweet (II)
le **sucre** sugar (I)
le **sud** south (I)
le **sud-est** southeast (I)
le **sud-ouest** southwest (I)
la **Suède** Sweden (2)

suédois, -e Swedish (2)
suffit: ça —! that's enough! (II)
suisse Swiss (I)
la **Suisse** Switzerland (I)
    suite: tout de — right away, immediately (I)
suivant, -e following (II)
suivre to follow; to take *(a course)* (II)
le **sujet** topic, subject (1)
super great (I)
superbe superb (II)
le **supermarché** supermarket (I)
le **supplément: payer un —** to pay extra (II)
supplémentaire: faire des heures —s to work overtime (9)
supporter to put up with (7)
sur on (I)
    — la photo in the photograph (I)
sûr, -e sure (I)
    bien — of course, certainly (I)
surgelé, -e frozen (II)
les **surgelés** *m.pl.* frozen food (II)
surprendre to surprise (7)
surpris, -e surprised (II)
la **surprise** surprise (7)
surtout especially (I)
    — pas! absolutely not! (I)
le **survêtement** sweatsuit (II)
sympathique (sympa) nice, likable (I)
le **syndicat d'initiative** tourist office (2)

ta your (I)
la **table** table (I)
le **tableau,** *pl.* **les tableaux** chalkboard (I); painting (II)
la **tâche** chore, task (15)
la **taille** size *(clothing)* (II)
    quelle — faîtes-vous? what size do you take? (II)
le **tailleur** woman's suit (II)
le **talent** talent (6)
    tant (de) so many, so much (II)
    — mieux so much the better (II)
    — pis too bad (II)
la **tante** aunt (I)
taper (à la machine) to type (II)
le **tapis** rug (II)
tapisser de papier peint to hang wallpaper (4)
tard late (II)
la **tarte** pie (I)
la **tartine** piece of bread and butter (I)
    tas: des — de loads of, heaps of (1)

la tasse cup (I)
le taxi taxi (I)
le Tchad Chad (14)
te you; to (for, from) you (I)
le technicien, la technicienne technician (II)
la technologie technology (11)
le tee-shirt T-shirt (I)
la télé television, TV (I)
le télégramme telegram (II)
le téléphone phone (I)
    parler au — to talk on the phone (I)
téléphoner (à) to phone (I)
téléphonique: la cabine — phone booth (3)
le téléski ski lift (II)
    tellement so (II)
    — de so much (of), so many (of) (II)
le témoin witness (II)
    tempéré, -e moderate, temperate (II)
le temps weather; time (I)
    à — in time (1)
    à — complet full-time (9)
    à — partiel part-time (9)
    ça prend combien de — pour …? how long does it take to …? (I)
    de mon — in my day (1)
    depuis combien de —? (for) how long? (II)
    de — en — from time to time (II)
    l'emploi du — *m.* class schedule (I)
    en même — (que) at the same time (as) (II)
    le — libre spare time (II)
    passer/perdre son — à + *inf.* to spend/waste one's time *(doing something)* (II)
    peu de — a short time (II)
    quel — fait-il? what's the weather like? (I)
  tenir to hold, to have (4)
    se — au courant de to keep up with (10)
    se — bien (mal) to behave well (badly) (7)
    tenez here you are, take this (2)
    — à to value, to maintain (5)
    — en haleine to keep in suspense (8)
le tennis tennis; tennis shoe (I)
la tente tent (II)
    terminer to finish, to complete (II)
    terne dull (13)
le terrain:
    le — de camping campground (II)

le — de sport playing field (I)
la terrasse (d'un café) sidewalk café (I)
la terre soil, land, earth (II)
    par — on the ground (I)
    la pomme de — potato (I)
  terrible great, tremendous (II)
    pas — not so hot (II)
tes *pl.* your (I)
la tête head (I)
    coûter les yeux de la — to cost an arm and a leg (II)
    faire la — to make a face; to pout (II)
    la grosse — top student (1)
le texte script, text (6)
    l'explication de — *f.* analysis of a passage (8)
le thé tea (I)
le théâtre theater (I)
le ticket ticket (II)
le tien, la tienne yours (10)
    tiens! say! well!; here you go!; take this! (I)
le timbre stamp (I)
    timide shy (I)
le tiroir drawer (II)
le titre title (II)
    les (gros) —s headlines (10)
  toi you (I)
    —-même yourself (II)
la toile canvas (13)
la toilette:
    l'article de — toilet article (II)
    faire sa — to wash up (II)
    le gant de — wash mitt (II)
    les —s *f.pl.* restroom, toilet (I)
    les —s publiques public toilet (3)
le toit roof (II)
la tomate tomato (I)
    la — provençale stuffed tomato (II)
  tomber to fall (I)
    — en panne to break down (II)
    — en panne d'essence to run out of gas (II)
    — malade to get sick (II)
  ton your (I)
la tondeuse lawn mower (4)
    tondre le gazon to mow the lawn (4)
le tonnerre thunder (II)
    il y a du — it's thundering (II)
  tort: avoir — to be wrong (I)
  tôt early (II)
  toucher to cash (II)
  toujours always; still (I)
la tour tower (I)

le tour:
    à ton — your turn (6)
    chacun son — each in turn, wait your turn (II)
    faire un — to go for a walk or ride (7)
le tourisme:
    le bureau de — tourist office (I)
    faire du — to sightsee (I)
    touriste: en classe — in tourist class (II)
    touriste *m.&f.* tourist (I)
    touristique *adj.* tourist (II)
le tourne-disque record player (I)
le tournedos *(meat)* filet (I)
  tourner to turn (I)
    — un film to make/shoot a film (II)
le tournevis screwdriver (4)
  tous, toutes *pron.* all (II)
    — les + *number* + *noun* every (II)
    les deux both (of us, of you, of them) (II)
    — les deux + *time period* every other (10)
  tousser to cough (II)
  tout *adv.:*
    en — cas in any case (II)
    — à coup suddenly (I)
    — à fait completely, totally (II)
    — à l'heure a while ago; in a little while (II)
    — de suite right away, immediately (I)
    — droit straight ahead (I)
  tout *pron.* all; everything (I)
    pas du — not at all (I)
  tout, -e; *pl.* **tous, toutes** all, every (I)
    de —e façon in any case, anyhow (II)
    — le monde everybody (I)
  toutefois however (14)
le trac: avoir le — to have stage fright (6)
la tradition tradition (5)
la tragédie tragedy (6)
le train train (I)
    être en — de + *inf.* to be in the process/middle of *(doing something)* (II)
le trajet trip, ride, distance *(of a trip)* (II), commute (3)
la tranche slice (I)
  tranquille peaceful, quiet (3)
le transparent overhead transparency (II)

les transports en commun *m.pl.* public transportation (3)
le travail work (I)
travailler to work (I)
travailleur, -euse hardworking (II)
traverser to cross (I)
le traversin bolster (II)
treize thirteen (I)
trente thirty (I)
très very (I)
la tribu tribe (14)
tricher (à) to cheat (at) (II)
tricolore three-colored (11)
le drapeau — French flag (11)
triste sad (I)
trois three (I)
troisième third (I)
se tromper (de) to be mistaken (about) (II)
trop too (I)
— (de) too much, too many (I)
tropical, -e; tropicaux, -ales tropical (II)
le trottoir sidewalk, pavement (II)
la troupe cast (6)
trouver to find (I)
comment trouvez-vous …? what do you think of …? how do you like …? (II)
se — to be found, to be located (II)
— + adj. to think something is + adj. (II)
tu you (I)
la tulipe tulip (II)
le tuyau, *pl.* **les tuyaux** water pipe (4)
le — d'arrosage garden hose (4)
le type guy (II)
typiquement typically (7)

un, une a, an; one (I)
à la une on the front page (10)
encore — still another (8)
l'uniforme *m.* uniform (11)
unique only (I)
le sens — one-way (3)
s'unir to unite (11)
l'université *f.* university (II)
l'usine *f.* factory (I)
utile useful (4)
utiliser to use (II)

les vacances *f.pl.* vacation (I)
en — on vacation (I)
la colonie de — summer camp (I)
la vache cow (I)

vaincre to beat, to defeat (12)
la vaisselle: faire la — to do dishes (I)
la valise suitcase (I)
faire sa — to pack one's suitcase (II)
la vallée valley (II)
valoir to be worth (II)
il vaut mieux + inf./que + subj. it's better (preferable) to/that (II)
— le coup (de + inf.) to be worth it (to) (13)
vanille: à la — *(made with)* vanilla (I)
varié, -e varied (II)
le vase vase (II)
vaut *see* **valoir**
le veau:
la blanquette de — veal stew (I)
le rôti de — veal roast (I)
la vedette star (II)
la veine: avoir de la — to be lucky (1)
le vélo bicycle (I)
faire du — to go bike riding (I)
le vendeur, la vendeuse salesperson (I)
vendre to sell (I)
vendredi *m.* Friday (I)
venir to come (I)
— chercher to come to get, to pick up (II)
— de + inf. to have just *(done something)* (I)
le vent wind (I)
il fait du — it's windy (I)
le ventre stomach (II)
vérifier to check (II)
véritable real, true (10)
la vérité truth (I)
le verre glass (I)
vers toward; around (I)
le vers line of poetry (8)
verser to deposit; to pour (II)
— des arrhes to pay a deposit (II)
la version:
la — française (en v.f.) dubbed into French (II)
la — originale (en v.o.) original version with subtitles (II)
vert, -e green (I)
les espaces —s parks, greenery (3)
la veste jacket (II)
les vêtements *m.pl.* clothing (I)
les — pour dames/hommes ladies'/men's wear (II)
veuillez please (II)
— agréer mes sincères salutations *(in letters)* sincerely (9)

vexer to offend (7)
la viande meat (I)
la victoire victory (5)
vide empty (II)
vidéo: le studio — TV studio (II)
la vie life; living (II)
gagner sa — to earn a living (II)
que faites-vous dans la —? what do you do for a living? (II)
vieux (vieil), vieille; *pl.* **vieux, vieilles** old (I)
vif, vive bright *(colors)* (II)
le village village (I)
la ville city, town (I)
en — downtown, to town (I)
le vin wine (I)
le coq au — chicken cooked in wine (I)
le vinaigre vinegar (I)
la vinaigrette oil and vinegar dressing (I)
vingt twenty (I)
la vingtaine: une — de about twenty (7)
violent, -e violent (II)
violet, violette purple (I)
la vis screw (4)
la visite visit (I)
faire une — (à) to visit *(someone)* (1)
rendre — à to visit *(someone)* (13)
visiter to visit *(a place)* (I)
vitæ: le curriculum — job résumé (9)
vite hurry!; fast, quickly (I)
la vitesse speed (I)
la limite de — speed limit (3)
le vitrail, *pl.* **les vitraux** stained-glass window (13)
la vitrine shop window (II)
faire du lèche-—s to window shop (II)
vive …! hurray for …! long live …! (12)
vivre to live (II)
la façon de — way of life (7)
vœux:
la carte de — greeting card (II)
meilleurs — best wishes (II)
voici here is, here are (I)
la voie (train) track (3)
le pays en — de développement developing country (14)
voilà there is, there are (I)
la voile:
faire de la planche à — to go sailboating (II)
faire de la — to go sailing (I)
le bateau à —s sailboat (I)

la voile (continued):
    la planche à — sailboard (II)
voir to see (I)
    fais (faites) — let me see, show me (II)
le voisin, la voisine neighbor (I)
la voiture car (I)
    en —! all aboard (II)
    la — de sport sports car (II)
    la —-lit, *pl.* **les —s-lits** sleeping car (II)
    la —-restaurant, *pl.* **les —s-restaurants** dining car (II)
la voix voice (II)
    à — basse softly (8)
    à — haute out loud, loudly (8)
le vol fight; theft, robbery (II)
le volant steering wheel (II)
    au — at the wheel (II)
voler to steal, to rob (II)
le voleur, la voleuse thief, robber (II)
    au —! stop, thief! (II)
le volleyball (le volley) volleyball (I)
volontiers gladly (II)

vos *pl.* your (I)
voter to vote (12)
votre your (I)
le vôtre, la vôtre yours (10)
vouloir to want (I)
    je voudrais I'd like (I)
    ne plus — de to no longer want something, not to want anything more to do with (II)
    nous voudrions we'd like (I)
    si tu veux if you wish (I)
    veux-tu? please (II)
    — bien to be willing (I)
    — dire to mean (I)
vous you; to (for, from) you (I); each other (II;2)
    —-même(s) yourself, yourselves (II)
le voyage:
    l'agence de —s *f.* travel agency (I)
    bon —! have a nice trip (I)
    le chèque de — traveler's check (II)
    faire un — to take a trip (I)
    le — de noces honeymoon (II)

    le — organisé package tour (2)
voyager to travel (II)
le voyageur, la voyageuse traveler (II)
vrai, -e true (I)
vraiment really, truly (I)
la vue (sur) view (of) (I)

le week-end weekend (I)
le western western (*movie*) (I)
le wolof Wolof (*language of Senegal*) (14)

y there; it (I)
    ça — est! that's it! (II)
    il — a there is, there are (I)
    il — a + *time* ago (I)
le yaourt yogurt (I)
les yeux *see* œil

zéro zero (I)
zut! darn!, rats! (I)

ENGLISH-FRENCH VOCABULARY

The *English-French Vocabulary* contains all active vocabulary from *DIS-MOI!*, *VIENS VOIR!*, and *C'EST ÇA!*

A dash (—) represents the main entry word. For example, **— agency** following **ad** means **ad agency.** An asterisk before a word that begins with an *h* denotes and aspirate *h*.

The number following each entry indicates the chapter or book in which the word or expression is first introduced. Two numbers indicate that it is introduced in one chapter and elaborated upon in a later chapter. Roman numeral "I" indicates that the word was presented in *DIS-MOI!*; Roman numeral "II" that it was presented in *VIENS VOIR!*

The following abbreviations are used: *adj.* (adjective), *adv.* (adverb), *f.* (feminine), *inf.* (infinitive), *m.* (masculine), *part.* (participle), *pl.* (plural), *pres.* (present), *pron.* (pronoun), *subj.* (subjunctive).

a, an un, une; + *measure* le, la (I)
able: to be — pouvoir (I)
aboard: all —! attention au départ! en voiture! (II)

about:
    — a hundred une centaine (de) (3)
    — ten une dizaine (de) (II)
    — twenty une vingtaine (de) (7)

    — which dont (II)
how — …? si seulement + *imperfect* (II)
to be — to être sur le point de + *inf.* (15)

about *(continued):*
    what's ... —? de quoi parle ...? (8)
    what's it —? ça parle de quoi? (II)
above au-dessus de (II)
    up — en haut (II)
abroad à l'étranger (I)
    from — de l'étranger (10)
    to go — partir à l'étranger (I)
absent absent, -e (I)
absentminded distrait, -e (II)
absolutely not! surtout pas! (I)
abstract abstrait, -e (13)
Acadian acadien, -ne (5)
accent l'accent *m.* (I)
    without an — sans accent (I)
to accept accepter (II)
accident l'accident *m.* (II)
to accompany accompagner (I)
according to d'après (I); selon (II)
account le compte (II)
    in an — sur (le) compte (II)
accountant le/la comptable (II)
accounting la comptabilité (9)
acquainted: to be — with connaître (I)
across from en face de (I)
act l'acte *m.* (6)
to act agir (15)
    action l'action *f.* (6)
    active actif, -ive (II)
    activity l'activité *f.* (II)
    leisure activities les loisirs *m.pl.* (II)
    actor l'acteur *m.* (I); le comédien (6)
    actress l'actrice *f.* (I); la comédienne (6)
    ad la publicité (la pub) (I)
    — agency l'agence de publicité *f.* (9)
    — copywriter le rédacteur/la rédactrice publicitaire (9)
    classified — la petite annonce (II)
to adapt s'adapter (1)
to add ajouter (II)
    address l'adresse *f.* (I)
    adhesive bandage le pansement adhésif (II)
to admire admirer (7)
to admit admettre (15)
    adorable adorable (I)
    advantage: to take — of profiter de (II)
    adventure l'aventure *f.* (II;6)
    — film le film d'aventures (II)
    — novel le roman d'aventures (II)
    adversary l'adversaire *m.&f.* (12)

advice les conseils *m.pl.* (II)
    — column le courrier du cœur (II)
    piece of — le conseil (II)
to advise *(someone to do something)* conseiller à ... de + *inf.* (II)
aerobics l'aérobic *f.* (II)
    to do — faire de l'aérobic *f.* (II)
aerogram l'aérogramme *m.* (II)
afraid:
    I'm — so (not) je crains que oui (non) (II); oui (non), hélas (11)
    to be — (of) avoir peur (de) (I)
Africa l'Afrique *f.* (II)
African africain, -e (II)
after après (I)
    the day — le lendemain (de) (II)
afternoon l'après-midi *m.* (I)
    in the — (de) l'après-midi (I)
afterward ensuite (I)
again encore (I); de nouveau (II)
against contre (II)
age: of — majeur, -e (12)
agency l'agence *f.* (I)
ago il y a + *time* (I)
    a while — tout à l'heure (II)
to agree être d'accord (II)
agriculture l'agriculture *f.* (II)
ahead:
    go — allez-y! (II)
    straight — tout droit (I)
to aim diriger (II)
air l'air *m.* (II)
air-conditioned climatisé, -e (II)
air force l'armée de l'air *f.* (II)
air mail par avion (II)
airplane l'avion *m.* (I)
airport l'aéroport *m.* (I)
alarm clock le réveil (II)
algebra l'algèbre *f.* (I)
Algeria l'Algérie *f.* (14)
all *adj.* tout, -e, *pl.* tous, toutes; *pron.* tout (I); *pron.* tous, toutes (I)
    — aboard! attention au départ! en voiture! (II)
    — the same quand même (II)
    it's — the same to me ça m'est égal (I)
    not at — pas du tout (I)
to allow permettre à ... de + *inf.* (II)
    — me vous permettez? (II)
allowance l'argent de poche *m.* (I)
almost presque (II)
alone seul, -e (I)

along: to get — well/badly (with) s'entendre bien/mal (avec) (II)
already déjà (I)
Alsace l'Alsace *f.* (11)
    from the — region alsacien, -ne (II)
also aussi (I)
although bien que + *subj.* (15); quoique + *subj.* (15)
always toujours (I)
A.M. du matin (I)
amazed étonné, -e (II)
ambition l'ambition *f.* (15)
America l'Amérique *f.* (I)
    North — l'Amérique du Nord (I)
American américain, -e (I)
    like —s à l'américaine (7)
    the — way à l'américaine (7)
among entre (I); parmi (II)
amusing amusant, -e (I)
an un, une (I)
analysis of a passage l'explication de texte *f.* (8)
to analyze analyser (8)
ancestor l'ancêtre *m.* (II)
ancient ancien, -ne (I)
and et (I)
angry: to become — se fâcher (II)
animal l'animal, *pl.* les animaux *m.*; la bête (I)
ankle la cheville (II)
anniversary: wedding — l'anniversaire de mariage *m.* (II)
to announce annoncer (II)
announcement le faire-part, *pl.* les faire-part (II)
to annoy embêter (I)
another encore un(e) + *noun* (8)
    one — se, nous, vous (I)
    still — encore un(e) + *noun* (8)
answer la réponse (I)
to answer répondre (à) (I)
    anthem: national — l'hymne national *m.* (11)
any des; *(after negative)* de (I); ne ... aucun(e) (8)
    in — case de toute façon; en tout cas (I)
anybody: not — ne ... personne (I)
anyhow de toute façon (II)
anymore: not — ne ... plus (I)
anything n'importe quoi (12)
    not — ne ... rien (I)
    not to want — more to do with ne plus vouloir de (II)
anyway quand même (II)

anywhere: not — ne … nulle part (3)
apartment l'appartement *m.* (I)
   — building l'immeuble *m.* (I)
apiece la pièce (II)
to apologize (for) s'excuser (de) (7)
to appear se présenter (II); paraître (10)
appetizers les*hors-d'œuvre *m.pl.* (I)
to applaud applaudir (I)
apple la pomme (I)
   — pie la tarte aux pommes (I)
application la candidature (9)
to apply for *(a job)* poser sa
   candidature (9)
appointment le rendez-vous (I)
   to have (make) an — avoir
     (prendre) rendez-vous (I)
to approve approuver (6)
April avril *m.* (I)
architect l'architecte *m.&f.* (9)
architecture l'architecture *f.* (13)
to argue (with) se disputer (avec) (II)
arm le bras (I)
   to cost an — and a leg coûter les
     yeux de la tête (II)
armchair le fauteuil (II)
army l'armée *f.* (11)
around vers (I); autour de (II)
to arrange organiser (I); ranger (II);
   régler (6)
   to — to meet donner rendez-vous (12)
to arrest arrêter (II)
arrival l'arrivée *f.* (II)
   — time l'heure d'arrivée *f.* (II)
to arrive arriver (I)
art l'art *m.* (II)
article l'article *m.* (II)
   lead — l'éditorial, *pl.* les
     éditoriaux *m.* (10)
   minor —s les faits divers *m.pl.* (10)
   toilet — l'article de toilette *m.* (II)
artist l'artiste *m.&f.* (II)
   commercial — le dessinateur/la
     dessinatrice de publicité (9)
artistic artistique (II)
as a(n) comme (I)
   — … — aussi … que (II)
   — for quant à (12)
   — for me moi *(interruption)* (II)
   — much/many autant (de/que) (10)
   — soon — aussitôt que (11); dès
     que (11)
   — well également (14)
to ask (for) demander (à … de + *inf.*) (I)
   to — a question poser une
     question (I)

asleep: to fall — s'endormir (II)
aspirin l'aspirine *f.* (II)
assistance l'aide *f.* (4)
to astonish étonner (7)
astonished étonné, -e (II)
at à; chez (I)
   — last enfin (I)
   — least au moins (II)
athletic sportif, -ive (I)
athletics l'athlétisme *m.* (II)
   to do — faire de l'athlétisme (II)
Atlantic Ocean l'océan Atlantique
   m. (I)
to attach attacher (II)
to attend assister à (I)
   to — to s'occuper de (II)
attendance: to take — faire l'appel
   m. (I)
attendant: flight — le steward,
   l'hôtesse de l'air *f.* (II)
attention l'attention *f.* (10)
   to pay — **(to)** faire attention (à) (I)
attic le grenier (II)
to attract attirer (10)
audience le public (6)
August août *m.* (I)
aunt la tante (I)
author l'auteur *m.* (6)
autobiography l'autobiographie *f.* (8)
automatic metro map le plan-
   indicateur (II)
autumn l'automne *m.* (I)
   in — en automne (I)
available libre (I); disponible (9)
avenue l'avenue *f.* (II)
   on the — dans l'avenue (II)
to avoid éviter (de + *inf.*) (II); fuir (4)
aware conscient, -e (15)
awful affreux, -euse (II)
   how —! quelle horreur! (I)

baby le bébé (II)
to babysit garder (un enfant) (I)
back le dos (I); *adj.* arrière (II)
   to have a —ache avoir mal au
     dos (I)
background: in the — à l'arrière-
   plan (13)
backpack le sac à dos (II)
backstage les coulisses *f.pl.* (6)
backward en arrière (II)
bad mauvais, -e (I); *adv.* mal (I)
   it's — out il fait mauvais (I)
   that's too — c'est dommage (I)

too — tant pis (II)
badly mal (I)
bag le sac (I)
   to pack one's —s faire ses
     bagages (II)
   sleeping — le sac de couchage (II)
   tote — le sac (I)
baggage les bagages *m.pl. (II)*
baker le boulanger, la boulangère (I)
bakery la boulangerie (I)
balcony le balcon (II)
ball la balle; *(inflated)* le ballon (I)
banana la banane (II)
bandage le pansement (II)
bank la banque (I)
   on the — of au bord de (II)
banker le banquier, la banquière (II)
barber le coiffeur, la coiffeuse (II)
   — shop le salon de coiffure (II)
bargain la bonne affaire (II)
to bargain marchander (II)
baseball le baseball (I)
basement le sous-sol (II)
basket le panier (II)
basketball le basket(ball) (I)
Basque region le Pays Basque (11)
bath le bain (II)
   to take a — prendre un bain (II)
bathing suit le maillot de bain (I)
bathroom la salle de bains (I)
bathtub la baignoire (II)
battery la pile (II)
bay la baie (II)
to be être; *(located)* se trouver (I)
   it's like —ing on se croirait (5)
beach la plage (I)
beans: green — les*haricots verts *m.pl.*
   (I)
beard la barbe (II)
to beat battre (4); vaincre (12)
beautiful beau (bel), belle; *pl.* beaux,
   belles (I)
beauty shop le salon de coiffure (II)
because parce que (I); car (II)
   — of à cause de (3)
to become devenir (I)
bed le lit (II)
   to go to — se coucher (II)
   to put to — coucher (II)
bedroom la chambre (à coucher) (I)
bee l'abeille *f.* (14)
beef:
   — burgundy le bœuf bourguignon (I)
   ground — le bifteck haché (II)
   roast — le rosbif (I)

beer la bière (I)
before avant (I); avant de + *inf.* (II);
    avant que + *subj.* (15)
to begin (to) commencer (à + *inf.*) (I);
    se mettre à + *inf.* (II)
beginning le commencement (I)
    at the — au début (II)
behaved: well-— sage (II)
to behave well (badly) se tenir bien
    (mal) (7)
behind derrière (I)
Belgian belge (I)
Belgium la Belgique (I)
to believe croire (II)
    not to — one's eyes/ears ne pas
      en croire ses yeux/oreilles (7)
bell la cloche (II)
    the — is ringing ça sonne (I)
belongings les affaires *f.pl.* (II)
to belong to être à; faire partie de (I);
    appartenir à (13)
below au-dessous de (II)
    down — en bas (II)
belt la ceinture (I)
beneficial bénéfique (15)
Benin le Bénin (14)
berth la couchette (II)
beside à côté (de) (I)
besides d'ailleurs (II)
best le (la) meilleur(e); *adv.* le
    mieux (I)
    — wishes *(letters)* amicalement;
      meilleurs vœux (II)
    to do one's — faire de son
      mieux (I)
    it's — to/that il vaut mieux + *inf./*
      que + *subj.* (II)
better meilleur, -e; *adv.* mieux (II)
    to be/feel — aller mieux (I)
    it's — to/that il vaut mieux + *inf./*
      que + *subj.* (II)
    so much the — tant mieux (II)
between entre (I)
beverage la boisson (I)
bicycle le vélo (I); la bicyclete (II)
    to go bicycling faire du vélo (I)
big grand, -e (I)
    — toe l'orteil *m.* (II)
bike *see* **bicycle**
bilingual bilingue (5)
bill *(check)* l'addition *f.*; *(money)* le
    billet (I); *(invoice)* la note (II)
billfold le portefeuille (I)
biography la biographie (II)
biology la biologie (I)

bird l'oiseau, *pl.* les oiseaux *m.* (I)
birth la naissance (9)
birthday l'anniversaire *m.* (I)
    — cake le gâteau d'anniversaire (I)
    happy —! bon anniversaire! (I)
bit le morceau, *pl.* les morceaux (I)
    a little — (of) un peu (de) (I)
black noir, -e (I)
blackboard le tableau, *pl.* les
    tableaux (I)
blanket la couverture (II)
blond blond, -e (I)
blood le sang (II)
blouse le chemisier (I)
blow le coup (6)
to blow-dry faire un brushing (II)
blue bleu, -e (I)
    — cheese le bleu (II)
to blush rougir (I)
boarding pass la carte d'embarque-
    ment (I)
boat le bateau, *pl.* les bateaux (I)
    by — par bateau (II)
    to go —ing faire du bateau (I)
body le corps (I)
    — building la musculation (II)
    to do — building faire de la
      musculation (II)
bolster le traversin (II)
to boo siffler (6)
book le livre (I); *(slang)* le bouquin (II)
    — of tickets le carnet (II)
bookcase l'étagère *f.* (II)
bookstore la librairie (II)
boom box la radio-cassete (I)
boot la botte (I)
booth: phone — la cabine
    téléphonique (3)
border la frontière (I)
bored: to be s'ennuyer (II)
boring ennuyeux, -euse (I)
born né, -e (I)
    to be — naître (I)
to borrow (from) emprunter (à) (I)
boss le patron, la patronne (9)
both tous (toutes) les deux (II)
to bother embêter (I); déranger (II);
    gêner (3)
bottle la bouteille (I)
bottom:
    at the — of en bas (II)
    on the — en bas (II)
bouillabaisse la bouillabaisse (I)
boulder le rocher (II)
boulevard le boulevard (II)

    on the — sur le boulevard (II)
bouquet le bouquet (II)
to bow (to) saluer (6)
box la boîte (I)
    post office (P.O.) — la boîte
      postale (B.P.) (II)
    tool— la boîte à outils (4)
boy le garçon (I)
boyfriend le petit ami (II)
bracelet le bracelet (I)
brake le frein (II)
to brake freiner (II)
brand la marque (II)
brand-new neuf, neuve (II)
bravo! bravo (I)
bread le pain (I)
    loaf of French — la baguette (I)
    piece of — and butter la tartine (I)
break *(rest)* la récré(ation) (I)
to break casser (I)
    to — *(a bone)* se casser (II)
    to — down tomber en panne (II)
breakfast le petit déjeuner (I)
Breton breton, -ne (5)
bride la mariée (II)
bridge le pont (I)
Brie le brie (II)
briefs: news — les faits divers
    m.pl. (10)
bright *(colors)* vif, vive (II)
to bring apporter (I)
    to — back ramener (2)
    to — down descendre (II)
    to — forward avancer (II)
    to — in *(money)* rapporter (15)
    to — up monter (II)
Brittany la Bretagne (5)
broke *(out of money)* fauché, -e (I)
brother le frère (I)
brother-in-law le beau-frère (II)
brown marron; brun, -e (I)
brush la brosse (II)
to brush brosser (I)
    to — one's hair/teeth se brosser
      les cheveux/dents (II)
buffet le buffet (II)
to build construire (3)
building le bâtiment (I)
bulb: light — l'ampoule *f.* (4)
Burkina Faso le Burkina-Faso (II;14)
to burn brûler (II)
    to — + *part of body* se brûler à (II)
    to — oneself se brûler (II)
Burundi le Burundi (14)
bus l'autobus (le bus) *m.* (I)

bus *(continued)*:
    — **stop** l'arrêt *m.* d'autobus (II)
    tour — le car (I)
business les affaires *f.pl.* (9)
bust le buste (13)
busy occupé, -e (I)
    not — libre (I)
but mais (I)
butcher le boucher, la bouchère (I)
    — **shop** la boucherie (I)
butter le beurre (I)
button le bouton (II)
to buy acheter (I)
    to — for oneself s'acheter (2)
by par; en + *vehicle* (I); au bord de (II)

cabbage le chou, *pl.* les choux (II)
café le café (I)
    sidewalk — la terrasse d'un café (I)
cafeteria la cantine (I)
cake le gâteau, *pl.* les gâteaux (I)
    birthday — le gâteau
        d'anniversaire (I)
calendar le calendrier (I)
call:
    phone — le coup de fil (II)
    to give someone a — passer un
        coup de fil (II)
to call *(on the phone)* téléphoner à (I);
    appeler (II)
    to — back rappeler (II)
    who's —ing? qui est à l'appareil? (II)
calm calme (I)
Camembert le camembert (II)
camera l'appareil (de photo) *m.* (I)
    movie — la caméra (II)
Cameroon le Cameroun (14)
camp:
    — **counselor** le moniteur, la
        monitrice (II)
    summer — la colonie de vacances (I)
to camp faire du camping (I)
campaign la campagne (12)
camper: trailer — la caravane (II)
campground le terrain de
    camping (II)
camping: to go — faire du
    camping (I)
can pouvoir (I)
    — **I … ?** *(formal)* puis-je … ? (4)
can la boîte (II)
    — **opener** l'ouvre-boîte, *pl.* les
        ouvre-boîtes *m.* (II)
Canada le Canada (I)

Canadian canadien, -ienne (I)
canapé le canapé (II)
candidate le candidat, la
    candidate (12)
candy les bonbons *m.pl.* (I)
canned en boîte (I)
    — **goods** les conserves *f.pl.* (II)
canvas la toile (13)
capital la capitale (II)
car la voiture (I)
    sports — la voiture de sport (II)
caramel custard la crème caramel (I)
card la carte (I)
    commuter — la Carte Orange (II)
    credit — la carte de crédit (II)
    greeting — le carte de vœux (II)
    ID — la carte d'identité (2)
    to play —s jouer aux cartes (I)
care:
    to take — **of** s'occuper de;
        soigner (II)
    to take — **of oneself** se soigner (II)
career la carrière (9)
    to have a — faire carrière (9)
caretaker le/la concierge (I)
carnation l'œillet *m.* (II)
carpenter le charpentier (4)
carpeting la moquette (II)
carrot la carotte (I)
to carry porter (I)
    to — out effectuer (15)
cart le chariot (II)
cartoon *(film)* le dessin animé (I); le
    dessin humoristique (10)
case: in any — de toute façon; en
    tout cas (II)
cash:
    in — en liquide (II)
    — **register** la caisse (II)
to cash a check toucher un chèque (II)
cashier le caissier, la caissière (II)
cassette la cassette (I)
    — **player** le magnétophone à
        cassettes (I)
cast le plâtre (II); la troupe (6)
    in a — dans le plâtre (II)
castle le château, *pl.* les châteaux (I)
cat le chat (I)
    it's raining —s and dogs il pleut
       des cordes (II)
to catch attraper (II)
cathedral la cathédrale (13)
cauliflower le chou-fleur, *pl.* les
    choux-fleurs (II)
ceiling le plafond (II)

to celebrate fêter (II); célébrer (11)
celebration la fête (II)
celery le céleri (II)
centime le centime (I)
central central, -e; *pl.* centraux, -ales (14)
Central African Republic la
    République Centrafricaine (14)
century le siècle (I)
cereal les céréales *f.pl.* (II)
certain certain, -e (7)
certainly bien sûr (I)
Chad le Tchad (14)
chair la chaise (I)
chalk la craie (I)
chalkboard le tableau, *pl.* les
    tableaux (I)
chambermaid la femme de chambre (II)
champagne le champagne (II)
chance: there's a good — il y a des
    chances (9)
change *(coins)* la monnaie (I); le
    changement (15)
to change évoluer (15)
    to — + *noun* changer (de) (II)
    to — **one's mind** changer d'avis (II)
channel la chaîne (7)
chapter le chapitre (I)
character le personnage (6)
charge: to be in — **of** se charger de (II)
charming charmant, -e (I)
to chat bavarder (II)
château le château, *pl.* les châteaux (I)
cheap(er) bon (meilleur) marché (II)
to cheat (at) tricher (à) (II)
check *(bill)* l'addition *f.* (I); le chèque (II)
    by — par chèque (II)
    to cash a — toucher un chèque (II)
    traveler's — le chèque de voyage (II)
to check vérifier (II)
    to — **(one's baggage)** faire enre-
       gistrer (ses bagages) (II)
checkers les dames *f.pl.* (I)
    to play — jouer aux dames (I)
check-in l'enregistrement *m.* (II)
checkout counter la caisse (II)
cheek la joue (II)
    to kiss on the — faire la bise (7)
cheese le fromage (I)
    grilled ham and — le croque-
       monsieur, *pl.* les croque-
       monsieur (I)
chemistry la chimie (I)
cherry la cerise (II)
chess les échecs *m.pl.* (I)
    to play — jouer aux échecs (I)

English-French Vocabulary   **543**

chest la poitrine (II)
chicken le poulet (I)
   — **cooked in wine** le coq au vin (I)
   — **provençale** le poulet provençal (I)
chief:
   in — en chef (10)
   — **of state** le chef d'état (14)
child l'enfant *m.&f.* (I)
chimney la cheminée (II)
chips les chips *f.pl.* (II)
chocolate le chocolat; *(made with)* au
   chocolat (I)
   — **mousse** la mousse au chocolat (I)
choice le choix (I)
to **choose** choisir (I)
chop la côtelette (I)
chore la tâche (15)
Christmas Noël *m.* (I)
church l'église *f.* (I)
citation la citation (8)
citizen le citoyen, la citoyenne (12)
city la ville (I)
   — **map** le plan (II)
class le cours (I)
   after — après les cours (I)
   — **schedule** l'emploi du temps (I)
   first- *adj.* de première classe (II)
   to give a — faire un cours (11)
   to go to *(subject)* — aller en cours
     de (I)
   in tourist — en classe touriste (II)
   second- *adj.* de deuxième classe (II)
classic *(film or play)* le grand
   classique (II)
classical classique (I)
classified ad la petite announce (II)
classmate le/la camarade de classe (I)
classroom la salle de classe (I)
clay l'argile *f.* (13)
clean propre (I)
to **clean** nettoyer (II)
to **clear the table** débarrasser la table (I)
climate le climat (II)
to **climb** monter (I)
clock l'horloge *f.* (II)
   alarm — le réveil (II)
clogged bouché, -e (4)
close proche (2)
to **close** fermer (I)
closet le placard (I)
clothing les vêtements *m.pl.* (I)
cloud le nuage (I)
cloudy: it's — le ciel est couvert (I)
club le club (II)
   glee — la chorale (II)

coal le charbon (14)
coast la côte (II)
coat le manteau, *pl.* les manteaux (I)
cocoa le cacao (14)
code: zip — le code postal (II)
coffee le café (I)
   — **with cream** le café crème (I)
coin la pièce (I)
cold froid, -e; le rhume (I); le froid (14)
   it's — **out** il fait froid (I)
   to be — *(people)* avoir froid (I)
   to leave — laisser froid (13)
college student l'étudiant(e) (II)
colonist le colon (5)
to **colonize** coloniser (14)
colony la colonie (II)
color la couleur (I)
   what —? de quelle couleur? (I)
column: advice — le courrier du
   cœur (II)
comb le peigne (II)
to **comb:**
   to — **one's hair** se peigner (II)
   to — **someone's hair** peigner (II)
to **come** venir (I); se présenter à (II)
   — **on!** ça alors! (I); allez! (II); tu
     parles! (1)
   how —? comment ça se fait? (1)
   that —**s to how much?** ça fait
     combien? (I)
   to — **back** rentrer; revenir (I)
   to — **down** descendre (I)
   to — **in** entrer (dans) (I)
   to — **out** paraître (10)
   to — **to get** venir chercher (II)
   to — **up** monter (I)
comedy la comédie (6); *(film)* le film
   comique (II)
comfortable confortable (I); à l'aise (II)
   to make *(someone)* **feel** — mettre à
     l'aise (9)
comic strip la bande dessinée (la
   B.D., *pl.* les B.D.) (I)
to **commemorate** commémorer (11)
comment la remarque (10)
to **comment on** commenter (8)
commercial la pub(licité) (I)
   — **artist** le dessinateur/la
     dessinatrice de publicité (9)
community la communauté (5)
commute le trajet (3)
commuter ticket la Carte Orange (II)
company la société (9)
comparment le compartiment (II)
to **complain** rouspéter (II)

   to — **(about)** se plaindre (de) (4)
to **complete** terminer (II)
completely tout à fait (II)
complicated compliqué, -e (4)
composer le compositeur, la
   compositrice (6)
composition la rédaction (II)
computer l'ordinateur *m.* (II)
   —**s** l'informatique *f.* (II)
concert le concert (I)
conclusion la conclusion (8)
concrete le béton (3)
condition la condition (II)
conductor le contrôleur, la
   contrôleuse (II); le chef
   d'orchesre (6)
Congo le Congo (14)
to **congratulate** féliciter (II)
congratulations! félicitations! (I)
conscientious sérieux, -euse (I)
to **consist of** consister en (9)
to **consult** consulter (10)
to **consume** consommer (II)
contact lenses les lentilles (de
   contact) *f.pl.* (I)
contemporary contemporain, -e (13)
continent le continent (II)
to **continue (to)** continuer (à) (I);
   poursuivre (9)
contrary: on the — au contraire (I)
contrast le contraste (13)
conversation la conversation (II)
to **convince (of/to)** convaincre (de +
   inf.) (12)
convinced convaincu, -e (12)
cook le cuisinier, la cuisinière (II)
to **cook** faire la cuisine (I); faire cuire
   (II); cuire (4)
cookie le petit gâteau sec (II)
cooking la cuisine (I)
cool: it's — **out** il fait frais (I)
to **cope** se débrouiller (2)
copper le cuivre (14)
copy la copie (13)
copywriter le rédacteur, la rédactrice (9)
   ad — le rédacteur/la rédactrice
     publicitaire (9)
coq au vin le coq au vin (I)
cord le fil (4)
corn le maïs (14)
corner le coin (2)
correct correct, -e (I)
to **correct** corriger (I)
to **correspond** correspondre (I)
corridor le couloir (I)

to cost coûter (I)
    to — an arm and a leg coûter les yeux de la tête (II)
costume le costume (6)
cotton le coton (II)
    (made of) — en coton (II)
couch le canapé (II)
to cough tousser (II)
could you …? pourriez-vous …? (I; II)
counselor:
    camp — le moniteur, la monitrice (II)
    guidance — le conseiller/la conseillère d'orientation (9)
to count (on) compter (sur) (I)
counter le comptoir (II)
    checkout — la caisse (II)
country la campagne; le pays (I)
couple le couple (II)
courage le courage (II)
course *(school)* le cours (I)
    main — le plat principal (I)
    of — mais oui; bien sûr (I)
    of — **not** mais non (I)
    to give a — faire un cours (II)
    to take a — suivre un cours (II)
courtyard la cour (I)
cousin le (la) cousin(e) (I)
cover *(book, magazine)* la couverture (10)
cow la vache (I)
cracker le biscuit salé (II)
to cram bachoter (1)
crash helmet le casque (II)
crazy fou, folle (II)
    — person le fou, la folle (II); le/la dingue (1)
    to be — about adorer (I)
cream la crème (I)
    coffee with — le café crème (I)
to create créer (11)
credit card la carte de crédit (II)
crêpe la crêpe (I)
crescent roll le croissant (I)
critic le/la critique (6)
to cross traverser (I)
crowd la foule (II)
to cry pleurer (II)
cultural culturel, -le (5)
culture la culture (5)
cup la tasse (I)
cupboard le placard (II)
to cure guérir (15)
curly frisé, -e (I)
currency exchange le bureau de change (II)
current actuel, -le (II)

— events l'actualité *f.* (10)
currently actuellement (II); de nos jours (6)
curtain le rideau, *pl.* les rideaux (II)
custard: caramel — la crème caramel (I)
custodian le/la concierge (I)
customer le (la) client(e) (I)
customs la douane (I)
    — officer le douanier (II)
    to go through — passer la douane (II)
to cut couper (II)
    to — + *part of body* se couper à (II)
    to — **oneself** se couper (II)
cute mignon, -ne (II)
cycling le cyclisme (II)
    to go — faire du cyclisme (II)
cyclist le/la cycliste (II)

Dad papa (I)
daily quotidien, -ne (3); *(publication)* le quotidien (10)
dairy:
    — merchant le crémier, la crémière (I)
    — store la crémerie (I)
daisy la marguerite (II)
damp humide (II)
dance la danse (II)
to dance danser (I)
dancer le danseur, la danseuse (II)
dancing la danse (II)
danger le danger (11)
dangerous dangereux, -euse (II)
Danish danois, -e (2)
dark *(hair)* brun, -e (I); *(colors)* foncé, -e; *(skin)* mat, -e (II); sombre (13)
    to get — faire nuit (I)
darn! zut! (I)
date la date (I)
    —book l'agenda *m.* (II)
    to — back to dater de (11)
daughter la fille (I)
day le jour; la journée (I)
    — off le jour de congé (9)
    in my — de mon temps (1)
    it's — **light** il fait jour (I)
    the — **after** le lendemain (de) (II)
    the next — le lendemain (II)
    to take an extra — **off** faire le pont (11)
    what — **is it?** quel jour sommes-nous? (I)
dead mort, -e (I)

— person le (la) mort(e) (10)
deal:
    to get a good — faire une bonne affaire (II)
    to offer a — faire un prix à (II)
dear cher, chère (II)
    oh, — oh là là! (II)
debate le débat (10)
December décembre *m.* (I)
to decide (to) décider (de) (I)
to declare déclarer (II)
to decorate décorer (13)
to deepen approfondir (1)
defeat la défaite (5)
to defeat vaincre (12)
to defend défendre (II)
degree le diplôme (9)
    it's (minus) … —**s** il fait (moins) … degrés (I)
delicatessen la charcuterie (I)
    — owner le charcutier, la charcutière (I)
delicious délicieux, -euse (I)
delighted enchanté, -e (7); ravi, -e (7)
delightful adorable (I)
to demand exiger (3)
to demolish démolir (3)
demonstration la manifestation (15)
Denmark le Danemark (2)
dentist le/la dentiste (I)
    —'s office le cabinet (II)
department *(of a store)* le rayon (II); le département (13)
    — head le directeur, la directrice (9)
    — store le grand magasin (II)
departure le départ (II)
    — gate la porte d'embarquement (II)
    — time l'heure de départ *f.* (II)
    point of — le point de départ (II)
to depend on dépendre de (14)
to depict représenter (13)
deposit les arrhes *f.pl.* (II)
    to pay a — verser des arrhes (II)
to deposit verser (II)
deputy le/la député (12)
to descend from descendre de (I)
descendant le (la) descendant(e) (5)
to describe décrire (II)
to deserve mériter (8)
designer le dessinateur, la dessinatrice (9)
    set — le décorateur, la décoratrice (II)
desk le bureau, *pl.* les bureaux (I)
    reception — la réception (II)
dessert le dessert (I)

destination la destination (II)
to detach détacher (II)
detail le détail (6)
detective *adj.* policier, -ière (I)
to develop développer (14)
developing country le pays en voie de développement (14)
to dial composer le numéro (II)
diamond le diamant (14)
dictionary le dictionnaire (II)
to die mourir (I)
diet le régime (II)
difference la différence (14)
different différent, -e (de) (II)
difficult difficile (I)
difficulty la difficulté (12)
   without — haut la main (1)
dining car la voiture-restaurant, *pl.* les voitures-restaurants (II)
dining room la salle à manger (I)
dinner le dîner (I)
   to have — dîner (I)
diploma le diplôme (9)
direct direct, -e (II)
to direct diriger (II)
direction la direction (3)
director *(film, theater)* le metteur en scène; *(video, TV)* le réalisateur, la réalisatrice (II); *(of a department)* le directeur, la directrice (9)
dirty sale (I)
to disagree être en désaccord (11)
disagreeable désagréable (I)
disagreement le désaccord (11)
to disappear disparaître (3)
to disappoint décevoir (II)
disappointed déçu, -e (II)
discouraged:
   don't get — bon courage! (II)
   to get — se décourager (6)
to discover découvrir (11)
discovery la découverte (15)
to discuss discuter de (2)
discussion le débat (10)
dish le plat (I)
   — of ice cream la coupe de glace (I)
   to do the —es faire la vaisselle (I)
dishwasher le lave-vaisselle, *pl.* les lave-vaisselle (II)
to disobey désobéir (à) (I)
disoriented dépaysé, -e (7)
to displease déplaire à (2)
distance *(of a trip)* le trajet (II)

distracted distrait, -e (II)
district le quartier (3)
to disturb déranger (II)
to dive plonger; faire de la plongée (II)
diving la plongée (II)
Djibouti Djibouti (14)
to do faire (I); réaliser (13)
   to "— it yourself" bricoler (4)
   to make — with se contenter de (1)
doctor le médecin (I); *(title, form of address)* le docteur (II)
   —'s office le cabinet (II)
documentary le documentaire (I)
dog le chien (I)
   it's raining cat and —s il pleut des cordes (II)
doll la poupée (II)
dollar le dollar (II)
done: it isn't — ça ne se fait pas (7)
door la porte (I)
double room la chambre à deux lits (II)
to doubt douter (9)
down:
   — below en bas (II)
   — with …! à bas …! (12)
downtown en ville (I); le centre-ville (le centre) (3)
dozen la douzaine (de) (I)
draperies le rideau, *pl.* les rideaux (II)
to draw dessiner (I); attirer (10)
drawer le tiroir (II)
drawing le dessin (I)
dream: to have sweet —s faire de beaux rêves (I)
to dream (about) rêver (de) (II)
dress la robe (I)
to dress *(someone)* habiller (II)
   dressed: to get — s'habiller (II)
   dressing: oil and vinegar — la vinaigrette (I)
drink la boisson (I)
to drink boire (II)
   to give something to — to donner à boire à (I)
   something to — quelque chose à boire (I)
to drive conduire (II)
   to — around (in) rouler (en); circuler (II)
   to — out chasser (5)
driver le conducteur, la conductrice (II); l'automobiliste *m.&f.* (3)
   —'s license le permis de conduire (II)
   taxi — le chauffeur de taxi (3)
   truck — le chauffeur de camion (3)

drought la sécheresse (14)
dry sec, sèche (II)
to dry (oneself) (se) sécher; (s') essuyer (II)
dryer le sèche-linge, *pl.* les sèche-linge (II)
   hair — le sèche-cheveux (II)
dubbed doublé, -e (II)
duck le canard (I)
   — with orange sauce le canard à l'orange (II)
dull terne (13)
dumb bête (I)
during pendant (I); au cours de (2)
dust la poussière (4)
Dutch néerlandais, -e (2)

each chaque (I)
   — in turn chacun(e) son tour! (II)
   — one chacun, -e (II)
   — other se, nous, vous (II;2)
   for — one la pièce (II)
ear l'oreille *f.* (I)
   not to believe one's —s ne pas en croire ses oreilles (7)
   to have an —ache avoir mal à l'oreille (I)
early de bonne heure (I); en avance; tôt (II)
to earn gagner (II)
earrings les boucles d'oreilles *f.pl.* (I)
earth la terre (II)
easily haut la main (1)
east l'est *m.* (I)
eastern oriental, -e; *pl.* orientaux, -ales (14)
easy facile (I)
to eat manger (I)
   something to — quelque chose à manger (I)
ecologist l'écologiste *m.&f.* (11)
economical économique (II)
economics les sciences économiques *f.pl.* (1)
editing la rédaction (10)
editor le rédacteur, la rédactrice (9)
editorial l'éditorial, *pl.* les éditoriaux *m.* (10)
effect l'effet *m.* (13)
effort l'effort *m.* (II)
egg l'œuf *m.* (I)
egotistical égoïste (I)
eh? hein? (II)
eight huit (I)

eighteen dix-huit (I)
eighty quatre-vingts (I)
either ... or soit ... soit (2)
elbow le coude (II)
to elect élire (12)
election l'élection *f.* (12)
electric(al) électrique (II)
electrician l'électricien *m.*,
    l'électricienne *f.* (4)
electronics l'électronique *f.* (1)
    — **department** le rayon hi-fi (II)
elegant chic (I); élégant, -e (II)
elevator l'ascenseur *m.* (II)
eleven onze (I)
else: somewhere — ailleurs (3)
to embrace (s')embrasser (II)
to emigrate émigrer (5)
employee l'employé(e) (I)
empty vide (II)
enclosed ci-joint, -e (9)
encore! bis! (6)
to encourage encourager (6)
end la fin (I)
    up/all the way to the — jusqu'au
      bout (II)
ending le dénouement (8)
enemy l'ennemi(e) (5)
energetic énergique (I)
energy l'énergie *f.* (15)
engaged fiancé, -e (II)
engineer l'ingénieur *m.* (1)
England l'Angleterre *f.* (I)
English anglais, -e; *(language)*
    l'anglais *m.* (I)
    — **Channel** la Manche (I)
    —**-speaking** anglophone (5)
to enjoy (oneself) s'amuser (II); se
    plaire (2)
    — **your meal!** bon appétit! (I)
    — **your trip!** bon voyage! (I)
enjoyable amusant, -e (I)
to enlist s'engager (11)
enormous énorme (15)
enough assez + *adj.*; assez de (I)
    that's —! ça suffit! (II)
to enroll in s'inscrire à (1)
to enter entrer (dans) (I)
to entertain oneself se distraire (7)
entire entier, -ière (3)
entirety: in its — en entier (8)
entrance l'entrée *f.* (I)
entranceway le*hall (13)
envelope l'enveloppe *f.* (I)
environment l'environnement *m.* (15)
episode l'épisode *m.* (10)

equality l'égalité *f.* (11)
er ... euh ... (I)
era l'époque *f.* (5)
eraser la gomme (I)
escalator l'escalier roulant *m.* (II)
to escape (from) échapper (à) (3)
especially surtout (I)
to establish établir (10)
Europe l'Europe *f.* (I)
even *adv.* même (II)
evening le soir; la soirée (I)
    good — bonsoir (I)
    have a nice — bonne soirée (I)
    in the — le soir; *time* + du soir (I)
    last — hier soir (I)
event l'événement *m.* (10)
    current —s l'actualité *f.* (10)
eventually finalement (5)
ever déjà (I); jamais (II)
every chaque; tous les, toutes les (I)
    — + *number* + *noun* tous (toutes)
      les + *number* + *noun*
    — **other day (month, week, year)**
      tou(te)s les deux jours (mois,
      semaines, années) (10)
everybody tout le monde (I)
everything tout (I)
everywhere partout (II)
to evolve évoluer (15)
exam l'examen *m.* (I)
    to fail an — rater un examen (I)
    high-school graduation — le
      bac(calauréat) (1)
    oral — l'oral, *pl.* les oraux *m.* (1)
    to pass an — réussir un examen (I)
    to take an — passer un examen (I)
    written — l'écrit *m.* (1)
to examine examiner (II)
example: for — par exemple (I)
excellent excellent, -e (I)
except sauf (II)
excerpt l'extrait *m.* (8)
exchange l'échange *m.* (11)
    currency — le bureau de change (II)
excited: to get — s'énerver (2)
exciting passionnant, -e (II)
excuse me pardon (I); excuse(z)-moi (II)
exercise l'exercice *m.* (I)
to exercise faire de l'exercice (I)
to exhaust épuiser (15)
exhausted épuisé, -e (II)
exhibit, exhibition l'exposition *f.* (II)
to exhibit exposer (13)
exit la sortie (I)
to expect s'attendre à (7)

expensive cher, chère (I)
    to be — coûter cher (I)
    less — meilleur marché (II)
experience l'expérience *f.* (9)
to explain expliquer (I)
to export exporter (14)
to express oneself s'exprimer (5)
exquisite exquis, -e (II)
exterior l'extérieur *m.* (II)
to extinguish éteindre (4)
extra:
    to pay — payer un supplément (II)
    to take a — **day off** faire le pont (11)
extract l'extrait *m.* (8)
extraordinary extraordinaire (6)
eye l'œil, *pl.* les yeux *m.* (I)
    not to believe one's —s ne pas en
      croire ses yeux (7)
    to have ... —s avoir les yeux ... (I)
eyeglasses les lunettes *f.pl.* (I)

face la figure (II)
    to make a — faire la tête (II)
    to wash one's — se laver la figure (II)
fact le fait (12)
    as a matter of — en effet (I)
    in — en effet (I); en fait (13)
factory l'usine *f.* (I)
to fail a test rater un examen (I)
faithful fidèle (5)
fall l'automne *m.* (I)
    in the — en automne (I)
to fall tomber (I)
    to — **asleep** s'endormir (II)
false faux, fausse (I)
familiar; to be — **with** connaître (I)
family la famille (I)
famous célèbre (I)
fantastic fantastique (6)
far:
    — **from** loin de (I)
    — **from it!** loin de là! (15)
    to go — **away** s'éloigner (2)
farm la ferme (I)
farmer l'agriculteur *m.*, l'agricultrice
    f. (I)
to fascinate passionner (1); fasciner (13)
fast rapide; vite (I)
to fasten attacher (II)
fat gros, grosse (I)
    to get — grossir (I)
father le père (I)
father-in-law le beau-père (II)
faucet le robinet (4)

favorite préféré, -e (I); favori, -ite (8)
February février *m*. (I)
fed up: to be — with en avoir marre de + *inf*. (II)
to feed donner à manger à (I)
to feel se sentir (II)
   not —ing at home dépaysé, -e (7)
   to — like *(doing something)* avoir envie de + *inf*. (I)
   to make *(someone)* **— comfortable** mettre à l'aise (9)
   to — nauseated avoir mal au cœur (II)
   to — well (ill, better) aller bien (mal, mieux) (II)
felt-tip pen le feutre (I)
fever la fièvre (I)
   to have a — avoir de la fièvre (I)
few peu de (I)
   a — quelques (I)
fewer and fewer de moins en moins (de) (II)
fiancé(e) le (la) fiancé(e) (II)
field le champ (I)
   playing — le terrain de sport (I)
fifteen quinze (I)
   time **+ —** … heure(s) et quart (I)
fifth cinquième (I)
fifty (51, 52, *etc.*) cinquante (cinquante et un, cinquante-deux, *etc.*) (I)
to fight se battre (5)
filet *(meat)* le tournedos (I)
to fill (with) remplir (de) (II)
   to — out remplir (II;9)
   to — up *(with gas)* faire le plein (II)
film le film; la pellicule (I)
   — set le décor (II)
   to make a — tourner un film (II)
   to show a — passer un film (II)
finally enfin (I)
to find trouver (I)
fine beau (bel), belle; *pl*. beaux, belles (I)
   things are — ça va bien (I)
fine la contravention (3)
finger le doigt (II)
to finish finir (I); terminer (II)
fire le feu; *pl*. les feux (II)
to fire licencier (9)
fireplace la cheminée (II)
fireworks le feu d'artifice (11)
firm l'entreprise *f*. (9)
first premier, -ière; *adv*. d'abord (I)
   at — d'abord (I); au début (II)

—-class *adj*. de première classe (II)
— name le prénom (II)
the — of le premier + *month* (I)
fish le poisson (I)
   —market la poissonnerie (I)
   — stew la bouillabaisse (I)
fishing la pêche (II)
   to go — aller à la pêche (II)
fishmonger le poissonnier, la poissonnière (I)
fit *(someone)* en forme (I)
to fit aller (bien) à (II)
five cinq (I)
to fix réparer (II)
fixed-price meal le menu (I)
flag le drapeau, *pl*. les drapeaux (I)
   French — le drapeau tricolore (11)
flash of lightning l'éclair *m*. (II)
flat à plat (II)
flea market le marché aux puces (II)
Flemish *(language)* le flamand (I)
flight le vol (II)
   — attendant le steward, l'hôtesse de l'air *f*. (II)
flood l'inondation *f*. (15)
floor *(of a building)* l'étage *m*. (I); le plancher (II)
   ground (main) — le rez-de-chaussée (I)
   on the second (third, *etc.*) **—** au premier (deuxième, *etc.*) étage (I)
flop le four (6)
florist le/la fleuriste (II)
flour la farine (II)
flower la fleur (I)
flowering plant la plante en fleur (II)
flu la grippe (II)
fluently couramment (II)
fog le brouillard (II)
foggy: it's — il y a du brouillard (II)
folk *adj*. folk(lorique) (II)
to follow suivre (II)
following suivant, -e (II)
fond of attaché, -e à (5)
   to be — of aimer bien (I)
foot le pied (I)
   on — à pied (I)
football le football américain (I)
footrace la course à pied (II)
   to run a — faire de la course à pied (II)
for pour; pendant (I); depuis; car; ça fait/il y a + *time* + que + *present* (II)

as — quant à (12)
— a(n) comme (I)
to forbid *(someone to do something)* interdire (à … de + *inf*.) (3)
to force *(someone to do something)* pousser à + *inf*. (10)
forecast: weather — la météo (II)
foreground: in the — au premier plan (13)
foreign étranger, -ère (I); de l'étranger (10)
foreigner l'étranger *m*., l'étrangère *f*. (I)
to foresee prévoir (15)
forest la forêt (II)
to forget (to) oublier (de) (I)
fork la fourchette (II)
form la fiche (II); le formulaire (9); la forme (13)
to form former (11)
former ancien, -ne (II)
formerly autrefois (II); jadis (11)
fortunately heureusement (I)
forty (41, 42, *etc.*) quarante (quarante et un, quarante-deux, *etc.*) (I)
forward en avant (II)
found: to be — se trouver (II)
to found fonder (5)
fountain la fontaine (I)
four quatre (I)
fourteen quatorze (I)
fourth quatrième (I)
foyer le*hall (13)
franc le franc (I)
France la France (I)
fraternity la fraternité (11)
free libre; gratuit, -e (I)
   — time le temps libre (II)
freedom la liberté (7)
freeway l'autoroute *f*. (3)
to freeze geler (I)
French français, -e; *(language)* le français (I)
   — Guiana la Guyane Française (13)
   — Polynesia la Polynésie Française (13)
   —-speaking francophone (II)
French fries les frites *f.pl*. (I)
fresh frais, fraîche (I)
Friday vendredi *m*. (I)
fridge le frigo (II)
   in the — au frais (II)
friend l'ami(e); le copain, la copine (I)
   to make —s se faire des amis (2)
friendly accueillant, -e (7)

fright: to have stage — avoir le trac (6)
to frighten faire peur à (I)
from de (d') (I)
   originally — d'origine + *adj.* (5)
front *adj.* avant (II)
   — door l'entrée *f.* (I)
   in — of devant (I)
   on the — page à la une (10)
frozen surgelé, -e (II)
   — food les surgelés *m.pl.* (II)
fruit les fruits *m.pl.; (piece of)* le fruit (I)
   — juice le jus de fruit
frying pan la poêle (II)
full complet, -ète; plein, -e (II)
full-time à temps complet (9)
fun: to make — of se moquer de (2)
funny drôle; amusant, -e (I);
   marrant, -e (II)
furious furieux, -euse (II)
furniture les meubles *m.pl.* (II)
future l'avenir *m.* (II)

Gabon le Gabon (14)
to gain weight grossir (I)
gallery la galerie (13)
game le jeu, *pl.* les jeux; le match
   (I); la partie (II)
   — show le jeu, *pl.* les jeux (II)
   to play a — (of) faire une partie
   (de) (II)
garage le garage (I)
garbage can la poubelle (4)
garden le jardin (I)
   — hose le tuyau d'arrosage (4)
to garden faire du jardinage (I)
gardener le jardinier, la jardinière (II)
garish criard, -e (13)
garlic l'ail *m.* (I)
gas, gasoline l'essence *f.* (II)
   — station la station-service, *pl.* les
   stations-service (II)
   to run out of — tomber en panne
   d'essence (II)
gate: departure — la porte
   d'embarquement (II)
gaudy criard, -e (13)
generation gap le conflit des
   générations (15)
generous généreux, -euse (I)
genius le génie (13)
gentleman le monsieur, *pl.* les
   messieurs (I)
   ladies and gentlemen messieurs-
   dames (I)

gently doucement (II)
geography la géographie (I)
geometry la géométrie (I)
German allemand, -e; *(language)*
   l'allemand *m.* (I)
Germany l'Allemagne *f.* (I)
to get obtenir (9)
   how do you — to … ? quel est le
   chemin pour aller … ? (II)
   let's — going! allons-y! (I)
   to come to — venir chercher (II)
   to — along well/badly (with)
   s'entendre bien/mal (avec) (II)
   to — around circuler (II)
   to — by passer (II)
   to — going se mettre en route (II)
   to — in *(a car)* monter dans (I)
   to — off (of) *(a bus, plane, etc.)*
   descendre de (I)
   to — on *(a bus, plane, etc.)* monter
   dans (I)
   to — out of *(a car)* descendre de (I)
   to — together se réunir (10)
   to — up se lever (II)
   to go — aller chercher (II)
Ghana le Ghana (II)
gift le cadeau, *pl.* les cadeaux (I)
gifted doué, -e (II)
girl la jeune fille (I)
girlfriend la petite amie (II)
to give (to) donner (à); offrir (à) (I)
   to — back rendre (à) (I)
   to — someone a call passer un
   coup de fil (II)
   to — up céder (5)
glad content, -e (I)
gladly volontiers (II)
glance: at first — au premier coup
   d'œil (13)
to glance at jeter un coup d'œil sur (10)
glass le verre (I)
glasses les lunettes *f.pl.* (I)
glee club le chorale (II)
to glide glisser (II)
glove le gant (I)
to go aller (I); se présenter à (II); partir
   (I)
   — ahead allez-y! (II)
   — on! allez-y! (II); tu parles! (1)
   here you —! tiens! (I)
   how's it —ing? ça va? (I)
   it went well ça a bien marché (1)
   let's —! allons-y! (I)
   to be going to *(do something)* aller
   + *inf.* (I)

to get —ing se mettre en route (II)
   to — around circuler (II)
   to — away s'en aller (II)
   to — back rentrer; retourner (I)
   to — by passer (II)
   to — down descendre (I)
   to — far away s'éloigner (2)
   to — for a ride faire un tour (en
   voiture) (7)
   to — for a walk se balader (1);
   faire un tour (7)
   to — get aller chercher (II)
   to — in entrer (dans)(I)
   to — out sortir (I)
   to — over réviser (II)
   to — through brûler (3)
   to — to bed se coucher (II)
   to — to *(subject)* **class** aller en
   cours de … (I)
   to — to see (ask, tell) s'adresser
   à (2)
   to — to sleep s'endormir (II)
   to — up monter (I)
   to — with accompagner (I)
goal le but (I)
goat la chèvre (I)
gold l'or *m.* (II)
   (made of) **—** en or (II)
golf le golf (II)
good bon, bonne (I)
   — evening bonsoir (I)
   — in fort, -e en (I)
   — morning bonjour (I)
   to have a — time s'amuser (II)
   no — in nul, -le en (I)
   that's a — one! c'est la meilleure! (1)
good-bye au revoir; salut (I)
gosh, is (he/she) … ! comme (il/elle)
   est … ! (II)
got: you've — a lot of nerve! tu
   exagères (II)
government le gouvernement (12)
grab: it doesn't — me ça ne me dit
   rien (II)
grade la note (I)
graduation: high-school —exam le
   bac(calauréat) (1)
gram le gramme (I)
grandchildren les petits-enfants
   m.pl. (II)
granddaughter la petite-fille (II)
grandfather le grand-père (I)
grandmother la grand-mère (I)
grandparents les grands-parents
   m.pl. (I)

English-French Vocabulary   **549**

grandson le petit-fils (II)
grape le raisin (I)
grapefruit le pamplemousse (II)
grass l'herbe *f.* (II)
gray gris, -e (I)
great super; formidable; chic!; parfait (I); génial, -e; terrible (II)
Great Britain la Grande-Bretagne (2)
great-grandfather l'arrière-grand-père *m.* (5)
great-grandmother l'arrière-grand-mère *f.* (5)
great-grandparents les arrière-grands-parents *m.pl.* (5)
green vert, -e (I)
— **beans** les haricots verts *m.pl.* (I)
to **greet** accueillir (7)
greeting card la carte de vœux (II)
grilled ham and cheese le croque-monsieur, *pl.* les croque-monsieur (I)
grocer l'épicier *m.*, l'épicière *f.* (I)
groceries les provisions *f.pl.* (II)
grocery store l'épicerie *f.* (I)
groom le marié (II)
ground:
—**beef** le bifteck haché (II)
— **floor** le rez-de-chaussée (I)
on the — par terre (I)
group le groupe (I)
to **grumble** rouspéter (II)
Guadeloupe la Guadeloupe (13)
to **guess** deviner (I)
guest l'invité(e) (I)
guidance counselor le conseiller/la conseillère d'orientation (9)
guide le/la guide (I)
guidebook le guide (I)
guilty coupable (II)
Guinea la Guinée (II;14)
guitar la guitare (I)
guy le type (II)
gym l'éducation physique (et sportive) (l'E.P.S.) *f.* (I)
gym(nasium) le gymnase (I)
gymnastics la gymnastique (I)
to do — faire de la gymnastique (I)

hair les cheveux *m.pl.* (I)
to brush/wash one's — se brosser/laver les cheveux (II)
to have ... — avoir les cheveux ... (I)
hairbrush la brosse à cheveux (II)
haircut la coupe (II)

to get a — se faire couper les cheveux (II)
hairdresser le coiffeur, la coiffeuse (II)
hair dryer le sèche-cheveux (II)
hairstyle la coiffure (II)
half- demi- (II)
—**-bottle** la demi-bouteille (II)
— **hour** la demi-heure (I)
— **(of)** la moitié (de) (II)
— **past** *time* + et demi(e) (I)
hall le couloir (I)
ham le jambon (I)
grilled — **and cheese** le croque-monsieur, *pl.* les croque-monsieur (I)
hamburger le*hamburger (I); le bifteck haché (II)
hammer le marteau, *pl.* les marteaux (4)
to **hamper** gêner (3)
hamster le*hamster (I)
hand la main (I)
a (helping) — un coup de main (II)
to shake —s se serrer la main (7)
to wash one's —s se laver les mains (II)
to **hand in** rendre (I)
handkerchief le mouchoir (II)
handsome beau (bel), belle; *pl.* beaux, belles (I)
to **hang:**
to — **up** raccrocher (II)
to — **wallpaper** tapisser de papier peint (4)
to **happen** se passer; *(to someone)* arriver à (II)
happiness le bonheur (II)
happy heureux, -euse; content, -e (I)
— **birthday!** bon anniversaire! (I)
very — ravi, -e (7)
hard difficile (I)
to have a — **time** avoir du mal à + *inf.* (2)
to work — bûcher (1)
hardworking travailleur, -euse (II)
hat le chapeau, *pl.* les chapeaux (I)
to **hate** détester (I); avoir horreur de (4)
to **have** avoir; *(food or drink)* prendre (I); tenir (4)
to — *(something done)* faire + *inf.* (II)
to — **just** *(done something)* venir de + *inf.* (I)
to — **to** il faut (I); devoir (II)
he il; lui (I)

head la tête (I); *(of a department)* le directeur, la directrice (9); le chef (9)
to have a —**ache** avoir mal à la tête (I)
— **of state** le chef d'état (14)
to **head (toward)** se diriger (vers) (II)
headlines les (gros) titres *m.pl.* (10)
health la santé (II)
heaps of des tas de (1)
to **hear** entendre (I)
heart le cœur (II)
heat la chaleur (14)
heavy lourd, -e (I)
hello bonjour; *(in the evening)* bonsoir (I); *(on phone)* allô? (II)
helmet le casque (II)
help l'aide *f.* (4)
to **help** aider (I)
— **yourself!** sers-toi! servez-vous! (II)
may I — **you?** vous désirez? (I)
helping hand un coup de main (II)
hen la poule (I)
her sa, son, ses; elle; la (l') (I)
to (for, from) — lui (I)
here ici (I)
— **is/are** voici (I)
— **you go!** tiens! (I); tenez! (2)
heritage l'héritage *m.* (5)
hero le*héros *m.* (6)
heroine l'héroïne *f.* (6)
hers le sien, la sienne (10)
herself elle-même (II)
to **hesitate** hésiter (à + *inf.*) (II)
hey! hé! (II)
hi salut (I)
to **hide** cacher (I)
high *adv.* haut (II)
high school le lycée (I)
— **graduation exam** le bac(calauréat) (1)
— **student** le (la) lycéen(ne) (I)
highway l'autoroute *f.* (3)
hike la randonnée (II)
hiker le randonneur, la randonneuse (II)
hiking la randonnée (II)
to go — faire une randonnée (II)
hilarious marrant, -e (II)
hill la colline (II)
him lui; le (l') (I)
to (for, from) — lui (I)
himself lui-même (II)
to **hire** embaucher (9)
his son, sa, ses (I); le sien, la sienne (10)

historical historique (II)
history l'histoire *f.* (I)
to hitchhike faire de l'auto-stop *m.* (2)
hockey le*hockey (I)
to hold tenir (4)
— **the line** ne quittez pas (II)
holiday: official — le jour férié (11)
home:
　at — chez (moi, toi, *etc.*) (I); en
　　famille (5)
　not feeling at — dépaysé, -e (7)
　to (at) someone's — chez (I)
　to come/go — rentrer (I)
homework les devoirs *m.pl.* (I)
　to do — faire ses devoirs (I)
honey le miel (14)
honeymoon le voyage de noces (II)
to hope espérer (II)
horoscope l'horoscope *m.* (II)
horror film le film d'horreur (II)
hors d'œuvres les*hors-d'œuvre *m.* (I)
horse le cheval, *pl.* les chevaux (I)
hose: *(garden)* le tuyau (d'arrosage) (4)
hospital l'hôpital, *pl.* les hôpitaux
　m. (I)
host: TV show — l'animateur *m.*,
　l'animatrice *f.* (10)
hot chaud, -e (I)
　it's — out il fait chaud (I)
　not so — pas terrible (II)
　to be — *(people)* avoir chaud (I)
hot dog le*hot-dog (I)
hotel l'hôtel *m.* (I)
hour l'heure *f.* (I)
　half — la demi-heure (I)
　rush — les heures de pointe *f.pl.* (II)
house la maison (I)
　at (to) *(someone's)* **—** chez (I)
　to play to packed —s faire salle
　　comble (6)
housewares department le rayon de
　ménage (II)
housework: to do — faire le
　ménage (II)
how comment (I)
　(for) — long (pour) combien de
　　temps (I)
　— about …? si seulement +
　　imperfect (II)
　— are things? ça va? (I)
　— are you ? comment allez-
　　vous?, comment vas-tu? (I)
　— come? comment ça se fait? (1)
　— do you get to …? quel est le
　　chemin pour aller …? (II)

— **long** depuis quand (II)
— **much (many)?** combien (de)? (I)
— **much time does it take to …?**
　ça prend combien de temps
　pour …? (I)
— **old are you?** tu as quel âge? (I)
that comes to — much? ça fait
　combien? (I)
however cependant (II); pourtant
　(8); toutefois (14)
huh? hein? (II)
humid humide (II)
　it's — il fait un temps humide (II)
humorous humoristique (8)
hundred cent (I)
　about a — une centaine (de) (3)
hungry: to be — avoir faim (I)
hunting la chasse (II)
　to go — aller à la chasse (II)
hurray for …! vive …! (12)
hurry:
　—! vite! (I)
　in a — pressé, -e (II)
to hurry se dépêcher (II); se presser (2)
to hurt avoir mal à (I); faire mal à (II)
　to — one's + *part of body* se faire
　　mal à (II)
　to — oneself se faire mal (II)
husband le mari (I)
hush! chut! (I)
hymn l'hymne *m.* (11)
hypocritical hypocrite (I)

I je (I)
ice la glace (I)
ice cream la glace (I)
ice cube le glaçon (II)
to ice skate faire du patin à glace (II)
ice skates les patins à glace *m.pl.* (II)
ID card la carte d'identité (2)
idea l'idée *f.* (I)
identification papers les papiers
　d'identité *m.pl* (II)
if si (I)
　— not sinon (II)
　— you were me (I were you, etc.)
　　à ma (ta, *etc.*) place (II)
ill:
　to be/feel — aller mal (I)
　to become — tomber malade (II)
　to look — avoir mauvaise mine (I)
illustration l'illustration *f.* (10)
illustrator l'illustrateur *m.*,
　l'illustratrice *f.* (10)

image l'image *f.* (II)
immediately tout de suite (I);
　aussitôt (12)
impatient impatient, -e (I)
importance l'importance *f.* (10)
important important, -e (I)
　— person le personnage (8)
　it's — to/that il est important de
　　+ *inf.* /que + *subj.* (II)
impossible impossible (I)
impression l'impression *f.* (13)
Impressionist impressionniste (13)
to improve faire des progrès (I); se
　perfectionner (1)
in dans; à; en (I)
　— it dedans (II)
　— order to pour + *inf.* (I)
to include comprendre (II)
　included: the tip is — le service est
　　compris (I)
incorrect incorrect, -e (I)
to increase approfondir (1)
incredible pas croyable (1)
indeed en effet (I)
to indicate indiquer (II)
individual *adj.* individuel, -le (II);
　l'individu *m.* (12)
industry l'industrie *f.* (II)
inexpensive bon marché (II)
　to be — ne pas coûter cher (I)
infirmary l'infirmerie *f.* (II)
to inform informer (10)
　to keep —ed about s'informer de (10)
information les renseignements
　m.pl. (I)
inhabitant l'habitant *m.* (II)
injection la piqûre (II)
　to give an — faire une piqûre à (II)
in-laws les beaux-parents *m.pl.* (II)
inn l'auberge *f.* (II)
innocent innocent, -e (II)
to inquire se renseigner (2)
　to — of se renseigner auprès de (3)
inside dedans (II)
to insist insister (12)
to install installer (II)
installment l'épisode *m.* (10)
instead of au lieu de (II)
instrument l'instrument *m.* (I)
intelligent intelligent, -e (I)
to interest passionner (1)
　to — *(someone in)* interésser
　　(quelqu'un à) (II)
　would it — you to …? ça te dirait
　　de + *inf.* …? (II)

English-French Vocabulary　　**551**

interested: to be — in s'intéresser à (II)
interesting intéressant, -e (I)
  to be — to passionner (1)
interior l'intérieur *m.* (II)
intermission l'entracte *m.* (6)
internship le stage (9)
  to have an — faire un stage (9)
intersection le carrefour (3)
interview l'interview *f.* (II); *(formal)*
    l'entretien *m.* (9)
to interview interviewer (II)
into dans (I)
to introduce présenter (II)
introduction l'introduction *f.* (8)
invitation l'invitation *f.* (I); le faire-
    part, *pl.* les faire-part (II)
to invite inviter (I)
Ireland l'Irlande *f.* (2)
Irish irlandais, -e (2)
iron le fer (14)
island l'île *f.* (II)
isn't that …! qu'est-ce que …! (II)
issue le numéro (10)
it elle *f.*, il *m.*; le, la, l' (I)
  that's —! ça y est! (II)
  to — y (I)
Italian italien, -ne; *(language)*
    l'italien *m.* (I)
Italy l'Italie *f.* (I)
its son, sa, ses (I)
Ivory Coast la Côte-d'Ivoire (II;14)
  from the — ivoirien, -ne (14)

jacket le blouson (I); la veste (II)
jam la confiture (I)
  traffic — l'embouteillage *m.* (3)
January janvier *m.* (I)
Japanese japonais, -e (II)
jazz le jazz (I)
jeans le jean (I)
jeep la jeep (II)
jewelry les bijoux *m.pl.* (II)
  — store la bijouterie (II)
  piece of — le bijou (II)
job le métier (II); l'emploi *m.* (9)
  doing odd —s le bricolage (4)
  — résumé le curriculum vitæ (9)
  to do odd —s bricoler (4)
jogging le jogging (II)
  to go — faire du jogging (II)
joke: that's a real —! c'est la
    meilleure! (1)
to joke plaisanter (1)
journalist le/la journaliste (II)

judge le juge (II)
judo le judo (II)
  to practice — faire du judo (II)
juice le jus (I)
July juillet *m.* (I)
to jump sauter (II)
June juin *m.* (I)
just juste (II)
  to have — *(done something)* venir
    de (+ *inf.*) (I)
  to — *(do something)* se contenter de
    (1)

to keep garder (II)
  to — informed about s'informer
    de (10)
  to — in suspense tenir en haleine (8)
  to — up with se tenir au courant
    de (10)
key la clef (II)
kidding:
  no —! sans blague! (II)
  to be — plaisanter (II)
kilo(gram) le kilo(gramme) (I)
kind *adj.* gentil, -le (I); le genre (6)
king le roi (11)
kiosk le kiosque (II)
kiss: love and —es *(letters)* bons
    baisers (II)
to kiss (s')embrasser (II); *(on both
    cheeks)* faire la bise (7)
kitchen la cuisine (I)
knee le genou, *pl.* les genoux (II)
knife le couteau, *pl.* les couteaux (I)
knock le coup (6)
to knock frapper (6)
to know connaître; savoir (I)
  to — each other se connaître (II)
  to — how savoir + *inf.* (I)
knowledge la connaissance (1)
known connu, -e (II)

lab(oratory) labo(ratoire) (I)
label l'étiquette *f.* (II)
to lack manquer (15)
ladder l'échelle *f.* (4)
lady la dame (I)
  ladies and gentlemen messieurs-
    dames (I)
  ladies' wear les vêtements pour
    dames *m.pl.* (II)
  young — mademoiselle (I)
lake le lac (II)

lamb l'agneau, *pl.* les agneaux *m.* (II)
  — chop la côtelette d'agneau (II)
  leg of — le gigot (I)
lamp la lampe (II)
land la terre (II)
to land atterrir (II)
landscape le paysage (II;13)
language la langue (I)
  — lab le labo de langues (I)
large gros, grosse; grand, -e (I)
last dernier, -ière (I)
  — night hier soir (I); cette nuit (II)
to last durer + *time* (II)
late en retard (I); tard (II)
  to be + *time* **+ —** avoir + *time*
    + de retard (1)
  to sleep — faire la grasse matinée (II)
lateness le retard (7)
latest dernier, -ière (I)
to laugh rire (2)
  to — at se moquer de (2)
to launch lancer (10)
laundry: to do the — faire la lessive (I)
law la loi (12)
  — school la faculté de droit (15)
lawn la pelouse (I); le gazon (4)
  — mower la tondeuse (4)
  to mow the — tondre le gazon (4)
lawyer l'avocat(e) (II)
lazy paresseux, -euse (I)
to lead mener (II)
lead article l'éditorial, *pl.* les
    éditoriaux *m.* (10)
leaf la feuille (I)
to leak fuir (4)
to learn (to) apprendre (à) (I)
least:
  at — au moins (II)
  the — + *adj./adv.* le/la moins (II)
leather le cuir (II)
  (made of) **—** en cuir (II)
to leave partir; quitter *(a person or place)*
    (I); s'en aller (II)
  to — (behind) laisser (I)
  to — cold laisser froid (13)
left la gauche (12)
  to the — (of) à gauche (de) (I)
leg la jambe (I)
  — of lamb le gigot (I)
  to cost an arm and a — coûter les
    yeux de la tête (II)
leisure time les loisirs *m.pl.* (II)
  — activities les loisirs *m.pl* (II)
lemonade le citron pressé (I)
to lend prêter (à) (I)

lenses: contact — les lentilles (de contact) *f.pl.* (I)
less + *adj./adv.* moins (II)
— **and** — de moins en moins (de) (II)
lesson la leçon (I)
to let permettre à ... de + *inf.* (II); laisser + *inf.* (4)
let's go! allons-y! (I)
letter la lettre (I)
— **carrier** le facteur, la factrice (I)
short — le petit mot (I)
lettuce la laitue (I)
Liberia le Libéria (II)
liberty la liberté (7; 11)
library la bibliothèque (I)
school — la salle de documentation (I)
license: driver's — le permis de conduire (II)
to lie mentir (II)
life la vie (II)
still — la nature morte (13)
way of — la façon de vivre (7)
to lift the receiver décrocher (II)
light *(weight/calories)* léger, -ère (I; II); *(color/skin)* clair, -e (II)
to get — faire jour (I)
light la lumière (II)
— **bulb** l'ampoule *f.* (4)
red/green — le feu rouge/vert (3)
traffic — le feu (3)
lightning les éclairs *m.pl.* (II)
flash of — l'éclair *m.* (II)
there's — il y a des éclairs (II)
likable sympa(thique) (I)
like comme (I)
it looks — on dirait (II)
it's — **being** on se croirait (5)
— **Americans** à l'américaine (7)
to look — ressembler à (II)
what's ... —? comment est ...? (I)
what's the weather —? quel temps fait-il? (I)
to like aimer (I)
how do you —? comment trouvez-vous ...? (II)
I'd — je voudrais (I)
I/you — **it (that)** ça me/te plaît (II)
I/you — **them** ils me/te plaisent (II)
we'd — nous voudrions (I)
likewise moi de même (II)
line la ligne (II; 8); *(of a script)* la réplique (6); *(of poetry)* le vers (8)
hold the — ne quittez pas (II)
to stand in — faire la queue (II)

lip la lèvre (II)
list la liste (II)
to listen to écouter (I)
liter le litre (I)
literature la littérature (8)
little petit, -e; *adv.* peu de (I)
a — un peu (de) (I)
in a — **while** tout à l'heure (II)
live *(broadcast)* en direct (12)
to live vivre (II)
long — ...! vive ...! (12)
to — **in/at** habiter à; *(a house/ apartment)* habiter dans (I)
living la vie (II)
to earn a — gagner sa vie (II)
what do you do for a —? que faites-vous dans la vie? (II)
living room le salon (I)
loads of des tas de (1)
located: to be — se trouver (II)
to lock fermer à clef (II)
locker le casier (I)
long long, longue (I)
(for) a — **time** longtemps (I)
(for) how —? (pour) combien de temps? (I)
how —? depuis quand? (II)
— **live ...!** vive ...! (12)
longer: no — ne ... plus (I)
to look + *adj.* avoir l'air + *adj.* (II)
it —**s like** on dirait (II)
to — **at** regarder (II)
to — **for** chercher (I)
to — **forward to** avoir hâte de + *inf.* (12)
to — **(good) on** *(someone)* aller (bien) à (II)
to — **like** ressembler à (II)
to — **out on** donner sur (II)
to — **up** consulter (10)
to — **well (ill)** avoir bonne (mauvaise) mine (I)
Lorraine la Lorraine (11)
to lose perdre (I)
to — **weight** maigrir (I)
lost:
— **and found** le service des objets trouvés (II)
to get — se perdre (2)
lot: a — **(of)** beaucoup (de) (I)
lot: parking — le parking (3)
loud fort, -e (II)
out — à voix haute (8)
loudly à voix haute (8)

loudspeaker le*haut-parleur (II)
lounge: teachers' — la salle des professeurs (I)
lousy: what a — *(play, novel, etc.)*! quel navet! (6)
love l'amour *m.* (II); *(in letters)* grosses bises (7)
— **and kisses** *(letters)* bons baisers! (II)
— **story** *(film)* le film d'amour (II)
to love aimer (II)
low *adv.* bas (II)
loyal fidèle (5)
luck la chance (I)
lucky: to be — avoir de la chance (I); avoir de la veine (1)
luggage les bagages *m.pl.* (II)
lunatic le fou, la folle (II)
lunch le déjeuner (I)
to have — déjeuner (I)
lunchroom la cantine (I)
Luxembourg le Luxembourg (I)
from — luxembourgeois, -e (I)

ma'am madame (I)
magazine le magazine (I); la revue (10)
— **stand** le kiosque (II)
the Maghreb le Maghreb (14)
magnificent magnifique (I); splendide (2)
mail le courrier (II)
mailbox la boîte aux lettres (II)
mail carrier le facteur, la factrice (I)
main principal, -e; *pl.* principaux, -ales (I)
— **course** le plat principal (I)
— **floor** le rez-de-chaussée (I)
to maintain tenir à (5)
majority la majorité (12)
the — **(of)** la plupart (de) (II)
make la marque (II)
to make faire (I); réaliser (13)
to — + *adj.* rendre + *adj.* (12)
to — **do with** se contenter de (1)
to — **fun of** se moquer de (2)
to — *(someone do something)* obliger (à + *inf.*) (3); pousser (à + *inf.*) (10)
to — **up one's mind (to)** se décider (à) (2)
makeup le maquillage (II)
to put on one's — se maquiller (II)
Mali le Mali (II; 14)

man l'homme *m.*; le monsieur, *pl.* les messieurs (I)

to manage se débrouiller (2)

    to — to arriver à + *inf.* (2)

manager *(of a business)* le (la) gérant(e) (9); *(of a department)* le directeur, la directrice (9)

manners: to have good (bad) — être bien (mal) élevé, -e (7)

manual worker l'ouvrier *m.*, l'ouvrière *f.* (9)

to manufacture fabriquer (14)

many beaucoup (de) (I)

    as — autant (de/que) (10)

    how —? combien (de)? (I)

    so — autant (de/que) (10)

    so — (of) tellement (de); tant (de) (II)

    too — trop (de) (I)

map la carte (I)

    automatic metro — le plan-indicateur (II)

    city — le plan (II)

    road — la carte routière (I)

marble le marbre (13)

March mars *m.* (I)

market le marché (I)

    flea — le marché aux puces (II)

married marié, -e (II)

    to get — to se marier avec (II)

to marry se marier (avec) (II)

Martinique la Martinique (13)

marvelous exquis, -e (II); merveilleux, -euse (5)

mashed potatoes la purée de pommes de terre (II)

masterpiece le chef-d'œuvre, *pl.* les chefs-d'œuvre (13)

match *(game)* le match (I); l'allumette *f.* (II)

material: raw — la matière première (14)

mathematics les mathématiques (les maths) *f.pl.* (I)

matter:

    as a — of fact en effet (I)

    it doesn't — ça ne fait rien (II)

    what's the — (with you)? qu'est-ce que tu as?; qu'est-ce qu'il y a? (I)

Mauritania la Mauritanie (14)

may:

    — I ...? je peux ...? (I); *(formal)* puis-je ...? (4)

    — I help you? vous désirez? (I)

May mai *m.* (I)

maybe peut-être (I)

mayor le maire (3)

me moi; me (I)

    — too moi aussi (I); moi de même (II)

    to (for, from) — me (I)

meal le repas (I)

    enjoy your —! bon appétit! (I)

    fixed-price — le menu (I)

    room with three —s a day la pension complète (II)

    room with two —s a day la demi-pension (II)

mean méchant, -e (I)

to mean vouloir dire (I)

meat la viande (I)

mechanic le (la) mécanicien(ne) (II)

medical:

    — office le cabinet (II)

    — school la faculté de médecine (15)

medicine le médicament (II)

Mediterranean Sea la mer Méditerranée (II)

medium *(meat)* à point (I)

to meet *(by accident)* rencontrer; faire la connaissance (de) (II); se réunir (10)

    to arrange to — donner rendez-vous (12)

member le membre (12)

to memorize apprendre par cœur (I)

men's wear les vêtements pour hommes *m.pl.* (II)

to mention citer (8)

    don't — it de rien (I); il n'y a pas de quoi (II)

menu la carte (I)

merchant le (la) marchand(e) (I)

mess le désordre (4)

message le message (II)

meter le mètre (II)

    parking — le parc-mètre (3)

metro le métro (II)

    automatic — map le plan-indicateur (II)

Mexican mexicain, -e (I)

Mexico le Mexique (I)

microphone le micro(phone) (II)

microwave oven le micro-ondes (II)

middle:

    in the — of au milieu de (II)

    — school le collège (I)

    to be in the — of *(doing something)* être en train de + *inf.* (II)

midnight minuit (I)

might risquer de + *inf.* (2)

mike le micro (II)

mild doux, douce (II)

military service le service militaire (11)

milk le lait (I)

million un million (de) (I; 14)

mind:

    to change one's — changer d'avis (II)

    to make up one's — (to) se décider (à) (2)

mine le mien, la mienne (10)

mineral water l'eau minérale *f.* (I)

minor articles les faits divers *m.pl.* (10)

minus moins (I)

minute la minute (I)

mirror le miroir (II)

Miss mademoiselle (Mlle) (I)

to miss rater (II)

mistake la faute (I)

mistaken: to be — (about) se tromper (de) (II)

mitten la moufle (II)

to mix mélanger (4)

    to — up confondre (14)

model le modèle (II)

moderate tempéré, -e (II)

modern moderne (II)

to modernize se moderniser (3)

Mom maman (I)

Monday lundi *m.* (I)

money l'argent *m.* (I)

    spending — l'argent de poche *m.* (I)

    to save — faire des économies (II)

month le mois (I)

monthly mensuel, -le (10)

monument le monument (I)

moon la lune (I)

more plus (I); d'autres (II)

    — and — de plus en plus (de) (II)

    no — (of) ne ... plus (de) (I)

moreover d'ailleurs (II)

morning le matin; la matinée (I)

    good — bonjour (I)

    in the — le matin; *time* + du matin (I)

Morocco le Maroc (14)

most:

    — (of) la plupart (de) (II)

    the — le/la plus + *adj./adv.* (II)

mother la mère (I)

    — tongue la langue maternelle (5)

mother-in-law la belle-mère (II)

motor le moteur (II)

    — oil l'huile *f.* (II)

motorbike la mob(ylette) (I)

motorcycle la moto (I)

motorcycle (*continued*):
  to go — riding faire de la moto (I)
motorhome le camping-car (II)
motto la devise (11)
mountain la montagne (I)
  to go — climbing faire de l'alpinisme (II)
mousse: chocolate — la mousse au chocolat (I)
mouth la bouche (I)
to move déménager (II); bouger (4)
  to — away s'éloigner (2)
  to — forward s'avancer (II)
movement le mouvement (13)
mover le déménageur, la déménageuse (II)
movie le film (I)
  — camera la caméra (II)
  —s le cinéma (I)
  — theater le cinéma (I)
  to make a — tourner un film (II)
to mow the law tondre le gazon (4)
mower: lawn — la tondeuse (4)
Mr. monsieur (M.) (I)
Mrs. madame (Mme) (I)
much beaucoup (de) (I)
  as — autant (de/que) (10)
  how —? combien (de)? (I)
  not — pas grand-chose (2)
  so — autant (de/que) (10)
  so — (of) tellement de; tant (de) (II)
  so — the better tant mieux (II)
  too — trop (de) (I)
  very — beaucoup (de) (I)
  you're too —! tu exagères! (II)
mural la peinture murale (13)
museum le musée (I)
mushroom le champignon (I)
music la musique (I)
musician le (la) musicien(ne) (6)
must il faut + *inf.* (I); devoir; il faut que + *subj.* (II)
mustard la moutarde (I)
my mon, ma, mes (I)
myself moi-même (II)

nail le clou (4)
name le nom (I)
  first — le prénom (II)
named: to be — s'appeler (I)
napkin la serviette (I)
narrow étroit, -e (I)
national anthem l'hymne national *m.* (11)

nationality la nationalité (I)
  what —? de quelle nationalité? (I)
nature la nature (II)
naughty méchant, -e (I)
nauseated: to feel — avoir mal au cœur (II)
navy la marine (11)
near près de (I); *adj.* proche (2)
neat! chouette! (I); génial, -e; *pl.* géniaux, -ales (II)
necessary: it's — il faut + *inf.* (I); il faut que + *subj;* il est nécessaire (de + *inf./*que + *subj.*) (II)
neck le cou (II)
necklace le collier (I)
to need avoir besoin de (I); falloir à (quelqu'un) (II)
  no — to pas la peine de + *inf.* (4)
neighbor le (la) voisin(e) (I)
neighborhood le quartier (3)
neither do I moi non plus (I)
nephew le neveu, *pl.* les neveux (I)
nerve: you've got a lot of —! tu exagères! (II)
nervous nerveux, -euse (II)
Netherlands les Pays-Bas *m.pl.* (2)
never (ne ...) jamais (I)
new nouveau (nouvel), nouvelle; *pl.* nouveaux, nouvelles (I); neuf, neuve (II)
  what's —? quoi de neuf? (II)
news les nouvelles *f. pl.* (II)
  — briefs les faits divers *m.pl.* (10)
  TV — les informations *f.pl.* (I)
newspaper le journal, *pl.* les journaux (I)
  — stand le kiosque (II)
next prochain, -e (I)
  — to à côté de (I)
  the — day le lendemain (II)
nice aimable; gentil, -le; sympa(thique); bien (I)
  it's — out il fait beau (I)
niece la nièce (I)
Niger le Niger (14)
night la nuit (I)
  last — hier soir (I); cette nuit (II)
  opening — la première (6)
nine neuf (I)
nineteen dix-neuf (I)
ninety quatre-vingt-dix (I)
no non (I)
  in a —-parking zone en stationnement interdit (3)

  — ... -ing il est interdit de ... + *inf.* (II)
  — good in nul, -le en (I)
  — longer ne ... plus (I)
  — more (of) ne ... plus (de) (I)
  — one ne ... personne (I)
nobody personne ... ne (I)
noise le bruit (I)
noisy bruyant, -e (I)
nonsmoking section non-fumeurs (II)
noodles les pâtes *f.pl.* (II)
noon midi (I)
Norman normand, -e (5)
Normandy la Normandie (5)
north le nord (I)
North America l'Amérique du Nord *f.* (I)
northeast le nord-est (I)
northwest le nord-ouest (I)
Norway la Norvège (2)
Norwegian norvégien, -ienne (2)
nose le nez (I)
not (ne ...) pas (I)
  if — sinon (I)
  I'm afraid — je crains que non (II)
  — anymore ne ... plus (I)
  — anyone ne ... personne (I)
  — anything ne ... rien (I)
  — anywhere ne ... nulle part (3)
  — at all pas du tout (I)
  of course — mais non (I)
note la note (II); (*short letter*) le petit mot (II)
notebook le cahier (I)
nothing rien ... ne (I)
to notice remarquer (II); s'apercevoir (de) (2)
Nova Scotia la Nouvelle-Ecosse (5)
novel le roman (I)
novelist le romancier, la romancière (8)
November novembre *m.* (I)
now maintenant (I)
  for — pour le moment (II)
  right — en ce moment; actuellement (II)
nuclear power plant la centrale nucléaire (15)
number le numéro (I)
numerous nombreux, -euse (3)
nurse l'infirmier *m.*, l'infirmière *f.* (I)
  —'s office l'infirmerie *f.* (I)
nut (*crazy person*) le/la dingue (1)

to obey obéir (à) (I); respecter (3)
  objective objectif, -ive (10)
  objectivity l'objectivité *f.* (10)
to observe observer (13)
to obstruct gêner (3)
to obtain obtenir (9)
  obviously évidemment (I)
  occupation le métier (II)
  occupied occupé, -e (I)
  ocean l'océan *m.* (I)
  o'clock (il est) une heure, deux
    heures, *etc.* (I)
  October octobre *m.* (I)
  of de (I)
    — **course** mais oui; bien sûr (I)
    — **course not** mais non (I)
to offend vexer (7)
to offer offrir à (I)
  office le bureau, *pl.* les bureaux (I);
    (medical, dental) le cabinet (II)
    nurse's — l'infirmerie *f.* (I)
    to run for — se présenter aux
      élections (12)
    tourist — le bureau de tourisme
      (I); le syndicat d'initiative (2)
  officer: police — l'agent de police
    m.&f. (I)
  official officiel, -le (14)
    — **holiday** le jour férié (11)
  often souvent (I)
  oh …!, oh, dear! oh là là! (II)
  oil l'huile *f.* (I); le pétrole (14)
    motor — l'huile *f.* (II)
    — **and vinegar dressing** la
      vinaigrette (I)
    — **painting** la peinture à l'huile (13)
  OK bon; d'accord (I)
    —, —! ça va, ça va! (2)
to OK approuver (6)
  old vieux (vieil), vieille, *pl.* vieux,
    vieilles; ancien, -ienne (I)
    to be … years — avoir … ans (I)
    oldest child in family l'aîné(e) (7)
  old-fashioned démodé, -e (I)
  olive l'olive *f.* (14)
  omelette l'omelette *f.* (I)
  on sur (I)
    — *(day of week)* le + *day of week* (I)
  once a(n) … une fois par … (I)
  one un, une (I)
    for each — la pièce (I)
    — **another** se, nous, vous (II)
    —-**way** le sens unique (3)
    —-**way ticket** l'aller *m.* (II)
    that's a good —! c'est la meilleure! (1)

  the — celui, celle (II)
  the —**s** ceux, celles (II)
  this/that — celui, celle (II)
  which —? lequel, laquelle (II)
  which —**s?** lesquels, lesquelles (II)
onion l'oignon *m.* (I)
  — **soup** la soupe à l'oignon (II)
only seulement; ne … que (I); juste (II)
  — **child** le fils (la fille) unique (I)
on-the-job training le stage (9)
  to have — faire un stage (9)
to open ouvrir (I)
  opener: can — l'ouvre-boîte, *pl.* les
    ouvre-boîtes *m.* (II)
  opening night la première (6)
  operator: switchboard — le/la
    standardiste (9)
  opinion l'avis *m.* (II)
    in my (your, etc.) — à mon (ton,
      etc.) avis (II)
    to have an — **about** penser de (I)
  opponent l'adversaire *m.&f.* (12)
  opposed opposé, -e (15)
  opposite en face de (I)
  optician l'opticien(ne) (I)
  optimistic optimiste (15)
  option l'option *f.* (1)
  or ou (I)
    either … — soit … soit (2)
  oral oral, -e; *pl.* oraux, -ales (II)
    — **exam** l'oral, *pl.* les oraux *m.* (1)
  orange orange (I)
    — **Card** la Carte Orange (II)
  orange l'orange *f.* (I); *(made with)* à
    l'orange (II)
  orangeade l'orangeade *f.* (I)
  orchestra l'orchestre *m.* (II)
  order: in — **to** pour + *inf.* (I)
to order commander (I)
to organize organiser (I)
  origin: of … — d'origine + *adj.* (5)
  other autre (I)
    each — se, nous, vous (II)
    every — **day (month, week, year)**
      tou(te)s les deux jours (mois,
      semaines, années) (10)
    —**s** d'autres (II)
  otherwise sinon (II)
  ouch! aïe! (II)
  ought to *conditional of* devoir (II)
  our notre, nos (I)
  ours le/la nôtre (10)
  ourselves nous-mêmes (II)
  out:
    — **loud** à voix haute (8)

  — **of style** démodé, -e (I)
  outcome le dénouement (8)
  outdoors dehors; la nature; en plein
    air (II)
    to sleep — dormir à la belle étoile (II)
  outer space l'espace *m.* (15)
  outside l'extérieur *m.*; dehors (II)
    — **of** en dehors de (5)
  outskirts: on the — dans les
    environs (5)
  oven le four (II)
    microwave — le micro-ondes (II)
  over there là-bas (I)
  overcoat le manteau, *pl.* les
    manteaux (I)
  overhead transparency le
    transparent (II)
  overseas outre-mer (13)
  overtime: to work — faires des
    heures supplémentaires (9)
to owe devoir (II)
  own *adj.* propre (II)
  oyster l'huître *f.* (I)

  Pacific Ocean l'océan Pacifique *m.* (I)
to pack faire sa valise (ses bagages) (II)
    to play to —**ed houses** faire salle
      comble (6)
  package le paquet (II)
    — **tour** le voyage organisé (2)
  page: on the front — à la une (10)
  paid payé, -e (9)
  pain: to have a — **in** avoir mal à (I)
  paint la peinture (4)
to paint *(pictures)* faire de la peinture
    (II); peindre (4)
  paintbrush le pinceau, *pl.* les
    pinceaux (4)
  painter le peintre (4)
  painting le tableau, *pl.* les tableaux;
    la peinture (II)
    oil — la peinture à l'huile (13)
  pair la paire (II)
  pal le copain, la copine (I)
  palette la palette (13)
  pan la casserole (II)
    frying — la poêle (II)
to panic paniquer (1)
  pants le pantalon (I)
  pantyhose le collant (II)
  paper le papier (I)
    identification —**s** les papiers
      d'identité *m.pl.* (II)

paper *(continued):*
    piece of — la feuille de papier (I)
    toilet — le papier hygiénique (II)
paperback le livre de poche (I)
parade le défilé (11)
pardon me pardon (I); vous
    permettez? (II)
parents les parents *m.pl.* (I)
park le parc (I); les espaces verts
    m.pl. (3)
to park stationner (II); (se) garer (3)
parking:
    no — **zone** en stationnement
      interdit (3)
    — **lot** le parking (3)
    — **meter** le parc-mètre (3)
part *(in a play)* le rôle (I)
part-time à temps partiel (9)
party la boum (I); la fête; la
    réception (II); *(political)* le
    parti (12)
to pass passer (I); *(the bac)* être reçu, -e
    (1); *(a car)* doubler (3)
    to — **a test** réussir un examen (I)
    to — **the bac** être reçu, -e (1)
passage le passage (8)
passenger le passager, la passagère (II)
passerby le (la) passant(e) (3)
passport le passeport (II)
pastime le passe-temps (8)
pastry la pâtisserie
    — **shop owner/chef** le pâtissier, la
      pâtissière (I)
    — **shop** la pâtisserie (I)
pâté le pâté (I)
path le sentier (II)
patience la patience (II)
patient patient, -e (I)
patiently patiemment (I)
pavement le trottoir (II)
to pay payer (II)
    to — **a deposit** verser des arrhes
      f.pl. (II)
    to — **attention (to)** faire attention (à) (I)
    to — **extra** payer un supplément (II)
peace la paix (5)
    in — **and quiet** au calme (3)
peaceful tranquille (3)
peach la pêche (I)
peanut la cacahouète (14)
pear la poire (I)
peas les petits pois *m.pl.* (I)
pedestrian le piéton (3)
pen le stylo (I)
    felt-tip — le feutre (I)

pencil le crayon (I)
peninsula la péninsule (II)
pen pal le (la) correspondant(e) (I)
people les gens *m.pl.*; le monde; on
    (I); le peuple (11)
pepper le poivre (I); *(green)* le
    poivron (II)
per le/la + *measure* (I)
perfect parfait, -e (I)
perfume le parfum (I)
perhaps peut-être (I)
to permit permettre à … de + *inf.* (II)
person la personne (I)
    important — le personnage (8)
    in — en personne (9)
personnel: head of — le chef du
    personnel (9)
to persuade persuader (12)
persuaded convaincu, -e (12);
    persuadé, -e (12)
pessimistic pessimiste (15)
pet la bête (I)
petit four le petit four (II)
petition la pétition (15)
pharmacist le (la) pharmacien(ne) (II)
pharmacy la pharmacie (II)
phone le téléphone (I)
    on the — au téléphone (I)
    — **book** l'annuaire *m.* (II)
    — **booth** la cabine téléphonique (3)
    — **call** le coup de fil (II)
to phone téléphoner (à) (I)
photograph la photo (I)
    in the — sur la photo (I)
photographer le/la photographe (II)
physics la physique (I)
piano le piano (I)
to pick up aller/venir chercher (II)
picnic le pique-nique (II)
    to have a — faire un pique-nique (II)
picture l'image *f.* (II)
picturesque pittoresque (2)
pie la tarte (I)
piece le morceau, *pl.* les morceaux (I)
    — **of advice** le conseil (II)
    — **of bread and butter** la tartine (I)
    — **of paper** la feuille de papier (I)
pig le cochon (I)
pill le comprimé (II)
pillow l'oreiller *m.* (II)
pilot le pilote (I)
pineapple l'ananas *m.* (II)
pink rose (I)
pipe: water — le tuyau, *pl.* les
    tuyaux (4)

pizza la pizza (I)
place l'endroit *m.* (I)
    to put in — installer (II)
    to take — avoir lieu (II); se
      dérouler (6)
to place mettre (I)
placemat le set (I)
place setting le couvert (I)
plan le projet (I)
to plan to compter + *inf.* (4)
plane l'avion *m.* (I)
planet la planète (15)
plant la plante (II)
    flowering — la plante en fleur (II)
to plant planter (4)
plastic le plastique (II)
    (made of) — en plastique (II)
plate l'assiette *f.* (I)
platform le quai (II)
play la pièce (I)
    to put on a — monter une pièce (II)
to play jouer (à + *musical instrument;*
    de + *sport/game*) (I)
    to — **a game (of)** faire une partie
      (de) (II)
    to — **sports** faire du sport (I)
    to — **to packed houses** faire salle
      comble (6)
player le joueur, la joueuse (I)
playing field le terrain de sport (I)
playwright le/la dramaturge (6)
pleasant agréable (I)
please s'il te (vous) plaît (I); veux-tu
    …?; *(formal)* veuillez … (II);
    (formal) je vous prie de + *inf.* (9)
to please plaire à (2); faire plaisir à (7)
pleased content, -e (I)
    to be — se plaire (2)
pleasure: with — avec plaisir (II)
pliers les pinces *f.pl.* (4)
plot l'intrigue *f.* (8)
to plug in brancher (II)
plum la prune (II)
plumber le plombier (4)
P.M. de l'après-midi; du soir (I)
pocket money l'argent de poche *m.* (I)
poem le poème (I)
poet le poète (8)
point of departure le point de
    départ (II)
police officer l'agent de police *m.&f.* (I)
polite poli, -e (I)
politely poliment (I)
political politique (12)
politics la politique (12)

poll le sondage (12)
pollution la pollution (3)
pool: swimming — la piscine (I)
poor pauvre (I)
pork: roast — le rôti de porc (I)
port le port (II)
portable stove le réchaud (II)
portrait le portrait (13)
possible possible (I)
   it's — il se peut (9)
postal employee l'employé(e) des
   postes (II)
post card la carte postale (I)
poster l'affiche f. (I)
post office la poste (I)
   — (P.O.) box la boîte postale (B.P.) (II)
potato la pomme de terre (I)
   mashed —s la purée de pommes
    de terre (II)
potter le potier (13)
pottery la poterie (II)
   to make — faire de la poterie (II)
to pour verser (II)
to pout faire la tête (II)
power la puissance (14)
   nuclear — plant la centrale
    nucléaire (15)
powerful puissant, -e (11)
practical pratique (II)
to practice s'entraîner (1)
to praise acclamer (6)
to predict prédire (15)
to prefer aimer mieux; préférer (I)
preferable préférable (9)
   it's — to/that il vaut mieux +
    *inf./*que + *subj.* (II)
to prepare préparer (I)
   to — oneself se préparer (1)
prescription l'ordonnance f. (II)
present présent, -e (I)
   at — de nos jours (6); à notre
    époque (8)
present le cadeau, *pl.* les cadeaux (I)
to present présenter (II)
   to — oneself (at) se présenter (à) (II)
to preserve conserver (9)
   president le (la) président(e) (12)
the press la presse (10)
to press appuyer sur (II)
   pretty joli, -e (I)
to prevent (from) empêcher (de +
   inf.) (3)
previous précédent, -e (9)
price le prix (II)
   — tag l'étiquette f. (II)

to offer a reduced — faire un prix (II)
prime minister le premier ministre (12)
principal *(collège)* le (la) principal(e)
   (I); *(lycée)* le proviseur, la
   directrice (II)
print la reproduction (13)
probably devoir + *inf.* (II);
   probablement (7)
problem le problème (I)
process: to be in the — of *(doing
   something)* être en train de +
   inf. (II)
to produce produire (13); réaliser (13)
profession la profession (9)
program *(TV or radio)* l'émission f.
   (I); le programme (6)
progress: to make — faire des
   progrès (I)
prohibited: ... is — il est interdit de
   + *inf.* (II)
projector le projecteur (II)
promise la promesse (12)
   that's a —! c'est promis! (II)
to promise promettre à ... de + *inf.* (I)
to pronounce prononcer (I)
to propose proposer à ... de + *inf.* (1)
to protest (against) protester (15)
proud fier, fière (5)
Provence la Provence (11)
   of (from) — provençal, -e; *pl.*
    provençaux, -ales (I)
provided (that) à condition que +
   subj. (15)
province la province (I)
provincial de province (5)
provisions les provisions *f.pl.* (II)
public *adj.* publique (3)
   — transportation les transports
    en commun *m.pl.* (3)
pupil l'élève *m.&f.* (I)
purple violet, violette (I)
purse le sac (I)
to pursue poursuivre (9)
to push *(a button)* appuyer sur; pousser (II)
to put mettre (I)
   to — away ranger (II)
   I'll — him/her on *(the phone)* je
    vous le (la) passe (II)
   to — in place installer (II)
   to — on *(clothing)* mettre (I)
   to — on a play monter une pièce (II)
   to — on weight grossir (I)
   to — out éteindre (4)
   to — to bed coucher (II)
   to — to sleep endormir (II)

to — up with supporter (7)

qualification la qualification (9)
quality la qualité (II)
to quarrel (with) se disputer (avec) (II)
quarter:
   — hour le quart d'heure (I)
   — past *time* + et quart (I)
   — to *time* + moins le quart (I)
Quebec le Québec (I)
Quebecois québécois, -e (I)
queen la reine (11)
question la question (I)
   to ask a — poser une question (I)
quiche lorraine la quiche lorraine (I)
quick rapide (I)
   —! vite! (I)
quickly vite (I)
quiet tranquille (3)
   in peace and — au calme (3)
quietly doucement (II)
quite assez + *adj./adv.* (I)
quiz l'interro(gation) *f.* (I); le
   contrôle (1)
to quiz interroger (14)
quotation la citation (8)
to quote citer (8)

rabbit le lapin (I)
race la course (à pied) (II)
to race faire de la course (à pied) (II)
radio la radio (I)
   — program l'émission *f.* (I)
railroad station la gare (I)
rain la pluie (I)
to rain pleuvoir (I)
   it's —ing cats and dogs il pleut
    des cordes (II)
raincoat l'imper(méable) *m.* (I)
to raise lever (II); soulever (10)
rare *(meat)* saignant, -e (I); rare (5)
rarely rarement (II)
rather assez + *adj./adv.* (I); plutôt (II)
rats! zut! (I)
raw:
   — material la matière première (14)
   — vegetables les crudités *f.pl.* (II)
razor le rasoir (II)
to reach atteindre (15)
to read lire (I); *(books)* bouquiner (8)
reader le lecteur, la lectrice (10)
reading la lecture (8)
ready prêt, -e (II)

ready (continued):
  to get — se préparer (1);
    s'apprêter à + inf. (2)
real véritable (10)
realistic réaliste (13)
to realize s'apercevoir (de) (2); se
    rendre compte (de) (2)
really vraiment (I); quand même (II)
  —? ah bon! (7)
rear adj. arrière (II)
to recall se rappeler (6)
to receive recevoir (II)
  receiver: to lift the — décrocher (II)
  recent récent, -e (II)
  recently récemment (14)
  reception la réception (II)
    — desk la réception (II)
  receptionist le/la réceptionniste (II)
  recess la récré(ation) (I)
  recipe la recette (4)
to recite réciter (6)
to recognize reconnaître (I)
to recommend recommander (de +
    inf.) (12)
  record le disque (I)
    — player le tourne-disque (I)
  recorder:
    cassette — le magnétophone à
      cassettes (I)
    tape — le magnétophone (I)
  red rouge (I)
    to turn — rougir (I)
  redheaded roux, rousse (I)
to reduce réduire (12)
  reduced: to offer a — price faire un
    prix à (II)
  refrigerator le réfrigérateur (le frigo) (II)
    in the — au frais (II)
to refuse (to) refuser (de) (I)
  region la région (II)
  register: cash — la caisse (II)
to register to vote s'inscrire sur les
    listes électorales (12)
to regret regretter (II)
  regularly régulièrement (II)
to rehearse répéter (II)
to relax se reposer; se détendre (II)
to relinquish céder (5)
to remain rester (II)
  remark la remarque (10)
to remember se souvenir de (II)
to remind rappeler (5)
to remove enlever (4)
to rent louer (II)
to repair réparer (II)

repairperson le réparateur, la
    réparatrice (4)
to replace remplacer (9)
  reply la réplique (6)
to reply (to) répondre (à) (I)
  report le reportage (10)
to represent représenter (13)
  representative le/la député (12)
to reproduce reproduire (13)
  republic la république (12)
  research la recherche (10)
to resemble ressembler à (II)
to reserve réserver (II); louer (6)
  resort la station (II)
  resource la ressource (15)
  responsible: to be — for se charger
    de (II)
to rest se reposer (II)
  restaurant le restaurant (I)
    station — le buffet (II)
  restroom les toilettes f.pl. (I)
  résumé: job — le curriculum vitæ (9)
to retire prendre sa retraite (9)
  retired: to be — être à la retraite (9)
  retirement la retraite (9)
to return rentrer; retourner; revenir;
    (something) rendre (I)
  Réunion l'île de la Réunion (13)
to review réviser (II)
  revolution la révolution (11)
  rhyme la rime (8)
  rice le riz (I)
  rich riche (I)
  rid: to get — of enlever (4); se
    débarrasser de (15)
  ride le trajet (II)
    to go for a — faire un tour (en
      voiture) (7)
  right correct, -e (I); bon, bonne (II)
    I'll be — there j'arrive (I)
    — away tout de suite (I); aussitôt (12)
    — now en ce moment;
      actuellement (II)
    — of way la priorité (3)
    that's — c'est ça (I)
    to be — avoir raison (I)
  right le droit (7); (political term) la
    droite (12)
    to the — (of) à droite (de) (I)
  ring la bague (I)
to ring sonner (II)
    the bell's —ing ça sonne (I)
  ripe mûr, -e (II)
to rise se lever (II)
  river le fleuve (I)

road la route (I)
    — map la carte routière (I)
  roast le rôti (I)
    — beef le rosbif (I)
    — pork le rôti de porc (I)
    — veal le rôti de veau (I)
to rob voler (II)
  robber le voleur, la voleuse (II)
  robbery le vol (II)
  rock (music) le rock (I); le rocher (II)
  role le rôle (I)
to roller skate faire du patin à roulettes
    (II)
  roller skates les patins à roulettes
    m.pl. (II)
  roof le toit (II)
  room la chambre; la pièce (I); (space)
    la place (II)
    — with three meals a day la
      pension complète (II)
    — with two meals a day la demi-
      pension (II)
  rooster le coq (I)
  rose la rose (II)
  rosé (wine) le vin rosé (I)
  rotten pourri, -e (II)
  round-trip ticket l'aller et retour m. (II)
  Roussillon le Roussillon (11)
  rubber le caoutchouc (14)
  rug le tapis (II)
to run (machines) marcher; (vehicles)
    rouler; (races) faire de la
    course (à pied) (II)
    to — for office se présenter aux
      élections (12)
    to — into rencontrer (II)
    to — out of gas tomber en panne
      d'essence (II)
  runway la piste (II)
  rush hour les heures de pointe f.pl.
    (II)
  Rwanda le Ruanda (14)

  sad triste (I)
to sail faire de la voile (I)
    to go —ing faire de la voile (I)
  sailboard la planche à voile (II)
    to go —ing faire de la planche à
      voile (II)
  sailboat le bateau à voiles; pl. les
    bateaux à voiles (I)
  sailor le marin (5)
  Saint Pierre and Miquelon Saint-
    Pierre-et Miquelon (13)

salad la salade (I)
  niçoise — la salade niçoise (II)
sale le solde (II)
  on — en solde (II)
salesperson le vendeur, la vendeuse (I); le (la) représentant(e) (II)
salt le sel (I)
salty salé, -e (II)
same même (I)
  all the — quand même (II)
  at the — **time (as)** en même temps (que) (II)
  it's all the — **to me** ça m'est égal; bof! (I)
sand le sable (II)
sandwich le sandwich (I); *(small, open-face)* le canapé (II)
Saturday samedi *m.* (I)
sauce la sauce (I)
saucepan la casserole (II)
saucer la soucoupe (I)
sauerkraut with meat la choucroute garnie (II)
sausage le saucisson (I)
to save money faire des économies (II)
saw la scie (4)
to say dire (I)
  —! dis donc!; tiens! (I)
to scare faire peur à (I)
scarf l'écharpe *f.* (I)
scene la scène (6)
scenery le décor (II)
schedule *(class)* l'emploi du temps *m.* (I); l'horaire *m.* (II)
school l'école *f.* (I)
science les sciences *f.pl.* (I)
science fiction la science-fiction (II)
  — **novel/film** le roman/le film de science-fiction (s.-f.) (II)
scientist le/la scientifique (15)
scissors les ciseaux *m.pl.* (II)
to scold gronder (II)
to score a goal marquer un but (I)
Scottish écossais, -e (2)
screen l'écran *m.* (II)
screw la vis (4)
screwdriver le tournevis (4)
script le texte (6)
scuba diving la plongée sous-marine (II)
  to go — faire de la plongée sous-marine (II)
to sculpt faire de la sculpture (II)
  sculptor le sculpteur (13)
  sculpture la sculpture (II)

to do — faire de la sculpture (II)
sea la mer (I)
  by — par bateau (II)
seafood les fruits de mer *m.pl.* (II)
season la saison (I)
seat la place; le siège (II)
seatbelt la ceinture de sécurité (II)
seated assis, -e (II)
second deuxième (I)
  —-**class** de deuxième classe (II)
secondhand d'occasion (II)
secretary le/la secrétaire (9)
section *(of a newspaper, magazine)* la rubrique (10)
to see voir (I)
  let me — fais (faites) voir! (II)
  — **you (Monday, soon, etc.)** à (lundi, bientôt, *etc.*) (I)
to seem sembler (9)
selfish égoïste (I)
to sell vendre (I)
to send envoyer (II)
Senegal le Sénégal (14)
Senegalese sénégalais, -e (14)
sensational sensationnel, -le (II)
sensitive sensible (II)
sentence la phrase (I)
September septembre *m.* (I)
serious sérieux, -euse (I); grave (II)
to serve servir (I)
service:
  military — le service militaire (11)
  — **station** la station-service (II)
set:
  film — le décor (II)
  — **designer** le décorateur, la décoratrice (II)
to set mettre (I)
  to — **the table** mettre le couvert (I)
  to — **up** établir (10)
to settle s'établir (5)
  to — **in** s'installer (II)
settler le colon (5)
seven sept (I)
seventeen dix-sept (I)
seventy soixante-dix (I)
several quelques; plusieurs (I)
shade l'ombre *f.* (13)
shadow l'ombre *f.* (13)
to shake hands se serrer la main (7)
shame: it's a — **that** c'est dommage que + *subj.* (II)
shampoo le shampooing (II)
shape la forme (13)
  in tip-top — en pleine forme (II)

to be in — être en forme (I)
to shave se raser (II)
she elle (I)
sheep le mouton (I)
sheet le drap (II)
shelf l'étagère *f.* (II)
shirt la chemise (I)
shoe la chaussure (I)
to shoot a film tourner un film (II)
shop la boutique (I)
  — **window** la vitrine (II)
to shop faire des courses (II)
  shopkeeper le (la) marchand(e) (I); le (la) commerçant(e) (3)
  shopping: to go — faire des courses (I)
short court, -e; petit, -e (I)
  a — **time** peu de temps (II)
  — **letter** le petit mot (II)
  — **story** la nouvelle (8)
shorts le short (I)
shot la piqûre (II)
  to give a — faire une piqûre à (II)
should *conditional of* devoir (II)
shoulder l'épaule *f.* (II)
to shout crier (II); hurler (12)
show le spectacle (6)
to show montrer (I)
  — **me** fais (faites) voir! (II)
  to — **a film** passer un film (II)
shower la douche (II)
showroom la salle d'exposition (II)
shrimp la crevette (II)
shy timide (I)
sick malade (I)
  to get — tomber malade (II)
sickness la maladie (15)
side la côté (II); le parti (12)
  on the — **of** au bord de (II)
sidewalk le trottoir (II)
  — **café** la terrasse (d'un café) (I)
to sightsee faire du tourisme (I)
sightseeing trip l'excursion *f.* (2)
to sign signer (I)
  signal: turn — le clignotant (3)
  silver l'argent *m.* (II)
  (made of) — en argent (II)
simple simple (4)
since puisque; depuis (II)
  — **when?** depuis quand? (II)
sincere sincère (I)
sincerely *(letters)* veuillez agréer mes sincères salutations (9)
to sing chanter (I)
  singer le chanteur, la chanteuse (I)
  single *(unmarried)* célibataire (II)

single (continued):
   — **room** la chambre à un lit (II)
sink (kitchen) l'évier m.; (bathroom) le lavabo (II)
sir monsieur, pl. messieurs (I)
sister la sœur (I)
sister-in-law la belle-sœur (II)
sit down! assieds-toi, asseyez-vous (II)
situated situé, -e (II)
situation la situation (14)
six six (I)
sixteen seize (I)
sixty (61, 62, etc.) soixante (soixante et un, soixante-deux, etc.) (I)
size (clothing) la taille; (shoes, gloves) la pointure (II)
   what — do you take? quelle taille/pointure faites-vous? (II)
to skate patiner; faire du patin (à glace, à roulettes) (II)
skateboard la planche à roulettes (II)
   to go —ing faire de la planche à roulettes (II)
skates:
   ice — les patins à glace m.pl. (II)
   roller — les patins à roulettes m.pl. (II)
skating rink la patinoire (II)
sketch l'esquisse f. (13)
ski le ski (I)
   — **boot** la chaussure de ski (I)
   — **jacket** l'anorak m. (I)
   — **lift** le téléski (I)
   — **pants** la salopette (II)
   — **pole** le bâton (II)
   — **resort** la station de ski (II)
   — **run** la piste (II)
to ski faire du ski (I); skier (II)
   to water-— faire du ski nautique (I)
skin la peau (II)
skinny maigre (I)
skirt la jupe (I)
sky le ciel (I)
skyscraper le gratte-ciel, pl. les gratte-ciel (3)
slacks le pantalon (I)
to sleep dormir (I)
   to go to — s'endormir (II)
   to put to — endormir (II)
   to — late faire la grasse matinée (II)
   to — outdoors dormir à la belle étoile (II)
sleeping bag le sac de couchage (II)
sleeping car la voiture-lit, pl. les voitures-lits (II)

sleepy: to be — avoir sommeil (I)
slender maigre (I)
slice la tranche (I)
   — **of bread and butter** la tartine (I)
slide la diapo(sitive) (II)
   — **projector** le projecteur (II)
to slip glisser (II)
slow lent, -e (I)
to slow down ralentir (II)
slowly lentement (I)
small petit, -e (I)
smart calé, -e (I)
to smell sentir (II)
smile le sourire (I)
to smile sourire (2)
to smoke fumer (II)
smoking fumeurs (II)
   non-— section non-fumeurs (II)
snack:
   afternoon — le goûter (I)
   — **bar** le buffet (II)
snail l'escargot m. (I)
to sneeze éternuer (II)
snobbish snob (I)
snow la neige (I)
to snow neiger (I)
so alors; donc; + adj./adv. si (I); tellement (II)
   I'm afraid — je crains que oui (II); oui, hélas (11)
   I think — je crois que oui/si (II)
   not — hot pas terrible (II)
   — **much/many (of)** tellement de; tant (de) (II)
   — **much the better** tant mieux (II)
   — **that** afin que + subj. (15); pour que + subj. (15)
soap le savon (II)
   — **opera** le feuilleton (I)
soccer le foot(ball) (I)
   — **ball** le ballon (I)
social worker l'assistant(e) social(e) (15)
sock la chaussette (I)
sofa le canapé (II)
softly à voix basse (8)
   more — plus bas (II)
soil la terre (II)
sojourn le séjour (II)
soldier le soldat (5)
solution la solution (3)
some du, de la, de l'; des; en (I); pron. certain(e)s (12)
someone quelqu'un (I)
something quelque chose (I)
sometimes quelquefois (I); parfois 6)

somewhere else ailleurs (3)
son le fils (I)
song la chanson (I)
songwriter le compositeur/la compositrice de chansons (6)
soon bientôt (I)
   as — as aussitôt que (11); dès que (11)
   see you — à bientôt (I)
sore: to have a — (throat) avoir mal à (la gorge) (I)
sorry désolé, -e (I)
   to be — regretter (II)
so-so comme ci, comme ça (I)
soufflé le soufflé (II)
   orange — le soufflé à l'orange (II)
to sound sonner (II)
soup la soupe (II)
source la source (15)
south le sud (I)
South America l'Amérique du Sud f. (I)
southeast le sud-est (I)
southwest le sud-ouest (I)
souvenir le souvenir (I)
space (room) la place (II); l'espace m. (3)
   outer — l'espace m. (15)
Spain l'Espagne f. (I)
Spanish espagnol, -e; (language) l'espagnol (I)
spare time le temps libre (II)
to speak parler (I)
specialty la spécialité (II)
spectator le spectateur, la spectatrice (I)
speech le discours (12)
speed la vitesse (II)
   — **limit** la limite de vitesse (3)
to speed up accélérer (3)
spelling l'orthographe f. (10)
to spend (time) passer (I); (money) dépenser (II)
   to — one's time (doing something) passer son temps à + inf. (II)
spending money l'argent de poche m. (I)
spicy épicé, -e (I)
spinach les épinards m.pl. (I)
splendid splendide (2)
spoon la cuillère (I)
sporting goods department le rayon des sports (II)
sports les sports m.pl. (I)
   to play — faire du sport (I)
   — **car** la voiture de sport (II)
spot l'endroit m. (I)
spotlight le projecteur (II)

spring le printemps (I)
  in the — au printemps (I)
spy film/novel le film/le roman
    d'espionnage (II)
spying l'espionnage m. (II)
square la place (I)
stadium le stade (I)
stage la scène (II)
  to have — fright avoir le trac (6)
stained-glass window le vitrail, pl.
    les vitraux (13)
stairs, staircase l'escalier m. (I)
stamp le timbre (I)
to stamp composter (II)
to stand in line faire la queue (II)
standing debout adv. (II)
stanza (of a poem) la strophe (8)
star l'étoile f. (I); la vedette (II)
to start (to) commencer (à + inf.) (I);
    se mettre à + inf. (II)
  to — off se mettre en route (II)
  to — (something) up mettre en
      marche (II)
starving: to be — avoir une faim de
    loup (II)
state l'état m. (4)
  chief/head of — le chef d'état (14)
to state déclarer (12)
statement la déclaration (12)
station la station (II)
  gas — la station-service, pl. les
      stations-service (II)
  metro — la station de métro (II)
  — restaurant le buffet (II)
  train — la gare (I)
stationery le papier à lettres (II)
  — store la papeterie (II)
statue la statue (I)
stay le séjour (II)
to stay rester (I); faire un séjour (7)
steak le bifteck (I)
to steal voler (II)
steel l'acier m. (14)
steering wheel le volant (II)
stereo la chaîne stéréo, pl. les
    chaînes stéréo (II)
stern sévère (I)
stew:
  fish — le bouillabaisse (I)
  veal — la blanquette de veau (I)
still toujours (I)
  — another encore un(e) + noun (8)
  — life la nature morte (13)
stingy avare (I)
stomach le ventre (II)

to have a —ache avoir mal au
    ventre (II)
stop l'arrêt m.; l'escale f. (II)
  — sign le stop (3)
to stop (s')arrêter; (doing something)
    s'arrêter (de + inf.) (II)
  —, thief! au voleur! (II)
  to — over faire escale (II)
stopover l'escale f. (II)
store le magasin (I)
  department — le grand magasin (II)
  to have in — réserver (15)
storm l'orage m. (II)
stormy: it's — il y a un orage (II)
story l'histoire f.; (of a building)
    l'étage f. (I); le récit (8)
stove la cuisinière (II)
  portable — le réchaud (II)
straight raide (I)
  — ahead tout droit (I)
to straighten ranger (II)
strange bizarre (7)
strawberry la fraise (II)
street la rue (I)
strict sévère (I); strict, -e (7)
strike la grève (15)
to strike frapper (13)
strong fort, -e (I;II)
student l'élève m.&f. (I)
  college — l'étudiant(e) (II)
  high-school — le (la) lycéen(ne) (I)
  top — la grosse tête (1)
studio: TV — le studio vidéo (II)
study l'étude f. (II)
to study étudier (I); faire ses études
    (7); observer (13)
study hall la salle de permanence (I)
  to be in — être en perm (I)
stuffed tomato la tomate provençale (II)
stupid bête (I); débile (II)
style le style (8)
  in — à la mode (I)
  out of — démodé, -e (I)
stylish chic; à la mode (I)
subject (school) la matière (I); le sujet (1)
  optional — l'option f. (1)
subjective subjectif, -ive (10)
subscriber: to be a — être abonné,
    -e (10)
subscription l'abonnement m. (10)
subtitle le sous-titre (II)
  with —s sous-titré, -e (II)
suburbs la banlieue (II)
  in (to) the — en banlieue (II)
subway le métro (II)

— station la station de métro (II)
to succeed (in) réussir à + inf.; arriver
    à + inf. (II); parvenir à + inf. (11)
  successful: to be — avoir du succès (6)
suddenly tout à coup (I)
to suffer souffrir (14)
  sugar le sucre (I)
to suggest proposer (à ... de + inf.) (I)
suit (man's) le costume; (woman's) le
    tailleur (I)
to suit convenir à (15)
suitcase la valise (I)
to summarize résumer (6)
summer l'été m. (I)
  in the — en été (I)
  — camp la colonie de vacances (I)
sun le soleil (I)
Sunday dimanche m. (I)
sunglasses les lunettes de soleil f.pl. (I)
sunny: it's — il fait du soleil (I)
sunrise le lever du soleil (II)
sunset le coucher du soleil (II)
superb superbe (II)
supermarket le supermarché (I)
supposed: to be — to devoir + inf. (II)
sure sûr, -e (I)
surprise la surprise (7)
to surprise étonner (7); surprendre (7)
surprised surpris, -e (II)
surrounded (by) entouré, -e (de) (11)
suspense: to keep in — tenir en
    haleine (8)
sweater le pull (I)
sweatsuit le survêtement (II)
Sweden la Suède (2)
Swedish suédois, -e (2)
sweet sucré, -e (II)
  to have — dreams faire de beaux
      rêves (I)
to swim nager (I); faire de la natation
    (II)
swimming la natation (II)
  — pool la piscine (I)
  to go — se baigner (2)
Swiss suisse (I)
switchboard operator le/la
    standardiste (9)
Switzerland la Suisse (I)

table la table (I)
  to clear the — débarrasser la table (I)
  to set the — mettre le couvert (I)
tablecloth la nappe (I)
tag: price — l'étiquette f. (II)

to take prendre (I); *(school subject)* faire de (I); emmener (II) *(time to do something)* mettre + *time* + à/pour + *inf.* (3)
— **this!** tiens! (I); tenez! (2)
to — **along** emporter (2)
to — **a test** passer un examen (I)
to — **away** enlever (4)
to — **down** descendre; décrocher (II)
to — **for a walk** promener (II)
to — **off** *(planes)* décoller (II)
to — **out** sortir (II)
to — **up** monter (II)
talent le talent (6)
talk l'exposé *m.* (II)
to give a — faire un exposé (II)
to talk parler (I); bavarder (II)
to — **about** parler de (I); discuter de (1)
talkative bavard, -e (II)
tall grand, -e (I)
tanned bronzé, -e (II)
tape la bande (I)
— **recorder** le magnétophone (I)
to tape enregistrer (II)
task la tâche (15)
to taste goûter à (I)
tax l'impôt *m.* (12)
taxi le taxi (I)
— **driver** le chauffeur de taxi (3)
tea le thé (I)
to teach enseigner (I)
teacher le professeur; le/la prof (I)
—**s' lounge** la salle des professeurs (I)
team l'équipe *f.* (I)
technician le (la) technicien(ne) (II)
technology la technologie (11)
teeth les dents *f.pl.* (I)
to brush one's — se brosser les dents (II)
telegram le télégramme (II)
telephone *see* **phone**
to telephone téléphoner à (I)
television *see* **TV**
to tell dire (à) (I); raconter (II)
— **me about it!** tu parles! (1)
to — **about** raconter (II)
temperate tempéré, -e (II)
ten dix (I)
about — une dizaine (de) (II)
tennis le tennis (I)
— **shoe** le tennis (I)
tent la tente (II)
terrible affreux, -euse (II)

terrific! chouette! (I); sensationnel, -le (II)
test l'examen *m.* (I); le contrôle (1)
text le texte (6)
than que (I;II)
to thank (for) remercier (pour) (I)
thank you merci (I)
thanks to grâce à (3)
that ça; ce (cet), cette; *(emphatic)* ce (cet), cette, ces + *noun* + -là; que (I); *pron.* cela (ça); que; qui (II)
in — **way** ainsi (II)
isn't — …! qu'est-ce que …! (II)
— **one** celui, celle (II)
—**'s it!** ça y est! (II)
—**'s right** c'est ça (I)
the le, la, l'; les (I)
theater le théâtre (I)
movie — le cinéma (I)
theft le vol (II)
their leur, leurs (I)
theirs le/la leur (10)
them eux, elles; les (I)
to (for, from) — leur (I)
themselves eux-mêmes; elles-mêmes (II)
then alors; donc (I); puis (II)
there là; y (I)
I'll be right — j'arrive (I)
over — là-bas (I)
— **is (are)** voilà; il y a (I)
these ces *(emphatic)* ces + *noun* + -ci (I); *pron.* ceux, celles (II)
they elles, ils; on; eux (I)
thief le voleur, la voleuse (II)
stop, —! au voleur! (II)
thin maigre (I)
to get — maigrir (I)
thing la chose (I)
how are —**s?** ça va? (I)
—**s** les affaires *f.pl.* (II)
—**s are fine** ça va bien (I)
—**s aren't so good** ça ne va pas (ça va mal) (I)
the whole — en entier (8)
to think penser (I); croire (II)
to — **(about)** penser (à) (I)
to — **of** *(opinion)* penser de (I)
to — **so (not)** penser/croire que oui (non) (I; II)
to — **something is** + *adj.* trouver + *adj.* (II)
third troisième (I)
thirsty: to be — avoir soif (I)
thirteen treize (I)

thirty (31, 32, etc.) trente (trente et un, trente-deux, *etc.)* (I)
6:30 six heures et demie (I)
this ce (cet), cette; *(emphatic)* ce (cet), cette + *noun* + -ci (I); *pron.* ceci (II)
— **is** *(on phone)* ici (II)
— **one** celui, celle (II)
those ces; *(emphatic)* ces + *noun* + -là (I); *pron.* ceux, celles (II)
thousand mille; *(in dates)* mil (I)
to threaten menacer (11)
three trois (I)
thriller le film/le roman d'espionnage (II)
throat la gorge (I)
to have a sore — avoir mal à la gorge (I)
to throw (away) jeter (II)
thumb la pouce (II)
thunder le tonnerre (II)
its —**ing** il y a du tonnerre (II)
Thursday jeudi *m.* (I)
thus ainsi (II)
ticket le billet (I); le ticket (II)
book of —**s** le carnet (II)
commuter — la Carte Orange (II)
one-way — l'aller *m.* (II)
round-trip — l'aller et retour *m.* (II)
— **machine** le distributeur automatique (II)
— **window** le guichet (II)
traffic — la contravention (3)
tie la cravate; *(game)* le match nul (I); le lien (14)
time l'heure *f.;* le temps; la fois (I); l'époque *f.* (5)
a short — peu de temps (II)
at that — à ce moment-là (II)
at the same — **(as)** en même temps (que) (II)
(for) a long — longtemps (I)
from — **to** — de temps en temps (II)
how much — **does it take to …?** ça prend combien de temps pour …? (I)
in — à temps (1)
it's — **to** c'est l'heure de (II)
on — à l'heure (I)
one — **per** une fois par (I)
spare — le temps libre (II)
— **spent** le séjour (II)
to have a good — s'amuser (II)
to have a hard — avoir du mal à + *inf.* (2)

time *(continued):*
  to have — to avoir le temps de + *inf.* (I)
  to spend — *(doing something)* passer le temps à + *inf.* (II)
  to take — prendre du temps (I)
  to take — off prendre ses congés (9)
  what — is it? quelle heure est-il? (I)
timetable l'horaire *m.* (II)
tinkering le bricolage (4)
tip le pourboire (I)
  the — is included le service est compris (I)
tip-top: in — shape en pleine forme (II)
tire le pneu (II)
  flat — le pneu à plat (II)
to tire (out) fatiguer (II)
tired fatigué, -e (I)
  to get — se fatiguer (II)
tissue le mouchoir en papier (II)
title le titre (6)
to à; chez; jusqu'à; en (I)
today aujourd'hui (I)
  — is c'est aujourd'hui (I)
  —'s actuel, -le (II)
toe le doigt de pied (II)
  big — l'orteil *m.* (II)
together ensemble (I); à deux (4)
  to get — se réunir (10)
Togo le Togo (14)
toilet les toilettes *f.pl.* (I)
  public — les toilettes publiques *f.pl.* (3)
  — article l'article de toilette (II)
  — paper le papier hygiénique (II)
tomato la tomate (I)
  stuffed — la tomate provençale (II)
tomorrow demain (I)
  see you — à demain (I)
tongue la langue (II)
  mother — la langue maternelle (5)
tonight ce soir (I)
too aussi; trop (I)
  me — moi aussi (I); moi de même (II)
  that's — bad c'est dommage (I; II)
  — bad tant pis (II)
  — much/many trop de (I)
  you're — much! tu exagères! (II)
toolbox la boîte à outils (4)
tools les outils *m.pl.* (4)
tooth la dent (I)
  to have a —ache avoir mal aux dents (I)
toothbrush la brosse à dents (II)
toothpaste le dentifrice (II)

top:
  at the — of en haut de (II)
  on the — en haut (II)
  — student la grosse tête (1)
topic le sujet (1)
totally tout à fait (II)
tote bag le sac (I)
tour:
  — bus le car (I)
  package — le voyage organisé (2)
tourist le/la touriste (I), *adj.* touristique (II)
  in — class en classe touriste (II)
  — office le bureau de tourisme (I); le syndicat d'initiative (2)
toward vers (I)
towel la serviette (II)
tower la tour (I)
town la ville (I)
  in (to) — en ville (I)
toy le jouet (II)
track la voie (II)
tradition la tradition (5)
traffic la circulation (II)
  — jam l'embouteillage *m.* (3)
  — ticket la contravention (3)
tragedy la tragédie (6)
trailer-camper la caravane (II)
train le train (I)
  — car la voiture de train (II)
  — station la gare (I)
  — track la voie (II)
trainee le/la stagiaire (9)
training la formation (9)
  on-the-job — le stage (9)
  to have on-the-job — faire un stage (9)
transfer la correspondance (II)
transparency: overhead — le transparent (II)
transportation: public — les transports en commun *m.pl.* (3)
to travel voyager (II)
  to — around faire un tour (de) (7)
travel agency l'agence de voyages *f.* (I)
traveler le voyageur, la voyageuse (II)
  —'s check le chèque de voyage (II)
tree l'arbre *m.* (I)
tremendous formidable (I); terrible (II)
tribe la tribu (14)
trip le voyage (I); le trajet (II)
  have a nice —! bon voyage! (I); faites bonne route! (II)
  sightseeing — l'excursion *f.* (2)
  to take a — faire un voyage (I)

tropical tropical, -e, *pl.* tropicaux, -ales (II)
truck le camion (II)
  — driver le chauffeur de camion (3)
true vrai, -e (I); véritable (10)
truly vraiment (I)
  yours — *(letters)* amicalement (II)
trunk le coffre (II)
truth la vérité (I)
to try (on) essayer (II)
T-shirt le tee-shirt (I)
Tuesday mardi *m.* (I)
tulip la tulipe (II)
Tunisia la Tunisie (14)
turn:
  each in — chacun(e) son tour (II)
  it's (your) — to … c'est à (toi) de + *inf.* (II)
  — signal le clignotant (3)
  your — à ton tour (6)
to turn tourner (II)
  to — off fermer (I); éteindre (4)
  to — on allumer (I); mettre en marche (II)
  to — red rougir (I)
TV la télé (I)
  — director le réalisateur, la réalisatrice (II)
  — news les informations *f.pl.* (I)
  — program l'émission *f.* (I)
  — show host l'animateur *m.*, l'animatrice *f.* (10)
  — studio le studio vidéo (II)
twelve douze (I)
twenty (21, 22, etc.) vingt (vingt-et-un, vingt-deux, etc.) (I)
  about — une vingtaine (de) (7)
two deux (I)
  — weeks une quinzaine de jours (II)
  with — à deux (4)
type le genre (6)
to type taper (à la machine) (II)
typewriter la machine à écrire (II)
typically typiquement (7)

ugly moche (I)
uh … euh … (I)
umbrella le parapluie (I)
unbearable insupportable (3); invivable (15)
uncle l'oncle *m.* (I)
uncomfortable peu confortable (I); mal à l'aise (II)
under sous (I); au-dessous de (II)

to **understand** comprendre (I)
underwear les sous-vêtements *m.pl.* (II)
unemployment le chômage (9)
unexpected inattendu, -e (8)
to **unfasten** détacher (II)
unfortunately malheureusement (I)
unhappy triste (I); malheureux, -euse (11)
to **unhook** décrocher (II)
uniform l'uniforme *m.* (11)
to **unite** s'unir (11)
United States les Etats-Unis *m.pl.* (I)
university l'université *f.* (II)
unknown inconnu, -e (I)
unless à moins que + *subj.* (15)
unlikely invraisemblable (8); peu probable (9)
unlivable invivable (15)
unlucky: to be — ne pas avoir de chance (I)
unnecessary pas nécessaire (II)
unoccupied libre (I)
unpleasant désagréable (I)
to **unplug** débrancher (II)
until jusqu'à (I); jusqu'à ce que + *subj.* (15)
unusual rare (5)
up:
  — **above** en haut (II)
  — **to** jusqu'à (I)
  — **to the end** jusqu'au bout (II)
upset: to get — s'énerver (2)
us nous (I)
  to (for, from) — nous (I)
use: it's no — avoir beau + *inf.* (13)
to **use** utiliser; se servir de; *(fuel)* consommer (II)
  to — **up** épuiser (15)
used d'occasion (II)
  to be — **for** servir à (II)
  to get — **to** s'habituer à (7)
useful utile (4)
useless inutile (4)
usher l'ouvreuse *f.* (II)
usually d'habitude (I)

vacation les vacances *f.pl.* (I)
  to spend a — passer des vacances (I)
  to take a — prendre des vacances (I)
to **vacuum** passer l'aspirateur (II)
vacuum cleaner l'aspirateur *m.* (II)
to **validate** composter (II)
valley la vallée (II)
to **value** tenir à (5)

vanilla *(made with)* à la vanille (I)
varied varié, -e (II)
vase le vase (II)
VCR le magnétoscope (II)
veal le veau (I)
  — **roast** le rôti de veau (I)
  — **stew** la blanquette de veau (I)
vegetable le légume (I)
  raw —**s** les crudités *f.pl.* (II)
  — **soup** la soupe aux légumes (II)
version:
  the French — la version française (en v.f.) (II)
  the original — la version originale (en v.o.) (II)
very très (I); drôlement (5); *adj.* même (13)
  — **much** beaucoup (I)
victory la victoire (5)
video:
  — **clip** la séquence (II)
  — **director** le réalisateur, la réalisatrice (II)
videocassette la cassette-vidéo, *pl.* les cassettes-vidéo (II)
videotape recorder le magnétoscope (II)
view (of) la vue (sur) (I)
  to have a — **of** donner sur (II)
village le village (I)
vinegar le vinaigre (I)
violent violent, -e (II)
visit la visite (I)
to **visit** *(a place)* visiter; *(someone)* faire une visite à (I); rendre visite à (13)
voice la voix (II)
volleyball le volley(ball) (I)
to **vote** voter (12)
  to register to — s'inscrire sur les listes électorales (12)
voter l'électeur *m.*, l'électrice *f.* (12)

to **wait (for)** attendre (I)
  — **your turn** chacun(e) son tour! (II)
waiter le serveur; le garçon (I)
waiting room la salle d'attente (II)
waitress la serveuse (I)
to **wake** *(someone)* réveiller (II)
  to — **up** se réveiller (II)
walk:
  to go for a — se balader (1); faire un tour (de) (7)
  to take a — faire une promenade (I); se promener (II)

  to take for a — promener (II)
to **walk** aller à pied; marcher (I)
Walkman le baladeur (I)
wall le mur (II)
  — -**to**- — **carpeting** la moquette (II)
wallet le portefeuille (I)
wallpaper le papier peint (4)
  to hang — tapisser de papier peint (4)
to **want** vouloir (I)
war la guerre (11)
  — **film** le film de guerre (II)
wardrobe l'armoire *f.* (II)
warmed: to get — **up** se réchauffer (II)
to **warn** prévenir (15)
to **wash** (se) laver (II)
  to — **up** faire sa toilette (II)
washbasin le lavabo (II)
washing machine la machine à laver (II)
wash mitt le gant de toilette (II)
to **waste** gaspiller (15)
  to — **one's time** perdre son temps à + *inf.* (II)
wastebasket la corbeille (I)
watch la montre (I)
to **watch** regarder (I)
  water: mineral — l'eau minérale *f.* (I)
to **water** arroser (4)
watercolor l'aquarelle *f.* (13)
watering can l'arrosoir *m.* (4)
to **water-ski** faire du ski nautique (I)
way le chemin (II); la façon (5)
  all the — **to the end** jusqu'au bout (II)
  by — **of** par (I)
  in that — ainsi (II)
  right of — la priorité (3)
  the American — à l'américaine (7)
  — **of life** la façon de vivre (7)
  which — **to ...?** quel est le chemin pour aller ...? (II)
we nous; on (I); *(emphatic)* nous autres (15)
weak faible (II)
to **wear** porter (I)
  to be —**ing** être en + *clothing* (I)
weather le temps (I)
  it's nice — il fait beau (I)
  — **forecast** la météo (II)
  what's the — **like?** quel temps fait-il? (I)
wedding le mariage (II)
  — **anniversary** l'anniversaire de mariage *m.* (II)
Wednesday mercredi *m.* (I)

English-French Vocabulary **565**

weed la mauvaise herbe (4)
week la semaine (I); huit jours; une huitaine de jours (II)
   two —s quinze jours; une quinzaine de jours (II)
weekend le week-end (I)
weekly *(publication)* l'hebdomadaire *m.* (10)
to weigh peser (II)
weight le poids (II)
   to gain — grossir (I)
   to lose — maigrir (I)
to welcome accueillir (7)
   you're — je vous (t') en prie (I)
well bien; eh bien; tiens (I)
   as — également (14)
   to be/feel — aller bien (I)
   to look — avoir bonne mine (I)
   — done *(meat)* bien cuit, -e (I)
   — done! bravo! (I)
   —, OK! bon! (I)
well-behaved sage (II)
well-known connu, -e (II)
Welsh gallois, -e (2)
west l'ouest *m.* (I)
western *(movie)* le western (I); occidental, -e; *pl.* occidentaux, -ales (14)
what ce qui, ce que, ce dont (II)
what? quel, quelle?; qu'est-ce que?; qu'est-ce qui?; à/de quoi?; quoi? (I)
   —?! ça alors! (I)
   — a(n) …! quel(le) …! (I)
   —'s new? quoi de neuf? (II)
when quand (I); lorsque (11)
where où (I; II)
whether si (II)
which quel, quelle? (I); que, qui (II)
   about — dont (II)
   of — dont (II)
   — one? lequel? laquelle? (II)
   — ones? lesquels? lesquelles? (II)
while pendant que (I); en + *pres. part.* (II)
   a — ago tout à l'heure (II)
   in a little — tout à l'heure (II)
to whistle siffler (6)
white blanc, blanche (I)
who qui?; qui est-ce qui? (I); qui (II)
whole entier, -ière (3)
   the — thing en entier (8)
whom qui, qui est-ce que? (I); que (II)
   about — dont (II)

whose? à qui? (I)
why? pourquoi? (I)
wide large (I)
wife la femme (I)
willing: to be — vouloir bien (I)
to win gagner (I)
wind le vent (I)
window la fenêtre (I)
   shop — la vitrine (II)
   stained-glass — le vitrail, *pl.* les vitraux (13)
   ticket — le guichet (II)
   to — shop faire du lèche-vitrines (II)
windshield wiper l'essui-glace, *pl.* les essui-glaces *m.* (II)
windy: it's — il fait du vent (I)
wine le vin (I)
   chicken cooked in — le coq au vin (I)
winter l'hiver *m.* (I)
   in the — en hiver (I)
   — sports resort la station de sports d'hiver (II)
to wipe essuyer (II)
wish: best —es meilleurs vœux!; *(letters)* amicalement (II)
to wish souhaiter (à … de + *inf.*) (II)
   if you — si tu veux (I)
with avec (I)
   — two à deux (4)
without sans (I); sans que + *subj.* (15)
   — difficulty haut la main (1)
witness le témoin (II)
Wolof *(language of Senegal)* le wolof (14)
woman la femme (I)
wood le bois (II)
   (made of) **—** en bois (II)
wool la laine (II)
   (made of) **—** en laine (II)
word le mot (I)
   —s *(to a song)* les paroles *f.pl.* (I)
work le travail (I); l'œuvre *f.* (8)
to work travailler (I); *(machines)* marcher (II); fonctionner (4)
   to — hard bûcher (1)
   to — overtime faire des heures supplémentaires (9)
world *adj.* mondial, -e *pl.* mondiaux, -ales (10)
worried inquiet, -iète (I)
to worry (about) s'inquiéter (de) (2)
   it worries me that ça m'inquiète que + *subj.* (II)

worth:
   it's — … ça vaut … (II)
   to be — it (to) valoir le coup (de + *inf.*) (13)
   what's it —? ça vaut combien? (II)
wounded person le blessé, la blessée (10)
to wrap emballer (II)
wrist le poignet (II)
to write écrire (I); *(articles, compositions, etc.)* rédiger (8)
writer l'écrivain *m.* (II)
written écrit, -e (II)
   — exam l'écrit *m.* (1)
wrong faux, fausse; incorrect, -e (I); mauvais, -e (II)
   to be — avoir tort (I)
   what's —? qu'est-ce qui ne va pas? (I)

year l'an *m.*; l'année *f.* (I)
   to be … —s old avoir … ans (I)
yellow jaune (I)
yes oui; si (I)
   oh, —! mais si (I)
yesterday hier (I)
   — morning (afternoon, evening) hier matin (après-midi, soir) (I)
yet encore (II)
to yield respecter la priorité (3)
yogurt le yaourt (I)
you toi; vous; tu (I)
   to (for, from) — te, vous (I)
young jeune (I)
youngest child in family le cadet, la cadette (7)
your ton, ta, tes; votre, vos (I)
yours le tien, la tienne; le/la vôtre (10)
   — (truly) amicalement (II); amitiés (7)
yourself toi-même, vous-même (II)
   help —! sers-toi! servez-vous! (II)
yourselves vous-mêmes (II)
youth la jeunesse (2)

Zaire le Zaïre (14)
zero zéro (I)
zip code le code postal (II)
zone: in a no-parking — en stationnement interdit (3)

INDEX

Most structures are presented first in conversational contexts and explained later. The numbers in bold refer to pages where structures are explained or highlighted. Other numbers refer to pages where material is initially presented or where it is elaborated upon after explanation.

lire, subjunctive of *119*
literature 261–264
Louisiana 163
lycée 15, 17–18

mettre, subjunctive of *119*
mourir
   conditional of *333*
   passé composé *28*

ne (pleonastic) with subjunctive *480, 487*

obtenir 294
on *403*
opinions, asking for and offering 387
où (relative adverb) 165, *178*

paraître 324
partitive 2
parvenir 357
passé composé
   formed with être 18, *28–29*
   of pronominal verbs 17, *31*
   of reciprocal verbs, *78*
   vs. imperfect 17–18, *42–43, 46–47*
passé simple 167, *189–190*
passive voice 444, 445, *460–461*
past conditional *see* conditional
past subjunctive *see* subjunctive
peindre-type verbs 129–130, *138*
se plaindre 130
   plaire-type verbs 58, *76–77*
pleuvoir
   conditional of *333*
   future of *153*
plus-que-parfait 263, 264, *270–271*
   in conditional sentences 263–264, *424*
politics and history 353–361,
   383–387
possession
   with demonstrative pronouns *103*
   with dont 177
pouvoir
   conditional of 92–93, 95, *100–101, 333,*
      334
   future of *153*
   past conditional of *424*
   subjunctive of *242*
prendre-type verbs, subjunctive of 200,
   219
present participle 263, 264, *278–279*
press (newspapers, magazines)
   321–325
prévenir 473
produire 414
pronominal verbs 7
   imperative of 58, 60, *81*

passé composé of *17, 31,* 58, *78*
pronouns
   ce dont *179–180*
   ce que 166, 167, *179–180*
   ce qui 165, *179–180*
   combinations of object pronouns 199,
      200, *208–209,* 228, 231, *252–253*
   demonstrative 12, 92–94, *103–104*
   direct object 8, 10, *24–25,* 59, *68,* 141,
      228, 231, *252–253*
   disjunctive *25*
   en *25, 68, 252–253*
   indefinite 384–385, 387, *402–403*
   indirect object *24–25, 68,* 228, 231,
      252–253
   interrogative lequel *108*
   possessive 323, *345*
   relative dont 12, *167, 177*
   relative qui and que 12, 165, *167, 176*
   y *25,* 59, *68, 252–253*

que (relative pronoun) *176*
questions, indirect *179*
qui (relative pronoun) 165, 167, *176*

-re verbs
   conditional of *332*
   future of *151*
   subjunctive of *118*
recevoir
   conditional of *333*
   future of *153*
   subjunctive of 294, *302*
reciprocal verbs 59, *78*
réduire 386
reflexive verbs *see* pronominal verbs
répéter-type verbs
   conditional of *332*
   future of *153*
rire 59, *66*

savoir
   conditional of *333*
   future of *153*
   subjunctive of 229, *242*
si
   in conditional sentences 323, 325,
      337, 424
   used with imperfect 5, *39*
souffrir 444
sourire 59, *66*
subjunctive
   after conjunctions (à condition que,
      afin que, à moins que, avant que,
      bien que, jusqu'à ce que, pour
      que, quoique, sans que)
      471–473, *478, 480–481, 487, 489*

after expressions of doubt and
   uncertainty 295, *303–304, 311*
after expressions of emotion 229,
   231, *238*
after expressions of necessity 13,
   199–201, *217*
after expressions of opinion 294, *303–*
   304
after expressions of possibility 295,
   303–304
after verbs of wishing, wanting 92–93,
   119
formation of *118–119, 219, 242, 302*
past subjunctive 443, 445, *450–451*
to express subjective attitudes 295, *313–*
   314
vs. indicative *303–304*
vs. infinitive *119, 239, 478, 481, 487, 489*
with superlatives 444, *453*
suivre, subjunctive of *119*

technology and the future 469–473
tenir 129
theater 197–201
tous (toutes) *403*
tout *403*
travel 55–60

vaincre 385, *392*
valoir, conditional of *333*
venir
   conditional of *333*
   future of *153*
   subjunctive of 201, *219*
verbs *see individual verb listings, tenses, and*
   moods
vocabulary enrichment (Autrement dit)
   19, 61, 95, 132, 167, 202, 232,
   265, 297, 326, 358, 387, 416, 445,
   474
voir
   conditional of *833*
   future of *153*
   subjunctive of 295, *302*
vouloir
   conditional of 92, *100–101, 333*
   future of *153*
   subjunctive of *242*

y *24–25,* 59, *68*
-yer, verbs ending in
   conditional *332*
   future of *153*

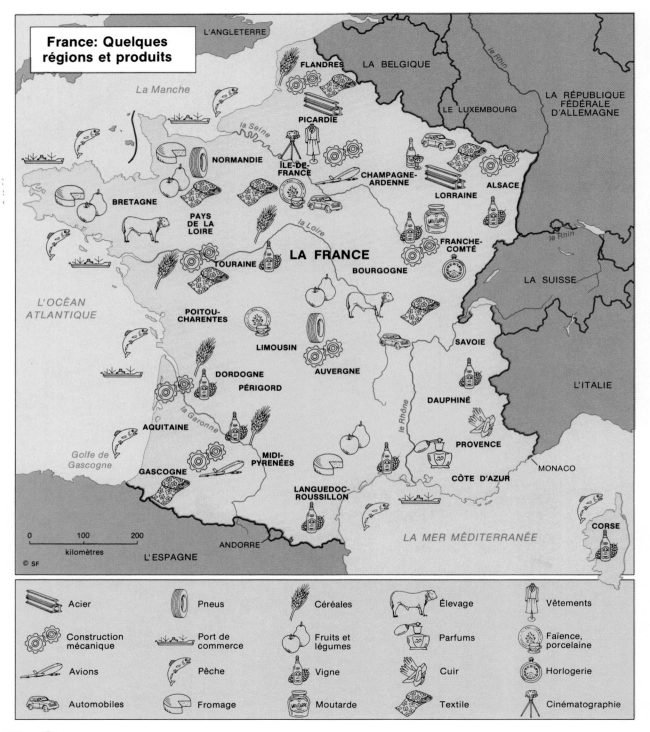

France: Quelques régions et produits

L'ANGLETERRE
La Manche
LA BELGIQUE
LE LUXEMBOURG
LA RÉPUBLIQUE FÉDÉRALE D'ALLEMAGNE
le Rhin
FLANDRES
PICARDIE
la Seine
NORMANDIE
ÎLE-DE-FRANCE
CHAMPAGNE-ARDENNE
LORRAINE
ALSACE
BRETAGNE
PAYS DE LA LOIRE
la Loire
LA FRANCE
FRANCHE-COMTÉ
le Rhin
LA SUISSE
TOURAINE
BOURGOGNE
L'OCÉAN ATLANTIQUE
POITOU-CHARENTES
LIMOUSIN
AUVERGNE
SAVOIE
L'ITALIE
DORDOGNE
PÉRIGORD
le Rhône
DAUPHINÉ
AQUITAINE
la Garonne
PROVENCE
Golfe de Gascogne
GASCOGNE
MIDI-PYRÉNÉES
CÔTE D'AZUR
MONACO
LANGUEDOC-ROUSSILLON
0   100   200
kilomètres
© SF
ANDORRE
L'ESPAGNE
LA MER MÉDITERRANÉE
CORSE

Acier
Construction mécanique
Avions
Automobiles
Pneus
Port de commerce
Pêche
Fromage
Céréales
Fruits et légumes
Vigne
Moutarde
Élevage
Parfums
Cuir
Textile
Vêtements
Faïence, porcelaine
Horlogerie
Cinématographie

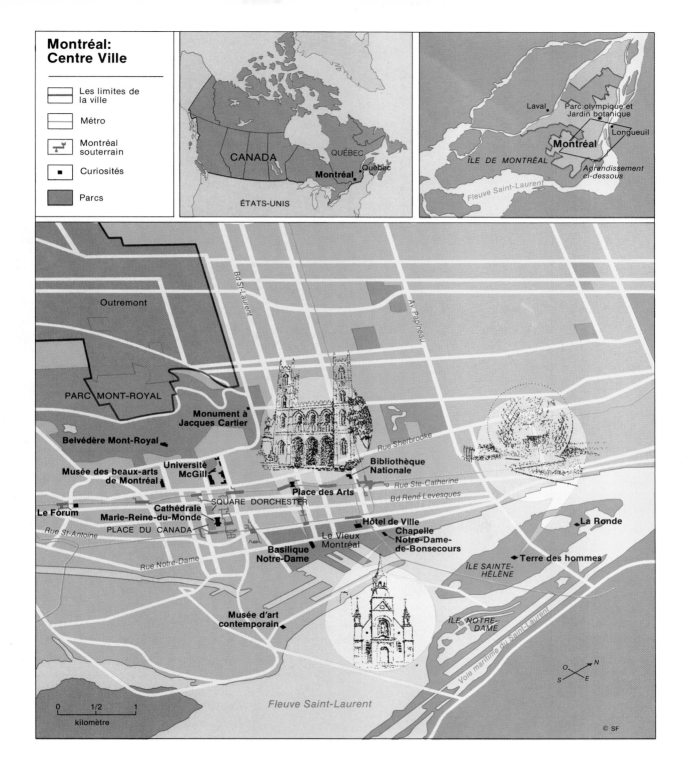

Montréal: Centre Ville

- Les limites de la ville
- Métro
- Montréal souterrain
- Curiosités
- Parcs

CANADA

QUÉBEC

Montréal • Québec

ÉTATS-UNIS

Laval

Parc olympique et Jardin botanique

Montréal

Longueuil

ÎLE DE MONTRÉAL

Agrandissement ci-dessous

Fleuve Saint-Laurent

Outremont

Bd St-Laurent

Av. Papineau

PARC MONT-ROYAL

Monument à Jacques Cartier

Belvédère Mont-Royal

Musée des beaux-arts de Montréal

Université McGill

Rue Sherbrooke

Bibliothèque Nationale

Place des Arts

Rue Ste-Catherine

SQUARE DORCHESTER

Bd René Levesques

Le Forum

Cathédrale Marie-Reine-du-Monde

PLACE DU CANADA

Rue St-Antoine

Hôtel de Ville

La Ronde

Chapelle Notre-Dame-de-Bonsecours

Le Vieux Montréal

Rue Notre-Dame

Basilique Notre-Dame

Terre des hommes

ÎLE SAINTE-HÉLÈNE

Musée d'art contemporain

ÎLE NOTRE-DAME

Voie maritime du Saint-Laurent

N O E S

0   1/2   1
kilomètre

Fleuve Saint-Laurent

© SF

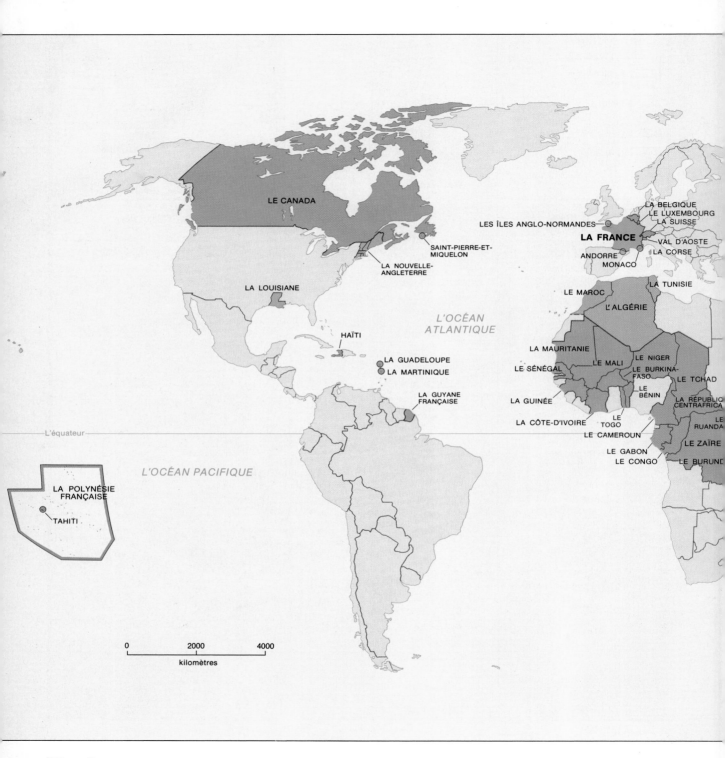

LE CANADA

SAINT-PIERRE-ET-
MIQUELON

LA NOUVELLE-
ANGLETERRE

LA LOUISIANE

HAÏTI

L'OCÉAN
ATLANTIQUE

LA GUADELOUPE
LA MARTINIQUE

LA GUYANE
FRANÇAISE

L'OCÉAN PACIFIQUE

LA POLYNÉSIE
FRANÇAISE

TAHITI

LES ÎLES ANGLO-NORMANDES

LA BELGIQUE
LE LUXEMBOURG
LA SUISSE

LA FRANCE

VAL D'AOSTE
LA CORSE

ANDORRE
MONACO

LA TUNISIE

LE MAROC

L'ALGÉRIE

LA MAURITANIE

LE NIGER

LE MALI
LE SÉNÉGAL
LE BURKINA-
FASO

LE TCHAD

LE
BÉNIN

LA RÉPUBLI
CENTRAFRICA

LA GUINÉE

LA CÔTE-D'IVOIRE
LE
TOGO

LE
RUANDA

LE CAMEROUN

LE ZAÏRE

LE GABON
LE CONGO

LE BURUND

L'équateur

0   2000   4000
kilomètres

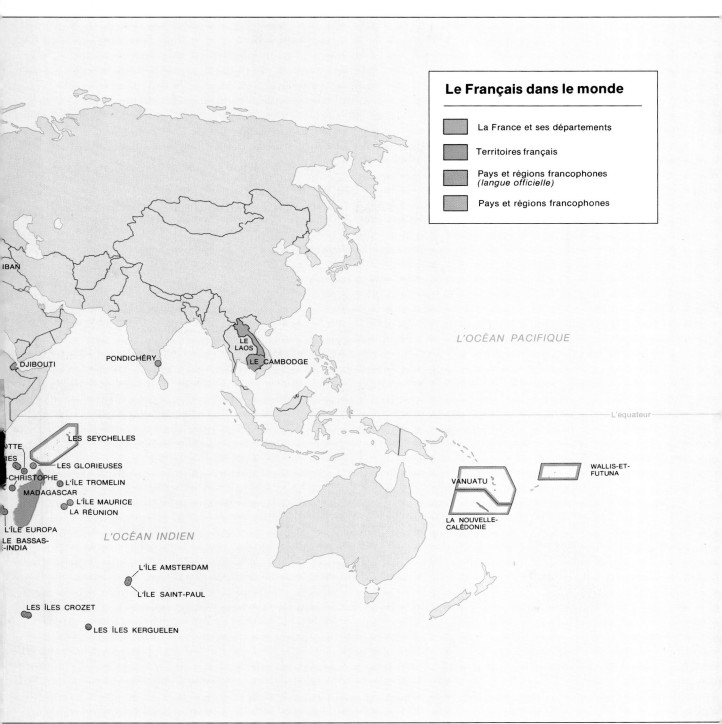

Le Français dans le monde

La France et ses départements

Territoires français

Pays et régions francophones
(langue officielle)

Pays et régions francophones

IBAN

L'OCÉAN PACIFIQUE

LE LAOS

LE CAMBODGE

PONDICHÉRY

DJIBOUTI

L'équateur

LES SEYCHELLES

WALLIS-ET-FUTUNA

LES GLORIEUSES

OTTE
IES

-CHRISTOPHE

L'ÎLE TROMELIN

VANUATU

MADAGASCAR

L'ÎLE MAURICE
LA RÉUNION

LA NOUVELLE-CALÉDONIE

L'ÎLE EUROPA

LE BASSAS-
-INDIA

L'OCÉAN INDIEN

L'ÎLE AMSTERDAM

L'ÎLE SAINT-PAUL

LES ÎLES CROZET

LES ÎLES KERGUELEN

ACKNOWLEDGMENTS

Illustrations   Diane Bennett, Scott Benton, Nancy Didion, Susan Dodge, Eldon Doty, Michael Eagle, Len Ebert, Russell Hassell, Meryl Henderson, Guy Kingsbery, Nancy Munger, Emily McCully, David Neuhaus, Tom Payne, Steven Schindler, Joel Snyder, Sally Springer, Ed Taber, George Ulrick, Gary Undercuffler, Justin Wager, Lane Yerkes, John Youssi.

Photos   Positions of photographs are shown in abbreviated form as follows: top(t), bottom(b), center(c), left(l), right(r). Unless otherwise acknowledged, all photos are the property of Scott, Foresman and Company.
ii–iii, Owen Franken; iv, Eduardo Aparicio; vi, Owen Franken; vii, Beryl Goldberg; viii, M. Durazzo/ANA/Viesti Associates; viii–ix, Marco/ANA/Viesti Associates; xi, Helena Kolda; xii, Owen Franken; xiii, Owen Franken; xiv, Walter S. Clark, Jr.; xv, Paul Cézanne 1839–1906 Oil on canvas 92.0 × 94.6. 23.105, Courtesy The Brooklyn Museum, Ella C. Woodward and Augustus T. White Memorial Funds; xvi, Peter Gonzalez; xvii, Abbas/Magnum Photos; 1, Owen Franken; 5, David Schaefer; 9(t), James J. Duro/Berg & Associates; 9(b), Michelangelo Durazzo/ANA/Viesti Associates; 11, Mark Antman/The Image Works; 13, Eduardo Aparicio; 14, David & Linda Phillips; 15(t), Beryl Goldberg; 15(b), Owen Franken; 21, Owen Franken, 25(l), Henebry Photography; 5(r), Peter Gonzalez; 27, Owen Franken; 33, G. Fritz/H. Armstrong Roberts; 34, Photo Bernard Grilly/20 ANS; 35(t), Photo Bernard Grilly/20 ANS; 35(b), Owen Franken; 36(t), © Février 1988. Phosphore, Bayard-Presse, Paris. Reprinted with permission; 36(b), Photo Bernard Grilly/20 ANS; 37, Owen Franken; 41, Francis de Richemond/The Image Works; 42, Owen Franken; 43, Helena Kolda; 44, Mark Antman/The Image Works; 45, M. Thonig/H. Armstrong Roberts; 48, © Février 1988. Phosphore, Bayard-Presse, Paris. Reprinted with permission; 54, Peter Gonzalez; 55(l), Chip & Rosa Maria de la Cueva Peterson; 58, Henebry Photography; 61, Peter Gonzalez; 64, Henebry Photography; 66, Owen Franken; 67, Henebry Photography; 68, Mark Antman/The Image Works; 69, Suzanne J. Engelmann; 71, Henebry Photography; 72, Milt & Joan Mann/Cameramann International, Ltd.; 73, Mike Mazzaschi/Stock Boston; 74, Edith G. Hahn/Stock Boston; 77, Ken Ross/Viesti Associates; 78, Peter Gonzalez; 79, Henebry Photography; 83, Jacqueline Hall; 88, Jean-Philippe Charbonnier/Agency Top/Photo Researchers; 89(t), Robert Fried; 89(b), Peter Gonzalez; 92, Henebry Photography; 96(r), Henebry Photography; 98, Stuart Cohen/COMSTOCK INC.; 99, Hubert le Campion/ANA/Viesti Associates; 101, Peter Gonzalez; 102, Jean Mounicq/ANA/Viesti Associates; 103, Milt & Joan Mann/Cameramann International, Ltd.; 104, David R. Frazier Photolibrary; 107, Owen Franken; 112, Owen Franken; 117, Owen Franken; 119, Owen Franken; 121, Eduardo Aparicio; 126, Robert Fried; 127(l), Christian Dumont; 134, Joe Viesti; 135, Eduardo Aparicio; 138, Eduardo Aparicio; 143, Eduardo Aparicio; 146, G.Botti/Sygma; 154, Henebry Photography; 156, Max Lolin/SIPA-Press; 162, Joe Viesti; 163(t), Milt & Joan Mann/Cameramann International, Ltd.; 163(b), Milt & Joan Mann/Cameramann International, Ltd.; 166, Ken Ross/Viesti Associates; 170(l), Robert Fried; 170(r), Suzanne J. Engelmann; 171, Henebry Photography; 172, Robert Frerck/Odyssey Productions, Chicago; 174(l), Russ Kinne/COMSTOCK INC.; 174(r), Eastcott/Momatiuk/The Image Works; 178, Ken Ross/Viesti Associates; 179, Malak/Shostal Associates; 180(t), Eduardo Aparicio; 180(b), Eduardo Aparicio; 181(l), Ken Ross/Viesti Associates; 181(tr), Eduardo Aparicio; 181(br), Keith Fry; 182, Ken Ross/Viesti Associates; 190, Milt & Joan Mann/Cameramann International, Ltd.; 197(l) Peter Gonzalez; 197(r), Harriet Goldstein/Berg & Associates; 201, Mark Antman/The Image Works; 202, Ken Ross/Viesti Associates; 206, Mark Antman/The Image Works; 207, Moatri/Gontier/The Image Works; 212, Eduardo Aparicio; 213, French Cultural Service; 215, Dorka Raynor; 217, Henebry Photography; 226, Helena Kolda; 227(l), Courtesy Michelin Travel Publication, Reproduced with permission; 230, Owen Franken; 233(t), Richard Lucas/The Image Works; 234, Joe Viesti; 235, Robert Fried; 236, Henebry Photography; 239, David R. Frazier Photolibrary; 245, Mark Antman/The Image Works; 246, Jean Buldain/Berg & Associates; 247, Henebry Photography; 248, Chip & Rosa Maria de la Cueva Peterson; 249, Ken Ross/Viesti Associates; 251, Owen Franken; 261(l), Eduardo Aparicio; 261(r), Henebry Photography; 268, Henebry Photography; 271, Eduardo Aparicio; 273, Bruno Barbey/Magnum Photos; 274, Chip & Rosa Maria de la Cueva Peterson; 275, Bust of Rousseau by Jean-Jacques Houdon, The Louvre, Paris, Giraudon/Art Resource, NY; 276, Chip & Rosa Maria de la Cueva Peterson; 279, Jean Gaumy/Magnum Photos; 280, Eduardo Aparicio; 281, Beryl Goldberg; 283, David Dunn; 285(l), Eduardo Aparicio; 290, Ken Ross/Viesti Associates; 291(t), Jacqueline Hall; 291(b), Ken Ross/Viesti Associates; 295, Eduardo Aparicio; 296, Ken Ross/Viesti Associates; 300, Ken Ross/Viesti Associates; 303, Peter Gonzalez; 304, Walter S. Clark, Jr.; 307, Librarie Plon; 308, Owen Franken; 309, Wolfgang Kaehler; 310, Owen Franken; 311, Keith Fry; 312(t), Soultrait/ANA/Viesti Associates; 312(b), Keith Fry; 313, Henebry Photography; 314, Joe Viesti; 315, Owen Franken; 320, Berangère Lomont; 321(l), Peter Gonzalez; 321(r), Peter Gonzalez; 327, Peter Gonzalez; 328, Peter Gonzalez; 331, Henebry Photography; 333, Peter Gonzalez; 338, Eduardo Aparicio; 339, Stuart Cohen/COMSTOCK INC.; 340, D. Alix/Publiphoto; 343, D. Alix/Publiphoto; 345, Peter Gonzalez; 352, P. Vauthey/Sygma; 353(t), Jean S. Buldain/Berg & Associates; 353(b), Owen Franken; 360–361(all), Eduardo Aparicio; 362, Gendre/ANA/Viesti Associates; 363, Abbas/Magnum Photos; 367, Peter Gonzalez; 369(l), Storia del Resorgimento E. Dell'Unita D'Italia; 369(r), Walter S. Clark, Jr.; 371, Bust of Voltaire by Jean Antoine Houdon. Widener Collection/National Gallery of Art, Washington, D.C.; 372, The Bettmann Archive; 375(l), J. A. Pavlovsky/Sygma; 382, Owen Franken; 383(t), Eduardo Aparicio; 383(b), Walter S. Clark, Jr.; 388, Peter Gonzalez; 391, Owen Franken; 398, John de Visser/Masterfile; 403, Owen Franken; 410, © Mark Segal 1988/Panoramic Stock Images; 411(t), "Impression: Soleil Levant," Claude Monet. Musée Marmottan. Scala/Art Resource, NY; 411(b), Henebry Photography; 417, Painting by Charpentier of artist sculpting bust of Gauguin. Gauguin Museum, Martinque. Photo: Robert Fried; 418 Walter S. Clark, Jr.; 419, "Gare St. Lazare," Paris by Claude Monet. The Art Institute of Chicago. All Rights Reserved; 420, Robert Fried; 421, Helena Kolda; 422, Walter S. Clark, Jr.; 423, Robert Fried; 425, Owen Franken; 426, Peter Gonzalez; 428, Ken Ross/Viesti Associates; 429, Christian Sarramon; 430(l), "Vahine No te Tiare" by Paul Gauguin. The NY Carlsberg Glyptotek, Copenhagen; 430(r), Mona Lisa, Leonardo da Vinci, The Louvre, Paris. Scala/Art Resource, NY; 432, Chip & Rosa Maria de la Cueva Peterson; 440, Bruno Barbey/Magnum Photos; 445, Bruno Barbey/Magnum Photos; 448, Shostal Associates; 449, Fridmar Damm/Leo de Wys; 450, Owen Franken; 451, Owen Franken; 453, J. Helbig/Leo de Wys; 455(l), Herlinde Koelbe/Leo de Wys; 455(r), Steve Vidler/Leo de Wys; 456, Robert Fried; 459, Robert Fried; 460, Marc & Evelyne Bernheim/Woodfin Camp & Associates; 468, Herzog/Sygma; 469(t), Owen Franken; 469(b), Eduardo Aparicio; 474, Hubert Le Campion/ANA/Viesti Associates; 475, Francolon/Gamma-Liaisòn; 477, Henebry Photography; 478, Owen Franken; 479, A. Brucelle/Sygma; 481, William B. Parker, 483, Owen Franken; 484, The Bettmann Archive; 485, Peter Gonzalez; 487, Owen Franken; 490, Bernard Charlon/Gamma-Liaison; 491(l), Henebry Photography; 491(r), Goyhenex/SIPA-Press; 492, Henebry Photography; 493(t), Ken Ross/Viesti Associates; 493(b), Helena Kolda.